中国律师
业务报告

THE LEGAL PRACTICE OF CHINESE LAWYERS
ANNUAL REPORT

2015

中华全国律师协会 编

图书在版编目(CIP)数据

中国律师业务报告.2015/中华全国律师协会编.—北京:北京大学出版社,2016.7
ISBN 978-7-301-27256-5

Ⅰ.①中… Ⅱ.①中… Ⅲ.①律师业务—研究报告—中国—2015 Ⅳ.①D926.5

中国版本图书馆 CIP 数据核字(2016)第 148513 号

书　　　名	中国律师业务报告（2015） Zhongguo Lüshi Yewu Baogao(2015)
著作责任者	中华全国律师协会　编
责任编辑	陈　康
标准书号	ISBN 978-7-301-27256-5
出版发行	北京大学出版社
地　　　址	北京市海淀区成府路 205 号　100871
网　　　址	http://www.pup.cn　http://www.yandayuanzhao.com
电子信箱	yandayuanzhao@163.com
新浪微博	@北京大学出版社　@北大出版社燕大元照法律图书
电　　　话	邮购部 62752015　发行部 62750672　编辑部 62117788
印　刷　者	北京中科印刷有限公司
经　销　者	新华书店
	730 毫米×1020 毫米　16 开本　32 印张　606 千字 2016 年 7 月第 1 版　2016 年 7 月第 1 次印刷
定　　　价	98.00 元

未经许可，不得以任何方式复制或抄袭本书之部分或全部内容。
版权所有，侵权必究
举报电话：010-62752024　电子信箱：fd@pup.pku.edu.cn
图书如有印装质量问题，请与出版部联系，电话：010-62756370

编写说明

中华全国律师协会专业委员会是开展律师业务工作的专门机构,承担着指导、研究、规范律师业务活动的重要职能。专业委员会开展工作形成的研究成果,由全行业律师共同分享。近年来,专业委员会在拓展律师业务领域、规范律师执业行为、促进律师专业化分工、提高律师队伍业务能力和水平等方面都发挥了积极作用。

为创新专业委员会工作,提高专业委员会的研究能力,使专业委员会工作成果更多地惠及广大律师,自2015年起,中华全国律师协会将每年组织专业委员会撰写业务报告,力图全面展现各业务领域法律服务状况及律师业面临的机遇和挑战,促进律师业务的开展与交流。

《中国律师业务报告(2015)》是中华全国律师协会组织编写业务报告的首次尝试。报告汇集了九个专业委员会的分报告,覆盖信息网络、高新技术、银行、证券、保险、商标、专利、建设工程、房地产、集体土地与商业地产、环境资源能源、矿产资源、公司、劳动、企业破产、税务等十余个大的业务领域。在内容上,各个分报告以律师业务的创新与发展为主线,分别对本领域法律服务状况、业务前景、立法动态、社会热点问题和典型案例,从律师业务的角度进行了分析评价。本书对律师及其他法律人士从事相关业务具有很高的参考价值。

主动适应　认真履责
努力做好新常态下律师法律服务

——在与参加全国律协"经济发展新常态下律师法律服务研修班"的律师座谈时的讲话

（代序）

以习近平同志为总书记的党中央,正确判断国际国内形势,准确把握经济社会发展趋势,作出我国经济发展进入新常态的重大战略论断,对经济发展新常态进行了深刻系统的阐释,提出了一系列新思想、新观点和新要求,为做好新时期经济社会发展工作指明了方向、提供了遵循。这次研修班的主要任务是,深入学习贯彻党的十八大和十八届三中、四中全会精神,深入学习贯彻习近平总书记系列重要讲话精神,深入了解和准确把握我国宏观经济与法治建设新形势,增强对经济新常态的科学认知和思想认同,提高广大律师服务新常态的专业素养和执业技能,使广大律师能够主动适应新常态,为经济发展新常态作出应有贡献。下面,我讲几点意见。

一、充分认识和深刻把握我国经济发展新常态对律师服务的新机遇、新挑战

2014年12月召开的中央经济工作会议,习近平总书记从九个方面分析了我国经济发展的趋势性变化,强调我国经济发展进入新常态。认识新常态,适应新常态,引领新常态,是当前和今后一个时期我国经济发展的大逻辑。广大律师要了解形势,关注大势,主动适应我国经济发展新常态对律师服务的新要求。

（一）要全面客观认识经济新常态。经济发展进入新常态,是我国经济社会发展的必经阶段,是我国迈向更高级发展阶段的历史过程。经济新常态下,增长速度由高速向中高速转换,发展方式由规模速度型粗放增长向质量效益型集约增长转换,增长动力由要素驱动、投资驱动向创新驱动转换,资源配置方式由市场起基础性作用向起决定性作用转换,我国经济正在向形态更高级、分工更复杂、结构更合理的阶段演化。广大律师要切实把思想和行动统一到中央认识和判断上来,历史、辩证地认识我国经济发展新常态的阶段性特征,更加注重看大局、看长远,增强服务经济发展方式转变的自觉性和主动性,做到观念上适应、认识上到位、方法上对路、工作上得力。要辩证看待经济运行的波动,更加注重看整体、看主流,努力保持战略上的定力和发展的平常心态,聚焦发展问题,为服务经济健康可持续发展奠定坚实基础。要辩证看待经济发展趋势的变化,更加注重看质量、看内涵,把压力变动力,把潜力变活力,努力为经济发展新常态贡献力量,服务经济转型升级,促进经济提质增效。广大律师只有牢牢把握经济新常态这个大逻辑,深刻认识和领会经济发展新常态的丰富内涵,才能把握规律、积极作为,更好地主动适应、认真履责。

(二)要准确把握新常态下律师服务的新变化。经济新常态下,随着新型工业化、信息化、城镇化和农业现代化的不断推进,"一带一路"、京津冀协同发展以及长江经济带发展战略的全面实施,投资、消费、出口"三驾马车"与改革、开放、创新"三大动力"相互融合、相互促进,简政放权、厉行法治、构筑诚信的同步推进,市场主体的内在活力日益激发、经济发展内生动力不断增强、公平有序的市场环境逐步夯实,不仅会创造出更多、更新的市场需求,还会带来更全面、更深刻的产业结构调整和需求结构再平衡,这为我国经济提供了巨大潜力和发展空间。同时,当前我国经济正处在增长速度换挡期、结构调整阵痛期、前期刺激政策消化期"三期叠加"的关键时期,财政金融风险逐步显露、新旧增长动力的接续出现断档、宏观经济平衡的难度加大、影响社会稳定的因素增加,对我国经济持续平稳健康发展带来了很大挑战。律师服务与经济发展具有密切的关联性。经济新常态的这些新特征,必然带来律师服务的新变化。从纵向上看,简政放权将进一步厘清政府和市场的关系,市场主体将被赋予更多的决定权,律师除了发挥传统的事后补救作用外,还会更多地在事中规范和事前预防等方面彰显价值;从横向上看,律师服务将从传统业务更多地向创新业务延伸,律师服务的细分化、精细化程度将进一步提高,律师介入各类经济事务的范围和领域将会更加广阔;从深度上看,新常态下的律师服务对经济事务的介入将更加深入,律师与服务对象的关系将更加紧密,律师服务与经济发展将更加深度融合。这些都是经济新常态下律师服务的新变化,只有准确把握这些变化,充分发挥律师的职能作用,更好地运用诉讼和非诉讼两种手段彰显律师在维护交易、预防纠纷、定纷止争中的积极作用,才能更好地服务经济新常态。

(三)要主动适应新常态对律师服务的新要求。社会主义市场经济本质上是法治经济。经济发展新常态对律师工作提出了新的更高要求。一是要超前服务。律师是市场法治精神的践行者,无论是发挥市场机制配置资源的作用,还是发挥政府宏观调控的作用,都需要有律师的协助来正确地执行法律,律师的角色由事后补救更多地向事中规范及事前预防前移。这就要求我们进一步增强法律服务的预见性、前瞻性,以更加主动作为的工作状态,促进社会主义市场经济在法治轨道上又好又快地发展。二是要创新服务。经济形态的变化和法律关系的复杂迫切需要创新律师法律服务,建立与之相适应的律师服务体系。律师工作要以开拓创新的进取精神,创新法律服务方式、领域和内容,推动律师服务的转型升级,努力为经济发展提供更加有力的法律保障。三是要规范服务。新常态下的经济发展应当是有质量、有效益、可持续的发展,这必然要求有品质、高标准、规范化的律师法律服务。律师服务要努力适应经济发展新常态的新要求,在规范律师服务行为上下工夫,在规范法律服务秩序上做文章,促进律师工作法治化、科学化、规范化。四是要多元服务。做好经济新常态下的律师法律服务工作,律师工作不仅要广泛、深入地介入市场经济的各个领域和各个方面,更要以宽广的视野关注新常态下的各类法律服务需求,为促进经济发展、保障和改善民生、维护社会稳定、促进社会公平提供更加多元的服务。

二、积极为经济发展新常态提供优质高效的法律服务

服务经济社会发展是律师行业的价值所在。律师工作要切实找准服务新常态的着力点,紧紧围绕全面深化改革各项任务措施和国家重大经济决策,努力服务稳增长、促改革、调结构、惠民生、防风险,促进经济持续健康发展和社会大局稳定,实现经济社会更有效率、更可持续、更加公平发展。

(一)努力服务保持经济稳定增长。中央政治局会议强调要"高度重视应对经济下行压力",提出了一系列更加有效的政策措施。律师工作要紧紧围绕中央要求,主动承担起自身责任,服务经济发展重点领域,努力为经济平稳发展提供有力保障。要围绕优化经济发展空间格局特别是"一带一路"、京津冀协同发展、长江经济带三大战略,为跨区域、次区域发展提供优质高效的法律服务。要围绕推动新常态背景下"三农"工作改革发展,为保障国家粮食安全,加快转变农业发展方式,推进农业现代化服务;要继续推动律师服务创新示范基地建设,创新法律服务方式和内容,为自贸区和国家重点园区发展建设提供综合一站式法律服务。围绕投融资体制改革,积极为政府和社会资本合作(PPP)模式设计、管理和运营提供全过程法律服务,协助解决地方基础设施建设融资难题。围绕国有企业改革,为国有企业混合所有制改革、建立健全现代企业管理制度提供法律帮助。努力为中小企业、困难企业拓展融资渠道、防范经营风险提供法律服务,帮助企业渡过难关、稳定发展。

(二)努力服务创新驱动发展。"从要素驱动、投资驱动转向创新驱动"是中国经济新常态的主要特点之一,"创新是引领发展的第一动力。抓创新就是抓发展,谋创新就是谋未来。适应和引领我国经济发展新常态,关键是要依靠科技创新转换发展动力"。李克强总理提出要推动大众创业、万众创新,将其作为双引擎之一,促进中国经济保持中高速增长,迈向中高端水平。推动创业创新,知识产权保护和市场秩序的维护至关重要。这些年,随着司法部、国家工商总局《律师事务所从事商标代理业务管理办法》的出台,律师从事商标代理工作有了新的发展,专利代理法律服务也得到进一步加强,知识产权法律服务已经成为律师服务的一个新的增长点。我们要继续根据经济社会发展需求,开发法律服务项目,推进法律服务创新,努力推出一批有影响、有特色的法律服务品牌,彰显法律服务价值和优势。要大力提高知识产权律师业务能力和水平,促进律师办理商标业务快速发展,推动律师有效参与专利代理工作,帮助企业加强商标、专利、商誉、商业秘密等无形资产的运用和保护,推动科技成果转化应用,维护和提升企业核心竞争力,努力为"中国制造2025"和"互联网+"行动计划作出贡献。要适应加快建成创新型国家的要求,采取有效措施加快培养知识产权律师队伍,为知识产权法律领域储备专业人才。

(三)努力服务构建对外开放新体制。构建对外开放新体制,需要推动外贸转型升级,更加积极有效地利用外资,加快实施走出去战略,构建全方位对外开放格局。当前,我国经济正在实行从"引进来"到"引进来"和"走出去"并重的重大转变,已经出现了市场、资源能源、投资"三头"对外深度融合的新局面。大力发展涉外法律服务业是构建开放型经济新体制中一项重点任务。这些年,广大律师积极服务对外开放,已经成为涉外法律服务的主力军,在构建对外开放新体制中发挥了重要作用。我们要加快培养优秀的涉外律师,努力建设一支具有国际视野、通晓国际法律规则、善于处理涉外法律事务的涉外律师队伍。要研究支持中国律师"走出去"的路径措施和保障政策,鼓励中国律师事务所赴国(境)外设立分所、与国外律师事务所开展海外业务合作,搭建中国律师海外法律服务网络,为中国企业"走出去"提供多样化的跨境法律服务。积极参与完善涉外投资保护、知识产权保护机制,为我国公民和企业走出去提供法律帮助,维护我国公民和法人在海外的合法权益。建立推荐优秀涉外律师进入国际律师组织和国际经济贸易组织的专家机构、评审机构、争端解决机构等工作机制,推动我国律师参与国际规则的制定,增强我国在国际组织的话语权,维护国家利益。

(四)努力服务保障和改善民生。经济新常态下,没有零成本的改革和调整,也不存在一马平川的转型之路,要把改革的成本控制在可承受的范围之内,让转型的风险隐患降到最低,切实保障和改善民生,兜住经济社会发展的底线至关重要。十八大以来,中央坚持以民为本、以人为本执政理念,把民生工作和社会治理工作作为社会建设的两大根本任务,高度重视、大力推进。这些年,律师工作认真贯彻中央要求,突出民生优先,在服务保障和改善民生方面做了大量工作。我们要继续扎实推进公共法律服务体系建设,建立激励律师跨区域流动机制,鼓励、支持和引导优秀律师和律师事务所到中西部地区开展法律服务。研究培养律师资源不足地区律师队伍的措施,推动形成为当地培养法律人才、拓展法律服务领域的机制,形成良性循环。深化律师协会公益法律服务中心试点工作,为律师从事涉法涉诉信访、矛盾纠纷调处、社区法律服务、医疗纠纷解决、困难群体法律援助等公益性法律服务提供平台。发挥律师在社会治理中的专业优势,协助基层党委和政府用法治精神引领社会治理、用法治方式破解社会治理难题,促进形成学法守法、办事依法、化解矛盾靠法的良好氛围。

(五)努力服务政府职能转变。经济新常态下,政府职能转变的核心是处理好政府与市场的关系,使市场在资源配置中起决定性作用和更好地发挥政府的作用,这对于实现国家治理体系和治理能力现代化具有十分重要的现实意义。经济发展新常态对政府简政放权及依法决策、依法管理经济事务提出了更高要求。这些年,我们通过推进律师担任政府法律顾问工作,充分运用律师专业优势,为政府运用法治思维和法治方式管理经济和社会事务提供法律服务,发挥了很好的作用,取得了良好的效果。我们要继续大力推进律师担任各级政府法律顾问工作,实现律师担任政府法律顾问工作广覆盖。要深化工作内容,细化工作流程,指导广大律师协助政府运用法律手段管理经济和社会事务,为政府重大决策风险评估、合规性审查等提供更加规范化的法律服务,做好政府决策的参谋助手。要推动律师担任社会组织、村居、社区法律顾问,为基层组织推进社会依法治理提供专业法律服务。

三、不断提高服务经济发展新常态的能力和水平

做好经济发展新常态下的律师工作,是时代赋予我们的一项新课题、新任务,需要我们不断实践、不断总结、不断提高。广大律师要认真学习党中央、国务院有关经济工作的政策和习近平等中央领导同志的重要讲话和论述,充分认识经济新常态形势下对律师服务的新要求,明确律师服务新常态的方向和任务,全面加强自身综合素质,不断提高服务能力和水平。

(一)树立大局意识。随着经济发展新常态下市场经济法治建设的推进,律师制度的地位和作用将会更加凸显,律师工作也将承担更加重要的职责使命。律师工作要牢固树立大局意识,正确认识自身在经济发展新常态中的角色定位,明确工作职责,更好地发挥服务经济社会发展的重要作用。要坚定理想信念,自觉地把拥护党的领导、拥护社会主义法治作为从业基本要求,认真履行维护当事人合法权益、维护法律正确实施、维护社会公平正义的职责使命。要强化大局意识,不断提高服务大局的自觉性和坚定性,紧紧围绕党和国家工作大局开展法律服务工作,在党和国家工作大局中实现自身更好的发展。要围绕经济发展新常态的重点领域和关键环节找准法律服务的切入点和结合点,处理好推动发展与维护稳定、公平与效率之间的关系,运用专业法律知识和专门法律技能,保障新常态下经济健康有序发展。

（二）锤炼精深本领。良好的业务素质和能力是提供满意的法律服务的前提和基础。随着改革的不断深化、依法治国的深入推进，律师工作的紧迫感和危机感不言而喻。经济发展新常态下法律服务涉及法律、经济、能源、金融、贸易、农业和城镇化建设等多方面的专业领域，要求律师必须具备专业性和复合型相统一的综合素质，才能胜任和履行好职责。学习是增长才干、提高素质的重要途径。要按照习近平总书记"坚持学习、学习、再学习"的要求，把加强学习放在第一位置，毫不松懈。要认真学习相关领域的专业知识，学习把握国家经济政策、法规和制度建设的重要内容，努力掌握经济新常态下律师工作必需的专业知识和技能，切实提高专业化水平。要积极拓展学习领域，向书本学习，向同行及法律职业共同体学习，向社会学习，同时也要学习国外有益经验，不断拓宽自己的知识面。要坚持理论联系实际，加强实务训练，积累执业经验。

（三）恪守诚信本色。诚信是一种社会公信力。诚实守信是律师职业道德的核心和精髓，是对律师基本道德、基本素质的内在要求，是律师执业的生命线和律师事业的基石。经济发展新常态也对律师诚信建设提出了更高的要求。律师行业诚信的堤坝一旦发生"管涌"，就会渐渐丧失立身之基，最终被时代的洪流淘汰。诚信执业不仅能够使律师行业赢得社会的信赖，而且能够促进社会诚信的形成和发展。面对经济发展新常态下对律师工作的新要求，我们必须高举诚信旗帜，像珍惜生命一样维护诚信，始终诚信于国家、诚信于社会、诚信于法律、诚信于当事人。

（四）履行社会责任。高度的社会责任感，是律师队伍成熟的标志。为履行律师社会责任做加法就是为律师事业发展做乘法。要自觉坚持执业为民的宗旨，把促进解决民生问题作为律师工作的根本出发点和落脚点，努力促进解决人民群众最关心、最直接、最现实的利益问题。要正确处理好经济利益与社会效益、维护当事人权益和维护社会公众利益关系，防止片面追求经济利益，在依法维护当事人合法权益的同时，维护社会公共利益，努力实现法律效果与社会效果的统一。要努力将法律服务向基本民生延伸，带头积极参加志愿服务，多做扶贫济困、扶弱助残的实事、好事，以实际行动促进社会进步。

做好经济发展新常态下律师法律服务工作，使命光荣、责任重大。让我们紧密地团结在以习近平同志为总书记的党中央周围，以坚定的信心、振奋的精神，主动适应新常态、创新服务新常态，全力做好经济发展新常态下法律服务工作，努力为"四个全面"战略布局提供优质高效的法律服务，为实现"两个一百年"奋斗目标和中华民族伟大复兴的中国梦贡献智慧和力量。

总目录

第一章　信息网络与高新技术法律服务业务报告 …………………… 1

第二章　金融证券保险法律服务业务报告 …………………………… 63

第三章　知识产权法律服务业务报告………………………………… 100

第四章　建设工程与房地产法律服务业务报告……………………… 172

第五章　环境、资源与能源法律服务业务报告……………………… 246

第六章　公司法律服务业务报告……………………………………… 309

第七章　劳动法律服务业务报告……………………………………… 356

第八章　企业破产法律服务业务报告………………………………… 408

第九章　税务法律服务业务报告……………………………………… 451

目 录

第一章 信息网络与高新技术法律服务业务报告 … 1

第一节 互联网企业对接资本市场律师业务 … 4
一、互联网企业对接资本市场领域法律服务的回顾与展望 … 4
二、互联网企业对接资本市场领域律师相关业务的发展和创新 … 7
三、互联网企业对接资本市场领域的热点法律问题研究 … 9
四、互联网企业对接资本市场领域的热点重大法律事件、典型案例评析 … 12

第二节 生技医药医疗投融资律师业务 … 13
一、生技医药医疗领域投融资法律服务的回顾与展望 … 13
二、生技医药医疗领域投融资律师相关业务的发展和创新 … 16
三、生技医药医疗领域投融资的热点法律问题和立法建议 … 18

第三节 电子商务律师业务 … 20
一、电子商务法务领域法律服务的回顾与展望 … 20
二、电子商务法务领域律师相关业务的发展和创新 … 23
三、电子商务法务领域的热点法律问题研究和立法建议 … 24
四、电子商务法务领域的重大法律事件、典型案例评析 … 29

第四节 互联网金融律师业务 … 33
一、互联网金融法律服务的回顾与展望 … 33
二、互联网金融法律领域律师业务的发展和创新 … 35
三、互联网金融热点法律问题研究和立法建议 … 36
四、互联网金融法务领域的重大法律事件、典型案例评析 … 37

第五节 信息网络安全律师业务 … 43
一、信息网络安全领域法律服务的回顾与展望 … 43
二、信息网络安全领域律师相关业务的发展和创新 … 44
三、信息网络安全领域的热点法律问题研究和立法建议 … 45

第六节 网络知识产权律师业务 … 54

一、网络知识产权法律服务的回顾与展望 ………………………… 54
二、律师网络知识产权业务的发展和创新 ………………………… 57
三、网络知识产权领域热点法律问题研究及立法建议 …………… 58
四、网络知识产权领域重大法律事件、典型案例评析 …………… 61

第二章 金融证券保险法律服务业务报告 ……………………………… 63

第一节 银行业务 …………………………………………………………… 64
一、银行业市场状况的回顾与展望 ………………………………… 64
二、银行业相关法律制度建设情况回顾 …………………………… 70
三、银行业法律领域重大案件评析 ………………………………… 74
四、银行业发展状况对法律服务市场的影响和对律师业务的要求 … 80

第二节 证券业务 …………………………………………………………… 82
一、证券市场法制建设情况综述 …………………………………… 82
二、证券市场法律服务情况综述 …………………………………… 91

第三节 保险业务 …………………………………………………………… 96
一、保险法律体系的构建及发展 …………………………………… 96
二、保险法律服务市场现状 ………………………………………… 97
三、提供保险法律服务的律师事务所及律师 ……………………… 99
四、保险法律服务业市场前景 ……………………………………… 99

第三章 知识产权法律服务业务报告 …………………………………… 100

第一节 商标业务 …………………………………………………………… 101
一、2015年商标业务法律服务状况回顾与展望 ………………… 101
二、商标法律服务的发展和创新 …………………………………… 111
三、商标业务领域热点法律问题研究及立法建议 ………………… 115
四、商标业务领域重大法律事件及典型案例分析 ………………… 125

第二节 专利业务 …………………………………………………………… 133
一、专利法律服务状况回顾与展望 ………………………………… 133
二、律师专利业务的发展和创新 …………………………………… 135
三、专利热点法律问题研究及立法建议 …………………………… 145
四、专利业务领域重大法律事件、已审结案件评析 ……………… 155

第四章 建设工程与房地产法律服务业务报告 …… 172

第一节 建设工程法律业务 …… 173
一、建设工程领域法律服务状况回顾与展望 …… 173
二、建设工程领域律师业务的发展与创新 …… 177
三、建设工程领域热点法律问题研究及相关建议 …… 180
四、建设工程领域重大法律事件、典型案例评析 …… 186

第二节 房地产法律业务 …… 198
一、房地产行业法律服务状况回顾与展望 …… 198
二、房地产领域法律服务的发展和创新 …… 204
三、房地产领域热点法律问题研究及立法建议 …… 210
四、房地产领域重大法律事件、已审结案件评析 …… 217

第三节 集体土地与商业地产法律业务 …… 223
一、集体土地与商业地产领域法律服务状况回顾与展望 …… 224
二、集体土地与商业地产领域律师相关业务的发展与创新 …… 231
三、集体土地领域法律问题及建议 …… 233
四、商业地产领域法律问题及建议 …… 238
五、2015年国家颁布和施行的相关工作报告、法律文件及违法违规案件评析 …… 243

第五章 环境、资源与能源法律服务业务报告 …… 246

第一节 环境、资源与能源法律服务业务 …… 247
一、中国的环境、资源与能源法律服务回顾与展望 …… 247
二、环境、资源与能源法律服务的发展与创新 …… 249
三、环境、资源与能源领域热点法律问题研究及立法建议 …… 253

第二节 矿产资源法律服务业务 …… 273
一、矿产资源法律服务状况回顾与展望 …… 273
二、矿产资源律师业务的发展与创新 …… 276
三、矿产资源领域热点法律问题研究及立法建议 …… 279
四、矿产资源领域重大法律事件及已审结案件评析 …… 289

第六章　公司法律服务业务报告……309

　　一、公司法业务回顾与展望……309
　　二、律师公司业务的发展和创新……314
　　三、公司法热点问题研究及立法建议……329
　　四、公司法领域的重大法律事件、典型案例评析……339

第七章　劳动法律服务业务报告……356

　　一、我国劳动关系现状及劳动法业务领域法律服务状况回顾与展望……357
　　二、律师劳动法业务的发展与创新……371
　　三、热点法律问题研究与立法建议……377
　　四、重大法律事件及典型案例评析……391

第八章　企业破产法律服务业务报告……408

　　一、企业破产业务领域法律服务状况回顾与展望……408
　　二、破产业务的发展和创新……420
　　三、企业破产业务领域热点法律问题研究及立法建议……429
　　四、企业破产业务领域重大法律事件的评析与启示……439
　　五、结语……450

第九章　税务法律服务业务报告……451

　　一、税务法律服务状况回顾与展望……451
　　二、税务法律服务的发展和创新……458
　　三、税务法律服务领域重大法律事件、热点法律问题研究及立法建议……460
　　四、税收法律业务领域已审结典型案件评析……483

第一章 信息网络与高新技术法律服务业务报告

目 录

第一节 互联网企业对接资本市场律师业务 / 4
 一、互联网企业对接资本市场领域法律服务的回顾与展望 / 4
  (一) 2015年以来互联网企业对接资本市场回顾 / 4
  (二) 互联网企业对接中国境内资本市场的近期展望 / 7
 二、互联网企业对接资本市场领域律师相关业务的发展和创新 / 7
  (一) 红筹回归热潮 / 7
  (二) 中国境内证券领域股票发行注册制与战略新兴板推出在即 / 8
  (三) 新三板业务持续高速增长,监管趋严;并购业务数量有所放缓,复杂程度加剧 / 9
 三、互联网企业对接资本市场领域的热点法律问题研究 / 9
  (一) 商务部发布《中华人民共和国外国投资法(草案征求意见稿)》/ 9
  (二) 十部委发布《关于促进互联网金融健康发展的指导意见》/ 11
 四、互联网企业对接资本市场领域的热点重大法律事件、典型案例评析 / 12
  (一) 百视通吸收合并东方明珠 / 12
  (二) 全国首例众筹融资案 / 12
第二节 生技医药医疗投融资律师业务 / 13
 一、生技医药医疗领域投融资法律服务的回顾与展望 / 13
  (一) 生技医药医疗领域投融资法律服务现状 / 13
  (二) 生技医药医疗领域投融资法律服务展望 / 15
 二、生技医药医疗领域投融资律师相关业务的发展和创新 / 16
  (一) 生技医药医疗领域投融资的新趋势和新模式 / 16
  (二) 生技医药医疗领域投融资法律服务的创新要求 / 17
 三、生技医药医疗领域投融资的热点法律问题和立法建议 / 18
  (一) 生技医药医疗领域投融资热点中的法律问题 / 18
  (二) 立法建议 / 19
第三节 电子商务律师业务 / 20
 一、电子商务法务领域法律服务的回顾与展望 / 20
  (一) 法律服务主体的多元化趋势 / 20

（二）服务类型和内容的多维度扩展 / 21
二、电子商务法务领域律师相关业务的发展和创新 / 23
　　（一）律师业务发展的形式创新要求 / 23
　　（二）律师业务实质内容的发展与创新 / 23
三、电子商务法务领域的热点法律问题研究和立法建议 / 24
　　（一）电子商务法的起草与讨论 / 24
　　（二）电子商务领域的创业创新 / 25
　　（三）实名制与个人信息保护 / 25
　　（四）以微信为代表的移动营销 / 26
　　（五）消费者权益保护的突出问题 / 26
　　（六）支付安全 / 26
　　（七）不正当竞争 / 27
　　（八）税收征收 / 27
　　（九）跨境电商 / 28
　　（十）格式合同与电子数据证据 / 28
四、电子商务法务领域的重大法律事件、典型案例评析 / 29
　　（一）流量劫持与不正当竞争：浙江天猫网络有限公司、浙江淘宝网络有限公司与上海载和网络科技有限公司等不正当竞争案 / 29
　　（二）产品质量与网络交易平台责任：陈宇与浙江淘宝网络有限公司产品销售者责任纠纷案 / 30
　　（三）约定管辖：赖春与浙江淘宝网络有限公司确认合同无效纠纷案 / 30
　　（四）合同履行地认定：王群与浙江淘宝网络有限公司网络购物合同纠纷案 / 30
　　（五）价格欺诈：王辛诉小米科技有限责任公司网络购物合同纠纷案 / 31
　　（六）虚假宣传：李晓东诉酒仙网电子商务股份有限公司网购合同纠纷案 / 31
　　（七）物流责任：杨波诉巴彦淖尔市合众圆通速递有限公司乌拉特前旗分公司、付迎春网络购物合同纠纷案 / 31
　　（八）人身权益：赵雅芝与上海琪姿贸易有限公司、上海诺宝丝化妆品有限公司侵害姓名权纠纷、肖像权纠纷案 / 32
　　（九）版权与不正当竞争：西安万卷图书有限公司与浙江天猫网络有限公司、浙江天猫技术有限公司技术服务合同纠纷案 / 32
　　（十）跨境电子商务：朱建豪与义乌力讯电子商务有限公司产品责任纠纷案 / 33
第四节　互联网金融律师业务 / 33
一、互联网金融法律服务的回顾与展望 / 33
　　（一）互联网金融的概念及商业模式 / 33
　　（二）法律服务在互联网金融中发挥的作用 / 34
　　（三）互联网金融法律服务的展望 / 34

二、互联网金融法律领域律师业务的发展和创新 / 35
　　（一）互联网金融律师业务创新的必要性 / 35
　　（二）互联网金融律师业务的发展与创新 / 35
三、互联网金融热点法律问题研究和立法建议 / 36
　　（一）P2P借贷模式存在的问题以及立法建议 / 36
　　（二）股权众筹模式存在的问题以及立法建议 / 37
四、互联网金融法务领域的重大法律事件、典型案例评析 / 37
　　（一）实务层面：业态爆发 / 38
　　（二）两会层面：高层力挺 / 39
　　（三）监管层面：框架出台 / 39
　　（四）司法层面：最高人民法院司法解释出台 / 40
　　（五）互联网金融民事案件 / 40
　　（六）互联网金融刑事案件 / 42

第五节　信息网络安全律师业务 / 43
一、信息网络安全领域法律服务的回顾与展望 / 43
　　（一）隐私权和个人信息保护 / 43
　　（二）网络安全事件的处理 / 44
　　（三）与网络安全有关的刑事案件 / 44
二、信息网络安全领域律师相关业务的发展和创新 / 44
　　（一）大数据的发展 / 44
　　（二）云计算 / 45
三、信息网络安全领域的热点法律问题研究和立法建议 / 45
　　（一）关于《个人信息保护法》的立法建议 / 45
　　（二）关于《中华人民共和国网络安全法（草案）》的修改意见 / 47

第六节　网络知识产权律师业务 / 54
一、网络知识产权法律服务的回顾与展望 / 54
　　（一）商标与专利权方面 / 54
　　（二）著作权 / 54
　　（三）不正当竞争 / 55
　　（四）展望 / 56
二、律师网络知识产权业务的发展和创新 / 57
　　（一）维权方式 / 57
　　（二）侵权认定方式 / 57
　　（三）权利主体 / 57
三、网络知识产权领域热点法律问题研究及立法建议 / 58
　　（一）商标专利侵权案管辖权的明确 / 58

（二）商业模式创新保护 / 59
（三）网络游戏的知识产权保护 / 59
（四）"市场支配地位"在互联网环境下的界定方式 / 60
四、网络知识产权领域重大法律事件、典型案例评析 / 61
（一）"3Q"之争系列案件 / 61
（二）北京百度网讯科技有限公司诉青岛奥商网络技术有限公司等不正当竞争纠纷案 / 62

信息网络与高新技术的迅猛发展及广泛应用极大改变了人类社会的生产和生活方式，同时也带来了层出不穷的新议题，给现有法律制度带来了新挑战。信息网络与高新技术专委会自2001年成立以来，尤其是最近五年来，充分发挥专业性强的优势，在互联网企业对接资本市场、生技医药医疗产业投融资、电子商务、互联网金融、信息网络安全、网络知识产权、TMT行业法律风险防范、网络文化娱乐监管政策解析与法律服务对策等领域积累了广泛的实践经验和研究成果。

第一节　互联网企业对接资本市场律师业务

一、互联网企业对接资本市场领域法律服务的回顾与展望

当前，中国经济处于发展转型的重要时刻，"互联网行业整合""互联网＋"模式等正逐渐成为中国经济全面升级新的发力点，而互联网企业与资本市场的有效对接成为落实前述战略的重要环节，资本市场亦成为互联网企业初创、成长直至发展壮大不可或缺的助推器。

通常所说的互联网企业是以网络为经营基础的企业，包括基础服务商与增值业务提供商等，一般可细分为IT行业、电子商务、软件开发、即时通讯等。随着市场层面互联网思维影响的不断扩散以及政策层面"互联网＋"战略思路的明确提出，越来越多的传统行业企业也开始思考或已经成功利用互联网资源实现创新，这些传统行业企业也属于本节所探讨的互联网企业的范畴。

（一）2015年以来互联网企业对接资本市场回顾

2015年以来，法规、政策层面已多次传达出明确的信号：国家鼓励培养互联网思维，在守住监管底线的情况下充分调动企业创新的活力，激发大众创新的热情。[①] 例如：2015年5月4日，国务院印发了国发〔2015〕24号《关于大力发展电子商务加快

---

① 参见《互联网证券：法无禁止即可为》，载深蓝财经 http://www.mycaijing.com.cn/news/2015/03/13/17044.html，最后访问日期：2015年11月14日。

培育经济新动力的意见》,提出"法无禁止的市场主体即可为,法未授权的政府部门不能为,最大限度减少对电子商务市场的行政干预";2015年7月18日,央行、工信部、公安部等十部委联合印发了银发〔2015〕221号《关于促进互联网金融健康发展的指导意见》,明确坚持以市场为导向发展互联网金融,提出了一系列鼓励创新、支持互联网金融稳步发展的政策措施;李克强总理也强调,希望让市场主体做到"法无禁止即可为"。①

互联网企业成长周期中,涉及投资创建、股权融资、并购重组、上市挂牌等众多资本市场事项,任一细分市场对法律服务的需求量都十分可观。根据互联网企业的通常发展周期,以下主要从初创期、成长期、成为公众公司、传统企业跨界融合四个方面着手,就互联网企业与资本市场对接的相关情况进行回顾:

1. 初创期互联网企业现状与法律服务

2015年,很多初创互联网企业在资本市场表现不俗:据统计,仅在2015年上半年,互联网各领域的投融资案例数量就有489起,其中披露具体金额的有253起,最高交易金额为16.11亿美元,总投资规模达到695.1亿美元。从融资阶段分布来看,489起融资案例当中,有95%的案例披露了融资轮次,其中天使轮融资占比22%,B轮占比17%,C轮占比6%。A轮融资事件最多,占比34%。②

对于处于初创期的互联网企业来说,获得天使投资、VC的青睐是其能够得到长远发展的重中之重,但对企业和投资者而言,如何能够与合适的合作方达成最终投资意向则离不开审慎的法律工作。其次,内部团队是初创期互联网企业最宝贵的资源,如何组建内部合伙人制度、通过各类架构实施员工激励、确保核心员工的稳定性是互联网企业初创伊始就要着重考量的因素。此外,作为一个行业特征,互联网企业往往对于通过知识产权保护、模式创新等方式提高自身竞争壁垒有着迫切诉求。从法律服务而言,律师在上述领域均能发挥重要作用:参与投资过程的谈判,完成尽职调查及起草交易协议;协助公司起草章程与股东协议,明确股权结构安排及完成内部合伙人建设;设计股权激励方案,提高员工尤其是核心员工的参与度与忠诚度;起草劳动合同中保密、竞业禁止条款,保护初创企业利益;协助论证商业模式的法律可行性,为企业创新行为在多变商业环境下的实际落地保驾护航;等等。

2. 成长期互联网企业现状与法律服务

---

① 参见方烨、梁倩、赵婧:《李克强畅谈改革方略:让市场主体法无禁止即可为》,载http://news.xinhuanet.com/fortune/2014-03/14/c_126264959.html,最后访问日期:2015年11月15日。

② 参见许光涛:《速途研究院:2015年上半年互联网行业投融资市场报告》,载http://www.sootoo.com/content/656576.shtml,最后访问日期:2015年11月15日。

纵观2015年资本市场中互联网行业的表现,成长期互联网企业并购、融资业务表现出很高的活跃度,互联网行业的并购、融资已成为律师非常活跃的目标服务领域:美团网与大众点评网合并组建"新美大"、滴滴与快的实施战略合并、58同城与赶集网联姻……据统计,从行业分布来看,2015年上半年中国并购市场完成的961起并购交易分布于互联网、IT、清洁技术、机械制造、生物技术/医疗健康、金融、房地产等23个一级行业。从并购案例数方面分析,互联网行业本期以115起交易,占比12.0%的成绩首次夺魁,原因在于越来越多的传统企业通过收购某个互联网企业,用资本换发展时间、换人才结构、换思维方式的重构,作为传统企业"互联网+"的转型之路。①

众多成长期的领先互联网企业开始抱团减少价格战,寻求合并增量。根据有关数据显示,2015年上半年共发生VC/PE相关并购交易530起,同比增长20.7%,环比微跌0.6%;所有交易共涉及金额257.92亿美元,从行业分布来看,互联网行业独占鳌头,以85起案例、数量占比16.0%的成绩在活跃度上排名首位。其中披露金额的61起案例涉及金额33.01亿美元,占案例金额总量的12.8%,在案例金额方面同样排名第一。②

互联网企业经过初创期后逐渐步入正轨,在此阶段不仅要接洽更多的投资人为其后续发展提供资金支持,并购重组也是其获得资本市场助力的一大途径。在这一阶段,律师所能提供的法律服务主要包括:论证投融资方案可行性;参与投融资过程的谈判,开展法律尽职调查;对公司进行合规审查,协助互联网企业完善公司治理与合规运营;参与设计并购重组过程中公司架构的调整,起草交易文件;就交易涉及的经营者集中事项提供法律论证以及申报文件起草等。

3. 互联网企业成为公众公司的现状与法律服务

2015年以来,作为中国境内证券市场的一大亮点,众多互联网企业成功在A股上市或在新三板挂牌,从公开市场获取融资的通道更加便利:暴风科技在拆除红筹架构后登陆深交所成功回归A股;相较于A股上市的高要求,新三板以其较低的门槛和时间成本成为互联网企业逐鹿资本市场的另一重要平台:中钢网、百事通、天涯社区、铁血科技、盛成网络等一批互联网企业均受益于新三板开放的监管措施。

对于准备实施上市或挂牌的互联网企业而言,法律服务的内容主要包括:上市、挂牌前协助互联网企业开展可行性论证并进行必要的法律尽职调查;协助企业完成股份制改制;协助公司论证、完善合规性问题,尤其是创新业务的合规性论证;从

---

① 参见清科研究中心:《2015年上半年中国企业并购市场发展回顾 传统企业"热追"互联网成亮点》,载http://www.askci.com/news/2015/07/24/958525mc1.shtml,最后访问日期:2015年11月15日。
② 同上注。

法律角度对公司的规范运作提出建设性意见,同时准备公开发行的申报材料、出具监管部门要求的法律意见书、律师工作报告等。

4. 传统企业与互联网企业的跨界融合

"互联网+"概念自诞生伊始,就以其创新性驱动着各领域的跨界融合,而互联网企业也在结构重塑的过程中越来越被传统企业所重视:A股上市公司梅花伞转型成为A股领先的网络游戏上市公司;2015年8月,京东与A股上市公司永辉超市签订战略合作框架协议,作为传统零售业的领先企业,永辉超市借力京东探索在互联网领域的进一步发展……

越来越多的传统企业,在积极探寻转型之路,通过投资、收购、重组、换股等方式进入互联网领域,推动企业传统业务的结构优化升级,促进企业的发展观念转变提升,进一步实现与"互联网+"的有效融合。在这一过程中,法律服务内容也面临新的机遇:为收购、重组、上市公司借壳、换股交易提供法律可行性论证;为各类资本市场交易提供法律尽职调查、交易架构设计、交易文件起草、法律意见书出具等法律服务;就交易涉及的经营者集中事项提供法律论证以及申报文件起草等。

(二) 互联网企业对接中国境内资本市场的近期展望

1. 注册制改革为互联网企业对接中国境内资本市场带来更多机遇

市场对中国境内股票发行制度进行多项调整充满预期,其中新股发行体制朝着注册制改革方向稳步前进已经确定,这些改革预期释放了众多市场信号:即监管机构选择把市场还给市场,让市场正常的供需关系决定市场博弈与利益分配。从审批制到注册制,审核重心从实质审核向信息披露过渡,同时上市程序的简化、上市门槛的降低、资本市场包容度与覆盖面的增加也将为互联网企业在境内资本市场寻求发展提供更加良好的制度环境。

2. 战略新兴板的推出预期吸引了各类投资机构和互联网企业将其在资本市场的发展重点设置在中国境内

根据公开市场信息,监管层正在研究推动建立战略新兴板,聚焦于服务规模稍大、已越过成长期、相对成熟的新兴产业企业和创新型企业。根据《"十二五"国家战略性新兴产业发展规划》和《国务院关于印发〈中国制造2025〉的通知》,"新一代信息技术产业"系战略新兴板重点关注的行业范围之一;同时,市场预期战略新兴板将采用更具包容性的上市条件、与主板差异化的制度安排为互联网企业资本市场融资提供便利。

二、互联网企业对接资本市场领域律师相关业务的发展和创新

(一) 红筹回归热潮

面对境内资本市场的如火如荼和部分境外已上市"中概股"未获资本市场充分

认可的现实,越来越多已经在海外上市或计划在海外上市的公司纷纷决定拆除复杂的红筹架构,转而寻求境内上市。鉴于红筹架构搭建过程中的复杂性及当前立法的缺失,律师在红筹回归过程中扮演着越来越重要的角色。

一方面,律师需要在架构层面帮助公司拟定红筹回归重组方案,考量因素包括但不限于:① 红筹回归后拟上市主体的选择;② 创始人权益的回归方案;③ 境外投资者投资资金及股权的处理;④ 境外投资者优先权利的保留问题;⑤ 境外壳公司的处理;⑥ 境外员工持股期权的处理;⑦ VIE协议终止时间点设置。

另一方面,律师需要在细节层面帮助公司落实红筹回归重组方案,主要包括:① 就涉及之外资事项,需要落实搭建红筹架构、返程投资阶段涉及的外商直接投资或跨境并购的审批登记手续以及红筹架构拆除阶段涉及的审批登记手续等;② 就涉及之外汇事项,需要落实红筹架构搭建阶段的境外投资外汇初始登记、后续融资与返程投资阶段外汇变更登记、红筹架构拆除阶段涉及的外汇注销登记、各环节所涉及进出境资金的来源及外汇合规性等;③ 就涉及之税务事项,需要落实搭建及拆除红筹架构过程中涉及的境内外投资人的所得税缴纳问题和因拆除红筹架构导致有关企业变更为非外商投资企业时涉及的税收优惠返还问题;④ 就涉及之行业事项,需要落实相关行业准入的可行性,例如是否有资格以及如何办理增值电信业务经营许可证、部分行业是否允许外资进入以及外资股东的股东适格性审查等。

(二)中国境内证券领域股票发行注册制与战略新兴板推出在即

注册制与战略新兴板的推出,将极大活跃目前的中国境内资本市场,特别是对于盈利能力尚不高但已在行业中取得领先地位的互联网企业而言,这些新制度、新板块的建设极具吸引力:注册制改革简化审核流程,大批企业的上市需求将得到有效释放,资本市场证券业务也将随着上市公司的增加而增加;战略新兴板区别已有证券板块,取消了原有的盈利性指标,以市值、现金流、收入、净利润等指标对公司予以评价,使更多已跨越了创业阶段、具有一定规模的新兴产业和创新型企业获得上市融资的机会。战略新兴板拓展上市企业范围的同时,势必同步增加资本市场法律服务业务。

注册制审核与战略新兴板的推出,将对律师执业提出更高的要求。注册制审核下的律师,不再仅是信息披露者及事后的补救者,而将成为风险防范者,律师需要更多地在事前、事中参与到公司的经营中,确保公司合规运营并真实、准确、及时、完整地进行信息披露。一旦出现违规,律师极有可能与发行人一并承担法律责任。此外,随着新制度、新板块的推出,预计将引发一系列法律法规、审核理念、操作程序的更新,也将对律师的执业水平提出新的要求。

注册制审核与战略新兴板的推出,将进一步提升律师价值及律所品牌效应。随着律师在新制度、新板块中担任愈发重要的角色,律师价值也将进一步得到认可。虽然证券业务的门槛从形式上来看会进一步降低,但执业质量的高低将对律所品牌形成集聚效应。越重视执业质量的律所越容易被市场认可,也越容易体现自身价值。律师行业内部良性竞争也有助于整个行业执业质量的提升。

(三) 新三板业务持续高速增长,监管趋严;并购业务数量有所放缓,复杂程度加剧

新三板方面,截至 2015 年 11 月 10 日,据全国中小企业股份转让系统披露的信息显示,新三板挂牌公司已达到 4 034 家,这意味着从 2014 年 1 月扩容开始,每个月有超过 150 家企业于新三板挂牌成功。除此之外,目前尚有 1 765 家企业的状态为"在审申请挂牌企业",据此推断,短期内企业在新三板挂牌仍将持续火爆。随着新三板市场的持续发展,其为律师及律所带来充沛案源的同时,也对律师及律所提出了更高的要求。从新三板的审核要求看,其监管要求以及对部分内容的核查已有趋严趋势。

并购交易方面,在国家经济结构转型和鼓励创新创业的背景下,企业并购规模更趋于小型化,同时也更加市场化。虽然对比 2014 年、2015 年同期并购市场数据,并购交易的数量、并购交易的金额等指标的增速均出现了一定程度的下滑,但并购交易的复杂程度却不断加大,而且以互联网企业为代表的新业态企业正在并购市场扮演着越来越重要的角色。考虑到有别于传统企业的资产结构、估值方式、业务模式,估值因素、盈利预测及补偿、标的资产法律瑕疵的处理等并购交易的核心商业内容也已开始融入律师的深度参与。

三、互联网企业对接资本市场领域的热点法律问题研究

(一) 商务部发布《中华人民共和国外国投资法(草案征求意见稿)》

自 2000 年新浪通过搭建 VIE 结构(亦称"红筹架构")成功在美国纳斯达克上市,国内一众互联网企业纷纷效仿。然而,关于红筹架构的讨论从未停止,原因在于红筹架构本身存在"先天不足",主要包括:① 红筹架构使得外国投资者可能绕开《外商投资产业指导目录》进入原本限制或禁止外商投资进入的产业领域;② 实践中,不同案件对 VIE 协议效力问题出现不同的认定;③ 红筹架构可能诱发企业在税务、外汇方面的违法行为;④ 红筹架构下,WFOE 对 OPCO 的协议控制力度远远小于直接股权控制力度,容易引发创始人与投资人之间的纠纷等等。

2015 年 1 月 19 日,商务部发布《中华人民共和国外国投资法(草案征求意见稿)》[以下简称《外国投资法(草案征求意见稿)》],首次明确 VIE 结构将被纳入该法的适用范围,使得红筹架构再次成为大众关注的焦点。根据该《外国投资法(草案征求意见稿)》,于《外国投资法》正式生效后,对于新设的由外国投资者实际控制的

OPCO 将被视同外国投资者,适用《外国投资法》项下对于外国投资者准入等方面的规定;于《外国投资法》正式生效后,对于新设的由中国投资者实际控制的红筹架构项下主体,包括 WOFE 和 OPCO,由于引入了"实际控制标准",通过准入许可制度项下的申请与审查,将被视同中国投资者的投资,不受《外国投资法》的监管。① 对于在《外国投资法》正式生效前既存的且在《外国投资法》正式生效后仍属于禁止或限制外国投资领域应当如何处理,《外国投资法(草案征求意见稿)》正文留白,但在《关于〈中华人民共和国外国投资法(草案征求意见稿)〉的说明》(以下简称《说明》)中提及了三种热议观点,即:① 实施协议控制的外国投资企业,向国务院外国投资主管部门申报其受中国投资者实际控制的,可继续保留协议控制结构,相关主体可继续开展经营活动;② 实施协议控制的外国投资企业,应当向国务院外国投资主管部门申请认定其受中国投资者实际控制;在国务院外国投资主管部门认定其受中国投资者实际控制后,可继续保留协议控制结构,相关主体可继续开展经营活动;③ 实施协议控制的外国投资企业,应当向国务院外国投资主管部门申请准入许可,国务院外国投资主管部门会同有关部门综合考虑外国投资企业的实际控制人等因素作出决定。②

结合《外国投资法(草案征求意见稿)》设置的准入管理制度和实际控制标准,我们理解《说明》提及的三种热议观点在某种程度上反映了商务部对于在《外国投资法》正式生效前既存的且在《外国投资法》正式生效后仍属于禁止或限制外国投资领域红筹架构的把握尺度,即红筹架构实际受中国投资者控制后,可继续保留协议控制结构,相关主体可继续开展经营活动;红筹架构实际受外国投资者实际控制后,属于禁止外国投资的,不应当保留,属于限制外国投资的,可以逐案考虑。为避免《说明》提及的第①、②种观点过于片面,以及第③种观点赋予主管机关过多的自由裁量权从而导致更大的不确定性,是否可以另外考虑第④种观点,即实施协议控制的外国投资企业,对于实际受中国投资者控制的,在向国务院外国投资主管部门申报后,可继续保留协议控制结构,相关主体可继续开展经营活动;对于实际受外国投资者控制的,应当向国务院外国投资主管部门申请准入许可,国务院外国投资主管部门会同有关部门综合考虑外国投资企业的实际控制人等因素作出决定。该

---

① 参见陈燕生:《〈外国投资法〉下 VIE 结构的监管变局》,载 http://mp.weixin.qq.com/s?__biz=MzAwNDU3MTcyMQ==&mid=208092180&idx=1&sn=ba81e6d7380bc64fa4fb1023f6204001&scene=1&srcid=1020h4QfxTGlj147yhLYGw5I&key=d4b25ade3662d6436aadc3c419f7d35af9a691b649dc95f81dcc8340521fc9d2d0cabd81-49fdfa3af64947078ec3ffac&ascene=1&uin=Mjg1NTg0MzAyMA%3D%3D&devicetype=webwx&version=70000001&pass_ticket=qXNKGA6nSXpno7b9h%2FdQuz5QMT5W3%2BHpUtSY0JNy4l5UWhr-b77kE%2B-DtpJrY8o63v,最后访问日期:2015 年 11 月 11 日。

② 参见《关于〈中华人民共和国外国投资法(草案征求意见稿)〉的说明》(2015 年 1 月 19 日)。

观点有待实践进一步确认。

(二)十部委发布《关于促进互联网金融健康发展的指导意见》

2015年7月14日,根据中国人民银行、工业和信息化部、公安部、财政部、国家工商总局、国务院法制办、中国银行业监督管理委员会、中国证券监督管理委员会、中国保险监督管理委员会、国家互联网信息办公室出台的《关于促进互联网金融健康发展的指导意见》(银发〔2015〕221号)的规定,股权众筹融资必须通过股权众筹融资中介机构平台(互联网网站或其他类似的电子媒介)进行,股权众筹融资业务由证监会负责监管。该指导意见的出台填补了股权众筹监管的空白,引起市场的广泛关注。

股权众筹主要是指通过互联网形式进行公开小额股权融资的活动,主体有公司(即发起人)、投资者和股权众筹融资中介机构。具体而言,是指创新创业者或小微企业通过股权众筹融资中介机构互联网平台公开募集股本的活动,具有"公开、小额、大众"的特征。① 根据规定,真正意义上合法的股权众筹平台需要获得证监会的审批同意,而一般互联网上私募的投资平台则不列为股权众筹的范畴,对于这些平台进行的非公开的募集行为,只需要满足《中华人民共和国公司法》(以下简称《公司法》)、《中华人民共和国证券法》(以下简称《证券法》)、《中华人民共和国证券投资基金法》《私募投资基金监督管理暂行办法》等有关规定即可,不用经证监会审批。2015年8月3日证监会下发的《关于对通过互联网开展股权融资活动的机构进行专项检查的通知》(证监办发〔2015〕44号),进一步明确了股权众筹的监管体系,使得许多原本的"股权众筹"平台明确了自身的定位,纷纷更名为私募股权投资平台,如36氪、蚂蚁达客等。

在当前小微企业贷款难、创业融资困难的环境下,股权众筹是新兴的融资方式,但是发展非常快速,其中的问题也逐渐暴露出来。主要的法律风险有以下几点:

(1)股权众筹平台要谨防触碰非法吸收公众存款以及擅自发行债券的红线。因为现行《证券法》规定向特定对象发行应该累积不超过200人。而如果被认定为非法吸收公众存款更是会涉及触犯刑法。获得证监会批准的股权众筹平台是否可以突破200人的限制有待进一步探讨。

(2)股权众筹是通过网络平台向公众进行融资,在网络这个虚拟的环境中,如何保证合法的资金运作、如何保证信息安全是值得考虑的问题。在目前并没有相关法律法规规制的情况下,只能依靠各方的自觉。

---

① 参见《关于对通过互联网开展股权融资活动的机构进行专项检查的通知》(证监办发〔2015〕44号)。

(3) 股权众筹合同中的法律关系难以界定。目前来看,人人投、大家投等股权众筹平台在融资项目中都是起撮合、牵线的作用。但在被誉为"股权众筹第一案"的北京飞度网络科技有限公司诉北京诺米多餐饮管理有限责任公司一案中(具体请见第四部分),原被告对于双方之间合同的定性的意见却是不同的。一方认为属于委托合同,而另一方认为属于居间合同。虽然最终北京市海淀区人民法院给出的结论是属于居间合同,但是法院也特别指出,该认定只针对本案,其余股权众筹中的合同认定可能随个案变化。那么这些股权众筹平台与融资人之间的合同究竟属于什么性质的合同?不同的合同性质的认定对于第三方投资人而言是否会有不同的权利义务?这些问题都值得进一步探讨,有待实践的标准化和规范化。

四、互联网企业对接资本市场领域的热点重大法律事件、典型案例评析

(一) 百视通吸收合并东方明珠

2015年初,A股上市公司百视通吸收合并A股上市公司东方明珠、发行股份及支付现金购买资产并募集配套100亿元人民币资金,该项目标志着A股市场领先的互联网传媒上市公司就此诞生。

案例分析:本次交易被认为是中国A股市场近年来交易金额最大的互联网传媒上市公司并购交易,此次交易由三部分组成,包括百视通换股吸收合并东方明珠、发行股份及支付现金购买标的公司股权,同时发行股份募集配套资金100亿元人民币。通过此次交易,百视通将具备包括IPTV全国内容服务牌照、互联网电视集成播控牌照与内容服务牌照、数字付费电视集成播控牌照、手机电视集成播控牌照和内容服务牌照、网络视频运营牌照、游戏游艺设备业务资质、影视剧及节目制作资质、网络游戏经营许可业务牌照等全牌照运营的市场竞争优势,覆盖"IPTV、互联网电视、数字电视、网络视频、手机电视"全媒介渠道,跨越"手机、PC、PAD、电视"四大屏幕,真正实现了互联网行业领先的"平台共享、多屏合一、全渠道覆盖"业务模式。此次交易涉及包括国资、广电总局、商务部反垄断局、中国证监会等众多部门,律师在整个重组方案进行论证、对各标的公司进行尽职调查、起草各项交易文件以及向相关监管部门沟通协调中均起到重要作用。此次交易对于传统企业通过并购重组实现互联网转型具有重要参考意义。

(二) 全国首例众筹融资案

原告北京飞度网络科技有限公司(以下简称"飞度公司")旗下经营"人人投"股权众筹平台,被告北京诺米多餐饮管理有限责任公司(以下简称"诺米多公司")委托飞度公司融资88万元,用以经营一家餐馆。融资成功后,飞度公司认为诺米多公司提供的主要交易信息即房屋权属存在权利瑕疵,信息披露不实,故依约解除了合

同,并诉至北京市海淀区人民法院,被告就原告诉请法院判令提出了反诉,认为原告恶意违约,融资主体超过法律规定的 50 人上限,融资成功后也未将融资款及时支付给被告。①

法官认为:该案中的投资人均为经过"人人投"众筹平台实名认证的会员,且人数未超过 200 人上限,不属于"公开发行证券",该案所涉及的众筹融资交易,未违反《证券法》第 10 条的规定;且《关于促进互联网金融健康发展的指导意见》《场外证券业务备案管理办法》等文件并未对该案所涉及的众筹交易行为予以禁止或给予否定性评价;飞度公司亦具备相关主体资质。鉴于飞度公司与诺米多公司签订的《委托融资服务协议》并未违反现行法律、行政法规的效力性强制性规定,海淀区人民法院认定该协议有效。飞度公司与诺米多公司之间的法律关系系居间合同关系,并判决诺米多公司给付飞度公司委托融资费用 25 200 元、违约金 15 000 元。该案明确了股权众筹的基本定位,对于股权众筹行业健康发展以及形成相对科学的裁判规则均具有重要意义。

第二节 生技医药医疗投融资律师业务

一、生技医药医疗领域投融资法律服务的回顾与展望

(一) 生技医药医疗领域投融资法律服务现状

1. 对生技医药医疗领域的界定

2012 年 7 月 9 日,国务院以国发〔2012〕28 号印发《"十二五"国家战略性新兴产业发展规划》,将生物产业列入七大战略性新兴产业。并将生物产业分为生物医药产业、生物医学工程产业、生物农业产业和生物制造产业四大板块。②

本节所讨论的生技医药医疗领域,是由生技医药和生技医疗两大部分组成。它是生物技术分别应用于医药和医疗两个方向形成,与国家战略性新兴产业规划中生物医药产业和生物医学工程产业基本对应。

其中,生物技术是指以现代生命科学理论为基础,结合其他学科的理论和研究方法,从生命的宏观至微观各层面进行的多维度研究而取得的以学术成果、研究方

---

① 参见余法:《"全国首例众筹融资案"一审宣判 海淀法院确认众筹融资合同有效》,载 http://www.chinacourt.org/article/detail/2015/09/id/1707099.shtml,最后访问日期:2015 年 11 月 11 日。

② 参见《"十二五"国家战略性新兴产业发展规划》,载 http://www.china.com.cn/policy/txt/2012-07/20/content_25968625.htm,最后访问日期:2015 年 11 月 11 日。

法和手段等形式呈现出的技术或技术体系。还包括运用已有的技术和技术体系,进行创新性研究而发现的具有新的应用转化价值或开发出具有应用转化价值的新方法、新产品、新方案、新评价体系等。

当应用生物技术研制、生产出相应的商品及服务,并且这些产品和服务形成了一定规模、体量和体系时,就构成了生物技术产业。它有两个极其重要的子产业:生物医药产业和生物医学工程产业。

其中,生物医药产业是由生物技术产业与医药产业结合形成。最新的生物医药,包括基因重组疫苗、干细胞治疗药物、基因治疗药物等。而生物技术在医疗方向延伸和发展形成了特异性诊断试剂、生物医学材料、医学信息技术、医学影像和诊断设备等生物医学工程产业的研究领域和方向。

毫无疑问,生技医药医疗领域是技术也是资本最活跃的领域,正成为也必将成为法律服务需求最旺盛的领域。

2. 生技医药医疗领域投融资的法律服务现状

(1) 服务主体。由于生技医药医疗领域的投融资,不仅会涉及专业技术问题、商业问题,也会涉及相对更加复杂的法律问题,因此,对专业的法律服务需求,更加具有普遍性和迫切性。不仅仅是需要融资的中小微企业,而作为财务投资人的机构投资者和实体投资的投资者,在投资过程中也非常需要和看重专业的法律服务。

特别是对中小微企业而言,它们一般都是资金的需要方。尽管它们的创始人可能是某一技术领域的翘楚,但是可能对投资、法律等专业方面缺乏足够的背景知识,在面对机构投资人时常常缺乏足够的自信。总的来说,中小微企业在投资的专业知识、资金实力、专业人才、商业经验等方面,均无法与强势的机构投资者抗衡。因此,他们对律师的依赖有时不仅仅是技术上的,甚至是心理上的。

(2) 服务阶段。生技医药医疗领域的投融资,从形式上看,既包含债权融资,也包含股权融资,抑或两者兼而有之。律师为客户提供的法律服务,既可以在债权融资中的贷前、贷后的任何一个阶段或全部阶段,也可以在股权融资中的投前、投中、投后的任何一个阶段或全部阶段。

(3) 服务内容。第一,从法律服务类型分,既有常规的企业常年法律顾问工作内容,又包含投融资专项法律服务的工作内容,以及其他专项法律服务内容。第二,从法律关系类型分,既有以借贷法律关系为核心的债权融资法律服务内容,也有以股权关系为核心的股权融资法律服务内容。第三,从投融资方式分,既有以普通投资为主的法律服务,也有以并购为主的法律服务,以及以新三板、IPO、定向增发、换股、境外上市等为主题的法律服务。第四,从法律技术手段分,既有提供尽职调查工作,也有提供草拟对赌协议、增资协议、股权转让协议等法律文件的工作。

（二）生技医药医疗领域投融资法律服务展望

1. 生技医药医疗领域未来发展空间和可预期投资量,决定了该领域的法律服务需求量和提升空间巨大

根据国务院国发〔2012〕65号《生物产业发展规划》提供的数据,我国在"十一五"期间,生物产业产值以年均22.9%的速度增长,2011年实现总产值约2万亿元。2013—2015年,生物产业产值年均增速保持在20%以上。①

《生物产业发展规划》还提出"到2015年,生物产业增加值占国内生产总值的比重比2010年翻一番,工业增加值率显著提升"的发展目标,并提出了"以满足不断增长的健康需求和增强产业竞争力为目标,组织实施生物技术药物发展等行动计划,通过完善新药研制基础支撑平台和共性技术平台、开展产业化示范应用等,全面提升生物医药企业的创新能力和产品质量管理能力,做大做强生物医药产业。2013－2015年,生物医药产业产值年均增速达到20%以上"和"围绕预防、诊断、治疗、手术、急救、康复等医疗、家庭和个人保健市场的需求,组织实施高性能医学装备产业化行动计划,支持以优势整机制造企业牵头带动产业链协同创新发展,大力推进生命科学技术与数字化、新材料等技术交叉融合,重点研发核心部件、基础材料和关键技术,发展高性能医学装备、高质量组织工程植介入产品和康复产品、先进体外诊断产品,显著提高我国生物医学工程产业的市场竞争力。到2015年,生物医学工程产业年产值达到4 000亿元"的重点领域和主要任务。②

2015年10月29日,《中国共产党第十八届中央委员会第五次全体会议公报》再次提出"健康中国"概念,并将其上升到国家战略层面。公报提出的"推进健康中国建设,深化医药卫生体制改革,理顺药品价格,实行医疗、医保、医药联动,建立覆盖城乡的基本医疗卫生制度和现代医院管理制度,实施食品安全战略"③的会议精神,再次将生技医药医疗与国计民生,以更为紧密的方式联系起来。

我们有充分的理由期待:未来生技医药医疗领域的发展将以前所未有的发展速度呈现,伴随而来的必将是该领域投融资市场的繁荣和法律服务需求的强劲。

2. 生技医药医疗投融资领域的特点,决定了其法律服务需求量和提升空间巨大

生技医药医疗领域具有多行政部门交叉管理、共同管理的行业特点。从项目立

---

① 参见《国务院关于印发生物产业发展规划的通知》(国发〔2012〕65号),载http://www.gov.cn/zwgk/2013-01/06/content_2305639.htm,最后访问日期:2015年11月11日。
② 参见《国务院关于印发生物产业发展规划的通知》(国发〔2012〕65号),载http://www.gov.cn/zwgk/2013-01/06/content_2305639.htm,最后访问日期:2015年11月11日。
③ 《中国共产党第十八届中央委员会第五次全体会议公报》,载http://news.xinhuanet.com/fortune/2015-10/29/c_1116983078.htm,最后访问日期:2015年11月11日。

项和投资、主体的设立批准、产品注册管理、产品生产管理、销售渠道管理、销售价格管理等,会涉及发改、卫计、药监、商务、人社等部门。其投融资管理,还可能涉及国资、银监、证监、商务、外管等部门。

因此,生技医药医疗企业的运营、投融资等行为,无可避免地涉及诸多的行政权力监管。需要处理的法律事务,除了会涉及一般的民商事法律问题外,还会涉及更多的法律部门、行政法规和规章,以及众多的规范性文件。其法律事务的复杂性,也决定了生技医药医疗投融资领域的法律需求巨大、其律师工作的不可替代。

二、生技医药医疗领域投融资律师相关业务的发展和创新

(一) 生技医药医疗领域投融资的新趋势和新模式①

法律服务需求,具有伴生性。其需求量,依赖于生技医药医疗领域的投融资的总量;其服务形式和内容,依赖于生技医药医疗领域投融资的商业化模式。随着投融资方式的变化、演进,必然会对法律服务提出新的要求。因此,要做好生技医药医疗投融资的法律服务,应当关注生技医药医疗领域的投融资趋势和模式。

近年来,生技医药医疗领域投融资领域呈现出哪些新趋势和新模式呢?

1. 投资并购目的的多样性

既有为了实现战略调整、产品结构优化、产业链的打造目的;也有市值管理、分散投资风险、强化细分行业优势、进军新投资领域的需求;甚至是为了应对专利断崖、保持技术上的持续优势和延续技术上的垄断地位等;抑或是多种目的兼而有之。

投资并购目的的不同,可能导致对标的公司选择不同、交易结构设计不同、风险控制要求不同。这些差异,最终都会反映在对法律服务的具体要求上,需要律师认真分析、体会和落实。

2. 更加注重大型实体之间的联合和整合

不仅表现在大型医药企业间的并购整合,也表现在研发企业和生产企业之间的并购整合,还包括与非企业法人主体、非政府组织之间的合作。比较突出的是,企业与高校、科研院所之间的多种形式的产学研合作。

3. 更加注重具有产业融合背景的新领域投资或并购

投资者对移动医疗、可穿戴治疗监测设备、医疗大数据等领域有着极为浓厚的兴趣和极大的包容力。

4. 对知识产权质押贷款的需要逐年增加,体量也逐年扩大

---

① 参见夏巍:《生技医药企业投资并购趋势与法律应对》,载邹毅、黄玲主编:《信息网络与高新技术法律前沿》(第八卷),上海交通大学出版社2014年版,第251—254页。

5. 债权、股权投资并用

根据标的公司的不同情况和不同阶段,债权投资和股权投资灵活使用、融合使用。既有先债后股,也有先股后债的;既有债转股,也有股转债的。并形成了"期权贷"等一些新的金融产品。

6. 股权投资(含并购)的交易结构的复杂化

由于生技医药医疗领域的股权投资(含并购)案例所涉交易体量和交易额较大,为了控制投资方或收购方的风险,在交易结构的设计上有复杂化的趋势,除主协议复杂性提高外,子协议和补充协议增多。

7. 投资和并购共存、并重

对生技医药医疗领域而言,投资和并购是共存的,从体量上讲,并购可能还略多一些。总体上讲,投资多发生在前期,并购多发生在后期。只有少数企业,才能真正从小企业成长为大企业。

对实施并购的实体企业而言,并购无疑是快速地承接被并购方技术、资质、产品、市场,进行产业链整合,或进军新领域的时间成本最低、门槛最低的方式。但毕竟并购是一个企业融入另一个企业,被并购企业的独特的文化和生态,必然失去了其独立性和后续发展的机会。对行业生态而言,可能会影响行业中企业的多样性,进而影响整合行业的活力。

8. "思科+红杉资本"式的协同投资并购模式正演化成型,初见端倪

即行业中实体巨头,根据自己的需要寻找新技术公司作为目标企业。引入风投机构,对目标企业进行孵化和培育。孵化成功后,再出售给实体企业投资、并购等。

目前,已有生技医药医疗领域的上市公司,出资独立或联合其他机构设立风投基金,定向为其筛选、孵化、培育适合的目标公司作为其并购标的。

上述投融资的新趋势,应当引起重视。其必将为律师的法律服务提出新的要求。

(二) 生技医药医疗领域投融资法律服务的创新要求①

1. 对技术的关注

生技医药医疗领域投融资发展的新趋势,要求律师对技术本身更加关注。因为新技术和新热点的出现,会催生出新的企业,也就会出现新的投融资主体和新的并购标的。同时,也催生出新的产业整合需求。对技术问题的关注和研究,最终会对法律问题的研判产生至关重要的影响。

2. 对法律法规和政策的研判

---

① 参见夏巍:《生技医药企业投资并购趋势与法律应对》,载邹毅、黄玲主编:《信息网络与高新技术法律前沿》(第八卷),上海交通大学出版社2014年版,第251—254页。

生技医药医疗领域投融资发展的新趋势,要求律师对国家医药行业和资本市场的相关法律、法规、政策及其调整,加强研读和预判。

生技医药医疗领域的投融资重要风险之一,来自国家对生技医药医疗行业和资本市场的相关政策的变化。这种政策调整的不确定性,对投资并购方、目标企业而言,几乎是无法克服的。唯一可以做的是加强对法律、法规及宏观政策层面的关注和研究,以期提高对政策变化的预见性和应对能力。

3. 对投融资之交易结构的驾驭

生技医药医疗领域投融资发展的新趋势,要求律师提高对投融资交易结构的驾驭能力。特别是面对交易结构复杂化的趋势,律师只有深度理解交易结构,才能驾驭复杂交易。更有甚者,有些客户已经向律师提出帮助其构建新的交易模式的服务需求。

4. 对法律技术和手段的纯熟运用

生技医药医疗领域投融资发展的新趋势,要求律师对具体的法律技术和手段要加强研究,对其熟悉并能综合、适当使用。例如,会要求律师更高质量地完成尽职调查工作、对赌协议的适当使用、拟定高质量的投资并购协议等。同时,会提出更多的尝试新法律技术的运用,例如反向尽职调查等。

5. 设计新的投融资产品

作为投融资中重要的一极——资金方,特别是有多个牌照的金融机构,一直试图改变自己在针对中小微企业融资贷款中屡屡被诟病的地位,呼唤更多、更为符合其诉求的金融产品。由此产生了新的法律服务需求,即要求律师参与设计、论证新的投融资产品。

三、生技医药医疗领域投融资的热点法律问题和立法建议

(一)生技医药医疗领域投融资热点中的法律问题

(1)近年来,生技医药医疗领域的热点事件之一,是基因检测的临床使用被食品药品监督管理总局和国家卫生和计划生育委员会紧急叫停。2014年2月,国家食品药品监督管理总局、国家卫生和计划生育委员会联合发出《关于加强临床使用基因测序相关产品和技术管理的通知》,要求"在相关的准入标准、管理规范出台以前,任何医疗机构不得开展基因测序临床应用,已经开展的,要立即停止"①。

"叫停令"的实质,是对绝大多数基因测序企业在法律上合法性的强烈质疑,甚至是否定。这也意味着对该类企业投资的法律风险水平急剧增高,这必然导致在这

---

① 《关于加强临床使用基因测序相关产品和技术管理的通知》,载 http://www.sda.gov.cn/WS01/CL0845/96853.html,最后访问日期:2015年11月11日。

类企业投资速度上的急刹车,投资时程延长。

需要注意的是,相关部门发出"叫停令"的动因是"包括产前基因检测在内的基因测序相关产品和技术属于当代前沿技术研究范畴,涉及伦理、隐私和人类遗传资源保护、生物安全以及医疗机构开展基因诊断服务技术管理、价格、质量监管等问题"[1],但是,几乎没有相应的法律、法规和政策规制,进而导致行业乱象丛生。

一方面是行业乱象,另一方面是市场急迫强烈的需求,都在呼唤法律和规范的出台。

(2)另外一个热点事件是2014年8月29日,国家卫生和计划生育委员会发出《关于推进医疗机构远程医疗服务的意见》,要求"非医疗机构不得开展远程医疗服务"[2],被认为是对好大夫在线、春雨医生等在线医疗平台的限制,对移动医疗的投融资也似一瓢冷水。

但是,移动医疗的迅猛发展,在线医疗平台实际运行情况,都与该意见不相和谐。移动医疗平台提供的中介服务与诊疗服务的边界,需要在法律、法规层面上界定。

(二) 立法建议[3]

(1)建议加快建立对遗传资源的保护问题、生物安全性评价等问题上的立法工作。目前,我国在对遗传资源的保护问题、生物安全性评价等问题上,缺乏法律和技术层面的规制。特别是在生物安全性评价方面,缺乏完善的、操作性强的规范,对利用基因工程的技术研发、生产的药物、疫苗等生物安全性的评价迟迟无法完成,影响转化和终端使用。

(2)建议加快对基因测序的安全性、有效性和风险性的系统评估评价的法律体系和技术规范的建立。

(3)建议加快制定对基因测序服务中个人隐私保护方面的法律规范。通过基因测序,可以很容易获得某一特定个体的全部遗传信息。这些特定信息如保护不当,有可能导致多方面的风险和其他负面影响。

因此,在对开展基因测序机构的主体资格、技术规范、保密措施、人员培训、患者知情权方面,应当有明确的法律规范和技术规范进行规制。特别是对血样采集程

---

[1] 《关于加强临床使用基因测序相关产品和技术管理的通知》,载 http://www.sda.gov.cn/WS01/CL0845/96853.html,最后访问日期:2015年11月11日。
[2] 《关于推进医疗机构远程医疗服务的意见》,载 http://www.moh.gov.cn/yzygj/s3593g/201408/f7cbfe331e78410fb43d9b4c61c4e4bd.shtml,最后访问日期:2015年11月11日。
[3] 参见夏巍:《我国基因测序技术之体外诊断发展方向的法律判断》,载车捷、邹毅主编:《信息网络与高新技术法律前沿》(第九卷),上海交通大学出版社2015年版,第26—30页。

序、保管方法、测序报告的出具、测序报告的保存、测序报告送达、大数据使用等方面,应有所考虑。

此外,建议加快建立对移动医疗平台提供的中介服务与诊疗服务边界的法律评判依据。

第三节　电子商务律师业务

一、电子商务法务领域法律服务的回顾与展望

狭义的电子商务法务主要表现为与网络交易直接相关的法律事务[①],其与支付环节衍生的互联网金融、交易各方主体创设和投融资相关的资本市场、商业模式和知识产权、个人信息保护相关的信息网络安全实务等广义的电子商务法务共同构筑和呈现了电子商务法律服务的纷繁全景。本节主要围绕狭义电子商务法务展开。

通过尝试回顾和捕捉2014—2015年以来电子商务法律服务领域的一些特点和亮点,可以对未来的发展趋势作出适度展望:

(一)法律服务主体的多元化趋势

(1)多部门机构、地方、试点的立法尝试,提供了电子商务法律服务的规则依据,在我国现行法律体系下,这些构成了电子商务领域法律服务的重要特色。据不完全统计(不区分立法主体性质和立法层级),包括人大、国务院、最高人民法院、商务、工信、公安、工商、交通、邮政、食药监管、海关、央行、银监会等有关部门、地方政府,以及自贸区以先行先试等形式参与了电子商务立法和执法,试图以导向、指引和禁止规定等方式实现电子商务的有序、良性发展,但随着电子商务业态和信息技术发展的无限可能,蜂拥式的立法放大了传统的监管重复、监管缺失弊病,打通监管壁垒和整合市场监管势在必行。

(2)律师作为规则实践和有效性验证的主体和素材提供者,同时更是社会化法律服务的主力,其提供电子商务法律服务,是传统民商事、经济法律服务在信息网络社会的自然延伸;信息技术与民商事法律服务的加速整合,又衍生和创新了法律服务的表现形式。电子商务法务实践表明,电子商务交易模式和信息技术发展有利于

---

① 第三方咨询机构艾瑞咨询统计数据显示,2015年第一季度中国电子商务市场整体交易规模达3.48万亿元,其中移动购物市场规模达3623.4亿元。另据数据显示,企业间电子商务仍然占主导地位,整体占比75.7%;网络购物交易规模占比增长到21.8%。根据国家统计局2015年第一季度公布的社会消费品零售总额数据,网络购物交易额大致相当于社会消费品零售总额的10.7%(载http://report.iresearch.cn/html/20150519/250056.shtml,最后访问日期:2015年10月8日)。

提升律师职业的专业性,有利于实现法律服务分工的精细化,有利于律师法律服务技术的丰富和提升。

(3) 值得注意的是,以腾讯、阿里巴巴、华为等为代表的电子商务服务平台,通过利用信息技术优势设立电子商务法务的研究机构(如腾讯研究院)、发布报告和研讨、提案建言等方式,除了论证其自身运营模式的合法性、推广标准化、规避法律风险和创新交易外,已在实际影响规则的制定和实施,甚至在某种程度上以自有规则分配交易买卖双方的权利义务,行使着网络交易的自由裁量权。掌握或拥有信息关键基础设施的混合所有制或私营、跨境电子商务主体参与和争夺法律服务话语权、制定"游戏规则",不同于传统领域关键基础设施行业国有企业制定的"游戏规则"单一性和排他性,体现出利益驱动下的电子商务领域法律服务主体多元化趋势。

(二) 服务类型和内容的多维度扩展

1. 基于网络交易过程

电子商务领域的法律服务已经逐步涵盖了传统民商事领域的基本类型,借用信息技术行业术语"生命周期"的概念和表述,涉及数据电文与电子合同、电子支付、产品质量与消费者权益保护、纠纷解决(特别是争议网络解决、电子数据证据)、电子商务税收、不正当竞争与垄断,以及知识产权保护、隐私和可识别个人信息安全保护、跨境电子商务等电子商务业态的全过程。

同时,这一领域的法律服务又体现出有别于传统民商事的特点,包括:

(1) 创设了众多的权利客体内容,如域名、商业模式知识产权等,需要通过立法和个案的系统性保护。

(2) 由于网络交易过程的无形化,在实现交易便捷的同时增加了交易各方特别是买方的交易风险和维权成本,如交易对方身份识别、资金安全、产品质量保障以及所有相关证据的有效性和效力问题等。

(3) 特别突出的是个人信息保护与合法利用的重要性问题。将可识别个人信息和隐私进行区分立法和保护是信息网络社会才开始深入思考的问题,传统的信息泄露和利用局限于特定数据收集主体和特定范围的滥用和权益损害,在电子商务领域则可能为海量的不特定数据收集主体的普遍应用和人身、财产权益的双重损害。大数据分析使得数据匿名化利用成为可能(数据是电子商务的核心价值,也是电子商务业态的重要形式,如基于位置或偏好的电子商务服务),但同时个人信息的数据组合或关联给出了个人活动的全貌,加剧了电子商务交易方的参与顾虑,特别是对交易安全及个人信息安全的顾虑。

(4) 不正当竞争手段多样化、虚拟化并隐匿化和基于网络聚集效应、细分市场的经营垄断难于认定的问题,等等。这些都将传统民商事法律服务中可能是零散或边缘的业务带入了法律服务市场的中心乃至前沿。

2. 基于技术和应用发展趋势

从信息技术的发展应用角度,法律服务正在努力追赶和实现与移动平台、传统行业延伸(如物联网、大数据等概念)的协调,以尽力弥合因滞后立法、应急立法导致的法律后果缺失和失衡。特别是移动平台、近场支付技术(NFC)、可穿戴设备的广泛应用,已经对电子商务的交易过程产生颠覆性影响(如从基于网页的有形或标准产品、服务转换为手机应用的交通、社区等定制化的O2O服务),由此产生的诸如服务合规性(如对行政许可的规避与突破,案例可参见"专车第一案")、服务水平标准与评估(系关消费者财产和人身权益保护)、基于行为趋势预测推送服务甚至实施提前干预的合法性问题等都应当合理预见和开展探讨。

3. 基于电子商务整体性的支撑服务

除继续深耕和细化上述类型和内容外,还可特别考虑从以下方面创新法律服务,助推电子商务持续、健康发展:

(1) 电子商务模式创新和保护,如通过立法推动和个案尝试专利保护的可行性,论证和研判版权保护的合理性等。①

(2) 考虑信息网络的聚集效应,电子商务领域可能易于进行反不正当竞争和反垄断的法律服务尝试。

(3) 电子商务平台的规范化,通过对接现行法律制度和平台服务协议,界定平台义务的边界与除外适用情形、创新交易担保和其他信用机制、完善先行负责和引入第三方机构中介角色安排。

(4) 满足各方交易主体(包括线上到线下的数据流、物流的交易链的所有参与方)的合规要求,实现交易便捷化的同时确保产品和服务的质量安全、交易各方的信息和资产安全,及特别是应对各国基于安全利益等复杂政策因素,给出数据本地化存储和跨境流动的合规建议和落地方案。

上述法律服务的展望在2015年8月国务院印发的《关于推进国内贸易流通现代化建设法治化营商环境的意见》中多有体现,该意见的规定也为电子商务法务的发展提供了更多契机。②

---

① 2014年新加坡修订《版权法》,强化了对权利人的保护,如有权向法庭申请永久禁令强制断开侵权网站的链接,据信可以减少和降低版权侵权网站和欺诈网站的数量,可在确认交易主体(特别是交易平台、卖方真实身份)等方面借鉴。

② 参见《关于推进国内贸易流通现代化建设法治化营商环境的意见》,载http://www.gov.cn/zhengce/content/2015-08/28/content_10124.htm,最后访问日期:2015年10月8日。

二、电子商务法务领域律师相关业务的发展和创新

(一) 律师业务发展的形式创新要求

围绕电子商务领域的法律业务,律师行业一方面全方位深度介入,同时也在不断接受电子商务模式和信息技术的冲击与改造,一些律师事务所、律师个人甚至商业公司在尝试不同模式与法律服务方式的法律电商工作。特别是2015年以来,已经涌现了一些通过引入股权基金、律所对外投资等形式架设法律服务平台创新和丰富律师业务的个案[①],某程度上倒逼律所和律师自身成为电子商务的交易主体和创新受益者。律所和律师业务的平台化和网络化,已经形成两种貌似截然相反的行为趋势:一种观点认为,律师业务的低频度、平台化可能导致法律服务品牌和区域差异的弱化,同时突出律师个人的服务质量(所谓的大所消亡);另一种观点则认为,借助于信息技术的标准化和模块化,将在可预见的期限内消灭低端(特别是非诉)法律业务。无论如何,第三方法律服务平台的背后都是律所、律师和资本市场的联合推手,可以预见这些创新服务方式和针对电商用户的不断优化将无可争议地推动律师业务的长足发展。

(二) 律师业务实质内容的发展与创新

律师作为法律服务市场化主体,面对电子商务的丰富业态及其所依赖的信息技术的快速发展,在网络交易全程和应对信息技术发展中的业务活动日益活跃:

(1) 通过将合同法特别是格式合同法律规定和司法解释运用于解决"团购""秒杀""海淘""代购"等营销模式,区分交易各方在复杂电子商务模式下的权利义务,解决法律风险。

(2) 通过交易架构设计和协议安排,实现电子商务营销、推广和运行模式的规范化,尝试解决"众筹""推送"(作为"点击"服务的升级形式)等主体架构、模式复制、营销推广的合法性问题。针对现有法律对电子商务模式的保护机制尚不完善,进而导致创新不足的问题,通过协议安排不失为权宜之计,业务实践中广泛采用多方股权协议、许可协议及其复合等方式引入和复制交易模式。

(3) 以自贸区等试点的规定和实践为依托,引导境内传统产业的网络化转型,和境外电子商务企业的本地化合规(如应对网络安全法等规定和数据主权等概念的

---

① 参见王开广:《赢了网靠什么吸引腾讯》,载法制网 http://epaper.legaldaily.com.cn/fzrb/content/20150805/Articel06002GN.htm,最后访问日期:2015年10月8日。

符合性需求)①,提升电商跨境业务服务水平②,并借力于跨境电商和业务平台化机遇实现律师业务的国际化。

(4)由于电子商务模式的复制成本低廉和交易对象同质化,不正当竞争与传统行业相比具有多样化、虚拟化和隐匿化的特点,争议各方可能涉及网络交易平台之间(特别是围绕域名所有权和服务接入资源)、网络交易平台的经营者与权利所有人/持有人之间(围绕商标所有权、著作权,体现为假冒等侵权,最终侵害了消费者权益),而不同法院对网络交易平台审核义务的判定尺度存在差异;信息技术伴生的聚集效应导致在电子商务任意细分领域"要么第一,要么消亡"的特性,如何认定经营垄断和促进创新(如优酷土豆合并、滴滴快的合并、携程入股同程并换股去哪儿),都为律师开展电子商务领域业务提供了广阔的发挥空间。

(5)针对电子商务对既有监管的挑战和规范电子商务运营风险的考虑,律师参与和论证规则制定和有效性的业务活动贯穿了交易运营的全程,一方面通过个案维护当事人合法权益,另一方面给予规则制定的合理建议③,在交易模式规范和个案诉求利益最大化等多个层面实现业务创新。

(6)应对电子商务等商事争议为主要解决标的的网络仲裁④,通过网络化和电子数据证据规则的应用实现对接,也正通过网络仲裁的快速有效解决机制实现电子商务领域业务的法制化发展。

三、电子商务法务领域的热点法律问题研究和立法建议

电子商务法律服务领域的热点问题,主要包括:电子商务法立法、电子商务创业创新、实名制和个人信息保护、移动营销、假冒与消费者权益保护、支付安全、不正当竞争、税收征收与优惠、跨境电商、电子数据证据等。

(一)电子商务法的起草与讨论

立法前期工作实现了对包括电子商务监管体制、电子商务市场准入与退出、数

---

① 跨国科技公司已在深入研判和应对,并已采取了早期初步措施。如苹果 iCloud 生产流量割接至中国电信云存储服务,但仍然在 2015 年 9 月爆发了 XCodeGhost 木马感染事件。载 http://www.cnet.com/news/apple-storing-icloud-data-in-china-report-says/,http://tech.sina.com.cn/mobile/n/n/2015-09-22/doc-ifxhytwu5839274.shtml,最后访问日期:2015 年 10 月 8 日。

② 参见李映民、安致标、冷静:《网购商品无中文说明 一消费者状告销售商及当当网》,载 http://www.chinanews.com/it/2014/11-05/6756173.shtml,最后访问日期:2015 年 10 月 8 日。

③ 参见《专车第一案》,载 http://news.sina.com.cn/c/zg/ztx/2015-04-15/1243921.html,最后访问日期:2015 年 10 月 8 日;尧异:《滴滴拿到第一张专车牌照》,载 http://business.sohu.com/20151009/n422779670.shtml,最后访问日期:2015 年 10 月 8 日。两起事件紧密关联。

④ 中国国际经济贸易仲裁委员会、广州仲裁委员会牵头设立的中国互联网仲裁联盟等网络仲裁机制已在运转。

据电文和电子合同问题、电子商务支付、知识产权保护、电子商务税收、电子商务纠纷解决机制、消费者权益保护、信息安全保障、跨境电子商务、电子商务产品质量监管、快递与电子商务协调发展、电子商务可信交易环境等电子商务法律课题的全覆盖①,并产生了多个建议稿,已经不能仅视为《网络交易管理办法》的升级版。以备受关注的消费者权益保护"首问负责制"为例,建议立法应区分和衔接电子商务平台和监管机构的首问负责,降低消费者启动首问追责的门槛。应考虑与各部门、地方不同层级的立法和监管实践对比梳理,统一立法和及时清理,避免产生规定冲突、层级错乱或无法落实等问题;考虑电子商务业态发展的无限可能性,避免被动的应急立法和迟延立法的弊病。

（二）电子商务领域的创业创新

2015年5月国务院发布的《关于大力发展电子商务加快培育经济新动力的意见》,电子商务无疑成为实现大众创业、万众创新的主要空间,无论是渗透或是颠覆方式,都将对传统产品、服务模式产生深远影响,如O2O的专车服务、社区服务、微信拍卖等。对此方面的立法应遵循电子商务行业发展的自身规律,允许和包容不同模式的先行先试,充分利用市场的优化配置机制形成规则,同时倡导多方社会力量参与立法实践,避免过于依赖或照搬单一电子商务平台的现成经验。以专车服务为例,立法首先可考虑交通运输部门出台全国性互联网约车监管框架(包含主体定性、市场准入、监管标准、责任承担等,交由利害相关方讨论)。其次,鉴于打车软件平台在专车模式中的核心地位,应限制其滥用避风港条款规避责任。还需实现包括司机的准入门槛、筛选、培训、考核、淘汰机制、服务保障制度等在内的标准化。另外,可以建立诚信评价机制和惩戒机制,并通过资源共享提高行业透明度,实现对驾驶员、车辆身份识别,车辆运营状态监控,提高专车运营的安全性和维护消费者权益。

（三）实名制与个人信息保护

继全国人大常委会2012年年底通过《关于加强网络信息保护的决定》后,最高人民法院《关于审理利用信息网络侵害人身权益民事纠纷案件适用法律若干问题的规定》、工信部《电话用户真实身份信息登记规定》和《电信和互联网用户个人信息保护规定》等分别从司法解释和行政执法层面进行了解读和细化规定,2015年2月国家互联网信息办公室发布的《互联网用户账号名称管理规定》体现了这一领域的最新成就。实名制与个人信息保护是同一法律问题的不同方面,通过实名注册登记

---

① 参见侯云龙、方烨:《电子商务法"重点关照"三大问题》,载 http://jjckb. xinhuanet. com/2015 - 01/07/content_533532. htm？ADUIN = 344981970&ADSESSION = 1420595423&ADTAG = CLIENT. QQ. 5311 _. 0&ADPUBNO = 26327,最后访问日期:2015年10月8日。

的方式保护个人信息安全与允许匿名化、规范数据组合/关联的应用(数据已被视为电子商务的核心资产)不应偏废,现有法律规定导致数据消费主体(同时也是电子商务的主要参与方)的两种行为趋势:一是各类实体对个人数据的广泛收集和滥用;另一种则是机械的存储和一律排斥应用,实际上不利于电子商务的模式创新,也无法实际制止对个人数据的非法使用。在立法上应审慎考虑强制全面的实名制可能引入个人信息安全风险,除特别规定信息泄露的直接法律后果和界定各方责任外[①],更应分析由此可能导致消费者因顾虑实名制而抑制电子商务活动的参与度问题。

(四)以微信为代表的移动营销

微信等移动营销模式的普遍应用,降低了网络交易的成本门槛,符合创新创业的政策预期,同时也催生了产品质量、服务滞后等问题,特别是微信推广对商品服务的描述不能符合修订后《中华人民共和国广告法》等的要求,存在欺诈、虚假或者引人误解的现象,也难以符合"任何单位或者个人未经当事人同意或者请求,不得向其住宅、交通工具等发送广告,也不得以电子信息方式向其发送广告"等规定(争议之一在于如何界定是属于广告发布还是发送),处于监管的灰色地带。

(五)消费者权益保护的突出问题

虚假营销及与消费者权益保护有关的,突出表现为假冒等欺诈行为严重影响了消费者体验,阻碍了电子商务的良性发展。如《关于对阿里巴巴集团进行行政指导工作情况的白皮书》及其法律效力的争议,在2015年至少演变为两个境外诉讼[一个是代表投资人的律师事务所集体诉讼,另一个为奢侈品牌开云集团(Kering SA)起诉假冒],这些诉讼所牵涉的假冒商品和金额仅是电子商务平台所经历的各种侵权行为的冰山一角。假冒侵权治理事关经营者和服务平台的电子商务诚信建设,与个人信用共同构成了电子商务诚信体系的两极。这些牵涉多方的复杂侵害消费者权益的行为需要《侵害消费者权益行为处罚办法》和更高层级立法的合力破解,特别是打通监管壁垒和建立电子商务法的综合治理,对网络服务平台的避风港原则应当合理规定例外情形,即如何界定"知道""收益"及因果关系等。

(六)支付安全

在线支付涉及交易双方、支付平台、银行、电子认证机构等多方主体,第三方支付平台在其中起关键性作用,并不断通过创新支付方式提升交易的便捷与安全。受

---

① 参见陈博:《携程被曝漏洞可致信用卡信息泄露》,载 http://news.xinhuanet.com/video/2014-03/24/c_126305820.htm,最后访问日期:2015年10月11日;唐明、连宏霞:《网友曝支付宝存在安全漏洞》,载 http://money.163.com/15/1011/17/B5LOJHOG00254TI5.html,最后访问日期:2015年10月11日。

限于《非金融机构支付服务管理办法》等规定的银行业严格监管和银行卡技术,第三方支付平台的发展实际上受到创新与安全的双重限制;监管部门对其信用支付工具、沉淀资金使用的合法性存在质疑,但尚未具体确定第三方支付平台在创设信用支付工具(如典型的针对比特币等虚拟货币的不允许、不监管政策)①、沉淀资金使用过程中的责任和义务;而对非授权支付和侵犯个人信息所导致的资金和人身权利损失也缺乏规范,这些问题都需要通过电子商务的最佳实践标准化和规范化。

(七)不正当竞争

与传统不正当竞争行为相比,电子商务领域的不正当竞争具有多样化、虚拟化和隐匿化的特点,突出表现为商誉诋毁、技术措施干扰(如流量劫持等,参见第四部分)、域名商标抢注与(版权)侵权等行为,如典型的"双十一""双十二"申请商标注册和相关争议,百度诉搜狗不正当竞争系列案等。而电子商务模式的可复制性等导致隐秘侵权、细分市场的经营垄断更是对行业的创新激励造成负面影响,都迫切需要反不正当竞争法作出正面回应,例如增设侵权情形和增加定额赔偿标准等。同时,2014年年底最高人民法院对奇虎360与腾讯系列案的判决和北京百度网讯科技有限公司诉青岛奥商网络技术有限公司等不正当竞争纠纷案②(非典型狭义电子商务案例)中对细分市场的认定方式具有一定的指导意义。

(八)税收征收

尽管电子商务(个人)经营者针对网络交易的税收征收存在合理预期,但2015年5月国家税务总局发布的《关于坚持依法治税更好服务经济发展的意见》通过暂停"新业态纳税评估"暂缓了短期征收的实施可能性,从而一般意义上的C2C、O2O业务经营者得以喘息,但与之相关的包括"海淘""代购"或是"跨境通"等业务的税收争议事实上并未得到解决。究其考虑,可能一方面是配合创业创新的需要,另一方面则是进一步探讨税率和征缴方式的必要,但网络交易税收征管应遵循的税收法定、税收中性、税收公平基本原则应先予明确,同时建议构建网络交易税收法律体系,如对常设机构、所得来源及居民等概念的内涵外延,对纳税主体的界定、对征税对象的认定以及纳税地点、纳税期限的确认等税收要素的规定进行适当调整与补充;完善网络交易税务登记、网上报税系统和规范电子发票,实现税收征管的网

---

① 参见《人民银行等五部委发布关于防范比特币风险的通知》,载http://www.gov.cn/gzdt/2013-12/05/content_2542751.htm,最后访问日期:2015年10月12日。

② 参见最高人民法院指导案例第45号:"北京百度网讯科技有限公司诉青岛奥商网络技术有限公司等不正当竞争纠纷案",载http://www.court.gov.cn/shenpan-xiangqing-14243.html,最后访问日期:2015年10月12日。

络化。

（九）跨境电商

2014年被称为跨境电商元年，而随着2015年以来试点和监管推进，跨境电商的发展正在经历多重法律风险的考验：

（1）尽管海关总署《关于跨境贸易电子商务进出境货物、物品有关监管事宜的公告》作出了对"直购进口"与"网购保税"等跨境电子商务模式有利的解读，但对"海淘""代购"等模式的限制和监管正在逐步强化，中小规模跨境电商主体的生存空间受到严重挤压，一味地严格监管是否可能导致跨境电商的不充分竞争和抑制创新，有悖于创业创新引导政策和统一市场的形成，需要进行充分的立法前期评估。

（2）由于涉及多国主体和不同法域，跨境电商的标的物质量、卫生检验检疫尚有待规范。以食品安全为例，其涉及基于技术中立性的物联网技术的运用和产品供应链可追溯制度的建立。

（3）跨境电商面临境内网络安全法和境外母国的多重监管的符合性要求，需要设定过渡期实现数据的备份和本地化存储要求。

（十）格式合同与电子数据证据

电子数据证据的规范运用是电子商务法制化建设的保证，其中首当其冲的是数据电文、电子合同及相关的格式合同问题。与电子商务有关的常规争议主要与合同的形式和执行相关。由于规范指引的非强制性，导致交易主体（主要是平台和卖方）设定的格式合同的普遍适用。

（1）尽管《关于适用〈中华人民共和国合同法〉若干问题的解释》等对格式合同的效力进行了细化规定，但立法尚应考虑区分行业的服务水平协议（SLA:应区分行业，如TMT行业的服务水平应区别于电子商务的产品、服务要求）标准和平衡各方利益的指导版本。这一方面，《网络交易平台合同格式条款规范指引》的推广和参照具有重要意义。

（2）对于如何确定格式合同的成立和生效，考虑到网络交易技术与相关服务协议、隐私政策等合同类文件的复杂性和相对人的认知和行为能力（表现为网络或技术故障、点击错误等），是否增加二次确认作为合理方式以降低单方取消订单等违约或合同无效争议[1]，都需要深入探讨。

（3）如格式合同所依赖的相关技术对于大众而言无法了解和理解，可以进行举证责任倒置，从而使得各方的诉讼地位和力量相对平等。

---

[1] 参见黄洁：《亚马逊单方取消订单法院认定无效》，载http://www.legaldaily.com.cn/index_article/content/2013-03/15/content_4279544.htm? node=5955，最后访问日期：2015年10月12日。

(4) 纠纷解决机制中的纠纷管辖。电子商务下的纠纷管辖规定不完全适用传统民商事纠纷中的管辖规定,为便利诉讼与平衡消费者(用户)与电商之间的强弱关系,应当对于电商纠纷(网络购物与消费纠纷)的诉讼管辖适用专门规定。

实际上,律师在电子商务法务实践中的多数法律问题,在诉讼或仲裁阶段大都归结为电子数据证据的效力和证明力,电子数据证据也成为电子商务的交易对象(如网络交易公证服务等),电子数据的采集、固定与保全,可以适时引入公证及"时间戳"等第三方认证机构和技术措施。总之,民事诉讼法修订的电子数据证据内容,还将接受电子商务实践的考验。

四、电子商务法务领域的重大法律事件、典型案例评析

案件主要为裁判文书网和中国法院网等已审结公开的法律文书和案例分析,调解或未公开文书未列入。

(一) 流量劫持与不正当竞争:浙江天猫网络有限公司、浙江淘宝网络有限公司与上海载和网络科技有限公司等不正当竞争案

2015年11月,上海市浦东新区人民法院就申请人浙江天猫网络有限公司、浙江淘宝网络有限公司诉前行为保全申请,请求禁止被申请人上海载和网络科技有限公司、载信软件(上海)有限公司"帮5买"网站以"帮5淘"网页插件形式对申请人实施不正当竞争行为,以"容易导致用户就双方关系产生误认,有可能构成不正当竞争"为由裁定诉前禁令,称为全国首例法院通过诉前禁令手段处理不正当竞争行为的案件[①],体现了该领域法务的一些最新实践与趋势。

而有关流量劫持的不正当竞争更为严厉的案件,是被称为全国首起流量劫持刑事案件的上海市浦东新区人民检察院指控被告人某某等人犯破坏计算机信息系统罪案。[②] 该案中法院审理查明,2013年年底至2014年10月,被告人租赁多台服务器,使用恶意代码修改互联网用户路由器的 DNS 设置,进而使用户登录"2345.com"等导航网站时跳转至其设置的"5w.com"导航网站,再将获取的互联网用户流量出售给杭州久尚科技有限公司(系"5w.com"导航网站所有者)……法院认为,被告人违反国家规定,对计算机信息系统中存储的数据进行修改,后果特别严重,依照《中华人民共和国刑法》(以下简称《刑法》)的规定,均已构成破坏计算机信息系统罪。

---

① 参见王治国:《天猫淘宝申请诉前禁令获支持》,载 http://rmfyb.chinacourt.org/paper/html/2015 - 11/06/content_104432.htm? div = -1,最后访问日期:2015年11月12日。

② 上海市浦东新区人民检察院指控被告人某某等人犯破坏计算机信息系统罪案[(2015)浦刑初字第1460号],载 http://www.hshfy.sh.cn/shfy/gweb/flws_view.jsp? pa = adGFoPaOoMjAxNaOpxtbQ-zLP119a12jE0NjC6xSZ3c3hoPTIPdcssz&jdfwkey = 7mytj2,最后访问日期:2015年11月12日。

上述案例印证了电子商务领域不正当竞争多样化、虚拟化和隐匿化的特点和违法后果趋于严重的态势,尽管并未超出经营者利用技术、入口等资源优势获取非合法权益的不正当性本质。如何在技术创新的同时规避潜在的不正当竞争风险,需要创新型企业引入包括民事、刑事法律风险评估在内的控制机制。

(二)产品质量与网络交易平台责任:陈宇与浙江淘宝网络有限公司产品销售者责任纠纷案①

该案中法院认为,作为网络交易平台提供者,在网络交易过程中有三种情形需承担责任:一是网络交易平台提供者不能提供销售者或者服务者的真实名称、地址和有效联系方式的;二是网络交易平台提供者作出更有利于消费者的承诺的,应当履行承诺之责任;三是网络交易平台提供者明知或者应知销售者或者服务者利用其平台侵害消费者合法权益,未采取必要措施的。原告并未就第二种及第三种情形之存在进行主张,亦未进行相应举证。故此驳回原告的诉讼请求。

上述案例巧妙地回避了认定网络交易平台提供者"明知或应知"的证据问题,坚持非重复补偿原则的同时也体现了国内法院在举证责任分配方面的困惑,如何结合举证能力等对平台责任进行合理分配,境外诉阿里巴巴等案件或许能有所启发。

(三)约定管辖:赖春与浙江淘宝网络有限公司确认合同无效纠纷案②

该案中法院认为,原告主张涉案协议管辖条款属于格式条款,淘宝网络公司未采取合理方式提请原告注意,应认定无效一节,首先,涉案协议管辖条款并未免除或限制淘宝网络公司的法律责任,不属于《中华人民共和国合同法》(以下简称《合同法》)第 39 条规定的格式合同提供者应负有提示义务的情形……就本案而言,协议管辖条款约定由原审被告淘宝网络有限公司住所地管辖,并未不合理地加重原告的诉讼负担。

(四)合同履行地认定:王群与浙江淘宝网络有限公司网络购物合同纠纷案③

该案中法院认为,依据最高人民法院《关于适用〈中华人民共和国民事诉讼法〉

---

① 陈宇与浙江淘宝网络有限公司产品销售者责任纠纷案[(2014)岳民初字第 03338 号],载 http://www.court.gov.cn/zgcpwsw/hun/hnszsszjrmfy/zssylqrmfy/ms/201510/t20151017_11777270.htm,最后访问日期:2015 年 11 月 2 日。

② 赖春与浙江淘宝网络有限公司确认合同无效纠纷案[(2015)二中民(商)终字第 8283 号],载 http://www.court.gov.cn/zgcpwsw/bj/bjsdezjrmfy/ms/201510/t20151012_11628002.htm,最后访问日期:2015 年 11 月 2 日。

③ 王群与浙江淘宝网络有限公司网络购物合同纠纷案[(2015)海民(商)初字第 22465 号],载 http://www.court.gov.cn/zgcpwsw/bj/bjsdyzjrmfy/bjshdqrmfy/ms/201510/t20151012_11629282.htm,最后访问日期:2015 年 11 月 2 日。

的解释》第20条规定,"以信息网络方式订立的买卖合同,通过其他方式交付标的的,收货地为合同履行地"。本案中,涉案买卖合同的收货地为王群的所在地,系本院辖区,故本院对本案具有管辖权。

上述第(三)、(四)个案件,如果完全按照民事诉讼法的规定,在网络交易的场景下,不利于诉讼与平衡消费者(用户)与电商之间的强弱关系,为此民事诉讼法解释专门作出规定。但也有观点认为,对于"收货地"的认定可能需考虑最密切联系原则,避免约定的随意性,这一问题在跨境电商业务相关争议中将会逐步凸显。

(五)价格欺诈:王辛诉小米科技有限责任公司网络购物合同纠纷案①

该案中法院认为,涉案网购合同有效,消费者拥有公平交易权和商品知情权。小米公司现认可小米商城活动界面显示错误,存在广告价格与实际结算价格不一致之情形,但其解释为电脑后台系统出现错误。由于小米公司事后就其后台出现错误问题并未在网络上向消费者作出声明,且其无证据证明"米粉节"当天其电脑后台出现故障,故二审法院认定小米公司对此存在欺诈消费者的故意,王辛关于10400mAh移动电源存在欺诈请求撤销合同的请求合理。

(六)虚假宣传:李晓东诉酒仙网电子商务股份有限公司网购合同纠纷案②

该案中法院认为,经营者与消费者进行交易,应当遵循自愿、平等、公平、诚实信用的原则。经营者在交易过程中,应当向消费者提供有关商品的真实信息,不得作虚假宣传。在本案网络交易过程中,酒仙公司以网上销售的是特价商品来误导消费者,其行为已构成欺诈,依法应当承担法律责任。

第(五)、(六)个案件显示的竞争性购买的网络交易场景下,如各类"团购""秒杀"等促销经营模式,容易产生价格错误,如何认定和归责错误责任,上述裁判给出了一个举证责任分配和综合解决电子数据证据效力的有效范例。

(七)物流责任:杨波诉巴彦淖尔市合众圆通速递有限公司乌拉特前旗分公司、付迎春网络购物合同纠纷案③

该案中法院认为,杨波以网购形式从付迎春处购买商品,并向付迎春支付了货

---

① 王辛诉小米科技有限责任公司网络购物合同纠纷案,载中国法院网 http://www.chinacourt.org/article/detail/2015/06/id/1650489.shtml,最后访问日期:2015年11月2日。
② 李晓东诉酒仙网电子商务股份有限公司网购合同纠纷案,载中国法院网 http://www.chinacourt.org/article/detail/2015/06/id/1650490.shtml,最后访问日期:2015年11月2日。
③ 杨波诉巴彦淖尔市合众圆通速递有限公司乌拉特前旗分公司、付迎春网络购物合同纠纷案,载中国法院网 http://www.chinacourt.org/article/detail/2015/06/id/1650492.shtml,最后访问日期:2015年11月2日。

款和邮寄费,付迎春作为托运人委托速递公司将货物交付给杨波,分别形成网购合同关系和运输合同关系。从当事人各自的权利义务来看,在网购合同中,杨波通过网上银行已经支付了货款和邮寄费,履行了消费者的付款义务……销售者付迎春尚未完成货物交付义务,构成违约。根据合同相对性原则,合同只约束缔约双方当事人,速递公司将货物错交给他人,属于付迎春与速递公司之间的运输关系。速递公司不应在本案中承担赔偿责任,故对杨波关于速递公司应当承担赔偿责任的请求不予支持。

电子商务涉及多方参与,对各方权利义务的认定应以合同相对性和补偿性赔偿为原则,对速递公司是否追责,应综合考虑其行为和主观因素。

(八)人身权益:赵雅芝与上海琪姿贸易有限公司、上海诺宝丝化妆品有限公司侵害姓名权纠纷、肖像权纠纷案①

该案中法院认为,诺宝丝化妆品有限公司未经赵雅芝同意,无权在双方协议约定期间届满后继续使用其姓名和肖像,也无权授权他人使用,两被告的行为侵犯了原告的姓名权和肖像权。基于互联网技术,未经同意使用他人肖像或姓名要比过去更容易查证。

(九)版权与不正当竞争:西安万卷图书有限公司与浙江天猫网络有限公司、浙江天猫技术有限公司技术服务合同纠纷案②

该案中法院认为,根据《天猫服务协议》和《淘宝规则》的相关约定,如果原告西安万卷图书有限公司发生销售假冒他人商标(版权)的商品等严重违规行为,两被告则有权单方解除合同,并自原告西安万卷图书有限公司的支付宝账户全额划扣其在入驻时交纳的全部保证金作为违约金,同时有权对商家作清退处理。该约定系双方当事人真实意思表示,并不违反法律法规的强制性规定,为合法有效。

从上述第(八)、(九)个案件及类似案件可知,电子商务领域的肖像权、商标、版权等侵权也比以往更容易实施,并从单一的直接侵权复合为不正当竞争的诉讼策略和手段。上述案例隐含的法律问题,如通过版权自营是否会产生不正当竞争或垄断及如何认定,可能会持续成为类似案件的争议焦点。

---

① 赵雅芝与上海琪姿贸易有限公司、上海诺宝丝化妆品有限公司侵害姓名权纠纷、肖像权纠纷案,载中国法院网 http://www.chinacourt.org/article/detail/2014/10/id/1456166.shtml,最后访问日期:2015年11月2日。

② 西安万卷图书有限公司与浙江天猫网络有限公司、浙江天猫技术有限公司技术服务合同纠纷案[(2014)杭西知民初字第314号],载 http://www.court.gov.cn/zgcpwsw/zj/zjshzsjrmfy/hzsxhqrmfy/zscq/201507/t20150729_9770795.htm,最后访问日期:2015年11月2日。

(十) 跨境电子商务:朱建豪与义乌力讯电子商务有限公司产品责任纠纷案①

该案中法院认为,食品标签作为向消费者传达食品信息的载体,销售者应对进口产品的标签严格按照《中华人民共和国食品安全法》(以下简称《食品安全法》)进行管理,现涉案商品并没有任何中文标签,明显违反了《食品安全法》的强制性规定。《食品安全法》第148条第2款规定"生产不符合食品安全标准的食品或者经营明知是不符合食品安全标准的食品,消费者除要求赔偿损失外,还可以向生产者或者经营者要求支付十倍或者损失三倍的赔偿金",该条文所规定赔偿是基于合同责任产生,并不以消费者受到实际损害为构成要件。

中文标签的缺失仅是产品供应链追溯形式监管的一般法律风险,而对进口产品的产地真实性和质量规范性等实质监管,将对特别是跨境电商形成严峻考验。可以预见,与此相关的规则建设与跨境适用也将体现在未来为"一带一路"建设提供司法服务和保障②或其他典型案例中。

第四节 互联网金融律师业务

一、互联网金融法律服务的回顾与展望

近两年互联网金融得到了快速的发展,互联网的金融创新也不断出现。2013年P2P平台得到了迅猛的发展,微信理财、余额宝、比特币等相继出现,这一年被称为中国互联网金融的"元年"。③ 经过2014年的探索与发展,在2015年互联网金融持续对整个金融体系产生了重大影响。

(一) 互联网金融的概念及商业模式

对于互联网金融的概念,学者有不同的看法。2015年7月,十部委发布的《关于促进互联网金融健康发展的指导意见》(银发〔2015〕221号)明确,"互联网金融是传统金融机构与互联网企业利用互联网技术和信息通信技术实现资金融通、支付、投

---

① 朱建豪与义乌力讯电子商务有限公司产品责任纠纷案〔(2015)穗中法民二终字第1032号〕,载http://www.court.gov.cn/zgcpwsw/gd/gdsgzszjrmfy/ms/201509/t20150908_10813475.htm,最后访问日期:2015年11月2日。

② 最高人民法院上述典型案例虽未直接与跨境电商直接相关,但体现了处理跨境纠纷的一般原则和规则,这些也应可适用或于电子商务领域参考。载http://www.court.gov.cn/zixun-xiangqing-14897.html,最后访问日期:2015年11月15日。

③ 参见赵渊、罗培新:《论互联网金融监管》,载《法学评论》2014年第6期。

资和信息中介服务的新型金融业务模式"①。

互联网金融的商业模式从服务来源上大体可以分为两大类:第一类为传统金融模式的互联网化;第二类为互联网服务自身产生的新的金融服务。从业务的性质上看,互联网金融大致可分为三种基本模式:一是互联网支付结算类;二是互联网信贷融资类;三是互联网投资理财类。《关于促进互联网金融健康发展的指导意见》[银发〔2015〕221号]明确,对互联网金融分类指导,通过鼓励创新和加强监管互相支撑,将其分类为"互联网支付""网络借贷""股权众筹融资""互联网基金销售""互联网保险""互联网信托和互联网消费金融"。②

(二)法律服务在互联网金融中发挥的作用

(1)律师作为互联网金融从业机构的法律顾问,提供全方位的非诉讼法律服务。从线上来讲,律师可以参与互联网金融各种协议、规则模板的制定,参与各种金融模式的设计;在线下为平台提供尽职调查服务、提供各种法律咨询等,为互联网金融从业机构在各交易环节提供专业的、全方位的法律服务。③

(2)律师为投资人、融资者提供一系列法律服务,包括法律咨询、提供风险提示和各种合同、协议的文本修改等。

(3)发生刑事法律风险后律师提供相应的法律服务。由于互联网金融发展迅速,有关监管及立法的相应滞后,一些违法违规的行为会经常出现,需要律师及时提供相应的法律服务。

(4)发生民事法律风险后律师提供相应的法律服务。互联网金融模式在运营中存在基础性的民事法律风险,比如股东权益或股权纠纷、合同履行或违约纠纷、消费者权益保护等,一旦发生纠纷律师则可提供相应的法律服务。

(5)发生行政法律风险后律师提供相应的法律服务。互联网金融模式中的很多领域尚缺乏法律监管,政策和法律尚处于空白或存在纰漏。有些产品先上市,面临着滞后的监管行为,需要律师提供专业的法律服务以防范风险。

(三)互联网金融法律服务的展望

(1)移动终端的巨大饱和量,使移动互联网在人们的生活中快速普及,也使移动金融得到强势发展,出现了金融领域新的法律空白。2014年5月5日,全球移动互联网金融大会在北京举行,表明借助大数据和移动市场的整合及金融改革,移动

---

① 《关于促进互联网金融健康发展的指导意见》(银发〔2015〕221号),载http://www.gov.cn/xinwen/2015-07/18/content_2899360.htm,最后访问日期:2015年11月15日。
② 《关于促进互联网金融健康发展的指导意见》(银发〔2015〕221号),载http://www.gov.cn/xinwen/2015-07/18/content_2899360.htm,最后访问日期:2015年11月15日。
③ 参见熊汀、王欣:《浙江律师:互联网金融法律服务的新思考》,载《中国律师》2014年第9期。

理财、移动支付等移动金融模式,已成为互联网金融的重要组成部分,移动金融也将成为法律服务一个新的关注方向。

(2) 由于互联网金融创新的特点,而其监管立法相对滞后,其特殊性容易导致其监管出现问题,其风险控制显得尤为重要。律师作为专业人员,为互联网金融提供的风险控制服务越来越重要,在风控方面将发挥更加积极的作用。

二、互联网金融法律领域律师业务的发展和创新

互联网金融具有资源开放化、成本集约化、选择市场化、渠道自主化、用户行为价值化等优点,随着互联网和大数据的发展,互联网金融业务的崛起对传统金融业的多个领域形成冲击,并向金融业的核心领域拓展。而在监管政策初步确定,征信体系不断完善,投资者成熟度逐渐提高的情况下,我国的互联网金融行业开始由粗放式发展向集约式发展过渡。相应的,互联网金融的法律服务,紧跟客户的脚步,也在悄然由常规业务向多元化、精细化发展,业务模式不断出现创新。

(一) 互联网金融律师业务创新的必要性

在国内目前提到互联网金融,大家首先想到的就是 P2P。未来随着监管细则的逐步出台,P2P 进入门槛以及专业化要求会越来越高,P2P 平台的操作也越来越有序和透明。市场细分,成为 P2P 业务应对生存危机的一个选择。

同属于互联网金融业务的第三方支付,也在向多元化发展,并出现两极分化趋势。一部分优质的第三方支付企业,在从某些具体的细分领域入手,努力抢占更多的地盘和空间,知名度越来越大,品牌越来越被人熟知;而一些没有明显特色、战略定位不清晰的第三方支付企业可能从规模上、品牌上越来越不被人熟悉,最终走向衰亡。

在这种情况下,律师们为企业提供的日常法律顾问服务与简单民商事法律纠纷,已远不能满足企业专业化发展的需求。律师的法律服务,应当贯穿互联网金融业务的整个运作过程,从项目的选择到项目运行中的尽职调查、风险控制、信息披露、交易、支付等。有的律师提供的法律服务甚至触及更深的层面,参与到了企业的战略决策中。上述法律服务,对律师提出了很高的专业要求,促使律师不断地学习新知识。同时,也让律师从被动地接受客户委托,开始主动地根据市场的需求开发新的法律服务产品,走上创新的道路。

(二) 互联网金融律师业务的发展与创新

现阶段,律师为互联网金融企业提供的法律服务新模式,归纳起来主要有如下几种:

1. 协助设计与研发互联网金融新产品

面对激烈的市场竞争,为了实现稳定发展,P2P 平台需要积极开发新产品、新业务,寻求更多的增长空间和业务覆盖。律师参与到新业务、新产品的设计或研发中,可以就业务模式进行合法性论证,关注客户体验与业务合规性的融合,建立新业务、新产品的风险控制制度。

2. 制订风险处理预案,防范法律风险

互联网金融业务,在这个不成熟的阶段,经营者面临很大的商业风险和法律风险。律师可以根据企业的经营模式,结合现行法律、法规及政策,当前行业形势及未来发展趋势,为企业制定风险处理预案,以及时处理突发事件,将负面影响降到最低。

3. 进行专项研究,为决策与布局提供依据

互联网金融是新兴产业,在立法和政策制定上都面临空白。律师可以根据国家的宏观政经态势和企业的实际状况,适时就某个具体的互联网金融法律问题开展广泛调查和深入研究。研究成果撰写为报告,提交给企业,作为企业战略布局或经营决策的指引或参考。

4. 提供投融资、上市法律服务

2014年,互联网金融从最开始的"散兵游勇"、体制外作战,开始逐步进入金融机构和监管层的视野,并获得了更多的行业关注和跨界合作的机会,同时也迎来了资本市场的青睐。互联网金融业界,掀起了一股投资与上市的热潮。不论是投融资、并购还是筹备上市业务,都是律师们大显身手的好机会。律师们可以依靠丰富的专业知识和经验,对各类项目,提供专业及可靠的咨询和尽职调查、交易架构设计、商务谈判、文书起草等法律服务。

三、互联网金融热点法律问题研究和立法建议

"互联网金融"是互联网技术和金融业务相结合的产品和业务模式。当前,互联网金融市场异常火爆,无论是交易数量还是交易规模,均呈现几何级爆发性增长,随之而来的法律问题也层出不穷。问题集中体现在P2P借贷以及股权众筹等方面。

(一) P2P借贷模式存在的问题以及立法建议

1. 互联网金融P2P借贷及其所涉及的风险

所谓P2P借贷,简单而言,是指由某一企业建立互联网平台,借贷双方借由该平台达成借贷,而借贷平台在借贷成功后收取中介服务费用的一种模式。借贷双方可以是个人对个人,即狭义上的P2P,也可以是个人对企业,即P2C。2013年开始,P2P平台危机集中爆发,且问题一直存在,从2015年年初至今,P2P网络贷款平台出现跑路或提现困难的公司多达677家,可见已到了不得不治理的地步。互联网P2P借贷模式存在主体偿付、信息泄露、平台运营、涉嫌刑事法律、难于调查取证等方面的风险。

2．P2P 借贷模式的完善

（1）建立平台监管制度。

（2）完善征信制度体系，建立第三方资金托管制度，明确罪与非罪的界限。

（二）股权众筹模式存在的问题以及立法建议

1．股权众筹的现状

股权众筹是指融资者借助互联网这一平台向大众筹集资本，以自己创办的企业或项目吸引投资者加入并以股权作为回报。股权众筹这一模式具有门槛低、便捷性、公开性等特点。它降低了融资成本，促使中小企业更易获取融资支持，同时，也激发普通民众的投资热情，实现资本流通。股权众筹对经济发展具有重大意义。因此，应尽快设立与股权众筹相配套的法律、法规，使股权众筹规范化，避免市场混乱，风险过大，各方利益受损。

2．股权众筹立法目的及其合法化立法建议

股权众筹立法应围绕两大目的：其一，以有利于推动股权众筹稳定、加速发展为目的；其二，以维护、平衡好投资方、平台、融资方三方利益为目的。

参考学习美国立法《JOBS 法案》，我们可以从下述角度推进股权众筹合法化：

（1）对股权众筹专门立法。以总则确认股权众筹的定义，同时，定义非法股权众筹的含义及范围。

（2）为避免风险，可参考设立风险准备金作为担保，由第三方托管银行设立专项账户负责保管；保证资金的流动性并降低投资者承担的风险，并以风险准备金的设立作为平台股权众筹具备合法性的条件之一。

（3）对股权众筹平台管理者设立监督审批制度，参照已有的募股法律、法规设立的标准，适当降低要求，并设立专门部门对其进行审批；审批通过后，股权众筹平台管理者应按时报送相关经营状况材料，有关部门实行不定时抽查。

（4）对于投资者和融资者设立准入制度，符合条件者方可参与，由平台自行审核，监督部门抽查；同时，以公平原则为指导，明确平台、融资者、投资者三方的权利、义务。

（5）针对股权众筹，缩小刑法、证券法等法律中对不特定性和公开性的定义标准，如设置实名会员并实质审核后即视为具有特定性。

四、互联网金融法务领域的重大法律事件、典型案例评析

下面将从实务层面、两会层面、监管层面、司法层面来讨论本领域的重大法律事件。同时，对涉及互联网金融民事及刑事方面的典型案例进行分析评论。需要说明的是，互联网金融方兴未艾，所引发的纠纷也层出不穷，但真正成讼并成为典型案例的并不多。就目前公布或披露的案件来看，有的案件还处于二审阶段，对案件的审理还没有最终结论;有的判决虽已生效,但案件本身还没有彰显出更多的互联网金融的本质特征。但也有个别案件,如北京飞度网络科技有限公司与北京诺米多餐饮管理有限责任公司居间合同纠纷案,涉及委托众筹融资协议的效力问题、众筹融资平台主体资质的合法性问题等。法院在处理这些新问题时,在既有法律框架内,结合国家鼓励创新和培育发展互联网金融的政策,对案件作出了前瞻性的判决,为互联网金融的创新发展预留了空间。

(一)实务层面:业态爆发

当被传统金融制度压抑多年而在供需两端都得不到满足的强大金融需求遇上逐渐成熟的大数据、云计算、移动互联、垂直搜索等互联网技术支持时,互联网金融的各主要业态自2010年起便异军突起,并以令人咋舌的速度高速增长,包括但不限于:

(1)网络借贷(peers to peers,简称P2P)。自2011年10月10日国内首家网贷行业门户网站网贷之家上线运营截至2015年9月,国内P2P网络贷款平台已达2 417家。[①]

(2)众筹。天使汇、原始会、大家投等股权众筹发展壮大,截至2015年上半年,股权众筹平台数量达98家[②],项目已达4 876个[③],至7月份,股权众筹的募集金额超过人民币17.62亿元;奖励类众筹已形成京东众筹、众筹网、淘宝众筹等典型平台,截至2015年上半年已发生9 830起融资事件,筹资超过人民币5亿元。

(3)金融网销:在金融网络销售方面,本质为货币基金的余额宝通过支付宝上线运营可能是互联网金融发展史上最具影响力的事件,其基金规模上市不足一个月便超过百亿元人民币,与随后如雨后春笋般出现的各路理财"宝宝"在很大程度上推动了中国金融改革。

(4)第三方支付:自2011年5月26日中国人民银行根据2010年6月公布的《非金融机构支付服务管理办法》的要求颁发首批《支付业务许可证》给各主要第三方支付服务商(包括支付保、银联商务、财富通、拉卡拉等)之后,第三方支付场景日新月异,已扩展至人们生活的方方面面。

互联网金融这一新生事物的几何级增长必然使法律监管显得滞后与空白,并因此带来潜在的法律及监管风险。譬如,P2P方面,自从融金所被查之后,深圳还有多

---

① 参见2015年10月31日中国人民银行央行金融研究所课题组:《2015中国网贷运营模式调研报告》。

② 参见《2015年中国众筹行业半年报》,载 http://www.wangdaizhijia.com/news/baogao/21251 - all.html,最后访问日期:2015年11月1日。

③ 参见《2015年中国众筹平台半年业绩:5个股权众筹项目只有1个成功》,载 http://www.askci.com/news/2015/07/22/142897y99_3.shtml,最后访问日期:2015年11月1日。

家小平台被查,而且基本都查出了问题,预计 P2P 调查将会持续到 2015 年年底。股权众筹方面,2015 年 5 月 12 日首例股权众筹纠纷案由北京市海淀区人民法院受理。

(二) 两会层面:高层力挺

在互联网金融发展继续深入的情况下,在 2015 年 3 月 5 日的十二届全国人大三次会议开幕会上,国务院总理李克强在全国人大会议上作政府工作报告"协调推动经济稳定增长和结构优化"部分中要求"促进互联网金融健康发展"。李克强总理说,推动移动互联网、云计算、大数据、物联网等与现代制造业结合,促进电子商务、工业互联网和互联网金融健康发展,引导互联网企业拓展国际市场。今年的政府工作报告两处提到互联网金融,都是在调整经济结构、培育新增长点、新业态部分,可见政府对互联网新经济业态给予了前所未有的重视。

(三) 监管层面:框架出台

2015 年 7 月 18 日,中国人民银行、工业和信息化部、公安部、财政部、国家工商总局、国务院法制办、中国银行业监督管理委员会、中国证券监督管理委员会、中国保险监督管理委员会、国家互联网信息办公室十部委联合印发了《关于促进互联网金融健康发展的指导意见》(银发〔2015〕221 号,以下简称《指导意见》)。

从立法地位而言,《指导意见》构成互联网金融领域的基本监管框架,被誉为中国互联网金融的"宪法"[1],其重大意义包括但不限于:

(1) 明确互联网支付、网络借贷、股权众筹融资、互联网基金销售、互联网保险、互联网信托和互联网消费金融等互联网金融主要业态的定义及内涵,明确其法律定位(如明确在个体网络借贷平台上发生的直接借贷行为属于民间借贷范畴,受《合同法》《中华人民共和国民法通则》(以下简称《民法通则》)等法律、法规以及最高人民法院相关司法解释规范)。

(2) 明晰上述各主要互联网金融业态的具体监管机构(如互联网支付由人民银行监管、网络借贷由银监会监管、股权众筹融资由证监会监管,等等),并确定其监管原则(如个体网络借贷要明确信息中介性质,不得提供增信服务,不得非法集资),从而使后续各部委在各自职权内出台监管细则有依据、有准绳。

(3) 建立互联网金融的基本制度,如"金融监管 + 电信业务/互联网信息业务监管"的互联网行业管理制度、以银行业金融机构作为资金存管机构的客户资金第三方存管制度及信息披露、风险提示及合格投资者制度,等等。

(四) 司法层面:最高人民法院司法解释出台

在作为政策性文件的《指导意见》出台后不到一个月,最高人民法院在 2015 年 8

---

[1] 参见宛俊:《千呼万唤始出来:中国互联网金融的"宪法"来了》,载 http://www.westlawchina.com/NewsLetter/view.php? id=206,最后访问日期:2015 年 11 月 1 日。

月6日颁布了《关于审理民间借贷案件适用法律若干问题的规定》(以下简称《借贷规定》),对互联网金融产生如下影响:

(1)《借贷规定》第11条规定,法人之间、其他组织之间以及它们相互之间为生产、经营而订立的民间借贷合同如不存在《合同法》第52条及《借贷规定》第14条的规定,则可被认为有效,对一直以来"企业间借贷无效"的司法困局作出重大突破,为网络借贷从P2P向B2B(business to business)扩展在一定程度上扫除了法律障碍。

(2)《借贷规定》第22条明确规定网络贷款平台仅提供媒介服务,这与《指导意见》的规定一致,但《借贷规定》进一步规定,如网络贷款平台提供者通过网页、广告或者其他媒介明示或者有其他证据证明其为借贷提供担保,网络贷款平台提供者仍须承担担保的民事责任。

(3)《借贷规定》第26条重新明确了贷款利率上限,即借贷双方约定的利率超过年利率36%,超过部分的利息约定无效,已支付的超过年利率36%部分的利息应予返还。然而,《借贷规定》并未对网络贷款平台收取的服务费作出上限规定。

(五)互联网金融民事案件

1. 淘宝商户张某与支付宝公司线上支付服务合同纠纷案

该案是入选《最高人民法院商事裁判观点(总第一辑)》第八部分"互联网金融"中的唯一案例。张某是淘宝网卖家,为便于在淘宝网商铺收款,其在网上订购支付宝信用卡线上支付功能,并与支付宝公司签订了《线上支付服务协议》,约定只能用信用卡线上快捷支付出卖实物及实体类商品,用信用卡线上快捷支付出卖虚拟商品,属于违约行为,因此给支付宝/淘宝造成损失的,需承担赔偿责任。后张某使用信用卡线上快捷支付销售游戏点卡,案涉与张某发生交易的投诉被盗或被诈骗的共计有6张信用卡、22笔交易。支付宝向持卡人先行赔付了共计61 895元后,向法院起诉张某,要求赔偿损失61 895元并承担全部诉讼费用。法院认定张某构成违约,应对支付宝公司承担违约赔偿责任,支付宝公司本身亦存在过错,应根据过错程度减除张某承担的责任份额,遂判决张某赔偿支付宝公司43 326.5元,驳回支付宝公司其他诉讼请求。宣判后,双方均未上诉,判决现已生效。

本案判决结合相关法律规定和网上交易的特点,认定商户用信用卡线上快捷支付出卖虚拟商品与持卡人的损失存在因果关系,具有前瞻性思维。第三方支付公司主动创设的对持卡人先行赔付功能,具有一定的担保性质,但先行赔付的金额不具有司法裁判所确定的效力,法院判决商户承担责任时不能以此赔偿额为标准,而应以案件的实际情况进行具体分析。

2. 北京市海淀区人民法院:北京飞度网络科技有限公司与北京诺米多餐饮管

理有限责任公司居间合同纠纷案①

该案被称为全国首例众筹融资案。飞度公司与诺米多公司签订《委托融资服务协议》,诺米多公司委托飞度公司在其运营的"人人投"平台上融资,用于开办"排骨诺米多健康快时尚餐厅"合伙店。协议签订后,诺米多公司依约向飞度公司合作单位"易宝支付"充值,并进行了项目选址、签署租赁协议等工作。飞度公司也如期完成了融资义务。但在之后的合作过程中,"人人投"平台认为诺米多公司存在提供的房屋系楼房而非协议约定平房、不能提供房屋产权证、房屋租金与周边租金出入较大等问题,双方与投资人协商未果。后双方互发解除合同通知书,要求解除《委托融资服务协议》,赔付损失等。并最终双方均诉至法院。

海淀区人民法院从鼓励创新角度,结合中国人民银行等十部委《关于促进互联网金融健康发展的指导意见》,认为案件所涉众筹融资交易不属于"公开发行证券"。关于众筹融资平台主体资质,判决认为,融资平台在取得营业执照、电信与信息服务业务经营许可证等手续的情况下开展业务,目前在法律、法规上并无障碍,从而认定双方签订的《委托融资服务协议》有效。此外,判决还基于对争议的相对概括,将众筹融资业务界定为居间合同关系。该判决在一定程度上对众筹行业的发展具有指导意义,其支持和鼓励众筹交易发展的结论为众筹行业发展留下了空间。

3. 上海市第一中级人民法院:出借人丁某诉借款人李某、担保人上海星猫明星品牌管理有限公司、盛某、姚某、李某某、郭某、冯某民间借贷纠纷案

该案被称为国内首例 P2P 出借人维权案。2013 年 1 月,原告丁某、被告李某通过 P2P 网贷平台"诺诺镑客"签订了一份《借款(保证)协议》,由丁某向李某提供 400 万元借款,借款期限 24 个月,并由上海星猫明星品牌管理有限公司、盛某、姚某、李某某、郭某、冯某提供担保。借款人李某按约支付了 7 期还款后,未履行其他还款义务。丁某将借款人李某及担保人诉至法院。②上海市第一中级人民法院终审判决:驳回上诉,维持原判,责令被告李某归还借款本金、利息、罚息、律师费、诉讼费等相关费用,保证人承担连带责任。③

该案确认了通过 P2P 网贷平台签订的借款合同、保证合同的效力,并将其作为民间借贷纠纷进行处理。说明 P2P 网络贷款虽然出现了一些新的特征,但仍然可以

---

① 参见《海淀法院宣判"全国首例众筹融资案"确认众筹融资合同有效》,载 http://finance.sina.com.cn/sf/news/2015－09－15/15353858.html,最后访问日期:2015 年 11 月 1 日。
② 参见《丁建才与李昱诚等人民间借款纠纷案一审判决书》[(2013)徐民一(民)初字第 8215 号],载 http://www.court.gov.cn/zgcpwsw/sh/shsdyzjrmfy/shsxhqrmfy/ms/201501/t20150110_6210570.htm,最后访问日期:2015 年 11 月 1 日。
③ 参见《国内 P2P 二审胜诉第一案 诺诺镑客用法律兑现承诺》,载 http://p2p.hexun.com/2015－05－15/175857569.html,最后访问日期:2015 年 11 月 1 日。

纳入传统的民间借贷法律关系中调整,出借人维权并没有法律上的障碍。

(六) 互联网金融刑事案件

1. 深圳市罗湖区人民法院:东方创投非法吸收公众存款案

该案被称为国内 P2P 被判"非法集资"的第一案。东方创投是一家网络投资平台,向社会公众推广其 P2P 信贷投资模式,以提供资金中介服务为名,承诺 3% 至 4% 月息的高额回报。东方创投前期有意向将投资款借给融资企业,但实际操作后坏账率超过 6% 不能按时收回,最终资金转投其私人地产物业。截至 2013 年 10 月 31 日,该平台吸收投资者资金共 1.26 亿元,其中已兑付 7 471.96 万元,实际未归还投资人本金 5 250.32 万元。法院一审判处东方创投两位主要负责人"非法吸收公众存款罪",法定代表人邓亮判处有期徒刑 3 年,并处罚金 30 万元;运营总监李泽明判处有期徒刑两年,缓刑 3 年,并处罚金 5 万元。①

最高人民法院《关于审理非法集资刑事案件具体应用法律若干问题的解释》(法释〔2010〕18 号)第 1 条规定了非法吸收公众存款罪的四个构成要件。东方创投私自设立投资标的的平台自融行为,符合非法吸收公众存款罪的四个特征。

2. 江苏如皋市人民法院:优益网集资诈骗案

该案被称为 P2P 首例集资诈骗案。被告人木某于 2010 年在南通注册"优易公司",被告人木某是公司的法定代表人,股东是被告人木某、黄某。2012 年 8 月 18 日至 2012 年 12 月 21 日,被告人木某在如皋市某亿丰商城内,以优易网从事中介借贷为名,在未取得金融业务许可的前提下,编造"优易公司"系香港亿丰公司旗下成员,谎称亿丰商城商户需要借款,在"优易网"上发布虚假的"借款标",以高额利率为诱饵,向 45 名被害人合计非法集资 2 550 万元。被告人木某除将集资的部分资金以月息 3% 或免息借贷给二人实际使用外(该款项均已归还),在借款人不知情且其无归还能力的情况下,将绝大部分集资款通过某投资公司配资投资期货、炒股,截至 2012 年 12 月 21 日,共计亏损 1 259 万元。被告人木某逃匿以后,以宋某的名义继续通过乾腾投资公司配资投资期货,自 2013 年 1 月 9 日—2013 年 4 月 10 日,共计亏损 20 余万元。经鉴定,被告人木某、黄某向冯某等 45 名被害人共计非法集资 2 550 万元,造成 1 524 万元无法归还。如皋市人民法院一审分别判决优益网被告人木某、黄某有期徒刑 14 年和 9 年,并责令继续退赔违法所得人民币 1 517 万元,发还相关被害人。

集资诈骗罪与非法吸收公众存款罪在非法集资行为上是基本一致的,主要区别在于有无非法占有的目的,有无使用诈骗方法。本案与东方创投非法吸收公众存款

---

① 参见《P2P 被判"非法集资"第一案 东方创投吸金 1.26 亿获刑》,载 http://business.sohu.com/20140812/n403345547.shtml,最后访问日期:2015 年 11 月 1 日。

案虽然都是通过网络集资平台实施的犯罪,但通过现行法律、司法解释仍能进行有效规制。

第五节 信息网络安全律师业务

一、信息网络安全领域法律服务的回顾与展望

十八届四中全会通过的《中共中央关于全面推进依法治国若干重大问题的决定》明确提出,加强互联网领域立法,完善网络信息服务、网络安全保护、网络社会管理等方面的法律、法规,依法规范网络行为。同时,信息网络安全又是一个巨大的市场,2014年全球网络安全市场规模达到956亿美元,并且在未来5年,年复合增长率达到10.3%,到2019年,这一数据有望达到1 557.4亿美元。[1]

在此领域,律师提供法律服务的方式主要有以下几种。

(一) 隐私权和个人信息保护

隐私权作为一项人格权利,在西方国家历史悠久,只是由于信息技术的发展,带来了传播方式的革命,使得隐私权在信息社会的保护凸显困难和重要。而个人信息保护则是随着信息技术的发展而产生的概念。依照张新宝教授《从隐私到个人信息之利益再衡量》一文的观点,个人隐私与个人信息呈交叉关系,即有的个人隐私属于个人信息,而有的个人隐私则不属于个人信息;有的个人信息特别是涉及个人私生活的敏感信息属于个人隐私,但也有一些个人信息因高度公开而不属于隐私。

随着隐私权和个人信息保护立法的加强,在此领域的争议案件也在逐步增多。比如,"王菲诉张乐奕侵犯名誉权案"[(2008)朝民初字第10930号]被广大的网民称为"人肉搜索"第一案;北京百度网讯科技公司与朱烨隐私权纠纷案[(2014)宁民终字第5028号]中,一审和二审法院就使用Cookie软件收集的用户上网信息是否为个人信息、侵犯个人信息隐私是否仅限于将信息加以公开,使用Cookie软件收集个人用户信息是否存在某种告知即可等问题观点明显不同,判决也在学界和业界引起巨大的争议。

对于企业而言,如何合法收集和利用个人信息,避免法律风险,需要律师提供法律服务。律师的工作内容可以包括设计完善的用户条款、制定数据收集和使用流程

---

[1] 参见《网络安全的市场规模》,载http://www.ccgp.gov.cn/specialtopic/wlaq/scgm/201501/t20150107_4909280.htm,最后访问日期:2015年11月1日。

和规范等。一旦发生争议案件,律师可作为代理律师。

(二)网络安全事件的处理

在信息社会,人们对网络深度依赖,一旦发生网络安全事件,会对人们的生活带来巨大影响,也可能会危及国家信息安全。2015年国内外发生的重要网络泄露事件主要有:机锋用户数据泄露、酒店开房记录泄露、海康威视监控设备被境外控制、超30省过5 000万条社保信息泄露、人寿10万份保单信息泄露、考生信息泄露、大麦网600万用户信息泄露、苹果xcode开发工具大范围感染APP应用、网易邮箱过亿用户敏感信息遭泄露等。

一旦发生网络安全事件,一般情况下,律师会参与处理,为企业提供法律建议,保证安全事件的处理符合法律规定,以降低损失、控制风险。

(三)与网络安全有关的刑事案件

依照《关于办理网络犯罪案件适用刑事诉讼程序若干问题的意见》(公通字〔2014〕10号)的规定,网络犯罪一般包括:危害计算机信息系统安全犯罪案件;通过危害计算机信息系统安全实施的盗窃、诈骗、敲诈勒索等犯罪案件;在网络上发布信息或者设立主要用于实施犯罪活动的网站、通讯群组,针对或者组织、教唆、帮助不特定多数人实施的犯罪案件;主要犯罪行为在网络上实施的其他案件。

据公安部统计,1998年,我国公安机关全年办理的网络犯罪案件仅142件,2008年猛增至3.5万件,2012年至2013年案件数和抓获犯罪嫌疑人数分别达12.5万件、21.6万人和14.4万件、25.2万人。①

律师参与网络安全刑事案件的方式多样,既可以为犯罪嫌疑人提供辩护,也可以为受害人提供法律保护的咨询,帮助其获得有效的司法保护和救济。

二、信息网络安全领域律师相关业务的发展和创新

(一)大数据的发展

国务院于2015年9月发布《关于印发促进大数据发展行动纲要的通知》(以下简称《纲要》),《纲要》旨在推动大数据的广泛发展和应用,同时亦指出我国大数据发展存在顶层设计和统筹规划、法律法规建设滞后等诸多问题。在大数据的法制建设中,个人信息保护应当是一个重要的环节,进一步讲,建立个人信息保护的完善法律体系,在大数据应用和个人信息保护间寻找恰当的平衡点,是大数据产业健康发展的关键。

大数据的应用发展以数据的充分流动、获取和利用作为基础。但是,作为信息技术发展的另一面,我国个人信息滥用问题也日益突出。大数据应用需要保持数据

---

① 参见《网络犯罪快速增长势头短期内不会变》,载《法制日报》2014年11月24日。

的充分流动性,而信息社会对个人信息保护提出了更高的需求,需要防止个人的滥用。在两者诉求间如何寻找适度的平衡点,对立法者提出了挑战。律师服务于大数据产业的机会逐渐形成。

(二) 云计算

国务院《关于积极推进"互联网+"行动的指导意见》指出,要大力推进云计算在产业的应用。阿里研究院发布《互联网+,中国经济新机遇》报告,列举了"互联网+"对七大传统产业的积极影响,从中可以清晰地看到云计算、大数据对产业转型的有效支撑。在云计算产业的大力发展过程中,也产生了相应的法律服务需求,包括云计算项目的建设、云计算技术的引进、云计算项目获得相应的资质和许可等。

云计算应用伴随的问题之一是信息安全问题。中央网络安全和信息化领导小组办公室于2014年12月30日发布《关于加强党政部门云计算服务网络安全管理的意见》,规范党政机关对云计算的应用,以及要建立安全审查制度等。在云计算安全领域,有提供法律服务的广阔潜在市场。

云计算也带来了新型知识产权问题。首先,在云计算环境下,商业秘密保护变得更加困难和复杂,也变得更为迫切。云计算环境下商业秘密侵权的新特点包括:侵权主体的多元化;侵权手段的高科技性;侵权行为的隐蔽性和侵权后果的难以控制性;原告举证难度加大;云计算也带来了新的知识产权侵权案件,比如机顶盒侵犯信息网络传播权等。

三、信息网络安全领域的热点法律问题研究和立法建议

(一) 关于《个人信息保护法》的立法建议

1. 关于立法的时机

目前我国关于个人信息保护的专门立法还处于专家建议稿的阶段,距通过立法并颁发似乎还有一段距离。但是,随着公民私权意思的增强,以及信息技术尤其是大数据应用的发展,个人信息的综合立法又显得具有迫切性。

一方面,个人信息的保护无章可循,商家对个人信息的收集和使用等没有明确的法律边界,造成个人信息滥用日益严重,更甚者,社会上形成了个人信息非法交易的链条。在这样的环境下,人人成为"透明人",个人生活的私人空间经常被打扰,非法获得的个人信息被用于诈骗等非法目的也屡见不鲜。从公众利益角度出发,有一部保护个人信息的法律,在个人信息被侵犯时,能得到法律的有效救济,才能使得个体在信息社会中获得安全感,不会对信息技术和大数据产生抗拒感。这也是大数据能够得以健康发展的社会基础。

另一方面,对于大数据应用和产业而言,明确的法律边界也至关重要。传统产

业向"互联网+"的转型过程中,通过大数据的收集和分析能够实现精细化的市场定位和精准营销,有助于其竞争力的提高;对于大数据产业本身,其存在的前提条件就是能够持续获得作为"原材料"的流动性的大数据。但是,目前产业界普遍的困境是,在有限的、模糊的关于个人信息保护的法条下,如何构建合法的商业模式、控制法律风险显得非常困难。比如说,大数据公司经常会利用个人信息"脱敏"的技术手段,也就是把个人信息中敏感的信息掩盖或删除,希望能通过"脱敏"规避侵犯个人信息的法律风险。但是,关于"脱敏"的程度和标准及法律风险的判断,也因公司而异。

2. 关于立法的若干考虑和建议

首先,应当明确个人信息权利的私权性质,进而应当充分尊重交易双方在个人信息安排和处分中的意思自治。信息技术的发展日新月异,针对个人信息的开发和利用也会多种多样,应当把个人信息如何利用的决定权交由权利人来决定。比如北京百度网讯科技公司与朱烨隐私权纠纷案[(2014)宁民终字第5028号],暂不论其判决正误,单就Cookie技术的应用而言,本来就是"甲之甘露,乙之砒霜"。一部分人会觉得Cookie技术的使用为消费者带来了便利,能为其内容选择和电子商务提供个性化的指引;而对另一部分人而言,可能会觉得受到了冒犯,其把个人的上网历史作为私有信息对待,亦可以理解。尊重个体对个人信息权利的处分和对新技术的选择,便逐步会在个人信息保护和大数据利用的博弈中找到自然的平衡点。

明确个人信息权利的私权性质,另一方面而言,意味着不必要在法律中设置过多的强制性规定,而应当以补充性规定的方式来弥补当事人未作出约定情形下的权利义务安排。比如我们常提到的欧盟的"特定和合法目的原则",也就是说,信息收集方只有为特定的、合法的目的,才能收集和持有个人信息数据。可以试想一种情形,消费者基于对商家的信赖关系,允许商家将其收集的个人信息用于未来的、不特定的产品和服务,即使不符合特定目的原则,又何尝不可?

其次,对于特定领域的个人信息的保护,应当制定明确的法律规范,比如医疗信息、儿童信息和电信及金融信息等的保护。这也是美国关于个人信息保护的立法思路。儿童和患者,及对于商家而言的消费者,是相对弱势的群体;金融信息和通讯信息,涉及用户的重大利益,也可能涉及国家的金融和信息安全。

最后,关于数据跨境传输和存储的考虑。随着全球化的发展,个人信息的跨境传输和存储不可避免,互联网使得世界变成了地球村,而信息流动是地球村的中枢神经。国际化的另一个表现是跨国公司的广泛存在。跨国公司对信息的管理一般会采取集中数据库的管理方式,各子公司间会进行跨境的数据流动。因此,在立法过程中,一般情况下,应当保护数据的跨境流动性。但是,数据的传输和存储又会涉及国家信息主权和信息安全等诸多问题,对特定信息进行特殊管理,要求信息的本地处理和存储又是国际上的惯例。例如,对于个人金融信息,我国规定,在中国境内收集的个人金融信息的储存、处理和分析应当在中国境内进行。除法律、法规及中国人民银行另有规定外,银行业金融机构不得向境外提供境内个人金融信息。

(二)关于《中华人民共和国网络安全法(草案)》的修改意见

2015年6月,第十二届全国人大常委会第十五次会议初次审议了《中华人民共和国网络安全法(草案)》[以下简称《网络安全法(草案)》],并就《网络安全法(草案)》致函中华全国律师协会征求立法意见。受中华全国律师协会指派,中华全国律师协会信息网络与高新技术专业委员会承担了调研任务,开展了专题研究,并举办了"《网络安全法(草案)》立法研讨会",最终形成书面意见递交全国人大。

总结起来,书面的立法修改意见主要包括如下几个方面(节选)。

1. 关于《网络安全法(草案)》第1条

第一条 为了保障网络安全,维护网络空间主权和国家安全、社会公共利益,保护公民、法人和其他组织的合法权益,促进经济社会信息化健康发展,制定本法。

修改建议条文:(删除"为了保障网络安全,")为了维护国家网络空间主权、国家安全及社会公共利益,保护公民、法人和其他组织在网络空间的合法权益,促进经济社会信息化健康发展,根据宪法和国家安全法,制定本法。

修改建议理由:将总则第1条分为维护、保护、促进三个层次,维护和保护是手段,促进是目的。在第1条还明确《网络安全法》在中国法制体系中应处于《国家安全法》之下位法之地位。

2. 关于《网络安全法(草案)》第2条

第二条 在中华人民共和国境内建设、运营、维护和使用网络,以及网络安全的监督管理,适用本法。

修改建议条文:在中华人民共和国境内建设、运营、维护和使用网络,以及境外使用网络与中华人民共和国网络安全相关联的监督管理,适用本法。

修改建议理由:网络空间的管辖不应仅仅局限在我国领土范围内,应通过本法对我国管辖权的界定拓展我国网络安全的管辖范围,以保障网络安全。

3. 关于《网络安全法(草案)》第7条

第七条 建设、运营网络或者通过网络提供服务,应当依照法律、法规的规定和国家标准、行业标准的强制性要求,采取技术措施和其他必要措施,保障网络安全、稳定运行,有效应对网络安全事件,防范违法犯罪活动,维护网络数据的完整性、保密性和可用性。

修改建议条文:建设、运营网络或者通过网络提供服务,应当依照法律、法规的规定和国家标准、行业标准的强制性要求,采取管理措施、技术措施和其他必要措施,保障网络安全、稳定运行,有效应对网络安全事件,防范违法犯罪活动,维护网络数据的完整性、保密性和可用性。

修改建议理由:目前采取的措施中最多的仍然是管理措施,尤其是对内容的管理,技术措施的工具性含义较大。

4. 关于《网络安全法(草案)》第9条

第九条 国家保护公民、法人和其他组织依法使用网络的权利,促进网络接入普及,提升网络服务水平,为社会提供安全、便利的网络服务,保障网络信息依法有序自由流动。任何个人和组织使用网络应当遵守宪法和法律,遵守公共秩序,尊重社会公德,不得危害网络安全,不得利用网络从事危害国家安全、宣扬恐怖主义和极端主义、宣扬民族仇恨和民族歧视、传播淫秽色情信息、侮辱诽谤他人、扰乱社会秩序、损害公共利益、侵害他人知识产权和其他合法权益等活动。

修改建议条文:任何个人和组织使用网络应当遵守宪法和法律,遵守公共秩序,尊重社会公德,不得危害网络安全,不得利用网络从事危害国家安全、宣扬恐怖主义和极端主义、宣扬民族仇恨和民族歧视、传播淫秽信息、扰乱社会秩序、损害公共利益、侮辱诽谤他人以及(删除"侵害他人知识产权")其他侵害他人合法权益等活动。

修改建议理由:删除第1款条文。第1款与网络空间安全关系不大,电信法和互联网信息服务法里面应该有的内容。

传播淫秽色情信息这一概念与其他现行法律不一致,《中华人民共和国未成年人保护法》《刑法》均未使用"色情"一词表述涉黄信息,有一定审美或科学价值的色情信息并不为法律所禁止。第9条第2款所保护的法益应从国家到社会再到个人,并且知识产权只是他人合法权益的一种形式,无凸显必要。

5. 关于《网络安全法(草案)》第10条

第十条 任何个人和组织都有权对危害网络安全的行为向网信、工业和信息化、公安等部门举报。收到举报的部门应当及时依法作出处理;不属于本部门职责的,应当及时移送有权处理的部门。

修改建议理由:可以向多个部门举报造成多头管理,结果多头不管,建议统一的举报受理渠道。建议细化举报程序以及救济措施。

6. 关于《网络安全法(草案)》第13条

第十三条 国家建立和完善网络安全标准体系。国务院标准化行政主管部门和国务院其他有关部门根据各自的职责,组织制定并适时修订有关网络安全管理以及网络产品、服务和运行安全的国家标准、行业标准。

国家支持企业参与网络安全国家标准、行业标准的制定,并鼓励企业制定严于国家标准、行业标准的企业标准。

修改建议条文:国家建立和完善网络空间安全标准体系。国务院标准化行政主管部门和国务院其他有关部门根据各自的职责,组织制定并适时修订有关网络安全管理以及网络产品、服务和运行安全的国家标准、行业标准。

国家支持企业、团体和各类法人参与网络安全国际标准、国家标准、行业标准的制定,并鼓励企业制定严于国家标准、行业标准的企业标准。

修改建议理由:除了企业以外,还有如行业协会等诸多团体和法人会参与标准的制定,并且网络安全标准也不应仅限于国内,国内法人也应积极争取在国际标准的话语权。

7. 关于《网络安全法(草案)》第17条

第十七条 国家实行网络安全等级保护制度。网络运营者应当按照网络安全等级保护制度的要求,履行下列安全保护义务,保障网络免受干扰、破坏或者未经授权的访问,防止网络数据泄露或者被窃取、篡改:

(一)制定内部安全管理制度和操作规程,确定网络安全负责人,落实网络安全保护责任;

(二)采取防范计算机病毒和网络攻击、网络入侵等危害网络安全行为的技术措施;

(三)采取记录、跟踪网络运行状态,监测、记录网络安全事件的技术措施,并按照规定留存网络日志;

(四)采取数据分类、重要数据备份和加密等措施;

(五)法律、行政法规规定的其他义务。

网络安全等级保护的具体办法由国务院规定。

修改建议条文:国家实行网络安全等级保护制度。网络运营者应当按照网络安全等级保护制度的要求,履行下列安全保护义务,保障网络免受干扰、破坏或者未经授权的访问,防止网络数据泄露或者被窃取、篡改:

(一)制定内部安全管理制度和操作规程,确定网络运营者的法人代表或主要负责人为网络安全负责人,落实网络安全保护责任;

(二)采取防范计算机病毒和网络攻击、网络入侵等危害网络安全行为的技术措施;

(三)采取记录、跟踪网络运行状态,监测、记录网络安全事件的技术措施,并按照规定留存网络日志;

(四)采取数据分类、重要数据备份和加密等措施;

(五)法律、行政法规规定的其他义务。

网络安全等级保护的具体办法由国务院规定。

修改建议理由:应明确网络和系统的运营者、使用者的管理责任,明确网络安全责任人,否则在施行中无法发挥作用。目前存在的是国家信息网络安全等级保护制度,其与本法条规定的"网络安全等级保护制度"的关系需明确,否则可能出现法律体系矛盾和衔接错位。

8. 关于《网络安全法(草案)》第18条

第十八条　网络产品、服务应当符合相关国家标准、行业标准。网络产品、服务的提供者不得设置恶意程序;其产品、服务具有收集用户信息功能的,应当向用户明示并取得同意;发现其网络产品、服务存在安全缺陷、漏洞等风险时,应当及时向用户告知并采取补救措施。

网络产品、服务的提供者应当为其产品、服务持续提供安全维护;在规定或者当事人约定的期间内,不得终止提供安全维护。

修改建议条文:网络产品、服务应当符合相关国家标准、行业标准。网络产品、服务的提供者不得设置恶意程序和后门程序;其产品、服务具有收集用户信息和网络信息功能的,应当向用户明示并取得同意,终端设备产品应允许用户卸载具有收集用户信息和网络信息功能的预装的非系统软件;发现其网络产品、服务存在安全缺陷、漏洞等风险时,应当及时向用户告知并采取补救措施,在必要时,应及时按照规定向有关主管部门报告。

网络产品、服务的提供者应当为其产品、服务持续提供安全维护;在规定或者当事人约定的期间内,不得终止提供安全维护。

修改建议理由:恶意程序应在定义中明确,恶意程度不同应承担的法律责任也不相同。应用收集的不只是用户信息,其他如网络环境、设备装置等信息也会成为收集的对象,也有必要对"用户信息"作出定义。另外应尊重终端用户的知情权和选择权,允许用户卸载预装的用于用户信息或网络信息收集的非必要软件。如果出现风险超出网络产品、服务的提供者的应对能力,还应规定其向上汇报的义务和责任。

9. 关于《网络安全法(草案)》第20条

第二十条　网络运营者为用户办理网络接入、域名注册服务,办理固定电话、移动电话等入网手续,或者为用户提供信息发布服务,应当在与用户签订协议或者确认提供服务时,要求用户提供真实身份信息。用户不提供真实身份信息的,网络运营者不得为其提供相关服务。

国家支持研究开发安全、方便的电子身份认证技术,推动不同电子身份认证技术之间的互认、通用。

修改建议条文:网络运营者为用户办理网络接入、域名注册服务,办理固定电话、移动电话等入网手续,或者为用户提供信息发布服务,应当在与用户签订协议或者确认提供服务时,要求用户提供真实身份信息,并对用户提供身份信息进行验证。用户不提供真实身份信息的,网络运营者不得为其提供相关服务。

修改建议理由:应赋予网络运营商对客户信息的验证义务。第二款为政策性内容,不适合在法律中规定,建议删去。

10. 关于《网络安全法(草案)》第 21 条

第二十一条　网络运营者应当制定网络安全事件应急预案,及时处置系统漏洞、计算机病毒、网络入侵、网络攻击等安全风险;在发生危害网络安全的事件时,立即启动应急预案,采取相应的补救措施,并按照规定向有关主管部门报告。

修改建议条文:网络运营者应当制定网络安全事件应急预案,及时处置系统漏洞、计算机病毒、网络入侵、网络攻击等安全风险;在发生危害网络安全的事件时,及时启动应急预案和采取相应的补救措施,按照规定向有关主管部门及公安部门报告,并采取有效措施向相关用户通报,避免损失的进一步扩大。

修改建议理由:将"立即"改为"及时",更具操作性。减少损害的最有效手段之一是信息公开,应增加网络运营者对公众的通报义务。

11. 关于《网络安全法(草案)》第 23 条

第二十三条　为国家安全和侦查犯罪的需要,侦查机关依照法律规定,可以要求网络运营者提供必要的支持与协助。

修改建议条文:为国家安全和侦查犯罪的需要,侦查机关依照法律规定并经过法定的审批手续,可以要求网络运营者提供必要的协助以及相关的数据和信息。对于获得的信息和数据,侦查机关应对与侦查活动非直接相关的部分采取保密措施。

修订建议理由:明确网络运营者的协助内容。但建议增加对侦查机关的遵守法定程序和保密义务,以避免公权力被滥用。

12. 关于《网络安全法(草案)》第 25 条

第二十五条　国家对提供公共通信、广播电视传输等服务的基础信息网络,能源、交通、水利、金融等重要行业和供电、供水、供气、医疗卫生、社会保障等公共服务领域的重要信息系统,军事网络,设区的市级以上国家机关等政务网络,用户数量众多的网络服务提供者所有或者管理的网络和系统(以下称关键信息基础设施),实行重点保护。关键信息基础设施安全保护办法由国务院制定。

修改建议理由:对于重要信息系统实施重点保护,属于国际通行惯例。用户数量众多的网络服务提供者所有或者管理的网络和系统,目前符合该标准的企业有很多,如大量的电商,需要有明确的界定标准来界定。

13. 关于《网络安全法(草案)》第 31 条

第三十一条　关键信息基础设施的运营者应当在中华人民共和国境内存储在运营中收集和产生的公民个人信息等重要数据;因业务需要,确需在境外存储或者向境外的组织或个人提供的,应当按照国家网信部门会同国务院有关部门制定的办法进行安全评估。法律、行政法规另有规定的从其规定。

修改建议条文:关键信息基础设施的运营者应当在中华人民共和国境内处理、传输或存储在运营中收集和产生的用户个人信息等重要数据;因业务需要,确需在境外存储或者向境外的组织或者个人提供的,应当按照国家网信部门会同国务院有关部门制定的办法进行安全评估。法律、行政法规另有规定的从其规定。

非关键信息基础设施的运营者在中华人民共和国境内处理、传输或存储在运营中收集和产生的用户个人信息等重要数据,需在境外存储或者向境外的组织或个人提供的,在收集用户个人信息时,应当向用户明示并取得用户的同意。

修改建议理由:考虑数据有可能被加工以及途经境外传输的情况,建议加上在境内传输或存储。本法条不应被理解为非关键信息基础设施的运营者可以无约束地在境外存储或者向境外的组织或者个人提供。"公民个人信息"中的"公民"限定了个人信息只能是具有中华人民共和国国籍的人,但在实践中,还包括很多非我国国籍的人的个人信息会在中国境内被处理、传输或存储,修改为"用户个人信息"就可以把这部分个人信息涵盖进去。

14. 关于《网络安全法(草案)》第34条

第三十四条 网络运营者应当建立健全用户信息保护制度,加强对用户个人信息、隐私和商业秘密的保护。

修改建议条文:网络运营者应当建立健全用户信息保护制度,加强对用户的商业秘密以及个人用户的身份信息、隐私的保护。

修改建议理由:商业秘密的主体并不限定于个人,原法条易产生"商业秘密"的主体歧义。"个人信息"可以分为与人格尊严有直接关系的个人信息和与人格尊严没有直接关系的个人信息,"个人信息"的外延大于"隐私",两者不宜并列。

15. 关于《网络安全法(草案)》第37条

第三十七条 公民发现网络运营者违反法律、行政法规的规定或者双方的约定收集、使用其个人信息的,有权要求网络运营者删除其个人信息;发现网络运营者收集、存储的其个人信息有错误的,有权要求网络运营者予以更正。

修改建议条文:公民享有查询网络运营者所储存个人信息,发现网络运营者违反法律、行政法规的规定或者双方的约定收集、使用其个人信息的,有权要求网络运营者删除其个人信息;发现网络运营者收集、存储的其个人信息有错误的,有权要求网络运营者予以更正。个人信息的删除和更正的申请和处理办法由国务院规定。

修改建议理由:公民在不享有查询权利的情况下,很难主张权利。应当规定信息主体具有查询所存储个人信息的权利,《欧洲数据保护公约》作了类似的规定。另一方面,对个人信息的删除和更正也应规定必要手续,否则会产生大量诉争。

16. 关于《网络安全法(草案)》第 50 条

第五十条 因维护国家安全和社会公共秩序,处置重大突发社会安全事件的需要,国务院或者省、自治区、直辖市人民政府经国务院批准,可以在部分地区对网络通信采取限制等临时措施。

修改建议条文:因维护国家安全和社会公共秩序,处置重大突发社会安全事件的需要,国务院或者省、自治区、直辖市人民政府经国务院批准,可以在部分地区对网络通信采取限制等临时措施。在紧急情况下,省、自治区、直辖市人民政府可以决定在本地区采取临时措施,但应在四十八小时以内向国务院报请批准。

在采取临时措施的条件不再成立时,国务院或者省、自治区、直辖市人民政府经国务院批准,可以解除该临时措施。

修改建议理由:建议增加紧急和需解除临时措施这两种情况的处理规定,使法条更加严密,并防止公权力滥用。

17. 建议在《网络安全法(草案)》中增加密码管理制度的规定

密码管理制度是网络安全的必要组成部分,《网络安全法(草案)》中缺少"密码应用管理制度"将是不完整的。密码管理制度对于加强商用密码管理、保护信息安全、保护公民和组织的合法权益、维护国家的安全和利益,具有重要意义。

建议《网络安全法(草案)》增加对密码管理制度的规定:

第××条 国家实行密码管理制度,密码管理的具体办法由国务院规定。

18. 建议在《网络安全法(草案)》中增加网络安全服务机构在网络监测预警与应急处置中发挥作用的规定

第三方机构在应对计算机技术性网络安全风险方面,具有用户众多、技术专业等行政机关不可比拟的优势,可以快速响应、及时应对。国家应充分发挥第三方机构在计算机技术性网络安全监测预警与应急处置方面的优势,鼓励其参与到其中去。

建议《网络安全法(草案)》增加对第三方机构在应对计算机技术性网络安全风险方面的规定:

第××条 充分发挥网络安全服务机构、有关研究机构在处置系统漏洞、计算机病毒、网络入侵、网络攻击等安全风险中的作用。当用户的电脑、手机、服务器、网络设备及其智能联网设备出现安全风险时,网络安全服务机构、有关研究机构应当及时向社会发布预警信息,并告知用户修补或防护方法。

第六节　网络知识产权律师业务

一、网络知识产权法律服务的回顾与展望

随着近年来互联网行业的蓬勃发展,技术的日新月异,人们的行为模式也随之发生改变;网络知识产权也产生出很多新的事物,如新的侵权方式,新的权利客体,等等。回顾五年来最高人民法院公布的十大知识产权案件、十大创新案件、五十件典型案件,其中涉及互联网的知识产权纠纷案件数量均呈上升趋势,这反映出市场对于网络知识产权法律维权服务的需求非常迫切。

从上述案例分析来看,传统的商标、著作权、专利方面延伸出很多新的侵权方式;而反不正当竞争领域,涌现出很多新型网络知识产权侵权案件。

(一) 商标与专利权方面

由于互联网的快捷、接入成本低、地域限制少等特点,涉及商标与专利的侵权平台从传统的实体平台向虚拟化的网络转移,随之而来的除了传统商标法意义上的制造销售等侵权行为,还出现了新形式的商标侵权。如将与注册商标近似的词汇选定为竞价排名关键词,吸引网络用户的注意,并引起其对产品来源的混淆。[1] 甚至有些侵权人将他人的商标写入网页代码中,引导搜索引擎将对该商标的搜索导向侵权人的网站。

(二) 著作权

随着技术的发展,权利的载体、扩散方式也在不断地更新。在网络环境之下,衍生出许多新的著作权的客体,侵权方式也不断随之更新,逐渐从传统的复制向网络传播转移。如:

1. 对于利用新技术创造的作品是否可以获得传统著作权法的保护方面

在计算机中文字库著作权纠纷案[2]中,最高人民法院就对计算机中的文字库的法律属性作出了认定,认为其首先属于计算机软件著作权,如果其具有独创性则可以认定为美术作品;并且对于如何构成合理使用也作出了界定。

---

[1]　杭州盘古自动化系统有限公司与杭州盟控仪表技术有限公司、北京百度网讯科技有限公司侵害商标权纠纷案[浙江省杭州市滨江区人民法院(2011)杭滨初字第11号民事判决书]。

[2]　北京北大方正电子有限公司与暴雪娱乐股份有限公司、九城互动信息技术(上海)有限公司、上海第九城市信息技术有限公司、北京情文图书有限公司侵害著作权纠纷案[最高人民法院(2010)民三终字第6号民事判决书]。

2. 技术的发展打破了传统音乐产业的传播模式,网络传播成为新的趋势

在百度 MP3 搜索著作权纠纷案①中,网络服务供应商提供了网络在线试听和下载服务,这种商业模式的创新影响到了权利人的利益。法院最后引导双方调解结案,兼顾了利益平衡。

3. 技术的发展是把双刃剑,既给社会公众带来了极大的便捷,也给侵权人传播侵犯知识产权的产品带来了新的工具

如侵权人利用 P2P 技术②,网络存储空间③,通过搜索、链接等技术手段获取已被上传或置于开放性网络服务器的作品的行为④等网络形式传播侵权作品,法院也对这些类型侵权案件中涉及提供服务的网络服务商的责任与义务作出了规制。

4. 新类型的侵权也纷纷出现

如有些侵权人通过更改他人软件的代码以改变软件功能的方式侵犯他人著作权⑤,以达到窃取他人积累的商业利益的目的。在网络游戏私服侵犯著作权案中侵权人通过架设未经授权的游戏服务器的形式来窃取他人的成果⑥,该行为也是利用互联网实施侵犯著作权犯罪的主要手段之一。

(三) 不正当竞争

互联网经营者之间的竞争愈演愈烈,经营者为了取得竞争优势,采取技术措施对其他经营者的产品或服务进行干扰。由此引发许多新型的不正当竞争。

在传统的商业秘密保护方式中,法院已经将互联网经营者赖以生存的核心资产之一,网站用户注册信息数据库纳入保护范围。⑦

---

① 环球唱片有限公司、华纳唱片有限公司、索尼音乐娱乐香港有限公司与北京百度网讯科技有限公司侵犯著作权纠纷上诉案[北京市高级人民法院(2010)高民终字第 1694 号、1700 号、1699 号民事调解书]。

② 庄则栋、佐佐木敦子与上海隐志网络科技有限公司侵害作品信息网络传播权纠纷上诉案[上海市第一中级人民法院(2011)沪一中民五(知)终字第 33 号民事判决书]。

③ 韩寒与北京百度网讯科技有限公司侵害著作权纠纷案[北京市海淀区人民法院(2012)海民初字第 5558 号民事判决书]。

④ 上海激动网络股份有限公司与武汉市广播影视局、武汉网络电视股份有限公司侵害信息网络传播权纠纷案[湖北省武汉市中级人民法院(2012)鄂武汉中知初字第 3 号民事判决书]。

⑤ 腾讯科技(深圳)有限公司与上海虹连网络科技有限公司、上海我要网络发展有限公司侵害计算机软件著作权及不正当竞争纠纷上诉案[湖北省武汉市中级人民法院(2011)武知终字第 6 号民事判决书]。

⑥ 赵学元、赵学保侵犯著作权罪上诉案[江苏省高级人民法院(2012)苏知刑终字第 0003 号刑事判决书]。

⑦ 衢州万联网络技术有限公司与周慧民等侵害商业秘密纠纷上诉案[上海市高级人民法院(2011)沪高民三(知)终字第 100 号民事判决书]。

而如域名、搜索引擎、网络在线播放等新型案件亦层出不穷。由于域名以英文字母为主,和中国汉语拼音有相通的特点,侵权人利用该特殊性,将其与知名人物的姓名相关联,并以要约出售方式转让①;或者注册近似类似商标的域名,并在网站上使用近似的商标②;或者将他人使用在先,并已积累一定知名度的服务名称作为网站名称在相同行业和领域中向公众提供社会性网络服务,使网络用户对二者提供的服务产生混淆③等行为来谋取不正当利益。

有部分网络经营者利用软件不正当或不合理地干扰其他网络服务经营者的服务,如在搜索引擎的查询结果中插入自己的标志④;或者对网络用户针对百度网站所发出的搜索请求进行了人为干预,使干预者想要发布的广告页面在正常搜索结果页面出现前强行弹出。⑤ 由于视频网站运营商所采用的"免费视频加广告"的商业模式,经营者利用具有视频广告过滤功能的软件破坏视频网站运营商的正常经营活动,又利用视频网站运营商的经营利益(即用户基础)来增加其用户数量,谋取不正当利益。⑥

甚至互联网经营者直接互相指责,进行商业诋毁⑦,或者逼迫用户对竞争的双方旗下的软件做二选一的选择。⑧ 上述事件引发了互联网技术创新、自由竞争和不正当竞争等权益边界的巨大争议。

(四) 展望

随着技术不断发展,未来还有更多类型的案件出现,随着网络游戏产业链日渐成熟与发展,此领域新生事物层出不穷,如游戏直播行业,由此而衍生出的新事物能

---

① 岳彤宇与周立波域名权属、侵权纠纷案[上海市第二中级人民法院(2011)沪二中民五(知)初字第171号民事判决书]。
② 北京趣拿信息技术有限公司与广州市去哪信息技术有限公司不正当竞争纠纷上诉案[广东省高级人民法院(2013)粤高法民三终字第565号民事判决书]。
③ 北京开心人信息技术有限公司与北京千橡互联科技发展有限公司、北京千橡网景科技发展有限公司不正当竞争纠纷上诉案[北京市高级人民法院(2011)高民终字第846号民事判决书]。
④ 百度在线网络技术(北京)有限公司等与北京奇虎科技有限公司等不正当竞争纠纷上诉案[北京市高级人民法院(2013)高民终字第2352号民事判决书]。
⑤ 北京百度网讯科技有限公司诉中国联合网络通信有限公司青岛市分公司、青岛奥商网络技术有限公司、中国联合网络通信有限公司山东省分公司、青岛鹏飞国际航空旅游服务有限公司不正当竞争纠纷上诉案[山东省高级人民法院(2010)鲁民三终字第5-2号民事判决书]。
⑥ 合一信息技术(北京)有限公司与北京金山安全软件有限公司等不正当竞争纠纷上诉案[北京市第一中级人民法院(2014)一中民终字第3283号民事判决书]。
⑦ 腾讯科技(深圳)有限公司、深圳市腾讯计算机系统有限公司与北京奇虎科技有限公司、奇智软件(北京)有限公司不正当竞争纠纷上诉案[最高人民法院(2013)民三终字第5号民事判决书]。
⑧ 腾讯科技(深圳)有限公司、深圳市腾讯计算机系统有限公司与北京奇虎科技有限公司、奇智软件(北京)有限公司不正当竞争纠纷上诉案[最高人民法院(2013)民三终字第4号民事判决书]。

否获得相关法律的保护目前尚无定论。①

由于互联网打破地域限制的特点,我们相信将来必将出现跨国打击侵权的合作形式。

二、律师网络知识产权业务的发展和创新

(一) 维权方式

针对侵权等案件,律师常用的传统维权方式有发送警告函、工商行政投诉或其他主管机关行政投诉、域名仲裁、民事诉讼、刑事举报等。而随着互联网的发展,也出现了网络特有的维权方式。

1. 向互联网服务提供商投诉

《中华人民共和国侵权责任法》(以下简称《侵权责任法》)规定了互联网服务提供商的责任及义务,使维权人有权要求其针对侵权行为采取删除、屏蔽等措施。

2. 向侵权行为所在地通信管理局行政投诉

通信管理局在网络维权中也是一个重要的途径。为了逃避监管,侵权网站往往不进行 ICP 备案登记,这违反了电信管理的相关规定。如果将该等违法行为投诉至通信管理局,则通信管理局可以迅速进行关闭网站、断开链接等处理,其效果甚至优于其他知识产权执法机关。

(二) 侵权认定方式

互联网的发展催生了间接取证的方式:网页"快照"。网页快照是搜索服务提供者为了方便用户提供的一种技术服务,即搜索引擎在收录网页时制作网页复制件并予以存储,当用户点击网页"快照"时,可以直接根据搜索引擎事先确立的策略显示网页内容。通过网页"快照"获得的证据对服务提供者作出侵权认定是该领域的一个创新。

(三) 权利主体

新的复合权利主体的出现。以往在音乐或电影中会出现诸多复合著作权的情况,而网络游戏的出现,又产生了新类型的复合权利主体。如大型网游《梦幻西游》案②,原告的作品除了包括计算机程序及其有关文档外,亦根据游戏设计需要包含了相应的美术作品、文字作品。游戏软件的作者亦可以针对上述作品单独行使著作权。上述权利人还可有商标法以及反不正当竞争法保护。

---

① 参见欧修平、孙明飞、张浩淼:《游戏直播平台哪些"雷"不能碰?》,载中国律师网 http://www.acla.org.cn/html/lvshiwushi/20151015/23117.html,最后访问日期:2015 年 11 月 18 日。

② 广州网易计算机系统有限公司与北京世纪鹤图软件技术有限责任公司等侵犯著作权、商标权及不正当竞争纠纷案[北京市海淀区人民法院(2013)海民初字第 27744 号民事判决书]。

三、网络知识产权领域热点法律问题研究及立法建议

(一) 商标专利侵权案管辖权的明确

网络的空间特性带来的一大挑战就是管辖问题,其中涉及最多的就是商标专利侵权的管辖地争议。

出于种种原因,原告往往希望在己方所在地或知识产权审判经验比较丰富的法院起诉,而尽量避免在被告住所地起诉。除了被告住所地这个管辖连接点,通常只剩下侵权行为地这个连接点。在互联网环境下,通过网络交易购买货物的收货地是否属于侵权行为地,已经成为实践中非常突出的问题。不同法院的观点不一。

反对者认为,专利侵权产品的销售地应当以卖方发货地或者卖方住所地为准,而不包括买方接收货物的地点。这种观点认为,如果认定收货地属于侵权产品销售地,原告就能通过安排收货地址,要求卖方将侵权产品发送至任意地点,从而任意地选择管辖法院。这会导致侵权案件中地域管辖制度形同虚设,严重损害案件管辖的确定性。

赞同者则认为,收货意味着侵权产品交付给了买方,销售行为由此才告完成,因而收货行为也属于销售行为实施地,或者属于销售行为结果的发生地。因此,买方实际收货的地点属于最高人民法院《关于审理专利纠纷案件适用法律问题的若干规定》(以下简称《专利案件司法解释》)第5条第2款规定的侵权产品销售地,当地法院对案件具有管辖权。

尽管目前法院观点不一,但部分高级人民法院正在统一对此问题的认识。在去年和今年年初就管辖权异议上诉案件作出的裁定中,江苏省高级人民法院和广东省高级人民法院均认定网络交易收货地的法院有管辖权。不过,他们得出此结论的理由并不完全相同。前者直接认定网络交易收货地是交货地,也即侵权行为实施地①,后者则认为网络交易收货地是侵权结果发生地。② 将网络交易收货地界定为侵权行为地,其积极意义不言自明。我们期待最高人民法院在总结各地司法实践经验的基

---

① 深圳古古美美实业有限公司与笙扬创意股份有限公司侵害外观设计专利权纠纷案[(2014)苏知民辖终字第0026号民事裁定书]。
② 参见广东同方照明有限公司与深圳市里阳电子有限公司侵害发明专利权纠纷和侵害外观设计专利权纠纷管辖权异议案[(2015)粤高法立民终字第127、128号民事裁定书]。

础上尽快就此问题作出司法解释。①

（二）商业模式创新保护

与传统工业经济的区别在于，"互联网+"环境下经济增长不再仅仅依靠技术进步、技术创新为主要动力，而是需要从技术创新和商业模式创新两个维度获得动力。因此对商业模式创新的保护，也应当与技术创新保护并重。

然而对于商业模式的创新，实践中并不能得到充分保护。《中华人民共和国专利法》（以下简称《专利法》）第25条虽然没有明令否定商业方法的可专利性，但实践中，纯商业模式被归为"智力活动的规则和方法"而不能申请专利，即使与IT技术相结合，也只能申请发明专利，而发明专利审查周期长与商业模式生命周期短之间的矛盾，使得那些即使能获得专利的商业模式创新事实上也没有办法得到有效保护。

商业模式创新无法有效保护带来的一个突出问题是中小型企业的生存环境非常恶劣：中小型企业缺乏雄厚的资金实力，无力从事底层技术创新，但中小型企业贴近消费者，对消费者的需求反应迅速，往往通过商业模式的创新，能大大改善消费体验，反过来为底层技术创新的方向提供参考。但由于商业模式并不能有效地受到保护，中小型企业的这种商业模式创新很容易被大企业复制，该现状严重挫伤了中小企业探索商业模式创新的积极性。

因此，为商业模式提供知识产权保护势在必行。为商业模式创新提供法律保护的一种较为可行的方式是对现有的知识产权体系稍作改良，尽量将商业模式创新纳入其中，并在实践中对保护方式进行改良。商业模式的创新在形式上较为贴近方法发明，但如上所述，目前对于方法发明采用的是发明专利保护，而发明专利的审查周期过长，甚至大于商业模式的生命周期。比较而言，实用新型或外观设计的初步审查机制较为适合商业模式创新。建议拓宽实用新型保护客体的范围，将商业模式创新纳入其中；或者增加一个新的知识产权种类专门用于保护商业模式，而审查机制采用类似实用新型或外观设计的初步审查制。

（三）网络游戏的知识产权保护

随着游戏产业的发展，尤其是网络游戏的发展，游戏直播行业也迅速成长。耀宇文化诉广州斗鱼一案②映射出这个领域内的一系列新型知识产权问题：游戏是否

---

① 参见孙明飞、桂红霞：《网络交易收货地法院对专利侵权案件是否具有管辖权》，载金杜说法微信平台 http://mp.weixin.qq.com/s?__biz=MzA4NDMzNjMyNQ==&mid=207576697&idx=1&sn=cdd7dab0ca49bc14ba4243723287a8d0&3rd=MzA3MDU4NTYzMw==&scene=6#rd，最后访问日期：2015年11月18日。

② 广州斗鱼网络科技有限公司与上海耀宇文化传媒有限公司著作权权属、侵权纠纷案[（2015）沪知民终字第81号]。

属于著作权法意义上的作品？若是则属于何种作品？游戏比赛画面是否构成作品？游戏玩家的游戏操作是否应当保护？游戏直播平台的法律责任如何？

游戏集计算机软件、美工、音乐、剧情于一身，凝结了开发者投入的大量的人力、物力和创造性劳动，显然应当予以保护。但由于游戏作品的复杂，现实中游戏通常没有被作为一个整体进行保护，而是被拆分成多个要素，按照著作权法上的软件作品、美术作品、音乐作品等分别予以保护。考查游戏的特点，使用著作权法保护确实比较贴切，但像目前实践中这种将其各要素拆开予以保护的做法存在不足：各要素的组合并不能完全还原对游戏作品的保护，例如面对游戏直播平台时，并没有明确适用的保护基础；并且对于同一个侵权行为，会侵犯多种权利结果，导致赔偿依据不明、诉累等问题。

综合考虑游戏的特点，可以考虑将游戏作为一种独立的作品予以保护，对于侵犯游戏计算机软件程序的侵权行为，和对于仅侵犯游戏外在表现形式的侵权行为设置不同的赔偿标准；或者对游戏的计算机软件程序部分作为软件作品保护，而将游戏的外在表现部分综合作为"类似摄制电影的方法创作的作品"，而不再拆分成美术、音乐等多个要素进行保护。

（四）"市场支配地位"在互联网环境下的界定方式

滥用市场支配地位的案件中，需要先判断被告是否具有市场支配地位。判断是否具有市场地位通常要考查相同产品市场、相关替代品市场、相关地域市场几个维度，作出综合判断。所谓市场，是供给者、消费者交换商品这一交易行为的总称。传统商业模式中，市场中无论是商品供给者还是消费者都很容易识别。

但是在互联网环境下，互联网企业常用的模式是其面向网民的基础服务是免费的，以此吸引用户后，通过向其他商家收取广告费用、向高级用户提供增值服务的模式盈利。在这种模式下，如果网民仅消费互联网企业提供的基础服务，并不需要支付任何对价，从这个角度讲，这种基础服务已经不能满足商品的定义。因此在上述互联网企业盈利模式下，市场中的商品到底是什么？消费者到底是谁？仅消费免费基础服务的网民是否应当算做消费者？这些问题如果仍然采用传统定义方法，往往会得出与事实矛盾的结论。

北京奇虎科技有限公司与腾讯科技（深圳）有限公司等滥用市场支配地位纠纷案中，上述问题得以凸显。鉴于互联网本身的跨时空性、互联网企业盈利模式的自身特点，在涉及互联网企业的滥用市场支配案件中，对市场支配地位的认定应当慎重定义"市场"的范围；并且应当弱化"相关地域市场"的权重，减少对地理位置的考虑，而更多考虑同一语言文化等因素。

四、网络知识产权领域重大法律事件、典型案例评析

(一)"3Q"之争系列案件

本领域中最引人注意、牵涉网络用户最多、范围最广的无疑是"3Q"之争引发的一系列案件。奇虎公司与腾讯公司之间的一系列不正当竞争争议,分别于2011年和2014年两次入选法院十大知识产权案件。该系列案件无疑是中国互联网发展以来最重大的系列案件,其中对广大用户直接产生实际影响的无疑是最高人民法院(2013)民三终字第5号案件。① 本案中最高人民法院对互联网竞争行为划定了边界与方式,对于互联网企业之间开展有序竞争、促进市场资源优化配置树立了标杆。

1. 对在互联网市场背景下何种行为属于不正当竞争行为作出了界定

最高人民法院认为,《反不正当竞争法》第2条规定,经营者在市场交易中,应当遵循自愿、平等、公平、诚实信用的原则,遵守公认的商业道德。违反法律规定,损害其他经营者的合法权益,扰乱社会经济秩序的行为属于不正当竞争。这些规定同样适用于互联网市场领域。行为是否构成不正当竞争,关键在于该行为是否违反了诚实信用原则和互联网行业公认的商业道德,并损害了被上诉人的合法权益。

2. 对于如何判定商业诋毁行为作出了规定

《反不正当竞争法》第14条规定:"经营者不得捏造、散布虚伪事实,损害竞争对手的商业信誉、商品声誉。"商业诋毁行为是指经营者针对竞争对手的营业活动、商品或者服务进行虚假陈述而损害其商品声誉或者商业信誉的行为。判定某一行为是否构成商业诋毁,标准是该行为是否属于捏造、散布虚伪事实,对竞争对手的商业信誉或者商品声誉造成了损害。

3. 对于技术创新、自由竞争和不正当竞争的界限作出了规定

互联网的发展有赖于自由竞争和科技创新,竞争自由和创新自由必须以不侵犯他人合法权益为边界。是否属于互联网精神鼓励的自由竞争和创新,仍然需要以是否有利于建立平等公平的竞争秩序、是否符合消费者的一般利益和社会公共利益为标准来进行判断,而不是仅有某些技术上的进步即应认为属于自由竞争和创新。否则,任何人均可以技术进步为借口,对他人的技术产品或者服务进行任意干涉,就将导致借技术进步、创新之名,而行"丛林法则"之实。

该系列案件虽已审结,双方软件二选一的行为也在工业和信息化部调解结束,最高人民法院也在(2013)民三终字第4号判决中认为腾讯公司不具有市场支配地

---

① 腾讯科技(深圳)有限公司、深圳市腾讯计算机系统有限公司与北京奇虎科技有限公司、奇智软件(北京)有限公司不正当竞争纠纷上诉案[最高人民法院(2013)民三终字第5号民事判决书]。

位,但因此对消费者造成的损失却并未得到大家的关注。参考发达国家的经验,此类案件消费者应可以通过集体诉讼的方式维护自己的权利。

(二) 北京百度网讯科技有限公司诉青岛奥商网络技术有限公司等不正当竞争纠纷案①

两被告人为干预原告搜索服务对象的搜索请求,使被告想要发布的广告页面在正常搜索结果页面出现前强行弹出。

该案被告从事了一种搭便车的行为;但原告是搜索引擎提供商,第一被告从事网络工程建设、计算机软件开发等业务,第二被告为网络运营商,原、被告之间表面上并无直接竞争关系。这种情况下《反不正当竞争法》是否还适用?如果适用,该如何认定不同行业或服务类别之间是否存在竞争关系?

山东省青岛市中级人民法院和山东省高级人民法院对《反不正当竞争法》的第2条作出了解释:确定市场主体之间竞争关系的存在,不以二者属同一行业或服务类别为限,如果二者在市场竞争中存在一定联系或者一方的行为不正当地妨碍了另一方的正当经营活动并损害其合法权益,则应肯定二者之间存在竞争关系。

搭便车行为的目的往往是误导广大消费者,借权利人的良好商誉牟取不正当利益,同时侵害了广大消费者和权利人的权益。如果将《反不正当竞争法》中的竞争作限缩解释,局限在直接地、同一行业或服务类别上的竞争,那么在没有公益诉讼的情况下,对于大量不涉及商标、著作权等明确知识产权的侵权案件、侵权行为都将无法得到有效的约束。

(本章由中华全国律师协会信息网络与高新技术专业委员会组织编写,执笔人:寿步、蔡海宁、陈际红、陈巍、夏巍、原浩、刘宇梅、刘捷、刘萍、饶卫华、李高峰、郭俊、王波、瞿淼、何放、柴向阳、马勇)

---

① 参见最高人民法院审判委员会讨论通过2015年4月15日发布的指导案例45号。

第二章 金融证券保险法律服务业务报告

目 录

第一节 银行业务 / 64
  一、银行业市场状况的回顾与展望 / 64
    (一) 不良贷款飙升,银行债权清偿风险提高 / 64
    (二) 利率市场化,银行业利润空间变窄 / 65
    (三) 银行业机构体系更加完善 / 66
    (四) 银行海外网点扩张 / 66
    (五) 银行布局互联网金融业务 / 67
    (六) "一带一路"带来银行业新机会 / 67
    (七) 央行宏观审慎监管体系升级 / 68
    (八) 人民币国际化程度加大 / 69
    (九) 监管力度大增,监管措施更严 / 70
  二、银行业相关法律制度建设情况回顾 / 70
    (一) 对《中华人民共和国商业银行法》的修改 / 70
    (二) 对外资银行管理制度的修改 / 71
    (三) 建立和规范存款保险制度 / 71
    (四) 对互联网金融创新业务的肯定和规范 / 72
    (五) 促进民营银行发展 / 72
    (六) 推动向小微企业提供金融服务 / 72
    (七) 对《商业银行并购贷款风险指引》的修改 / 72
    (八) 出台票据业务风险提示新规定 / 73
    (九) 最高人民法院及中国银行业监督管理委员会联合出台法院有关执行程序中和银行系统配合问题的工作规范 / 73
  三、银行业法律领域重大案件评析 / 74
    (一) 2015年银行业重大案件评析 / 74
    (二) 2015年涉银行业纠纷审判实务发展及研究 / 76
  四、银行业发展状况对法律服务市场的影响和对律师业务的要求 / 80
    (一) 互联网银行业务带来的新的法律问题和业务增长点 / 80

（二）律师国际银行实务："一带一路"带来的律师业务新机遇 / 80
　　（三）银行国际化和人民币国际化带来的律师业务机会 / 81
　　（四）银行不良资产处置的律师业务机会和律师业务创新 / 81
　　（五）银行传统业务中的新问题：票据以及衍生的融资市场 / 81
　　（六）银行业务中的刑事犯罪问题：金融犯罪及其风险防范 / 81
　　（七）城商行的崛起和大量地方小微银行的法律服务需求 / 82
　　（八）律师在从事银行业务中应注意的自身重大法律风险防范 / 82
第二节　证券业务 / 82
　一、证券市场法制建设情况综述 / 82
　　（一）与证券市场相关的重要政策及法律、法规 / 82
　　（二）完善证券市场制度建设的相关部门规章及规范性文件 / 83
　二、证券市场法律服务情况综述 / 91
　　（一）非诉讼法律服务方面 / 91
　　（二）诉讼法律服务方面 / 92
第三节　保险业务 / 96
　一、保险法律体系的构建及发展 / 96
　二、保险法律服务市场现状 / 97
　　（一）服务对象 / 97
　　（二）服务类型 / 98
　三、提供保险法律服务的律师事务所及律师 / 99
　四、保险法律服务业市场前景 / 99

第一节　银行业务

2015年是中国银行业大变革的一年。尽管法律服务的变化一般会滞后于行业趋势的变革，然而由于变化的迅速和猛烈，法律服务业已经或主动或被动地全面卷入了银行业的变革，并在银行金融业的变迁中发挥着不可或缺的作用。

一、银行业市场状况的回顾与展望

（一）不良贷款飙升，银行债权清偿风险提高

从2003年到2013年，是中国银行业10年发展的黄金时期。银行业金融机构的资产规模从27.7万亿元提升至151.4万亿元，10年增长了4.5倍；利润从322.8亿元增长到1.74万亿元，飙升为十年前的54倍，营利能力已经跻身国际银行业一流水平。商业银行整体不良贷款率从17.9%下降到1.0%，加权平均资本充足率从

-2.98%提升到12.19%,资产质量和资本充足率都有显著改善。初步统计,2015年全年新增信贷资金11.2万亿元、理财资金8.5万亿元、债券投资6.1万亿元、信托资金2.3万亿元,通过资产证券化、不良贷款处置盘活存量贷款1万多亿元。截至2015年年底,银行业资产总额194.2万亿元,比2010年年底增长1.1倍;各项贷款余额98.1万亿元,比2010年年底增长95%;商业银行资本净额13.1万亿元,比2010年年底增长1.6倍。

近年来,受经济大环境的影响,私营企业大批破产,不良贷款飙升。在实际信贷中,走到企业破产清算程序,往往意味着银行的信贷回收策略的失败。因为在多数破产案件中,商业银行均是债权人,甚至是最大的债权人。一旦企业破产清算后,银行债权人只能按《中华人民共和国企业破产法》(以下简称《企业破产法》)规定的债权清偿顺序受偿,至破产程序终结后未获受偿的部分,将免除债务人清偿义务。因此,破产程序是银行债权保护的最后一道屏障。由于银行监管制度本身的缺陷以及商业银行对破产制度的认识不足,商业银行对企业破产缺乏足够的有效应对策略,甚至束手无策。因此,银行债权的保护需要主动积极,越早越好。

(二) 利率市场化,银行业利润空间变窄

从2012年开始,中国的利率市场化改革加速推进。存款利率上限已于2015年3月、5月两次分别调整到基准利率的1.3倍和1.5倍。如此宽泛的利率浮动区间,事实上已经覆盖了银行自主定价的主要波动空间,伴随着《大额存单管理暂行办法》的推出,意味着银行业已经实质上进入了利率完全市场化的时代,距离取消利率上限仅一步之遥。利率市场化对不同市场的影响程度有所差异,但通常导致银行业生存环境恶化。存贷利差会收窄,同时银行将面临风险加剧的挑战;除信用风险外,银行还需要应对利率风险、流动性风险显著加大的局面。宏观经济与金融行业变革的影响相互交叉叠加,还可能产生存款增速下降甚至负增长、经营成本上升等不利影响,商业银行亟须建立专业化、精细化的管理能力。在利率市场化导致银行业规则剧烈变化的时期,银行如果专业化、精细化管理能力跟不上变革要求,就有可能被兼并,或是破产被淘汰出局,而做好充分准备的银行往往能够抓住机遇窗口,迅速崛起。中国银行业将面临盈利下降、风险上升、互联网金融竞争等多重冲击,进入变革发展的新常态。中国的利率市场化改革在当前特定的时代背景下,具有更深刻的内涵。它给中国银行业带来的冲击远比国际社会更复杂、也更严峻。利率市场化伴随着经济增长放缓,以及银行业准入放松、人民币国际化等一系列变革,使得中国商业银行的生存环境更为严峻。

然而,今天的银行业面临的发展环境正处于剧烈而又深刻的变化过程中,粗放激进的传统模式已经难以为继。一是竞争加剧、风险上升使得随大流的同质化经营模式难以维系;二是产能过剩、产业调整使得以传统行业为主的业务发展模式难以维系;三是利润放开、金融脱媒使得以存贷利差为主的商业盈利模式难以维系。2015年是银行最近一段时间以来最不好过的一年。截至2015年9月末,16家上市银行的不良贷款较年初新增2 396.44亿元,已经接近2014年全年水平。银行高放低吸的模式被颠覆,四大行进入零增长,高层和基层的管理人员纷纷辞职。截至2015年9月末,16家上市银行合计股东人数仅为605.11万户,而年中是833.31万户。3个月时间就有超过228万户股东抛弃银行股。多家银行坏账准备金预警,拨备覆盖率严重下滑,逼近监管红线。央行取消存款利率上限,导致多家银行在息差不断收窄的情况下,大幅提高存款利率。

(三) 银行业机构体系更加完善

银行业机构体系日趋完善,银行业机构种类已达20余种,法人机构4 393家,银行业境内机构网点达22万个,初步形成了以政策性银行、国有控股大型银行和全国性股份制商业银行为主体,中资城乡中小银行和外资银行为两翼,各类非银行金融机构和信托公司为补充的银行业金融机构体系。另据银监会2015年年底的数据,截至目前,已开业5家民营银行、7家民营金融租赁公司、33家民营企业集团财务公司和2家民营消费金融公司。农业银行"三农"金融事业部和消费金融公司试点推广至全国。积极推动政策性银行、国家开发银行和交通银行深化改革方案落地实施,邮储银行深化股份制改革取得阶段性进展,4家中小银行业金融机构在港成功上市。积极推动对外开放,修订出台《中华人民共和国外资银行管理条例实施细则》,放宽外资银行营业性机构经营人民币业务等条件;明确在广东、天津、福建自贸区及上海自贸区扩展区域复制推广上海自贸区银行业监管政策。支持符合条件的民间资本发起设立消费金融公司、金融租赁公司、企业集团财务公司、汽车金融公司和参与发起设立村镇银行。

(四) 银行海外网点扩张

当前,中国银行业的国际化主要是在海外设一些分行,这种国际化的程度较低,很难融入本土的市场。有些海外银行开的时间虽然很长,但与当地社区和企业联系非常少,目标客户仍是中国人,主要做一些中国人在海外的业务,远远称不上本土的银行。国内银行海外布局应向更深层次发展,实现收入来源多元化。真正的国际化应是在主要国际金融中心有话语权、定价权、主导和影响国际金融规则制定,国内银行尚存努力空间。

中行日前发布的《全球银行业展望报告》显示,在海外收入结构方面,五大行息差收入占比平均达90%以上;中资五大行的海外存贷比平均为123.9%;在海外收入结构方面,五大行息差收入占比平均达90%以上,而日资银行海外息差收入贡献平均在70%—80%之间;中资五大行的海外存贷比平均为123.9%,而日资银行海外存贷比平均在90%左右。另据数据显示,近八年五大行平均境外资产、营收和利润占比分别为8.09%、6.12%和6.30%,而花旗银行、汇丰银行的指标数值约为五大行平均值的8倍。由此可见中资银行的国际化发展与国际先进水平差距甚远。海外业务的结构依然沿袭了中资银行以往利差收入占绝对地位的传统。中资银行海外布局应向更深层次发展,实现收入来源多元化。

国家经济大政方针支持银行走出去。随着中国经济在世界占比越来越多,人民币在国际交易场景应用日渐广泛,逐渐成为国际交易结算的重要币种。随着国家东大战略项目"一带一路"的出台与启动,中国与海外尤其是"带""路"周边国家的经贸往来更加频繁和深化,银行应抓住此契机,积极面向海外布局。

(五)银行布局互联网金融业务

对于银行参与互联网金融业务,监管层释放出更为积极的信号。中国人民银行金融研究所所长、中国人民银行金融研究所互联网金融研究小组组长姚余栋表示,应该按照双向准入原则,允许银行通过子公司或者其他投资方式进行突围。可以考虑允许银行设立或者参与互联网金融子公司,从事P2P、第三方支付、众筹,甚至电子商务等业务。事实上,原来已经有不少银行布局了互联网金融业务。如民生银行旗下的民贷天下、招商银行的"小企业E家"、包商银行的"小马Bank"以及工商银行的"e-ICBC"等。业内人士表示,银行对互联网金融业务的布局还是比较谨慎的,但监管层此番的表态透露了重要的信息,即对传统银行开展互联网金融业务已经是肯定和支持的态度了。

商业银行应积极运用互联网技术,加快对传统业务体系、产品服务的改造升级,增强其敏捷性、创新性。例如,一些中小银行可以借助各类云计算平台,加快技术系统的部署,构建弹性化IT架构,适应市场快速变化的需要。另一方面,商业银行应积极关注互联网技术的前沿进展,思考技术创新成果如何与银行服务有机结合,推进银行的产品服务创新。此外,互联网技术还赋予了数据以全新的生命力,商业银行应重新审视自身的数据宝藏,充分运用大数据技术挖掘数据价值。注重用户数据的积累,通过自身网点、POS、网上银行、手机银行等各种线上线下渠道,加强对于用户数据的收集和积累。与各类掌握大量用户数据的机构,如电商平台、电信运营商等外部机构加强合作,拓展用户数据的外部来源。同时,整合银行不同板块、不同条线之间的用户数据,消除内部的数据壁垒,构建统一的用户数据视图。充分运用大数据分析技术,强化数据的分析应用。将大数据分析成果充分运用到风险防控、精准营销、客户服务、精细化管理等各个领域,全面挖掘数据资产的效益。

(六)"一带一路"带来银行业新机会

"一带一路"将扩大银行的业务量,基础建设信贷投放也将大幅度增长。"一带一路"沿线共有60多个国家,这些国家与我国在产业结构上具有非常强的互补性,基础设施和金融需求非常强烈。预计未来10年,中国与"一带一路"沿线国家的贸易额将突破2.5万亿美元。随着我国与"一带一路"沿线国家合作的进一步推进,相关贸易规模和对外投资将进一步提高,将为贸易金融在助推跨境贸易和投资合作方面注入新的活力。

"一带一路"建设对银行业务发展的带动体现在海外机构布局再提速上。数据显示,截至2014年11月末,五家大型银行已在"一带一路"沿线国家或地区设置分支机构32家。2015年以来,各行借力"一带一路"战略将再次加快海外拓展脚步。如截至2015年6月末,工商银行在"一带一路"沿线18个国家或地区拥有120家分支机构,已支持"一带一路"项目81个,融资总额116亿元。

支持"一带一路"战略还将带动银行的多种业务的快速拓展,包括项目融资、境外投资或承包贷款、出口买方信贷、出口卖方信贷、跨境并购与重组、跨境现金管理等。同时,银行还可以与"一带一路"沿线国家或地区金融同业建立全面代理行关系,加强在汇兑、结算、融资等领域的合作。目前,中行已经和国开行、进出口银行、亚投行建立合作关系,且刚与丝路基金签订战略合作协议。这是一个规模很大的市场,需要国内外金融机构参加,通过同业产品合作,以提供大量的资金。

银行业将聚焦"一带一路"、京津冀协同发展、长江经济带"三大战略"的重点项目、重大工程等重点领域,协调配置信贷资源,优化信贷结构,提高发展的协调性。研究制定银行业落实去产能、去库存、去杠杆的具体政策措施。严防关联企业贷款、担保圈企业贷款、循环担保贷款风险,防止信用风险传染放大。重点做好全面风险管理、押品管理、大额风险暴露、流动性风险和交易对手信用风险资本计量、内部审计等规制的研究制定工作,进一步完善境外业务、表外业务等重要业务领域的内部管理和风险防范。

(七)央行宏观审慎监管体系升级

人民银行从2016年起将现有的差别准备金动态调整和合意贷款管理机制"升级"为"宏观审慎评估体系"(Macro Prudential Assessment,以下简称MPA)。宏观审慎评估体系的核心,是从宏观的、逆周期的视角采取措施,防范由金融体系顺周期波动和跨部门传染导致的系统性风险(systematic risk),维护货币和金融体系的稳定。我国的MPA重点考虑金融机构的资本和杠杆情况、资产负债情况、流动性、定价行为、资产质量、外债风险、信贷政策执行等七大方面。

从发达经济体的经验来看,目前的宏观审慎政策在监管主体、监管范围和监管工具等方面具有以下特点:第一,从国际上现有的金融改革方案来看,宏观审慎的监管主体有两种,由中央银行主导宏观审慎监管职能,或者由专门设立的监管机构主导宏观审慎监管职能。第二,在监管对象上,各国提出的金融监管改革方案均包括进一步扩大监管范围,将金融衍生产品、影子银行等纳入监管体系。第三,宏观审慎政策工具主要应对时间维度和横截面维度两个方面的风险。

此前央行的宏观审慎监管包括合意贷款管理机制和差别准备金动态调整,然而随着中国金融市场的发展,金融创新和金融工具的跨领域现象越来越凸显,隐性的混业经营和影子银行不断突破监管的界限,导致金融风险的快速积累和最终爆发,相继出现了2013年的"钱荒""债灾",以及2015年的股市暴跌。建立在分业监管基础之上的传统金融监管体系,已经无法适应宏观审慎监管的要求。当下在加强微观审慎监管的同时,加大宏观审慎监管的力度,完善MPA体系显得十分迫切和必要。

相比以往的宏观审慎监管体系,MPA更为全面和系统。本次宏观审慎体系升级的主要影响有以下几点:第一,引入宏观审慎资本充足率指标。相比微观监管的资本充足率指标,该指标多引入了结构性参数和逆周期缓冲参数,既保持了政策框架的连续性和稳定性,又增加了与当前经济大环境相适应的风险考量。第二,以往关注狭义信贷,现在强调广义信贷。将债券投资、股权及其他投资、买入返售资产等均纳入信贷规模监管之中,从而对金融机构通过腾挪资产来规避信贷调控的做法进行约束,还有助于加强货币和信贷监管的一致性,降低因只关注狭义信贷增速而过度释放流动性的可能。第三,银行利率定价行为受到重点关注。一方面旨在约束非理性定价,维护市场竞争环境,降低社会融资成本;另一方面也是促进金融机构提高风险管理水平,管控金融风险的手段。第四,引入奖惩机制,监管更加灵活。央行通过MPA体系对金融机构进行评估打分,根据结果实施相应的奖励或惩罚机制,包括差别准备金利率等。同时,除了每季度的事后评估,还按月进行事中、事后监测和引导,有助于发挥金融机构自身和自律机制的自我约束作用

(八)人民币国际化程度加大

人民币跨境流动规模的累积和扩大,对跨境资金流动监管将造成较大压力,增加了国际收支真实性审核、国际热钱防控、反洗钱等监管工作的难度。对商业银行来说,发展人民币国际业务要适应不同国家和地区的金融监管,需要银行作出合理的资产配比,应对更加错综复杂的风险。

首先,加大反洗钱工作力度。商业银行要结合具体业务流程,健全对重点业务风险的控制机制;加强境外机构合规管理,全面梳理总结境外分支机构、控股机构反洗钱、反恐怖融资法律、法规和监管要求,确保其审慎合规地开展工作。

其次,加强跨境交易的风险管理。严格按照融资期限与贸易资金周转期限匹配原则,合理确定国际贸易融资业务期限;充分发挥内外联动机制,通过境外机构、外资代理行等多种渠道收集境外进口商信息;加强物流、资金流和单据流的跟踪监控。

最后,加强流动性风险管理。人民币国际化将带来中资银行的客户、服务市场国际化,这就要求银行能够 24 小时满足流动性管理的需要。中资银行应加大境内外分支机构对自身中长期流动性的预测力度,密切关注影响流动性的内外部环境变化,提出流动性解决预案。

目前人民币"走出去"虽然取得了一些成果,但是境外人民币的接受程度仍有待提高。中央政府已经对跨境人民币结算进行了整体部署,人民银行也相继出台了一系列政策进行推进。

中国商业银行应顺势而为,通过网点、电子等多种销售渠道加大宣传。从全行业务发展的高度,制定战略发展规划和方向。从企业需求的角度,大力宣传跨境人民币结算的好处,消除客户思想顾虑。对于具有真实贸易背景且流程合理的业务,可给予特殊申报。

商业银行应树立银企双赢的目标,着眼长远发展,切实做好政策宣传和培训工作,帮助企业用足用好政策,真正享受到使用人民币跨境交易带来的好处。对于具备海外机构网络的商业银行,应利用自身机构,结合当地经济特色、企业经营情况及人民币接受情况,在实地调研的基础上,配合相关产品创新,做好有针对性的广告宣传,扩大人民币业务在海外的影响力。

(九)监管力度大增,监管措施更严

面对增加的风险,银行违规现象空前增多,监管机构的监管力度也空前加大。据不完全统计,2015 年下半年起,湖北、宁波、深圳、上海、天津、江苏、福建、浙江、辽宁、湖南、大连、海南、甘肃、山西、云南、青海等 29 个地区的银监局及部分银监分局公布了 365 份处罚决定书,涉及上百家银行,被罚款或没收的金额近 1.4 亿元。银行违规业务主要集中在违规经营和违法犯罪高发的信贷业务、存款业务、票据业务、同业业务、理财业务、财务管理等领域。其中,票据业务违规占约 1/3,主要因为票据业务贸易背景不真实。而在涉及银行贷款违规的红线触碰点,包括贷款审核不审慎、违规发放关系贷款、贷后资金监管不到位致使资金被挪用、以贷转存虚增存贷规模等。行政处罚的种类包括警告、罚款、没收违法所得等。2015 年,银监会全面开展"两个加强、两个遏制"等专项检查,对 1 295 家违规银行业金融机构处以罚款 6.01 亿元,操作风险得到进一步控制。银行业资本数量和质量均持续提升,商业银行全年新增资本约 1.8 万亿元,其中超过 9 成为核心一级资本,资本充足率约为 13.3%。

二、银行业相关法律制度建设情况回顾

(一)对《中华人民共和国商业银行法》的修改

2015 年 8 月 29 日,第十二届全国人大常委会第十六次会议通过《关于修改〈中华人民共和国商业银行法〉的决定》,删去原《中华人民共和国商业银行法》(以下简称《商业银行法》)第 39 条第 1 款第(二)项"贷款余额与存款余额的比例不得超过百分之七十五";删去第 75 条第(三)项"未遵守资本充足率、存贷比例、资产流动性比例、同一借款人贷款比例和国务院银行业监督管理机构有关资产负债比例管理的其他规定的"中的"存贷比例"。

　　近年来,银行业内取消存贷比呼声颇高。在《商业银行法》实施之初,中国银行业的负债主要是存款,资产主要是贷款,存贷比作为监管指标,可以较为有效地管理流动性风险,并控制贷款的作用。随着资产负债多元化,存贷比监管覆盖面不够、风险敏感性不高的弊端日显。银行取消存贷比,并不意味着银行的流动性不受约束,而是存贷比将不再作为硬性的法定监管指标,而有望下降为较为亲和的监测指标。

　　(二)对外资银行管理制度的修改

　　《中华人民共和国外资银行管理条例》(国务院令第 657 号)适当放宽了外资银行准入经营人民币业务的条件,为外资银行的设立运营提供了更加宽松自主的条件。对于外国的独资银行、中外合资银行在内地设立分行,不再规定总行无偿拨给营运资金的最低限额;不再把在内地已经设立代表处作为外国银行在中国境内设立外商独资银行、外国银行和中外合资银行在境内初次设立分行的条件。外资银行营业性机构申请经营人民币业务的条件变更为:在中国境内开业年限由 3 年以上改为 1 年以上,不再要求提出申请前两年连续盈利,并规定外国银行的 1 家分行已获准经营人民币业务的,该外国银行在中国境内设立的其他分行申请经营人民币业务不受开业时间的限制。

　　2015 年 7 月 1 日,银监会颁布《中华人民共和国外资银行管理条例实施细则》(以下简称《细则》)。修订《细则》依据三条原则:一是对照《条例》修改的内容对《细则》作相应修订;二是删除和修订在行政许可程序方面与《中国银监会外资银行行政许可事项实施办法》(以下简称《办法》)重复和不一致的内容,使《办法》主要体现程序性和提交资料等行政许可的内容;三是完善《细则》部分条款的表述,提升《细则》文字表述的严谨性。

　　(三)建立和规范存款保险制度

　　2015 年 2 月 17 日,国务院颁布《存款保险条例》(国务院令第 660 号),规定了吸收存款的银行金融机构向存款保险基金管理机构缴纳保费,形成存款保险基金,保护存款人合法权益,及时防范和化解金融风险。该条例将存款保险的保障范围、保费缴纳标准、最高偿付限额、存款保险基金的安全保障等事项进行了明确,使《存款保险条例》更具可操作性。《存款保险条例》于 2015 年 5 月 1 日起生效。

(四)对互联网金融创新业务的肯定和规范

2015年7月18日,中国人民银行、工信部、公安部等十部门联合发布了《关于促进互联网金融健康发展的指导意见》,第一次从中央政策的角度肯定了基于互联网的金融创新,明确了互联网金融的内涵和法律实质,明确指出 P2P 属于民间借贷范畴,受《合同法》《民法通则》等法律、法规的规范,给了 P2P 明确的法律地位。互联网金融的本质仍属金融,没有改变金融经营风险的本质属性;对其监管要遵循"依法监管,适度监管,分类监管,协同监管,创新监管"的原则,科学合理地确定各业态的业务边界和准入条件,落实监管责任,明确风险底线,保护合法经营,坚决打击违法违规行为。

2015年12月28日,银监会、工信部、公安部、互联网信息办公室共同起草《网络借贷信息中介机构业务活动管理暂行办法(征求意见稿)》在网上公布。该文件规定网络借贷信息中介机构"不得提供增信服务,不得设立资金池,不得非法集资",网络借贷信息中介机构应在金融监管部门备案登记;并对 P2P 平台法律定位,网络借贷信息中介机构、借款人、出借人等的义务,网络信息安全,资金存管等方面进行了详细规定。该暂行办法预计将很快正式颁布。

(五)促进民营银行发展

2015年6月22日,国务院办公厅发布了《转发银监会〈关于促进民营银行发展指导意见〉的通知》(国办发〔2015〕第49号)。该文件规定,"遵循市场规律,在加强监管前提下,积极推动具备条件的民间资本依法发起设立中小型银行等金融机构,提高审批效率,进一步丰富和完善银行业金融机构体系,激发民营经济活力"。通知确立了对民营银行的"积极发展,公平对待,依法合规,防范风险,循序渐进,创新模式"的基本原则,设定了民营银行的准入条件和设立标准,并规定民营银行的设立遵从《商业银行法》《中国银监会中资商业银行行政许可事项实施办法》等法律、法规所规定的程序。

(六)推动向小微企业提供金融服务

2015年,银监会颁布《关于2015年小微企业金融服务工作的指导意见》(银监发〔2015〕8号),在2014年相关文件的基础上,继续推动金融机构向小微企业提供优惠金融服务。2015年9月1日,国务院办公厅印发《关于促进金融租赁行业健康发展的指导意见》(国办发〔2015〕69号),对通过加快金融租赁行业发展,支持产业升级,拓宽"三农"、中小微企业融资渠道作出了新的规定。

(七)对《商业银行并购贷款风险指引》的修改

2015年2月10日,银监会颁布了新的《商业银行并购贷款风险指引》(银监发〔2015〕5号),该指引修订以优化并购融资服务为核心,在要求商业银行做好风险防控工作的同时,积极提升并购贷款服务水平。一是适度延长并购贷款期限。由于不同并购项目投资回报期各不相同,部分并购项目整合较复杂,产生协同效应时间较长,因而此次修订将并购贷款期限从5年延长至7年,更加符合并购交易实际情况。二是适度提高并购贷款比例。在当前并购交易迅速发展的形势下,为合理满足兼并重组融资需求,此次修订将并购贷款占并购交易价款的比例从50%提高到60%。三是适度调整并购贷款担保要求。此次修订将担保的强制性规定修改为原则性规定,同时删除了担保条件应高于其他种类贷款的要求,允许商业银行在防范并购贷款风险的前提下,根据并购项目风险状况、并购方企业的信用状况合理确定担保条件。

(八) 出台票据业务风险提示新规定

2015年12月31日,中国银监会办公厅《关于票据业务风险提示的通知》(银监办发〔2015〕203号)出台。203号文主要列举了银行票据业务的七大违规问题,指出两项禁止事项。违规问题包括:票据同业业务专营治理落实不到位;通过票据转贴现业务转移规模,消减资本占用;利用承兑贴现业务虚增存贷款规模;与票据中介联手违规交易;贷款与贴现相互腾挪,掩盖信用风险;创新"票据代理",规避监管要求;部分农村金融机构为他行隐匿、消减信贷规模提供通道,违规经营问题突出。禁止事项包括:不得办理无真实贸易背景的票据业务;机构和员工不得参与各类票据中介和资金掮客活动,严禁携带凭证、印章等到异地办理票据业务。

上述"不得办理无真实贸易背景的票据业务"的规定,被认为与票据无因性基本原理存在矛盾。票据行为具有独立性,不受原因关系的影响;是否有真实贸易背景这一原因关系是一层法律关系,而票据行为和票据业务是与之相独立的另一层法律关系。根据最高人民法院2015年12月发布的《关于当前商事审判工作中的若干具体问题》的规定,持票人行使票据权利时不负证明给付原因的责任,持票人只要能够证明票据的真实、背书的连续,即可对票据业务债务人行使票据权利。

(九) 最高人民法院及中国银行业监督管理委员会联合出台法院有关执行程序中和银行系统配合问题的工作规范

2015年12月,最高人民法院和中国银行业监督管理委员会联合下发了《人民法院、银行业金融机构网络执行查控工作规范》的通知,通知要求各银行业金融机构总行应当在2015年12月底前通过最高人民法院与中国银行业监督管理委员会之间的专线完成本单位与最高人民法院的网络对接工作;2016年2月底前网络查控功能上线。这意味着2016年2月底以后,人民法院将与全国4 000多家银行业金融机构实现网络对接,对被执行人在全国任何一家银行的账户、银行卡、存款及其他金融资产,执行法院可直接通过网络方式采取查询、冻结、扣划等执行措施。根据通知要求,人民法院和金融机构将通过网络方式发送电子法律文书,接收金融机构查询、冻结、扣划、处置等的结果数据和电子回执。

2014年10月24日,最高人民法院和中国银行业监督管理委员会联合下发了《关于人民法院与银行业金融机构开展网络执行查控和联合信用惩戒工作的意见》,同时与21家全国性的银行业金融机构建立了"总对总"的网络查控机制,并陆续为全国30多个省份的3 083家法院正式开通了该系统,取得了良好的执行效果,有效缓解了执行难的问题。为了继续推广"总对总"网络查控机制,最高人民法院和中国银行业监督管理委员会再次下发通知并制定了查控工作技术规范。目前,全国各地的商业银行、信用社等金融机构正按照技术规范的要求,抓紧建设与最高人民法院执行查控专线的连接工作。

三、银行业法律领域重大案件评析

(一) 2015年银行业重大案件评析

1. 中钢集团和钢贸企业案

中钢集团(以下简称中钢)濒临破产,80多家银行被套750亿元。中钢已委派相关机构进行审计,集团整体债务重组方案还未成型。债务重组方案包含多种手段,包括一部分消债,一部分债务重组后债转股,一部分延期付息、减免利息等。2014年年底债委会统计的中钢债务中,包括中行约120亿元、工行约110亿元、交行约90亿元、农行近90亿元、国开行近80亿元、进出口银行65亿元、光大银行近40亿元、盛京银行13亿元。除此之外,外资银行对中钢尚有约20亿元贷款。由于中钢的业务性质,大部分银行与中钢所做的业务是开信用证,类似信用贷款,较少资产抵押,银行追债清偿更为艰难。在多方协调下,银行对中钢作出贷款展期并延期付息的决定。中钢自己曾有意申请破产,被国资委领导制止。

业界认为,中钢在资金链上最大的问题在于过度授信之后的过度扩张,再加上钢价下跌,疯狂的托盘融资业务,中钢已然失去造血功能。中钢几乎为中国所有钢铁企业做托盘融资。托盘融资本是一项正常业务。所谓托盘业务,是指国企先帮贸易商或钢厂支付货款,货材放在第三方仓库,一段时间后,贸易商通过加付一定的佣金费用或利息费用偿还资金后,拿回货权。中钢以其央企身份容易获得银行授信,当上了民企的"二银行",民企借此获得融资。在构建虚假贸易的背景下,民企替中钢做大销售量,中钢帮民企低成本融资。

中钢集团案件连带引起整个钢铁贸易行业的大动荡。据统计,受钢贸危机影响,全国近20万家钢贸企业中,1/3以上都举步维艰。大量纠纷以诉讼形式涌入法院。江苏、上海的统计表明,近三年辖区法院受理涉钢贸案件数量都超过千件。涉钢贸案件具有以下几个特点:大多因钢贸企业融资而衍生,数额巨大;诉讼当事人多,公告送达率高,案件审理周期长;经济案件中常涉及犯罪线索,民刑交叉问题突出。问题的根源在于,由于宏观经济形势,钢贸企业经营状况恶化;银行忽视信贷风险管理,盲目放贷,违规操作,为危机埋下了隐患。

钢贸类案件暴露了我国担保品管理方面的法律瑕疵。作为物权凭证的仓单缺乏明确的法律定义,实践中往往被提货单、入货单、库存单等所代替;对于浮动质押,缺乏明确一致的法律界定;对于担保品管理,涉及合同性质、监管人归责原则、借款担保合同与监管合同的法律关系、监管人过错判断标准等,实践中不同法院裁判尺度不一致,争议较大,等等。这些暴露出来的法律问题,急需在全国范围内予以统一和明确的解释。

2. "e租宝"案

"e租宝"在互联网金融领域从知名度到运营规模都有较大影响力,其涉嫌金融违法事件社会影响广泛,涉及金额巨大,投资人众多,一旦发生真实金融风险,后果十分严重,应引起各部门的高度重视;该事件的处理为进一步规范和完善互联网金融企业的运营具有重要意义,也将为后续处理类似事件起到示范作用。

北京市律师协会就"e租宝"涉嫌金融违法事件出具了法律意见书。该意见书认为:

(1)投资人与平台之间、平台与项目企业之间的合法民事关系为居间合同法律关系。如超越居间关系,则可能构成刑事犯罪;如涉及刑事犯罪,则投资人为受害人,平台或平台高管为犯罪主体。

(2)投资人与项目企业之间的合法民事法律关系为民间借贷关系,如涉及刑事犯罪,则投资者与项目企业的借贷关系不具合法效力,涉及的借款合同应为无效合同,投资人的损失应通过刑事程序或刑事附带民事诉讼程序解决,投资人提起民事诉讼的,法院应驳回起诉,并将涉嫌非法集资犯罪线索材料移送公安或检察机关。

(3)平台与平台高管、劳动者之间是劳动合同法律关系;如涉嫌刑事犯罪,平台高管或劳动者根据参与度,可能涉嫌共同犯罪。

(4)投资人与担保方为担保合同法律关系。如借款合同无效,担保合同也无效;担保方视有无过错及大小承担过错责任。

(5)担保方与平台一般无直接法律关系,但如向平台支付费用,则可能成立居间关系,担保方是否负共同刑事责任将视情节而定。

(6)平台与银行方的法律关系,一般属于储蓄合同法律关系。

3. 平安银行姚杰违法放贷案

平安银行温州分行客户经理姚杰,因被认为发放贷款时未履行尽职调查义务,被一审判决违法发放贷款罪,获刑6年。此案二审于2015年11月开庭。

2015年5月28日,浙江省温州市龙湾区人民法院一审宣判,平安银行温州龙湾支行客户经理姚杰违法发放贷款罪成立。法院一审认为,被告人姚杰在担任银行客户经理、承办贷款业务期间,在授信、贷款调查中严重不负责任,未审慎调查贷款的相关资料,向温州锦泰光学有限公司发放贷款7 000万元,数额特别巨大,造成贷款至今尚未收回,其行为构成违法发放贷款罪。姚杰一审被判处有期徒刑6年,并处罚金5万元。辩方律师称,"一审认为姚杰在发放贷款过程中未予'实质审查',但我们查阅所有法律文件,不管是《商业银行授信工作尽职指引》,还是《贷款通则》,都无此项规定"。平安银行给辩方一审律师的回复意见也认为,无论是行内制度还是监管要求,均明确客户经理承担贷前调查的职责,但调查的方式方法并未限定,也无明确规定必须实地考察买卖交易货物的情况。有业内人士认为,有关调查报告虚假以及贸易背景未尽职调查等情况,在各大商业银行具有普遍性和广泛性,一旦定罪,势必给行业带来无所适从的判断标准,可能引发整个银行业商业合同潜在的法律风险和危机。

4. 农行39亿元票据诈骗案

2016年1月22日晚间,农业银行公告称,今日公司北京分行票据买入返售业务发生重大风险事件。经核查,涉及风险金额为39.15亿元。公告同时称,目前公安机关已立案侦查,同时公司正积极配合侦办工作,加强与相关机构的沟通协调。

据信,票据业务是银行业操作风险的大盲点。银行人员可以通过非法手段将票据实物从银行取出,交由中介机构,在市场上以限期回购方式卖出,并以获得的资金投资股市等投资渠道;赚取利润后,再将票据赎回并送回银行。在此非法过程中,如果投资成功,则票据可以回流银行,而相关人员赚取非法投资收益;如果投资失败,则票据无法赎回,给银行带来巨大的风险和损失。农行此次巨额票据诈骗案引发了业界的密切关注。

(二) 2015年涉银行业纠纷审判实务发展及研究

1. 最高人民法院保证金案例分析

保证金账户质押系一种金钱质押,金钱质押生效的条件包括金钱特定化和移交债权人占有两个方面。若双方当事人已经依约为出质金钱开立了担保保证金专用账户并存入保证金,符合特定化的要求。特定化并不等于固定化,保证金账户未用于非保证金业务的日常结算,因业务开展发生浮动不影响特定化的构成。占有是指对物进行控制和管理的事实状态,因银行取得对该账户的控制权,实际控制和管理该账户,符合出质金钱移交债权人占有的要求。

中国农业发展银行安徽省分行诉张大标、安徽长江融资担保集团有限公司执行异议之诉纠纷案入选2015年第一期《最高人民法院公报》案例,成为同类案件的参照案例,为金融机构和类金融机构依法维权确立了范本。二审法院就关于账户资金浮动是否影响金钱特定化的问题论述如下:"保证金以专门账户形式特定化并不等于固定化。案涉账户在使用过程中,随着担保业务的开展,保证金账户的资金余额是浮动的。担保公司开展新的贷款担保业务时,需要按照约定存入一定比例的保证金,必然导致账户资金的增加;在担保公司担保的贷款到期未获清偿时,扣划保证金账户内的资金,必然导致账户资金的减少。虽然账户内资金根据业务发生情况处于浮动状态,但均与保证金业务相对应,除缴存的保证金外,支出的款项均用于保证金的退还和扣划,未用于非保证金业务的日常结算。即农发行安徽分行可以控制该账户,长江担保公司对该账户内的资金使用受到限制,故该账户资金浮动仍符合金钱作为质权的特定化和移交占有的要求,不影响该金钱质权的设立。"

该案例旨在明确担保公司在与银行合作开展贷款担保业务中,开立担保保证金专户并存入一定比例保证金,属于设立金钱质押。明确了保证金专户内即使出现资金浮动,也不影响对金钱特定化的认定,有利于法院同意此类案件的裁判标准,有利于引导金融资本支持企业发展,促进中小企业融资环境的改善。

2. 最高人民法院有关提单中开证行的担保利益案例分析

提单究竟是物权凭证还是债权凭证,抑或二者兼具?在当事人通过信用证进行货物买卖的交易中,因对外付款而合法持有提单的开证行对提单项下货物是否享有所有权?不久前,最高人民法院第一巡回法庭对中国建设银行股份有限公司广州荔湾支行(以下简称"建行荔湾支行")与广东蓝粤能源发展有限公司(以下简称"蓝粤能源")等信用证开证纠纷一案作出再审判决。该案判决对提单的物权凭证属性、《信托收据》的法律意义以及提单持有人享有何种权利等疑难复杂问题作出了明确判断,对于统一该领域的法律适用具有重要指导意义。

最高人民法院经审理认为,虽然提单既是债权凭证也是物权凭证甚至所有权凭证,但并不意味着谁持有提单谁就当然对提单项下货物享有所有权。对于提单持有人而言,其依法正当地向承运人行使提单权利,应具有法律上的原因或依据,亦即以一定的法律关系存在为前提。基于不同的法律关系,提单持有人享有不同的权利。虽然提单的交付可以与提单项下货物的交付一样产生提单项下货物物权变动的法律效果,但提单持有人是否就因受领提单的交付而取得物权以及取得何种类型的物权,应取决于其所依据的合同如何约定。在本案中,虽然建行荔湾支行履行了开证义务并取得信用证项下的提单,但是,由于当事人之间没有移转货物所有权的意思表示,故不能认为建行荔湾支行在取得提单时即已取得提单项下货物的所有权。

至于本案所涉《信托收据》的性质与效力,最高人民法院经审理认为,虽然双方在《信托收据》中约定建行荔湾支行取得货物的所有权,并委托蓝粤能源处置提单项下的货物,但由于建行荔湾支行并未将案涉提单或提单项下货物交由蓝粤能源处置,因此《信托收据》亦不能作为其取得提单项下货物所有权的合同依据。此外,根据物权法定原则,该约定也因构成让与担保而不能发生物权效力。不过,虽然当事人之间关于让与担保的约定不能发生物权效力,但该约定仍具有合同效力,且通过对当事人所订立《关于开立信用证的特别约定》(《贸易融资额度合同》的附件)进行解释,亦不难看出当事人之间有设立提单质押的意思表示,故在建行荔湾支行仍持有提单的情况下,应认定本案构成提单权利质押,建行荔湾支行对处置提单项下货物所得价款应享有优先受偿权。

3. 最高人民法院有关应收账款质押案例分析

《中华人民共和国物权法》(以下简称《物权法》)自 2007 年 10 月 1 日起施行后,因其第 223 条第(六)项规定"应收账款"可以用作质物,故应收账款作为一种新的担保方式进入了市场的视野。同时,由于该法第 228 条规定"以应收账款出质的,当事人应当订立书面合同。质权自信贷征信机构办理出质登记时设立",故在中国人民银行于 2007 年 10 月 1 日颁布中国人民银行机构令(2007)第 4 号,即《应收账款质押登记办法》后,中国人民银行征信中心配套建立的"应收账款质押登记公示系统"就成为前述法律规定的官方公示公信机制,为应收账款质押的设立、查询、异议确立了操作的平台。至此,应收账款质押的设立无论是在法律规定层面,还是实务操作层面,都已经得到了完善。

但是,从实务操作角度看,《中华人民共和国担保法》(以下简称《担保法》)和《物权法》均未具体规定权利质权的具体实现方式,仅就质权的实现作出一般性的规定,即质权人在行使质权时,可与出质人协议以质押财产折价,或就拍卖、变卖质押财产所得的价款优先受偿。因此,在实现应收债权质押时,是应当将应收的账款进行折价,还是对其进行拍卖和变卖,或是采取其他方式予以实现,多年来实务中一直争议不断。

经最高人民法院审判委员会讨论通过,2015 年 11 月 19 日发布的指导案例 53 号,即"福建海峡银行股份有限公司福州五一支行诉长乐亚新污水处理有限公司、福州市政工程有限公司金融借款合同纠纷案",表明了一种新的处理方式。在该案中,最高人民法院认同一审法院福州市中级人民法院作出的"但污水处理项目收益权属于将来金钱债权,质权人可请求法院判令其直接向出质人的债务人收取金钱并对该金钱行使优先受偿权,故无需采取折价或拍卖、变卖之方式"的结论,即最高人民法院认为质权人可以直接要求次债务人向其支付应付给出质人的应付账款,而无需对应付账款进行拍卖或变卖。

该案例旨在明确特许经营权的收益权可作为应收账款予以质押,对于协调新生物权与物权法定原则提供了指引,有利于解决对特定项目如污水处理的特许经营权能否质押以及收益权质押实现方式的争议,统一裁判标准,对规范金融机构特许经营权的质押贷款业务并促进基础设施项目的融资有积极指导意义。

4. 地方法院及最高人民法院有关保理案件的审理原则

保理业务是以债权人转让其应收账款债权为前提,集应收账款催收、管理、坏账担保及融资于一体的综合性金融服务,在国际贸易中运用广泛。近年来,保理业务在国内贸易领域的运用显著增多。从保理商的分类来看,主要包括银监会审批监管的银行类保理机构和商务部、地方商务主管机关审批监管的商业保理公司。二者虽然在设立主体、行业准入和监管要求上有差异,但在交易结构上并无不同。

目前国内司法实践对保理业务纠纷的处理原则、方式不尽相同。比较突出的地方法院司法实践是天津市。继2014年11月天津市高级人民法院印发了《关于审理保理合同纠纷案件若干问题的审判委员会纪要》之后,2015年8月,天津市高级人民法院又印发了《关于审理保理合同纠纷案件若干问题的审判委员会纪要(二)》,进一步对债权转让通知的效力、基础合同对保理商的影响、债务人抗辩权和抵销权、破产抵销权的行使等问题进行了规定。

2015年12月,最高人民法院民二庭庭长杨临萍法官在最高人民法院《关于当前商事审判工作中的若干具体问题》(2015)中对保理合同纠纷有关问题专门予以认定。该文件认为:保理合同应属于合同法没有具体规定的无名合同;保理法律关系的实质是应收账款债权转让,涉及三方主体和两个合同,不应将保理合同简单视为借款合同;债务人收到债权转让通知后,应当按照通知支付应收账款;债务人依据基础合同享有的抵销权及抗辩权,可以对抗保理商;基础合同的存在是保理合同缔约的前提,但二者并非主从合同关系,而是相对独立的两个合同。

5. 最高人民法院有关银行卡案件的审理原则

近年来,银行卡在商事交易中被广泛使用,因信用卡透支、伪卡交易、网上支付引发的银行卡纠纷案件也呈增长趋势。

2015年12月,最高人民法院民二庭庭长杨临萍法官在最高人民法院《关于当前商事审判中的若干具体问题》(2015)中的意见认为:第一,银行卡合同系格式合同,其格式条款——如输入正确密码视为持卡人本人的行为的条款——的效力应依据合同法关于格式条款效力的基本原则来认定。发卡行应对其是否履行了合理的提示和说明义务承担举证责任。第二,关于伪卡交易情形下的责任认定问题。关于举证责任,持卡人应当对因伪卡交易导致其银行卡账户内资金减少或者透支款数额增加的事实承担举证责任。发卡行、收单机构、特约商户应提交由其持有的案涉刷卡行为发生时的对账单、签购单、监控录像等证据材料。无正当理由拒不提供的,应承担不利法律后果。关于各方当事人权利义务问题:发卡行负有按约给付存款本息、保障持卡人用卡安全等义务;收单行负有保障持卡人用卡安全的义务;持卡人负有妥善保管银行卡及密码的义务;特约商户负有审核持卡人真实身份和银行卡真伪的义务。任何一方违反义务,均应承担相应责任。关于责任承担:持卡人基于银行卡合同法律关系起诉发卡行,发卡行因第三人制作伪卡构成违约的,应当向持卡人承担违约责任。发卡行承担责任后,有权向第三人主张权利。第三,关于互联网支付中的法律问题。发卡行与持卡人签订银行卡合同时,负有告知银行卡是否具备网上支付功能、交易规则、交易风险以及法律责任的义务。发卡行未履行上述义务,或者虽履行上述义务,但在持卡人未同意的情形下单方开通网上支付功能导致银行卡被盗刷的,应承担赔偿持卡人损失的责任。

6. 最高人民法院起草有关银行独立保函纠纷案件的司法解释

最高人民法院《关于审理独立保函纠纷案件若干问题的规定》草案正在讨论中。总体而言,最高人民法院起草的最新稿司法解释采取尊重国际银行实务和国际规则的开放兼容态度,既尊重当事人的意见,体现自治和独立保函的特性,又体现各方当事人利益的平衡,保护中国企业和银行的合法权益不受损害,简明扼要地回答了案件审理和保函实务中的焦点问题。可以预期的是,独立保函司法解释将受国内外实务界广泛欢迎。

该规定对司法解释是否应该适用国内交易中开立的独立保函、备用信用证纠纷是否应当适用该司法解释、单单一致是否应是表面相符的审查标准、独立保函有效期约定的法律效力以及与担保法关于从属担保期限的衔接、反担保函下欺诈的认定和对善意第三人的保护等实践中引起争议的问题进行了尽可能明确的规定。

四、银行业发展状况对法律服务市场的影响和对律师业务的要求

(一)互联网银行业务带来的新的法律问题和业务增长点

大热的互联网金融特别是网络银行给律师业务带来新的法律问题和新的业务机会。主要分为两部分业务:一部分是国有大行和股份制银行将原来的部分业务或部分业务的环节通过互联网的方式进行,还有一部分是一些互联网大公司申请网上银行牌照。相比之下,后一部分业务是完全依托互联网和大数据技术从事全流程网络经营,这些新的业务领域显然会带来众多实务和法律问题。

(二)律师国际银行实务:"一带一路"带来的律师业务新机遇

"一带一路"给银行业和律师业带来的新业务增量和新的法律领域是清晰而直接的。这对于原本就有很多银行业务和工程项目业务的大型律师事务所将带来越来越多的机会。这是客户的一个战略机遇期,也是律师事务所的战略机遇期。这对于那些原本从事工程建设、大型能源项目、交通项目的律师事务所尤其是大律师事务所而言,"一带一路"一定会使从事银行业务尤其是银行国际业务的律师受益匪浅。

（三）银行国际化和人民币国际化带来的律师业务机会

人民币国际化和国内银行业务国际化以及国有大型银行在国外铺设营业网点，特别是在"一带一路"国家和地区开设分支机构的同时，将为国内银行机构带来切实的商业机会和新的盈利增长点。这些境外银行网点当然会同时涉及中国法和境外法律，也给境内和境外律师事务所创造了新的业务增长点。而人民币国际化也给银行业务带来更多机会，同时也将涉及发生在世界各个角落的人民币及其衍生品的交易，显然那些有着国际网络的大型综合性律师事务所会获得较多的份额。

（四）银行不良资产处置的律师业务机会和律师业务创新

因为不良贷款的激增，不少银行的不良贷款触及监管红线，因此需要采取一些灵活的措施应对消化这些不良贷款。矿业、船舶建造和房地产行业的破产企业增加，导致银行在这几个行业的不良资产清收业务有显著的增加。从事银行业务的律师要花力气研究处置不良贷款和资产的创新方法，当然资产证券化已经是一个比较成熟的方式。

（五）银行传统业务中的新问题：票据以及衍生的融资市场

历来纠纷案件数量不多、即使发生纠纷案情也不复杂的票据纠纷案件出人意料地在2015年出现引人注目的爆发式增长。其中一些案件涉及标的金额巨大、涉及的票据欺诈情节离奇。这是因为股票市场的意外狂跌，导致场外配资资金触及强制平仓，连带触及为这些来源于银行票据贴现资金所掩盖的配资资金的意外巨额损失而导致的。这个配资资金市场的相当一部分来自于银行和非银行的票据贴现市场所牵涉的资金。

因为商业和金融票据除支付功能之外，绝大部分是其承担的融资功能。地方城商行充裕的低成本的资金受制于跨地区经营的从业限制，以及一些资金需求旺盛地区的高利率导致低成本资金流动到这些高利率地区套利，其流动的主要方式就是票据的贴现，以及一级市场和二级市场甚至三级市场的套利。商业保理和福费廷一级市场和二级市场甚至三级市场的套利模式往往也是这个套路和同一商业法律思路。北京农行和新疆中心银行的案件，凸显律师必须对这一传统业务重新加以审视。

（六）银行业务中的刑事犯罪问题：金融犯罪及其风险防范

伴随着盈利突降梦魇而来的，还有对金融犯罪和合规风险的监管加强导致银行对内部和外部律师意见的重视。由于不断增多的反洗钱被调查案例和对地下钱庄的打击和调查暴露出银行业的违法违规问题，最近一年银行业对律师提出综合服务的需求大增。从事金融业务的律师事务所必须在刑事犯罪方面也能提供专业的刑事辩护，或者能够提供防范刑事犯罪特别是金融犯罪方面的专业服务，才能满足客户日益增加的需求。

（七）城商行的崛起和大量地方小微银行的法律服务需求

城商行雄心勃勃的崛起和数量巨大的地方小微金融机构的发展,给地方律师事务所带来参与银行业务的大量机会。这些地方银行因为明确的盈利前景和业绩追求,特别是在上市之后的迅猛发展,也对法律服务提出了更高的要求。

（八）律师在从事银行业务中应注意的自身重大法律风险防范

因为银行业风险增加的缘故,导致律师在为银行的各类融资和衍生交易出具法律意见之时要更加审慎。因为客户的巨额损失风险会传导或延伸到律师事务所或律师身上。对此种风险律师必须做到心中有数,在出具意见之前,做足更加细致谨慎的法律研究功课十分必要。

第二节 证券业务

2015年是证券市场的改革年,在各方市场参与者的期盼中,诸项推进证券市场建设和完善的政策法规相继出台。股票发行注册制的推行、各类监管制度的完善、投资者保护制度的进步等等都体现了我国2015年证券市场法制建设的进程。同时,律师作为证券市场重要的参与主体之一,通过其专业的法律服务,为证券市场的有序运行和投资者利益保护继续发挥着不可替代的重要作用。以下就2015年证券市场法制建设情况及法律服务情况予以回顾。

一、证券市场法制建设情况综述

（一）与证券市场相关的重要政策及法律、法规

1. 股票发行注册制的落实

2015年,我国A股发行注册制改革继续稳步向前推进。3月5日,第十二届全国人民代表大会的《政府工作报告》明确表示,2015年将加强多层次资本市场体系建设,实施股票发行注册制改革。4月20日,《证券法》修订草案提请全国人大常委会审议,规定股票发行实行注册制,取消股票发行审核委员会制度。12月27日,全国人大常委会通过《关于授权国务院在实施股票发行注册制改革中调整适用有关规定的决定（草案）》的议案,明确授权国务院可以根据股票发行注册制改革的要求,调整适用现行《证券法》关于股票核准制的规定,对注册制改革的具体制度作出专门安排。这一决定的正式通过,标志着推进股票发行注册制改革具有了明确的法律依据。

2. 加强金融消费者权益保护

2015年11月4日,为规范和引导金融机构提供金融产品和服务的行为,构建公平、公正的市场环境,加强金融消费者权益保护工作,国务院办公厅印发了《关于加强金融消费者权益保护工作的指导意见》,将进一步加强我国金融消费者权益保护、提升金融消费者的信心、促进金融市场健康运行。

(二)完善证券市场制度建设的相关部门规章及规范性文件

1. 完善新股发行制度

在IPO暂停4个月后,2015年11月6日,证监会重新启动了新股发行工作,并同步提出了取消新股申购预缴款制度、简化发行审核条件、突出信息披露要求、强化中介机构责任、建立包括摊薄即期回报补偿和先行赔付的投资者保护机制等完善新股发行制度改革措施。为具体落实上述新股发行制度的改革措施,证监会同时修订了《证券发行与承销管理办法》《首次公开发行股票并上市管理办法》及《首次公开发行股票并在创业板上市管理办法》规章草案,并制定了《关于首发及再融资、重大资产重组摊薄即期回报有关事项的指导意见》,于2015年12月31日正式发布,自2016年1月1日起施行。为落实相关改革措施,证监会还对主板和创业板首次公开发行招股说明书准则进行了修订,明确了保荐机构先行赔付承诺及填补摊薄即期回报的承诺要求。从2016年1月1日起,新股发行将按照新的制度执行。投资者申购新股时无需再预先缴款,小盘股将直接定价发行,发行审核将会更加注重信息披露要求,发行企业和保荐机构需要为保护投资者合法权益承担更多的义务和责任。本次完善新股发行制度,主要对独立性、募集资金运用、信息披露等方面进行了修改,是在核准制下为配合重启新股发行推出的改革措施。

2. 证券交易制度的完善

(1)公司债券发行与交易制度的修订

为了规范发展债券市场,证监会对《公司债券发行试点办法》进行了修订,修订后的规章更名为《公司债券发行与交易管理办法》,于2015年1月15日发布实施。主要修订内容包括:扩大发行主体范围、丰富债券发行方式、增加债券交易场所、简化发行审核流程、实施分类管理、加强债券市场监管、强化持有人权益保护。

随后,为做好与《公司债券发行与交易管理办法》的衔接,证监会于2015年3月2日发布实施了配套的《公开发行证券的公司信息披露内容与格式准则第23号——公开发行公司债券募集说明书(2015年修订)》《公开发行证券的公司信息披露内容与格式准则第24号——公开发行公司债券申请文件(2015年修订)》。除此之外,中国证券业协会、上交所、深交所亦制定发布了一系列配套规则,《公司债券发行与交易管理办法》的相关配套规则基本齐备。

(2)股票期权交易制度的出台

2015年1月9日,为丰富交易品种和交易机制,促进我国资本市场健康发展,证监会发布实施《股票期权交易试点管理办法》及配套的《证券期货经营机构参与股票期权交易试点指引》。同时,证监会批准上交所开展股票期权交易试点,试点产品为上证50ETF期权,正式上市交易日为2015年2月9日。

(3) 期货交易制度的进一步完善

2015年6月26日,证监会发布了《境外交易者和境外经纪机构从事境内特定品种期货交易管理暂行办法》,为境内期货交易场所制定了相应业务规则,以及境外交易者和境外经纪机构从事境内特定品种期货交易提供了法规依据,自2015年8月1日起施行。原油期货是证监会确定的第一个允许境外交易者和境外经纪机构参与的境内特定品种。

另外,为了加强证券期货市场监管,规范程序化交易行为,维护市场秩序,保障投资者合法权益,证监会于2015年10月9日就《证券期货市场程序化交易管理办法(征求意见稿)》向社会公开征求意见。本次征求意见稿明确了监管范围,建立了申报核查管理、接入管理、指令审核、收费管理、严格规范境外服务器的使用、监察执法等监管制度,是证监会将稳定市场、修复市场和建设市场有机结合的一项重要举措,完善了现行的市场管理制度。

(4) 融资融券交易制度的修订

根据融资融券业务发展实践需要,2015年7月1日证监会发布实施修订后的《证券公司融资融券业务管理办法》。同时,沪深交易所同步发布《融资融券交易实施细则》。此次主要修订的内容包括:建立融资融券业务逆周期调节机制、合理确定融资融券业务规模、允许融资融券合约展期、优化融资融券客户担保物违约处置标准和方式。此外,修订进一步强化了投资者权益保护,完善了现有风险监测监控机制,结合业务实际进一步明确了相关禁止行为。

(5) 货币市场基金制度的修订

2015年12月18日,证监会与中国人民银行联合发布了《货币市场基金监督管理办法》,自2016年2月1日起施行。此外,为确保其平稳施行,配套发布了《关于实施〈货币市场基金监督管理办法〉有关问题的规定》,对实施工作作出了具体规定。此次《货币市场基金监督管理办法》在《货币市场基金管理暂行规定》的基础上,结合近年来货币市场基金发展情况及监管实践,借鉴境外货币市场基金改革的最新经验,针对货币市场基金与互联网融合发展的新业态作出了规定,重在处理好货币市场基金创新发展与防范风险的关系。

(6) 指数熔断机制的实施及暂停实施

在经历年中的股市异常波动之后,证券市场的制度建设进一步提速。12月4日,经证监会同意,上交所、深交所、中金所分别修订了《上海证券交易所交易规则》《深圳证券交易所交易规则》《中国金融期货交易所交易规则》,发布指数熔断相关规定,熔断基准指数为沪深 300 指数,采用 5% 和 7% 两档阈值,于 2016 年 1 月 1 日起实施。不过,经 2016 年 1 月 4 日及 1 月 7 日两度熔断后,2016 年 1 月 7 日晚,上交所、深交所、中金所发布通知,为维护市场稳定运行,经证监会同意,自 1 月 8 日起暂停实施指数熔断机制。

3. 上市公司监管制度的完善

(1) 进一步规范上市公司重大资产重组配套资金的募集与使用

为进一步发挥资本市场促进企业重组的作用,加大并购重组融资力度,提升资本市场服务实体经济的能力,2015 年 4 月 24 日,证监会发布实施了《〈上市公司重大资产重组管理办法〉第 14 条、第 44 条的适用意见——证券期货法律适用意见第 12 号》。本次修订主要涉及募集配套资金,扩大了募集配套资金的比例,并明确了其用途。

(2) 鼓励上市公司大股东及董事、监事、高级管理人员高增持本公司股票

2015 年 7 月 8 日,证监会发布实施了《关于上市公司大股东及董事、监事、高级管理人员增持本公司股票相关事项的通知》,支持上市公司控股股东、持股 5% 以上股东及董事、监事、高级管理人员通过增持上市公司股份方式稳定股价,明确 6 个月内减持过上市公司股票的大股东及董事、监事、高级管理人员通过定向资产管理等方式购买本公司股票的,不受《证券法》关于禁止买卖股票的限制,股票价格连续 10 个交易日内累计跌幅超过 30% 的上市公司董事、监事、高级管理人员增持本公司股票且承诺未来 6 个月内不减持本公司股票的,不受《上市公司董事、监事和高级管理人员所持本公司股份及其变动管理规则》关于敏感时期禁止买卖股票的限制,持股 30% 以上的股东每 12 个月内增持量不超过该公司已发行股份 2% 的,不受《上市公司收购管理办法》关于一年持股期限的限制,并且鼓励上市公司大股东及董事、监事、高级管理人员在股价大幅下跌时增持公司股票。此外,国有控股上市公司的控股股东及董监高通过二级市场增持本公司股票,无需事前报请国资委批准,履行自身决策程序即可。同时,财政部也表示,支持国有金融企业在股价低于合理价值时予以增持。

(3) 鼓励上市公司兼并重组、现金分红及回购股份

2015 年 8 月 31 日,为进一步提高上市公司质量,建立健全投资者回报机制,提升上市公司投资价值,促进结构调整和资本市场稳定健康发展,证监会、财政部、国资委、银监会四部委联合发布了《关于鼓励上市公司兼并重组、现金分红及回购股份的通知》。

(4) 实施上市公司股息红利差别化个人所得税征收政策

2015 年 9 月 7 日,财政部、国家税务总局、证监会联合发布《关于上市公司股息红利差别化个人所得税政策有关问题的通知》。该通知决定,个人从公开发行

和转让市场取得的上市公司股票,持股期限超过1年的,股息红利所得暂免征收个人所得税。同时规定上市公司派发股息红利时,对个人持股1年以内(含1年)的,上市公司暂不扣缴个人所得税,待个人转让股票时由证券公司配合上市公司再予扣缴。

(5) 推进上市公司分行业监管

为了不断提高上市公司监管的专业性、有效性和针对性,2015年以来,证监会稳步推进上市公司分行业监管:一是以投资者需求为导向,交易所制定或修订了了互联网视频、电子商务等14个分行业信息披露指引。二是以问题为导向,证监会制定了游戏、海运等11个分行业现场检查指引,目前共有19个分行业现场检查指引。三是自11月9日起实施并购重组分行业审核。下一步,证监会将总结分行业监管经验,继续稳步推进分行业监管,提升上市公司监管效能。

(6) 拟进一步完善上市公司股权激励制度

为了完善上市公司股权激励制度,优化投资者回报能力和保护投资者合法权益,2015年12月18日,证监会就《上市公司股权激励管理办法(征求意见稿)》公开征求意见。本次征求意见稿的总体原则为以信息披露为中心,根据"宽进严管"的监管理念,放松管制、加强监管,逐步形成公司自主决定的、市场约束有效的上市公司股权激励制度,并拟将本办法的效力层级提升为证监会部门规章。

4. 新三板市场及区域性股权交易市场制度的完善

(1) 非上市公众公司监管制度的进一步落实

为了加强非上市公众公司监管,推动资本市场改革和监管转型,证监会于2015年5月15日发布实施了《关于加强非上市公众公司监管工作的指导意见》。该意见定位于贯彻落实《非上市公众公司监督管理办法》,加强对非上市公众公司的监管,规范各类市场主体行为,明确监管系统内部职责分工,提高监管协同性和有效性。

(2) 全国股转系统分层管理制度的出台

2015年11月16日,证监会制定并发布了《关于进一步推进全国中小企业股份转让系统发展的若干意见》(以下简称《意见》),以加快推进全国股转系统发展。该意见从七个方面对推进全国股转系统制度完善作出部署,提出了当前发展全国股转系统的总体要求。目前,证监会已启动其实施所涉及的相关制度规则的修订和制定工作。

为适应挂牌公司差异化特征和多元化需求,降低投资人信息收集成本,《意见》中提出实施全国股转系统内部分层,现阶段先分为基础层和创新层,逐步完善市场层次结构。为落实上述意见,2015年11月24日,全国股转公司就《全国股转系统挂牌公司分层方案(征求意见稿)》向社会公开征求意见。本次征求意见稿中,挂牌公司分层的总体思路为"多层次,分步走",未来全国股转系统将由多个层级的市场组成,每一层级市场分别对应不同类型的公司。起步阶段将挂牌公司划分为创新层和基础层,随着市场的不断发展和成熟,再对相关层级进行优化和调整。同时,拟设置三套并行标准筛选出市场关注的不同类型公司进入创新层,创新层公司优先进行制度创新的试点,基础层公司继续适用现有的制度安排。初步计划在2016年5月份正式实施市场分层。

(3) 就《区域性股权市场监督管理试行办法(征求意见稿)》公开征求意见

规范发展区域性股权市场,是贯彻落实国务院《关于进一步促进资本市场健康发展的若干意见》(国发〔2014〕17号)和2015年政府工作报告作出的工作部署的一项重要举措,对于健全多层次资本市场体系,扩大中小微企业直接融资,推动大众创业、万众创新,具有重要意义。按照国务院规定,省级人民政府负责区域性股权市场的日常监管和风险处置,证监会负责制定区域性股权市场监管规则,并对省级人民政府的监管工作进行指导、协调和监督。2015年6月25日,证监会公布了《区域性股权市场监督管理试行办法(征求意见稿)》(以下简称《办法》)并向社会各界公开征求意见。《办法》共24条,主要就区域性股权市场的基本定位、功能作用、监管体制、监管底线、市场规则、支持措施等方面进行了规定。证监会将根据社会各界提出的意见和建议,对《办法》进行修改完善后尽快按程序发布实施。

5. 证券市场监管制度的完善

(1) 证券市场禁入制度的修改完善

为了切实维护证券市场秩序,保障广大中小投资者的合法权益,2015年5月18日,证监会发布了修订后的《证券市场禁入规定》,针对非上市公众公司和证券市场禁入措施,特别是终身市场禁入措施的适用条件和范围等进行了修改、完善,明确相关责任人构成犯罪的、从业人员故意违规并造成特别严重后果的、实施隐瞒编造等恶劣手段或者涉案数额特别巨大的、从事欺诈发行等违法行为并严重扰乱市场秩序造成严重社会影响的、应当采取证券市场禁入措施且存在阻碍监管机构行使职权行为的、多次受罚或被采取证券市场禁入措施的、违法活动中的组织策划领导者,应被采取终身市场禁入措施。该项规定的修订有利于惩治证券市场违法行为,促进市场主体归位尽责,自2015年6月22日起实施。特别是随着股票发行注册制改革及多层次资本市场体系建设等市场改革创新发展措施的逐步推进,推出这一政策,有利于为依法加强市场监管提供法律保障,促进资本市场持续健康发展。

(2) 互联网金融监管制度的出台

为了鼓励互联网金融的创新和发展,维护市场秩序,2015年7月18日,证监会等十部门发布《关于促进互联网金融健康发展的指导意见》。该意见提出了一系列鼓励创新、支持互联网金融稳步发展的政策措施,并确立了各互联网金融主要业态的监管职责分工,落实了监管责任,明确了业务边界。同时,根据该意见中关于互联网金融监管责任分工,证监会研究制定了股权众筹融资试点的监管规则,积极推进试点各项准备工作。2015年8月3日,证监会发布了《关于对通过互联网开展股权融资活动的机构进行专项检查的通知》,对当前股权众筹行业进行摸底调查,对监管细则的出台做前提调研。

(3)对违法失信上市公司相关责任主体实施联合惩戒合作制度

2015年12月24日,证监会等二十二家单位联合签署了《关于对违法失信上市公司相关责任主体实施联合惩戒的合作备忘录》,明确了联合惩戒的对象、惩戒措施、法律依据和实施部门,规定了信息共享和联合惩戒结果的反馈机制,具有惩戒范围广泛、法律依据充分、惩戒措施有效等特点。同时,对于公众性与上市公司相似的公众公司、境外上市公司、债券发行人、拟上市公司等,参照关于违法失信上市公司及相关责任主体的联合惩戒措施办理。

6. 投资者保护制度的完善

(1)行政和解制度的出台

为进一步加强资本市场中小投资者合法权益保护工作,落实国办发〔2013〕110号文提出的"探索建立证券期货领域行政和解制度,开展行政和解试点"的要求,2015年2月17日证监会制定了《行政和解试点实施办法》,自2015年3月29日起施行。该办法对行政和解的适用范围与条件、实施程序、行政和解金的管理和使用等进行了规定。2015年3月6日,证监会、财政部联合发布了配套规则《行政和解金管理暂行办法》,对行政和解金的管理、使用原则、补偿投资者的程序、监督机制等作了具体规定,最大限度体现了对投资者尤其是中小投资者利益的保护,亦自2015年3月29日起施行。

(2)建设投资者教育基地

2015年9月8日,证监会发布实施了《关于加强证券期货投资者教育基地建设的指导意见》及配套的《首批投资者教育基地申报工作指引》。建设投资者教育基地,是投资者教育保护的一项基础设施工程,是证监会2015年5月份启动的"公平在身边"投资者保护专项活动的重点任务之一。推广建设投资者教育基地,有利于提高投资者教育的深度和广度,培育成熟理性的投资者队伍,提升投资者信心,促进我国资本市场持续健康发展,维护社会和谐稳定。

(3)证券投资者保护基金制度的修订

2015年10月30日,证监会就《证券投资者保护基金管理办法(征求意见稿)》公开征求意见。本次征求意见稿的基本原则是,结合证券市场风险防范和投资者保护工作的现实需要,在不突破现有法律规定的前提下,完善投资者保护的制度、机制,保持与现行相关法律政策的有效衔接;保持现行制度体系相对稳定,为适时制定

《证券投资者保护基金条例》奠定基础,留出空间。具体修订内容包括:完善投保基金公司治理结构、优化证券投资者保护基金的筹集程序、增加投保基金公司的融资方式、适当拓宽证券投资者保护基金的运行形式、增加证券公司向投保基金公司报送涉及客户资金安全的数据和材料的规定、调整投保基金公司信息报送制度等。

7. 监管机构依法行政职能的加强

(1) 行政处罚听证制度的修订

为深入推进依法行政,更充分保障行政相对人的合法权益,提高证券期货执法规范化水平,2015年11月2日,证监会发布了重新制定的《中国证券监督管理委员会行政处罚听证规则》(以下简称《听证规则》),自2015年12月4日起施行。该规则共27条,主要内容包括:规则适用范围、听证处罚范围、行政相对人权利,同时还新增了延期听证、中止听证、终止听证制度。此外,重新制定的《听证规则》还对公开听证、当事人义务、当事人听证前提交申辩材料、证监会职责、期间定义等事项进行了规定。

(2) 证监会派出机构监管职责制度的修订

2015年10月30日,证监会发布了《证监会派出机构监管职责规定》,自2015年12月1日起施行,其主要内容包括日常监管、风险防范与处置、案件调查与行政处罚、投资者教育与保护、其他职责等。该规定的发布实施,有助于进一步落实监管转型要求,完善监管执法体制,促进派出机构更好地履行一线监管职责,提高监管机构应对市场创新发展的能力,有效打击各类证券期货违法犯罪行为,更好地实现证监会"两维护、一促进"的核心职责。

(3) 规范发行审核权力运行机制

2015年11月24日,为了在发行审核权力运行过程中有效落实党风廉政建设和反腐败斗争的工作要求,更好地履行主体责任和监督责任,证监会发布了《关于进一步规范发行审核权力运行的若干意见》,并同时公布了两个具体实施规则《关于加强发行审核工作人员履职回避管理的规定》和《关于加强发审委委员履职回避管理的规定》。上述意见进一步完善了"条件明确、标准清晰、程序规范、公开透明、集体决策、全程留痕、监督有效"的发行审核权力运行机制。

另外,为落实依法行政、简政放权的有关要求,并进一步贯彻"以信息披露为核心"的监管理念,不断提高审核工作透明度,2015年内证监会推出了一系列市场化改革举措。如:优化股票发行行政许可程序;进一步精简境外发行上市审核内容;发布并购重组审核全流程优化工作方案;明确公司债审核环节公开募集说明书和审核反馈意见的具体安排;对非上市公众公司行政许可采取实时公开的方式公开反馈意见和审核意见(申请材料和对反馈意见的回复也予以公开披露)。

(4) 完善稽查执法廉政风险防控制度

2015年11月9日,证监会印发实施了《稽查案件基础文档第三方备案监督工作试点方案》,正式建立稽查案件基础文档第三方备案监督制度,在证监会系统10家调查单位开展试点工作,目的在于有效强化证监会稽查办案工作的全流程监督,堵塞可能出现的影响案件查办的工作漏洞,切实防范稽查执法权力运行的廉政风险。稽查案件基础文档第三方备案监督制度是证监会结合稽查办案实际,在符合相关保密规定的前提下,兼顾简便易行和集中备案监督要求所作出的制度创新。

8. 基金交易制度的完善

(1) 基金参与沪港通交易制度的出台

2015年3月27日,证监会发布实施了《公开募集证券投资基金参与沪港通交易指引》,对基金参与沪港通交易的资格和程序、信息披露、风险管理、内控制度等提出了具体要求。

(2) 明确内地与香港基金互认安排及配套政策

2015年5月22日,证监会与香港证监会就开展内地与香港基金互认工作正式签署了《中国证券监督管理委员会与香港证券及期货事务监察委员会关于内地与香港基金互认安排的监管合作备忘录》,自2015年7月1日起施行。同时,证监会与香港证监会分别制定了《香港互认基金管理暂行规定》和《有关内地与香港基金互认的通函》,对互认基金的资格条件、申请程序、运作要求及监管安排进行规定,作为监管执法和市场机构开展业务的依据。2015年12月14日,财政部、国家税务总局、证监会联合发布了《关于内地与香港基金互认有关税收政策的通知》,就内地与香港基金互认涉及的有关税收政策问题予以明确。证监会与香港证监会分别于12月18日正式注册了首批互认基金。

通过基金互认,证监会、香港证监会将允许符合一定条件的内地与香港基金按照简易程序获得认可或许可在对方市场向公众投资者进行销售,将会进一步增进内地与香港资本市场的互联互通。

9. 对外合作机制的完善

(1) 进一步扩大证券经营机构对外开放

2015年8月31日,根据内地与香港、澳门签署的《关于建立更紧密经贸关系的安排补充协议十》(CEPA),证监会发布了进一步开放港澳地区金融机构投资内地证券公司、证券投资咨询机构的方案,明确了投资的基本条件和要求。

(2) 与多国签署证券期货监管合作谅解备忘录

2015年,中国证监会先后与波兰、哈萨克斯坦、阿塞拜疆的证券期货监管机构签署了《证券期货监管合作谅解备忘录》。监管合作谅解备忘录的签署,对于加强双方在证券期货领域的监管交流合作、促进两国资本市场的健康发展,具有积极的意义,标志着两国证券监管机构的合作进入一个新的阶段。截至2015年5月29日,证监会已相继同58个国家和地区的证券期货监管机构签署了62个监管合作谅解备忘录。

二、证券市场法律服务情况综述

(一)非诉讼法律服务方面

2015年,证券律师在股票发行上市、再融资、并购重组、新三板挂牌等业务方面提供证券法律服务的基本概况如下:

1. 股票发行上市法律服务方面

据统计,2015年,上交所、深交所共有272家公司经过A股发行上市审核,其中,251家通过审核,13家未通过审核,另有5家暂缓表决,3家取消审核。共有55家律师事务所参与完成这些IPO业务。据汤森路透(Thomson Reuters)公布的2015年全年资本市场股权和债券发行法律顾问回顾报告,中国A股股权及股权相关发行商法律顾问交易数量前十强(含并列)分别为:国浩律师事务所;北京中伦律师事务所;北京市金杜律师事务所;北京市国枫律师事务所;上海锦天城律师事务所;德恒律师事务所;北京市康达律师事务所;北京市天元律师事务所;北京市君合律师事务所;北京市海润律师事务所;广东信达律师事务所。

另据清科数据"2015年度中国股权投资年度排名榜单"评选,2015年(VC/PE支持)中国企业海外上市法律顾问机构十强分别为:北京市金杜律师事务所;北京市天元律师事务所;北京市海问律师事务所;北京市竞天公诚律师事务所;北京市君合律师事务所;北京大成律师事务所;通力律师事务所;北京市通商律师事务所;方达律师事务所;上海市锦天城律师事务所。

2. 再融资法律服务方面

2015年,共有341家上市公司经过非公开发行申请审核(其中332家通过,9家未通过),104家律师事务所参与完成这些非公开发行项目;13家上市公司经过配股申请审核(其中1家未获通过),12家律师事务所为其提供了法律服务;146家上市公司通过了公司债发行审核,66家律师事务所参与其中提供法律服务;另有13家上市公司通过了可转债发行审核,11家律师事务所提供了相应的法律服务。

就上述再融资事项,根据担任发行人法律顾问经办数量及获通过项目数量,排名前十的律师事务所包括:国浩律师事务所;北京市中伦律师事务所;北京德恒律师事务所;上海市锦天城律师事务所;北京市天元律师事务所;北京市国枫律师事务所;北京市金杜律师事务所;北京市海润律师事务所;北京大成律师事务所;北京市君合律师事务所。

3. 重大资产重组法律服务方面

2015年,共有340家公司经过了重大资产重组审核(其中317家通过审核,22家未获通过,1家中止审核),共有85家律师事务所为这些公司提供了相应的法律服务。据"梧桐树下"微信公众号数据统计,经办项目业务量排名前十的律师事务所(含并列)包括:北京市国枫律师事务所;北京市金杜律师事务所;北京中伦律师事务所;国浩律师(上海)事务所;北京市天元律师事务所;北京市康达律师事务所;上海市锦天城律师事务所;北京市竞天公诚律师事务所;北京大成律师事务所;北京市君合律师事务所;浙江天册律师事务所。

4. 新三板挂牌法律服务方面

2015年,共有555家律师事务所参与完成3 594家公司的新三板业务。据清科数据"2015年度中国股权投资年度排名榜单"评选,2015年(VC/PE支持)中国企业新三板挂牌法律顾问机构十强(含并列)分别为:北京德恒律师事务所;国浩律师事务所;北京中伦律师事务所;北京市国枫律师事务所;北京大成律师事务所;上海市锦天城律师事务所;北京金杜律师事务所;北京市康达律师事务所;北京市中银律师事务所;北京市君泽君律师事务所;江苏世纪同仁律师事务所。

综上可见,一些资本市场业务领域的优质大型律师事务所连续多年在法律服务业务数量上排名前列,而随着资本市场非诉讼法律服务专业化分工程度加大、人才资源聚集效果加强,这些律师事务所在经办资本市场主要业务方面仍将持续具有优势地位,但随着注册制的逐步推进和落实,证券法律服务市场的竞争将更加激烈,这些传统强所也将面临更大的挑战。

(二) 诉讼法律服务方面

2015年,证券律师参与了诸多与证券市场相关的重大诉讼案件,对维护中小投资者利益及证券市场交易秩序起到了重要的作用。其中典型案件包括以下几类:

1. 因虚假陈述、内幕交易引发的民事诉讼赔偿案件

据统计,2015年两市共计1 015家上市公司、高管和股东等违规主体被处罚,累计被处罚金额近10亿。自1994年至2015年间,违规主体合计4 669个,2015年违规主体占比21.74%。而1994年至2015年间合计被处罚金额为23.61亿元,2015年占比达40.83%。无论是被处罚数量还是金额均创历年之最。其中恒生电子子公司恒生公司因非法经营证券业务,被没收违法所得1.328亿元,并处以3.98亿元罚款位列被罚榜单之首。此外,处罚金额超过5 000万元的有海通证券、新安股份、华泰证券,被处罚金额分别为8 596万元、6 300万元和5 471万元。另外,多家上市公司股东因违规减持被重罚。如美盈森控股股东王海鹏、第二大股东王治军因为过往存在违规减持行为,分别被罚款1 800万元和1 240万元。

随着被处罚的上市公司数量大幅增长,可索赔案件的数量和金额均有所扩大,

同时随着监管层多次强调对中小投资者的权益保护、出台多项加强监管的政策措施，并严格执行证券违法违规行为的行政处罚，2015 年以来证券维权案件也呈爆发性增长趋势，堪称具有证券维权里程碑意义的一年。另外，随着 2015 年 4 月 15 日最高人民法院《关于人民法院登记立案若干问题的规定》的出台，立案登记制度得以完善，因虚假陈述、内幕交易和市场操纵行为引发的民事赔偿案件，立案受理时不再以监管部门的行政处罚和生效的刑事判决认定为前置条件，这对证券民事赔偿诉讼具有非常积极的保障作用。

监管制度的完善和胜诉案例的增多极大地增强了中小投资者提起维权诉讼的信心，越来越多的证券律师参与到证券维权诉讼案件的法律服务中。其中，2015 年作出判决的佛山照明虚假陈述案和光大证券内幕交易案成为具有标志性意义的重大证券维权诉讼案件。

（1）佛山照明证券虚假陈述责任纠纷案

中国证监会广东监管局 2013 年 3 月 6 日下发行政处罚决定书，认定佛山照明 2010 年定期报告、临时报告信息披露违法；未依法披露重大担保事项；未依法披露有关关联方及与日常经营相关的关联交易。未如实披露与关联方共同投资及收购事项；未依法披露有关关联方及与日常经营相关的关联交易。该处罚决定书对公司信息披露违法违规行为的相关当事人佛山照明、钟信才、邹建平、刘醒明、赵勇、解庆、魏彬作出了行政处罚。其中，上市公司佛山照明被责令改正，并处以 40 万元罚款，钟信才给予警告、罚款 15 万元，邹建平罚 10 万元。据此，受损股民向法院诉佛山照明虚假陈述案进行民事索赔。

2015 年 6 月 4 日，广东省高级人民法院作出终审判决，佛山照明应在判决发生法律效力之日起 15 日内向 955 名投资者赔偿共计 6 041.08 万元。佛山照明证券虚假陈述案原告总人数达到 2 749 人，诉讼标的总额合计 3.85 亿元。根据首批生效判决赔付情况，预计 2 749 位股民有望获得约 1.8 亿元的赔款，创下十多年来股民诉讼维权现金赔偿的最高纪录。佛山照明证券虚假陈述案作为近年来参与人数最多、索赔金额最大的案件，引起了各界的广泛关注，也成为近年来标志性的股民维权案，对其他类似案件有着较大的借鉴作用。

（2）光大证券内幕交易案

2013 年 11 月，中国证监会对光大证券公司作出行政处罚决定，认定光大证券公司在内幕信息公开前将所持股票转换为 ETF 卖出和卖出股指期货空头合约的行为构成内幕交易行为，作出没收及罚款 5.2 亿元等处罚。自 2013 年 12 月起，投资者诉光大证券公司证券、期货内幕交易责任纠纷案件陆续诉至上海市第二中级人民法院。截至 2015 年 12 月 30 日，上海市第二中级人民法院已就 118 人起诉光大证券涉及"8·16 事件"民事赔偿纠纷案进行了裁判。共计 74 起案件的一审判决判处光大证券赔偿原告损失合计574.32万元。光大证券内幕交易案的一审胜诉,开启了证券市场内幕交易民事诉讼获赔先河。

另外,基于证券维权诉讼案件索赔金额巨大、原告分散、人数众多的特点,在诉讼法律服务上呈现出多地律师共同合作代理同一证券诉讼案件的情况,例如2015年5月27日,五粮液发布公告称收到证监会《行政处罚决定书》(〔2011〕17号),认定五粮液信息披露存在诸多违法事实。证监会决定,对五粮液给予警告,并处以60万元罚款;对于涉案的唐某、王某等8名高级管理人员,则给予警告,并分别处以3万元至25万元不等的罚款。面对由此带来的受损股民虚假陈述民事赔偿诉请,包括北京、上海、河北、广东和浙江等地多家律师事务所的律师已经组成维权律师团,正在向投资者征集授权委托,如此案进入正式诉讼程序,可能成为A股有史以来涉案范围最广、金额最高的证券市场民事损害赔偿诉讼。

2. 创新型交易案件

2015年9月15日,北京市海淀区人民法院对原告(反诉被告)北京飞度网络科技有限公司与被告(反诉原告)北京诺米多餐饮管理有限责任公司居间合同纠纷一案公开宣判,对本案涉及的众筹融资交易持支持和鼓励的态度,认定涉案合同有效。12月22日,北京市第一中级人民法院二审审结该案,维持一审判决。

本案为全国首例众筹融资案,是2015年人民法院十大民事行政典型案例之一。在本案之前,中国的股权众筹平台一直承受着是否合法的质疑。2015年7月,人民银行等十部门发布《关于促进互联网金融健康发展的指导意见》,对包括众筹融资交易在内的互联网金融创新交易予以鼓励和支持。随后,2015年8月证券业协会发布的《关于调整〈场外证券业务备案管理办法〉个别条款的通知》将《场外证券业务备案管理办法》第2条第(十)项"私募股权众筹"修改为"互联网非公开股权融资"。这意味着,在我国,股权众筹融资开始产生了公募和私募的性质划分。海淀区人民法院的判决和北京市第一中级人民法院的二审结果在原则上肯定了股权众筹这一新的互联网融资形式,并且局限于私募的范畴界定股权众筹的性质。可以预见,随着政策的推动和实践的发展,股权众筹问题将会分化为公开互联网股权融资和非公开互联网股权融资,后者仍属于我国目前公司金融法框架下的私募范畴,而前者则将给现有法律框架和司法机关带来新的挑战。

3. 证券市场监管诉讼案件

如前所述,2015年证监会大力加强证券市场监管,对违法违规人员采取了包括市场禁入在内的监管措施或行政处罚措施,因此引起的监管诉讼案件日益增多,较为典型的案例如:

(1)杨剑波诉被告中国证监会行政处罚、市场禁入决定案

2015年5月4日,北京市高级人民法院对杨剑波因"光大乌龙指"事件不服中国

证监会行政处罚和市场禁入决定两上诉案二审公开宣判,终审判决驳回杨剑波上诉,维持北京市第一中级人民法院的一审判决。此前,北京市第一中级人民法院判决驳回了杨剑波的诉讼请求。

本案是2015年人民法院十大民事行政典型案例之一。内幕信息的认定是查办内幕交易案件的重要前提和难点之一,但本案中错单交易形成的错单交易信息并未被法律所列举,在本案发生之前也未有过类似事件。这导致证监会只能在披露之后根据市场的反应对此类信息的重要性进行判断。本案的焦点和判决的意义在于加深了业内对《证券法》和《期货交易管理条例》规定的内幕信息和内幕交易行为的理解。

(2) 周可添、魏达志、陈凤娇、何祥增诉中国证券监督管理委员会行政处罚案

中国证监会于2010年11月对鸿基公司进行立案调查,并于2012年12月作出行政处罚决定:认定鸿基公司2007年3月19日《澄清公告》及2006年至2009年年度报告未如实披露其"代持股"问题,依据《证券法》有关规定,在对上市公司及董事长等责任人员作出处罚的同时,决定对周可添、魏达志、陈凤娇、何祥增给予警告,并分别处以3万元罚款。四人不服诉至法院,请求判决撤销对其的处罚。

北京市第一中级人民法院一审认为,根据《证券法》的有关规定,上市公司董事、监事、高级管理人员应当保证上市公司所披露的信息真实、准确、完整。四名原告作为鸿基公司的独立董事,应当勤勉尽责,实施必要、有效的监督。在案证据能够证明四人在审议相关年度报告时未对上述问题提出异议。且深圳证券交易所于2007年3月15日向鸿基公司发出《监管关注函》,要求该公司刊登澄清公告并明确说明有关公司股票持续异常波动情况。之后四人对涉案的"代持股"问题并未实施必要、有效的监督,故被告中国证监会认定其未尽监督义务,未勤勉尽责,应当对鸿基公司信息披露违法行为承担责任,并无不当。遂判决驳回四名原告的全部诉讼请求。周可添等四人上诉后,北京市高级人民法院判决驳回上诉,维持原判。

该案是2015年人民法院十大经济行政典型案例之一,是涉及证券市场监管的典型案例。信息披露直接涉及股票市场价格和广大股东知情权保障,是证券监管的核心领域。上市公司的董事、监事和高级管理人员对披露信息的真实性、准确性和完整性负有法定责任,不可在其位不谋其政、不司其责甚至刻意参与、策划造假。本案判决对于上市公司的独立董事和其他高管明确责任意识,切实勤勉履责是一种警示和借鉴,对维护广大投资者利益具有积极意义。

4. 基金业"老鼠仓"重大案件

据不完全统计,2015年共有6起"老鼠仓"案件受审,分别为原农银汇理基金经理郝兵、原上投摩根基金经理欧宝林、原海富通基金经理黄春雨及蒋征、原博时基金经理马乐及原中邮基金经理厉建超。这几起"老鼠仓"案件涉案资金均超亿元。其

中原博时基金经理马乐"老鼠仓"案再审,涉案资金为10.5亿元,非法获利1883万元,为迄今国内最大的"老鼠仓"。

证监会于2013年通报马乐涉嫌利用职务便利获取博时精选基金交易的非公开信息,操作名下账户,先于或同期于其管理的基金买入相同股票70余只,交易金额和获利金额较大。2014年2月一审宣判马乐"有期徒刑三年,缓刑五年,并处罚金1884万元",4月深圳市人民检察院提起抗诉,8月广东省人民检察院支持抗诉,同年10月,广东省高级人民法院作出二审裁定,驳回抗诉,维持原判。判决生效后,广东省人民检察院提请最高人民检察院抗诉。2014年12月8日,最高人民检察院认为案件量刑不当并提起抗诉。2015年7月,马乐"老鼠仓"案件再度开审。

2015年11月,原中邮基金经理厉建超"老鼠仓"案件尘埃落定。经审理,厉建超于2011年11月至2014年1月担任中邮核心优选基金经理期间,利用职务便利获取非公开信息,使用10个账户先于"中邮核心优选基金"1至5个交易日、同步或稍晚于1至2个交易日买入或卖出与"中邮核心优选基金"相同股票,涉案交易金额共9亿元,非法获利1682万元。法院判处厉建超有期徒刑3年零6个月,并处罚金1700万元,其违法所得依法予以追缴并上缴国库。

此外,原农银汇理基金经理郝兵涉案交易金额3.13亿元,非法获利762万元;原海富通基金经理蒋征涉案交易金额1.8亿元,非法获利315万元;原上投摩根基金经理欧宝林涉案金额1.04亿元,非法获利289.21万元。

在以上案件中,都需要律师的全程参与,一方面有利于保护当事人的合法程序权利和法律的公正,另一方面也增加了律师新的法律服务范围,有助于律师在证券金融行业发挥更大的作用。

第三节 保 险 业 务

一、保险法律体系的构建及发展

回首新中国保险业发展的60多年风雨历程,新中国保险业经历了一条从无到有、从封闭到开放、从落后到先进的曲折发展道路。保险法律体系的构建及发展、保险法律服务的发展与保险业的发展、保险监管体系的构建与发展是息息相关的。新中国成立初期,中国人民银行和财政部分别对保险业行使领导和管理职责。根据《中国人民银行试行组织条例》的规定,保险业接受中国人民银行的领导与主管。后受到极"左"思潮的影响,中国保险业曾彻底停办。1985年,国务院颁布《保险企业管理暂行条例》,明确规定国家保险管理机关为中国人民银行,财政部负责监督保险业的财务会计制度,国家计委行使制定国家保险业发展规划职能,保险业正式恢复发展。客观上讲,20世纪80年代至90年代初期,在以政府主导的垄断经营为主、寡头竞争的市场格局下,保险监管实质上以严格市场审批作为主要内容,国家法律层面也并未对"保险"明确界定,现代保险监管及法律体系尚未形成。

1995年7月,中国人民银行设立专门行使保险监管职能的保险司。1995年10月,第一部《中华人民共和国保险法》(以下简称《保险法》)正式颁行。伴随《保险法》的颁布实施,一批股份制保险公司、外资保险分公司和中外合资保险公司相继成立,保险产品和销售方式不断创新,保险业进入高速增长时期。但由于市场主体尚不成熟,市场竞争中出现大量违法违规行为,比如非法设立机构、擅自开办新业务、擅自降低费率或抬高手续费等,导致保险市场秩序比较混乱。为维护保险市场公平有序的竞争环境,切实贯彻实施好《保险法》,保护被保险人的合法权益,中国人民银行于1996年、1997年、1998年先后发布了《保险管理暂行规定》《保险代理人管理规定(试行)》《保险经纪人暂行规定(试行)》等一系列配套部门规章,对保险市场行为进行规范,开展包括航意险、机动车辆保险、保险中介市场、寿险误导、资金运用在内的专项清理整顿工作,促进中国保险业的规范发展。

1998年,中国保险监督管理委员会(以下简称保监会)正式成立,保险业进入分业监管新时期。保险业监管主体也由一般性政府行政机构监管,改由兼具专业性、技术性和法律性的独立机构承担。随着中国保监会的建立及运行,现行保险监管法律体系逐渐建立起来。现行保险监管法律体系主要由三个层次的法律规范构成。第一层次指现行《保险法》,它承担统领保险监管、维护保险市场秩序、规范保险合同行为的基本法作用。现行《保险法》增加了维护社会经济秩序和社会公共利益条款,扩展了保险社会功能,深化了监管内涵,进一步明确保险监管机构的偿付能力监管职能。第二层次指部门管理规章制度体系。2002年以来,保监会先后颁布出台了几十项部门规章和规范性文件,积极推动保险市场依法经营和监管机构依法监管。第三层次指保险监管指标体系,包括偿二代监管体系的建立,制定新生命表,建立非寿险精算制度等。三个层次的法律规范相互作用、互为补充,形成结构分明、逻辑严谨的保险监管法律体系,极大丰富完善了保险监管和法律体系的内涵和外延。

二、保险法律服务市场现状

(一) 服务对象

中国保险市场的主要参与者包括保险与再保险公司、保险资产管理公司、保险中介机构及其他市场参与者。上述主要参与者在中国保险业的发展过程中扮演着不同角色,都有可能成为保险法律服务的对象。而且,随着中国保险业的不断发展,越来越多的市场主体参与到保险行业中来,这为保险法律服务市场的发展提供了巨大的空间。

根据《2015年中国保险市场年报》，截至2014年年底，全国共有财产保险公司67家，其中包括中资财产保险公司45家，外资财产保险公司22家；共有73家人身保险公司，其中包括中资人身保险公司45家，外资人身保险公司28家；共有保险专业中介机构2 546家，其中包括保险专业代理机构1 765家，保险经纪机构445家，保险公估机构337家；全国共有保险兼业代理机构网点210 108个，其中包括金融类179 061个，非金融类31 047个。

（二）服务类型

根据目前保险法律服务市场的现状，保险公司等保险市场参与者所需要的法律服务类型包括保险非诉法律服务、保险诉讼法律服务及保险资金运用法律服务等。

1. 保险非诉法律服务

就保险非诉法律服务，目前主要包括常年法律顾问服务、法律咨询服务、保险法律培训及其他具体项目的咨询顾问服务。保险公司等市场参与主体通常会就保险企业合法合规运营、保险产品的开发与创新、协议审核、最新法律法规及监管规定的解读等事项寻求专业保险法律服务。

保险行业具有较强的专业性，为保险行业提供法律服务的律所及律师除了要熟悉与保险行业相关的法律、法规及监管规定外，还要了解保险公司等市场参与主体的运营机制及保险业务开展，需要针对具体服务对象的具体情况制定有针对性的、个性化的法律解决方案，这无疑对保险行业律师事务所及律师提出了更高的要求。

2. 保险诉讼法律服务

根据中国保监会公布的数据，1995年新中国第一部《保险法》施行当年，全国保险案件仅有208件。而2015年1月至10月，保险纠纷案件达9.1万件，是1995年的440倍。保险公司与投保人、被保险人等保险合同相关主体的争议主要集中在保险条款的设置与解读、保险赔偿金额、相关权利义务的履行等方面。

在保险纠纷案件中，保险行业律师可能提供的法律服务包括诉前法律风险分析、代理保险公司或其他主体应诉、参与谈判或调解、起草相关法律文书等。

3. 保险资金运用法律服务

从保险公司的日常运营来看，保险公司除开发保险产品并开展承保业务之外，保险资金运用日渐成为保险公司的主要盈利点。根据《2015年中国保险市场年报》的统计数据，截至2014年年底，保险资金运用余额为9.3万亿元，占保险业总资产的91.9%。

从配置结构看，一是固定收益类资产继续保持主导地位，国债、金融债和企业债等各类债券余额为3.6万亿元，在投资资产中占比38.2%；银行存款2.5万亿元，占比 27.1%。二是权益类资产稳中有升,投资股票和基金的余额为 1 万亿元,占比 11.1%,较年初的 10% 增长 1.1 个百分点。三是另类投资增长较快,长期股权投资 6 398.8 亿元,占比 6.9%;投资性不动产 784.4 亿元,占比 0.8%;基础设施投资计划产品等 7 317 亿元,占比 7.8%。长期股权投资、不动产投资、基础设施投资计划等分别比年初增长 59%、13.9% 和 66%。

从投资收益看,2014 年保险资金运用实现投资收益 5 358.8 亿元,较 2013 年增加 1 700.5 亿元;财务收益率为 6.3%,同比提高 1.3 个百分点;综合收益率为 9.2%,同比提高 5.1 个百分点。

从上述统计数据来看,保险资金运用将逐渐成为一个新的法律服务热点。就保险资金运用,保险行业律师事务所及律师可能提供的法律服务包括起草审核相关交易文本,参加现场尽职调查并拟写尽职调查报告,根据中国保监会的相关监管规定协助保险公司或保险资产管理机构设计交易结构、出具法律意见书、参与项目谈判等。

总体而言,保险法律服务将紧随保险行业的整体发展状况而不断发展。

三、提供保险法律服务的律师事务所及律师

根据钱伯斯等机构的统计,目前中国境内提供保险法律服务的律师事务所包括安杰律师事务所、北京市金杜律师事务所、广东敬海律师事务所、北京市君合律师事务所、上海瀛泰律师事务所、上海凯荣律师事务所、北京市天元律师事务所等。但与银行、证券等其他金融领域相比,为保险行业相关主体提供专业法律服务的律所及律师仍相对较少。

四、保险法律服务业市场前景

随着"一带一路"政策的推出及《关于加快发展现代保险服务业的若干意见》的颁布,保险行业进入了一个快速发展的时期。从安邦、平安等保险机构走出国门进行保险资金境外投资,到巨灾保险制度的建立,再到互联网保险的不断发展,保险行业正在经历日新月异的变化,保险行业的发展为创新社会管理机制、促进经济提质升级发挥着不可替代的作用。

随着保险行业的不断发展,保险法律服务市场面临新的发展机遇,同时也面临新的挑战。保险业务的创新、保险监管体系的变化等需要更多既熟悉保险法律、法规又熟悉保险机构经营运作的专业法律服务人员的参与。

(本章由中华全国律师协会金融证券保险专业委员会组织编写,执笔人:吕红兵、金赛波、张宏久、詹昊、刘艳、孙艳)

第三章　知识产权法律服务业务报告

目　录

第一节　商标业务 / 101
　一、2015 年商标业务法律服务状况回顾与展望 / 101
　　（一）2015 年商标法律服务业务综述 / 101
　　（二）律师应抓住目前从事商标代理业务千载难逢的历史机遇 / 106
　　（三）律师从事商标法律业务展望 / 108
　二、商标法律服务的发展和创新 / 111
　　（一）知果果 / 112
　　（二）猪八戒 / 112
　　（三）超凡 / 113
　　（四）新诤信 / 114
　　（五）律师行业的思考 / 114
　三、商标业务领域热点法律问题研究及立法建议 / 115
　　（一）商品化权引热议 / 115
　　（二）最高人民法院就定牌加工问题定性 / 122
　四、商标业务领域重大法律事件及典型案例分析 / 125
　　（一）商标业务领域重大法律事件 / 125
　　（二）2015 年商标经典案例分析 / 127
第二节　专利业务 / 133
　一、专利法律服务状况回顾与展望 / 133
　　（一）专利法律服务工作回顾 / 133
　　（二）专利法律服务中存在的问题 / 134
　　（三）专利法律服务的发展趋势 / 135
　二、律师专利业务的发展和创新 / 135
　　（一）专利业务的发展情况 / 135
　　（二）专利业务的创新方向 / 141
　三、专利热点法律问题研究及立法建议 / 145
　　（一）专利当然许可法律问题研究 / 145

（二）标准必要专利法律问题研究 / 149

（三）立法建议 / 153

四、专利业务领域重大法律事件、已审结案件评析 / 155

（一）专利技术特征相关问题研究 / 155

（二）功能性技术特征的认定及其具体内容的确定问题研究 / 159

（三）图形用户界面外观设计保护问题研究 / 163

（四）确认不侵权之诉成立要件分析 / 167

第一节 商 标 业 务

国家工商行政管理总局、司法部联合发布的《律师事务所从事商标代理业务管理办法》自 2013 年 1 月 1 日起实施，管理办法明确，凡在国家工商行政管理总局商标局办理备案的律师事务所均可从事注册商标申请、商标注册驳回复审等商标局和商标评审委员会主管的商标代理业务。除此之外，律师事务所无须备案即可继续从事管理办法实施之前已经从事的商标国际注册、商标行政复议、商标诉讼、商标纠纷调解仲裁等商标代理法律事务。这标志着律师事务所将全面介入商标代理业务，律师从事商标代理业务的壁垒终于被打破。

一、2015 年商标业务法律服务状况回顾与展望

2015 年，律师代理商标业务量进一步增长，服务经济社会发展能力进一步增强。律师在参与落实国家知识产权战略和拓展商标代理业务领域都取得了积极进展。

（一）2015 年商标法律服务业务综述

1. 商标法律服务业务量持续增长

2015 年，随着我国经济的转型升级，商事制度的改革带来市场主体创新活力不断增强，市场主体大幅增长，截至 2015 年年底，我国各类市场主体达到 7 746.9 万户，且仍在以日增 1.2 万户的速度增长。另外，新修改的《中华人民共和国商标法》（以下简称《商标法》）进一步简化了商标注册和审查程序，方便了商标申请人注册商标，商标注册申请量继续保持快速增长态势，截至 2015 年年底，中国商标累计注册申请量为 1 840.2 万件，累计商标注册量为 1 225.4 万件，有效注册商标量达 1 034.4 万件，首次突破千万大关。2015 年全年商标注册申请量 287.6 万件，同比增长 25.8%，完成商标注册审查 233.9 万件。每一万户市场主体商标拥有量达 1 335 件，增长 10.3%。第三产业在国内商标注册申请量增速较快，同比增长 54.3%。

2015 年 9 月，国家发展改革委、财政部印发《关于降低住房转让手续费受理商标注册费等部分行政事业性收费标准的通知》(发改价格〔2015〕2136号),决定降低部分行政事业性收费标准,商标申请注册费用由原来的800元降至600元。商标注册官费的降低是我国践行知识产权战略实事求是的调整,也是激发市场活力,刺激内需的重要措施,此次调整有利于更多的市场经营者在知识产权领域投入更多的预算,由此带来的社会和经济效应也将不断放大。

除商标申请外,商标行政授权确权案件数量增长也较为迅速且占知识产权案件比例最高。以北京市为例,截至2015年11月6日(北京市知识产权法院成立一周年),北京知识产权法院共受理各类知识产权案件7918件,其中商标权案件4925件,占全部案件的62%,远远高于专利案件和其他知识产权案件。在商标权案件中,一审案件4835件,占全部商标权案件的98%。北京市高级人民法院2015年1月至11月共审结商标行政授权确权案件1940件,也较2014年同期有大幅增长。

另外,2015年12月16日,北京市知识产权法院网上立案平台正式开通运行,成为全市首家实现网上立案的法院,当事人登录"北京法院审判信息网"后,只需在首页进行注册后即可通过网上立案系统进行立案申请。北京市律师协会的律师则需通过首页"北京律师协会"通道进行注册,申请完成后,法院会在规定时间内通过网上立案系统审核当事人提交的材料,诉讼费用也可以在线完成缴纳。平台的开通大大便利了当事人以及律师进行诉讼,间接刺激了知识产权案件量的增长。

2. 商标、专利、著作权业务对比

商标法律服务业务量大,服务种类多,通过下图可以看到传统三大知识产权之间的联系和区别。就上文所述,2015年的商标申请量高达280万件,以每件申请1000元的代理费计算,仅商标注册申请一年的代理费就达到28亿元,再加上商标的续展申请、变更申请、转让申请、异议申请、许可合同备案申请等,我国每年仅商标申请类代理业务代理费就高达50亿元。另外,商标维权打假、民事侵权、咨询和顾问、商标监测、商标战略制定等业务的代理费都不低于商标申请等代理费。因此,目前我国商标法律服务的代理费保守估计在100亿元以上。随着我国知识产权战略的深入实施和企业保护商标意识的增强,这个数字还会继续大幅度增加,值得每位知识产权律师高度重视。

3. 商标代理机构数量增长迅速

2003年,国务院印发《关于取消第二批行政审批项目和改变一批行政审批项目管理方式的决定》(国发〔2003〕5号),取消了商标代理组织的审批和商标代理人资格核准,放开了商标代理业务的限制,商标代理机构在这一期间迅猛发展,从2002年的147家增长到2015年的14760家,13年增长了100倍。

表3-1 商标、专利、著作权法律业务对比

	商标	专利	著作权
主要服务内容	1. 申请;2. 变更;3. 续展;4. 转让;5. 注销;6. 驳回复审;7. 异议;8. 异议复审;9. 争议;10. 撤三;11. 撤三复审;12. 行政授权确权诉讼;13. 行政投诉;14. 行政复议;15. 行政诉讼;16. 民事侵权诉讼;17. 刑事诉讼;18. 驰名商标认定;19. 著名商标认定;20. 许可合同备案;21. 质押备案;22. 海关备案;23. 商标咨询;24. 出具商标注册申请法律意见书;25. 商标监测;26. 许可、转让合同起草和审查;27. 企业商标制度起草和审查;28. 企业商标战略制定及实施等	1. 申请;2. 变更;3. 转让;4. 实质审查代理;5. 恢复权利申请;6. 复审;7. 无效;8. 复审、无效行政诉讼;9. 行政投诉;10. 行政复议;11. 行政诉讼;12. 民事侵权诉讼;13. 刑事诉讼;14. 检索;15. 许可合同备案;16. 海关备案;17. 许可、转让合同起草和审查;18. 企业专利制度起草和审查等	1. 登记;2. 变更;3. 撤销;4. 民事侵权诉讼;5. 行政投诉等
保护期限	只要续展永久保护	实用新型、外观设计保护期10年,发明保护期20年	著作权保护期为在世期间与死后50年

2013年1月,司法部、国家工商行政管理总局联合颁布的《律师事务所从事商标代理业务管理办法》,打破了律师从事商标代理业务的壁垒,至此,律师事务所可以正式从事商标代理业务,不仅为商标代理行业注入了新的活力,也拓宽了律师的执业领域。2013年3月,国家工商行政管理总局商标局公布了第一批律师事务所集中备案从事商标代理业务的信息,全国共有7 846家律师事务所在商标局备案从事商标代理业务,截至2015年12月1日,全国共有8 626家律师事务所在商标局备案从事商标代理业务,较2013年增长近10%。

4. 律师并未成为商标法律服务的主导力量

虽然司法部、国家工商行政管理总局在2013年颁布了《律师事务所从事商标代理业务管理办法》,取消了律师从事商标法律服务的限制,但就目前来看,我国商标法律服务的主力军还是知识产权(商标)代理公司,律师事务所尚未成为商标法律服务的主要力量。首先,各类知识产权(商标)代理公司开展商标代理业务远远早于律师事务所,相当长时间内占据着垄断地位,积累了大量的案源,且数量也明显多于律师事务所。其次,目前还有相当一部分律师认为商标业务简单琐碎、代理费低,不值

得花费时间和精力去开拓商标业务,对商标和商标法律服务的重要性认识明显不足。最后,目前商标代理行业整体的执业环境还是比较差的,低价竞争不断加剧,一些知识产权代理公司为抢占市场,甚至推出免费商标代理业务等,而律师事务所由于成本明显高于代理公司,很难在价格上获得竞争优势。以上几种原因,造成了目前律师未能成为商标法律服务领域的主导力量,制约着律师事务所有效开拓商标代理业务。

5. 商标代理行业整体服务水平有待提高

中国毋庸置疑已成为商标大国,但商标在服务经济、助推企业发展方面的作用还有很大提升空间,商标权益保护力度和商标法律服务质量还需进一步提高。目前商标代理行业内部竞争日益加剧,大量知识产权代理公司低于成本价代理的恶性竞争大量出现,商标代理行业整体服务水平有待提高。

目前,一些商标代理机构称有第三方商标抢注或采用其他欺诈、引人误解的方式诱导委托人进行商标注册的问题;不顾委托人生产经营活动的实际情况,欺骗委托人进行多类商标注册的问题;对委托人委托的商标事务不尽职分析,风险告知模糊的问题;以欺诈、虚假宣传、引人误解或者商业贿赂等方式招徕业务的问题;在同一商标案件中接受有利益冲突的双方当事人委托等问题时有发生。上述这些情形,导致我国目前商标代理行业整体服务质量并不乐观,这不仅打击了律师从事商标代理业务的积极性,也对整个商标代理行业的执业环境造成了一定的负面影响。根据官方统计,2013年全国商标申请总量共188万件,驳回104万件;2014年申请总量228万件,驳回113万件,占当年商标申请总量的49.5%,如果加上"部分驳回"的情形,这个比例将更高,这意味着有近一半的申请商标没有被商标局初审公告,更谈不上成功注册。这一方面是因为商标资源在逐年减少,还有一个重要原因就是很多商标代理机构没有尽到合理的审查义务,对在先商标的查询不够精确,甚至对一些明显违反《商标法》禁用、禁注条款的商标还代理客户进行注册,结果自然是被商标局驳回。除商标申请外,商标异议和商标评审也存在诸多问题,比如一些商标代理机构接受当事人委托后没有及时报送文件,或者报送以后不及时提交补充证据,这无疑都会直接影响委托人的实体权利,间接损害商标代理行业的形象。

6. "互联网+"模式正在逐步改变商标代理行业格局

"互联网+"是互联网思维的进一步实践成果,它推动经济形态不断发生演变,为改革、创新、发展提供广阔的网络平台。"互联网+商标法律服务"是利用信息通信技术以及互联网平台,让互联网与传统法律服务行业进行深度融合,创造新的发展生态。

目前,"互联网+"模式已经对原有的市场格局形成了巨大的冲击,在2013年之前,商标代理行业一直处于传统服务业的模式平稳上升,但到了2013年之后,商标代理行业的骤变和商标代理机构的颠覆性成长已经让人意识到互联网行业正以不可阻挡的势头迅猛发展,尤其从2014年开始,"互联网+"风暴席卷全国,商标代理行业格局发生了重大变化。

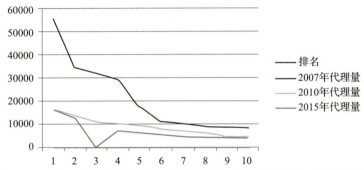

图3-1 三个时间点排名前十的代理量横比,横轴为"排名",竖轴为"件"

以商标申请代理量为例,从图3-1可以看出,2007年和2010年,前十位的代理机构代理量相差不多,第六名到第十名的差别更小,其整体是一个平稳的曲线,第一名多于第十名的代理量不超过3倍。而到了2015年,仅仅九个月第一名和第五名的差值便在五倍以上,第一名的代理量甚至超过第六名到第十名的总和,前四名已经初步建立了行业垄断性地位。

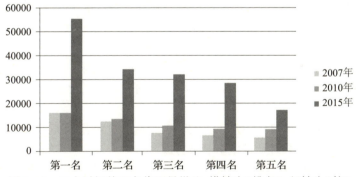

图3-2 三个时间前五名代理量纵比,横轴为"排名",竖轴为"件"

从图3-2可以看出,2007年到2010年,第一名的代理量没有发生大幅度变化,虽然全国整体代理量有所上升,但基本消化在新增代理机构上。尤其是2015年的前9个月,第一名的代理量发生剧烈变化,第二到第四名也是如此,这种剧变不是过去百分之几、百分之十几的变化,而是3倍以上,这其中就有非传统商标代理机构,如知果果、猪八戒这样的"互联网+"企业。

表3-2 代理总量前十历史对比统计

2015年1—9月	2015年1—9月排名	2010年排名	2007年排名
中细软55220	1	50外	50外
知果果34374	2	无	无
超凡32326	3	25	50外
猪八戒29083	4	无	无
集佳17646	5	1	1
广州联瑞11036	6	50外	50外
东灵通10429	7	50外	50外
畅维佳9097	8	50外	50外
深圳精英8977	9	11	7
国商所8560	10	3	2

如今,我国创新驱动发展战略持续发酵,在国家大力推行"大众创业、万众创新"的新形势下,中国企业知识产权保护意识逐渐提升,商标注册申请量逐年大幅增加。在2015年10月7日举办的"2015中国国际商标品牌节"上,国家工商行政管理总局副局长刘俊臣指出,商标申请量屡创新高的背后是商标审查通过率在逐年递减,这从一个侧面反映了一些商标代理机构没有专业地为委托人分析商标注册风险便盲目递交商标申请。知识产权服务属于高端智力劳动,申请量也不是衡量一个代理机构水平的唯一标准,面对互联网的冲击,律师事务所还应立足人才优势和质量管控,严把商标法律服务质量关,顺应电商大潮,运用互联网思维,开发适合自己的产品,通过利用现有的技术,提高效率,缩减成本,提高服务质量,促进商标代理行业的良性发展。

(二)律师应抓住目前从事商标代理业务千载难逢的历史机遇

1. 律师从事商标代理业务壁垒已被打破

2013年1月,司法部、国家工商行政管理总局颁布《律师事务所从事商标代理业务管理办法》,打破了律师从事商标代理业务的壁垒,使律师能够为企业提供全面的商标法律服务。2014年5月1日,新《商标法》正式实施。新《商标法》要求代理机构对违法商标有审查义务;引入了商标审查意见书制度和口审制度;重设了商标异议制度,这不仅使商标代理业务由单纯的技术工种上升为专业的法律服务,也为律师全面进入商标法律服务领域带来了前所未有的机遇。

2. 商标代理业务量持续增长

截至2015年年底,我国有效商标注册数量将达到1 000万件以上,商标之间的冲突将会进一步加剧,商标驳回复审案件、无效宣告案件、撤销三年不使用注册商标案件等将大幅增长,尤其是商标驳回复审案件,因清除在先商标障碍的困难日益加大,驳回复审难度也就随之增加,而有的被驳回商标因已经投入了大量资金进行市场宣传,进而取得了市场知名度,那么该商标的确权对企业来说就势在必行,这时就需要律师充分发挥专业优势,组织相关证据证明申请商标经过使用已经产生市场区别性,不会与在先引证商标造成混淆误认,从而使被驳回商标在复审中获得初审公告。总之,律师代理此类案件的空间还是很大的。而且,1 000多万件的注册商标还会有相应的续展、变更、转让、合同备案、监测等业务,这无疑也会为律师带来巨大的业务量。

3. 口审制度更有利于律师发挥专业优势

在2014年修订的《中华人民共和国商标法实施条例》第60条第1款规定:"商标评审委员会根据当事人的请求或者实际需要,可以决定对评审申请进行口头审理。"口审制度,是指案件审理的一种形式,相对于书面审理而言,审理案件时不仅限于书面材料的交换,而由审理机关通知案件当事人在确定的时间参与面对面的审理。在知识产权案件中,口审制度的适用并非初探,专利复审委员会早已采用了口审制度。"2015中国国际商标品牌节"首次举办了商标评审口头审理(公开演示),公开演示以真实的商标评审案例"广成卡"商标争议案为蓝本向大家展示商标评审口头审理程序和要求,使与会代表对其有了更加具体和直观的了解。

商标评审口审制度通过当事人之间、商标评审委员会与当事人之间的面对面审理,给予当事人更为充分的质证、答辩等权利,有利于商标评审委员会查清事实,从而正确高效地审理案件。对于商标律师而言,口审程序是在原有的评审案件程序上出现的一个新的程序,从收费上来讲,是一个新的业务增长点。同时,商标律师具有专业的应诉技能,擅长庭审辩论,与商标代理人相比,在口审程序中更有优势,更能凸显商标律师的专业素养。评审程序作为商标行政确权案件的最后一个非诉程序,商标律师通过在口审程序中的明显优势介入案件中,为商标诉讼业务的拓展带来优势。总之,商标评审口审制度的实施,对律师从事商标业务带来了更多的机遇,是律师代理商标业务的一个不可多得的契机。

4. 只有律师才能形成完整的商标业务链

我国在2001年修订的《商标法》中规定了对商标行政行为的司法审查制度,由此开启了商标行政诉讼的大门,但由于我国当时允许公民代理,商标代理人可以以公民身份代理诉讼业务,尤其是商标行政诉讼业务。但是,随着经济社会的发展和公众对专业法律服务需求的日益增长,公民代理已不适合现今法律专业化、职业化的发展趋势。2015年12月20日,中共中央办公厅、国务院办公厅印发《关于完善国家统一法律职业资格制度的意见》,明确提出要完善国家统一法律职业资格制度,着力推进法治工作队伍正规化、专业化、职业化。

现行《中华人民共和国行政诉讼法》(以下简称《行政诉讼法》)第31条第2款规定,"下列人员可以被委托为诉讼代理人:……(三)当事人所在社区、单位以及有关社会团体推荐的公民",该条款与现行《中华人民共和国民事诉讼法》(以下简称《民事诉讼法》)第58条第2款之规定相同。

2015年2月4日起施行的最高人民法院《关于适用〈中华人民共和国民事诉讼法〉的解释》第87条第1款规定:"根据民事诉讼法第五十八条第二款第三项规定,有关社会团体推荐公民担任诉讼代理人的,应当符合下列条件:(一)社会团体属于依法登记设立或者依法免予登记设立的非营利性法人组织;(二)被代理人属于该社会团体的成员,或者当事人一方住所地位于该社会团体的活动地域;(三)代理事务属于该社会团体章程载明的业务范围;(四)被推荐的公民是该社会团体的负责人或者与该社会团体有合法劳动人事关系的工作人员。"表面上看,商标代理人可以援引"当事人所在社区、单位以及有关社会团体推荐的公民"参加民事、行政诉讼。但商标代理人属于知识产权(商标)代理公司的工作人员,并不是中华商标协会的负责人或工作人员,因此商标代理人不能援引《民事诉讼法》第58条第2款第(三)项的规定参加诉讼,中华商标协会也无权推荐除该协会负责人或其工作人员之外的公民代理诉讼。目前,最高人民法院尚未就《行政诉讼法》第31条的适用作出进一步解释,但从法律体系解释一致性的角度考虑,《行政诉讼法》对此条的适用应与《民事诉讼法》保持一致。实践中,限制商标代理人以公民身份代理商标行政诉讼的规定也得到了很好的执行,北京市知识产权法院、北京市高级人民法院均不允许商标代理人参加商标行政授权确权诉讼。至此,只有律师才能代理从商标申请到商标行政授权确权诉讼等一系列业务,只有律师才能形成完整的商标法律服务业务链,为律师更好地拓展商标业务创造了机遇。

(三)律师从事商标法律业务展望

今后一段时期,要继续落实《国家知识产权战略纲要》,践行《国家知识产权战略行动计划(2014—2020年)》,促进商标战略实施与经济社会发展深度融合,充分发挥律师在商标代理行业的职能作用,进一步拓宽律师商标法律服务领域。

1. 应重视商标代理业务,更好地服务社会经济发展

加快经济发展方式转变、全面落实依法治国战略是关系到我国发展全局的战略性抉择。实施创新驱动发展战略既体现了党和国家对创新发展和知识产权的高度重视,也为我国知识产权事业发展指明了方向。切实做好商标法律服务工作是贯彻实施知识产权战略、加强知识产权保护的重要内容,对于增强创新驱动发展新动力、加快转变经济发展方式、全面提高开放型经济水平和加快现代农业发展都具有重要

意义。我们应从党和国家全局的高度,充分认识做好商标法律服务工作的重要性,自觉、有效、高水平地投入到商标法律服务工作中。

首先,商标已由区分商品来源的标志扩展成为企业信用的载体,成为企业形象和竞争力的象征,是优秀企业走出国门、拓展国际市场的重要竞争手段。以商标注册、运用、保护和管理为主要任务的商标战略,对于推动我国企业提升自主创新能力、实现产品从价格竞争向品牌竞争转变意义重大。其次,商标法律制度是国际通行的知识产权保护制度,商标法律服务的优劣关系到整个国家的利益和形象。当前,我国在"走出去"的过程中出现了越来越多的商标保护问题,遭遇到不少商标贸易壁垒。做好商标法律服务工作,有利于提高我国企业在国际市场上的竞争力,增强我国企业在"走出去"过程中应对风险的能力,服务于全面提高开放型经济水平。最后,地理标志证明商标是实现农产品品牌化经营和解决"三农"问题的有效手段。2015年中央"一号文件"第12次聚焦"三农"问题,而做好地理标志商标的保护工作,就成为律师服务农民增收、农业转型的有力抓手。据统计,地理标志商标作用相当显著,注册前后价格平均提高了50.11%,地理标志带动相关产业发展的产值带动比达到1:5.20,就业带动比达到1:3.34,已有53.38%的地理标志成为区域经济支柱产业。做好地理标志商标法律服务工作,有利于加快我国现代农业的发展和有效带动当地经济发展。

2. 切实在商标法律服务中找准立足点和切入点

(1) 注重发挥律师代理商标注册职能,充分认识代理商标注册的重要性

商标注册申请是商标法律服务中的重要组成部分和关键环节,代理客户进行商标注册申请是律师开展商标法律服务的基础,绝不能因注册申请的代理费偏低而放弃这方面的业务。据统计,目前我国每年商标申请量大幅增加,2015年商标注册申请量达287.6万件,同比增长25.8%,可见商标注册代理业务的前景十分广阔。律师应充分认识商标注册申请业务的重要性,注重引导企业牢固树立品牌意识,协助企业更好地做好商标注册工作,为开展商标注册申请后的异议、评审乃至授权确权诉讼业务打下坚实的基础。

(2) 注重发挥律师代理商标诉讼职能

当前,我国已经基本形成了商标保护的一整套法律法规体系,保护商标权的渠道更加畅通完善,司法保护知识产权的主导作用日益发挥。律师基于综合的法律服务能力和丰富的实践经验,能够通过行政、民事、刑事等方式全方位、立体式保护企业品牌。现行《商标法》对商标的民事保护提出了更高的要求,如商标权人有义务证明注册商标的知名度,有义务证明被告的使用行为易使消费者混淆误认;被告也增加了先用权抗辩、不易造成消费者混淆误认抗辩。总之,企业通过诉讼方式维护品牌不再是一项简单的工作而是一项系统工程,律师具备做好这项工作的专业优势,

可以为企业维护商标权益提供支持,为打击侵犯知识产权工作贡献力量。2015 年 3 月 25 日,国务院办公厅发出《关于印发 2015 年全国打击侵犯知识产权和制售假冒伪劣商品工作要点的通知》,4 月 9 日,国家工商总局印发《2015 年全国工商系统打击侵犯知识产权和制售假冒伪劣商品工作要点》,在 2015 年的"双打"专项行动中,律师在配合工商部门回应企业关切、紧扣群众诉求等方面均发挥了很大的作用。仅 2015 年上半年,全国工商系统就立案查处侵犯知识产权和制售假冒伪劣商品案件 23 900 万件,其中商标侵权案件 10 873 件,办结 9 914 件,涉案金额 1.5 亿元,律师在其中发挥了重要作用。

(3) 注重发挥律师商标专项法律顾问职能

当前,我国正在大力推进企业商标战略的实施,如何在取得商标注册的同时,综合运用、管理和保护好商标,切实发挥商标战略的运用能力和综合效能,提高企业效益,增强企业竞争力,是企业的迫切需求。律师应充分发挥企业法律顾问、商标专项法律顾问的职能作用,引导广大企业积极培育、使用、发展自主商标,全面提升企业创立自主商标品牌的意识。进一步提高企业自我管理和商标保护水平,指导企业制定商标纠纷应对机制和预警制度。引导企业将商标品牌纳入无形资产管理,促进商标品牌管理的制度化。帮助企业建立品牌管理制度,加强商标品牌的运营和管理,建立商标价值评估、商标信息检索、商标市场调查、商标对外合作等管理制度,提高自我维权、防范风险和应对商标纠纷的能力。指导有一定规模的企业建立以主商标为核心、防御商标和联合商标为保护性商标的商标防御系统。综合运用行政和司法、诉讼和非诉讼等多种手段为企业提供主动性、全程化、全方位、高品质的商标代理法律服务,满足企业需求。

3. 充分利用互联网资源,开展"互联网+商标法律服务"

"互联网+"是互联网发展的新业态,是互联网形态演进及其催生的经济社会发展新形态。2015 年 3 月 5 日,李克强总理在十二届全国人大三次会议上的《政府工作报告》中首次提出"互联网+"行动计划。"互联网+"的提法是一个前所未有的高度,其出现在总理政府工作报告中也是第一次。2015 年 7 月 4 日,国务院印发《关于积极推进"互联网+"行动的指导意见》,这是推动互联网由消费领域向生产领域拓展,加速提升产业发展水平,增强各行业创新能力,构筑经济社会发展新优势和新动能的重要举措。在各种法律服务中,商标业务因标准化程度高走在了"互联网+法律服务"的前列,目前很多知识产权代理公司已经利用互联网来开拓商标业务。律师行业同样可以利用而且必须利用互联网拓展商标业务,只有这样才能在商标法律服务市场形成有效持久的竞争力。

4. 加快培养一批具有国际性视野的涉外商标法律服务人才

2015 年 10 月,12 个谈判国在美国达成《跨太平洋伙伴关系协定》(TPP)基本协议,同意进行自由贸易,并在投资及知识产权等广泛领域统一规范,规模占全球四成的巨大经济圈应运而生。知识产权相关制度是 TPP 最重要的内容之一,其设有专门的知识产权一章,TPP 知识产权内容代表了当今世界知识产权保护发展的最新方向,昭示了知识产权国际保护将更加得到加强。在 TPP 官方概要中,共有 30 个章节,在第 18 章专门论述知识产权部分的内容,包括:一般条款、商标和地理标志、互联网域名、版权及相关权、专利、知识产权执法义务的一般条款、知识产权执法实践、民事和行政程序及其救济、临时措施、关于边境执法的特殊要求、刑事执法、关于数字环境下执法的特殊措施等,每个部分(条)的内容均比较详尽。

我们应该充分认识到,知识产权问题与双边贸易或多边贸易紧密结合已经成为一种不可逆转的世界潮流。培养一批具有国际性视野的涉外商标法律人才、牢牢把握知识产权保护的最新国际趋势是我们掌握主动、避免被动的应然之举。司法部副部长、中华全国律师协会党组书记赵大程在"全国律师协会涉外律师'领军人才'规划启动仪式"上强调:"当前我国律师人才队伍的发展水平还不能满足我国经济社会的快速高效发展,我国律师在国际事务、全球经济一体化和国际法律服务市场的影响力和参与度与我国对外开放总体目标和经济发展总体水平不相适应。"在日益激烈的国际竞争中,品牌日益成为企业和国家发展的战略性资源和国际竞争力的核心要素之一,目前中国经济虽然在世界经济总量中排名第二,但其所拥有的驰名品牌仅占世界驰名品牌的4%,这与中国经济大国的地位很不相符。使中国企业更好地"走出去",创造世界驰名品牌是当前中国商标律师义不容辞的责任,知识产权律师应站在国家利益的角度,做好内功,积极适应知识产权业务的国际化趋势,协助我国企业建立健全知识产权制度,帮助企业打造一批在国际上具有竞争力的品牌,提升我国企业在国际上的竞争力。

二、商标法律服务的发展和创新

2015 年,为了拥抱第三次产业革命——互联网革命带给传统产业的挑战,实现各行业的战略调整和创新发展,我国将"互联网+"上升为国家战略,推出"大众创业、万众创新"的国家政策,同时陆续出台了各种配套法律文件以大力促进上述战略和政策的实施。不仅仅是 2015 年,其实在此前几年市场已经感受到这样的历史大趋势,各行各业涌现出大量和"互联网+"、创新发展有关的新兴企业,作为传统法律服务行业的商标法律服务领域也不例外,同样产生了诸如知果果、绿狗、快法务、权大师、中细软、华唯、尚标、猪八戒、超凡、集慧智佳、新净信、安盾、路标、品宝云、来注标、知标网等大量和"互联网+"相关的创新型企业,其中 2015 年最重要最具代表性的关键词包括:知果果、猪八戒、超凡、新净信,以及律师行业对商标法律服务领域创新发展的思考。

(一) 知果果

将知果果列在商标法律服务创新发展关键词的第一位,理由是它在全国率先扛起了商标注册免费代理的互联网营销大旗,引发了强烈的行业反应。

知果果网成立于2014年3月,主要为用户提供免费的商标注册以及有关知识产权服务。同年6月,知果果获得百万美元天使投资,2015年4月在不到一年的时间里又获得了370万美元A轮融资,使知果果成为法律电商界获得融资最快的公司,这轮融资使知果果的估值达到1亿元人民币。2015年5月新闻联播报道了李克强总理考察中关村创业大街时和知果果创始人交谈的新闻,使知果果的知名度迅速攀升。

基于互联网流量至上的思维方式,知果果在业内首先推出了免代理费的营销模式,即商标申请人仅需要支付官方费用,无须支付代理人的服务费即可完成注册申请。这种典型的互联网思维期望通过免费营销获取的客户和基础案件资源,转变为后续的知识产权复审、维权等服务并以此来盈利。这种模式一经推出便产生剧烈的市场反应,一方面引来了叫好声和跟随者,另一方面也引来了不少同行的质疑声。跟随者如中国早期的综合法律电商绿狗、快法务,甚至现在转型做代理人平台的权大师也曾跟风一段时间。质疑的理由主要包括:① 便宜没好货,质量没保障;② 从维护市场秩序的角度看,不少人认为这种模式构成了不正当竞争;③ 更有质疑者认为,因服务质量不高可能带来的高驳回率所引起的驳回复审收费正是这类网站希望通过后续案件盈利的一种表现方式。

无论如何,这种免费营销的模式确实为知果果带来了不少申请量,根据知果果发布的新闻稿,在商标局降低商标注册官费当天,其商标注册订单量达到了1 854件,相当于安徽省前二十名商标代理机构年平均申请量的两倍。另据媒体统计,2015年前9个月知果果申请量已接近3.5万件,位列亚军,将老牌劲旅超凡挤到了第三位,虽然这个量与其年底达到10万件订单量的预期还有不少差距,但这一发展速度已经足以使整个行业深思。

最终这种模式是否能够因为注册申请代理免费而获得用户长久的青睐,从而实现其所期望的通过后续案件盈利的目的,整个行业都在拭目以待。

(二) 猪八戒

将猪八戒作为2015年本行业的另一关键词,理由是这个一年以前商标业内人士可能根本不曾听说的创意服务众包平台,自从2015年1月上线商标注册网站猪标局网,到9月份申请量已经达到了近3万件,成为行业内黑马中的黑马。

猪八戒网成立于2006年,它用了9年时间在创意服务众包的道路上不断创新和蜕变,从最早20%的交易佣金,到后来根据会员等级采用不同佣金的标准,再到最终的佣金免除,猪八戒网放弃了每年6 000余万元的交易佣金,彻底将实惠留给雇主与服务商,同样用互联网的免费思维奠定了其服务规模扩张的坚实客流基础。猪八戒网凭借其平台积累的 500 多万家中小微企业,3 000 多万件原创作品数据库,自 2015 年 1 月上线猪标局网后,到 9 月份申请量已达到近 3 万件,位列第四,仅次于原行业申请量老大超凡。

2015 年 6 月,猪八戒宣布获得总计 26 亿元人民币 C 轮融资,最新估值超 110 亿元人民币,除了商标注册领域,猪八戒网向更多细分领域演进,开始布局八戒金融、八戒工程、八戒印刷、八戒代账等细分领域。2015 年 12 月,猪八戒宣布以 4 000 万元人民币战略投资知识产权社区思博网,将旗下的专利电商平台快智慧与猪八戒网原有的"猪标局"整合升级为"八戒知识产权",此举将进一步强化猪八戒网在知识产权服务领域的市场领导地位。

猪八戒网虽然开始并没有直接涉猎商标法律服务行业,但通过其主业前期积累的客户流量向与之密切相关的商标注册领域发展,迅速弥补了没有实现盈利的主业。这个看似歪打正着的发展逻辑其实和知果果的发展思路在本质上有共通之处,即通过特定项目的免费服务积累客户流量,通过其他业务实现盈利。除了猪八戒网,商标服务机构中细软的发展道路和猪八戒也有异曲同工之处:中细软通过商标买卖业务积累了大量的客户流量,并将购买商标需求没有得到满足的大量客户向商标注册方向引导,这就促使中细软成为当前中国申请量最大的商标服务机构,2015 年前 9 个月申请量已经接近 6 万件,之所以没有将中细软作为 2015 年的行业关键词,是因为中细软这些年稳步发展使其申请量达到目前的水平成为必然。

(三)超凡

将超凡作为 2015 年商标法律服务领域发展创新的关键词并不是因为这个行业老牌劲旅的申请量有多少——如果从量上看,它已经被新兴的互联网商标机构围追堵截,前有中细软、知果果,后有猪八戒紧随其后——将其列为关键词的理由在于它成为中国历史上第一个在新三板市场挂牌的"上市"企业。

超凡于 2002 年在成都成立,通过前期地面市场推广和竞价排名等营销方式,其商标申请量稳步增长,2003 年做到四川第一,2008 年抓住网络营销的机遇,使其得到比较快速的发展,营业额从 2008 年的不足 1 000 万元到 2014 年的 1.55 亿元,差不多每年都在以 50% 以上的速度增长,并在 2013 年首次超过地推老将集佳,实现了申请量全国第一。但由于以竞价排名为主的网络推广方式成本不断提升,使得超凡自 2013 年开始考虑市场转型,打算用 3 年的时间转变为一个互联网企业。但由于服务领域的互联网化和标准化难度远比想象的要大,超凡在此过程中开始考虑借助资本的力量实现转型。2015 年 8 月 13 日,超凡知识产权服务股份有限公司在全国中小企业股份转让系统成功挂牌,成为在新三板市场上市的第一家知识产权服务机构,超凡现在的愿景也从单纯向互联网化转型转变为:专业化加市场化加业务互联网化,即通过知识产权确权代理作为入口向前延伸到技术研发向后延伸到数据服务和专利技术运营,三位一体一起形成产业的闭环。

希望通过资本化运作实现转型的不仅仅是超凡一家,2011年成立的大陆第一家股份制知识产权代理机构北京山天大蓄知识产权代理股份有限公司也是其中一家:2013年12月28日山天大蓄在北京股权交易中心(即"四板市场")正式挂牌,是第一家在四板市场上市的知识产权服务机构。

(四)新诤信

将新诤信列为2015年商标法律服务领域创新发展的最后一个关键词,其理由在于:不同于上述以商标申请和确权作为入口的知识产权服务机构,作为在商标保护维权这个确权后市场处于龙头地位的新诤信,在"互联网+"和万众创新的大环境下,这一年同样也带给行业极具影响力的新闻。

2015年6月,证监会披露了上海新诤信知识产权服务股份有限公司首次公开发行股票并在创业板上市的招股说明书。如果新诤信通过证监会审批,并在创业板上市,它将是中国第一家在创业板上市的知识产权服务机构。由于受制于经营范围,新诤信在招股说明书中未能披露完整、真实的信息,从而使其上市进程可能受到影响,但不能否认此事件在整个知识产权法律服务领域,尤其是后续保护维权领域带来的划时代意义。

虽然由于客观原因导致新诤信上市进程可能受阻,但其在2014年近亿元的融资并未影响其向"互联网+"的方向大步迈进。与前面几家知识产权服务机构以商标申请和确权作为向"互联网+"转型的入口不同,新诤信基于自身优势,从打击网络假冒伪劣产品出发,开创了以侵权大数据监测采集平台IPRSEE为依托,线上监测取证与线下执行相结合,涵盖了管理、维权、商用转化全链条的知识产权保护新业态。

除了新诤信,2015年12月刚刚上线的安盾网同样是以保护维权作为切入点,它们希望以互联网为依托,建立起全国律师和民众参与的全民打假平台,实现天下无假的美好愿景。

(五)律师行业的思考

首先需要思考的问题是:什么原因导致2015年大量资本涌入商标法律服务市场?这和当前国家"互联网+"战略以及万众创新的大环境当然密不可分,但根本上讲还是由商标法律服务市场的客观特征所决定的:

(1)商标法律产品的标准化程度。商标法律服务和实体商品相比,因需要更多的人工参与而使其互联网化更加复杂,但其标准化程度与其他法律服务相比却高得多,这是各大知识产权服务机构纷纷将互联网商标产品作为早期研发重点的重要原因。

（2）市场规模和增长趋势。产品适合互联网化是促使大量资本进入的重要原因之一，另一个重要原因是，巨大的市场规模和稳定的增长趋势。从规模上看，包括申请、咨询、非诉争议、诉讼及维权打假等业务在内的商标法律服务市场，直接市场规模（不含各类相关的上下游服务）就达上百亿元；从增长趋势上看，2009－2015 年商标注册申请量每年增幅都在 22％ 左右，不仅增速远高于 GDP，而且增幅稳定。

其次我们要思考的是，在互联网时代和巨大的市场机会向律师行业放开的双重利好前提下，律师行业如何应对才能扭转基础申请量不占优势的现状，从而实现超越并战胜传统代理公司以及利用互联网和社会资本实现基础申请量迅猛增长的新型代理公司的目标。

实践并探索这个问题的答案的过程必定充满艰难坎坷，但律师行业不能坐以待毙，必须立即行动起来，结合自身优势，寻找与互联网融合的突破口，同时摸索合适的资本化运作方式，抓住这个千载难逢的历史契机，实现律师行业商标法律服务的创新性和规模化发展。

如果律师行业错失互联网时代和行政壁垒放开这个千载难逢的双重历史机遇，将来再想寻找机会大规模开发商标基础案件将十分困难，而没有基础业务再想介入后续案件会难上加难。

三、商标业务领域热点法律问题研究及立法建议

（一）商品化权引热议

在 2015 年商标行政确权司法实践中，商品化权受到越来越广泛的关注，特别是北京市高级人民法院在（2015）高行（知）终字第 1969 号行政判决中就梦工厂动画影片公司与商标评审委员会、胡晓中关于第 6806482 号"KUNG FU PANDA"商标异议复审行政纠纷案所作的判决，明确将商品化权作为原《商标法》第 32 条前半段所规定的"在先权利"予以适用和保护。该判决作出后引发了理论界和实务界探讨的热潮。

商品化权作为一个法律概念从 20 世纪 80 年代就有国内知识产权学者对其进行研究。进入新世纪以来，伴随我国文化创意产业等相关市场的繁荣兴起，商品化权的保护逐渐从理论走向实践，保护案例从无到有，特别是在商标行政确权案件中也越来越得到法院、商标评审委员会等相关部门的认可。我们试图通过对商品化权相关问题及典型案件的分析，探讨该项权利保护的实践问题，以期推动相关立法及司法实践的发展。

1. 司法实践对商品化权的明确——功夫熊猫案

被异议商标即第 6806482 号"KUNG FU PANDA"商标由胡晓中于 2008 年 12 月 22 日申请注册,指定使用在第 12 类"方向盘罩"等商品上。梦工场动画影片公司(以下简称"梦工场公司")在法定期限内提出异议。

2013 年 11 月 11 日,商标评审委员会作出商评字〔2013〕第 105133 号《关于第 6806482 号"KUNG FU PANDA"商标异议复审裁定书》(以下简称"被诉裁定")。商标评审委员会在该裁定中认定:被异议商标指定使用的方向盘罩等商品与引证商标一、引证商标二各自核定使用的计算机外围设备、活动玩偶玩具等商品在功能、用途、销售渠道等方面具有较大差异,不属于同一种或类似商品,被异议商标与引证商标并存使用尚不会使消费者对商品来源产生混淆,未构成 2001 年 10 月 27 日修正的《中华人民共和国商标法》(以下简称 2001 年《商标法》)第 29 条所指的使用在同一种或类似商品上的近似商标。商品化权在我国并非法定权利或者法定权益类型,且梦工厂公司并未指出其请求保护的"商品化权"的权利内容和权利边界,亦不能意味着其对"KUNG FU PANDA"名称在商标领域享有绝对的、排他的权利空间。"KUNG FU PANDA"作为梦工厂公司美术作品的名称,其不属于《中华人民共和国著作权法》关于美术作品的保护范畴,故梦工场公司有关被异议商标的注册损害其在先著作权的理由不成立。

北京市第一中级人民法院认为,法定权利是指法律明确设定,并对其取得要件、保护内容等均作出相应明确规定的权利,法律未明确设定的权利均不被认定为法定权利。鉴于现有的法律中并未将所谓"商品化权"设定为一种法定权利,故其并不属于 2001 年《商标法》第 31 条中所规定的在先权利中的法定权利。此外,"商品化权"亦非法律所保护的民事权益,其权益内容和权益边界均不明确,亦难以认定梦工场公司对"KUNG FU PANDA"名称在商标领域享有绝对、排他的权利空间。因此,被异议商标的申请注册并未违反 2001 年《商标法》第 31 条的规定。

北京市高级人民法院认为,2001 年《商标法》第 31 条规定,申请商标注册不得损害他人现有的在先权利。该条款所指的"在先权利"不仅包括现行法律已有明确规定的在先法定权利,也包括根据《民法通则》和其他法律的规定应予保护的合法权益。

梦工场公司主张的其对"功夫熊猫 KUNG FU PANDA"影片名称享有的"商品化权"确非我国现行法律所明确规定的民事权利或法定民事权益类型,但当电影名称或电影人物形象及其名称因具有一定知名度而不再单纯局限于电影作品本身,与特定商品或服务的商业主体或商业行为相结合,电影相关公众将其对于电影作品的认知与情感投射于电影名称或电影人物名称之上,并对与其结合的商品或服务产生移情作用,使权利人据此获得电影发行以外的商业价值与交易机会时,则该电影名称或电影人物形象及其名称可构成适用 2001 年《商标法》第 31 条"在先权利"予以保护的在先"商品化权"。

如将上述知名电影名称或知名电影人物形象及其名称排斥在受法律保护的民事权益之外,允许其他经营者随意将他人知名电影作品名称、知名电影人物形象及其名称等作为自己商品或服务的标识注册为商标,借此快速占领市场,获取消费者认同,不仅助长其他经营者搭车抢注商标的行为,而且会损害正常的市场竞争秩序。这显然与《商标法》的立法目的相违背。因此,将知名电影作品名称、知名电影人物形象及其名称作为民事权益予以保护,将鼓励智慧成果的创作激情与财产投入,促进文化和科学事业的发展与繁荣,亦符合相关法律规定及知识产权司法保护的本意。

同时,根据梦工场公司提交的证据可以认定其是动画电影"功夫熊猫 KUNG FU PANDA"的出品单位,且在被异议商标申请日前该影片已经在中国大陆进行了广泛的宣传,并已公映,"功夫熊猫 KUNG FU PANDA"作为梦工场公司知名影片及其中人物形象的名称已为相关公众所了解,具有较高知名度。而且,该知名度的取得是梦工场公司创造性劳动的结晶,其所带来的商业价值和商业机会也是梦工场公司投入大量劳动和资本所获得。因此,"功夫熊猫 KUNG FU PANDA"作为在先知名的电影名称及其中的人物形象名称应当作为在先"商品化权"得到保护。

2. 商品化权概念及适用《商标法》对其保护的必要

商品化权,又称形象权,是指将形象(包括真人的形象、虚构的人及动物形象)付诸商业性使用的权利。商品化权保护的形象包括指向真实人物形象和虚构角色形象的各种形象元素,包括人物肖像、姓名、作品、具有人格属性的物品等。商品化权发端于美国1953年的"海兰"案,在"海兰"案中,弗兰克法官明确提出了"形象权"超越传统的隐私权,把它定义为一种财产权,这是一个里程碑式的判决。之后相关司法实践逐渐将形象权从隐私权中脱离出来,因其具有的特有的商业价值而将其作为财产权进行保护,从而演变成一种新型的知识产权。这种认识逐渐被澳大利亚、加拿大、日本等国法院以判例形式所承认,但是英国、德国等国并不承认商品化权,我国在立法上也并未引入商品化权。

在学术界,对商品化权的称谓也各不相同,有的学者称之为"形象权",有的学者称之为"姓名肖像广告权",还有的学者称之为"公开权"。对于可商品化的形象的界定也是多种多样,有人以形象的对象(载体)的范围分为两类:一类是大商品化权,指将具有知名度,能产生大众需求的真人肖像、姓名、虚构角色、名称、标题、语言等特征性标记用于商业性或营利性使用的权利;另一类是小商品化权,仅指将作品中的名称或角色形象用于商业性使用的权利。现实中对于商品化权的具体内容目前没有统一认识,一般认为可以是虚拟角色形象、肖像、具有人格属性的物品等,如影视作品名称、影视作品人物形象、影视作品人物名称、歌曲名称、乐队名称、真人肖像等。

笔者认为,商品化权的实质是基于独创性劳动和智力成果而产生的新型知识产权,这一点是商品化权和商标权、著作权、专利权等知识产权客体具有的共性,是伴随着社会文化相关产业的兴起而产生的一项新的权利。但不是所有的知识产权对象都能产生商品化权,它必须是需要经过权利者的广泛使用和宣传,具有相当高的社会知名度和影响力,大众对其产生特定的情感投射,将其与特定商品相结合能够提高交易机会,具有商业价值,从而具有商品化的潜能。由此可见,商品化权是新型知识产权,它应归属于知识产权的权利谱系。

由于实践中确实已出现适用其他知识产权法律对商品化权无法保护的现实困境,由于商标在商业经营活动中承担区分产源、提高商业交易机会的巨大价值,社会上将他人知名电影名称或角色名称抢注为商标的事情屡屡发生,如功夫熊猫、还珠格格、007、哈利波特等均被非作品相关权利人申请注册成为商标,从而产生了适用《商标法》对其进行保护的现实需要。基于法律本身固有的滞后性,相对稳定的立法与多变的社会现实之间永远存在矛盾之处。具体到商标法律领域,对社会上大量涌现的将他人在先电影名称、角色名称注册为商标的行为,现有商标法律框架对其进行保护总是在适用要件等方面有些牵强。为了实现对相关在先权利的保护,打击社会上将他人具有较高知名度的作品(角色)形象或名称抢注为商标的不当行为,倡导诚实信用原则,笔者认为有必要在现有商标法律制度下明确对在先商品化权的保护。

商品化权保护的本质是禁止不当利用他人在先知名度和影响力,从而实现对知识产权的保护,维护公平竞争的社会市场秩序。由于商品化权在我国并非一项法定的民事权利或权益,对于商品化权是否应当作为一种权利予以保护在理论和实践中均有争议。但是当前实践中仅仅依靠其他法律对商品化权进行保护确实存在一定局限性,不利于打击社会上"搭便车"的不良风气。商品化权的确立能促进中国商品生产和流通,刺激消费,拉动社会需求,同时,对商品化权进行保护能够实现对智慧劳动所创造的财富的保护,有利于促进社会创新机制、构建和谐的财产关系。建立对商品化权的保护可以倡导诚实信用的社会道德,实现包括《商标法》在内的所有法律所追求的公平原则。

3. 目前《商标法》司法实践中对商品化权的保护的实践探索

(1) 适用《商标法》第32条前半段的著作权条款

当侵权人利用了权利人拥有权利的形象(通常为虚拟角色形象)注册商标,但为了规避法律又常与权利人已注册为商标的形象有显著不同。在这类案件中,法院认为受到侵害的商品化权可以通过商标权得到救济,代表案例是温州蓝猫鞋业有限责任公司诉杭州联华华商集团有限公司等商标侵权纠纷一案。

案情简介:湖南三辰影库卡通节目发展有限责任公司是《蓝猫淘气3000问》系列片的著作权人,《蓝猫淘气3000问》在电视台播出后,蓝猫形象获得了很高的知名度。湖南三辰影库卡通节目发展有限责任公司于是将蓝猫形象在书包类商品上注册为商标,后转让给本案的原告。原告后来发现被告生产、销售的书包上也有蓝猫形象,于是诉至法院。一审法院判令被告停止侵权并赔偿人民币5万元。被告不服上诉,二审法院维持原判。

本案中,原告和被告的蓝猫商标是否构成相似成为本案的焦点问题。一、二审法院都指出,双方的商标就图形本身而言并不构成相似,但是由于双方的蓝猫图形均源自《蓝猫淘气3000问》中的蓝猫形象,因此会给熟悉蓝猫形象的消费者造成混淆,因此双方的商标构成实质相似。必须指出,本案的两审法院所作出的判定具有很大的创新魄力。事实上,严格按照当时的(2013年《商标法》修订前)商标侵权的混淆判定标准,认定本案两个视觉上并不相似的商标构成混淆是存在很大争议的。本案被告侵犯的其实是原告商标上所承载的蓝猫商品化权。两审法院均通过与蓝猫形象的一致性架起了两个本来不相似的商标构成混淆的桥梁,通过形象认定被告侵犯原告的商标,最后用商标法保护了原告的商品化权。

(2) 适用《商标法》的第10条第1款第(八)项的不良影响

通常主张该条的理由是认为,擅自将电影名称、人物形象名称等注册为商标,违背了诚实信用原则,扰乱商标注册秩序。现实中支持不良影响条款的案件较少,原因在于,当前对《商标法》第10条第1款第(八)项的解释仍然是最为狭义的解释,不良影响仅限于商标标志本身对公共利益的损害,而对于抢注电影名称导致的私权利受损,则不属于该条调整的范围。

在实践中,有些商标申请人违反诚实信用原则,将他人具有较高知名度的图书名称,公众熟知的电影、电视节目、歌曲名称及角色名称等大量抢先作为商标申请注册,试图不正当利用他人在先影响力,从而获取非法利益。此类注册行为是否构成《商标法》第10条第1款第(八)项规定,在实践中具有较大争议。一般只有在商标注册人抢注大量商标的情况下才适用,如"哈利波特"商标案。被异议商标:第3046038号Harry Potter商标由自然人姚某申请注册为商标,华纳兄弟娱乐公司对其提出异议。异议人主张 *Harry Potter*《哈利·波特》系列小说由英国作家J. K. 罗琳女士创作,依法享有著作权。2000年9月,*Harry Potter*《哈利·波特》系列小说中文版在中国正式出版发行,取得较好的销售成绩。2001年以来,申请人获得 *Harry Potter*《哈利·波特》系列小说作者J. K. 罗琳女士授权,在全球推出 *Harry Potter*《哈利·波特》系列电影,取得了极好的票房成绩。《环球时报》《北京晚报》《京华时报》等媒体也对《哈利·波特》系列小说及电影进行了广泛宣传报道。*Harry Potter*《哈利·波特》系列小说及电影在全球已经具有极高知名度。

在该案异议复审及后续行政诉讼中,商标评审委员会和法院均认为,根据相关证据,在被异议商标申请日前,Harry Potter《哈利·波特》系列图书已在中国公开发行,并取得较好的销售业绩。Harry Potter、哈利·波特等图书及人物形象在公众中已具有广泛的影响力和较高的知名度。姚某在明知或应知 Harry Potter、哈利波特为他人所创作,并具有较强独创性和显著性的知名图书及人物名称的情况下,将其作为商标申请注册,明显具有不正当地借用他人知名作品声誉的故意,其行为违背了诚实信用的社会主义公共道德准则,不仅损害了申请人的合法权益,而且破坏了社会公序良俗,且易使消费者对被异议商标使用商品的出处产生误认,从而产生不良社会影响。故被异议商标的申请注册构成《商标法》第10条第1款第(八)项规定的情形。

本案中,申请人主张权益的客体 Harry Potter、哈利·波特无法构成现行《商标法》明确规定予以保护的各种权利。申请人既未就 Harry Potter、哈利·波特有在先商标在类似商品或关联程度较高的商品上获准注册,又无法主张除商标权以外的诸如著作权、商号权等其他法定权利。然而,申请人提交的在案证据足以证明 Harry Potter、哈利·波特经过广泛、大量的宣传使用,已成为公知公认的角色名称和图书名称,具有广泛的影响力和较高的知名度,且此种影响力的产生与被申请人无关。在该情形下,被申请人申请注册被异议商标,明显是出于不正当利用他人在先合法权益客体的既定影响力以谋取不正当利益的主观故意,对此类行为如不予制止,显然有悖《商标法》的立法本意。

(3)认为注册商标属于以不正当手段注册商标

从近年来的判决看,主张该条款尚无获得司法认可的先例。其原因也相对比较简单,因为《商标法》第44条第(一)项是规制商标注册程序的条款,对所谓"欺骗或不正当手段"的理解,仅仅局限于商标注册程序中出现的欺骗与不正当手段,其中涉及的利益也一般认为是对公共利益或者注册秩序的侵害。而对于将电影名称申请为商标是否侵害第三人利益,不在该条调整范围之内。例如在前已述及的"功夫熊猫 KUNG FU PANDA"一案中,异议人梦工场公司也主张被异议商标构成2001年《商标法》第41条第1款即现行《商标法》第44条第1款所指的情形。但是二审法院也同样认为,该条款中的"其他不正当手段"仅适用于损害公共利益和公共秩序等事由。本案中,胡晓中申请注册被异议商标的行为虽具有一定的主观恶意,但不构成上述规定中的"其他不正当手段"。

(4)将商品化权作为法定在先权利

在先权利是商标行政纠纷中普遍主张的一个条款,在之前相关影视作品名称商标权案件中并未得到支持。但是在前述"KUNG FU PANDA"商标案中,二审法院认为,"商品化权"确非我国现行法律所明确规定的民事权利或法定民事权益类型,但当电影名称或电影人物形象及其名称因具有一定知名度而不再单纯局限于电影作品本身，与特定商品或服务的商业主体或商业行为相结合，电影相关公众将其对于电影作品的认知与情感投射于电影名称或电影人物名称之上，并对与其结合的商品或服务产生移情作用，使权利人据此获得电影发行以外的商业价值与交易机会时，则该电影名称或电影人物形象及其名称可构成适用2001年《商标法》第31条"在先权利"予以保护的在先"商品化权"。

鉴于商品化权权利本身具有私有财产权的特点，笔者认为应当明确将商品化权作为法定在先权利进行保护，此种方式也是现行《商标法》律中最为适宜的条款。

4. 在现行商标法律框架下适用《商标法》第32条保护商品化权的适用条件

如果将商品化权确定为现行《商标法》第32条所规定的"在先权利"，按照现有的商标法律框架，存在"于法无据"的尴尬。虽然司法部门在实践中突破现有法律，对在先商品化权予以保护。如在"邦德007BOND"商标案件中，二审法院认为"邦德"作为在先知名电影人物角色名称应当作为在先权利得到保护。在"披头士"商标案中，法院认为"BEATLES"作为知名乐队名称应享有商品化权。但是作为一项非法定的权利，在具体适用时仍应考量具体案情谨慎适用。前述北京市高级人民法院在功夫熊猫案中已指出，虽然"功夫熊猫 KUNG FU PANDA"作为梦工场公司知名电影名称及知名电影人物形象名称的商品化权应受到保护，但其保护范围仍需明确。在判断他人申请注册与该商品化权所指向的名称相同或近似的商标是否侵害该商品化权益时，需要综合考虑如下因素：一是知名度高低和影响力强弱。知名电影名称及知名电影人物形象名称的商品化权范围，与其知名度及影响力相关。该商品化权的保护范围与知名度、影响力成正比，知名度越高、影响力越强，保护范围越宽，且随着知名度增高、影响力增强，该商品化权的保护范围亦随之扩大，反之亦然。二是混淆误认的可能性。商标的主要功能在于标识商品或服务的来源，尽可能消除商业标志混淆误认的可能性。在目前的商业环境下，电影作品衍生品已涵盖了多类商品，但商品化权的保护范围并不当然及于全部商品和服务类别，仍应根据诉争商标指定使用的商品或服务与电影衍生商品或服务是否密切相关，是否彼此交叉或者存在交叉可能，容易使诉争商标的权利人利用电影的知名度及影响力获取商业信誉及交易机会，从而挤占了知名电影权利人基于该电影名称及其人物形象名称而享有的市场优势地位和交易机会等因素综合判断。

由以上可知，由于商标最基本的功能在于区别不同商品或者服务来源，所以判断一个商标是否侵犯他人在先的商品化权的标准是是否会导致相关公众的混淆误认，且该标准应当作为适用商品化权的根本前提和原则。但是由于商品化权目前并非我国法定的在先权利，所以在适用时应当谨慎适用。实践中在考量混淆误认可能

性的时候,还应当具体考虑以下因素:

(1)商标注册人是否具有不当利用在先商品化权利的知名度,提高交易机会的恶意。商品化权产生的前提是他人在先的电影作品名称、角色形象等经过大量宣传和使用已具有很高的知名度。相关公众基于对该名称或形象产生的情感投射对与其结合的商品产生喜爱,从而提高了该商品的商业交易机会。对商品化权保护的实质就是保护公平竞争的市场秩序,倡导诚实信用原则,防止他人搭便车的情形发生。基于以上原因,构成侵犯他人在先商品化权的行为应当是违反了公平竞争和诚实信用原则,主观上应当是有利用他人在先知名度和影响力的意图,上述原因决定了适用商品化权法律条款的前提是商标注册人具有主观恶意。反之,当商标注册人是善意的,主观上并没有攀附他人权利的恶意时,不应当认定为侵犯他人在先商品化权。

(2)使用商品是否与在先商品化权具有较强关联性。使用系争商标的商品是否属于商品化权保护的范围,应当考虑系争商标所指定使用的商品与商品化权保护客体的关联性。商品化权的客体具有独特性,由于其多为影视作品名称及角色形象,消费者基于对受保护的形象的喜爱才产生购买行为。基于商品化权的以上特点,笔者认为商品化权的保护商品(服务)类别应当为适于商品化的相关产品,主要为大众生活日常用品,如玩具、工艺品、食品、游戏、服饰、各种装饰品等。司法实践中也印证了这一点,如"功夫熊猫"案中涉及的方向盘罩商品,"蓝猫"案涉及的书包商品等,均为大众日常消费品。

(3)合理划分权利保护范围,考虑社会公众利益和已形成的市场秩序,防止商品化权的泛化。利益均衡原则是任何一项法律制度都会考虑的原则,当商品化权与公共利益有一定冲突的时候,对商品化权过度保护则存在危害。在先商品化权并非法定权利的情况下,应当合理划分权利边界,在保护在先权利的同时注重公共利益的保护和社会稳定秩序的维护。例如一些经典作品角色名称和形象已为相关公众所熟知且已具有公共资源属性,从有利于社会公共利益的发展角度看,则应当适度允许他人对在先商品化权的合理使用。另外由于商品化权所保护的形象和著作权具有某些类似之处,具体实践中还可以参考著作权保护的相关期限规定,对在先商品化权规定一个合理的保护期限,以达到私权利和公共利益的均衡。

5. 相关立法建议

建议最高人民法院或相关知识产权审判法院以司法解释或案例指导的形式,明确商品化权是《商标法》第32条所规定的在先权利(益),同时明确商品化权的保护范围和适用前提,满足对商品化权进行保护的现实需要。

(二)最高人民法院就定牌加工问题定性

定牌加工,又称贴牌加工,国际上一般被称之为OEM,是指在来料加工或来样加工业务中,由委托方提供商标,加工企业或进口企业将其使用在加工的商品上,然后全部返销至境外委托方的一种经营方式。从本质上来讲,定牌加工是一种"代工生产"的方式,委托方不直接生产产品,而是利用自己掌握的关键核心技术,负责设计和开发新产品,控制销售渠道,具体的加工任务交给受托方去做。

关于定牌加工是否构成商标侵权,之前我国司法理论及实务界一直存在不同观点,导致有的法院认为构成侵权,有的法院认为不构成侵权。近日,最高人民法院就PRETUL涉外定牌加工(OEM)商标侵权再审一案作出(2014)民提字第38号民事判决书,认定再审申请人(一审被告)浦江亚环锁业有限公司(以下简称"亚环公司")根据墨西哥储伯公司的委托,在其生产的挂锁上使用"PRETUL"相关标识的行为,不属于商标法意义上的商标使用,不构成对被申请人(一审原告)莱斯防盗产品国际有限公司(以下简称"莱斯公司")"PRETUL及椭圆图形"商标权的侵犯,判决撤销浙江省高级人民法院(2012)浙知终字第285号民事判决、浙江省宁波市中级人民法院(2011)浙甬知初字第56号民事判决,驳回莱斯公司的诉讼请求。上述判决作出后,可以看做是最高人民法院终于为定牌加工(OEM)商标侵权是否构成商标侵权确立了统一标准,即定牌加工行为是否构成商标法意义上的商标使用及是否会导致商品来源的混淆误认是判断是否构成商标侵权的关键。

最高人民法院再审判决认为,本案中,储伯公司系墨西哥"PRETUL"或"PRETUL及椭圆图形"注册商标权利人(第6类、第8类)。亚环公司受储伯公司委托,按照其要求生产挂锁,在挂锁上使用"PRETUL"相关标识并全部出口至墨西哥,该批挂锁并不在中国市场上销售,也就是该标识不会在我国领域内发挥商标的识别功能,不具有使我国的相关公众将贴附该标志的商品,与莱斯公司生产的商品的来源产生混淆和误认的可能性。商标作为区分商品或者服务来源的标识,其基本功能在于商标的识别性,亚环公司依据储伯公司的授权,上述使用相关"PRETUL"标志的行为,在中国境内仅属物理贴附行为,为储伯公司在其享有商标专用权的墨西哥使用其商标提供了必要的技术性条件,在中国境内并不具有识别商品来源的功能。因此,亚环公司在委托加工产品上贴附的标志,既不具有区分所加工商品来源的意义,也不能实现识别该商品来源的功能,故其所贴附的标志不具有商标的属性,在产品上贴附标志的行为亦不能被认定为商标法意义上的使用行为。

商标法保护商标的基本功能,是保护其识别性。判断在相同商品上使用相同的商标,或者判断在相同商品上使用近似的商标,或者判断在类似商品上使用相同或者近似的商标是否容易导致混淆,要以商标发挥或者可能发挥识别功能为前提。也就是说,是否破坏商标的识别功能,是判断是否构成侵害商标权的基础。在商标并不能发挥识别作用,并非商标法意义上的商标使用的情况下,判断是否在相同商品上使用相同的商标,或者判断在相同商品上使用近似的商标,或者判断在类似商品上使用相同或者近似的商标是否容易导致混淆,都不具有实际意义。本案中,一、二审法院以是否相同或者近似作为判断是否构成侵犯商标权的要件,忽略了本案诉争行为是否构成商标法意义上的商标使用之前提,适用法律错误,本院予以纠正。

此次最高人民法院对"PRETUL"挂锁案的再审判决,相当于正本清源,从商标的基本功能和商标性使用角度,明确了商标侵权判断的本质。从这点看,该判决的认定与一直以来商标侵权的构成要件是一致的,即商标侵权的构成应以导致相关公众混淆为根本前提。此次最高人民法院再审判决在对定牌加工行为准确定性的基础上,得出了其不构成商标侵权的结论是符合《商标法》的立法目的和商标侵权认定本质的。

此判决对定牌加工及商标侵权的认定的认识主要明确了以下两点内容:

1. 定牌加工中贴附相关标识的行为不属于"商标性使用"

商标必须使用于商品上并进入相关商品流通领域才属于商标性使用。贴附在商品上的商标进入市场和商业活动中,消费者才能依据该商标选购同类商品或服务,商标的识别功能才能发挥。在相关产品投入到商业流通环节前,商标标识仅仅是作为产品的附着物存在,不具备区别商品来源的作用,也就不能称之为商标。2013年修改后的《商标法》第48条对商标使用作出明确的界定,指明了商标使用的本质属性和目的,即是指在商业活动中用于识别商品来源的使用,是与商品流通相联系的使用。在涉外定牌加工中,加工方只是按照委托方的要求,对其加工的产品进行标识的贴附,此后该产品全部出口到境外,并不在中国境内市场销售。只有在产品出口到境外后,这些产品进入市场流通环节销售,此时商标的识别功能才体现出来,这时才构成商标法意义上的商标。由此可见,加工方贴附标识的行为不构成商标法意义上的商标性使用,所以,涉外定牌加工行为也就不构成商标侵权。

2. 定牌加工不会导致商品来源的混淆误认,不构成商标侵权

基于商标的基本功能是产源识别,《商标法》的立法目的是保护商标的识别性,因此在判断定牌加工行为是否构成侵权,不但要认定该行为是否属于商标性使用,更要考虑商标侵权行为的根本前提,即是否会导致产源混淆误认。

在定牌加工生产中,境内加工方仅仅提供代生产加工服务,并未将加工后的产品投入到市场流通环节,所以境内的消费者没有机会购买该产品,也就消除了该商品与商标权利人产品在境内市场上共存销售的可能,所以也不存在导致消费者对商品来源产生混淆误认的可能,进而不会损害国内注册商标权利人的利益和商标的识别功能。

综上,涉外定牌货物上的"标识"不能被视为商标;涉外定牌行为不构成商标法意义上的商标使用,定牌货物全部返回到境外的委托方,未进入中国市场,不会造成相关公众混淆,因此,涉外定牌加工行为不应当被认定为商标侵权行为。

四、商标业务领域重大法律事件及典型案例分析

2014年5月1日,修订后的《商标法》实施,新法的实施对我国商标法制度产生了深远的影响。随着相应配套法律、法规的颁布和完善,北京、上海和广州三地知识产权法院的设立,2015年商标业务领域深受社会各界关注,重大法律事件和经典案例频现。

(一)商标业务领域重大法律事件

1. 知识产权案例指导制度的启动

(1)案例指导制度概述

按照党的十八届四中全会《中共中央关于全面推进依法治国若干重大问题的决定》关于"加强和规范司法解释和案例指导,统一法律适用标准"的要求,为了加强和规范司法解释和案例指导,统一法律适用标准,2015年4月24日,最高人民法院知识产权案例指导研究(北京)基地在北京知识产权法院成立。案例指导制度是贯彻全面推进依法治国部署的重要举措,也是知识产权司法改革的一项制度创新。未来,凡具有先例指导意义的案例都将收编入库,知识产权法官审判同类案件将有经典案例可循。实行案例指导制度,在撰写判决时引用在先生效判决,可以促使法官在案件审理中进行主动检索、审慎对比、积极引证或引用生效裁判,从而规范法官自由裁量权,正面回应社会公众对法院判决"同案不同判"的质疑,增强司法的权威性和一致性。同时,通过探索和建立适应知识产权审判规律的在先示范案例制度,也可以发挥司法规范、指导、评价和引领社会价值的重要作用。

知识产权案例指导研究(北京)基地是最高人民法院知识产权司法保护研究中心下设的研究机构,受最高人民法院领导。基地设在北京知识产权法院,接受北京市高级人民法院工作指导,具体工作由北京知识产权法院负责实施。北京市三级法院的知识产权审判人员参与试点,科研院校、律师协会、研究机构及知识产权行政机关等单位及专业人士共同参与合作。基地实行主任委员会领导下的主任负责制。基地下设专家咨询委员会、综合管理部、专利研究部、著作权研究部、商标与竞争研究部及综合程序研究部。

根据最高人民法院知识产权案例指导研究(北京)基地建设规划草案,2016年基地将完成数据库开发建设及上线试运行工作;2017年初步建成知识产权案例指导机制和软硬件系统,使案例数据进一步丰富,案例查找、筛选、运用日趋完善;2018年至2019年,将在全国范围内推广实施知识产权案例指导制度,并与国际数据库对接合作。总而言之,未来三至五年内,基地将被建成全国知识产权案例指导理论研究中心、案例发现识别中心、信息智能汇集中心和全国综合服务中心。

(2) 律师应高度重视案例指导制度

最高人民法院及北京知识产权法院高度重视律师在案例指导基地建设中的作用,在2015年4月的基地成立大会和9月22日的指导制度运行机制研讨会上,与会领导和专家均提及应充分发挥律师协会和律师在案例指导制度中的重大作用。为积极配合、参与案例指导基地的相关工作,更好地建立知识产权法律职业共同体,中华全国律师协会知识产权委员会组织委员报名参加基地的专家委员会、撰写有关案例指导制度的论文等,推动案例指导工作朝制度化、规范化和常态化发展。在司法机关重视案例指导制度的同时,律师也应该积极学习案例指导制度的相关内容,在案件代理过程中切实做到有的放矢。

案例指导制度对案件审理方式进行了重大调整,需要引起知识产权律师的高度重视。首先,在立案环节,立案庭在进行立案登记时,会以书面形式告知原告可以就其诉讼主张提交先例,必要时可以指导提交或提供样式模板;其次,在送达应诉手续环节,合议庭会向当事人以书面形式告知其可以就其诉讼主张向合议庭提交先例并说明应予遵循先例的具体理由,并告知可以针对对方当事人提交的先例进行答辩和提交相反先例;再次,在质证环节,当事人在进行庭前质证时,除应针对各方当事人提交的证据进行举证质证外,还应就在案提交的先例,组织各方当事人围绕先例的遵循、推翻或不予遵循充分陈述意见;最后,在庭审环节,合议庭会在案件争议焦点的审理过程中,引导各方当事人针对在案提交的先例,并围绕先例的遵循、推翻或不予遵循充分陈述意见。除以上重大变化外,案例指导制度还对二审裁判结果的调整、域外先例的翻译、裁判文书的撰写等问题进行了明确的规定,等等。

案例指导制度为律师从事商标业务提供了更为广阔的平台,在带来机遇的同时,也伴随着挑战。案例指导制度赋予了律师在应诉中更多的权利和机会,在以往商标案件中,类似案件甚至都不具有参考作用,尤其是商标行政诉讼中,商标评审委员会会员多以"个案认定"为由,不考虑类似案件的裁判结果。案例指导制度的推行,代理律师有机会在庭审中对类似案件进行质证、发表意见,从而能获得与类似案件相对统一的裁判结果,对案件实体结果的判断产生明显影响。与此同时,案例指导制度的推行,对商标律师提出了更高的专业要求,要求更多的案例积累,有更为科学的案例检索方法,以及对业内经典案例的关注,对经典案例的裁判原理进行旁征博引、融会贯通。因此,案例指导制度对代理律师的专业化要求进一步提高,律师应高度重视。

2. 最高人民法院知识产权司法保护研究中心成立

随着互联网领域新课题不断出现,一方面给侵权行为提供了方便,使知识产权侵权形态多样化、隐蔽化、动态化,另一方面使侵权行为的认定、证据的取得、法律适用等面临新的难题。为了把握时代特点,深入研究互联网带来的知识产权司法保护等法律问题,2015年3月18日,最高人民法院知识产权司法保护研究中心在北京成立。

最高人民法院知识产权司法保护研究中心的成立,是最高人民法院贯彻落实党的十八大和十八届三中、四中全会精神以及全国"两会"精神,加强知识产权司法保护理论研究工作的一项重要举措,将促进知识产权司法保护理论与实践互动,对提升中国知识产权司法保护能力和国际形象具有重要意义。

周强院长强调,最高人民法院知识产权司法保护研究中心要从中国国情和人民法院工作实际出发,研究好创新驱动发展战略中的重大理论问题,以推动、保障经济社会发展和维护人民利益为目标,全面加强知识产权司法保护理论研究工作,着力提高知识产权司法保护水平,不断满足中国日益增长的知识产权司法保护需求;及时将理论研究成果转化为司法政策和司法解释,对具有普遍适用意义的成熟规则,及时向立法机关提出立法建议。

(二) 2015年商标经典案例分析

1. 乔丹案

从2012年开始,原NBA篮球明星迈克尔·乔丹与乔丹体育股份有限公司(以下简称乔丹体育)之间的商标系列纠纷一直备受社会各界关注,随着2015年6月北京市高级人民法院对迈克尔·乔丹与乔丹体育股份有限公司行政确权案件二审的审理终结,备受关注的"乔丹案"结果已明晰。

【基本案情】

2000年6月,经福建省泉州市工商行政管理局登记注册,乔丹体育开始使用"乔丹"作为该公司商号,进行相关商业活动,并先后申请注册了130余件"乔丹"相关商标。

在其后10余年的时间,乔丹体育先后在全国31个省、市、自治区设立了6 000余家品牌专卖店,通过长期使用与宣传,具有了一定知名度,且"乔丹"商标于2009年被认定为驰名商标。正在乔丹体育准备上市之际,与球星乔丹的一场旷日持久的纷争不期而遇。

2012年2月,迈克尔·乔丹在视频上突然高调宣布起诉乔丹体育,认为乔丹体育、上海百仞贸易有限公司未经许可使用其姓名"乔丹",侵犯了自己的姓名权,请求法院判令乔丹体育和上海百仞贸易有限公司停止侵权行为,并赔偿经济损失5亿元。

2012年10月,迈克尔·乔丹对乔丹体育获准注册的第3148047号"乔丹"商标、第3148050号"QIAODAN"商标及第3028870号图形商标等80件商标提起商标撤销争议申请。

2013年3月29日,乔丹体育也正式起诉迈克尔·乔丹,要求其停止侵害乔丹体育名誉权的行为,澄清事实,赔礼道歉,恢复乔丹体育名誉,并赔偿经济损失800万美元。该案由福建省泉州市中级人民法院受理。

2014年4月,商标评审委员会就迈克尔·乔丹发起的商标争议申请作出裁定,后者迈克尔·乔丹的争议申请未获支持,包括运动服饰在内的10余类共计78件"乔丹"系列商标获得维持注册。迈克尔·乔丹不服,随即提起行政诉讼。

2014年10月27日至30日,北京市第一中级人民法院连续4天对78件"乔丹"系列商标撤销争议行政诉讼进行了集中开庭审理,后作出一审判决,维持了商标评审委员会的裁定。迈克尔·乔丹不服一审判决,向北京市高级人民法院提起了上诉。

2015年6月,北京市高级人民法院对78件"乔丹"系列商标争议行政纠纷二审案件中的30余件案件作出了终审判决,认为"乔丹"并不唯一对应于"Jordan",且"Jordan"为美国人的普通姓氏而不是姓名,证据不足以证明"乔丹"确定性指向"MichaelJordan"和"迈克尔·乔丹",故迈克尔·乔丹主张争议商标损害其姓名权的依据不足,驳回了迈克尔·乔丹的上诉,维持了原判。这也意味着,在包括运动服饰在内的10余类商品上,乔丹体育注册的"乔丹"系列商标或将继续合法存续并使用。

【案例评析】

在乔丹系列案件中,迈克尔·乔丹与乔丹体育的商标行政确权纠纷是整个案件的核心之所在,即迈克尔·乔丹针对乔丹体育提起的商标争议申请能否成立。在迈克尔·乔丹提起的一系列商标争议中,其主要理由为乔丹体育是否侵害了迈克尔·乔丹的在先姓名权。由于"乔丹""Jordan"为美国普通姓氏,不能唯一对应原NBA篮球明星迈克尔·乔丹,因此一审判决、二审判决均认定争议商标并未损害迈克尔·乔丹的姓名权。二审判决作出后,有人为迈克尔·乔丹鸣不平,有人为本土品牌捏了一把汗。

本案涉及的不仅仅是姓名权问题,更贴切地说,应该是名人的形象权问题。形象权,又称商品化权,起源于隐私权,产生并发展于美国,主要是为姓名、肖像等人格要素的商业价值进行保护而设置。但是,在我国的民事法律中并没有"形象权"的概念,要完全解决名人姓名保护的问题,首先在立法上明确承认形象权(或称商品化权)才是根本之道,因为姓名权是无法阻止另外一个拥有相同姓名或名称的个人或企业申请商标注册。尽管在该判决作出后,有法院在判决中认定了形象化权,但由于立法的缺憾,在目前的司法实践中对"形象化权"的引入存在较大争议。

同时,迈克尔·乔丹维权失败与其10余年息于行使权利、任由乔丹体育发展为年销售额30多亿元的股份公司不无干系,本案为明星维权敲响了警钟,法律赋予的权利应及时行使,放水养鱼的态度不可取。对企业来说,在利益的驱使下,使用名人姓名能在短期内迅速提高知名度,因而有不少企业"傍"名人。这样做或许会给企业带来一时的利益,但是从长远来看,无疑是一颗定时炸弹,是企业长远发展的巨大隐患,开创自主品牌、诚实守信才是企业壮大的王道。

2. 滴滴打车案

"互联网+"是2015年全民关注的热点,"滴滴打车"以20亿美元的融资创下了中国移动互联网领域融资的新纪录,成为互联网领域的传奇。正在资本市场和业务市场风生水起的时候,"滴滴打车"所属公司北京小桔科技有限公司(以下简称"小桔公司")与广州市睿驰计算机科技有限公司(以下简称"睿驰公司")、杭州妙影微电子有限公司(以下简称"妙影公司")因为商标纠纷被推向了风口浪尖。

【基本案情】

2012年,睿驰公司分别在第38类信息传送、计算机辅助信息和图像传送等服务,第35类商业管理和组织咨询等服务上申请注册了第11122098号、第11282313号、第11122065号"嘀嘀"文字商标,先后被核准注册。

2012年5月21日,宁波市科技园区妙影电子邮箱公司在第9类计算机程序(可下载软件)、手提电话等商品上申请注册了第9243846号"嘀嘀"文字商标,核准注册后该商标转让给妙影公司。

小桔公司注册成立于2012年6月6日,从事"嘀嘀打车"服务,自2012年开始持续使用"嘀嘀打车及图"商标提供互联网打车服务。2014年5月"嘀嘀打车及图"商标中文字变更为"滴滴打车"。根据艾瑞咨询集团出具的《中国手机打车应用市场发展概况》记载,截至2013年8月,嘀嘀打车占54.7%份额,市场排名第一,月度覆盖人数和月度总使用次数均行业领先,服务全国16%的出租车,一线城市司机渗透率超30%,成为乘客和出租车司机首选,市场占有率排名第一。

2014年5月8日,妙影公司在杭州市中级人民法院起诉小桔公司,诉称小桔公司侵犯其第9类"嘀嘀"商标专用权,要求小桔公司停止使用、消除影响、赔偿商标侵权费用8 000万元。该案仍在审理中。

2014年6月23日,睿驰公司在北京市海淀区人民法院起诉小桔公司。睿驰公司诉称小桔公司嘀嘀打车与其第11122098号、第11122065号"嘀嘀"文字商标构成相同或类似服务上的近似商标,构成商标侵权,要求停止使用、消除影响。

2015年2月6日,海淀区人民法院经审理认为,文字"滴滴(嘀嘀)"为象声词和常用词,"嘀嘀"形容汽车喇叭的声音,"滴滴"的发音等同于前者,两者在被告服务所属的出租车运营行业作为商标使用的显著性较低。而被告的图文标识因其组合使用具有更高的显著性,与原告的文字商标区别明显。任何公司进行经营活动,均可能包含"商业性"与"管理性"的行为,以是否具有上述性质确定商标覆盖范围的性质,不符合该类商标分类的本意。故"滴滴打车"服务与第35类商业经营、商业管理、办公事务等服务不相同也不类似。"滴滴打车"服务并未直接提供源于电信技术支持类服务,在服务方式、对象和内容上均与原告商标核定使用的第38类电信信息等服务区别明显,亦不构成同一种或类似服务。原告不能证明其在注册商标核定使用的范围内对注册商标进行了商标性使用,也未在与"滴滴打车"相同或类似的服务上使用。被告的图文标识则在短期内显著使用获得了较高知名度和影响力,市场占有率高,拥有大量用户。从两者使用的实际情形来看,亦难以构成混淆。依据我国现行《商标法》第57条第(二)项、最高人民法院《关于审理商标民事纠纷案件适用法律若干问题的解释》第9条和第10条之规定,判决驳回睿驰公司的全部诉讼请求。睿驰公司不服一审判决提起上诉,后撤回上诉,一审判决已生效。

【案例评析】

本案的争议焦点是小桔公司提供的"滴滴打车"所对应的商品或服务类别。"互联网+"新业态的确给"商品或服务"的划分、相同或类似的判断带来了一些难题,应当在坚持已有类似商品判断规则的基础上作出更谨慎的判断,不应仅因为新业态形式上使用了"移动应用程序""互联网通讯",就片面、机械地将其归为"第九类计算机程序"商品、"第三十八类互联网通讯"服务,应当探究其服务的本质属性,判断商品或服务类别。

"滴滴打车"的目的是借助手机电话及移动互联网调度车辆,让乘客更容易打到车、司机更容易获得乘客打车信息,降低了空驶率、提高运营效率;消费者实际需要的和得到的也是该服务,而非软件商品或软件下载服务;其服务对象就是"运输行业的服务对象"——司机和乘客;其服务方式就是信息撮合,核心主要包括信息采集、需求处理机制、车辆调度派单机制和需求对接机制,其收益也主要是对乘客所支付车费的分成,其结果充分发挥了移动电话、移动互联网信息化优势,转变了"交通运输发展方式、提升了交通运输管理能力和服务水平",提高了我国交通运输智能化、现代化水平,有效缓解了都市交通拥堵,方便了乘客,具有重大社会价值。针对同类服务,我国交通运输部相继出台了《公路水路交通运输信息化"十二五"发展规划》《关于规范发展出租汽车电招服务的通知》,北京市交通委员会运输管理局出台了《北京市出租汽车电召服务管理试行办法》等予以规范及鼓励支持,也说明此类服务归口单位为"交通运输部门"。

由上,从客观方面实质地、综合性地判断"滴滴打车"实际属于"活劳动形式"的"交通运输服务",虽然其在完成服务中借助了"移动互联网"等基础工具,但并不意味着"滴滴打车"提供的就是"第九类计算机程序"商品、"第三十八类互联网通讯"服务。

因此,在传统行业开始借助移动互联和通讯工具等开发移动应用程序的背景下,划分商品和服务类别应从服务的整体进行综合性判断,不能将网络和通信服务的使用者与提供者混为一谈。

3. 微信案

微信作为腾讯公司开发的一款聊天沟通软件,在短期内迅速发展了数亿用户,成为目前中国最流行的通讯手段,而"微信"商标专用权并非腾讯公司享有,"微信"商标案迅速发酵为互联网领域热点案件。

【基本案情】

2010年11月12日,创博亚太科技(山东)有限公司(以下简称创博亚太)在第38类信息传送等服务申请注册了第8840949号"微信"文字商标(以下简称被异议商标)。

2011年1月21日,腾讯发布微信1.0 for iphone(测试版)。2011年1月24日,腾讯就"微信"图文商标在第9类、第38类服务提交了注册申请。

2011年8月27日,被异议商标经商标局初步审定公告。法定异议期内,自然人张某对被异议商标提出异议申请。

2012年6月,腾讯提交了18件"微信"图文商标申请。

2013年3月2日,腾讯的"微信"图文商标获得核准注册。

2013年3月19日,商标局作出〔2013〕商标异字第7726号裁定,对被异议商标不予核准注册。创博亚太不服裁定,向商标评审委员会提出异议复审请求。

2014年10月22日,商标评审委员会作出商评字〔2014〕第67139号关于第8840949号"微信"商标异议复审裁定。创博亚太不服裁定,向北京市知识产权法院提起行政诉讼。

2015年3月11日,北京知识产权法院对该案进行开庭审理并当庭宣判,合议庭认为,先申请原则是商标注册的一般原则,但同时商标注册核准与否还应当考虑公共利益,当商标申请人的利益与公共利益发生冲突时,应当结合具体案情,作出合理的利益平衡。同时还要尊重市场的客观实际。本案中,虽然诉争商标申请在先,但现有证据无法证明诉争商标已经持续、大量投入商业使用,并形成一定数量的消费群体。然而,"微信"作为腾讯公司的即时通讯服务应用程序,在2013年7月就已拥有4亿用户,且有多地政府机关、银行、学校推出微信公共服务,广大用户已经将"微信"与腾讯公司的上述服务密切联系起来。如果核准诉争商标注册,将会给广大微信用户的工作和生活带来不便甚至损失,即对公共利益产生消极、负面的影响。"微信"在信息传送等服务市场上已经具有很高的知名度和影响力,广大消费者对"微信"所指代的信息传送等服务的性质、内容和来源已经形成明确的认知。在这种市场实际情况下,如果核准被异议商标注册,不仅会使广大消费者对"微信"所指代的信息传送等服务的性质、内容和来源产生错误认知,也会对已经形成的稳定的市场秩序造成消极影响,被异议商标的申请注册构成《商标法》第10条第1款第(八)项所禁止的情形。因此,判决维持第67139号异议复审裁定。

【案例评析】

本案涉及先申请原则与公共利益出现冲突时的利益取舍问题。在先申请原则是我国商标注册制度的一般原则,即两个或者两个以上的商标注册申请人,在同一种商品或者类似商品上,以相同或者近似的商标申请注册的,初步审定并公告申请在先的商标。本案被异议商标是创博亚太的在先申请商标,该事实状态不可否认。但与此同时,"微信"通过腾讯公司的大量使用与宣传,微信的用户已经突破11亿,早已成为一种重要的通讯工具,若核准注册被异议商标,会对不特定多数人的利益造成损害。尤其对于还在审查程序中的被异议商标而言,判断其是否具有不可注册性,除了考量其申请注册时的客观状态,也要考虑到裁判作出时的自然状态,看被异议商标是否具备可注册性。因此,本案在最终利益权衡的时候,选择了保护公共利益。

关于"不良影响"在本案的法律适用问题。根据最高人民法院《关于审理商标授权确权行政案件若干问题的意见》第3条的规定,人民法院在审查判断有关标志是否构成具有其他不良影响的情形时,应当考虑该标志或者其构成要素是否可能对我国政治、经济、文化、宗教、民族等社会公共利益和公共秩序产生消极、负面影响。如果有关标志的注册仅损害特定民事权益,由于商标法已经另行规定了救济方式和相应程序,不宜认定其属于具有其他不良影响的情形。本案中,"微信"商标不仅涉及腾讯公司的利益,更重要的是影响到了数亿人的合法权益,影响到了公共利益和公共秩序。"不良影响"属于绝对禁注条款,若他人使用造成不良影响,则腾讯公司使用"微信"商标是否亦会造成不良影响?实际上,腾讯公司使用"微信"商标保证了服务与服务提供者的正确对应关系,消除了公众混淆和误认的基础,从而不会造成不良影响。

本案判决作出后,反对声音也很大,反对者认为,在先申请是商标注册制度的基本原则,不应轻易突破,若在后的使用行为可以阻碍在先申请的注册,大企业则可以通过大量的使用行为明目张胆地占有他人在先商标,有失公正。

4. 华源医药案

该案既是首例涉及对国家部委制定的规范性文件进行合法性审查的案件,也是全国首例由审判委员会全体委员直接公开开庭审理的案件。

【基本案情】

2012年12月14日,被告商标局根据《商标注册用商品和服务国际分类》(第十版)2013修改文本发布了《关于申请注册新增零售或批发服务商标有关事项的通知》(以下简称《新增服务商标的通知》),其中规定,在《类似商品和服务区分表》第3509类似群中设立"药品零售或批发服务""药用制剂零售或批发服务"等7个新增服务项目,在新增服务项目范围内设立注册申请过渡期,期限为 2013 年 1 月 1 日至 1 月 31 日,在该期间内,在相同或类似新增服务项目上提出的注册申请,"视为同一天"申请。

华源公司于 2013 年 1 月 4 日向商标局提出"华源医药"及图商标在"药品零售或批发服务"等新增服务项目上的注册申请。商标局经审查认为,华源公司提出的商标注册申请与其他两公司分别于 2013 年 1 月 11 日、2013 年 1 月 28 日在新增服务项目的申请构成同一天申请,因此于 2014 年 10 月 3 日作出《商标注册同日申请协商通知书》,要求华源公司与另外两公司就商标申请事项进行协商,协商不成则通过抽签程序确定一个商标申请人。

华源公司不服商标局作出的《商标注册同日申请协商通知书》,向北京知识产权法院提起行政诉讼,请求撤销该通知书,同时请求法院对商标局作出的《新增服务商标的通知》第 4 条中关于过渡期的规定的合法性一并进行审查。

北京知识产权法院经审理认为,虽然商标局是制定《新增服务商标的通知》中关于过渡期的规定形式意义上的合法主体,但是,其将"2013 年 1 月 1 日至 1 月 31 日""视为同一天"的规定实质上已经是对公民、法人或者其他组织的权利义务进行了"设定",商标局作出该规定已经超越其法定权限。因此,认定商标局作出的《商标注册同日申请协商通知书》主要证据不足,适用法律、法规错误,判决撤销被诉决定。

【案例评析】

本案是审判委员会全体委员直接公开开庭审理的案件,该判决书首次公开了审判委员会关于《新增服务商标的通知》第 4 条过渡期的规定是否合法的审理意见和决议。同时,本案也是北京知识产权法院推进庭审实质化改革,开展一焦点一质证一论辩的焦点式审判的具体体现,本案判决书围绕争议焦点逐一回应了各方主张。为保障诉辩意见表述的完整性、准确性,本案中的诉辩意见均经当事人签字确认后方写入判决书,对尊重当事人诉讼主体地位,提升司法的公开度、透明度进行了有益探索。

第二节 专利业务

一、专利法律服务状况回顾与展望

（一）专利法律服务工作回顾

自改革开放以来,为了更好地推动经济发展,迎合世界发展潮流,我国从无到有逐步建立起知识产权制度,不断加强对知识产权体系的建设,完善对知识产权的保护。创新是一国增强综合国力、提升核心竞争力、保持鲜活生命力的关键因素,知识产权制度则是激励创新,促进科技与经济协同发展的重要保障。随着知识经济时代的到来,国家和政府对知识产权的重要性有了更深入的认识,从开始在中共十四大提出要不断完善保护知识产权制度,十五大提出要实施保护知识产权制度,十六大提出要完善知识产权保护制度,十七大提出要实施知识产权战略,到十八大进一步提出实施创新驱动发展战略,加强知识产权保护,党的十八届三中全会更是提出强调深化科技体制改革,探索建立知识产权法院。从制度保护到战略规划的转变,更加凸显了我国加强知识产权制度建设的决心。

在中央多次发文重视知识产权,国家各级知识产权部门和地方政府也大力推动创新驱动发展战略的背景之下,作为知识产权核心内容之一的专利制度也有了全新的发展。自1984年颁布第一部《专利法》至今,专利对经济发展的推动作用愈加显著,市场主体纷纷加入到专利技术的竞争中,加大专利的研发投入,以先进的技术来促进生产力的提升。此外,企业的专利意识大幅提升,在市场竞争中更加注重专利技术的影响力,并逐步探索对专利的创造、管理、运用和保护,以增强自主创新能力。因而,以专利代理、专利管理、专利保护等为内容的专利服务市场需求不断增加,专利业务蓬勃发展。

(二)专利法律服务中存在的问题

为了促进专利的实施转化,国家和政府积极鼓励专利法律服务业务的发展,以建设功能齐全的专利运营市场,完善专利配套措施。作为新兴产业,专利法律服务业务仍处于持续上升阶段,发展空间和发展前景广阔,但其在实践中也逐渐暴露出一些亟待解决的问题。

首先,专利法律服务水平较低,专利业务不够专业。不同于发达国家,我国专利业务发展历史较短,发展不健全,很多重要的制度措施处于缺失状态,严重制约了专利法律服务工作的开展。在人员配备方面,很多基层专利法律服务人员缺乏专业知识,没有经过专门系统的培训,对专利法律知识了解不够深入,只能胜任简单的专利服务,不能从事如专利评估、专利质押融资等复杂的工作,导致专利业务服务范围较狭窄,服务内容不够专业。在资金投入方面,作为专利技术的主要实施者,企业本应在专利法律服务中加大投入,以保证专利的技术优势能转化为生产优势。然而,尽管企业的专利意识在提高,但相比于专利质量而言,大部分企业仍然更关注专利申请量,低研发投入使得专利质量难以保证,企业不愿意过多地为了后续专利运营而持续投入,导致专利法律服务虽然存在很大的市场需求,但实际业务难以扩展,专利业务仍停留在较低层次上。

其次,低质量专利的大量存在严重损耗社会资源。在专利制度发展初期,我国专利数量少,专利意识十分薄弱,专利制度对科学技术的促进作用难以发挥效用。为此,我国政府大力鼓励企业和个人积极申请专利,并出台相关的申请奖励和资助政策都来激励专利申请数量的增加。随着专利制度的推广,市场主体的专利意识普遍增强,专利申请和授权数量不断提升,但专利申请质量却没有得到协同发展。这导致大量专利得不到转化实施,投入成本得不到回报,对科技和经济发展也没有起到预期的促进作用,严重浪费了企业经营资本,造成社会资源损耗,进而增加了专利法律服务成本。

最后,专利代理业务的发展给律师业务带来了一定冲击。在专利中介服务体系中,专利代理人和律师是主要的专利服务提供者,为不同的服务对象提供不同的专利服务内容。随着专利代理业务的进一步发展,专利代理的业务范围也得到扩展,并与律师业务范围发生重合,对律师业务造成一定冲击。例如专利代理人要求拥有理工科背景,使得其更能够理解专利技术的本质,从而更方便地提供专利服务,但这些都是律师从事专利业务所不具有的优势,因而国家允许专利代理人满足一定条件后可以从事专利诉讼活动,但却给律师从事专利业务范围极大的限制。这大大阻碍了专利代理业务和律师业务的协调发展,不利于专利中介服务体系的建设。

(三)专利法律服务的发展趋势

鉴于专利法律服务存在的问题,国家和政府也在不断调整专利保护和发展政策,逐步深化专利业务,专利法律服务呈现出新的发展趋势。在创新驱动发展战略的号召下,国家在建设知识产权强国的过程中,更加重视提升专利质量,增强自主创新能力,提高创新水平,以驱动社会经济和科学技术的发展。除了传统的金融、证券、房地产等业务,知识产权业务也逐渐成为律师行业的重点发展业务。律师在开展专利法律服务业务时面临更严格的要求,这使得其在投入专利法律服务时要具有更专业的服务,以促进专利法律服务水平的提升,推动律师业务的良性发展,为专利业务的开展创造更合适的法律环境。在未来,专利法律服务会变得越来越重要,这也为律师提供了新的发展契机,今后的律师行业必须要加强对专利法律服务的重视,以确保律师业务的可持续发展。

二、律师专利业务的发展和创新

(一)专利业务的发展情况①

随着国家对知识产权的重视,律师的知识产权业务范围逐步扩大,以知识产权为核心展开的金融业务也得到空前发展。其中,基于专利所蕴含的强大的技术价

---

① 本节相关数据引自国家知识产权局官方网站报道。

值,专利的质押融资业务成为律师开拓发展业务的重要方向。很多企业响应国家政策的号召,积极参与专利申请,并期望能将拥有的专利作为企业资产投入金融市场中以提升资本优势。专利质押融资业务对于企业而言有着不言而喻的重要性,越来越多的律师注意到该项业务广阔的市场需求,纷纷投入其中,推动其发展完善。随着社会经济的进步,专利质押融资业务已然成为专利领域业务开拓发展不可缺少的环节。

1. 专利权质押的内涵和特点

专利权质押融资是知识产权债权融资中的一种基本类型。专利权质押融资指借款人以本人或他人合法拥有的、依法可以转让的专利权中的财产权向贷款人出质,取得贷款人一定金额的人民币、外币贷款,并按期偿还贷款本息的一种融资业务。在质押法律关系中,享有质权的人称为质权人,提供财产担保的债务人或第三人为出质人,提供的财产为质物。在我国质押有两种形式:动产质押及权利质押。专利权质押属于权利质押。

专利作为无形财产的知识产权,其地域性、权利期限、权利的不确定状态反映出它的价值并不是恒定的,会随着科学技术的发展,质押人自身的经营不善以及第三人提出的知识产权异议或者由第三人引起的知识产权侵权等原因发生波动变化。权利法律状态的不确定性和价值的动态风险性是专利权质押融资的显著特点。因此,也导致了专利权质押融资中质权人(债权人)不愿开展和办理专利权质押融资业务。

2. 开展专利质押融资业务的必要性

(1) 开展专利质押融资业务是国家大政方针和企业创新的需要

中小企业融资难一直是制约企业发展的困局,然而中小微企业占全国企业总数的99.7%,提供了全国约65%的发明专利,75%以上的企业技术创新和80%以上的新产品开发。中小企业已经成为我国提升自主创新能力不可忽视的重要力量。因此从企业知识产权资产入手解决中小企业融资问题是各方面的共识,尤其是专利权质押融资是科技创新和金融资本对接的一个有效途径。建立和完善银行等金融服务机构的中小科技企业金融服务体系,同时也有助于完善多层次的金融市场体系。《国家知识产权战略纲要》明确指出要"引导企业采取知识产权转让、许可、质押等方式实现知识产权的市场价值"。2015年10月,国家知识产权局等五部委印发的《〈关于进一步加强知识产权运用和保护助力创新创业的意见〉的通知》中进一步指出:"拓宽知识产权价值实现渠道。深化事业单位科技成果使用、处置和收益管理改革试点,调动单位和人员运用知识产权的积极性。支持互联网知识产权金融发展,鼓励金融机构为创新创业者提供知识产权资产证券化、专利保险等新型金融产品和服务。完善知识产权估值、质押、流转体系,推进知识产权质押融资服务实现普遍化、常态化和规模化,引导银行与投资机构开展投贷联动,积极探索专利许可收益权质押融资等新模式,积极协助符合条件的创新创业者办理知识产权质押贷款。"

国家知识产权局自2009年起先后在全国29个地区开展知识产权质押融资试点、投融资服务试点及创建国家知识产权投融资综合试验区,给许多科技型中小企业的发展带去了"及时雨"。从中央到地方,相继出台了一系列知识产权质押贷款政策文件、推出了一系列针对中小企业及科技型中小企业的知识产权质押贷款风险补偿基金、建立了科技部门与金融机构的合作协调机制、成功地进行了科技保险试点工作等,为在全国大面积开展专利质押融资工作奠定了坚实的基础。

(2) 律师介入专利权质押融资法律服务的必要性

鉴于知识产权的特征,其法律业务具有很强的专业性。知识产权质押贷款是新型的知识产权业务和金融业务,业务内容新、复杂、风险高并涉及复杂的程序,与其他不动产和动产抵押质押贷款相比具有更为突出的特点。其中,专利权质押融资是一项专业性很强的工作,涉及技术、金融、法律、经营等各相关领域。而专利权的质押贷款涉及内容更是多且复杂,主要涉及专利权有效性审查、专利权利归属审查、专利权价值评估、专利权质押登记、专利权变现、专利权状态监控等众多内容。同时,这项业务涉及知识产权质押融资的相关法律、法规、司法解释、地方法规和部门规章等,层面繁多、交叉复杂。作为中介服务,律师要兼顾专利权权利主体的融资难与金融机构的贷款风险问题,寻找两者合作的平衡点。因此律师介入专利权融资法律服务是开展这项业务的必要环节,必须要把知识产权质押融资的风险点一一罗列出来,推动标准化操作指引的形成。为此,在当前国家及各地政府积极推动专利权质押融资业务之际,亟待出台律师办理专利权质押融资业务的操作指引,规范业务、加强管理,防范执业风险,保证业务质量。

从国家知识产权战略的角度看,高质量的专利权质押融资法律服务既是律师应该大力拓展的知识产权金融服务业务,也是在为落实国家大政方针、服务大局,为国家富强、民族复兴做贡献,具有很强的政治意义。

3. 专利权质押融资业务的现状、模式

(1) 专利权质押融资业务的现状

2012年至2014年,我国内地专利权质押融资金额分别为141亿元、254亿元、489亿元人民币,融资金额年均增长86%,分别惠及737家、1 146家、1 850家中小微企业。根据数据统计显示2013年,除海南和西藏外,其余29个省份均成功开展了知识产权质押工作。直辖市和东部经济发达地区表现强劲,特别是广东、江苏、浙江、湖北、上海、北京、天津等省份表现尤为突出,质押融资总额均超过10亿元,这七个省份中除湖北和上海外,质押笔数均超过100笔。中西部地区的一些经济欠发达省份地区,知识产权质押融资表现偏弱,成功知识产权质押融资的总额和笔数偏少;

但是,总体上来看,还是呈现出逐渐上涨的走向趋势。但是与全国同期金融机构的信贷上万亿的规模相比,专利权质押融资的总量是极为不相称的。

(2) 专利权质押融资模式

1. 直接质押融资模式(银行 + 专利权质押)

企业以经中介机构评估的知识产权质押向商业银行申请贷款。由于目前我国配套的法律和政策尚不完备,商业银行对专利权价值认定持较为审慎的态度。此种模式的市场推广度低。

2. 捆绑质押融资模式

企业将知识产权与应收账款、股权、有形资产和企业信用等打捆作为质押物向商业银行申请贷款,即捆绑质押融资可以分为与股权捆绑(银行 + 知识产权质押 + 股权质押)、与有形资产捆绑(银行 + 知识产权质押 + 有形资产抵押)、与法人代表无限连带责任担保捆绑(银行 + 知识产权质押 + 法人代表无限连带责任担保)这三种形式。此种模式有利于银行降低经营风险,故现在所开展的专利权质押贷款业务多是以捆绑的方式进行,纯粹的专利权质押贷款极少。

3. 反担保质押融资模式

担保公司为企业提供担保,企业以知识产权作为反担保质押给担保公司,再由银行与专利权人签订贷款协议。根据担保公司的性质,可分为政府担保模式和担保公司贷款模式两种。

(3) 现有风险补偿政策

① 风险补偿资金构成

a. 纯政府设立。纯政府设立的风险补偿资金是指由政府财政专项资金安排,设立专门的贷款或担保风险补偿资金,用于弥补银行的贷款损失或担保公司的代偿损失。

b. 政府 + 银行。这种模式是指由政府和银行按比例出资设立保障资金,目前只有江苏镇江等地区使用该模式。

c. 政府 + 企业。政府和企业出资的模式是指由政府和贷款企业共同分担贷款风险,目前只有福建省等地使用该模式。

d. 担保 + 银行。这种模式是指引导担保机构按一定比例共同在合作的银行存入资金作为信用保障资金。

e. 政府 + 社会投资机构。这种模式是指引导政府、投资机构按一定比例共同在合作的银行存入资金作为风险补偿资金。

② 风险分担比例。

a. 政府 + 银行。在这种模式下,对于政府担保的和无担保的知识产权质押贷款项目出现风险时,绝大多数由政府和银行按比例承担,其中政府承担大部分贷款风险。

b. 政府＋银行＋企业。目前只有福建省试行贷款企业共同分担模式。福建省通过风险补偿金和助保金共同对合作银行专利权质押贷款不良率在3%（含3%）以内的贷款进行代偿，先使用企业缴纳的助保金进行代偿，不足部分由合作银行和风险补偿金各按50%承担。

c. （政府＋）银行＋保险。引入保险机构对质押专利进行保证保险，在风险分担方面分两种模式：一种是政府部门、保险机构和银行三方共同分担风险；另一种是保险机构与银行双方分担风险，政府补贴企业保费。

d. 政府＋担保。该模式分为两种方式：一种是风险发生时，担保公司和政府按比例承担；另一种是担保公司先行代偿，政府后补贴。

e. 担保＋银行。在杭州，出现贷款风险时，银行和小额贷款公司承担20%的风险，杭州市高科技担保有限公司承担80%的风险。

f. 再担保＋担保＋银行。广东、安徽芜湖创新担保方式，引入再担保机构，以知识产权质押为反担保的，对合作的担保机构按一定比例提供再担保。深圳对再担保中心开展知识产权质押融资再担保的，再担保中心、融资性担保机构、商业银行按照5∶4∶1的比例承担贷款风险。

g. 担保＋银行＋评估＋评估保险。上海杨浦区创新出了一种多方参与、风险共担的知识产权质押融资新模式，由区担保中心、资产评估机构及银行分别以85、5、10的比例分担风险。资产评估公司向保险公司购买收益险，分散风险。

4. 专利质押融资业务的发展瓶颈

（1）专利权质押融资制度的法律、法规、规章之间缺乏协调性

专利权质押融资制度主要涉及《物权法》《担保法》《专利法》及其实施细则和相应的司法解释，还有《专利权质押登记办法》等诸多规范性法律文件。但是目前我国《专利法》及其实施细则并没有规定专利权质押融资制度，《担保法》《物权法》关于专利权质押融资的规定缺乏实际的可操作性。《专利权质押登记办法》的法律效力等级较低，对在现实中出现的很多操作难题也缺乏应有的作用。《物权法》将《担保法》及其司法解释的内容也作了相应的修改。从整体上看，立法层面缺少专利权质押融资的制度保障。这些立法上的不完善不可避免地构成了专利权质押融资困境的一个方面。

（2）专利权价值难以估值

专利权价值的大小由诸多因素决定，但是，最主要的是由法律、技术、经济等因素决定。法律因素主要包括专利权的类型、专利权保护范围的大小、专利权的期限及专利权的实施状况；技术因素主要是包括专利技术的成熟度、专利技术创造性的大小、专利技术所属技术领域和行业；经济因素主要包括成本因素、市场因素、风险

因素。这其中的每一个因素的评价都存在不确定性风险。因此,专利权的价值整体评估较为困难。

（3）专利变现难的风险

金融机构作为营利性机构,一旦贷款逾期,银行首先考虑的是专利权的变现问题,变现不仅需要确定专利权的价值,还需要考虑市场上是否有人接盘,同时还要考虑变现过程中的价值贬损的问题。目前,我国的知识产权交易情况并不活跃,变现困难是导致专利权质押融资困难的突出问题。

（4）专利权价值不确定性与资本盈利性本质的矛盾

专利权的主要价值体现在其潜在的盈利能力,所以,在具体设立质权的时候,出质人和质权人只是对出质专利权价值有一个预期价值,这个预期价值是不确定的、大概的。预期价值与实际价值的差异很有可能使债权人的债权无法充分实现,这与银行等金融机构资本赢利性本质存在天然的矛盾。

5. 专利质押融资业务的发展空间与前景展望

2015年3月13日,中共中央、国务院发布《关于深化体制机制改革加快实施创新驱动发展战略的若干意见》,其目的是迎接全球新一轮科技革命与产业变革的重大机遇和挑战,推动一个国家和民族向前发展。首先,专利质押融资业务发展需要发挥金融创新对技术创新的助推作用,培育壮大创业投资和资本市场提高信贷支持创新的灵活性和便利性,形成各类金融工具协同支持新发展的良好局面。国家出台一系列政策支持银行等机构广泛参与知识产权金融服务,鼓励商业银行开发知识产权融资服务产品,支持知识产权评估、交易、担保、法律、信息服务等服务机构进入市场。其次,专利质押融资业务的开展需要建立完善的专利权质押动态管理系统,鼓励担保机构、投资机构为中小企业专利权质押融资提供服务,并推动开展专利执行保险、侵犯专利权责任保险、知识产权综合责任保险等险种业务。再者,专利质押融资业务的进展需要完善知识产权价值评估标准和评估方法,加快专利价值分析标准化建设,开展专利价值分析试点工作,推动企业在并购、股权流转、对外投资等活动中加强知识产权管理。同时,要制定知识产权委托管理服务规范,扩大中小企业知识产权托管范围,建立中小企业知识产权信息平台,并通过国家科技成果转化引导基金对符合条件的科技成果转化贷款给予风险补偿,引导鼓励地方政府建立小微企业信贷风险补偿基金,对知识产权质押贷款提供重点支持。

国家知识产权局发布了《关于进一步推动知识产权金融服务工作的意见》加快促进知识产权与金融资源融合,更好地发挥知识产权对经济发展的支撑作用。该意见指出,力争到2020年,全国专利权质押融资金额超过1 000亿元,专利保险社会认可度和满意度显著提高,业务开展范围至少覆盖50个中心城市和园区,全国东部地区中西部地区中心城市的知识产权金融服务实现普遍化,常态化和规模化开展。根据上述目标,按1 000亿元标的以1%~3%的比例计算律师法律服务费为10亿元到30亿元,可以看出专利权质押贷款法律服务市场规模宏大。

2015年10月实施的重新修订的《中华人民共和国促进科技成果转化法》解放了以往束缚高薪、科研机构、科学技术成果转化的机制,将极大地释放科研院所、高校转化科技成果的热情。技术成果交易市场上价格高、有竞争力的知识产权产品将大大增加,也将对知识产权的投资、融资带来更好的机会。无论是从国家的大政方针看,还是企业创新的需要,专利权质押融资的法律服务将具有广阔的市场空间,高质量的法律风险防控是专利质押融资业务开展及进行的保障,律师在其中应大有作为也必然大有作为。

为了发展律师的专利业务,建议在中华全国律师协会知识产权专业委员会的领导下成立知识产权金融法律服务工作小组,负责研究制定律师从事知识产权金融法律服务标准并推动该项业务的普及,同时在《中国律师》杂志、中国律师网、合作媒体多角度、长期、深度宣传律师办理专利权质押融资业务的积极意义、经典案例和优秀律师,并利用培训、研讨会、年会、国际交流的机会大力宣传律师在专利质押融资服务中的作用。此外,建议中华全国律师协会知识产权委员会指导、培训、规范专利权质押融资法律服务,开启《律师提高专利权质押融资法律服务风险提示》和《律师办理专利权质押融资业务指引》的编写工作,指引律师了解、识别和规避专利权质押融资业务风险,规范律师业务行为;规范业务收费标准,促进专利质押融资法律服务的良性发展。

(二) 专利业务的创新方向

在新商业环境下,市场竞争日趋激烈,技术已然成为企业提升核心竞争力,抢占市场先机的关键因素。企业、科研院校等主体纷纷投入到专利技术的研发革新中,使得我国专利申请和专利授权的数量日益剧增。与此同时,以专利技术的应用和市场转化为核心内容的专利运营却没有得到同步发展。人们逐渐意识到对专利技术进行推广应用和实施转化的重要性,纷纷开始投入到专利运营业务中。开展专利运营业务,以实现专利效益的最大化和产业的升级转型,促进科学技术的进步和经济社会的协调发展,已经成为专利领域发展创新的重要方向。

1. 专利运营业务的重要性

(1) 推动先进技术的转化应用,促进科技与经济的协调发展

以市场化机制对专利开展商业化运用就是专利运营。[①] 专利运营对于促进专利技术的实施应用,实现科技与经济的协调发展有着重要的作用。目前我国专利实施的现状就是专利申请与专利实施的需求不同步,有研发能力的高校、科研院校等创

---

① 参见张宾:《企业专利运营新态势研究》,载《中国发明与专利》2015年第7期,第89页。

造主体拥有大量的先进技术却没有将其投入市场生产制造的能力,有实施应用能力的企业又没有足够的研发成本和研发能力,缺乏能够转化使用的高质量专利技术。而专利运营业务的开展则成为连接研发创造主体与实施运用主体的桥梁。专利运营以专利作为商品投入市场交易中,专利权人通过专利运营,对专利进行许可、转让、打包建池、质押融资、诉讼等市场化行为,以获得许可使用费、侵权赔偿费等经济利益,促进专利的实施转化。专利产业化后能够推进行业产业的升级转型,帮助企业将技术优势转化为现实生产力,从而推动商品经济与科学技术的协调发展。

(2) 增强企业的核心竞争力,降低企业经营风险

当今社会的竞争是科技的竞争、资源的竞争。对于企业而言,专利不仅是企业的无形资产,也是企业的技术资源储备,专利的运营有利于提升企业的市场竞争力,增强企业的抗风险能力。作为技术储备,专利始终为企业的发展壮大提供了充分的技术支持,企业拥有了先进的专利技术,也就掌握了市场主动权,不仅可以实现技术垄断,还可以通过专利运营获得巨大的经济利益,增强自身的资本实力。在经营活动过程中,专利运营的成效使得企业能够发现更多的新兴业务和更广阔的市场需求,及时抓住技术变革发展趋势,为其提供更多元化的发展方向。企业通过研发、获利、再研发的模式,不断强化高新技术领域核心专利的积累,保持市场的竞争优势,从而提升企业的核心竞争力,为企业经营提供了更有力的保障。

2. 专利运营业务的现状与存在的问题

近年来,随着专利意识的提升,越来越多的企业意识到后续专利运营的价值与重要性,开始采取措施对专利进行商业化应用。日益兴盛的专利运用显著加强了专利的工具化特征,出现了将专利本身作为资产来经营,特别是集中各方专利成立专业公司的方式进行经营,引导更多的企业用专利经营的观念与方式实现专利价值。[①]但是我国专利运营业务起步较晚,在实践中仍存在很多问题有待解决。

(1) 专利质量不高

高质量的专利是专利运营取得良好成效的重要保证。专利申请的最终目的是为了将其实施转化以获取经济利益,但目前我国很多中小型企业只是为了专利的数量而申请专利,对授权后的专利技术如何能够投入市场进一步产生更大效益毫不关心。这使得我国专利市场上出现了大量质量偏低的专利,这些专利不仅没有商业化的价值,还浪费了研发成本和维持专利的费用,无形中增加了企业的经营成本,削减了企业的实际竞争力。专利数量是专利运营的前提和基础,而专利质

---

① 参见魏玮:《从实施到运营:企业专利价值实现的发展趋势》,载《学术交流》2015年第1期,第114页。

量则决定着专利运营的效果,有效的专利运营除了要依托专利数量,更重要的是依靠高质量的专利实现技术到资本的转化。专利运营业务的开展必须要重视其专利质量问题。

(2) 专利运营市场不完善

专利运营并不是简单地将专利投入市场中自由交易即可,而是一个复杂而专业的活动,需要配套的制度、专门的人才、专业的团队、充足的资金等各方面的支持,才能成功地开展业务。作为一种新兴业务,专利运营尚未形成完善的市场化机制,相关的配套机制缺失,这严重约束着专利运营的发展。与有形商品相比,专利技术的无形性使得市场对其价值的认识充满不确定性与不可预期性,人们无法准确的鉴定专利的价值,评估专利的商业化效益,预测技术的发展趋势和应用方向,致使市场对以专利作为商品进行运营的行为接受程度还较低。例如,目前将专利作为资产进行质押融资、资金信贷的业务仍无法大规模展开,一项新的专利也很难仅凭技术而获得资金支持以实施转化。专利运营市场的不完善使得专利运营业务缺乏了发展的基础和环境,不利于专业化、系统化、多元化运营方式的形成。

(3) 专利运营成本高,运营资金不充足

专利运营涵盖了专利持续期间的各个阶段,无论是专利申请、专利维持、专利许可转让,还是专利诉讼、专利质押融资等运营方式,都需要高昂的运营成本。只有具有良好市场前景与增值发展空间的专利才是专利运营最合适的对象。在专利投入市场之前,需要结合市场动态、消费习惯、产品需求、未来趋势等因素对专利技术进行分析,以预测专利的商业化价值和未来发展前景,这些工作都需要高额的专利分析成本才能完成。然而,我国专利交易市场仍不健全,专利信息服务平台尚不完善,专利运营资金不充足,这导致企业前期专利分析的巨额成本与后续专利运营所获低额利益不成正比,高投入与低产出的模式使得企业丧失研发核心技术的动力,专利质量得不到提升,专利运营业务也难以发展。此外,法律相关规定的不完善也为专利运营增加了阻力。以侵权诉讼为例,专利诉讼是专利商业化的重要方式之一,然而我国专利侵权诉讼的周期过长,所能获得的赔偿数额较低,这使得很多企业在面临侵权行为时都不愿意提起侵权诉讼,以免增加专利成本。法律对于专利侵权救济程序的不完善也间接提升了专利的运营成本,使得企业开展运营业务的积极性降低。

(4) 专利运营对企业的促进效果不明显

专利运营最主要的目的就是通过对专利进行商业化运用,将企业的技术优势转化为产业竞争优势,促进企业现实生产力的提升和核心竞争力的增强。企业通过专利运营增加了经济利益之后,又会加大对技术的研发投入,进而推动科学技术的进步,实现经济与技术的协调可持续发展。然而,由于我国专利商业化进程仍处于起步阶段,专利运营模式单一,专利运营机构不够专业,专利运营意识不足,故而实践中的专利运营对企业的促进效果没有预期的明显,对经济与科技的推动作用仍不能全部发挥,很多企业对建立专门规范的专利运营制度仍处于观望中,这大大阻碍了专利运营的发展。

3. 专利运营模式的创新与运营活动的发展方向

从理论上来看,专利运营应该是涵盖专利申请、专利分析、专利检索、专利实施应用、专利布局、风险投资等各个环节。而我国专利运营模式则较为单一,主要以专利许可、转让这种简单的方式为主,忽视了很多新兴运营业务。这也意味着专利运营的市场需求与发展规模仍有很大的上升空间。故而,我们有必要创新专利运营模式,针对专利运营的困境,提出相应的建议,以找寻新的专利运营发展方向,形成多元化的专利运营模式。

(1) 重视核心技术的研发,提高专利质量

要想成功开展专利运营,除了要不断积累专利数量之外,还要重视专利质量的提升,加大对核心技术的研发。相比于低质量专利,企业对高质量专利开展专利运营,其蕴含的商业价值是非常巨大的,而且在运营过程中还可以对这些专利进行二次研发和再利用,减少运营成本的同时还能产生巨额商业利润,只有这样才能提高企业竞争力,真正推动产业升级转型和专利产业化,实现预期的专利运营效果,从而推动社会经济与科学技术的和谐进步。

(2) 构建和完善专利运营市场

专利运营从本质上来说就是一种商业化活动,离不开一个健康发展的市场交易环境。因此,有效开展专利运营业务,必须要构建和完善专利运营市场,大力培养专业的专利运营人才,积极发展专门的专利运营中介服务机构,开展专利服务平台建设,建立起成熟的专利交易制度,推动专利运营的产业化。此外,社会需要树立良好的知识产权意识,重视发展专利借贷、专利价值评估等与专利运营息息相关的业务,为专利运营创造一个良好的市场交易环境。

(3) 调整国家专利政策,改善专利运营的司法环境

专利保护一直是我国专利领域发展的重点,我国很多专利政策制度都会偏向于专利保护层面,与专利保护相关的法律、法规也相对比较完善。相比之下,我国专利运营产业处于初步发展阶段,相应的法律、法规和国家政策仍十分缺失。但是,我们必须意识到,专利的发展已不满足于被动的保护,而是逐步向专利管理、专利应用、专利投资等方向转化。因此,国家有必要结合专利领域的未来趋势适时调整专利政策,大力鼓励专利运营的发展,为专利运营提供坚实的政策保障和政府支持,以促进专利效益的最大化。此外,相关部门还应该针对专利运营的各个环节出台更细致、更全面的法律、法规,以规范运营主体的行为,引导运营市场建立起安定有序的专利

运营秩序。

三、专利热点法律问题研究及立法建议

为了加强专利的保护,推动经济与科技的协调发展,国家知识产权局于2014年开展《专利法》第四次全面修改工作,以进一步激励创新,众多与专利相关的法律问题再次成为业界和学者关注的重点问题。其中,在促进专利商业化过程中,如何提升专利交易的效率,以及在标准与专利互相融合的过程中,如何保证技术标准化活动的顺利推进引起了大家的热烈讨论。为此,下文将针对专利当然许可以及标准必要专利保障这两个热点法律问题进行研究分析,以探寻其发展方向。

(一)专利当然许可法律问题研究

在专利商业化进程中,许可使用是专利交易最为重要和常见的形式之一。通过许可使用,专利权人可以将自己不想实施或无法实施的专利技术授权他人实施生产,从而促进专利的产业化和先进技术的传播。随着专利交易市场需求的日益剧增以及专利交易体系的日渐成熟,作为专利的许可使用方式,当然许可对专利技术的市场流转和交易有着越来越显著的促进和推动作用。业界也对专利当然许可制度的构建给予了广泛的关注。因此,下面将就专利当然许可的相关法律问题进行探讨,以完善我国的专利许可制度。

1. 专利当然许可制度构建的必要性

(1)促进专利的产业化进程,提高专利转化率

创造、管理、保护与运用是专利制度最为核心的四个内容,缺一不可。然而,市场上的大部分企业基于成本的限制,只能完成其中的某些环节,难以在全部环节中取得成效。这就造成了我国专利申请量和授权量很高而专利实施转化率偏低的现状,但专利只有通过市场转化实施才能产生经济价值,发挥真正的效用,因而实践中有大量的专利是没有获得经济利益的。专利许可,尤其是当然许可,便是解决这一困境的有力措施。专利当然许可是指专利权人向专利行政部门作出声明,允许任何第三方在支付合理许可使用费的条件下实施其专利的行为。在当然许可的情况下,专利权人事先即表明其许可他人使用的意图,并根据公平合理无歧视原则定下合适的许可使用费,任何人只要支付了对应的许可使用费均可以使用专利技术,专利权人不得拒绝许可。这种方式使得只有研发能力的专利权人可以将专利许可给有能力的企业进行后续发展。有能力的企业不需要进行谈判便可获得专利授权,节省了许可谈判的时间和交易的成本,使得其更加愿意付费获得有价值的专利以投入生产实践中,从而进一步提高技术转化率,促进专利的产业化进程。专利技术是专利权人进行许可交易谈判或交叉许可谈判的重要筹码,但一旦作出当然许可声明,其筹

码对第三方的吸引力或威慑力将大受影响,会削弱专利权人相对其竞争者的竞争力。① 因此,我国有构建当然许可制度的现实需求和迫切需要,以确保专利权人和被许可人的利益平衡,实现经济效益的最大化。

(2)激励技术创新,推动科技的发展进步

作为许可使用的一种方式,当然许可不仅促进了专利技术的转化应用,提升了社会的经济发展水平,也激励了技术的创造革新,推动了科技的发展进步。技术的研发往往伴随着很多不可预期的风险,而后续的技术商业化过程也会受到各种因素的影响和制约,不能顺利实现,这使得研发者经常面临入不敷出的困境,大大打击了其对先进技术研究创新的积极性。基于专利在研发与应用方面存在的问题,当然许可制度的构建显得尤为必要。当然许可的许可对象是任何愿意支付使用费获得授权的人,专利权人通过当然许可可以得到更多的专利交易机会,获得更多的许可报酬,这使得权利人有足够的资金再次投入新技术研发和革新,以促进技术创新的良性循环。为了降低专利研发风险,鼓励发明创造,我国应该根据专利交易市场的发展和需求及时构建起专利当然许可制度,以促进先进技术的传播和交流,激发创造的热情。

2. 专利当然许可的适用问题研究

(1)国外立法现状

不同于我国,法国、英国、德国、泰国、巴西、印度、俄罗斯等不少发达国家和发展中国家都建立了专利当然许可制度。当然,根据每个国家经济发展情况的不同,各国关于专利当然许可的规定都有着或多或少的区别,为我国构建专利当然许可制度提供了很好的借鉴。以下将简要介绍英国、法国、俄罗斯、泰国关于当然许可的法律规定。

与其他国家相比,英国的当然许可制度是最完善的,不仅包括当然许可的适用条件和程序,还包括当然许可的禁令适用问题。根据英国专利法的规定,适用当然许可的专利必须是有效的专利,专利权人向专利局局长提出当然许可的请求后,局长应告知权利人或利害关系人;对于未经许可而实施专利的行为,只要被告答应履行当然许可的条件,即不适用临时或永久禁令。英国法律还规定被许可人在权利人不及时提起诉讼制止侵权行为发生时,专利局局长可以以自己的名义提起侵权诉讼。专利权人承诺当然许可是可以享受年费优惠的,但当专利权人想取消当然许可时,其应支付以往各年的全额年费,并且取消要经所有当然许可被许可人同意。同时,英国还建立起专利当然许可数据库,有利于信息的透明化和许

---

① 参见文希凯:《当然许可制度与促进专利技术运用》,载国家知识产权局条法司编:《专利法研究(2011)》,知识产权出版社2012年版,第234页。

可的便捷化。

相比之下,法国对当然许可的规制较为简单,标准较为宽松,但也大致涵盖了声明、许可费确定、撤销等基本内容。在法国,当然许可适用的前提是专利权有效并须未经独占许可登记。不同的是,对于当然许可的退出机制,法国为当事人保留了较大的合意自由。专利权人只要向有关部门请求即可,也不需要补充支付之前享受的年费减收优惠的部分,而被许可人则可以随时放弃许可。

俄罗斯在当然许可退出机制的设定上有其特殊性,在于其比较重视当然许可协议的签订。根据《俄罗斯联邦民法典》的规定,在决定当然许可之日起两年内,双方当事人未能就相关许可条件签订许可协议的,专利权人有权提出撤回当然许可的声明,但同时也要补足过去的年费。泰国在当然许可规制上最大的特点就是其当然许可不仅限于专利的适用,并且赋予了双方当事人对局长就未达成协议而批准许可的行为有提起上诉的权利。

同时,这几个国家在对待当然许可问题上,也有共同点,就是都采用积极的态度来鼓励当然许可方式的推广,例如给予专利年费减少优惠等,从而促进专利的转化实施。尽管如此,从权利人取消当然许可时各国对年费的处理来看,每个国家对当然许可的鼓励程度也是有所不同的。此外,从上文的分析来看,各国对当然许可规制的侧重点都各有不同,我国在借鉴国外当然许可的法律规定时,也要结合我国国情和相关的知识产权政策,构建出与经济发展状况相适应的当然许可制度,以完善专利的市场交易。

(2) 我国专利当然许可的适用分析

不同于一般许可程序复杂的流程,在当然许可中,专利权人事先单方制定好许可计划,被许可方只需要选择接受或不接受,虽然这种许可方式较之协商订立的一般许可程序会欠缺一些灵活性,但大大缩短了许可的时间,提升了许可的效率,对于促进专利的商业化应用有极大帮助。当然许可也不同于法律上规定的强制许可或理论上讨论的法定许可,其许可是以自愿为原则,出于私人利益而作出的自愿许可,以扩大许可的范围,获得更多的收益。而强制许可则是指在国家出现紧急状态或非常情况时,或者为了国家利益的目的,国家专利行政部门给予实施发明专利或实用新型专利强制性的许可,是出于对国家和公共利益的需要而要求专利权人作出的非自愿许可。因此,专利当然许可在适用时可以更多地参考一般许可的相关规定,但在许可使用费的制定方面也可以参考强制许可的相关内容作为补充。

基于当然许可的特征,我国的专利当然许可在适用时应该注意以下几个方面:首先,从适用对象看,当然许可适用的对象为任何第三方。对于专利权人来说,重要的不是由谁来实施专利技术,而是借助专利技术许可实施,实现经济利益。① 因而在作出当然许可之后,无论是企业还是个人,无论有无竞争关系,无论是否侵犯专利权,只要相对人同意支付声明的使用费,权利人都不应拒绝他人申请获得许可的请求。这种许可的承诺应该是面向全社会开放的,而且是无歧视的,所有被许可人的许可条件都应该是一致的,否则便会违反诚实信用原则。其次,从适用条件看,当然许可适用的条件为专利权人拥有的专利是事先无作出独占许可的有效专利。专利许可按对使用权的限制分类,可以分为独占许可、排他许可与普通许可。当然许可允许任何人使用专利,只能是依照普通许可的规定进行规制。如果权利人在作出当然许可声明前已经将专利以独占或排他的方式许可给他人,则该专利不能直接进行当然许可。最后,从适用内容看,当然许可所许可的内容仅仅是专利的使用权,而不包括专利侵权的起诉权、专利的再许可权等。但是基于合同自由原则,当然许可只是省略了双方谈判协商的环节,本质还是当事人合意的结果,所以权利人在许可使用权给他人时可以根据情况制定相对合理的许可使用费、许可地域范围、许可期限等许可条件。

3. 专利当然许可制度构建中存在的问题

(1) 专利交易市场不成熟

专利交易市场是当然许可制度运行的重要环境,当然许可效益的发挥有赖于成熟的专利市场交易体系。目前我国专利交易市场的建设仍处于初步发展阶段,虽然市场上已经逐渐出现了专门的专利交易平台和专利交易机构,但是这些机构和平台的规模都不大,所采取的交易方式和交易类型单一,所提供的服务也不全面,专利交易还停留在较为简单的服务模式,专利权人不了解被许可人的需求,被许可人也不了解专利权人的技术优势,市场供需双方不对接,极大地阻碍了专利的许可交易。专利许可使用在交易市场中还需要依靠专利鉴定、评估、管理、营销等各个业务环节的相互配合和相互作用才能实现经济效益的最大化,而我国的专利交易机制缺乏相关配套制度和关联业务的配合,也缺乏专业化和复合型人才的配备。不成熟的专利交易市场制约和限制了当然许可的成功率,严重影响了许可双方当事人的积极性。因此,构建当然许可制度时必须要慎重考虑专利交易环境对专利许可的影响,从法律层面鼓励当然许可的推广,提高许可使用率。

(2) 缺乏专利交易许可相关信息披露和传播机制

许可双方当事人专利信息的披露和共享对于促进专利的许可交易有着重要影响。然而,我国缺乏专门的专利信息披露机制和专业的专利信息资源共享平台,双方当事人对于许可专利的信息不流通,掌握的专利信息也不对称,这大大增加了许

---

① 参见漆苏、杨为国:《专利许可实施权转让研究》,载《科研管理》2008年第6期,第93页。

可交易的风险,很不利于专利当然许可制度的构建和实践适用。在当然许可中,专利权人作出的许可或撤回许可声明、制定的许可条件、许可使用费的数额等涉及当然许可的信息都需要公告以使更多人获知,才能尽量增加许可的机会。而被许可人从专利当然许可的信息中也可以确认所许可技术的价值。当然许可被许可人很多,专利价值可能会有所下降,许可使用费也会减少,而被许可人很少,许可的专利会具有更多的技术垄断优势,但也可能面临更大的市场转化风险。因而专利许可信息的流通与共享对专利许可交易的质量至关重要,我国在构建当然许可制度时必须同步建立相应的专利信息披露机制,才能为当然许可的实践适用创造良好的市场环境和交易条件。

（二）标准必要专利法律问题研究

随着经济的发展与科技的进步,技术标准化活动越来越受到行业的重视。在技术标准化过程中,标准与专利的关系日益紧密,标准必要专利应运而生,并对市场的竞争产生巨大影响。然而,在标准与专利的日益融合之下,由于信息披露的不全面使得标准专利权人、标准实施者与公众间的冲突愈加明显,标准必要专利在实践运用中所引发的侵权诉讼也愈加繁多,给技术的研发与革新带来严重的压力,对标准必要专利相关法律问题的规制已成为学界关注的焦点。

1. 标准必要专利规制的必要性

标准是指为在一定的范围内获得最佳秩序,经协商一致制定并由公认机构批准共同使用的和重复使用的一种规范性文件。[①] 在标准的制定过程中,为了提升行业的技术水平和市场竞争力,标准制定者将较为先进的技术纳入标准中,形成了标准必要专利。标准必要专利是为了实现某种标准而必须使用的专利,在专利技术被标准化后,专利的使用范围会随着标准的推广而不断扩大。一方面,标准与先进专利的结合,会提高行业的技术水平,推动专利技术的实施应用和科学技术的创新发展。另一方面,标准必要专利的滥用也可能会导致严重的垄断问题以及引起各方利益的矛盾冲突。从权利人的角度看,由于必要专利是实施标准时无法绕开的,为了获得更多的经济利益,专利权人通常会以许可或不许可必要专利相要挟以向标准实施者索取高额许可使用费。权利人还可能为了抢占市场份额,巩固行业领先地位,保持核心竞争力而滥用必要专利来排挤其他竞争对手,造成垄断的发生,影响正常的市场竞争秩序。因此,为了防止权利的滥用与专利劫持情况的发生,法律有必要对标准必要专利进行规制。

再者,标准必要专利的实施应用会引发各方主体之间的矛盾以及公共利益与私人利益之间的冲突。从性质来看,专利权具有排他性,可以排除或禁止他人未经许

---

① 参见国际标准化组织(ISO)和国际电工委员会(IEC)《ISO/IEC 第 2 号指南》(1996)官方文件。

可而使用自己专利的行为;而标准则是在某一领域范围内普遍适用的准则,具有普适性,需要被广泛施行。从代表的利益来看,专利权是法律赋予人们的一种私权,代表的是私人利益;而标准,无论是国际标准、国家标准、行业标准,还是技术标准、服务标准、管理标准等,都或多或少带有一定的强制性或引导性,更多体现的是公权性质,代表的是社会公共利益。从成本费用来看,当标准制定者标准必要专利成为无法绕开的技术壁垒时,专利权人会期许许可费用越高越好,而标准制定者会希望许可费用越低越好以降低标准的实施成本。基于这几点的不同,当标准与专利发生交叉时,专利权人、标准制定者和标准实施者之间的冲突会变得很显著,处理不慎,即会严重损害公共利益,阻碍社会经济的发展。标准必要专利在促进技术革新的同时也会给市场带来巨大的隐患。为了平衡技术所有者与标准实施者之间的利益,缓和公共利益与私人利益之间的矛盾,对标准必要专利进行规制有着现实必要性。

2. 标准必要专利实施过程中存在的问题

(1) 必要专利信息披露制度的缺失

目前,我国尚未建立起标准必要专利披露制度。最高人民法院曾发函认为,专利权人参与了标准的制定或者经其同意,将专利纳入国家、行业或者地方标准的,视为专利权人许可他人在实施标准的同时实施该专利,他人的有关实施行为不属于《专利法》第11条所规定的侵犯专利权的行为。专利权人可以要求实施人支付一定的使用费,但支付的数额应明显低于正常的许可使用费;专利权人承诺放弃专利使用费的,依其承诺处理。① 而由国家标准委、国家知识产权局于2013年颁布、2014年施行的《国家标准涉及专利的管理规定(暂行)》也对标准必要专利信息的披露作了更为详细的规定。然而,从法律的角度看,这两份文件的法律效力较低,我国的必要专利信息披露制度并没有真正构建起来。这主要体现在以下两个方面:

首先,专利权人和标准实施者在专利信息披露中的权利义务不明确。当专利权人作为标准制定者参与到标准制定的过程中时,其极有可能为了获得更大的经济利益而隐瞒专利技术的存在。当标准成立生效后,标准实施者就可能因遵守标准而侵犯专利权人的权利并需要承担侵权赔偿费用,以及支付相应的专利许可费,这对标准实施者来说是不公平的。按照惯例或通常做法,专利权人参与了标准的制定或者同意标准化组织将其专利纳入标准中,则权利人有义务披露该标准必要专利的存在,如果不披露,视为其默示许可实施标准的人使用其专利。也就是说,在标准制定

---

① 参见最高人民法院《关于朝阳兴诺公司按照建设部颁发的行业标准〈复合载体夯扩桩设计规程〉设计、施工而实施标准中专利的行为是否构成侵犯专利权问题的函》(〔2008〕民三他字第4号)

过程中,专利权人有义务披露其被纳入标准的专利技术,而标准实施者对此有知情权。同样,标准实施者在实施必要专利时应尽量尊重专利权人的许可条件,按时缴纳许可费用,即便是在默示许可的情况下。然而,由于必要专利信息披露制度的缺失,法律并没有对专利权人和标准实施者在专利信息披露中的权利义务进行明确规定,即必要专利信息的披露并非权利人的法定义务,而一些标准化组织尽管规定了专利信息披露义务,也没有规定不披露所需承担的法律责任。

其次,必要专利信息披露的程序不健全。为了减轻标准实施者的侵权风险,平衡双方之间的权利义务关系,很多标准化组织会要求参与标准制定的专利权人承担专利信息披露义务,但是具体执行必要专利信息披露的程序并不健全。例如,专利信息披露的时机、披露的方式、披露的范围、披露的主体和对象、不披露的后果等内容都是不明确和不统一的,这严重影响了必要专利披露义务的可执行性和现实可操作性。

(2) 必要专利许可制度的不完善

标准必要专利虽然与标准相结合了,但其本质上还是属于专利权,适用普通专利许可转让制度的相关规定。但是,基于必要专利的特殊性,其许可制度也应该有特殊的规定,而法律却没有对其进行特别具体规制。必要专利许可制度的不完善主要体现在许可使用费方面。由于专利权是私权,必要专利在许可转让时仍应基于双方当事人达成的合意进行。但如果任由专利权人随意制定许可价格,那么其很可能就会从技术垄断发展为市场垄断。所以,若专利权人同意标准化组织将其专利纳入标准中,按照国际惯例,其在许可他人使用必要专利时应普遍遵循公平、合理、无歧视原则来确定许可使用费。但是,对于该原则应如何理解适用,如何认定许可费是否合理,无歧视的对象应包括什么,必要专利许可双方当事人有什么特殊的权利义务,专利权人达成的许可承诺有效的条件是什么,在许可后专利退出标准后应如何处理,违反该原则有什么后果等问题,法律并没有作出明确的引导,标准化组织的规定也很模糊。2009 年最高人民法院《关于审理侵犯专利权纠纷案件应用法律若干问题的解释(征求意见稿)》第 20 条曾规定,"专利权人要求标准实施人支付使用费的,人民法院应当综合考虑专利的创新程度及其在标准中的作用、标准所属的技术领域、标准的性质、标准实施的范围等因素合理确定使用费的数额"。但该条款最终被删除了。随着技术全球化的发展,关于必要专利许可使用费的纠纷日益增多,我国在 2013 年华为诉 IDC 一案判决中首次认可和使用了公平合理无歧视原则。[①] 尽管如此,如何更好地适用公平合理无歧视原则来认定许可使用费仍然是必要专利许可制度的一大焦点难题。

---

① 参见广东省高级人民法院(2013)粤高法民三终字第 306 号民事判决书。

（3）必要专利禁令的滥用

禁令是知识产权侵权救济的一个重要方式，在《专利法》中体现为诉前停止侵权规定。① 针对他人实施的侵犯专利的行为，必要专利权人可以向法院申请禁令停止他人的侵权行为。实践中，滥用必要专利禁令的情形越来越多，加剧了公共利益与私人利益的冲突。在标准的推广应用之下，众多企业不得不适用标准并使用标准中涵盖的必要专利技术来生产产品。此时会出现很多为了履行标准而侵犯专利权的行为。对此，某些标准必要专利权人可能会因追求高附加值利润而实施专利劫持行为，对标准实施者采取收取高额许可费、搭售产品、强制交叉许可等措施，如果标准实施者不同意则拒绝许可或申请禁令禁止其实施必要专利。一旦法院就必要专利发布禁令，众多企业将无法生产销售其产品，并且需要重新制定生产方案来规避专利技术，大大增加了运营成本，造成了资源极大浪费。不同于普通专利，必要专利在标准施行中具有唯一性和不可替代性，必要专利禁令的滥用不仅会大大影响社会公共利益和正常市场公平竞争秩序，更会阻碍技术标准化进程的推进，从而不利于整个行业的进步，给标准必要专利的保护带来严重影响。

3. 必要专利的保护限度

对标准必要专利的保护和限制是一个敏感而复杂的问题，法律必须采取谨慎的态度。一方面，如果法律给予必要专利高力度的保护，鼓励权利人行使其必要专利，则专利权人会更积极地将其掌握的先进技术贡献给标准化组织，以获得巨大的经济利益，而行业也因前沿技术的融入而更有发展力。但同时，这又可能引发严重的权利滥用与垄断问题。专利权人很可能会利用标准必要专利的技术垄断地位来大肆攫取商业利润，抢占市场占有份额，以实现市场的垄断地位或者以专利禁令相要挟，迫使标准实施者妥协并接受不合理的条件以排除或限制对手的市场竞争。近年来，与标准必要专利相关的纠纷大量涌现，其中的权利滥用与垄断问题引起了业界的关注，如微软、谷歌、摩托罗拉、三星、苹果等大型企业都牵涉其中。另一方面，如果法律过分限制和约束标准必要专利，以严苛的标准来限定必要专利的许可使用费，则专利权人行使标准必要专利的积极性会受到打击，可能会不愿意将其先进技术纳入标准范围内，以确保专利带来的高附加利润，行业也会因缺乏先进核心技术而难以快速发展壮大。但这在一定程度上能保证正常的市场竞争秩序，缓和专利权人与标准实施者之间的矛盾，平衡社会公共利益与私人利益冲突。

基于以上原因，我们必须以科学严谨的态度处理标准必要专利问题。在所有类

---

① 《中华人民共和国专利法》第66条第1款规定："专利权人或利害关系人有证据证明他人正在实施或即将实施侵犯专利权的行为，如不及时制止将会使其合法权益受到难以弥补的损害的，可以在起诉前向人民法院申请采取责令停止有关行为的措施。"

型的专利中,标准必要专利是附加值最高的专利,会给权利人带来巨大的经济利益,所以,在对标准必要专利进行规制时,更多人关注到了对标准必要专利的限制和约束问题。不可否认,因标准必要专利而引发的反垄断纠纷愈加凸显,对必要专利的限制和约束迫在眉睫。但法律对必要专利的约束和限制不能过分严苛和细致,应给法官保留较大的自由裁量权,让其能结合行业性质、具体标准等进行个案分析,以更好地解决必要专利的垄断问题。同时,我们不能忽视对标准必要专利的保护。要注意,标准必要专利问题牵涉各方利益,我们对必要专利的保护水平和限度应控制在合理范围内,并结合国家发展状况、经济发展水平和技术研发成果等因素全面科学地界定必要专利的保护范围和保护力度,以鼓励先进技术与标准的结合,推动行业技术标准化进程,促进经济社会的繁荣。

(三)立法建议

1. 建立当然许可制度

当然许可是一项非常实用的制度设计,对于促进专利转化、专利实施与运用都会起到很好的作用。为此,法律有必要增加对当然许可相关内容的具体规定,构建起完善的当然许可制度。在提出和撤回方面,当然许可的提出和撤回都应该遵循一定的程序,以书面形式向有关部门申请并且向社会公告,以确保其效力。由于发明专利经过实质审查,其价值可以得到保证,而实用新型和外观设计只经过形式审查,难以准确评估,在提出申请时应要求权利人同时提供专利权评价报告。在当然许可撤回时,在先的被许可人可以在原有的许可协议范围内继续使用专利,而不受撤回声明的影响。

在专利权人和被许可人的权利和义务方面,当然许可允许任何人在支付合理许可费的前提下实施专利。对于被许可人而言,其申请获得当然许可可以向有关部门进行许可备案,以对抗第三人。对于专利权人而言,其通过声明的方式让渡使用权给任何人,其保留的仅是许可费的支付请求权。也就是说,当然许可期限,专利权人不能给予独占或排他许可,在他人未支付许可费的情况下,其可以要求对方支付,而法院也仅可以通过审判责令使用人按照专利权人的声明支付相应的使用费,但不应当判令使用人停止实施。否则,就会变成经许可才能实施了,就不是当然许可了。所以,立法可以规定,"当然许可期间,专利权人不得就该专利给予独占或者排他许可、请求停止实施行为"。

在当然许可纠纷的解决方面,当然许可的许可费争议属于平等民事主体之间最基本的民事争议事项,不是行政争议,故而在纠纷解决上法律应当允许当事人自行选择提起诉讼或者通过行政途径解决。因此,立法可以规定,"当事人就当然许可发生纠纷的,可以向人民法院提起诉讼,或者请求国务院专利行政部门裁决。当事人对裁决不服的,可以自收到通知之日起十五日内向人民法院起诉"。

作为一种简易交易方式,当然许可是以省略双方协商的时间来简化许可程序的,因而相对于普通专利交易而言,专利当然许可对专利交易市场和交易信息的流通具有更高的要求。因此,除了要在立法中对当然许可的提出和撤回、权利人和被许可人的权利义务以及纠纷解决进行规定外,为了更好地适用该制度,相关部门或行业组织应该推动建立专利信息交易平台,对当然许可专利的许可条件声明、备案情况、争议内容等信息进行披露,以保障双方对交易信息的知情权,提高当然许可的效率。

2. 建立标准必要专利默示许可制度

专利默示许可,也称隐含许可,有别于以书面合同等方式确立的明示许可,它是指在一定情形之下,专利权人以其非明确许可的默示行为,让被控侵权人或专利使用人产生了允许使用其专利的合理信赖从而成立的一种专利许可形态。[①] 标准必要专利权人滥用标准必要专利的最主要表现就是在标准制定过程中隐瞒标准必要专利的存在,致使标准推广期间,众多标准实施者因为使用标准而导致侵权,并且不得不支付专利权人巨额许可使用费。为了解决这种滥用标准必要专利而形成的专利劫持行为,立法可以借鉴默示许可理论,建立标准必要专利默示许可制度。标准必要专利权人在参与标准制定过程中,应当负有披露其标准必要专利的义务,如果其没有披露,则该行为可以被视为一种默示行为,默示该标准中没有包含任何专利,或者虽然包含专利但标准使用人可以产生允许其使用专利的合理信赖,从而不需要经过专利权人的同意即可实现专利许可的目的。在许可使用费方面,专利权人应以"公平、合理、无歧视"原则为前提与标准使用者进行协商,如果双方不能达成协议,则可以允许双方按照一般民事争议程序来解决纠纷。因此,建议专利法可以增加关于标准必要专利默示许可的内容,具体可以规定为"参与国家标准制定的专利权人在标准制定过程中不披露其拥有的标准必要专利的,视为其许可该标准的实施者使用其专利技术。许可使用费由双方协商;双方不能达成协议的,任何一方可向人民法院提起诉讼"。当然,法律在适用标准必要专利默示许可时可以进一步规定合理使用费认定的具体标准,例如参考标准与专利之间的结合程度、标准的性质、标准的范围,专利技术在标准中的重要性等因素。标准必要专利权人在履行了披露义务或者在默示许可的情况下,标准实施者仍然不按要求支付使用费,法律也可以参照普通的侵权救济对标准必要专利权人有限制地适用禁令救济。

---

① 参见袁真富:《基于侵权抗辩之专利默示许可探究》,载《法学》2010年第12期,第109页。

四、专利业务领域重大法律事件、已审结案件评析

（一）专利技术特征相关问题研究

在专利侵权诉讼中，确定专利权的保护范围是解决纠纷的重要前提。专利权的保护范围主要是通过权利要求书来反映的，权利要求书中记载了发明或实用新型专利的技术特征，全部技术特征的结合构成了专利权的保护范围。然而，在司法实践中，专利权的保护范围往往难以准确界定，给司法适用带来了很大困扰。而哈廷公司诉永贵公司"固定框架"专利权侵权案与埃利康亚洲股份公司与中华人民共和国国家知识产权局专利复审委员会、刘夏阳等发明专利权无效行政纠纷提审案的判决给了我们很大启示。为此，下文将结合案例对专利技术特征的划分、必要技术特征的认定等与专利技术特征的相关问题进行深入分析研究，以明确专利权的保护范围，明晰权利人的权利行使界限。

1. 权利要求技术特征的划分

（1）哈廷公司诉永贵公司"固定框架"专利侵权案案情简介

原告哈廷公司是名称为"固定框架"的发明专利（以下简称"涉案专利"）的专利权人，其认为被告永贵公司制造、销售的电连接器产品落入了涉案专利独立权利要求1的保护范围，侵犯了哈廷公司的发明专利权，遂提起诉讼。法院认为，涉案专利权利要求可以拆分为四个技术特征，而被控侵权产品中均具有上述四个技术特征并一一对应，构成相同技术特征，被控侵权产品构成相同侵权，落入专利权利要求1的保护范围，因此判决原告胜诉。[①] 本案特殊之处在于对权利要求1主题名称中的技术特征进行分析，并界定了其对专利保护范围的限定作用，此外，在对专利侵权诉讼中相同技术特征进行判定时，还提出如何能科学地对技术特征进行划分，具有很高的参考价值。

（2）技术特征的划分标准分析

本案焦点问题之一就是如何确定专利权利要求1的保护范围。在面对专利侵权诉讼时，我们不可避免地要对专利权的保护范围进行界定，这就涉及对权利要求的解释以及对比分析。最高人民法院在2009年颁布的最高人民法院《关于审理侵犯专利权纠纷案件应用法律若干问题的解释》（以下简称《专利权解释》）第7条规定，"人民法院判定被诉侵权技术方案是否落入专利权的保护范围，应当审查权利人主张的权利要求所记载的全部技术特征。被诉侵权技术方案包含与权利要求记载的全部技术特征相同或者等同的技术特征的，人民法院应当认定其落入专利权的保护范围"。要判断两个技术方案的技术特征是否等同或相同，是否会落入专利权的

[①] 参见北京市高级人民法院（2014）高民终字第2044号民事判决书。

保护范围,我们需要对技术特征进行一一对比,以确定两者是否有重合或覆盖的情形发生。为此,我们首先要做的就是对技术方案中的技术特征进行划分,以明确每个技术特征的具体内容。目前我国相关的法律、法规并没有对技术特征的相关内容进行规制,当然也就缺乏对技术特征划分标准的统一规定,这导致专利的侵权判定争议不断,严重影响到专利权保护范围的确定。关于专利技术特征的划分,北京市高级人民法院在本案中提出,应当从本领域技术人员的角度,理解专利权利要求整体技术方案的发明目的和所能实现的技术效果,然后分割出实现整体技术效果的各个技术环节,这些技术环节则应当具有对于独立的功能所体现的作用,最后通过对被诉侵权技术方案的理解,最终科学地划分出技术特征。① 这个划分标准实质上就是强调解释权利要求时要对实现整体技术效果的过程和环节进行拆分,将各个技术特征与每个技术环节相联系。从等同特征的定义可以看出,技术特征应该至少包含手段、功能、效果和连接关系四个要素。② 权利要求中记载的技术特征是一种单纯的文字表达,仅能表示表面含义,并不能直接反映出所有技术特征的具体内容,在对技术特征进行划分时,必须结合该技术方案所要解决的技术问题、发明目的、对整体技术效果的贡献、所能实现的功能等因素来具体化每一个技术特征,以方便比对,而能够独立实现同一种技术效果或达到同种技术功能的技术特征可以划分到一起,作为相同或等同的技术特征。

(3) 主题名称对保护范围的影响

该案还创新性地对主题名称限定作用的适用进行了界定。本案权利要求1的主题名称为"用来固定接插连接模块和装入接插连接壳体或拧紧在壁板上的固定框架",双方当事人均认可接插连接模块以及接插连接壳体属于使用环境特征,而二审法院认为,插接连接模块对涉案专利的保护范围具有限定作用,而接插连接壳体仅在主题名称中出现,未在前序部分及特征部分出现,而且也未对专利技术方案产生任何影响,所以对专利权利要求1的保护范围没有限定作用。主题名称是否属于技术特征,能否对权利要求书限定的保护范围起到影响作用,在实践中存在很大争议,而该案判决提供了一个较为明确的准则来处理主题名称的相关问题。根据《中华人民共和国专利法实施细则》(以下简称《专利法实施细则》)第21条的规定,发明或者实用新型的独立权利要求的前序部分,要写明要求保护的发明或者实用新型技术方案的主题名称和发明或者实用新型与最接近的现有技术共有的必要技术特征。从该规定看,主题名称一般代表的是对技术方案的简单称呼,不会对技术方案的保

---

① 参见北京市高级人民法院(2014)高民终字第2044号民事判决书。
② 参见李中奎:《专利侵权诉讼中技术特征的划分与范围确认》,载《中国发明与专利》2008年第11期,第63页。

护范围有任何限定作用。但是,这不意味着主题名称不会对技术方案产生影响。如果主题名称中含有对技术特征的描述词汇,如本案权利要求1的主题名称用了"接插连接模块"和"接插连接壳体"来形容固定框架,此时则要看其是否起到与技术特征相同的效果或作用。本案的"接插连接模块"不仅出现在主题名称中,还出现在了前序特征与必要技术特征中,对权利要求所述的技术方案有明显的影响,所以可以认定其与技术特征有基本相同的限定作用。相反,"接插连接壳体"仅出现在主题名称中,后续技术特征没有对其进行进一步描述或说明,并不存在限定作用。因此,在判断专利权的保护范围时,不能忽略权利要求的主题名称,要结合技术方案的技术特征、实现的功能效果等因素来分析主题名称对技术方案的实际影响,并以此来认定其是否有限定权利保护范围的作用。

2. 必要技术特征的认定

权利要求书中技术特征内容主要的作用就是确定专利权的保护范围,而在技术特征中,必要技术特征占有重要的地位。然而,实务中的权利要求书总会出现缺少必要技术特征或者没有以说明书为依据的情形,使得专利权不能得到相应的保护。为此,下文将结合案例对必要技术特征的认定以及缺少必要技术特征的判断标准进行研究。

(1)(瑞士)埃利康公司与专利复审委员会行政纠纷案案情简介

原告埃利康公司系名称为"自动的机械停车场中用于机动车水平传送的托架"发明专利(即涉案专利)的权利人,该专利有15项权利要求。针对本专利,刘夏阳、怡峰公司先后三次提出无效请求,理由之一为权利要求1—15缺少必要技术特征。专利复审委员会决定认定权利要求1及有关从属权利要求缺少必要技术特征并宣告其无效,但同时认定权利要求4及其从属权利要求的技术方案符合《专利法》第26条第4款的规定。埃利康公司不服,提起行政诉讼。北京市第一中级人民法院、北京市高级人民法院先后驳回其诉讼请求和上诉。埃利康公司不服,向最高人民法院申请再审。最高人民法院提审认为,独立权利要求缺少必要技术特征,一般也不能得到说明书的支持。无效决定在认定权利要求缺少必要技术特征的基础上,又认定其得到了说明书的支持,适用法律错误。据此判决撤销专利复审委员会的审查决定及一审、二审判决,并责令专利复审委员会重新作出审查决定。①

(2) 对"缺乏必要技术特征"的认定和判断标准

本案的判决理由之一就是独立权利要求缺少必要技术特征,对于该抗辩理由适用的理解,司法实践中有很大争议。根据《专利审查指南2010》第二部分第二章

---

① 参见最高人民法院(2014)行提字第11、12、13号行政判决书。

第3.1.2节的规定,必要技术特征是指,发明或者实用新型为解决其技术问题所不可缺少的技术特征,其总和足以构成发明或者实用新型的技术方案,使之区别于背景技术中所述的其他技术方案。从定义来看,必要技术特征首先是要解决技术问题的,而且该特征构成的技术方案是与背景技术中的技术方案是有区别的。《专利法实施细则》第21条规定,独立权利要求应当从整体上反映发明或者实用新型的技术方案,记载解决技术问题的必要技术特征。换句话说,必要技术特征是独立权利要求不可或缺的要素,如果缺乏必要技术特征,就难以从整体上反映技术方案,从而不能对技术方案起到限定作用,同时也不能确定专利权的保护范围。独立权利要求中所记载的必要技术特征包括了两层含义:一是独立权利要求应当完整地反映一个发明或者实用新型的技术方案;二是独立权利要求应当记载解决技术问题的所有必要技术特征,也就是说,独立权利要求所要求保护的技术方案应当能够解决说明书中记载的所要解决的技术问题。[①] 因此,判定独立权利要求是否缺失必要技术特征,必须要结合说明书的内容,首先明确所要解决的技术问题,然后再判断具体的必要技术特征是否能够解决该技术问题,实现技术方案的功能或者效果。如果没有该技术特征也能解决该技术问题,那么该技术特征就不应视为必要技术特征。而对必要技术特征与非必要技术特征进行明确划分具有重要意义。独立权利要求具有限定权利保护范围的作用,所具备的必要技术特征越多,其保护范围越小,若对必要技术特征界定不清,错误地将非必要技术特征当做必要技术特征列入独立权利要求中,会缩小专利保护范围,对权利人不利。在本案中,说明书中记载了所要解决的可靠传送、传送速度、减小空间、减小成本四个方面的技术问题,因此涉案专利的独立权利要求中应当记载能够同时解决上述四个方面的技术问题的必要技术特征,否则可以认定该技术特征不是必要技术特征,该独立权利要求缺乏必要技术特征,不符合《专利法实施细则》的规定。

(3)对权利要求书与说明书关系问题的理解

本案法院创造性地对"权利要求书是否以说明书为依据"的关系问题进行了解读,认为独立权利要求缺少必要技术特征,不符合《专利法实施细则》第20条第2款的规定的,一般也不能得到说明书的支持,不符合《专利法》第26条第4款的规定。[②] 权利要求书与说明书都是专利申请不可或缺的文件,两者的对应关系体现在《专利法实施细则》第20条第2款与《专利法》第26条第4款中。本案争议问题之一就是利用该两个条款进行认定的结果是否互相矛盾。《专利法》第26条第4款规定,权

[①] 参见黄海云、孟佳、裴素英等:《浅谈专利法中的必要技术特征》,载《电视技术》2012年第S2期,第193页。

[②] 参见最高人民法院(2014)行提字第11、12、13号行政判决书。

利要求书应当以说明书为依据,清楚、简要地限定要求专利保护的范围。该条规定应该可以同时适用于独立权利要求与从属权利要求,不管利用何种类型的权利要求进行专利保护范围限定,都离不开说明书的支持。独立权利要求作为权利要求的一种类型,自然也在该条的规制范围内。而《专利法实施细则》第 20 条则是专门针对独立权利要求的规定。这两条都反映了一个问题,即权利要求必须要得到说明书的支持,权利要求书所述的保护范围应该与说明书所公开的技术内容相符。因此,想要准确界定专利权的保护范围,不能仅对权利要求书进行解释,还要结合说明书中反映的背景技术、技术问题、所需实现的技术功能或效果来对权利要求中的技术特征进行分析,只有两者相符,才能对技术方案进行限定。

总的来说,专利技术特征是确定专利权的保护范围的重要因素。在专利侵权诉讼中,需要判断被控侵权技术是否落入专利权的保护范围,就需要对技术特征进行划分,划分时必须要以其在整体技术方案中所能实现的技术功能为主要标准进行,再综合考虑其他因素,尤其要主要不能忽视主题名称对技术方案起限定作用的情形。在进行技术特征划分之前,首要判断的是专利权的保护范围是否合法有效,这需要判断权利要求是否以说明书为依据,所限定的保护范围是否与说明书相符,独立权利要求是否缺乏必要技术特征,只有满足相应的条件,专利权才能受到保护。围绕专利技术特征的相关问题,这两个案件都有各自创新思路和特殊之处,对专利权保护范围的认定有着显著的指引参考作用。

(二) 功能性技术特征的认定及其具体内容的确定问题研究

在发明和实用新型专利申请中,为了尽量扩大保护范围,在权利要求中采取功能性描述来限定技术特征的现象十分普遍,尤其在计算机、通讯、信号处理等新技术不断涌现的领域。过多的采用功能性技术特征会不合理地扩大专利权人的保护范围,影响竞争对手和社会公共利益。为此,越来越多的人开始探讨功能性技术特征的认定及功能性技术特征下专利权保护范围的确定问题。近两年判决的诺基亚公司诉上海华勤通讯公司侵犯发明专利纠纷案以及 SEB 公司诉广东旗峰不锈钢制品有限公司侵犯发明专利纠纷案都是围绕功能性技术特征的相关问题发生的。判决中法官对功能性技术特征相关问题的阐述说理使人们对该问题有了进一步的认识,也引发了更多的思考。

1. 功能性技术特征的认定

(1) 诺基亚公司诉上海华勤通讯公司案案情简介

在诺基亚公司诉上海华勤通讯公司侵犯发明专利纠纷案中,原告诺基亚公司拥有一项发明专利,其涉及一种方法和终端设备,用于在几种可用的数据传送方法中选择一种方法来发送电信系统中的消息(以下简称"涉案专利")。原告认为被告华勤通讯公司未经许可,擅自制造、许诺销售、销售侵权产品,落入了权利要求 7 的保护范围,构成对原告涉案专利的侵犯,遂对被告提起侵犯专利权诉讼。上海市第一中级人民法院认为,原告的权利要求7包含以功能或者效果表述的技术特征,基于涉案专利说明书不能确定涉案专利权利要求7中功能性限定的结构特征保护范围,判决驳回原告的诉讼请求。原告提出上诉,二审法院维持原判。① 本案主要的争议焦点是如何认定一项权利要求是否属于功能性技术特征,这就涉及对功能性技术特征的构成分析。

（2）功能性技术特征的认定标准

在该案中,法院认为,功能性技术特征是指对于产品的结构、部件、组分或其之间的关系或者方法的步骤、条件或其之间的关系等,通过其在发明创造中所起的作用、功能或者效果进行限定的技术特征,但本领域普通技术人员通过阅读权利要求书、说明书和附图可以直接、明确地确定技术内容的技术特征的除外。从定义来看,构成功能性技术特征的首要前提是要使用功能或效果描述来限定技术特征。一般来说,专利权利要求是通过反映产品的结构组合或者方法步骤所体现的技术特征来限定专利权保护范围的,而功能性技术特征却是通过产品的结构组合或方法步骤在发明创造技术中所起的作用、功能以及产生的效果来表述以限定保护范围。也就是说,如果某一专利含有功能性技术特征,其所有能实现该功能的技术方案都会落入该专利的保护范围,这极大地扩张了专利保护范围,也使得实践中出现越来越多的具有功能性描述的技术特征。

从语句样式来看,功能性特征都具有比较明显的表达方式,例如出现"达到……效果""起到……作用""被用做……"等语句。但是,功能性特征一般不仅具备特别的表达方式,其表达也是本身给技术方案起到的作用或效果,而非明确的产品结构或方法步骤,使得该领域普通技术人员能够根据其技术特征而得知其技术的实现,因而仅从语句样式来判断,往往会将非功能性特征认定为功能性特征,从而错误地适用了法律对功能性特征的特别规定。实践中,含有功能性描述的特征有三种情形:结构性描述加上不具有限定作用的功能性描述,结构性描述加上具有限定作用的功能性描述以及纯功能性描述。② 并非只要具有功能性描述的都是功能性特征。基于表达习惯,权利人可能会在技术特征表达时对申请的专利在发明创造中所起的作用、功能或者效果进行描述,描述的同时揭露相应的产品结构或方法步骤,又或者,虽然权利要求中出现了功能性描述,但是本领域的普通技术人员可以很容易发现该功能性描述的特征的技术内容是如何实现的,这时我们就不能简单地将其归为

---

① 参见上海市高级人民法院(2013)沪高民三(知)终字第96号民事判决书。
② 参见党晓林:《功能性限定特征的审查与保护范围之探讨》,载《知识产权》2011年第1期,第44页。

功能性特征,而适用功能性特征的要求来确定其保护范围。因此,在辨别某一技术特征是否为功能性特征时,必须要从其具体内容所反映的实质内涵来确定是否对技术特征进行了功能性限定,而不能仅从技术特征的表达方式或者语句样式来判断。

结合本案来看,根据判决书的内容,涉案专利权利要求7为:"如权利要求6所述的终端设备,其特征在于:所述终端设备被配置为:将所述数据传送方法选择应用于用于输入消息的消息编辑器;所述终端设备被配置为:基于在所述消息编辑器中执行的所述数据传送方法的选择,将所述消息传送到支持所选择的数据传送方法的数据传送应用程序;以及所述终端设备被配置为:根据所述数据传送应用程序所使用的数据传送协议,将所述消息传送到电信网络。"从该描述看,涉案专利权利要求7的技术特征是通过"被配置为……"这个描述进行表达的,主要意思就是该设备的作用是为了实现涉案的方法专利的,而并没有披露该设备本身的结构、组件、互相的空间关系等具体构造,本领域普通技术人员通过阅读该权利要求并不能得出其技术内容,因此,可以认定该权利要求含有功能性特征。

2. 功能性技术特征具体内容的确定

在明晰了如何认定功能性技术特征之后,要进一步解决如何确定功能性技术特征的具体内容问题,以明确权利要求的保护范围。鉴于含有功能性技术特征的权利要求保护范围十分宽泛,很可能将本属于公共领域的权利也纳入私权范围,因此,法律针对侵权诉讼中出现的含有功能性技术特征的权利要求的保护范围作了严格的限定。最高人民法院《专利权解释》第4条规定,对于权利要求中以功能或者效果表述的技术特征,人民法院应当结合说明书和附图描述的该功能或者效果的具体实施方式及其等同的实施方式,确定该技术特征的内容。换句话说,以功能性描述的技术特征,并不意味着所有能实现该特征所说的功能的技术方案都属于专利权人的权利范围,其具体内容应该是以功能性描述与说明书和附图描述相结合来确定的。然而,《专利审查指南》(2010)规定,对于权利要求中所包含的功能性限定的技术特征,应当理解为覆盖了所有能够实现所述功能的实施方式。① 这两个规定对功能性技术特征具体内容的认定采取了不同标准,这导致如何准确理解适用该条来确定功能性技术特征的具体内容成为司法实践中一大难题。

(1) SEB公司诉广东旗峰不锈钢制品有限公司案案情简介

在侵权诉讼环节,法院更倾向于采取《专利权解释》第4条的规定对功能性技术特征进行限定。广东省高级人民法院在SEB公司诉广东旗峰不锈钢制品有限

---

① 参见国家知识产权局:《专利审查指南(2010)》,知识产权出版社2010年版,第二部分第二章3.2.1。

公司案中,具体说明了如何结合说明书和附图描述的该功能或效果的具体实施方式来确定功能性技术特征的内容,给功能性技术特征具体内容的确定提供了重要的参考。在该案中,原告法国 SEB 公司享有权利的"压力烧煮容器锁紧夹具的开启和关闭的控制装置"发明专利,原告认为被告广东旗峰公司制造销售与其专利相同的产品,遂对被告提起侵害发明专利权的诉讼。二审法院具体结合说明书和附图的描述来确定该技术特征的内容,从而将该功能性特征呈现为以具体部件以及部件之间的空间位置和结构来表述的特征,以此判决旗峰公司落入本案专利权利要求 1 和 12 的保护范围,不落入权利要求 3 的保护范围,构成侵权。[①] 本案创新之处在于提出应该将各种具体实施方式所必需的全部技术特征,分别、并列地作为该功能技术特征的内容,据此来确定专利权人的保护范围。这种做法的可行性也值得我们深入分析。

(2) 功能性技术特征内容的确定方式

《专利法》第 59 条规定,发明或者实用新型专利的保护范围以其权利要求的内容为准,说明书及附图可以用于解释权利要求。但是,说明书或附图对含有功能性技术特征的权利要求进行解释,并不一定能确定该权利要求的保护范围。当说明书或附图并没有对实现该功能的具体实施方式进行描述,或者其描述只是再次强调了该技术所起的作用、功能或者效果,如果本领域的普通技术人员不能从权利要求书、说明书和附图中明确得知技术内容,则可以认定该技术特征属于纯功能性技术特征,含有该功能性技术特征的权利要求没有明确的保护范围,不能获得专利法的保护。如果说明书或附图记载了实现该功能或效果的具体实施方式或者等同实施方式,那么功能性技术特征的内容就可以以其记载的具体实施方式或等同实施方式中体现的必要技术特征来确定。以 SEB 公司诉上海旗峰公司案中专利权利要求 3 为例,原告 SEB 公司将权利要求 3 表示为"上述控制件与控制按钮动态配合……适于控制传动臂沿径向向内方向移动",该技术特征未对控制按钮的结构特征及其与其他部件的空间位置关系进行描述,其说明书则记载了"控制按钮 52 通过复位弹簧轴向弹性活动地安装在圆头内……控制按钮 52 在其下部包括起动指杆 53,配有倾斜接合面 54,当按控制按钮 52 时,接合 54 刚好同配置在控制件 56 上的互补接合面相配合;当夹具 15a、15b 处于开启状态时,按压控制钮 52,指杆 53 就将与互补的接合面 55 相配合,以便控钮 56 的松开"等描述该功能的具体产品结构、空间关系的内容。据此,法院将权利要求 3 中功能性技术特征内容确定为:控制按钮轴向安装在盖上,下部设置有起动指杆,指杆上配有与控制件上设置的接合面互补的倾斜接合面,按压控制按钮,指杆的倾斜接合面与控制件的互补接合面相配合,使控制件松

[①] 参见广东省高级人民法院(2013)粤高法民三终字第 279 号民事判决书。

开,传动臂沿径向向内方向移动。① 针对说明书提出的具体实施方式,广东省高级人民法院从中抽取了其全部必要技术特征,将其作为该技术特征的内容,以此来明确权利要求的保护范围。这种确定方法给人们提供了简单明了的思路来认定含有功能性技术特征的权利要求的保护范围,提高了人们对使用功能性技术特征行为所造成后果的可预期性。

然而,这种做法在实践中也可能会出现一些问题。由于说明书中记载了技术方案的全部细节,实践中往往难以准确快速地从所有实施例中提取所需的全部技术特征,甚至可能会误将其他技术细节也列入实施例的技术特征中,从而扩大了功能性技术特征的内容。此外,在功能性特征与非功能性特征并存的权利要求中,结合说明书和附图的实施方式来确定权利要求的内容仅仅应当针对功能性特征,而不能扩大到非功能性特征。② 而实践中功能性特征与非功能性特征的界限也很模糊,很可能会出现将各种具体实施方式所必需的全部技术特征,分别、并列地作为非功能性技术特征内容的情况。因此,在参照广东省高级人民法院在该案中的确定方法时应该有所注意。

近年来,涉及功能性技术特征的侵权诉讼频发,有必要对其中的相关问题进行深入探讨。上海市第一中级人民法院在诺基亚公司诉上海华勤通讯公司案的判决中对功能性技术特征进行了定义,并且对其认定和特点进行了详细分析,使得我们在识别功能性技术特征上有了更明确的参照。在识别的基础上,广东省高级人民法院在 SEB 公司诉广东旗峰公司案的判决中,其提出从各个实施方式中提取必需的全部技术特征,分别、并列地作为功能性技术特征的内容,这种确定含有功能性技术特征的权利要求的保护范围的方法使得我们在实践中适用《专利权解释》第 4 条时有了更清晰的程序步骤参考,极大地提高了效率,但该认定方法可能会引起另外的问题,需要我们进一步研究。

(三) 图形用户界面外观设计保护问题研究

1. 苹果公司与专利复审委员会外观设计专利纠纷案案情简介

2010 年 7 月 26 日,苹果公司向国家知识产权局提出名称为"便携式显示设备(带图形用户界面)"的外观设计专利申请(以下简称"涉案申请")。国家知识产权局原审查部门以涉案申请系《专利审查指南》所规定的"产品通电后显示的图案",不属于授予外观设计专利权的客体,不符合 2008 年修正的《专利法》第 2 条第 4 款的规定为由,对涉案申请予以驳回。苹果公司不服,向专利复审委员会提出复审请求。专利复审委员会对驳回决定予以维持。苹果公司不服,提起行政诉讼。北京市

---

① 参见广东省高级人民法院(2013)粤高法民三终字第 279 号民事判决书。
② 参见张学军:《功能性特征法律适用探析》,载 http://www.chinaiprlaw.cn/index.php? id = 2327。

第一中级人民法院认为,虽然涉案申请包括了在产品通电状态下才能显示的图形用户界面,但其仍是对便携式显示设备在产品整体外观方面所进行的设计,亦能满足外观设计专利在工业应用和美感方面的要求,可以成为我国外观设计专利权的保护客体。据此判决撤销专利复审委员会的复审决定,专利复审委员会不服,提起上诉。北京市高级人民法院二审判决驳回上诉、维持原判。①

2. 评析

随着产品的更新换代,图形用户界面也随之迅猛发展,成为吸引消费者购买、提升产品销量的重要因素。为了提升用户体验,企业纷纷增加对图形用户界面的研发投入,以促进人机互动,提高产品美观度的同时增强用户黏度。然而,尽管图形用户界面为企业带来了巨大的经济利益,其知识产权保护却面临着困境。就专利保护而言,《专利审查指南(2010)》将"产品通电后显示的图案"列为不授予外观设计专利权的情形之一,使得图形用户界面难以受到外观设计专利保护。苹果公司针对便携式显示设备(带图形用户界面)提起的专利行政案的胜诉,给图形用户界面的保护带来了新的思路,引起了学界关于带图形用户界面产品是否为外观设计专利保护客体的热烈讨论。本案是我国第一例针对图形用户界面的专利授权行政案件,对我国司法实践起着重要的指导作用,涉及的关于带图形用户界面产品是否外观设计专利保护客体以及对《专利审查指南(2010)》的理解适用等问题都值得深思。

(1) 包含图形用户界面外观设计属于外观设计保护客体的法律依据

包含图形用户界面的外观设计符合《专利法》第2条第4款的规定,具有正当的法律依据,是可以成为专利权保护客体的。专利复审委员会以涉案申请系《专利审查指南(2010)》所规定的"产品通电后显示的图案",不属于授予外观设计专利权的客体作为辩护理由,是不恰当的。从效力层次上看,《专利法》属于法律,《专利审查指南(2010)》属于部门规章,在判断一项产品设计是否可以成为外观设计专利权客体时应先判断其是否符合专利法中对于外观设计的要求;而《专利审查指南(2010)》中关于不授予外观设计专利权的情形应该是以《专利法》的规定为基础的细化规定。外观设计,是指对产品的形状、图案或者其结合以及色彩与形状、图案的结合所作出的富有美感并适用于工业应用的新设计。根据定义可知,一项申请能够成为外观设计保护客体必须满足四个条件:以工业产品为载体;设计是针对产品的形状、图案或者其结合以及色彩与形状、图案的结合所作出;富有美感;适于批量化生产的工业应用。在本案中,苹果公司生产的便携式显示设备是一个适用于工业应用的工业产品,该设备六面视图所呈现的设计是针对产品的形状、图案或者其结合

---

① 参见北京市高级人民法院(2014)高行(知)终字第2815号行政判决书。

以及色彩与形状、图案的结合所作出并且富有美感,因此符合《专利法》中关于外观设计保护客体的条件,应该属于可授予外观设计专利权的范围。专利复审委员会应先依《专利法》认定涉案申请属于外观设计专利权的客体后,再在此前提下引用《专利审查指南(2010)》审查其是否可以获得授权,而不应只依据《专利审查指南(2010)》的规定来进行审查。

从条款的解释看,根据《专利审查指南(2010)》第一部分第三章第7.4节的规定,"产品通电后显示的图案,例如电子表盘显示的图案,手机显示屏上显示的图案、软件界面等"属于不授予外观设计专利权的情形。这里指出的不授予外观设计专利权的客体指的应该是通电后显示的图案,对应到本案,应该指的是图形用户界面。换句话说,《专利审查指南(2010)》只规定了通电后显示的图形用户界面之类的图案不可以成为专利权保护的客体,但并没有规定包含了图形用户界面的所有工业产品外观设计申请都不可以成为专利权保护的客体。若一项外观设计申请包含了产品通电后的图案,还需要进一步分析该外观设计申请是否符合《专利法》第2条第4款规定的工业产品设计,而不能仅以其通电后显示了图案就将其排除在保护范围之外。本案中,苹果公司申请保护的是便携式显示设备(带图形用户界面),其真正所指的申请对象应该是设备的外观设计,而非独立的图形用户界面,通电后显示的图案只是设备整体外观设计中的一个特征。依规定,最多不保护该设备通电后显示的图案,而不能将设备的整体设计都排除在外观设计保护范围之外。专利复审委员会以产品通电后显示的图案的情形代替了所有包含产品通电后显示图案的外观设计申请,在适用《专利审查指南(2010)》中关于产品通电后显示的图案不可授予外观设计专利权的条款进行审查时有将其扩大解释的嫌疑。因此,不管是从《专利法》关于外观设计的规定分析,还是从《专利审查指南(2010)》的理解适用来看,包含图形用户界面的外观设计成为外观设计保护客体是有法律依据的。

(2)通电图案相关问题研究

关于涉案申请,专利复审委员会还提出了两点辩护理由,即通电图案随通电而变化使得保护范围不确定,以及不清楚本申请屏幕上排列的若干小方块是否与人机交互或实现产品功能有关。本案中,通电后显示的图案并不是外观设计的保护对象,便携式显示设备的外观设计才是外观设计专利权的保护对象,其通电后显示的图案只是其使用过程中呈现的一个状态。所以可以将含有通电后显示的图案的视图看做产品的使用状态图。而根据《专利法》和《专利审查指南》(2010)的相关规定,产品的使用状态是可以保护的,因此设备通电后显示了图案,这仅代表了其使用的状态,该设备的外观设计还是可以受到保护的。在该案一审后,国家知识产权局发布了《关于修改〈专利审查指南〉的决定》(以下简称"国家知识产权局第68号令"),明确提出可以保护包括图形用户界面的产品外观设计,并且该图形用户界面的图案可以是动态的,还删除了《专利审查指南》中"产品的图案应当是固定的、可见的,而不应是时有时无的或者需要在特定的条件下才能看见的"规定。① 这样的修改实际上也表明即便图形用户界面只有通电时才能看见,也不影响对整体产品的外观设计保护。对此,北京市高级人民法院在二审判决书中认为:产品通电后所显示的富有设计美感的图形用户界面或因此而呈现出的使用状态同样也是设计者智力创造成果的直接体现,如果只保护电子产品在非通电状态下的整体外观设计,而不保护其中所包含的在通电状态下才显示的图形用户界面,则并不足以对设计者在此过程中所付出的创造性劳动给予充分保护,没有充分考虑到此类电子产品相较于其他产品的特殊性。② 这样的认定使得显示图形用户界面的众多电子设备申请外观设计专利权时有了更强的法律保障和司法指引,激发了企业研发更有新颖性和创造性图形用户界面的积极性。

专利复审委员会认为不清楚本申请屏幕上排列的若干小方块是否与人机交互或实现产品功能有关,因而本申请不属于外观设计专利权授权客体,这样的认定是没有逻辑上的因果关系的。是否能获得外观设计专利授权与是否属于外观设计专利的客体,是两个不同的概念。图形用户界面能获得外观设计专利权保护的条件除了要结合工业产品之外,还要满足人机交互和实现功能,如果不能满足这些条件,则其不能被授予专利权,但这不代表它不是外观设计专利权的保护客体。涉案申请通电后显示的图案不能人机交互或者与实现产品功能无关,这只能说明其不符合外观设计专利权的授权范围,但其仍然是外观设计专利权的客体,通过修改等方式仍然能够申请授权。

(3) 包含图形用户界面外观设计的保护

苹果公司的外观设计申请是于 2010 年提出的,当时关于包含图形用户界面的外观设计是否能成为外观设计专利权申请对象这个问题存在很多争议,该专利授权行政案件也引起了广泛关注。2014 年 5 月 1 日施行的国家知识产权局第 68 号令明确将包含图形用户界面的外观设计作为外观设计专利权的客体,该决定施行后图形用户界面外观设计申请日益增多。苹果公司的图形用户界面外观设计专利行政案 2014 年 12 月作出二审判决,成为本领域第一行政案,对实务界产生了重大影响,为图形用户界面的外观设计保护提供了借鉴。尽管如此,包含图形用户界面的外观设计保护仍然存在很多现实问题有待解决。例如,目前我国对图形用户界面进行保护时必须要与硬件结合,即与特定产品捆绑保护,竞争者可以很便利地利用不同类型

---

① 参见国家知识产权局《关于修改〈专利审查指南〉的决定》(国家知识产权局令第 68 号)。
② 参见北京市高级人民法院 (2014) 高行 (知) 终字第 2815 号行政判决书。

设备来使用相同或相似图形用户界面,使得图形用户界面的侵权判断非常困难,权利人的权利得不到真正的保护,不利于图形用户界面的创新。法律虽然已经表明要保护含有图形用户界面的外观设计,但我国对图形用户界面外观设计保护制度还没有真正建立起来,具体的保护方式、保护程序、保护范围、侵权救济程序等内容不完善,大大制约了图形用户界面的发展。

随着电子产品技术的发展,图形用户界面的重要性越来越明显,如何落实对其的保护也成为当前亟待解决的问题。目前我国对图形用户界面的发展仍然需要与产品外观设计相结合,未来的发展趋势应该是逐渐弱化图形用户界面的硬件需求,更加强调对图形用户界面本身的保护。为此,我国应该及时构建和完善图形用户界面外观设计专利保护制度,细化包含图形用户界面外观设计专利申请的审查标准,从专利申请名称的限定、产品视图的提交、简要说明书的撰写等方面进行统一规定,以提高申请授权的效率和成功率。此外,在经济发展水平和科技研发创新能力提高到适合程度时,可以考虑引入图形用户界面的部分外观设计保护,将图形用户界面设计从整体外观设计中分离出来,只保护产品的图形用户界面部分,以推动企业对图形用户界面的革新进程。

随着包含图形用户界面的外观设计专利申请量和授权量的增长,围绕图形用户界面的纠纷会与日俱增。本案为今后法院审理与图形用户界面相关的专利行政案件提供了明确的审理思路,也为专利复审委员会适用《专利审查指南》审理包含图形用户界面的外观设计专利申请提供了新的角度,对业界有着一定影响力,值得深入研究。

(四) 确认不侵权之诉成立要件分析

1. 正好公司与方盛公司确认不侵害专利权纠纷案案情简介

怀化正好制药有限公司(以下简称"正好公司")于2005年7月1日向国家知识产权局提出名称为"一种药物金刚藤微丸及其制备方法"的发明专利申请,并于2009年6月17日获得授权。湖南方盛制药股份有限公司(以下简称"方盛公司")就药品名称为"金刚藤分散片"的片剂药品向湖南省食品药品监督管理局(以下简称"湖南省药监局")提出新药申请,湖南省药监局于2005年10月19日对该申请予以受理。2008年12月25日,国家食品药品监督管理局药品审评中心(以下简称"审评中心")向方盛公司致函称,在该公司的"金刚藤分散片"注册过程中,正好公司向审评中心反映该申报药品涉及专利问题。审评中心通知方盛公司对此出具答复意见。2009年1月9日,方盛公司向审评中心出具了对上述问题的答复意见,认为"金刚藤分散片"的药品注册申请未与正好公司的专利权形成冲突。方盛公司于2011年9月13日向正好公司致函,督促其行使诉权或者向国家药监局撤回异议。后正好制药公司既未提起诉讼,亦未撤回异议。方盛公司向湖南省长沙市中级人民法院提起确认不侵犯专利权之诉。一审法院判决确认方盛公司的"金刚藤分散片"不侵犯正好公司的专利权。正好公司不服,提起上诉。湖南省高级人民法院二审判决驳回上诉、维持原判。①

2. 评析

本案是一起确认不侵犯专利权之诉纠纷。确认不侵犯专利权之诉是指被指控侵权的主体认为专利权人或利害关系人的警告使其权利处于不稳定状态,而专利权人或利害关系人又不及时采取措施解决双方争议,被控侵权主体向法院起诉以确认自己行为不侵犯他人专利权的一种诉讼。我国在2001年即承认了知识产权确认不侵权之诉的独立地位,为知识产权纠纷解决提供了又一个有效的救济方式。作为一种确认不侵权之诉,本案的特殊之处在于被告是向第三方主体而非被控侵权主体发出警告函,该警告函的形式和对象都与以往不同。从该案的判决中可以发现,法院正在逐步扩大侵权警告函的适用范围。为此,本文将结合该案确认不侵权之诉成立要件、侵权警告函的适用范围进行分析,以为专利确认不侵权之诉的应用提供司法指导。

(1) 确认不侵权之诉的成立要件分析

与普通诉讼不同,确认不侵权之诉是由被指控侵权者提出的,其实质是为被控侵权者提供一种救济方式,以防止专利权人滥用其权利乱发警告函,影响被控侵权者的正常经营活动。确认不侵权之诉对于被控侵权者而言具有消除潜在被诉风险,确认其权利归属的重要作用,并有助于维护自身商誉不因被控侵权而受损。但基于其特殊性,法律对确认不侵权之诉的成立要件作了严格的限定,因而大部分确认不侵权之诉案件都离不开是否符合确认不侵权之诉条件的争议。下文将具体分析确认不侵权之诉成立的要件。

首先,提起确认不侵权之诉要符合普通诉讼的成立要件。根据《民事诉讼法》第119条的规定,起诉必须要有适格的原告,明确的被告,具体的诉讼请求、事实和理由,属于法院受理范围和受诉法院管辖。确认不侵权之诉是知识产权中一种独特的诉讼类型,也是民事诉讼中的一种独立之诉,受到《民事诉讼法》的规制,起诉时以满足一般民事诉讼案件起诉的实质要件为前提条件。

其次,确认不侵权之诉还要符合特殊的成立要件。根据最高人民法院《关于审理侵犯专利权纠纷案件应用法律若干问题的解释》第18条的规定,成立确认不侵权

---

① 参见湖南省高级人民法院(2014)湘高法民三终字第51号民事判决书。

之诉有四个特殊要件。① 一是权利人发出侵权警告函,权利人发现他人有侵犯其专利权的行为,不是通过提起侵权诉讼来维权,而是像对方发出侵权警告函,警示其停止侵权。二是被警告人书面催告权利人及时通过司法途径解决纠纷。为了防止权利人滥用警告函影响他人正常生产经营活动,法律先是给被控侵权人一个催告的权利。被控侵权人认为自己没有侵犯权利人的专利权,则应当先书面催告权利人提起诉讼,而不能直接提起确认不侵权之诉。三是权利人经催告在合理时间内仍不采取有效措施解决纠纷。四是被控侵权人因权利人的行为而遭受损害。结合四个条件来看,其实这其中蕴含了更深层的意思,即当被控侵权人因权利人的行为而使自身的权利处于不稳定状态,并遭受直接或间接损失之时,其穷尽合理的救济途径仍不能确定权利的状态,也不能使权利人停止所谓的"维权"行为,此时法律才赋予被控侵权人提起确认不侵权之诉的权利,以解除时刻伴随着的侵权风险,为其产品生产销售规模的扩大和发展提供有效的法律保障。此外,还需要考虑,一旦相关技术方案被确认不侵权专利权,该判决可能会影响后续的侵权活动进行,从而影响公平公正。从这个角度看,确认不侵权之诉应当是制止权利人滥用权利的最后手段,在实践中必须严格适用。

结合本案分析,本案的争议焦点之一就是是否符合确认不侵权之诉的条件。被告以原告侵犯其专利权为由向审评中心致函反映原告的涉案专利有侵权嫌疑,原告收到审评中心转交的函后即向被告出具了一份催告函和催告邮件以说明其没有侵权并催告被告及时行使诉权。而被告有证据证明其已收到原告的函后在合理时间内既没有撤销警告又没有提起诉讼,从形式上来看,完全符合提起确认不侵权之诉的条件。

(2) 侵权警告函的形式和对象的范围认定

① 侵权警告函的形式认定

由于发出侵权警告函是提出专利确认不侵权之诉的前提条件,因此在判断是否符合确认不侵权之诉中有一个难点,即如何认定侵权警告函。由于相关法规文件并没有对侵权警告函的形式、对象范围等具体内容进一步规定,业界对其具体适用存在着很多争议。与之前的确认不侵权之诉不同,本案的专利确认不侵权之诉有一个特点,即被告正好公司并不是通过直接对原告方盛公司发出侵权警告函来建立侵权警告关系的,而是借着专利药品在药监局注册过程中以提出异议的方式来表达方盛

---

① 最高人民法院《关于审理侵犯专利权纠纷案件应用法律若干问题的解释》第18条:"权利人向他人发出侵犯专利权的警告,被警告人或者利害关系人经书面催告权利人行使诉权,自权利人收到该书面催告之日起一个月内或者自书面催告发出之日起二个月内,权利人不撤回警告也不提起诉讼,被警告人或者利害关系人向人民法院提起请求确认其行为不侵犯专利权的诉讼的,人民法院应当受理。"

公司可能侵权的意图,而审批中心收到异议函后将其转交方盛公司,从而完成权利人发出侵权警告函这一过程。按常理来说,该专利药品处于药监局注册过程中,被告发函异议应该是合法权利,因此该函能否被认定为侵权警告函引起了众多争议。虽然被告是向审批中心发函提出异议的,但原告在收到审批中心转发被告的函后也及时发函给被告督促其行使诉权或者撤回异议,而被告在合理时间内不予理会,其行为使得原告的专利药品不能正常通过审批注册,已经影响到原告的利益,给原告带来了损害。从这个角度看,该函的出现已经使原告得知其专利涉嫌侵权的事实,而原告也采取了合理措施,被告发函的目的已经达成,该函产生了与侵权警告函相类似的作用,可以视为是确认不侵权之诉中的侵权警告函。

在实践中,越来越多的权利人通过提起异议、投诉等合法形式来质疑竞争对手的专利,而又不采取实质的司法救济措施,从而拖延或阻碍了竞争对手的正常市场活动,不利于市场竞争秩序的维持。为此,在认定侵权警告函时可以不必过分拘泥于传统的警告函形式,而是根据权利人发出的内容是否达到与侵权警告函相同或类似的作用或后果,使得其权利处于不稳定状态,给被控侵权人造成实际损失和困扰来判断是否为侵权警告函,从而成立确认不侵权之诉。

② 侵权警告函的对象范围认定

侵权警告函的发出主体应该是专利权人或者利害关系人,如独占许可权人、排他许可权人等,而侵权警告函的对象则应是被控侵权的相对人以及相应的利害关系人。然而,在实践中,常常有些侵权警告函是没有具体的接收对象的,或者接收的对象与涉案专利是没有利益关系的,此时应如何认定侵权警告函的对象范围亦是应该思考的方面。例如,在王寅新与广州市兆鹰五金有限公司(以下简称"兆鹰公司")确认不侵害专利权纠纷案中,被告兆鹰公司在《义乌商报》上发表《严正声明》,声明其是涉案专利的合法权利人,要求侵权商家立即停止销售侵权的涉案产品,原告王寅新为此提起了确认不侵权之诉。① 被告兆鹰公司的侵权声明是通过媒体公布的,没有具体特定的对象,但是只要有特定主体回应,该声明就可视为侵权警告函,而对象的范围可以视为全部与声明专利有关的主体,只要该主体对兆鹰公司进行了催告,其就被特定化而具备了成为确认不侵权之诉的原告资格。而在本案中,正好公司发送警告函的对象是审批中心,该审批中心与原告方盛公司的专利没有直接利害关系,此时可以将审批中心视为信息的传达者,其只是起到转送警告函的作用,而真正的对象仍然是受到该警告函实质影响的方盛公司。随着信息技术的发展,信息的传达方式也变得越来越多元化了。因此,笔者认为,侵权警告函的形式也可以随着

---

① 参见金华市中级人民法院(2008)金中民三初字第165号一审判决书以及浙江省高级人民法院(2009)浙知终字第2号二审判决书。

时代的发展而更加多样化,其发送的对象也不必过分看重形式上的直接对应关系,而是可以放宽认定条件,结合具体案情分析其是否存在真正受侵权警告函影响的对象。

近年来,确认不侵害专利权纠纷频繁发生,如何判断是否符合确认不侵权之诉的成立要件,如何认定侵权警告函的形式与对象范围等都成为争议的话题。本案的判决表明了司法实践中侵权警告函的形式和对象范围正在逐渐扩展,为侵权警告函的认定提供了新的标准和方向,以适应时代的变化和实践的需求,并对确认不侵害专利权纠纷的解决产生重要的指导作用。

(本章由中华全国律师协会知识产权专业委员会组织编写,执笔人:王永红、马翔、韦国、陈志敏、吕东宇)

第四章 建设工程与房地产法律服务业务报告

目 录

第一节 建设工程法律业务 / 173
 一、建设工程领域法律服务状况回顾与展望 / 173
  (一) 建设工程领域发展状况回顾与展望 / 173
  (二) 建设工程领域法律服务状况回顾与展望 / 176
 二、建设工程领域律师业务的发展与创新 / 177
  (一) 服务理念的发展与创新 / 178
  (二) 服务模式的发展与创新 / 178
  (三) 服务内容的发展与创新 / 179
 三、建设工程领域热点法律问题研究及相关建议 / 180
  (一) 工程挂靠纠纷责任承担与工程款结算问题 / 180
  (二) 建设工程行为违法与无效合同结算问题 / 181
  (三) 律师怎样为PPP提供法律服务 / 184
 四、建设工程领域重大法律事件、典型案例评析 / 186
  (一) 建设工程领域重大法律事件 / 186
  (二) 典型案例评析 / 189
第二节 房地产法律业务 / 198
 一、房地产行业法律服务状况回顾与展望 / 198
  (一) 房地产行业法律服务状况回顾 / 198
  (二) 房地产行业法律服务展望 / 199
  (三) 房地产市场发展及法律政策沿革 / 201
 二、房地产领域法律服务的发展和创新 / 204
  (一) "一带一路"政策下法律服务的发展和创新 / 204
  (二) PPP模式法律服务的发展和创新 / 206
 三、房地产领域热点法律问题研究及立法建议 / 210
  (一) 房地产领域热点法律问题研究 / 210
  (二) 房地产领域立法建议 / 215

四、房地产领域重大法律事件、已审结案件评析 / 217
　　（一）房地产领域重大法律事件 / 217
　　（二）房地产领域已审结案件评析 / 219
第三节　集体土地与商业地产法律业务 / 223
　一、集体土地与商业地产领域法律服务状况回顾与展望 / 224
　　（一）2015 年集体土地与商业地产领域发展状况 / 224
　　（二）2015 年集体土地与商业地产领域法律服务状况 / 226
　　（三）集体土地与商业地产领域法律服务前景展望 / 227
　二、集体土地与商业地产领域律师相关业务的发展与创新 / 231
　　（一）律师队伍的专业化发展 / 231
　　（二）律师事务所的专业化和团队化发展 / 231
　　（三）新契机下的法律服务创新与发展 / 232
　　（四）互联网思维和模式在律师业务中的应用 / 232
　三、集体土地领域法律问题及建议 / 233
　　（一）集体建设用地使用权流转存在的问题及完善 / 233
　　（二）集体土地上开发养老地产的法律问题 / 235
　　（三）集体土地承包经营权抵押担保问题 / 236
　　（四）集体土地确权登记法律问题 / 236
　四、商业地产领域法律问题及建议 / 238
　　（一）商业地产概念及商业地产法律服务业务的独特性 / 238
　　（二）商业地产领域法律问题及建议 / 239
　五、2015 年国家颁布和施行的相关工作报告、法律文件及违法违规案件评析 / 243
　　（一）2015 年相关工作报告、法律文件及国土资源部最新挂牌督办的案件 / 243
　　（二）处理违法违规用地问题的建议 / 245

第一节　建设工程法律业务

一、建设工程领域法律服务状况回顾与展望

（一）建设工程领域发展状况回顾与展望

1. 建设工程领域发展状况回顾

根据国家统计局①发布的经济数据显示,我国 2015 年前三季度国内生产总值为 487 774 亿元。按可比价格计算,同比增长 6.9%。前三季度,固定资产投资(不含农

---

① 来源于国家统计局发布的 2015 年前三季度国内生产总值等经济数据。

户)394 531亿元,同比名义增长10.3%(扣除价格因素实际增长12.0%),增速比上半年回落1.1个百分点。2015年前三季度,全国房地产开发投资70 535亿元,同比名义增长2.6%(扣除价格因素实际增长4.2%),增速比上半年回落2.0个百分点,其中住宅投资增长1.7%。房屋新开工面积114 814万平方米,同比下降12.6%,其中住宅新开工面积下降13.5%。全国商品房销售面积82 908万平方米,同比增长7.5%,比上半年加快3.6个百分点,其中住宅销售面积增长8.2%。全国商品房销售额56 745亿元,同比增长15.3%,其中住宅销售额增长18.2%。房地产开发企业土地购置面积15 890万平方米,同比下降33.8%。9月末,全国商品房待售面积66 510万平方米,同比增长16.4%。前三季度,房地产开发企业到位资金90 653亿元,同比增长0.9%。从上述数据可知,面对世界经济复苏不及预期和国内经济下行压力加大的困难局面,我国经济运行总体呈现稳中有进、稳中向好的发展态势。2015年度,我国建设工程行业环境①基本状况如下:

(1)货币政策宽松,行业增速向下。

建筑业新签合同与新开工面积累计同比增速持续下滑,预计2016年开始有望企稳。2015年第一季度建筑业新签合同额累计同比减少3.95%,增速继续下滑,新开工面积同比减少11.12%,增速仍处于不断下降的趋势。2011年以来建筑业增速整体处于下降态势,2015年增速为2004年以来最低。2015年6月27日,中国人民银行决定,自2015年6月28日起有针对性地对金融机构实施定向降准0.5个百分点;同时,自2015年6月28日起下调金融机构人民币贷款和存款基准利率0.25个百分点。自2014年11月22日启动本轮降息降准以来,已4次降息、3次降准。前面降息周期有两轮,第一轮降息周期始于2008年9月16日,伴随着6次降息和4次降准;第二轮降息周期始于2011年12月5日,伴随着2次降息和3次降准。

在地产及地方融资受限的背景下,建筑公司客观上起到了下游行业加杠杆的功能。从2009年开始,建筑行业资产负债率一直处于上升周期,从2009年的76.4%上升到2014年的80.7%,在中信一级行业中仅低于银行及非银金融。其中,负债率超过80%的子行业有专业工程、水利水电、交建路桥和房屋建设。

(2)基建投资仍然是稳增长利器。

在经济向下背景下,中央基建投资成为稳增长重要手段。国家铁路固定资产投资2014年完成8 088亿元,其中铁路基建投资6 623亿元,较去年同期增长24.31%。2015年1—4月基建固投增速20.3%,远高于同期制造业9.9%及房地产开发投资6.0%的增速。

---

① 来源于中国产业信息网(http://www.chyxx.com)发布的《2015—2020年中国建筑工程市场研究及发展趋势研究报告》。

目前我国东部基础设施存量处于绝对领先地位,但由于基建投资的推动作用,中西部基础设施追赶效应明显。"一带一路"战略提出以来,中西部的战略地位显著提升,对于中西部地区的投资也开始增加。2015年以来,中西部的公路基建增速超过东部,开始出现了向东部区域靠拢的趋势。国务院发文在公共领域推广PPP模式,自2014年至今我国已有29个省份颁布了PPP首批试点项目,共计1 299个项目,涉及投资金额22 747.22亿元。2015年全年基建投资仍维持较高增速,基础设施建设的重点依然集中在交通通讯与市政基础设施领域。

(3) 行业处于大周期下滑、小周期筑底的嵌套阶段。

按照建筑业增加值的增长率进行测度,1981年以来我国建筑业可划分为四个周期,平均长度8年,体现了朱格拉周期的典型特性。我国建筑业目前正处于大周期下滑、小周期筑底的嵌套重叠阶段。2020年之前我国建筑业增加值实际增速将可能保持在8%~9%之间。若以2010我国经济增长中枢下移起算,我国建筑业在"十三五"期间都将保持在盘整阶段,这也将是我国建筑企业转型改革的关键时期。

(4) 行业周期特征:逆周期与FAI波动。

FAI波动是建筑业周期波动的根源,基建仍是稳增长利器。三大下游市场投资比重趋于均衡,基建投资对冲属性强。建筑业周期领先整个宏观经济周期半年至一年左右。"换届效应"在建筑业波动中并不显著,"改革效应"愈加显著。

2. 建设工程领域发展状况展望

建筑业作为我国支柱产业,在面对经济下行压力加大、整个宏观经济进入新常态的形势下,建设工程质量和企业效益将越来越成为行业发展所重点关注的因素。建设工程领域未来几年将逐步加快行业转型升级、推进发展方式转变。综观2015年度建设工程领域发展状况,该领域未来的发展趋势主要体现在以下几个方面:

(1) 国际化。随着现代化进程的推进,国际业务交流日益频繁,建设市场也将进一步全球开放。我国建设工程承包企业一方面需要在国内业务上与国外公司密切合作,同时也不可避免地面临着与国外公司同场竞技的形势;另一方面在国际业务上,我国建设工程承包企业在"走出去"战略的引领下也需要在全球范围内开拓市场。建设工程承包企业经营及项目管理的国际化趋势越来越明显。

(2) 城市化。我国由农业大国向现代化国家的转型,会增加更多基础设施和公用事业项目以及城市"三改"等项目的建设需求。

(3) 功能综合化。建设工程项目在今后将会呈集群式发展,越来越多的大规模工程比如商业圈、产业园等将大量涌现,该类项目往往一次性涉及多个单项工程,甚至多个行业,对从事该领域法律服务的专业人员提出了更高的要求。

(4) 纵向一体化。建设工程企业为在市场竞争中掌握主动权,提升核心竞争力,减少成本、增加利润,会逐步呈现融资、设计、采购、施工、运营一体化的生产经营方式,实现上下游业务的衔接与融合。纵向一体化的发展有助于激发企业不断提升管理水平和生产效率,以建立强大的规模生产能力,从而获取更高回报,保有竞争优势。

(5) 科技化、生态化。科学技术的发展会引领日后建设工程的发展步伐,建设工程将逐步由劳动密集型向技术密集型产业转变,如3D打印等科学技术的兴起,可能会为建设工程领域带来历史性的变革。同时,高污染、高能耗的建设模式亦将逐步被低碳、环保、生态的建设模式取代。

(二) 建设工程领域法律服务状况回顾与展望

1. 建设工程领域法律服务状况回顾

自1979年律师业恢复以来,行业规模一直成指数增长。全国律师人数从1979年年底的212人发展至2014年年底的27.1万余人,我国律师事务所也已达到2.2万多家。但在这数以万计的律师事务所中,在建设工程法律服务中居于行业领先地位的律师事务所占比极小,律师事务所之间的差距甚大。从事建设工程相关法律服务的律师事务所及律师为适应建设工程行业的新变化,开始采取措施着力提升法律服务能力、增强法律服务竞争力。建设工程领域法律服务已逐步呈现以下态势:

(1) 专业化发展。随着时代的发展,律师队伍的专业分工越来越精细化,对律师的业务能力与水平也提出了更高要求。真正专业化的律师,仅仅精通法律知识还远远不够,其必须对所从事法律服务的领域有更深刻的理解和丰富的经验,才能适应越来越激烈的行业竞争和不断扩大的业务需求。兼具建设工程专业背景和法律知识储备的复合型律师,在建设工程领域律师业务的发展道路上越来越起到举足轻重的作用。

(2) 规模化发展。生存和发展是任何一家律师事务所都需面对的共同问题。在激烈竞争的法律服务市场立稳脚跟,进而做大做强是每一家律师事务所的更高追求。较之自我做大式的内源性发展,规模化发展无疑是在短时期内做大做强的更为直接的方式。在全球经济一体化的大背景下,已有几家国内、国外律师事务所以合并或联盟的方式,跻身大型国际性律师事务所行列。规模化发展后的律师事务所在承接国际工程承包项目等相关业务时,可利用其全球化平台,为客户在不同国家、地区开展业务或解决争议提供更加便捷高效的服务。

(3) 新契机下的法律服务发展。当前,我国政府大力推进PPP模式与"一带一路"战略,这不仅为建设市场带来了良好的发展机遇,也为建设工程专业律师缔造了创新与发展法律服务的新契机。纵观2015年,财政部、发改委等相关部门颁布多项规定,支持基础设施与公用事业建设项目采用PPP模式合作开发,PPP项目开始在各地如火如荼地开展。基于PPP项目全生命周期均需专业人士把控风险,该等模式的兴起和相关项目的建设为建设工程法律服务发展带来了新的机遇。

(4) 分工协作发展。

① 机构合作。律师事务所从事建设工程业务,开始意识到与招标代理、造价咨询和鉴定机构等开展广泛业务合作的重要性。合作后的机构之间不仅可以共享案源,而且还有助于为客户提供全方位、无死角的专业服务。

② 团队协作。建设工程企业一般都规模较大,为其提供法律服务更体现综合化的需求,即要求律师具备公司、证券、税务、建设工程、劳动等各方面的专业背景,因此靠律师个人单枪匹马是很难实现的,团队协作已成为大势所趋。服务的团队化能够避免律师个人知识的局限,增强解决问题的能力,提高法律服务的效率和竞争力。

2. 建设工程领域法律服务状况展望

建设工程领域法律服务要想获得更大的突破,必须适应时代的发展与需要,紧密关注行业动向,增强发掘案源的敏锐性,提倡科学的人力资源管理,重视软硬件的共同建设、律师事务所资源的合理分配等。未来几年,建设工程领域法律服务发展趋势主要为:

(1) 国际化的发展,不仅需要律师掌握不同工作语言,而且对律师熟悉项目所在不同国家、地区的基本法律体系和制度提出了更高的要求。

(2) 我国的城市化进程推动基础设施和公用事业项目建设的大力发展,将为建设工程领域的律师提供更加广阔的市场空间。

(3) 建设工程项目集群式、综合化、一体化发展,涉及的行业领域也越来越多元化,要求建设工程专业律师不仅需要在自身专业方面更加精深,同时还需要涉猎更多的行业领域相关知识。亦即律师服务的专业性与综合性二者兼收并蓄,不可或缺。

(4) 建设工程领域科学技术的进步会催生越来越多新兴的法律服务项目。同时,绿色环保的建筑材料及建筑方式也使得建设工程专业律师需要时刻紧跟科技发展的步伐,以顺应时代的要求,提供最先进、最优质的服务。

二、建设工程领域律师业务的发展与创新

当前全球经济瞬息万变,伴随着外国资本、技术和服务的进入,法律服务市场的逐步开放为我国法律服务业带来了前所未有的机遇和挑战。法律服务业面临着"国内市场国际化,国际竞争国内化"的发展趋势。与此同时,中国律师行业的属性和定位随着政治、经济、文化的时代需求亦有所变化。在这种形势下,律师、律师事务所要实现可持续发展,寻求突破与创新将起到决定性的作用。

(一) 服务理念的发展与创新

律师的服务理念决定了律师服务的内容、方式方法和效果,为适应不断变化的客观环境,提供更加优质的服务,律师应当根据社会发展和客户需求的现状转变服务理念。

1. 律师的服务理念要从独当一面向统揽全局转变

建设工程专业律师与所服务的客户不是对立关系,也不是依附关系。律师应把自己定位为客户的战略伙伴,是查找问题、解决问题的专家,要在一定高度、广度上为客户问诊下药。律师不仅要凭借专业素养就客户面临的法律风险或争议进行诊断,还应结合建设工程企业的实际状况,综合掌握投资部门、开发部门、技术部门、财务部门等企业相关部门提供的信息后,提出有针对性的预防或解决的方案。如此的定位和工作方式,不仅有助于提升律师的专业形象和威望,还有助于提升律师工作的效率。

2. 律师的服务理念要从传统的注重风险防范向注重提供解决方案转变

现实中,建设工程行业在不断创新发展思路,并对经营模式、管理方式进行大胆探索。而律师如果囿于现有法律的束缚,不能从基本法理判断新事物的合法与否,不能从行业发展的方向预测到法律的发展,将会面临被淘汰的局面。总之,律师在从事建设工程法律服务时,不能一味注重风险防范,而应顺应企业发展的需求,对新的经营模式进行制度的创设,提供解决方案。律师要从各种法律制度的更迭上得到启发并迅速作出反应,为客户提供建设性的意见。比如建设工程施工合同无效结算问题,违法发包、挂靠、非法转包、违法分包行为的界定等。

(二) 服务模式的发展与创新

1. 服务类型化

服务类型化是指对同类型的法律事务总结出一整套的解决方案,能普遍地使用,以达到服务的规范化、效率化。律师可以针对相同类型法律事务创设一套行之有效的法律方案,进行模式化服务。另外可以针对建设工程行业固有的特点,学习已有的各种先进管理、经营理念,帮助客户规避项目重大风险和纠纷的产生。类型化的法律服务,不仅有助于客户对法律风险的防控,更因律师在提供法律服务时,已经吸收了各类先进的经验和制度,有助于客户的运行模式能紧跟行业的发展步伐,推动其发展进步。

2. 服务定制化

服务定制化是指针对企业的实际情况,度身定制适合建设工程相关企业现实要求和发展规划的法律服务内容。不同类型的建设工程企业,如建设单位、施工单位、投资人、材料供应商等,其出发点和立场不同,对法律服务的要求也有所不同,甚至同一企业,在其不同的发展阶段,对法律服务的要求也会发生变化。

律师在从事建设工程法律业务时要提供定制化服务,不仅应当对行业的发展、相关的法律法规有深刻的认识,还要求对该企业的历史、管理模式、生产经营方式有深入的调查了解。要根据企业不同的发展阶段、发展战略、规划确定不同的法律服务的侧重点和具体内容,以适应企业的需求,推动企业的持续发展。

3. 服务科技化

服务科技化是指律师利用互联网时代提供的便利,将新兴科学技术的产物作为法律服务的工具,使无形的法律服务有形化,以简化工作流程、提高工作效率。服务科技化主要表现在以下几个方面:

(1) 可视化在律师从事建设工程诉讼业务时的运用。在诉讼案件中,传统的证据目录一般以文字形式呈现,不够直观和立体,而可视化的运用对证据目录及律师向法庭提交材料的体现形式将带来颠覆性的影响。尤其是建设工程案件,涉及的签证索赔项目众多,如采用图表形式,可使己方观点清晰简洁地呈现,给裁判者留下更加深刻的印象。

(2) 大数据为律师查询、整理资料提供便利。互联网"大数据"造就了庞大且零距离的业务平台,使得与建设工程相关的法律业务都能很畅通地交互运行。律师在办理业务过程中,利用大数据的检索功能,无论是查询法律规定、相关判例,还是企业信用记录等相关信息,都能相对快速全面地获取结果。

(3) 互联网时代新兴科技在律师相关业务中的应用。互联网的更新之快,恰恰反映了互联网工具和软件的效率之高。律师业务是一种信息量巨大、操作过程繁琐的工作,其对办公自动化、业务流程化、管理智能化的需求更为迫切,而互联网的迅速发展可让律师从中受益。如"思维导图"类软件为律师工作者在项目管理、流程梳理、分工协作上都带来了便利;APP类应用软件的开发有助于律师在线提供法律服务的同时开拓案源;网络存储类软件则有助于律师形成自己的知识储备库,让律师可参考借鉴的资源更加丰富。

(三) 服务内容的发展与创新

服务内容的发展与创新要求律师更主动地参与到企业的经营管理中去,对企业的经营管理模式能积极地运用法律思维进行思考,从法律专业角度提出更多的风险防范措施和问题解决方案。服务内容的发展与创新包含服务内容的广度、深度发展与创新两个层面。

1. 服务内容广度的发展与创新

律师从事建设工程法律服务要在服务内容广度上进行突破,需要把握服务的具体内容和服务手段、形式的拓展。除了较常见的为建设工程企业起草、审核合同,制定规章制度,提供法律咨询外,律师还要拓展服务范围,从企业的治理结构的构建到采购销售、合同管理、对外融资等。服务内容广度的拓展,要求律师的服务能覆盖企业运行的每一个环节。该等服务模式有助于增强企业对律师的依赖和信任,使律师的工作成为企业运行不可或缺的一部分。

在企业法律顾问服务中,律师还要借助各种形式,提供多样化和常态化的法律服务。律师要定时向企业发布法律服务资讯,收集与建设工程行业有关的国家政策、法律法规、理论动态和司法判例,并由律师结合企业进行点评和提出建议。同时,律师要善于发现新形势下催生的新法律服务内容。举例而言,当前PPP模式大热,面对大量错综复杂的新兴业务,单靠以往的工作模式或经验无法收到好的效果,这就要求律师必须抛开传统,用创新的思维方式,根据实际业务需求,采用新的方案,重新研究和积累,才能适应并促进新兴业务的发展。PPP模式及"一带一路"战略大背景下产生的新型法律服务,要求从事该类业务的律师必须熟悉PPP模式的多种不同架构以及相关法律、法规、政策,研究关于投融资、政府采购、招投标及开发建设、运营等与项目全生命周期相关的前沿问题,增加服务内容的广度。

2. 服务内容深度的发展与创新

建设工程专业律师要通过自身的法律服务,让服务企业感受到法律、制度的公平性和严肃性,更要让企业管理人员认识到将法律根植于企业的管理、运行当中,不但能预防风险,降低损失,还能够产生额外的经济效益。

律师要善于用法律制度来为服务企业构筑经营模式,解决企业面临的问题,提高服务内容的深度。比如在PPP模式建设中,项目融资是必不可少的一环,律师不应当仅局限于向银行借贷或民间借贷等单一的模式,而是要运用法律制度,同时针对特定企业的生产经营特点,大胆建议采用信托融资、债券融资、私募股权融资和企业拆借等方式。又如建设工程企业需要融资购买施工机械设备时,可以根据融资租赁的法律规定,采用融资租赁的方式解决,甚至可以直接建议将融资租赁作为企业的一项运营模式。

三、建设工程领域热点法律问题研究及相关建议

(一)工程挂靠纠纷责任承担与工程款结算问题

1. 挂靠纠纷适用表见代理抑或连带责任

在实际施工人挂靠施工企业承揽工程和施工的情况下,若实际施工人以自己的名义与第三方签订供货合同,或虽以挂靠企业代理人的名义签订合同,但却未提供挂靠企业的相关印鉴、公章或其他能够体现有权代理的客观形式要素的,应该坚持合同的相对性原则,谨慎适用表见代理制度以及连带赔偿责任,由实际施工人独自

向第三方承担债务清偿责任。

2. 施工企业因挂靠人致损之追偿权探析

在挂靠关系中,挂靠人一般会借用施工企业的名义与建设单位签订施工合同,而施工企业作为合同的相对方,一旦出现担责的情形,当挂靠人无力担责时,法院往往会判决施工企业先行承担全部责任,然后再让其向挂靠人追偿。尽管法律、法规对于施工企业的追偿权并未明确规定,但可将《民法通则》第87条作为施工企业行使追偿权的法律依据;具体的追偿范围应综合施工企业和挂靠人在挂靠关系中的过错程度进行责任分配,施工企业仅能在挂靠人应当担责的范围内进行追偿;追偿权的行使期限应适用一般诉讼时效即两年的规定。

3. 工程挂靠纠纷案件中工程款结算问题

作为实际施工人的挂靠人应当按照挂靠协议约定的方式结算。因为合同无效,并不影响合同的相对性原理,在没有法定突破合同相对性的规定事由的情况下,挂靠人只能以挂靠协议约定的方式结算。

司法实践中,人民法院应当正确把握法律构成要件,严格认定表见代理行为。合同相对人主张构成表见代理的,应当承担举证责任,不仅应当举证证明代理行为的存在,而且应当证明其善意且无过失地相信行为人具有代理权。对于以建筑施工法律关系为背景的买卖合同纠纷案件,应该坚持合同相对性原则,谨慎适用连带赔偿责任制度。至于在特殊情况下对合同相对性原则进行的适当突破,只能是一种必要补充和例外规定,必须由法律明文规定才能够具体适用。此外,对于当前我国建筑市场存在的大量违法分包、转包、挂靠等不规范行为,应当进一步加强行政监察和处罚力度,以尽量杜绝立法现状难以解决的一些问题。

(二) 建设工程行为违法与无效合同结算问题

1. 施工合同因违法行为被认定无效,工程量清单漏项如何处理

因报价清单系承包人依据发包人的图纸作出的,故如有证据证明发包人在合同订立后仍在绘制施工图,即施工图范围内的工程量可能是承包人作出报价清单后发包人所增加的,则施工图内报价清单漏项、变更的工程造价,不应计算在合同约定的工程款内,而应另行计价。

2. 施工合同因违法被认定无效的,实际施工人非因自己原因遭受的停、窝工损失如何索赔以及实际施工人的利润保护问题

转包人与实际施工人之间签订的承包合同虽为无效合同,但转包人作为过错方,应当承担因工程停工给实际施工人造成的各项实际损失,因此,对于实际施工人的停、窝工损失,转包人依法应当予以赔偿。对于发包人是否对实际施工人施工期间遭受的停、窝工损失与转包人一起承担连带赔偿责任,根据最高人民法院《关于审

理建设工程施工合同纠纷案件适用法律问题的解释》第26条"发包人只在欠付工程价款范围内对实际施工人承担责任"之规定,发包人不应对实际施工人停、窝工损失与转包人承担连带赔偿责任。另外,在合同无效情况下,对于承包人或实际施工人在合同约定价款或投标报价中的利润,应当根据当事方的过错程度进行区分,而不是"一刀切"地予以保护。如果承包人对合同无效存在过错,却仍然保护其应得利润,不仅与立法本意不符,还会变相引导承包人故意违反法律规定承揽工程,加剧建筑市场的无序竞争,降低法律的引导功能。同时,承包人由于违法行为而获利,也侵害了发包人的合法权益,违反公平原则。

3. 违法分包合同无效后结算协议效力及执行问题

因分包结算协议系工程竣工验收后双方当事人对已完分包工作计量计价的真实意思表示,且不违反法律的强制性规定,故分包工程结算应以总承包人与分包人签订的分包结算协议书为依据进行。分包人以分包合同无效为由,主张按照其单方委托的工程造价咨询公司作出的结算报告进行结算,人民法院不应予以采信。如分包人主张结算协议系总承包人乘人之危胁迫其签订,明显有失公平,但分包人并未提供证据证明其主张的,不应予以支持。

4. 施工合同无效,税金承担是否参照合同约定执行以及合同未作约定时如何处理

施工合同无效时税金承担一般宜参照合同约定执行,但某些特定情形下,如违法转包、分包人无法证明税金由己方实际代扣代缴时,税金不予从工程款中扣除。无效合同对此未作约定时,除非总包、分包人是该项税金的法定代扣代缴主体且又实际缴纳了税金,否则不予扣除。

5. 施工合同因违法行为被认定无效的,能够通过工程联系单、工程签证单或洽商记录等予以证明的工程变更价款结算

仅涉及工程内容变更,且合同对该项工程内容的结算方式有约定的,应以参照合同约定结算为原则。在工程变更涉及计价标准或者计价方法同时变更情况下,应参照变更后的计价标准或者计价方法结算。因工程变更产生新增工程,而合同及变更签证单、联系单、磋商记录等未对新增工程的计价标准和计价方法作出约定,当事人双方又无法达成一致意见的,应据实结算。

6. 数份施工合同均因违法行为被认定无效的,应参照哪份合同进行价款结算

就同一工程签订的数份施工合同因违法行为均无效,且数份合同约定工程款不同,应参照具有真实合意、实际履行的合同进行结算。参照合同结算并非严格按照合同结算。如确定折价补偿方式为参照合同结算,则应以工程造价成本为基础,结合实际情况对合同约定价款予以调整,并最终确定工程价款,而非直接补偿合同约定总价款。

7. 建设工程违法分包合同纠纷中,工程造价司法鉴定报告依据认定及采信标准

建设工程施工(或分包)合同纠纷中,工程造价司法鉴定依据应首先遵循当事人所作约定,只有在当事人没有约定或约定不明情况下,才可以参照建设工程施工合同履行当地相关定额,且工程造价司法鉴定依据应经人民法院组织质证并经认定后方可交由鉴定机构进行。

8. 施工合同因违法行为被认定无效的,发包人因工程逾期竣工所遭受的经济损失如何索赔

在无效施工合同情形下,发包人因逾期竣工导致的损失不应仅限于因订立无效合同而产生的直接损失。对损失分担的认定,在发包人难以举证的情形下,可参照合同中约定的逾期竣工违约金条款确定损失,并结合承发包双方在合同订立以及合同履行过程中的过错以及造成逾期竣工的原因来综合判定。

9. 施工合同因违法行为被认定无效的,约定的管理费如何处理

借鉴"不法原因给付"理论处理无效施工合同下的管理费,不仅将该管理费内化为了交易成本,同时体现了该管理费的非法性,转包方与实际施工人之行为是违反法律强制性规定的,此行为将牺牲自身的诉权(不道德原因不生诉权)且被给付标的的占有者获胜,未占有者不得要求返还。

10. 施工合同因违法行为被认定无效的,主材、人工的价差如何调整

在原合同对于主材与人工费用价差未作约定的情况下,应回归合同法基本原则诚实信用原则,并考虑建筑工程施工合同的特殊性——通常在产生合同纠纷并认定合同无效时,工程已经开始实施甚至已经竣工,且费用支出已经发生,因此更应注重诚信原则的运用,斟酌各案件的客观情况,公平谨慎调和各方利益,不应将所有风险完全归由一方承担。

11. 施工合同因违法而无效,如何认定发包人在欠付工程款范围内承担责任

最高人民法院《关于审理建设工程施工合同纠纷案件适用法律问题的解释》第26条规定的"发包人只在欠付工程价款范围内对实际施工人承担责任"不宜作扩大式的理解,其目的是为实际施工人多提供一个救济途径,司法实践中应避免权利滥用,人民法院也不应将前手施工合同欠款纠纷纳入本案中进行审理。只有在某些特殊情况出现时,如合同相对人怠于向前手发包人追索工程款,如合同相对人与前手发包人恶意串通、合同相对人跑路等,实际施工人可以通过该途径予以救济,最大限度地保护农民工利益。同时,要正确把握举证责任的分配问题,由发包人承担举证责任,如果将举证责任分配给实际施工人,因其不是前手施工合同的当事人,本身无法举证,这样会导致该规定形同虚设,不利于农民工利益的保护。

12. 合同无效情况下,计算工程价款时是否应将规费扣除

在建设工程施工合同无效情况下,只要工程经验收合格,施工方要求按照无效合同约定计收规费的,法院应予支持,而对于施工方有无施工资质和有无实际缴纳规费在所不问。

关于导致建设工程施工合同无效的情形,《合同法》及最高人民法院《关于审理建设工程施工合同纠纷案件适用法律问题的解释》已经进行了较为详细的规定,但对于建设工程施工合同被认定为无效后所引发的一系列后续问题,最高人民法院《关于审理建设工程施工合同纠纷案件适用法律问题的解释》仅在第 2 条作出"建设工程施工合同无效,但建设工程经竣工验收合格,承包人请求参照合同约定支付工程价款的,应予支持"的原则性规定显然难以满足日益复杂的司法审判的实际需要。例如前述提及的在建设工程施工合同无效的情况下,对于税金的承担、管理费的支付以及相关规费的划扣等各类无效合同结算问题,尽管案件事实大体相同,但地方各级人民法院对该等问题却观点各异,作出的判决也五花八门,难以服众。这就需要立法部门或最高人民法院在其各自的职权范围内,制定明确的裁判依据,统一裁判标准,尽量避免司法实践中"同案不同判"的情况出现,从而维护法律的权威和公信力。

(三)律师怎样为 PPP 提供法律服务

1. PPP 模式运作的几个要点

(1)准确把握政府和社会资本合作的主要原则:① 转变职能,合理界定政府的职责定位;② 因地制宜,建立合理的投资回报机制;③ 合理设计,构建有效的风险分担机制;④ 诚信守约,保证合作双方的合法权益;⑤ 完善机制,营造公开透明的政策环境。

(2)合理确定政府和社会资本合作的项目范围及模式。

(3)建立健全政府和社会资本合作的工作机制:① 健全协调机制;② 明确实施主体;③ 建立联审机制;④ 规范价格管理;⑤ 提升专业能力。

(4)加强政府和社会资本合作项目的规范管理:① 项目储备;② 项目遴选;③ 伙伴选择;④ 合同管理;⑤ 绩效评价;⑥ 退出机制;

(5)强化政府和社会资本合作的政策保障:① 完善投资回报机制;② 加强政府投资引导;③ 加快项目前期工作;④ 做好综合金融服务。

(6)扎实有序开展政府和社会资本合作:① 做好示范推进;② 推进信用建设;③ 搭建信息平台;④ 加强宣传引导;⑤ 制定具体的政策措施和实施办法。

2. PPP 社会投资者面临的法律风险

(1)法律适用问题:① 立法缺失与冲突问题;② 法规变更风险;③ 法律体系或监管不完善。

(2) 合同法律风险:① 合同条款设计风险;② 项目运作方式风险;③ 合同期过长;④ 价格或补贴风险;⑤ 不可抗力风险;⑥ 项目唯一性风险;⑦ 政府违约风险;⑧ 争议解决机制。

(3) 资本运作风险:① 融资、金融风险;② 资本和利益收回。

(4) 行政性法律风险:① 地方政府对PPP模式的认识存在误区;② 公共部门监督管理权不明;③ 因换届或反腐等原因导致政府信用风险;④ 审批延误风险;⑤ 政府决策失误和腐败风险;

(5) 其他法律相关风险:① 纯公益性基础设施建设项目采用PPP模式存在一定障碍;② 民众反对风险;③ 成本增加风险;④ 配套设施服务提供风险。

3. 律师为PPP项目提供法律服务的切入点与法律服务模式

(1) 在服务内容上,律师在参与PPP项目时可以为项目合作方提供以下法律服务:

① 发展思路层面的专业服务。律师应当从专业技能法律服务切入,在为公共部门提供法律服务的同时,在项目的定位和发展战略上对其进行引导。一方面是项目的明确定位,应当立足于项目运营后的现金流测算和政府付费、监管机制的设置,倒推到项目最初的规划设计、土地与股权交易结构预设,对项目形成一个系统性、有可操作性的明确定位;另一方面是更多地从项目建设和运营的长远角度考虑问题;与此同时,适当站在社会资本方的角度考虑问题。而在为社会资本一方提供法律服务时则需要为社会资本在项目运营上的方案或计划预做法律设计,为项目在实施过程中可能遇到的风险进行提前预判,与公共部门进行沟通,提前做好条款设置和应急预案。

② 社会资源层面的附加服务。作为中介服务行业,律师行业广泛接触社会各阶层、各行业,能够为PPP项目合作方提供政府资源、市场资源、资本资源等大量社会资源,弥补合作各方资源的不足与盲区。

③ 其他服务。律师参与PPP项目还可以在其他很多方面起到重要作用,如对工程质量的监督、对于项目实施过程中重要事项进行见证、在项目建设过程中的反签证和反索赔法律服务、条件成就后对公共部门介入项目的分析论证、路径设计、谈判协调法律服务,等等。

(2) 律师参与PPP项目的服务模式:

① 既可以作为项目咨询服务的总包方,也可以作为法律服务的专业分包方;

② 既可以为PPP项目合作方提供法律服务,也可以在项目公司成立后为项目公司提供法律服务;

③ 既可以为PPP项目提供全过程服务,也可以单就某一阶段或某一事项提供法律服务。

4. 特许经营权的取得方式、法律风险及解决方法

(1) 取得方式：① 公开招标、邀请招标方式；② 竞争性谈判方式；③ 竞争性磋商方式；④ 单一来源采购；⑤ 其他方式。

(2) 法律风险：① 基础立法缺失，现有立法规范混乱；② 政府操作不规范，PPP项目经营保障措施缺失；③ 政府信用风险；④ 特许经营项目招标采购相关规定适用不明确；⑤ 特许经营的定价机制不健全；⑥ 特许经营合同性质存在争议，合同设计不完善。

(3) 解决方法：① 完善特许经营立法；② 引入专业中介机构；③ 完善内部的监管体制，建立相应的社会监督机制。

作为规范特许经营活动的专门立法，无论采用何种效力层级的法律规则方式，均应解决的问题包括：特许经营法律规范的调整范围、特别许可的内容、特许经营者选择程序及其适用条件、特许经营主体的特别要求、特许经营招标采购和实体内容的要求、订立合同与备案的要求、开始工作的机制、定价机制、保障机制、质量要求、维修维护要求、退出机制、违约责任，等等。其中特别许可内容，需要考虑的是从特许经营的立项、审批核准、选择投资人、融资活动、投资活动的实施、对价原则、补贴原则、利益原则、期限机制、退出机制等方面均需予以规范。而在前述投资活动程序中，还需要剔除纯粹的通过市场机制即可规制的行为。

四、建设工程领域重大法律事件、典型案例评析

(一) 建设工程领域重大法律事件

1. 颁布和施行的重要法律、法规

(1) 2014年12月15日，财政部、民政部、国家工商行政管理总局发布了《关于印发〈政府购买服务管理办法（暂行）〉的通知》（财综〔2014〕96号），自2015年1月1日起施行。

(2) 2014年12月18日，最高人民法院颁布了《关于适用〈中华人民共和国民事诉讼法〉的解释》，自2015年2月4日起施行。

(3) 2014年11月24日，国务院颁布了《不动产登记暂行条例》（中华人民共和国国务院令第656号），自2015年3月1日起施行。该条例对不动产登记机构、登记簿、登记程序、登记信息共享与保护等作出规定，对规范不动产登记行为，保护不动产权利人合法权益有积极意义。

(4) 2015年1月22日，住建部颁布了《建筑业企业资质管理规定》（住房和城乡建设部令第22号），自2015年3月1日起施行。新版《建筑业企业资质管理规定》主要从新资质申报、许可审批和具体程序方面进行了规范，如资质许可实行三级审批，即由部、省、市三级审批，企业可以申请一项或多项资质，但首次申请或增项申请

的,应当申请最低等级资质等。

(5) 2015年1月21日,国家发展改革委、财政部、住建部联合发布了《关于制定和调整污水处理收费标准等有关问题的通知》(发改价格〔2015〕119号),首次明确了污水处理的价格标准。在污水处理行业调整相关收费定价法律、法规规定,减少行政干预,有利于各级政府更好地发挥监督职责,为工程建设项目的争议解决营造更加宽松的司法环境。

(6) 2015年1月30日,国务院颁布了《中华人民共和国政府采购法实施条例》(中华人民共和国国务院令第658号),对政府规范该类投资活动、提高政府管理能力提出了更高的要求。

(7) 2015年3月9日,住建部发布了《关于印发〈住房城乡建设质量安全事故和其他重大突发事件督办处理办法〉的通知》(建法〔2015〕37号)。

(8) 2015年3月10日,国家发展改革委、国家开发银行发布了《关于推进开发性金融支持政府和社会资本合作有关工作的通知》(发改投资〔2015〕445号)。

(9) 2015年3月15日,第十二届全国人民代表大会第三次会议通过了《关于修改〈中华人民共和国立法法〉的决定》。

(10) 2015年3月17日,国家发展和改革委员会、财政部、水利部颁布了《关于鼓励和引导社会资本参与重大水利工程建设运营的实施意见》(发改农经〔2015〕488号)。

(11) 2015年3月25日,国土资源部、住建部发布了《关于优化2015年住房及用地供应结构促进房地产市场平稳健康发展的通知》(国土资发〔2015〕37号)。

(12) 2015年4月9日,财政部、环境保护部颁布了《关于推进水污染防治领域政府和社会资本合作的实施意见》(财建〔2015〕90号)。

(13) 2015年4月20日,财政部、交通运输部颁布了《关于在收费公路领域推广运用政府和社会资本合作模式的实施意见》(财建〔2015〕111号)。

(14) 2015年4月21日,财政部、国土资源部、住房和城乡建设部、中国人民银行、国家税务总局、银监会发布了《关于运用政府和社会资本合作模式推进公共租赁住房投资建设和运营管理的通知》(财综〔2015〕15号)。

(15) 2015年4月25日,国务院通过了《基础设施和公用事业特许经营管理办法》(发展和改革委员会、财政部、住房和城乡建设部、交通运输部、水利部令第25号)。

(16) 2015年5月19日,国务院办公厅发布了《国务院办公厅转发〈财政部、发展改革委、人民银行关于在公共服务领域推广政府和社会资本合作模式指导意见〉的通知》(国办发〔2015〕42号)。

（17）2015年6月12日，国务院颁布了《关于修改〈建设工程勘察设计管理条例〉的决定》（国务院令第662号）。

（18）2015年9月7日，住建部第24次常务会议审议通过了《住房城乡建设行政复议办法》（住房和城乡建设部令第25号）。

（19）2015年9月10日，住建部办公厅颁布了《建筑工程设计招标投标管理办法（修订征求意见稿）》（建办法函〔2015〕807号）。

（20）2015年10月9日，住建部发布了《关于建筑业企业资质管理有关问题的通知》（建市〔2015〕154号）。

（21）2015年9月21日，住建部颁布了《关于推动建筑市场统一开放的若干规定》，以建立健全统一开放、竞争有序的建筑市场体系，促进建筑企业公平竞争，加强对建筑企业跨省承揽业务活动的监督管理。

（22）北京市第十四届人民代表大会常务委员会第二十一次会议于2015年9月25日通过了《北京市建设工程质量条例》〔北京市人民代表大会常务委员会公告（十四届）第14号〕，自2016年1月1日起施行。

2. 住房和城乡建设部通报的建筑市场重大违法违规典型案例[①]

（1）建筑企业资质不合格或伪造资质类案例，如江苏中恒建设有限公司利用虚假材料获取资质案、广西建工集团第三建筑工程有限责任公司资质不合格案等。

（2）项目违规开发建设类案例，如长沙市经济技术开发区违法修改控制性详细规划审批项目案、福建超创物流有限公司未取得许可擅自建设钢架厂房案、通化市辉南县"东城丽景"项目违规开发建设案、平陆县建筑工程公司未取得建设工程施工许可证擅自开工案等。

（3）自然人挂靠类案例，如广西桂川建设集团有限公司符某挂靠案、重庆市五一实业（集团）有限公司代某军挂靠案、中国建筑西南勘察设计研究院有限公司西安分公司张某康挂靠案、陕西长明防水建筑材料有限公司李某花挂靠案、陕西宏远建设（集团）有限公司沈某平挂靠案等。

（4）违法分包或非法转包类案例，如大庆市建筑安装集团有限责任公司违法分包案、贵州省冶金建设公司违法分包案、汕头市建安实业（集团）有限公司非法转包案、泸县龙鑫建筑装饰工程有限公司非法转包案、歌山建设集团有限公司违法分包案、中铝长城建设有限公司非法转包案、甘肃锦华建设集团有限公司违法分包案、中

[①] 来源于住房和城乡建设部《关于2015年工程质量治理两年行动违法违规典型案例的通报（一）》（建质函〔2015〕192号）、《关于2015年工程质量治理两年行动违法违规典型案例的通报（二）》（建质函〔2015〕222号）、《关于2015年工程质量治理两年行动违法违规典型案例的通报（三）》（建质函〔2015〕253号）。

国建筑一局(集团)有限公司违法分包案、安徽双丰建设集团有限公司违法分包案等。

(5) 违法发包类案例,如福建省上杭县宏庄建筑工程有限公司违法发包案、延吉万达广场投资有限公司违法发包案等。

(6) 项目负责人履职不到位案例,如北京市顺义建筑工程公司施工的北京市顺义新城第 7 街区(两限商品住房)项目中项目经理和监理单位项目总监履职不到位案、浙江舜江建设集团有限公司施工的天津杨嘴城中村改造 4 期住房项目中项目经理履职不到位案、陕西金科建筑工程发展有限责任公司施工的陕西省汉阴县自强金海岸商住小区 4、5、6 号楼项目中项目经理履职不到位案、徐州华夏建设工程有限公司施工的黑龙江省黑河市嫩江县地铁小区 6 号楼工程中项目经理等负责人员履职不到位案等。

(7) 其他违法违规案例,如东莞市"温塘文化中心"项目违法建设案、聊城市"一诺林花小筑"小区未经竣工验收即交付使用案等。

(二) 典型案例评析

自 2015 年 1 月 1 日至 2015 年 12 月 4 日,最高人民法院审结涉及建设工程施工纠纷案件共计 237 件,其中最高人民法院受理的二审案件 33 件,再审案件 204 件。从诉讼标的看,涉及挂靠、转包、违法分包的案件 39 件,占比 16.4%;涉及招标投标程序的案件 14 件,占比 5.9%;涉及建设工程造价鉴定的案件 36 件,占比 15.1%;涉及建设工程质量问题的案件 23 件,占比 9.7%;涉及工期争议的案件 27 件,占比 11.3%;涉及履约保证金的案件 11 件,占比 4.6%;涉及建设工程价款优先受偿权的案件 8 件,占比 3.3%。①

以下列举两例最高人民法院已审结的建设工程争议案件,并进行分析评价。

1. 建设工程优先受偿权纠纷

【基本案情】

2006 年 5 月 7 日,上海锦浩建筑安装工程有限公司(以下简称"锦浩公司")与昆山纯高投资开发有限公司(以下简称"昆山纯高公司")的关联公司上海纯高置业有限公司签订《施工意向书》,约定由锦浩公司承建其发包的"昆山国际商务中心"工程。2007 年,"昆山国际商务中心"工程名称变更为"联邦国际·国际昆山现代产业服务园(一期)"(又名"联邦国际商务花园"),昆山纯高公司作为该工程发包人,确定锦浩公司为其施工单位。

为便于工程的施工与管理,昆山纯高公司将工程分为 3 个标段:A 标段、B 标段、

---

① 相关数据来源于中国裁判文书网(www.court.gov.cn),最后访问日期:2015 年 12 月 4 日。

B标段39#—41#及人防工程,并分别于2007年5月、2007年9月、2007年11月与锦浩公司签订了各标段的施工合同,即《江苏省昆山市联邦国际·昆山现代产业服务园施工总承包工程合同(一期A标段)》(以下称A标段合同)、《昆山现代联邦国际·昆山现代产业服务园(一期B标段)施工合同》(以下称B标段合同)、《联邦国际·昆山现代产业服务园(一期B标段39#、40#、41#楼)施工合同》(以下称B标段39#—41#楼合同)。2009年9月,双方签订《补充协议书》,再次明确昆山纯高公司将该工程41幢建筑单体发包给锦浩公司。

2009年9月16日,锦浩公司向安信信托投资股份有限公司(以下简称"安信信托公司")和昆山纯高公司出具了承诺函,该承诺函主要内容为:截至该承诺函出具之日,锦浩公司对昆山纯高公司享有5 000万元债权,对于以上所列之债权和自本承诺出具之日起锦浩公司对昆山纯高公司新发生的债权,在安信信托公司与昆山纯高公司之间《信托贷款合同》项下的贷款本金、利息及其他相关费用未获全部清偿前,锦浩公司承诺不向昆山纯高公司要求偿还该等债权项下的任何本金、利息或其他相关费用。2009年12月28日,案涉工程32幢单体建筑及地下人防工程通过竣工验收备案。2010年11月15日,案涉工程剩余9幢单体建筑通过竣工验收备案。

2010年8月25日,锦浩公司向昆山纯高公司递交涉案工程竣工结算书一套,结算书载明了涉案工程总报价。后双方在工程结算上未达成一致,锦浩公司于2011年3月8日向江苏省高级人民法院(以下简称"一审法院")提起诉讼,请求法院判令昆山纯高公司支付拖欠的工程款及利息、赔偿因昆山纯高公司未按约支付工程进度款及相关配套单位延误工期造成的停、窝工损失以及确认锦浩公司对讼争工程拍卖或折价的价款享有法定的优先受偿权。昆山纯高公司反诉请求一审法院判令锦浩公司赔偿昆山纯高公司损失、提交建筑业统一发票、对讼争工程质量问题进行保修、承担诉讼费用。

案件审理中,安信信托公司于2011年11月9日向一审法院提交情况说明,表明不放弃对昆山纯高公司的信托贷款本息及财务顾问费用的优先受偿权,锦浩公司应在安信信托公司的信托款项于2012年9月24日全部清偿完毕后再主张工程款。

另安信信托公司于2012年以昆山纯高公司等为被告起诉至上海市第二中级人民法院(以下简称"上海二中院"),主张《信托贷款合同》履行期间,昆山纯高公司存在根本违约,2012年9月24日贷款期限届满,昆山纯高公司等仍未履行还本付息及偿付违约金等义务,故起诉要求昆山纯高公司归还其贷款本金12 840万元及相应的利息、违约金等。上海二中院判令昆山纯高公司向安信信托公司支付本金、罚息及律师费;若昆山纯高公司不履行付款义务的,昆山纯高公司可与安信信托公司协议,以案涉工程4#—8#、10#、12#、13#、16#、17#、19#、21#—24#、30#—33#楼的房屋折价,或者以拍卖、变卖该抵押财产所得价款优先受偿。双方不服该判决,均上诉至上海市高级人民法院,上海市高级人民法院驳回上诉,维持原判。

其后,锦浩公司与昆山纯高公司建设工程合同纠纷案一审审理终结。一审法院判决:① 昆山纯高公司于判决生效之日起 10 日内支付锦浩公司工程款 120 562 411.84 元,并承担 109 332 841.25 元自 2012 年 9 月 25 日起至实际给付之日止按照中国人民银行发布的同期同类贷款利率计算的利息,11 229 570.59 元自 2012 年 11 月 15 日起至实际给付之日止按照中国人民银行发布的同期同类贷款利率计算的利息;② 驳回锦浩公司的其他诉讼请求;③ 驳回昆山纯高公司的反诉请求。

锦浩公司与昆山纯高公司均不服一审判决,向最高人民法院(以下简称"二审法院")提起上诉。二审法院于 2015 年 6 月 9 日审结该案件。二审法院认为一审判决部分事实认定不清,适用法律错误,判决:① 维持江苏省高级人民法院(2011) 苏民初字第 0003 号民事判决第二项、第三项;② 变更江苏省高级人民法院(2011) 苏民初字第 0003 号民事判决第一项为:昆山纯高公司于本判决生效之日起 10 日内支付锦浩公司工程款 120 562 411.84 元,并承担 109 332 841.25 元自 2010 年 11 月 30 日起至实际给付之日止按照中国人民银行发布的同期同类贷款利率计算的利息,11 229 570.59 元自 2012 年 11 月 15 日起至实际给付之日止按照中国人民银行发布的同期同类贷款利率计算的利息;③ 锦浩公司对涉案联邦国际·昆山现代产业服务园(一期)工程享有优先受偿权。

【案件争议焦点】

(1) 锦浩公司要求赔偿停、窝工损失是否有事实和法律依据

一审法院认为,双方于 2009 年 9 月曾向昆山市建设局和昆山市房地产交易中心出具《情况说明》,该说明载明:涉案的 41 幢楼造成施工周期严重被拖延是由于不可抗力及金融危机,且双方协商同意将涉案工程 2009 年年底施工完毕竣工验收。后经昆山市建设局审批,涉案工程的建设工程施工许可证上的竣工时间已变更为 2009 年 12 月 30 日。上述情况表明双方都认为工期延长是不可抗力导致的,且协商变更竣工时间为 2009 年年底,并未认为延误责任在对方。锦浩公司除了提供自己做的延误工期清单外,未提供其他证据证明其存在停、窝工损失,且其在施工期间及提交结算书时均未要求赔偿停、窝工损失。因此,对锦浩公司关于工期延误责任和工期延误造成的损失进行司法鉴定的请求,一审法院不予准许。锦浩公司要求赔偿停、窝工损失因缺乏证据,一审法院不予支持,予以驳回。二审法院维持该项判决。

(2) 锦浩公司是否对讼争工程拍卖或折价的价款享有法定的优先受偿权

一审法院对锦浩公司要求确认对讼争工程享有优先受偿权的主张不予支持。原因在于单体的 41 幢楼中的 9 幢房屋于 2010 年 11 月 15 日竣工,在起诉时距离竣工时间未满 6 个月,而起诉时另两份合同对应的工程距离竣工时间已超过 6 个月,

故锦浩公司仅能针对包含9幢房屋的B标段合同项下的工程欠款主张优先受偿权,现41幢楼分别单独竣工验收,付款时未区分合同和楼幢,使得B标段合同欠款数额无法明确,故即使9幢楼有优先受偿权,则优先受偿权数额、优先受偿房屋的楼幢亦无法认定。且根据锦浩公司出具的承诺函,可认定锦浩公司放弃了优先受偿权。安信信托公司系在锦浩公司出具承诺函后将款项交付昆山纯高公司,若锦浩公司的优先受偿权得到支持,将损害安信信托公司的利益。

二审法院认为锦浩公司对讼争工程享有优先受偿权,且在法定期限内主张了优先受偿权,原因如下:

①《承诺函》系针对安信信托公司与昆山纯高公司之间签订的《信托贷款合同》作出的,是对该合同项下债权的保护性承诺,即承诺在昆山纯高公司全部偿还该《信托贷款合同》项下的相关款项之前,锦浩公司不向昆山纯高公司主张相应债权。从案件的实际情况看,在安信信托公司和昆山纯高公司之间,既签订了《信托贷款合同》,还签订了《资产收益财产权信托合同》。从已经生效的(2013)沪高民五(商)终字第11号民事判决书的认定看,《信托贷款合同》并未实际履行。该判决书认定:"原告(即安信信托公司)与被告(即昆山纯高公司)签订《信托贷款合同》,与信托合同存在冲突,因为案外投资人的一笔款项,不能既作为案外投资人购买收益权份额的款项,又作为原告的放贷款项","应认定《信托贷款合同》仅作为表面形式,其实质在于实现信托合同中所约定的抵押权登记。安信信托公司与昆山纯高公司之间的权利义务以及违约责任,应以《信托合同》为准"。

从上述内容看,安信信托公司并未依据《信托贷款合同》将贷款实际发放给昆山纯高公司,即《信托贷款合同》并未实际履行,《信托贷款合同》项下的债权并未实际发生。《承诺函》的效力依附于《信托贷款合同》,在《信托贷款合同》未获实际履行的情况下,《承诺函》失去了履行的依据和对象,其既无必要也无可能履行。在此情况下,锦浩公司对于涉案工程享有优先受偿权。

② 工程双方当事人虽然签订了3份合同,但是从案件的实际情况看,41幢建筑单体是作为一个整体工程来施工的。结合《施工意向书》和双方当事人签订的合同以及2009年9月双方签订的《补充协议书》的内容,从工程的立项、规划设计、组织施工、工期的变更以及工程款的支付情况看,双方当事人对于系争工程是作为一个整体工程来履行合同义务的。一审判决亦认定,41幢楼分别单独竣工验收,付款时未区分合同和楼幢。在此情况下,锦浩公司既无可能也无必要在建设工程施工合同履行过程中主张优先受偿权。鉴于涉案工程为一个整体工程,应以工程的最后竣工日期作为认定锦浩公司是否丧失优先受偿权的起算点。涉案工程最后的竣工备案日期为2010年11月15日,锦浩公司于2011年3月提起诉讼,锦浩公司在法定期限内主张了优先受偿权。故锦浩公司对讼争工程享有优先受偿权。

【案例评析】

本案涉及建设工程工期索赔中的责任认定及价款结算中的优先受偿权问题。

（1）工期鉴定的启动及工期索赔中的责任认定

该案中因承包人未提供其他证据证明其存在停、窝工损失，且其在施工期间及提交结算书时均未要求赔偿停、窝工损失，故一审法院对锦浩公司就工期延误造成的损失和工期延误责任进行司法鉴定的请求不予支持，锦浩公司未成功启动工期鉴定程序。该案同时反映出我国建设工程案件中工期延误责任认定的难点，即工期索赔的举证与责任认定问题。

根据《中华人民共和国民事诉讼法》及相关规定，工期鉴定申请由负有举证证明责任的承包人或发包人提出，法官考虑到案件的专业技术性也可决定借助工期鉴定单位以确定工期延误天数及责任分担。在建设工程工期纠纷案件中，并不是只要双方当事人未能就工期延误责任达成一致，或是只要有一方当事人提出鉴定申请，就必然会进行工期鉴定。实际上，诉讼过程中到底是否需要进行建设工程工期鉴定，需要由法官结合双方当事人的主要证据材料、已查清的案件事实及诉争焦点进行综合考虑。是否进行建设工程工期鉴定的决定权在于法官。并且工期延误责任的鉴定门槛较高，若申请人不能提供充分且有力的证据材料，即使启动了工期鉴定程序，鉴定范围、鉴定材料和鉴定方案也难以确定，鉴定程序也无法有效推动。

本案中，锦浩公司未能提供充分有效的证据证明存在停、窝工损失，应就举证不能承担不利法律后果。该案提醒建设工程施工合同当事人，在证明工期延误原因及损失等要件事实时，应构建起综合、全面的证据体系，否则可能承担举证不能的法律后果。

举例而言，若发包人要求承包人支付工期违约金或赔偿金时，法官应按照下列步骤进行证据审查，分配举证责任：

第一步，发包人需证明存在工期延误；

第二步，如存在工期延误，承包人需证明工期延误非己方原因所致、工期延误事件处于关键线路上以及工期延误事件对总工期的影响天数；

第三步，发包人根据承包人举证情况举证证明工期延误系承包人所致、发包人引起的工期延误为非关键线路、工期延误天数计算错误；

第四步，若承包人和发包人未能就工期延误天数达成一致，则双方可申请进行工期鉴定。

与工期质量、造价纠纷相比，工期责任认定更具技术性和专业性，律师应注重工程专业技术和法律知识的结合，从而使法官就工期延误的事实、原因以及责任作出更加清晰的认定。

（2）关于承包人优先受偿权的认定

建设工程优先受偿权行使期限的起算直接关系到承包人能否行使优先受偿权。最高人民法院《关于建设工程价款优先受偿权问题的批复》(以下简称《批复》)第4条规定:"建设工程承包人行使优先权的期限为六个月,自建设工程竣工之日或者建设工程约定的竣工之日起计算。"涉案工程已验收合格,"竣工之日"应为竣工验收之日,双方对于竣工验收之日并无异议。本案特殊之处在于,虽然合同双方就涉案工程的41幢楼签订了3份施工合同,并分别进行了竣工验收,但该项目是一个整体项目工程,承包人为同一人,双方并未按照合同约定分期结算,而是采取工程整体支付和结算的方式。此种情况下,建设工程优先受偿权期限的起算点以各期、各标段工程竣工之日起算,还是以整体工程的最后竣工时间起算是本案的争议焦点问题之一。

二审法院认为,发包人与承包人虽签订有多份施工合同,但从工程立项、规划设计、组织施工、工程款支付时未区分合同和楼幢的情况看,涉案工程是作为一个整体工程来履行的,多份建设工程施工合同整体履行,应以全部工程的最后竣工日期作为优先受偿权期限的起算时间。该观点从发包人和承包人的合同履行行为推出双方真实意思表示为合同的整体履行,使得承包人可就整体的项目工程主张建设工程优先受偿权,避免了就分期工程进行造价鉴定等繁琐的结算程序,最大限度地保护了承包人的债权。

一审法院采取3份合同分开计算的方式,认定锦浩公司可针对B标段合同项下的工程欠款主张优先受偿权并无不当。但以"即使9幢房屋有优先受偿权,则优先受偿权数额、优先受偿房屋的楼幢亦无法认定"为由对优先受偿权人的权利不予支持则无法律依据,原因如下:

第一,优先受偿权为承包人的法定权利,立法目的主要在于解决工程款拖欠问题、保障承包人工程款债权。若承包人具备行使要件,且在法定期限内行使,承包人的优先受偿权和债权理应受到法律保护。

第二,法律并未规定无法结算、合同价款无法确定为承包人优先受偿权失权的法定理由。

第三,承包人和发包人在签订施工合同时,往往处于弱势地位,发包人对多份合同下的工程采取何种管理方式具有发言权,承包人大多数情况下只能被动接受。若法院以整体结算导致单个合同价款无法确定为由否定承包人对该合同工程的优先受偿权,实际上最终使得承包人承担了发包人工程管理混乱的不利后果,对于承包人而言明显不公。

第四,法律不得使违法者通过违法而获利,若因单个合同价款无法确定而否定承包人对该合同工程的优先受偿权会使发包人因此而获利,实则鼓励发包人不按合同约定进行管理的违约行为。

该案判决同时提醒发包人,与承包人就同一项工程签订多份建设工程施工合同时,各份合同应当分开履行并有完善的工程管理资料和履行记录,否则一旦因合同履行情况无法分开认定,有可能以全部工程的最后竣工时间作为建设工程优先受偿权行使期限的起算点,发包人将承担不利后果。

2. 建设工程合同性质纠纷

【基本案情】

通许县人民政府(以下简称"通许县政府")与北京八威众信国际投资有限公司(以下简称"八威公司")于 2011 年 6 月 17 日签订了《通许县第一高级中学新校区建设项目开发合作合同》(以下简称《项目开发合作合同》),约定通许县政府委托八威公司代建通许县第一高级中学新校区建设项目(以下简称"案涉项目")。合同签订后,八威公司以邀请招标的方式于 2011 年 8 月 3 日与郑州市正岩建设有限公司(以下简称"正岩公司")签订了《通许县第一高级中学新校区建设工程项目承包协议书》(以下简称《承包协议书》),约定:正岩公司向八威公司交纳 200 万元的履约保证金,由正岩公司承建八威公司投资代建的通许县第一高级中学新校区教学实验楼、行政办公楼、学生宿舍楼、图书信息中心、服务中心等大楼的土建、安装及装饰工程。另外,合同还对工程价款、付款方式、工期、承包方式、工程质量、结算方式、结算期限、违约责任等作了详细的约定。

《承包协议书》签订后,正岩公司进场施工。因工程款支付问题,双方发生纠纷,期间工人曾因工程款问题而罢工、停工。后在通许县政府主持协调下,双方于 2012 年 9 月 20 日签订《补充协议》达成和解,约定正岩公司于 2012 年 10 月 12 日复工,以及八威公司支付工程款的节点。后双方又因支付工程款问题发生纠纷,2013 年 1 月 8 日,八威公司向正岩公司发出《解除承包协议和补充协议》函,要求正岩公司 3 日内撤出项目的所有施工、管理人员和全部设备、设施,并与八威公司就已完成的施工项目进行结算、移交相关施工资料。正岩公司同意解除两份协议。

2013 年 8 月,正岩公司向河南省高级人民法院(以下简称"一审法院")起诉,请求:

(1) 解除双方签订的《承包协议书》及《补充协议》;

(2) 八威公司清偿欠付正岩公司完成工程量 80% 的工程款,退还履约保证金,支付逾期付款违约金,赔偿停工损失;

(3) 通许县政府承担连带责任。

八威公司认为,其向正岩公司发出解除通知函,并要求其限期撤出施工人员及设施,及时交付施工相关资料,对已建工程进行确认结算。但正岩公司在通知期限届满后,不撤出施工人员及设施,且不交付施工相关资料,致使八威公司无法对正岩公司已建工程数量进行确认,无法进行工程款的结算。故提出反诉,请求:

(1) 确认《承包协议书》和《补充协议》已经解除。
(2) 对正岩公司已完工程量进行评估计算。
(3) 判令由正岩公司交付相关施工资料。
(4) 正岩公司5日内撤出其施工人员及设施。
(5) 正岩公司支付违约金并赔偿经济损失。

一审期间，正岩公司提出司法鉴定申请，要求对已完工程的工程量和造价进行鉴定，一审法院委托造价机构进行鉴定。诉讼中，经各方同意，本次鉴定为2013年1月31日前正岩公司所施工的工程量及工程价款。

2014年8月27日，通许县政府向八威公司发出《关于通许县一高新校区复工的函》，要求2014年10月10日前复工，否则将视八威公司自愿解除合同。2014年9月11日，八威公司向一审法院提出申请，请求依法作出正岩公司在10日内撤出施工现场，由八威公司组织力量继续施工的裁判。而正岩公司表示不撤场，因八威公司撤出工地后，正岩公司继续施工，与通许县政府形成了事实上的建设工程施工合同关系，通许县政府应向正岩公司支付工程款而未支付。法院另查明，案涉项目未进行招投标。

一审法院判决：
(1) 驳回正岩公司关于解除其与八威公司于2011年8月3日签订的《通许县第一高级中学新校区建设工程项目承包协议书》及2012年9月20日签订的《补充协议》的诉讼请求；
(2) 驳回八威公司关于确认其与正岩公司签订的《工程承包协议书》和《补充协议》已经解除的诉讼请求；
(3) 正岩公司自判决生效之日起15日内撤出通许县第一高级中学新校区施工现场。

正岩公司不服一审判决，向最高人民法院（以下简称"二审法院"）提起上诉。二审法院认为一审判决认定事实清楚，适用法律正确，判决驳回上诉，维持原判。

【案例评析】

(1) 案涉《承包协议书》及《补充协议》的性质和效力

正岩公司主张，通许县政府与八威公司之间的合同是建设工程施工合同，该合同因违反《中华人民共和国招标投标法》（以下简称《招标投标法》）而无效，但该合同无效，不影响其与八威公司之间的分包合同的效力。而一审法院和二审法院均认为《承包协议书》及《补充协议》因违反《招标投标法》而无效，原因如下：

第一，八威公司与正岩公司之间不是建设工程分包合同关系，而是建设工程的发包与承包合同关系。依据上述合同内容，正岩公司承建的是通许县第一高级中学新校区项目中的土建、安装等工程，八威公司不是分包该工程中的部分项目，而是以发包人的身份将整个工程发包给正岩公司施工。因此,八威公司与正岩公司之间不是建设工程分包合同关系,而是建设工程的发包与承包合同关系。

第二,案涉项目属于政府投资建设的关系社会公共利益的项目,项目性质决定其关系着公共安全,属于《招标投标法》规定的必须进行招投标的项目,八威公司与正岩公司未进行招投标即直接签订合同,违反《招标投标法》的规定,应为无效合同。

第三,通许县政府与八威公司所签订的合同不是建设工程施工合同,不属于《招标投标法》的调整范畴。

首先,八威公司的性质是投资公司而非从事建设工程施工的建筑企业。其代通许县政府投资案涉项目是作为建设方而不是施工方来参与项目的开发建设。《招标投标法》除了保障建筑市场中的公平竞争外,更主要的目的是通过招投标选择确定具有与工程项目要求相符资质的施工单位,以科学、合理的工程造价来进行施工,以保证工程质量。而八威公司不是建筑企业,该公司从事投资管理的专业性质决定其不可能直接承包案涉工程项目的施工,而只是代通许县政府作为案涉项目的建设方向项目投资。即案涉项目由八威公司投资并作为建设方负责选择施工单位进行建设,建成后由通许县政府购买。双方签订的《项目开发合作合同》内容并非是确定一个项目最终由哪个施工单位进行施工的合同,不受《招标投标法》的规制。

其次,如果通许县政府与八威公司之间的合同无效,则其与正岩公司签订的《承包协议书》及《补充协议》就失去了基础。《中华人民共和国建筑法》(以下简称《建筑法》)第28条明确规定:"禁止承包单位将其承包的全部建筑工程转包给他人,禁止承包单位将其承包的全部建筑工程肢解以后以分包的名义分别转包给他人。"即如果八威公司是将通许县政府发包的案涉工程项目的土建、安装和装饰工程分包给正岩公司,则该合同属于转包而非分包,上述合同会因属于违法转包工程而无效。

(2)正岩公司与通许县政府之间是否成立了建设工程施工合同关系

一审法院和二审法院均认为,在2013年1月31日以后,正岩公司与通许县政府之间并未成立建设工程施工合同关系。主要理由是:第一,通许县政府从未与正岩公司就案涉项目签订合同,正岩公司也未提供双方之间曾经有口头合同的证据。第二,正岩公司主张2013年1月31日以后报的工程形象进度上都有通许县一高新校区建设领导小组加盖技术监督专用章。在《2012年11月份形象进度》上,通许县一高新校区建设领导小组同样加盖有技术监督专用章。因此,上述印章并不能说明通许县政府与正岩公司之间成立了合同关系。第三,通许县政府作为案涉项目最终的所有人直接支付部分工程款以解决农民工工资发放问题,一是为了维护社会稳定,二是为了保证案涉项目的施工顺利进行,并不能证明其与正岩公司就案涉工程建立了合同关系。

(3)一审法院是否有权先行判决正岩公司撤场

因通许县政府未与正岩公司建立建设工程施工合同关系,因此正岩公司已无滞留在案涉工程施工现场的法律依据。在一审法院已向正岩公司释明,告知正岩公司应自行撤场,而在正岩公司表示不撤场的情况下,一审法院认为,八威公司申请正岩公司撤场的主张于法有据。鉴于案涉工程款正在鉴定过程中,尚有较长的审理时间,为不影响本案工程建设,依据《民事诉讼法》第153条"人民法院审理案件,其中一部分事实已经清楚,可以就该部分先行判决"的规定,一审法院对当事人的部分诉讼请求先行判决。故判决正岩公司自判决生效之日起15日内撤出施工现场。

第二节 房地产法律业务

一、房地产行业法律服务状况回顾与展望

(一)房地产行业法律服务状况回顾

1. 房地产行业2015年回顾

2015年11月11日,国家统计局公布前10个月房地产数据,截至2015年10月底,全国商品房待售面积68 632万平方米,比9月末增加2 122万平方米。其中,住宅待售面积增加1 180万平方米,办公楼待售面积增加56万平方米,商业营业用房待售面积增加709万平方米。

2015年11月10日,中共中央总书记、国家主席习近平主持召开中央财经领导小组第十一次会议,提出推进经济结构性改革,要针对突出问题、抓住关键点,要化解房地产库存,促进房地产持续健康发展。

根据有关部门发布的经济数据显示,在世界经济发展不景气和国内经济下行压力加大的不利局面下,我国的经济发展总体呈现出稳中有进、稳中向好的良好态势。2015年度,我国房地产领域的行业环境基本情况可以归纳为以下几点:① 房地产行业告别高速增长,行业改革需求加大;② 相关政策密集出台,国企改革步伐加速;③ 房地产行业国企占比高,运营效率相对较低;④ 国改注入优质资产,提高企业运营效率。

2. 房地产行业法律服务2015年回顾

在2015年,越来越多的律师事务所开始为房地产商提供房地产项目整体法律服务,以往盛行的房地产企业法律顾问模式,已经越来越不适应服务的需求。房产项目资金运作高度集中,房地产企业所面对的法律问题十分繁杂,在各个阶段均涉及各式各样的法律问题。因此,需要有精通房地产全部流程业务的专业律师为他们

提供优质高效的法律服务。这种房地产项目整体法律服务主要包括以下五个阶段："项目筹备阶段"的律师服务、"招投标阶段"的律师服务、"项目建设阶段"的律师服务、"项目销售阶段"的律师服务和"项目交付阶段"的律师服务。

（二）房地产行业法律服务展望

1. 2016 年房地产产业发展趋向分析

根据中国产业信息网《2015 年中国房地产行业市场现状及发展趋势分析》，预计在 2016 年，我国的房地产市场产业将面临以下几个问题：① 老龄化进程加快，影响房地产需求释放；② 城镇化对房地产行业的促进作用或将减弱；③ 土地供应偏紧，价格涨幅较大；④ 租金回报率偏低，投资属性减弱。

因而 2016 年的房地产市场在需求和盈利两方面均面临拐点，投资属性已明显减弱。因此，预计 2016 年房地产市场将平稳回升，整体处于弱复苏，大幅反弹的可能性不大。由于一线城市在经济增长、产业聚集以及人口流入方面具有不可比拟的优势，一线城市的反弹幅度将明显超越二、三线城市。未来房地产产业发展的基本趋势如下：

（1）房地产多元化经营趋势加快

在传统住宅行业面临拐点的前提下，房地产企业多元化经营趋势明显加快。房地产企业的多元化经营，一方面围绕房地产的不同业态进行布局，包括商业、养老和文化旅游地产，另一方面房地产企业积极参股或控股其他行业，实现主业的多元化或彻底转型。

（2）楼市需求仍未见顶，一线城市具有强支撑

城市化是住房市场发展的核心动力之一，近 10 年来，随着一线城市超前发展的经济效应，人口集聚进一步推升了"大城市化"的形成，一线城市的人口强吸附能力也构成了对于潜在需求的强力支撑。从土地供求方面，2012—2014 年北上广深土地均处于供求相对平衡的状态，而随着当前库存的消耗以及房地产企业回归一线城市的迫切性增强，其土地资源的稀缺性将进一步凸显。

（3）政策羁绊解除，改善型需求盛筵开启

根据马斯洛人类需求层次理论，当某一层级的需求被满足后人们便会去追逐更高一个层级的需求，而不同时期受制于经济发展水平、受教育程度等的影响，社会群体对不同层次需求的迫切程度也不尽相同。当前我国正处于财富集聚、需求层次加速分化的阶段，少数富有群体需要拥有更好的房屋来满足其需求。

（4）增量到存量的时代接力

随着一线城市建设用地供应数量的减少，未来不可能再提供更多的土地资源用于城市建设，与此同时，二、三线城市房地产库存高企现状决定了其中期仍处于库存

消化阶段,地产白银时代由新增开发主导过渡到存量房主导已成大势所趋。从市场角度来看,存量时代是否到来的重要判断标志是房地产市场的一、二手房成交量比值,当前一线城市的二手房交易已然超过一手房交易规模,可以认为一线城市已率先进入真正意义上的地产存量时代。

(5)地产量价齐升,可能重回13亿平方米的规模

由于房地产行业对于宏观经济的支柱作用,我们认为未来至少存在一次降息或降准的政策,信贷宽松对于地产行业供需两端将会产生极大的刺激作用。同时,需求端行业的合理需求仍然存在,开发商推盘动力仍然充足,2015年商品房完成13亿平方米的成交量将是大概率事件。

2. 2016年房地产产业法律服务的发展前景

(1)在商业地产方面创新法律服务

① 中国房地产业协会法律事务专业委员会与律师应本着资源共享、共同努力、长远发展的指导思想,在互动合作中与律师协会建房委及房地产领域专业律师建立互利合作长效机制。双方应积极沟通、共同搭建为房地产企业提供法律服务的合作平台,推动房地产企业健康发展及律师在相关方面的业务拓展。

② 商业地产中存在着巨大的法律服务市场。律师应当不断提高自己的能力以迎合这种市场需求,这些能力具体包括充分的商业判断意识、换位思考能力、突破传统的创新精神、律师团队的企业化经营模式。比如在房地产项目并购中的涉税问题,房地产法律服务律师应当树立全局观念,多视角对房地产项目并购作出利益衡量。国家为提升财政收入,加大了税务征收监管和稽核的力度,不断出台新的税收法规,有的直指并购股权交易,选择何种方式并购、对财务设计、税务问题如何研判、尽职调查的深度,都会对并购双方产生重大影响,税务问题往往会影响并购的成功与否。此种情况下,作为房地产领域的专业律师,应当具有这种全面包容性的法律思维和对于行业商业风险与法律风险的综合评价和预判能力。

(2)在城乡统一建设用地方面创新法律服务

① 在土地改革中律师服务应当注意以下方面:首先,律师应当关注目前集体经营性建设用地33个试点县区的建设用地入市情况,对于其中的法律事务提供必要协助,并从中自我提升;其次,律师应当重视政府顾问业务,在民商事法律纠纷处理能力之外,着力提升行政诉讼能力。

② 以新型城镇化为切入点,律师在此方面的服务项目包括政府部门法律服务业务、社会投资者法律服务业务、农村基层组织法律服务业务、农村经营主体法律服务业务、农民个人法律服务业务。因此,律师在新型城镇化进程中的法律服务定位,应当从规范保障向引领推进转变。

(三) 房地产市场发展及法律政策沿革

改革开放以来,我国房地产市场变化经历了五个时期:一是初步形成时期(1978—1991年);二是房地产过热时期(1992—1993年);三是市场调整时期(1994—1997年);四是培育新的经济增长点时期(1998—2002年);五是宏观调控时期(2003—2015年)。

1. 房地产市场发展

(1) 初步形成时期(1978—1991年)

改革开放初期,我国的房地产业是计划经济下国家宏观调控的一部分,房屋是商品和资产的这一认识并未建立起来。改革开放以前,城镇住房是由国家统包住房投资建设,以实物形式向职工分配并近乎无偿使用的福利性住房。这种住房政策是计划经济的产物,在一定程度上抑制了住房建设投资,住房建设以及维修和管理成了国家的沉重包袱。

1979—1991年,住房制度改革经历了公房出售试点、提租补贴试点和全面起步三个阶段。1980年6月,中共中央、国务院在批转《全国基本建设工作会议汇报提纲》中正式提出实行住房商品化政策,准许私人建房、买房、拥有自己的住宅,不仅新建住宅可以出售,现有住宅也可以出售。1991年6月,国务院发布了《关于继续积极稳妥地推进城镇住房制度改革的通知》,提出了分步提租、交纳租赁保证金、新房新制度、集资合作建房、出售公房等多种形式推进住房制度改革的思路。同年10月,召开了第二次全国住房制度改革工作会议,提出了"多提少补"或小步提租不补贴的租金改革原则,指出房改"贵在起步"。

(2) 房地产过热时期(1992—1993年)

在改革开放新高潮的大环境中,房地产价格放开,许多政府审批权力下放,金融机构开始大量发放房地产开发贷款,土地开发和出让规模迅速扩大,1992年开始出现了"房地产热":房地产开发公司急剧增加、房地产开发高速增长、房地产市场十分活跃,价格大幅上涨,土地出让大幅度增长。房地产开发投资过热,不仅加剧了钢材、水泥、木材等建筑材料的供需矛盾,带动了其价格较猛上涨,而且由于挤占了过多的建设资金,致使一些国家重点建设项目资金不足。内地资金纷纷流向沿海地区的房地产市场,沿海地区的房地产价格猛涨,不断高涨的房地产价格又加速了外部资金的流入,最终导致国民经济发展严重失衡。

1992年11月,国务院发出《关于发展房地产业若干问题的通知》,首次勾画出房地产市场体系框架:房地产一级市场即土地使用权的出让,房地产二级市场即土地使用权出让后的房地产开发经营,房地产三级市场即投入使用后的房地产交易,以及抵押、租赁等多种经营方式,提出了一系列推动房地产业发展的政策措施,包括进一步深化土地使用制度改革、继续深化城镇住房制度改革、完善房地产开发的投资管理、正确引导外商对房地产的投资、建立和培育完善的房地产市场体系等。

1993年6月,中央召开经济工作会议,作出了对经济进行宏观调控的决定,中共中央、国务院还下发了《关于当前经济情况和加强宏观调控的意见》,采取16项加强和改善宏观调控的措施。中央针对房地产明确提出,对于挪用资金参与炒房地产的企业要减少以致停止贷款,对各类房地产开发经营机构进行一次全面检查,抓紧制定房地产增值税和有关税收政策,严格执行财政部《关于国有土地使用权有偿使用收入征收管理的暂行办法》,购地后1年内投入的开发资金不足购地费25%的要收回土地,金融机构和土地管理部门一律不得开办开发经营房地产的公司,房地产开发投资必须纳入固定资产投资计划,高档宾馆、写字楼、度假村等要下决心停、缓建等。

1993年11月,党的十四届三中全会通过《中共中央关于建立社会主义市场经济体制若干问题的决定》,提出要规范和发展房地产市场,实行土地使用权有偿有限期出让制度,对商业性用地使用权的出让,要改变协议批租方式,实行招标、拍卖。同时加强土地二级市场的管理,建立正常的土地使用权价格的市场形成机制,通过开征和调整房地产税费等措施,防止在房地产交易中获取暴利和国家收益的流失,控制高档房屋和高消费游乐设施的过快增长,加快城镇住房制度改革,控制住房用地价格,促进住房商品化和住房建设的发展。

(3)市场调整时期(1994—1997年)

1995年5月,国务院发出《关于严格控制高档房地产开发项目的通知》。随着经济由热转冷,房地产市场也沉寂下来,商品房和商品住宅的价格迅速回落,并由高于GDP增长的状况转变为低于GDP增长的状况。全国房地产开发企业的土地转让收入、商品房销售收入的增长率大幅下滑,营业利润出现负增长,整个房地产开发行业处于亏损状态。商品房销售面积也处于低速发展的状态。

(4)培育新的经济增长点时期(1998—2002年)

1998年4月,中国人民银行下发《关于加大住房信贷投入,支持住房建设与消费的通知》,规定从1998年开始,人民银行对各商业银行住房(包括建房与购房)自营贷款实行指导性计划管理。只要借款人符合贷款条件,商业银行均可在资产负债比例要求范围内发放住房贷款。

1998年7月,国务院下发《关于进一步深化城镇住房制度改革加快住房建设的通知》,明确提出促使住宅业成为新的经济增长点。

1999年7月,财政部、国家税务总局发出《关于调整房地产市场若干税收政策的通知》,规定对个人购买并居住超过1年的普通住宅,销售时免征营业税;个人购买自用普通住宅,暂减半征收契税;对居民个人拥有的普通住宅,在其转让时暂免征收土地增值税。

1999年12月,财政部、国家税务总局、建设部发出《关于个人出售住房所得征收个人所得税有关问题的通知》,为鼓励个人换购住房,规定对出售自有住房并拟在现住房出售后1年内按市场价重新购房的纳税人,其出售现住房所应缴纳的个人所得税,视其重新购房的价值可全部或部分予以免税。

(5) 宏观调控时期(2003—2015年)

2003年下半年和2004年上半年,全国范围内较明显地出现了投资过热,开发区圈占土地热,钢材、水泥等建筑材料价格过快上涨,煤、电、油、运全面紧张等经济过热现象。停止住房实物分配以后,住房价格一直是社会普遍关注的问题,住房价格上涨过快直接影响城镇居民家庭住房条件的改善,影响金融安全和社会稳定,甚至影响整个国民经济的健康运行。

政府为防止经济过热,着力控制固定资产投资过快增长,进而采取了控制土地供应、加强信贷管理、提高投资门槛、严格项目审批、控制拆迁规模等一系列政策措施,控制房地产投资过快增长。

2006年7月,建设部等六部门发布《关于规范房地产市场外资准入和管理的意见》,规定只有外商投资企业才能购买非自用房地产。同年8月,商务部办公厅下发《关于贯彻落实〈关于规范房地产市场外资准入和管理的通知〉有关问题的通知》,就所涉及的外商投资企业审批和管理问题予以明确。同年9月,国家外汇管理局、建设部发布《关于规范房地产市场外汇管理有关问题的通知》,就所涉及的外汇管理问题予以明确。

2007年6月,商务部、国家外汇管理局发布《关于进一步加强、规范外商直接投资房地产业审批和监管的通知》,加强了外商投资房地产企业的审批和监管。同年10月,国家发展改革委、商务部发布《外商投资产业指导目录(2007年修订)》,新增对外商投资房地产二级市场交易及房地产中介或经纪公司的限制,有助于缓解房地产投资过热和房价上涨过快的压力。

2. 房地产法律政策沿革

(1) 1988年9月,国务院发布《城镇土地使用税暂行条例》,规定自1988年11月1日起,向城市、县城、建制镇、工矿区范围内使用土地的单位和个人征收土地使用税,各地制定的土地使用费办法同时停止执行。但是,《城镇土地使用税暂行条例》不影响各地依法制定的对外商投资企业和外国企业在华机构用地计收土地使用费办法的执行。

(2) 1988年4月,七届全国人大第一次会议通过了《中华人民共和国宪法修正案》,规定任何组织或者个人不得侵占、买卖或者以其他形式非法转让土地,土地的使用权可以依照法律的规定转让。

（3）1988年12月，《中华人民共和国土地管理法》（以下简称《土地管理法》）规定"国家依法实行国有土地有偿使用制度"，为土地使用制度改革的全面推进和深入发展提供了法律保障。

（4）1990年5月，国务院发布了《中华人民共和国城镇国有土地使用权出让和转让暂行条例》，对土地使用权出让、转让、出租、抵押、终止以及划拨土地使用权等问题作了明确规定。

（5）1990年，国务院发布了《外商投资开发经营成片土地暂行管理办法》，允许外商从事土地成片开发经营活动。这就使土地使用权有偿出让和转让的法规更趋完善，并构造出了有中国特色的土地市场基本框架。

（6）1994年7月，八届全国人大常委会第八次会议通过《中华人民共和国城市房地产管理法》（以下简称《城市房地产管理法》），自1995年1月1日起施行。该法的出台，对加强城市房地产管理，维护房地产市场秩序，保障房地产权利人合法权益，促进房地产业健康发展，具有重要意义。《城市房地产管理法》共七章72条，明确了房地产开发用地、房地产开发、房地产交易、房地产权属登记管理等法律规定。特别是规定国家要实行五项制度：① 国家依法实行国有土地有偿、有限期使用制度。② 国家实行房地产价格评估制度。③ 国家实行房地产成交价格申报制度。④ 国家实行房地产价格评估人员资格认证制度。⑤ 国家实行土地使用权和房屋所有权登记发证制度。该法首次对房地产中介服务机构的构成、设立条件和资格认证等制度作了规定。

根据《城市房地产管理法》的规定，我国房地产方面的行政法规、部门规章、规范性文件等加快制定和完善，房地产法规体系逐步形成和健全。例如，建设部发布了《城市房地产开发经营管理暂行条例》《城市商品房预售管理办法》《城市房地产转让管理规定》《城市房屋租赁管理办法》《城市房地产抵押管理办法》《城市房地产中介服务管理规定》，会同人事部发布了《房地产估价师执业资格制度暂行规定》《房地产估价师执业资格考试实施办法》，并会同国家工商行政管理局发布了《房地产广告发布暂行规定》等。

二、房地产领域法律服务的发展和创新

（一）"一带一路"政策下法律服务的发展和创新

2015年6月16日，最高人民法院签署了《关于人民法院为"一带一路"建设提供司法服务和保障的若干意见》，并且成立了"一带一路"司法研究中心。习近平主席2013年9月访问哈萨克斯坦时提出共同建设"丝绸之路经济带"的倡议。习主席在10月访问东盟国家时提出共同建设"21世纪海上丝绸之路"的战略构想。2014年博鳌亚洲论坛，李克强总理全面阐述中国的亚洲合作政策，并特别强调要推

进"一带一路"的建设。但"一带一路"不是一个实体机制,而是合作发展的理念和倡议。律师必须在实践中利用好"一带一路"战略带来的机遇,同时迎接挑战。

"一带一路"战略的机遇在于:"一带一路"战略形成了多边合作机制(上海合作组织、中国—东盟"10+1"、亚太经合组织、亚欧会议、亚洲合作对话等),增强了部分欧亚国家积极支持和参与的积极性。"一带一路"战略的挑战在于:大国之间的关系复杂多变,国际上对中国的"一带一路"战略存在着"中国威胁论"、中国"对外经济扩张"、中国版"马歇尔计划"等不当解读,以及因语言与意识形态、地区安全和法治多样性造成的项目风险。因此,律师在为"一带一路"提供法律服务的过程中,应当以以下几方面作为工作重点:

首先,加强国际法的学习和运用。在国际关系中查找国际习惯法的证据,在各国法律与司法实践中查找"一般法律原则"及常见的国际规则(如关键日期确定规则、禁止反言规则、时际法规则、法不溯及既往规则、有利追溯规则等)。例如国际贸易投资争端解决机制,国际贸易投资争端主要集中在外国投资者与东道国投资仲裁裁决承认和执行问题上,投资协定一般确定四种仲裁方式,由投资者单方选择:① 依据《华盛顿公约》及《解决投资争端国际中心仲裁规则》提交仲裁,依照《华盛顿公约》承认和执行;② 依据《解决投资争端国际中心附加便利规则》提交仲裁;③ 依据《联合国国际贸易法委员会仲裁规则》提交仲裁;④ 如争议的投资者和东道国同意,向其他仲裁机构或者依据其他仲裁机构提交仲裁。后三类裁决的承认和执行,尚无统一公约,依据是投资保护条约本身以及执行地的国内法规定。其中,《华盛顿公约》主要规定对国际投资争端解决中心(以下简称 ICSID)裁决采取自动承认机制,排除任何国家法院对 ICSID 裁决进行司法监督,不允许缔约国以公约规定以外的任何理由(包括公共秩序保留)拒绝承认和执行裁决;公约仅允许 ICSID 内部组成复核委员会受理裁决撤销申请,但撤裁率较低,截至 2011 年结案的 158 件中,部分或者全部撤销的裁决 9 件。而针对非 ICSID 仲裁裁决的承认和执行,主要国家的做法是依照《联合国国际商事仲裁示范法》或者《纽约公约》,要求对"商事争议"作宽泛解释,这些国家可依照《联合国国际商事仲裁示范法》第 35 条和第 36 条的规定承认和执行非 ICSID 投资裁决,而未采用《联合国国际商事仲裁示范法》的《纽约公约》缔约国,如未作出商事保留,可适用《纽约公约》承认和执行非 ICSID 投资裁决。截至 2015 年 7 月 17 日,《纽约公约》成员达 156 个,其中 48 个国家(含中国、美国)作出商事保留。但是,包括美国在内的部分国家对于非 ICSID 投资裁决依照《纽约公约》承认和执行;丹麦、希腊、克罗地亚、匈牙利和韩国等国已经在投资协定缔约实践中纳入按《纽约公约》承认和执行非 ICSID 投资裁决。

其次,积极参与到国际规则的制定过程中。条约系现代国际法首要渊源,严格法律意义上的渊源;"条约必须遵守"是国际法的基本原则。国际条约的遵守需要各国国内法律秩序的支持,条约的国内适用是遵守条约的一个重要方面。安托尼·奥斯特说:"由条约创设的权利与义务是否需要在国内法中得到实施,以及如果需要,它们事实上是否可以得到实施,是一个国际法学家和国内法学家共同关心的问题。"国际条约已经成为中国法律的重要组成部分,目前我国已经缔结2.3万多项双边条约、400多项多边条约。但是,条约在我国国内实施一直面临一系列棘手问题:条约的法律地位和位阶、适用方法、解释规则、冲突解决规则等。因此,专业律师需要积极参与国际条约、国际条约的国内适用的解释规则等其他国际规则的制定,并且重视对国际条约条款中文译本与外文原本含义的对比考查。

(二) PPP 模式法律服务的发展和创新

1. PPP 基本情况概述

PPP 模式是 Public – Private Partnerships 的缩写,即"公私合作伙伴关系"。PPP 是公共部门(通常为政府)和私人部门为提供公共产品和服务而形成的各种合作伙伴关系。PPP 是在基础设施领域和公共服务领域,政府和社会资本建立的一种长期合作关系,旨在利用市场机制合理分配风险,提高公共产品和服务的供给数量、质量和效率。中国将 PPP 定义为政府部门和社会资本在基础设施及公共服务领域建立的一种长期合作关系。

2. PPP 模式发展情况

PPP 模式兴起于英国。根据全球 PPP 研究机构 PWF(Public Works Financing)的统计数据,1985—2011 年全球基础设施以 PPP 模式建设的项目总价值为 7 751 亿美元,其中,欧洲处于领先地位,约占全球以 PPP 模式建设项目总价值的 45.6%。在美国,通过 PPP 模式建设的项目主要集中在供水和废水,美国约 15% 的市政水务服务通过 PPP 模式进行建设。英国签订的 PPP 合同累计超过 700 项,总投资超过 500 亿英镑,涉及交通、卫生、国防、教育等领域。亚洲和非洲各国的 PPP 项目也很多,据世界银行调查,全球有超过 50% 的 PPP 项目在亚洲建设,主要集中在能源和交通等基础设施领域。

中国的"一带一路"战略下的 PPP 模式初露头角,据中国商务部统计,2014 年,中国对外承包工程新签合同额 1918 亿美元,完成营业额 1 424 亿美元,业务遍及 190 个国家和地区。2014 年 5 月,财政部成立 PPP 工作领导小组,办公室设在金融司。2015 年 2 月,中国机构编制委员会办公室批准财政部成立政府和社会资本合作中心,财政部在全国范围内开展项目示范工作,确定首批 30 个 PPP 示范项目,投资规模总计 1 800 亿元。

3. PPP 运行方式

PPP 的合作模式有以下几个特点:① 建设周期较长;② 涉及领域广、复杂程度高;③ 不同行业的技术标准和管理要求差异大;④ 项目信息与情况不确定性高,实践操作中在项目采购阶段往往还需要对项目实质性的内容进行调整。

PPP 主要的运行模式有 O&M、MC、LOT、ROT、BT、BOT、BOO 等,适用于农业、水利、交通、市政设施、公共服务、生态环境等领域,包括经营性项目、准经营性项目以及非经营性项目。

4. PPP 项目推进中的障碍

(1) 地方政府方面。一些地方只把 PPP 模式当做简单的融资方式,选择 PPP 模式建设的项目鱼龙混杂。

(2) 社会资本方面。有的社会资本只看到 PPP 项目收益不高,没有关注 PPP 项目的长期稳定收益,投资兴趣不大。

(3) 法制建设方面。目前我国关于 PPP 模式的法律、法规严重缺乏,只有少部分地方政府出台了一些政策性规定,甚至出现各地方关于同样的问题作出截然不同的规定。

第一,法律适用问题。这里面存在立法缺失与冲突问题、法律法规变更风险以及法律体系或监管不完善等问题,到目前为止,我国尚未形成完整的 PPP 立法体系,相关立法水平不高,立法现状远不能满足发展的现实需要。

第二,合同法律风险。由于 PPP 项目建设规模大、时间长、法律关系复杂,PPP 项目不可避免地会涉及纷繁复杂的各类合同。从 PPP 参与主体的角度看,PPP 项目就是政府、社会投资者、项目公司、公众消费者、银行等融资提供方、其他利益相关者(建设和运营公司、中介机构等)等众多参与者之间的一系列协议安排。其中,最重要的是 PPP 协议是整个 PPP 项目的核心,PPP 协议中对公共部门和社会投资者权利义务和风险分担的规定构成合作各方之间法律关系的基础。总体上来看,PPP 项目合同蕴含风险较大的几个方面是:合同条款设计风险、项目运作方式风险、合同期过长、价格或补贴风险、不可抗力风险、项目唯一性风险、政府违约风险、争议解决机制。

第三,资本运作风险。资本运作风险主要包括融资、金融风险及资本和利益收回风险。

第四,行政性法律风险。政府在 PPP 项目中有多重角色,即特许经营权授予者、项目开发和合作者、项目开发和营运的监督者。在 PPP 模式下,投资者可能面临以下几个行政法律风险:地方政府对 PPP 模式的认识存在误区、公共部门监督管理权不明、因换届或反腐等原因导致政府信用风险、审批延误风险、政府决策失误和腐败风险。

5. PPP 发展缺陷应对方法

(1) 预防为主,防患未然。出于节省成本或过于自信的原因,很多企业平时舍不得花律师费。只有在纠纷发生的情况下,才想到高价去聘请律师,这可以说是中国企业的通病。平时聘请专业律师全程参与项目的建设是非常重要的,面对西方人,如何利用法律赋予的权利,巧妙周旋,并懂得进退有据,是当务之急。

(2)合同签订及履行中重视保留书面证据。包括中国在内的大多数亚洲国家的企业,都不善于采用书面形式记录事实。根据伦敦海事仲裁员协会提供的数据,伦敦海事仲裁员协会约75%的裁决是仅仅根据书面证据的审理作出的。书面审理的前提条件是有完整的文件记录。因为缺乏文件证据,只能依靠口头证据。提供口头证据,开庭就是不可避免的,不仅费用非常昂贵,而且结果不稳定,因为仲裁员在开庭中调查发现的事实通常决定案件的结果。

(3)将仲裁地点选在中国香港或新加坡,首席仲裁员要求懂中文。文化差异对仲裁的影响是显而易见的。由于文化的差异,西方仲裁员常常会对中国当事人产生不利影响。即使在中国当事人能披露详细书面材料的情况下,文化差异对于文件效力的认定仍然会产生影响。如果仲裁员是中国香港或新加坡人,又懂中文,他至少受过中国文化的熏陶和训练,在思维方式上会比较理解中国企业的习惯和做法。

6. PPP项目工作展望

按照国务院和省政府的工作部署,加大宣传推广力度,完善相关制度体系,推动项目实施,发挥PPP模式激发经济发展活力、提高公共服务水平的积极作用。

(1)加快建立PPP项目库,建立各省的PPP项目库,择优向社会推出PPP推荐项目,落实财政部相关政策支持。

(2)推动项目落地实施。加强财政保障,做好财政承受能力论证,研究通过中期财政规划对项目支出责任进行统筹安排。根据财政部要求,研究通过上级财政对下级财政预算扣款方式,强化PPP项目的政府承诺管理。开展PPP示范市县建设,鼓励示范市县先行先试。

(3)完善政策用活机制。协调行业主管部门推进相关重点领域PPP模式应用工作,研究细化综合奖补政策,支持PPP示范点和项目,吸引金融机构、社会资本参加,并争取中央基金支持,缓解PPP项目资金困难。

7. 律师在PPP法律服务中起到的作用

(1)实施方案及相关法律文件、操作程序的合规性审查需求。从PPP项目立项之前、初步方案设计阶段就参与其中,为客户提供全过程的法律服务。

(2)协助客户签订PPP项目合同。

第一,合作关系。律师应当提醒委托人建立起从头到尾的合作关系,不论是政府发起型PPP、民间自提型PPP还是混合型PPP都必须首先建立起相互之间的合作伙伴关系。

第二,合作期限。可设置固定期限,也可分别设置独立的设计建设期间和运营期间,并规定运营期间为自项目开始运营之日起的一个固定期限。

第三,付费机制。PPP的付费机制主要有三种:政府付费、使用者付费以及可行性缺口补助三种。

第四,限制股权变更。① 在一定期间内,项目公司的股权变更及其各级控股母公司的控股股权变更均须经过政府的事前书面批准。② 有一个锁定期,即自合同生效之日起,至项目开始运营日后一定期限,至少至项目缺陷责任期届满不可股权变更,例外情况为,履行项目融资担保、转让给社会资本关联公司、政府转让的情况。③ 对受让方有要求和限制,包括禁止特定主体作为受让方进行股权变更。

第五,PPP风险应对情况及措施。对于贪污腐败的风险,应对措施为维持与高层的良好关系、与政府公司合作或合资、签订防腐败合同。对于审批延误的风险,应对措施为与政府公司合作或合资、获得政府担保、维持与政府的良好关系。对于国有化或没收的风险,应对措施是与政府公司合作或合资、国际融资政治保险、获得出口信贷。对于政府信誉的风险,应对措施是获取政府准确信息挑选最合适的伙伴、维持与政府良好关系、聘请独立第三方评估。对于不可抗力的风险,应对措施是获得政府担保、投保所有可保险的险种、获得政府资金支持。对于外汇汇率和货币兑换的风险,应对措施是获得政府担保、采用双货币收费、采用期汇、掉期等。对于如期融资的风险,应对措施是争取政府参股、灵活收费、发债券、挂牌上市融资。对于调度限制(只适用于电力和供水项目)的风险,应对措施是与政府签或取或付、与政府签调度合同、政府担保调度设备。对于价格调整的风险,应对措施是事先确定每年调价公式,维持与政府的良好关系,企业和项目形象,分离收费,如部分固定、部分可调。

(3) 提供各方面的法律服务。律师行业广泛接触社会各阶层、各行业,能够为PPP项目合作方提供政府资源、市场资源、资本资源等大量社会资源,弥补合作各方资源的不足与盲区。

① 对工程质量的监督。PPP项目一般合作时间长,对工程质量有较高要求,且工程质量一旦发生问题还可能牵连到公共部门,给公职人员带来履职风险。律师参与项目勘察、设计、施工过程,一方面可以规范书面文件往来,一旦发生质量问题有助于厘清责任;另一方面可以对工程监理、施工、建设等参与方起到监督作用,防范工程质量隐患的发生。

② 对于项目实施过程中重要事项进行见证。例如对招投标过程进行全程见证可有效防范暗箱操作,一旦发现问题可以专项法律意见书的形式向客户呈报提示风险。

③ 在项目建设过程中的反签证和反索赔法律服务。

④ 条件成就后对公共部门介入项目的分析论证、路径设计、谈判协调法律服

务等。

三、房地产领域热点法律问题研究及立法建议

(一) 房地产领域热点法律问题研究

1. PPP项目热点问题研究

(1) 企业在进行PPP项目时,是按企业项目申报还是按政府项目申报

通常情况下,如果PPP项目采用招标方式,在中标后,按现行基本建设程序,以及现有法律规定,投标人还需到计划、规划、土地、环保等部门审批,这些部门的审批程序非常繁杂,有时还不认可城市建设部门的意见,其中存在对项目进行二次审查的情况,拖延了项目执行的时间。具体操作应注意在签署项目合作协议时明确约定项目报批是由政府负责申报,或是由民间投资人负责申报,或是由政府协助民间投资人申报。因此,PPP项目是按企业项目申报还是按政府项目申报,不能一概而论,应视项目具体情况而定。

(2) PPP项目的土地使用权选用哪种方式获得

项目投资往往与土地使用权关系比较密切,PPP项目土地使用权的来源主要包括以下两种情况:

第一种形式是划拨用地。划拨用地主要是依据《土地管理法》第54条的规定,据此PPP项目中的大部分用地,均可以采取划拨用地。但是划拨用地的风险较大,其中较大的风险之一就是政府可能会收回。故划拨用地尽管在土地成本上相对价格低廉、节约,但是在操作的时候土地使用权很可能因项目的变化或其他的因素被收回。另一个风险是出让金无偿划拨将来进行处分的时候,出让金是优于抵押权人的优先权的。在《担保法》和《城市房地产管理法》中都有明确规定,一旦划拨用地进行处分的时候,包括对地上建筑物进行处置时,所得价款优先扣除土地出让金,然后剩余的部分才能够进行分配。

第二种形式是租赁。在实践中租赁的形式用得比较少,通常是准经营项目,这类项目时间周期通常不会很长。此种租赁方式的主要风险是没有土地使用权,那么在投融资方面没有办法进行抵押投资,且租赁存在一个租期,土地使用权不能超过这个期限,这样直接关系到项目融资,以及项目的成本和风险。

(3) 授予特许经营权能否与土地招拍挂程序捆绑统一操作

特许经营权和土地使用权往往在主体上会形成错位,因为PPP项目的取得是通过招投标获得项目的经营权,但是土地出让往往是在取得项目的经营权后进行安排土地,可能会形成差异。按照原有的招拍挂国有土地使用的规定,在操作上不一定能够实现企业的设想,在这种情况下,需要进一步研究。2014年,国务院办公厅《关于支持铁路建设实施土地综合开发的意见》(国办发〔2014〕37号),明确通过土

地综合开发,将供地和项目建设、项目建设和后面的运营进行合并操作,这说明目前可以以土地综合开发的名义直接实现特许经营权和土地招拍挂程序的捆绑式操作。

(4) 非经营性项目如何从 BT 转为真正的 PPP 模式

第一,将非经营性项目与其他经营性项目或非经营性项目或者相关资源开发权加以捆绑(即 BT + RCP),通过"以丰补歉"的方式实现项目的整体资金平衡和风险控制。在更多政策出台之前,投资人和政府应该针对项目组合的合理性和可行性加以充分论证,尽可能通过对交易方案的合理设计,实现项目收益对投资成本的全覆盖或者大部分覆盖。

第二,转变模式,即通过增加运营维护(如 BTO)、资产租赁(如 BTL)等方式,使得项目投资模式由 BT 模式转变为真正的 PPP 模式,使得在当前更多的 PPP 支持性政策保障之下,项目投资风险得以降低。当然,模式转变应当依法办理相应审批手续,同时应根据财政部《政府和社会资本合作模式操作指南(试行)》(财金〔2014〕113 号)的规定进行物有所值评价和财政承受能力论证及验证,通过验证的实施方案才能以 PPP 模式实施。

第三,投资人应按照财政部 96 号文的规定,将符合规定的政府购买服务项目同时反映在政府采购预算中,与部门预算一并报送财政部门审核;并根据现行《中华人民共和国预算法》第 13 条的规定,经由同级人大审批决议通过,必要时应提交上级人大审议通过。

(5) PPP 项目应当适用《中华人民共和国政府采购法》(以下简称《政府采购法》)还是《招标投标法》

PPP 项目实际上很多都包含着工程内容,或者是与工程相关的服务也在里面,在这种情况下是否属于《招标投标法》规定的强制招标投标范围。由于存在两个主管部门,一个是财政部,一个是发改委,所以从 PPP 项目的文件规定来看,两个主体发的文件其实在很多内容上是冲突的。因此,从 PPP 项目的实践操作中,不能将其单纯地看做是一个工程采购。在实践中碰到的项目,其前期谈判的过程就非常漫长,如果按照招投标的程序,一旦启动,那么时间性问题就非常突出,而如果时间适用到 PPP 项目的前期过程来看,明显就存在不适用的问题。

《政府和社会资本合作项目政府采购管理办法》规定,公开招标主要适用于采购需求中核心边界条件和技术经济参数明确、完整、符合国家法律法规及政府采购政策,且采购过程中不作更改的项目。随着双方谈判的过程,PPP 项目中的一些价格条款等问题都是在不断磋商中最终定下来的,但是如果适用招标投标,就很可能被认定为实质性议价而认定为无效。因此,PPP 项目适用的是《政府采购法》,而不是《招标投标法》中规定的强制招投标的范围。

2. 产业园区法律服务问题研究

产业园区是指经过国家或地区一级政府批准成立,具有明显的区域界线,政府运用行政或市场化等多种手段,为入驻的企业提供优惠政策和专业化服务,在功能完善的环境和条件下,通过招商选资聚集大量某一产业的投资者,使该产业在产品、技术、投入、产出、就业、职工生活等方面都得以科学发展的区域。伴随着市场经济的发展,各地产业园区如雨后春笋,蓬勃发展,其具体表现形式有高新区、科技园、工业区、产业基地、特色产业园,等等。

产业园区的发展为从事房地产领域服务的专业律师提供了重大机遇,如可以拓展产业园区方面的业务,积极构建项目律师团队,参与到项目规划、项目建设、项目实施的各个阶段,为投资方、管理方提供优质高效的法律服务。但是律师在为产业园区提供法律服务过程中,也面临着较大挑战,如产业园区的发展面临着以下法律风险:

(1)产业园区的重大项目都有投资大、风险高的特点。一个项目,往往动辄上千万元甚至上亿元资金。这种大额的投资往往会因为国家政策的调整、新法的实施、经济环境的变化、自然环境的不可抗力、合同相对方的违约以及自身在合同签署或合同履行时的失误形成巨大的风险,造成重大的损失。

(2)重大的产业园区项目涉及法律法规繁多,合同关系复杂。一个重大项目从开始到结束,所涉及的合同和其他法律文件的数量多达上百份,而且涉及众多部门法,如公司法、合同法、建筑法、物权法、土地管理法、房地产管理法等,如果没有专业律师的参与,整个项目将会隐患重重,很容易出现问题,导致重大损失。

(3)国家法律、地方政策、司法实践变化较快。我国法治建设起步较晚、进程较快,从而法律、法规和相关司法解释在不断变化。新的法律、法规、司法解释不断出台,从而导致司法实践也变化较快。产业园区的管理者、投资者和建设者往往都没有专业的法律知识,很难正确地理解和应用这些法律、法规、司法解释,通过法律途径来维护自身的合法权益。

作为房地产领域服务的专业律师,可从以下两个角度为产业园区发展提供法律服务:

(1)律师担任政府法律顾问,为政府招商引资及园区建设提供专项法律服务。律师担任政府法律顾问,涉及面较为广泛,不仅包括行政法律实务,而且包括民事法律事务,如需参与代理政府参与园区招商引资商务谈判和行政诉讼、参与土地征用和补偿问题的服务、完善土地征用补偿的程序、确保土地征用和补偿符合法律、法规,避免政府出台的规范性文件与上位法相冲突,尽可能减少因征地补偿所带来的社会矛盾和纠纷,需要与企业进行签约谈判,等等。

(2)律师担任园区企业的法律顾问,为企业的健康发展提供法律服务。律师可以全程参与项目,减少法律风险。如在立项阶段,为项目开发商设计出最好的风险规避方案;在项目招投标、谈判签约阶段,制定出结构严谨,内容翔实的合同文件;在合同履行阶段,为委托人完善各类手续,保存关键证据,实时解决出现的问题,从而将风险扼杀在摇篮之中。同时,律师可以整合自身的客户资源,加快园区的建设进度,提高园区的品牌效应,扩大项目的盈利能力。从事园区重大项目法律服务的律师往往都是执业多年、业务能力过硬的律师,其一般都有着良好的客户资源和广泛的信息资源,在参与园区重大项目建设过程中,可以引进其优质的客户资源,加快推动园区的建设进程,给园区建设创造良好的外部环境。

3. 关于产权式商铺法律问题研究

产权式商铺是开发商将大商场分割成若干个小面积具有独立产权证的商铺,并将其全部或部分以物业公司或商场经营管理公司的名义,承诺投资者在一定年限内给予每年固定或者保底加抽成的回报,是所有权与经营权分离的房地产证券化的概念。现今,产权式商铺营销模式在我国各大城市已被越来越多的房地产开发商运用。

产权式商铺营销模式的优势在于:首先,投资门槛低。产权式商铺投资额相对较少,无须参与经营管理,收益稳定,因为降低了置业门槛而吸引了大量的中小投资者。一般而言,投资者首付一定比例的资金,剩余款项通过银行的按揭贷款,即可拥有产权式商铺,实现了广大消费者置业投资的梦想。其次,减缓开发商资金压力。对于开发商来说,一旦商业规模达到了一定体量,如何实现资金回笼便成了一大难题。有关专家表示,大规模的商业经营需要业态的支撑,需要大型商家的拉动。而对于大型的零售商来说,高效的流动资金周转率是他们成功运营的基础。即使是资金规模庞大的商业旗舰,如沃尔玛、家乐福等跨国经营的公司,都不可能用大量资金来购买大面积的商业铺面,租赁经营始终是他们考虑的首选方式。同时,大面积商业铺面所需要的资金也是一般的小投资者不敢想的,因此产权式商铺无疑为开发商解决了一道难题。再次,降低经营者经营成本。经营商以承租的方式获得了商场使用权,而不需要直接购置,减少了流动资金的占用,也省却了占领市场的大笔资金,不仅维持了合理的流动资金周转率,降低了经营风险,同时由于是通过开发商或第三方公司承租,不直接参与商铺买卖,因此也不会出现过多的法律问题。

产权式商铺法律风险在于:

(1)担保的法律风险。在承诺回报中很多投资者认为有担保最可靠,很多商铺承诺每年8%~10%的回报,并有各种形式的担保。但是担保问题是一个非常复杂的法律问题,有些担保虚到无以保障,即使有开发商所说的数十亿元集团资产作担保也并非就高枕无忧。有些开发商承诺用自己产业的经营收入作担保,然而项目未来的运作情况具有众多不可确定因素,如果经营效益不好,承诺的投资回报将无法实现。即使有项目用集团数十亿元资产作担保,可是投资者很难知道该集团的资产债务关系,还有些开发商通过担保公司来实现承诺,但问题是很多担保公司实力不强,有的甚至是开发企业下属的子公司,根本不能实现所谓的承诺回报。

(2) 售后包租的法律风险。根据《商品房销售管理办法》之规定,房地产开发企业不得采取售后包租,或者变相售后包租的方式销售未竣工商品房。虽然前面提到法规并未对售后包租已竣工商品房作出限制,但目前售后包租在一定程度上仍是一个政府管理、部门"限制"的经营手段。开发商除了将已竣工商品房及时向建设部门和房管部门办理相关登记或备案手续之外,一般还应采取委托经营合同方式,保障投资者收益。小业主除了和开发商签订购房合同外,还应与开发商或开发商提供的管理公司签订一份委托经营合同。开发商应特别重视委托经营合同,因为这是保障投资收益的法律文书。

从理论上来说,为融资、变现资金,开发商选择分割产权、出售商铺是正常的经营策略;而且,商铺的产权性质与其日后经营的好坏并无必然的因果关系。但是实践中部分房地产开发商运用此模式失败,总结经验教训后,认为应当从以下几点入手完善产权式商铺:第一,应建立健全产权式商铺的相关法律制度,明确其法律性质以及产权登记程序;第二,成立业主委员会,集中表决权,能够更好地维护商铺所有权人的权利;第三,引导政府介入是缓解投资者与经营者之间矛盾的良好解决途径;第四,产权式商铺经营模式的证券化构想,是从根本上解决产权式商铺现存问题的发展之路。

4. 关于构建城乡统一的建设用地市场

中国的建设用地市场存在城乡二元割裂、农村集体建设用地非法流转、小产权房屡禁不止、征地纠纷中农民的土地利益缺位等诸多法律问题。国家亟须建立城乡统一的建设用地市场,构建合理的法律环境,实现同权同价入市、平等公平受益的城乡统筹建设用地的市场目标。

这种新型建设用地法律架构将消除地方政府土地财政制度、国家土地征收制度、国家土地出让制度所带来的社会问题。集体经营性建设用地流转制度的建立符合十八届三中全会关于深化土地制度改革的战略部署的要求。该制度的建立需要以下法律制度基础:① 土地规划制度要加快城乡规划一体化,推进两规合一;② 完善集体经营性建设用地的权能,实现与国有建设用地同权;③ 建立并健全初步流转、再次流转的制度设计;④ 建立合理的土地流转利益分配机制;⑤ 严格界定"公共利益"的内涵与外延;⑥ 构建城乡一体化的社会保障机制。

在城乡一体化背景下农村建设用地流转法律制度的构建,将推进集体经营性建设用地入市和宅基地制度改革,更好地处理政府与市场的关系,保障土地所有者和使用者的权益,让国家、集体和个人公平分享土地增值收益,为推进新型城镇化和农业现代化提供支撑。

(二) 房地产领域立法建议

1. 推进房地产法律法规体系化修改

我国在计划经济时期,主要是依靠行政命令来调节经济,也就是用行政手段来调节经济,市场和法律手段起到辅助作用。伴随着我国进行市场经济改革,就必须改变依靠行政手段调节经济的方式,转变为依靠市场和法律手段调节经济。我国在2000年加入世界贸易组织,目前为止已经基本形成了市场经济框架,很多国家也已经承认我们市场经济国家的地位。而市场经济是法治经济,这是已经被世界上所有市场经济国家发展历程所证明的颠扑不破的真理。

我国房地产领域已经形成了以《物权法》《合同法》《城市房地产管理法》《土地管理法》等为支柱,最高人民法院《关于审理涉及国有土地使用权合同纠纷案件适用法律问题的解释》、最高人民法院《关于审理建设工程施工合同纠纷案件适用法律问题的解释》、最高人民法院《关于审理商品房买卖合同纠纷案件适用法律若干问题的解释》三大解释及部一级的规章为辅的房地产领域法律体系基本框架。据初步统计,不包括地方性的法规、规章,现行有效的房地产开发方面的法律、法规和规章将近300个左右。

虽然我国房地产市场法律体系已经形成,但是,由于我国立法滞后于经济发展,目前正处于第二轮更新阶段。而房地产法律法规错综复杂、前后矛盾。特别是《物权法》和三个司法解释的实施,对房地产的法律法规产生了重大的影响,发生了根本性的变化,举例而言:

第一,动迁中的强制拆迁问题。像"重庆钉子户"问题,《物权法》实施前和实施后是完全不同的两个处理结果。在《物权法》实施之前,国务院《城市房屋拆迁管理条例》第17条规定:"被拆迁人或者房屋承租人在裁决规定的搬迁期限内未搬迁的,由房屋所在地的市、县人民政府责成有关部门强制拆迁,或者由房屋拆迁管理部门依法申请人民法院强制拆迁。实施强制拆迁前,拆迁人应当就被拆除房屋的有关事项,向公证机关办理证据保全。"由此可见,行政机关或者法院有权强制拆迁。但是,《物权法》实施以后就完全不同了,根据《物权法》的规定,个人对自己的住房依法享有物权。《物权法》第42条第1款规定:"为了公共利益的需要,依照法律规定的权限和程序可以征收集体所有的土地和单位、个人的房屋及其他不动产。"私有权的保护得到了前所未有的强调。强制拆迁实际上违反了《物权法》的规定。

第二,土地使用权收回的问题。有这样一个项目,土地使用权证已经颁发,但是满两年期限还没有开发,根据合同约定和法律规定,政府土地管理部门可以无偿收回土地。对于取得国有土地使用权后,两年内未予开发,国家是否可以收回土地使用权。在我国香港特别行政区,由于是英美法系,除基本法之外,还适用判例法,根据在先的判例肯定可以收回。在内地,在《物权法》实施之前和之后处理的结果也是完全不同:在实施之前,《城市房地产管理法》第 26 条规定:"以出让方式取得土地使用权进行房地产开发的,必须按照土地使用权出让合同约定的土地用途、动工开发期限开发土地。超过出让合同约定的动工开发日期满一年未动工开发的,可以征收相当于土地使用权出让金百分之二十以下的土地闲置费;满二年未动工开发的,可以无偿收回土地使用权;但是,因不可抗力或者政府、政府有关部门的行为或者动工开发前必需的前期工作造成动工开发迟延的除外。"在司法实践中也有无偿收回的案例,但实践中收回的很少。在《物权法》实施之后,情况就不同了,根据《物权法》的规定,土地使用权是用益物权,物权已经取得,如果要收回,只有在"为了公共利益的需要"的前提下,才可以"依照法律规定的权限和程序征收"。那么,《物权法》和《城市房地产管理法》就有一定的矛盾,应该适用哪一个?根据《中华人民共和国立法法》(以下简称《立法法》)的相关规定,应该适用《物权法》。但是,如果没有取得土地使用权证,因为没有取得物权,还是适用《城市房地产管理法》,可以收回。这个案例也提醒大家,物权的取得至关重要。当然,这个案例中由于合同中也有约定,政府部门根据合同行使债权,也可以要求无偿收回土地使用权。这个时候,笔者认为可以适用《合同法》第 114 条违约金过高的规定,要求减少。

第三,土地转让中如未按照约定投资比例达到 25% 转让无效问题。

《城市房地产管理法》第 38 条规定:"以出让方式取得土地使用权的,转让房地产时,应当符合下列条件:(一) 按照出让合同约定已经支付全部土地使用权出让金,并取得土地使用权证书;(二) 按照出让合同约定进行投资开发,属于房屋建设工程的,完成开发投资总额的百分之二十五以上;属于成片开发土地的,形成工业用地或者其他建设用地条件。"

2005 年,最高人民法院《关于审理涉及国有土地使用权合同纠纷案件适用法律问题的解释》对此规定作出了改变。该解释第 7 条规定:"本解释所称的土地使用权转让合同,是指土地使用权人作为转让方将出让土地使用权转让于受让方,受让方支付价款的协议。"第 9 条规定:"转让方未取得出让土地使用权证书与受让方订立合同转让土地使用权,起诉前转让方已经取得出让土地使用权证书或者有批准权的人民政府同意转让的,应当认定合同有效。"可见,最高人民法院的司法解释明确土地使用权转让合同在有土地使用权证的情况下,不再受投资开发条件的限制,没有投资比例的限制,只要有土地使用权证,都可以转让。

第四,房地产开发主体问题,按照 2005 年最高人民法院的司法解释,合作开发房地产合同的当事人一方具备房地产开发经营资质的,应当认定合同有效。而且,从司法解释的表述看,没有要求具体的资质等级。

第五,根据现行《物业管理条例》的规定,物业管理变为物业服务,对业主的权利更加重视,也对建设单位选聘物业服务企业提出了新的要求,一般情况下应当通过招投标的形式选聘物业服务企业。

第六,《物权法》对不动产登记制度进行了修改完善,规定不动产物权的变动以不动产登记为准,没有登记的不能对抗已经登记的。

2. 积极推动PPP等政府购买服务方式进入法律调控的范围

我国应当利用PPP模式或政府购买服务方式盘活存房量。2014年部分城市库存高,去库存成为楼市的重要课题。而2015年市场仍处于去库存、去杠杆周期。住建部、财政部多次表态,在推动保障房建设、托底民生保障的同时,采用新思路新办法,通过加大货币安置比例、政府回购商品房作保障房源的方式,拓宽保障房源渠道,通过市场筹集房源,提高住房保障效率,推进三、四线城市高库存去化。

回购商品房作为安置房的方式将对保障房与商品房起到双向作用,既为拆迁居民快速解决了住房安置问题,又为当地房地产平稳健康发展提供了动力。譬如,福州市下发《关于福州市统购商品房和安置房、回购安置协议指导意见》明确,由各级政府指定一家国有企业作为统购商品房和安置房的购买主体,从市场上收购安置房源。四川省、陕西省等省也提出要扩大城镇危旧房棚户区改造的货币化安置比例,出台收购商品房补充保障房政策。

四、房地产领域重大法律事件、已审结案件评析

(一) 房地产领域重大法律事件

1. 2015年颁布和施行的重要法律、法规

2015年1月30日,最高人民法院发布《关于适用〈中华人民共和国民事诉讼法〉的解释》,自2015年2月4日起施行。

2015年4月26日,国家发展和改革委员会等六部委发布《基础设施和公用事业特许经营管理办法》,自2015年6月1日起施行。

2015年4月30日,最高人民法院发布《关于调整高级人民法院和中级人民法院管辖第一审民商事案件标准的通知》,自2015年5月1日起施行。

2015年6月16日,最高人民法院发布《关于人民法院为"一带一路"建设提供司法服务和保障的若干意见》,自2015年6月16日起施行。

2015年8月6日,最高人民法院发布《关于审理民间借贷案件适用法律若干问题的规定》,自2015年9月1日起施行。

2. 房地产领域重要国家政策

2015年1月4日,国土资源部《关于贯彻落实〈不动产登记暂行条例〉的通知》

要求各地各有关单位加快完成不动产登记职责整合工作,有效履行不动产登记的法定职责,保障条例顺利实施。

2015年1月12日,住建部基本完成《住房公积金管理条例》的修订,修订对原有住房公积金的使用、监管等有所完善。允许住房公积金用于发放保障性安居工程长期建设贷款,个人提取使用住房公积金用途多元化等。住房公积金的提取使用范围进一步放宽的有关精神,可能以适当的形式在《住房公积金管理条例》的修改稿中体现。

2015年1月12日,中共中央办公厅和国务院办公厅联合印发《关于农村土地征收、集体经营性建设用地入市、宅基地制度改革试点工作的意见》,试点将在新型城镇化综合试点和农村改革试验区中选择,封闭运行,确保风险可控,将于2017年年底完成。此次土地改革的主要任务有:完善土地征收制度,建立农村集体经营性建设用地入市制度,改革完善村宅基地制度,以及建立兼顾国家、集体、个人的土地增值收益分配机制,合理提高个人收益。

2015年1月20日,《中华人民共和国税收征收管理法修订草案(征求意见稿)》提出纳税人识别号制度。纳税人识别号正被考虑作为个人不动产统一登记的"前置条件",与不动产登记制度相结合。

2015年1月20日,住建部、财政部、中国人民银行联合下发《关于放宽提取住房公积金支付房租条件的通知》,规定职工连续足额缴存住房公积金满3个月,本人及配偶在缴存城市无自有住房且租赁住房的,可以提取夫妻双方住房公积金支付房租。

2015年3月1日,期待已久的《不动产登记暂行条例》开始施行,房屋建筑所有权等十类不动产将进行统一登记。

2015年6月25日,国务院《关于进一步做好城镇棚户区和城乡危房改造及配套基础设施建设有关工作的意见》正式公布。该意见提出,制定城镇棚户区和城乡危房改造及配套基础设施建设3年计划(2015—2017年),改造包括城市危房、城中村在内的各类棚户区住房1 800万套(其中2015年580万套),农村危房1 060万户(其中2015年432万户),加大棚改配套基础设施建设力度,使城市基础设施更加完备、布局合理、运行安全、服务便捷。

2015年8月19日,住建部等六部委联合公布《关于调整房地产市场外资准入和管理有关政策的通知》,对2006年出台的《关于规范房地产市场外资准入和管理的意见》中有关外商投资房地产企业和境外机构、个人购房的部分政策进行调整,取消对境外个人在国内购买住房的限制条件。此次限外政策松绑是基于对当前人民币贬值预期、外资流出的经济环境的重大政策调整,也是2015年以来国家对楼市调控政策松绑的延续,在继多次降准降息、公积金贷款政策调整等一系列措施改善房地产运行环境后,又进一步敞开境外资本入市通道,稳定各类住房消费,助力消化地方库存。

2015年9月24日,中国人民银行、中国银行业监督管理委员会发布《关于进一步完善差别化住房信贷政策有关问题的通知》,明确在不实施"限购"措施的城市,对居民家庭首次购买普通住房的商业性个人住房贷款,最低首付款比例调整为不低于25%。

2015年11月20日,国务院法制办公室公布《住房公积金管理条例(修订送审稿)》向社会公开征求意见,距上一次(2002年)相隔13年。其中放宽了公积金缴存范围、提取条件和使用范围。其中,将无雇工的个体工商户、非全日制从业人员及其他灵活就业人员均纳入了公积金缴存人员范围,增加了公积金缴存人数。明确提出住房公积金缴存基数的上下限额,装修、租金、物业费均可提取自己和配偶的公积金,同时删去翻修可提公积金。

3. 重大房地产市场违规典型案例

(1) 民事违法违约,如合同欺诈、无商品房预售许可证进行售房、"一房两卖",如陆某兵、陆某与海门中盛房地产开发有限公司商品房销售合同纠纷案[(2015)通中民终字第00735号];周某清与赤水市华筑房地产开发有限公司、马某同商品房预售合同纠纷案[(2015)赤民初字第932号];王某、铜陵市城乡置业集团有限责任公司诉房屋买卖合同纠纷案[(2015)铜中民三终字第00041号]。

(2) 刑事犯罪,如陈某光与海南太和实业有限公司涉嫌非法处置财产罪、非法经营罪案[(2015)海中法刑终字第421号]。

(3) 行政违法,如闲置土地、逃税等,如合浦雄鹰房地产开发有限公司与合浦县地方税务局行政征收纠纷案[(2015)北行终字第6号];中国工商银行股份有限公司石家庄栾城支行与石家庄市栾城区国土资源局行政处罚纠纷案[(2015)栾行初字第22号]。

(二) 房地产领域已审结案件评析

2015年1月1日至2015年12月4日,最高人民法院已审结的房地产类民事案件共157起。其中,房屋买卖合同纠纷59起,合资、合作开发房地产合同纠纷43起,建设用地使用权合同纠纷41起,土地租赁合同纠纷10起,所有权纠纷4起。

以下分别从民事、刑事、行政角度出发,选择个别案例进行分析。

1. 民事案例

王某诉铜陵市城乡置业集团有限责任公司房屋买卖合同纠纷案[案号(2015)铜中民三终字第00041号]

【基本案情】

2004年3月2日，王某与铜陵市城乡置业集团有限责任公司（以下简称"城乡公司"）就水蜜花都项目（现更名为水蜜花苑）房屋买卖事宜签订《商品房预（销）售合同》，合同约定：王某购买29号别墅，价格按套计价为408 000元，付款方式为：2004年3月2日交房款20 000元；2004年3月30日交房款100 000元，其余办按揭贷款280 000元，后城乡公司同意优惠8 000元，总房款为400 000元。合同第9条就违约责任明确进行了约定。

合同签订后，王某按约定向城乡公司支付了120 000元预付款。但是，城乡公司却一直未通知其办理按揭贷款手续。且城乡公司在王某多次询问后，一直未予答复，直至2012年4月14日。该日，城乡公司通知王某，要求王某补交房款50 000元并承担银行贷款利息，且王某在交付上述款项后，才办理房屋交接手续、签订正式商品房销售合同、办理房产证等。2014年5月，城乡公司通知王某要解除合同，但王某发现城乡公司在发出解除购房合同通知前已经将讼争房屋卖给第三方，并已办理了房屋产权证。为此，双方发生纠纷，王某遂将城乡公司诉至法院，要求解除《商品房预（销）售合同》，城乡公司返还其支付的房款并支付利息，并要求城乡公司支付房屋差价损失768 700元。

【法院判决】

（1）解除王某与铜陵市城乡置业集团有限责任公司于2004年3月2日签订的《商品房预（销）售合同》；

（2）铜陵市城乡置业集团有限责任公司于判决生效之日起10日内返还王某购房款120 000元及利息；

（3）铜陵市城乡置业集团有限责任公司于判决生效之日起10日内给付王某房屋差价损失220 000元。

【案件分析】

本案的争议焦点主要为：

第一，哪一方主体有权解除合同？

《商品房预（销）售合同》是依法成立的合同，对当事人具有法律约束力，当事人应当按照合同的约定履行自己的义务，不得擅自变更或解除合同。但本案中，因城乡公司被告的"一房两卖"的根本违约行为，致使房屋过户给了第三人，原合同目的已经无法实现，目的已经落空，原合同已无法继续履行。故本案中，原告有权要求解除合同。

第二，如《商品房预（销）售合同》予以解除，责任应如何承担？

《合同法》规定，合同解除后，尚未履行的，终止履行，已经履行的，根据履行的情况和合同的性质，当事人可以要求恢复原状，采取其他补救措施并有权要求赔偿损失;当事人一方不履行合同义务或者履行合同不符合约定,给对方造成损失的,损失的赔偿额应当相当于因违约而造成的损失,但不得超过违反合同一方订立合同时预见到或者应当预见到的因违反合同可能造成的损失。

本案中,合同不能履行系由于城乡公司转售所致,故王某有权根据合同约定向城乡公司主张违约请求或要求赔偿损失。且鉴于房地产市场行情具有波动性,双方在约定房价时,对相应房价涨跌风险均应知晓,故城乡公司就合同解除后的房屋差价损失应当能够预见。但需要说明的是,虽然双方未就280 000元房款付款期限明确约定,但王某在收到城乡公司发出的催款通知书后,仍应在合理期限内付款,考虑到王某具有一定的消极不作为情节,其也应承担部分责任。

2. 刑事案例

陈某光与海南太和实业有限公司涉嫌非法处置财产罪、非法经营罪案[(2015)海中法刑终字第421号]

【基本案情】

2006年3月20日,海南太和实业有限公司(以下简称"太和公司")的股东变更为海南钧恒房地产开发有限公司(占99%的股权)和杨某某(占1%的股权),公司股东为被告人陈某光的家人陈某媛(陈某光的女儿)、陈某某(陈某光的侄女)、陈某慧(陈某光的妹妹)。被告人陈某光接受公司股东的委托管理太和公司,为实际控制人。

2004年,晨光小区属于停缓建工程项目。由于政府规划要求太和别墅区与晨光小区整合开发,太和公司在整合开发晨光小区时,申请将晨光小区已办理的房产证予以更换新证,海口市住房和城乡建设局依据当时琼山市房管部门颁发的主体完工房产证换发了新房产证,但未在新证上注明"主体完工"等字样。2005年5月5日,太和公司向海口市规划局申报晨光小区停缓建工程项目。2006年3月17日,海口市规划局向太和公司及涂某等12人下达了《关于晨光小区停缓建工程项目处置方案的批复》[市规处(2006)012号],但太和公司未按停缓建处置要求向海口市规划局申请方案报批调整设计方案。2006年,太和公司对晨光小区的12幢五层房屋进行联体加、扩建,将别墅间的空地与12幢五层房屋联为整体,分割成250套小户型房。2007年,太和公司开始对外销售晨光小区,至2010年5月,太和公司共计销售房屋231套,销售收入共计人民币3 648.227 7万元。

2008年,太和公司销售晨光小区房屋期间,因借款合同纠纷、商品房买卖合同纠纷,该小区第4、5、6、12幢房屋分别被海口市琼山区人民法院及贵州省遵义市中级人民法院依法查封。陈某光明知房屋被查封,在查封期间将四幢房屋中的43套小户型房售出,销售收入共计人民币569.53万元。

后海口市琼山区人民检察院遂以太和公司、陈某光犯非法经营罪,陈某光犯非法处置查封的财产罪向海口市琼山区人民法院提起诉讼。

【法院判决】

(1) 陈某光犯非法处置查封的财产罪,判处有期徒刑3年;

(2) 太和公司无罪。

【案件分析】

本案争议焦点主要为:

第一,处置法院错误查封的财产是否构成减刑情节?

非法处置查封的财产罪侵犯的客体是司法机关的正常活动,司法机关的正常活动是代表国家行使权力的具体形式,也是保证所有单位、个人或组织在法律框架内活动和行使权利,接受法律保护的手段,任何人都不能根据利己原则单方接受法律保护的同时排斥法律的约束,抗拒司法机关的正常活动,否则,将损害司法机关的权威,损害法律和法制的权威,动摇了社会管理的基石。故即使处置法院错误查封的财产也不能构成减刑情节。

第二,太和公司、陈某光是否构成非法经营罪?

太和公司在房地产开发经营过程中对晨光小区违规联体加建并予以销售的行为,根据罪刑法定原则,在目前并无相关司法解释明确规定的情形下,不宜参照《刑法》第225条第(四)项"其他严重扰乱市场秩序的非法经营行为"的规定以非法经营罪定罪,而应由行政机关依法处罚,故太和公司、陈某光不构成非法经营罪。

3. 行政案例

中国工商银行股份有限公司石家庄栾城支行与石家庄市栾城区国土资源局行政处罚纠纷案[(2015)栾行初字第22号]

【基本案情】

原栾城县燃料公司系第三人栾城物资局下属国有公司,因该公司经营不善长期拖欠工行栾城支行贷款本金236万元及利息,经多次催收无效,工行栾城支行于1997年4月依法将燃料公司起诉至石家庄市中级人民法院。经法院调解,原栾城县燃料公司自愿将其国有土地使用权及其地上附着物全部转让给工行栾城支行。石家庄市中级人民法院据此作出了(1997)石发经三初字第094号民事调解书。

栾城区国土资源管理局(原栾城县土地管理局)于1997年8月向栾城县政府(现栾城区政府)提交了关于收回燃料公司国有土地使用权转让于工商银行栾城支行的意见,经报请时任政府主管县长批复并签批同意缓交出让金后,对原燃料公司所属国有土地使用权进行了估价,20.74亩土地使用权估价总额223.25万元,燃料公司与工行栾城支行于1997年8月19日签订了国有土地使用权转让合同,并于同日先后通过了区(原县)土地局关于收回燃料公司国有土地使用权的意见、县土地局

(现区国土资源局)与工行栾城支行签订了国有土地使用权转让合同、县土地局向省市有关部门的国有土地使用权呈报表等一系列文件,最终于1997年10月将燃料公司国有土地使用权转让给了工行栾城支行。2015年3月30日,栾城国土局以工行栾城支行至今未缴纳土地出让金,也未对该地块进行投资建设为由作出了"收回国有土地使用权决定书"。故工行栾城支行与栾城国土局产生纠纷,工行栾城支行将栾城国土局诉至法院,请求法院撤销栾城国土局作出的决定。

【法院判决】

驳回工行栾城支行的诉讼请求。

【案件分析】

本案争议焦点主要为:

栾城国土局是否有权解除《国有土地使用权转让合同》?

根据《中华人民共和国城镇国有土地使用权出让和转让暂行条例》的有关规定,土地所有者应当在签订土地使用权出让合同后60日内,支付全部土地使用权出让金,逾期未全部支付的,出让方有权解除合同,并可请求违约赔偿。支付全部土地使用权出让金是工行栾城支行应主动履行的法定义务。本案中,工行栾城支行在约定期限内和法定期限内未支付全部土地使用权出让金,且在政府同意缓期支付的期限即1997年12月底仍未支付。故栾城国土局有权解除合同。

另根据《中华人民共和国城镇国有土地使用权出让和转让暂行条例》的相关规定,土地使用者在支付全部土地使用权出让金后,应当依照规定办理登记,领取土地使用证,取得土地使用权。栾城国土局在工行栾城支行未支付全部土地使用权出让金的情况下为工行栾城支行办理土地使用权登记行为,属违法行为,应予纠正。工行栾城支行未按合同规定的期限和条件开发、利用土地,栾城国土局应当予以纠正,并可以根据工行栾城支行的具体情况给予相应处罚。工行栾城支行依法行使债权和栾城国土局依法行使行政职权出现争议时,应积极协调,顾全大局,找出合法有效的解决方案,以维护社会稳定大局。故栾城国土局作出"收回国有土地使用权决定书"的事实依据和法律依据充分。

第三节 集体土地与商业地产法律业务

2015年,受银行信贷紧缩、楼市销售不佳等影响,一些房企接连出现经营危机,导致房地产市场低迷。尽管下半年以来各类"救市"政策陆续出台,年底出现"翘尾行情",但是多数大中城市成交量仍然同比下滑。同时,房地产市场分化严重,整体降温明显。

随着城市化进程稳步提速,使集体土地、商业地产继续受益,一方面,随着国内城市发展目标、理念和形式的转变,城市建设将更加突出城乡统筹,快速推进郊区城市化进程,新城建设成为地产新引擎。中心城区的人口、产业及经济社会活动将逐步向新城和城市外围转移,郊区新城将成为经济社会发展新的增长点。另一方面,原有的商品零售和批发市场已经不能满足商业零售业的发展对物业的要求,商业地产项目进入开业、招商、开工等活跃期,复合商城、购物中心、商业步行街和专业市场等新兴的商业地产形态在社会需求的推动下获得了快速发展,住宅配套型商业、大中型 SHOPPING MALL、特色主题商业街、租售并举类的集中商业、专业市场模式、城市综合体模式等不断涌现。

2015年,我国土地制度审慎推进,农村土地流转有序推进;同时不动产登记正式实施,构建行业数据基点,去行政化成为主旋律,优化用地供应规模、结构,未开发房地产用地可转型利用,加大对新业态新消费、旅游业及生活性服务业的土地供应保障力度,成为政府的一项重要工作。

2016年,虽然经济稳增长成为新常态,但是在整体宏观环境压力仍存的背景下,市场仍然面临"去库存"的压力,楼市"惜贷"常态化的基本面也没有改变,大多数中小房企面临资金面的紧张状况,仍然有可能出现债务违约风险。

金融信贷政策积极调整,融资环境、融资机制宽松可期,金融行业为地产市场提供了良好的经济服务,并创新推广特许经营等各种政府与资本合作 PPP 模式。这些新变化和政策的出台,对律师法律服务提出了新要求。

一、集体土地与商业地产领域法律服务状况回顾与展望

根据国家统计局、国家发改委、国家经济信息中心及国务院发展研究中心等部门发布的研究报告,分析截至本报告出具之日我国集体土地与商业地产领域的发展状况。

(一) 2015年集体土地与商业地产领域发展状况

1. 2015年集体土地领域发展状况

(1) 集体土地承包经营体制日渐完善

十八届三中全会以后,稳定农村土地承包关系并保持长久不变,在坚持和完善最严格的耕地保护制度的前提下,赋予农民对承包地占有、使用、收益、流转及承包经营权抵押、担保权能,允许农民以承包经营权入股发展农业产业经营。继续落实农村土地承包经营权确权登记颁证工作,继续深化对土地承包关系长久不变及土地经营权抵押、担保、入股等问题的研究,研究具体规范意见,推动修订相关法律、法规为重点工作。

(2) 集体土地流转形势日益看好

近几年来,随着国家鼓励农村土地流转政策的进一步明确,对农业投入的加大,农业产业化的不断发展,一些农业产业化龙头企业、工商企业等群体纷纷将发展目标转向农业,采用工商资本租赁或入股等形式流转农村土地,直接投资参与到农业规模化、产业化生产经营的各个环节,包括土地流转面积不断增加,适度规模经营不断扩大,流转形式多样,以转包、出租为主,流转程序不断规范以及流转受让主体趋向多元化;还有工商资本参与农村土地流转热情高涨。

(3) 农村土地征、占用管理日益规范

包括征用面积不断增加,近几年来国家建设项目及省、市重点项目增多,城镇的扩展,各种用地需求不断增多,征用农村集体土地的现象越来越频繁;同时土地征用补偿标准逐步提高和失地农民的安置方式及安置状况逐步改善,一般通过以下方式安置:货币支付安置、解决失地农民社会养老保险即土地换社保、以地安置或者租房过渡或就近安置。

2. 2015年商业地产领域发展状况

(1) 并购、重组催生大企业时代

地产行业高增长时代结束,行业分化加剧,催生了行业内各类企业的变革。2015年,房地产企业并购、重组不断,催生房地产大企业时代来临,房地产行业集中度越来越高。据统计机构统计,2015年前三季度,房地产行业完成并购案例176起,涉及金额达1 600.00亿元。这也是2014年行业调整以来房地产行业并购潮的延续,2014年并购236宗,涉及金额1 768.09亿元,同比增长104.93%,而2013年并购153宗,涉及金额863.00亿元,同比增长145.09%。

在21家涉房央企中,有超过10家央企目前已经开始进行内外部重组,包括中建、中交、中粮、中化、中铁等。除央企重组外,房地产行业并购的案例也不在少数。恒大2015年是并购的大赢家,除了完成重庆、成都等地的收购外,还斥资135亿元收购新世界位于海口、武汉、惠州等地的4个大型项目,刷新国内最高收购价纪录。此外,保利、碧桂园、融创等房企在2015年也有不少收购动作。

(2) 商业地产区域泡沫化风险增大

在各地商业地产投资和建设迅速增长的同时,部分地区和城市却由于规划不足、定位失准、市场有限等原因导致商业地产项目建成后招商困难和运营不善,大量项目处于亏损和空置;一线和二线城市的购物中心空置率均超过警戒线,但由于一线城市庞大的消费市场和强大的消费能力,可以通过业态调整或者转型升级逐步消化新增供应,而二线城市自身消费承载力有限,过多过快的商业地产供应已经导致了严重的供需不平衡,存在极大的泡沫化风险。

(3) 从"重资产"向"重招商""重运营"的转变

即由"重资产"转向一种"轻资产"模式,包括设计、建造、招商、运营、慧云系统、电子商务系统都由商业地产商使用自己的品牌自己操作,由投资方出资,资产归投资方。这种模式由于没有房地产销售,靠租金获得收入,企业发展不受房地产形势、房价高低影响,可以将经济周期熨平,使收入更加稳定。

(4) 电商与实体的竞争日趋激烈,商业地产市场整合提速

为谋求更多的利润增长空间,许多传统零售企业纷纷推出电商策略,或与电商巨头合作。跨界同时经营电商和实体需要巨大的资金投入、明晰的市场战略和价格、供应链、仓储物流的全面融合,这对传统的商业地产开发商是一个巨大的挑战,但电商与实体融合发展的总体趋势不可逆转,预计今后会出现更多的合作模式。

(二) 2015年集体土地与商业地产领域法律服务状况

随着我国农村土地征收、集体经营性建设用地入市、宅基地制度改革试点的落地与实施,以及房地产行业竞争力度加大,房地产企业多元化经营趋势明显,房地产的不同业态纷呈,包括商业、养老和文化旅游地产,这对律师及法律服务的需求更加多元和深入。

1. 集体土地领域法律服务现状

(1) 土地征收补偿领域,律师接受委托开展尽职调查

包括:① 审查土地合同,向拆迁方了解征地批文、建设项目的立项批文、建设规划许可证、拆迁方案、拆迁征地批准文件,审查企业信息等。② 制作拆迁损失报告,包括协助企业制作《地上物动迁调查表》,根据需要邀请企业方评估公司对地上物及固定资产进行评估等。③ 拆迁补偿安置谈判协商,包括代表企业与拆迁实施单位经办人协商,合理反映企业的损失及要求,监督拆迁程序的合法等。④ 参与诉讼与裁决,包括参与土地合同纠纷案件,参与企业与拆迁人之间的裁决会及听证程序,根据需要向人民法院提起行政诉讼等。

(2) 集体土地流转领域,提供法律咨询的业务

包括:① 主体资格审查,即当事人双方是否有土地流转的主体资格,承包人是否合法取得土地承包经营权,转包人是否有资格和能力转包。② 土地流转合同的签订、土地流转的具体事项以及争议的解决方式等。③ 土地流转合同的代书业务,即制作规范的符合法律规定的土地流转合同、委托流转合同等。制作规范、合法、有效的土地流转合同书,需要有专业的法律知识和丰富的业务经历,这就需要有专业法律知识和丰富业务经历的律师参与其中。④ 提供非诉讼代理业务。律师可以接受当事人的委托,依委托协议的权限为承包人代理民事行为。如代理承包人和发包人或者土地流转中介服务组织签订土地流转代理协议,从而使受委托的发包人、土地流转中介服务组织权限明确,因违反代理协议而给承包人造成的损害应承担的法

律后果以及违约责任清晰明了,在发生纠纷时能够有合法合理的依据,有利于纠纷解决。⑤ 提供诉讼代理业务。土地流转过程中,一旦发生争议,当事人采取诉讼的方式请求法院裁决时,律师可以接受当事人的委托,以当事人委托代理人的身份参加诉讼,维护当事人的合法权益。

(3) 农村宅基地与小产权房领域

律师在维护购房人的权益时,应起到正确引导作用,向购房人警示购买农村宅基地、"小产权房"的风险。比如,告知在建、在售"小产权房"可能被强制拆除或没收,被国家征地拆迁可能无法得到补偿,可能存在交房、质量保修、物业管理等问题,因不能办理合法手续,不能产生物权效力,不能保值、升值,无法到银行进行贷款融资等风险。

2. 商业地产领域法律服务现状

第一,商业地产开发是个非常复杂的过程,相较于住宅地产而言,具有项目运作周期长、资金投入高、专业要求复杂、投资高风险与高回报的特征。在整个开发过程中,经历从项目立项调研、选址及项目规划、项目建设招标、项目建设实施、项目招商与租售、项目管理与运营等一系列过程,涉及房地产、建筑、金融、税收、采购、租售等各个领域。复杂的开发过程必然遭遇市场风险、质量风险、管理风险、经营风险、法律风险等多重风险。在市场需求的催生下,商业地产律师应运而生。

第二,对于房地产开发中的投资决策或土地获取,大部分房地产企业由内部投资人独立完成,或者将某一事务性工作交给律师去完成,忽略了专业律师参与项目开发前期工作的重要性,以及防范法律风险的必要性与保障性。

第三,对于非诉讼业务,多限于房地产项目前期谈判所涉及的法律咨询、法律论证意见;房地产项目运作过程中所涉合同的拟定、审查;项目建设中工程施工与售楼过程中的合同把关、商品房买卖与按揭的律师见证、各类纠纷的调处等相对固定的环节。除此之外,大型房地产开发公司还将繁琐的事务性工作交给律师完成,如房地产买卖(预售)合同备案、房地产初始登记及项目的分户产权登记等。

(三) 集体土地与商业地产领域法律服务前景展望

1. 集体土地与商业地产领域的发展趋势

(1) 集体土地领域的发展趋势

第一,城乡土地市场从"二元制"向"一体化"转变。考虑到我国区域发展的不平衡以及配套环境完善程度不同等,一体化进程必然是分阶段、分批次逐步推进。首先,缩小征地范围,将公益性用地进行清晰定义;其次,逐渐放开集体经营性建设用地入市,先行放开商业、旅游、工业等产业性集体建设用地和公租房等用地;再次,在财政、产权、户籍等体系完善的基础上,允许宅基地城乡之间自由交易将成为可能,进而彻底破除城乡用地的二元体制。"同地、同权、同酬"的城乡土地市场一体化将最终确立。

第二,城镇化模式从"土地主导"向"三轮驱动"转变。随着城乡土地一体化推进、农民土地财产权收益提高、住宅地产暴利时代结束、土地资源稀缺成本上升等,政府垄断、廉价征地滚动循环的城镇化模式将难以为继。另一方面,经过几十年辛苦积累,我国总体上已经有了充裕的资本积累。我国新型城镇化模式将改变土地驱动的单一发展模式,进入以资本为先导、以产业为核心、以土地为基础的"资本—产业—土地"三位一体驱动发展阶段。今后将不再追求城镇化率这样一个数量化的指标,而是重点解决好户籍制度的改革、多元化的投融资机制、城市治理的现代化、产城融合、居民就业等和城镇化质量密切相关的问题。

第三,集体土地产权从"集体所有"向"准私有化"转变。产权清晰是实现土地市场化、资本化的基础,目前社会各界对集体土地产权改革方向议论颇多,大致分为国有制、私有制、混合所有制三大派系。经研究认为,考虑到我国国情的多元化和不均衡特性,纯粹"一刀切"式的国有化或者私有化都不可取,鉴于民众产权意识觉醒和市场意识的普及,在不改变集体所有制以及政府强化严格土地用途管制和土地规划前提下,赋予农民对承包土地、宅基地、集体资产股权更大的收益权、处置权是大势所趋。需要特别指出的是,"准私有化"并不改变集体所有权,重在强调农民拥有更多使用权、收益权,赋予农民更多财产权收益并不意味着让政府退出,政府在土地规划、用途管制以及开发权监督等方面将更为严格。

第四,小产权房有望"变堵为疏"。伴随城乡土地一体化,在法律外野蛮生长的小产权房将有望得到解决。数据显示,在北京、西安等地方,小产权房占房地产年供应量超过20%,深圳更是达到40%~50%,小产权房正呈愈演愈烈趋势。根据国内外经验,市场的力量堵是堵不住的,最好的办法是"变堵为疏",美国的办法是完善土地权利,创新土地发展权;日本和我国台湾地区则允许农民参与到土地增值中去,比如台湾地区创造了区段征收的征地制度。在这一轮土改和城镇化进程中,政府可能会在房产统计以及征收房产税等各项筹备就绪后,将小产权房依法转正,转正的方式可能会采用根据地区不同进行分类依法交纳土地出让金或是直接转为物业税进行征收的方式以增加地方政府收入。

(2)商业地产领域的发展趋势

第一,市场出现明显分化,并在可预见的未来一直保持下去。一线城市依旧是黄金市场,消费能力强、市场容量大,人均商业面积相对合理;二线城市供大于求,今后相当长时期内,二线城市都会面临空置率上升、坪效下降的困难局面;三、四线城市正处于商业升级换代的一个关口,传统的商业项目陆续让位于购物中心等现代化商业形态。如果有切合三、四线城市的模式和产品模型的出现,商业地产在三、四线城市仍然是大有可为。

第二,商业地产与资本开始真正结合。目前,国内适合商业地产发展特点的金融工具仍然匮乏,今后会有更多的资本认真寻找投资商业地产的模式和方法,这个趋势会延续并加强,商业地产与金融资本会出现真正意义上的结合。

第三,业态和品牌组合会出现较大变化。随着我国经济的发展,经济结构发生变化,消费结构也会随之发生变化,零售比例下降、服务业态大大提高将是一个必然和长期的趋势,不可逆转。同时,由于零售网购已占社会零售总额的10%左右,而且每年还在以两位数的比例增长,中低端零售品牌、标准化程度高的商品(电器等)、传统百货商店甚至是大型超市都受到严重冲击,有的甚至逐渐退出终端渠道。所以,购物中心的业态和品牌组合,包括主力店的类型,都正在发生变化,谁能发现并运用好新业态、新品牌,谁就在竞争中占得先机。

第四,行业格局基本确定,新模式才能有机会。首先,商业地产开发和运营的第一梯队已经形成,短期内不会有新的企业加入。其次,今后能在商业地产行业有所作为的其他企业必须具备两个要素:有实力和模式新。再次,资产管理的作用和重要性逐渐被行业认可和接受,具有商业运营能力和资本通道的不动产资产管理公司作用加大。

第五,互联网与商业地产的结合将更加紧密,并可能创造出新的商业模式。实体购物和网络购物各有优劣,两者不但不存在完全的替代性,而且具有极强的兼容性。目前已经有不少商业地产企业发展电子商务平台,未来,大数据、电子标签、智能货架、自动收银、自动打包、移动互联、线上 App 等互联网技术工具将成为购物中心的标准配置,利用信息技术手段推动传统商业革新也将成为商业地产发展的常态,并且在互联网科技与商业地产发展的深度融合中极有可能创造出新的商业模式,为企业创造更高利润的同时也更好地满足消费需求的变化。

第六,社区型中小购物中心将成为未来城市商业地产市场开发的重点领域。近年来,在政策引导下城市化进程快速推进,城市功能向多元化发展,大体量、复合型的商业地产项目适应了城镇化发展需求而获得地方政府的支持并得以快速发展。过多大体量商业地产项目的集中入市容易在短期造成区域市场供求失衡,而且也会对开发商后期的招商和运营带来巨大的风险。社区型中小购物中心尽管体量较小、功能较少,但经营风险更低、管理成本更可控、投资回收期更短,未来随着热点商圈市场的饱和、土地开发成本上升和开发商渐趋理性,灵活匹配所在区域居民消费需求的社区型中小购物中心将成为未来城市商业地产开发的重点。

2. 集体土地与商业地产领域法律服务的发展前景

(1)专业化的要求

要求专业律师在自身专业方面更加精深,对业务所涉及的基本法律法规、规章制度的熟悉和运用提出了更高的要求。在不断的实践过程中,逐渐形成土地专业律师全过程参与的服务模式。例如,在项目建设前期土地受让及动拆迁阶段,起草、审查、修改《项目土地使用权出让合同》、动拆迁系列合同、市政配套系列合同,出具相关决策法律意见书,协助解决此阶段产生的争议和纠纷。在项目建设招标阶段,起草、审查、修改招标系列文件,审查投标单位资质等级与履约能力并对评标、决标提供法律意见,洽谈、起草、审查、修改《项目设计合同》《委托勘察合同》《委托测绘合同》《项目工程承包合同》《项目施工监理合同》等。在项目建设实施阶段,协助建设单位全面履行各类合同,注意积累和保管履约资料及反索赔资料,帮助建设单位加强项目文件、资料管理,协助建设单位控制工程造价,审查工程量增减的签证依据,处理因工程造价引起的争议,协调建设单位与相关管理部门的联系,参加建设单位对竣工工程的验收、交接工作并提出法律意见。在项目招商与租售阶段,提出招商管理法律意见书,修改招商方案、招商广告,制定相关管理制度并对涉及的文件及表格进行审查确认,洽谈、起草、审查、修改《销售代理合同》《购房合同》《房屋租赁合同》等,协助建设单位根据具体情况设定物业管理模式,制定并修改《房屋管理、使用、维修公约》《租户手册》《租户管理方案》,协助建设单位招标,审查有关商品房抵押贷款的法律文件。在项目管理与运营阶段,协助制定、审查租赁管理制度、品牌管理制度、物业管理制度,对欠租金或物业费的业主通过法律途径追讨,处理其他争议及法律纠纷。上述如此浩繁复杂的工作都需要土地专业律师带领团队成员完成。随着土地行业深入发展和法规、政策的调整变化,都对专业律师的专业服务提出了更高的要求。

（2）多元化的发展

业务的综合化发展,所涉及的行业领域也越来越多元化,需要专业律师涉猎更多的行业领域相关知识。

律师行业经过多年发展,在向专业化律师转变的道路上已经取得了明显的成果。现在各个行业都能找到擅长的专业律师,各地律师协会的专业委员会分工也越来越细。这是非常值得肯定的。但同时也应当看到,只有进行知识的多元化汲取,专业律师才能在土地行业中提供更为规范、更深层次的服务。这需要专业律师间改变单打独斗的传统服务模式,搭建信息共享平台,与行业协会密切沟通合作,并定期由行业专家为专业律师提供指导,定标把关,以提高专业服务质量。

（3）城市化进程的加快,为专业律师提供更加广阔的市场空间

由于土地项目的特点,面对的情况十分复杂,在各个阶段需要与不同的部门沟通合作。从项目筹划到交付项目,会遇到各种风险和法律争议,市场需求在为专业律师提供广阔空间的同时,也对专业律师对业务的精通提出了更高的要求。这都需要专业律师拿出勇气与魄力,创新服务模式,来迎接机遇和挑战。

(4) 技术推动变革,新科技运用将成为新发力点

互联网、O2O、科技、创新等主题都是专业律师关注的焦点,专业律师需要时刻紧跟科技发展的步伐,以顺应时代的要求,提供最先进、最优质的服务。

二、集体土地与商业地产领域律师相关业务的发展与创新

(一) 律师队伍的专业化发展

随着社会的不断发展,律师队伍的专业分工越来越精细化,这就要求律师具有更高的业务能力与水平。要求专业律师对所从事领域的法律业务、法律规定、诉讼程序、非诉讼解决途径等极为熟悉,实践经验极为丰富,对该领域的法律空白、疑难问题以及理论发展也有自己的研究。兼具专业知识背景和其他领域知识储备的复合型律师,在土地领域律师业务的发展道路上将起到举足轻重的作用。

例如在土地领域方面,涉及的法律、法规、政策体系复杂而庞大,国家层面的法律、法规主要是《土地管理法》《中华人民共和国土地管理法实施条例》等基本法律、法规。与此同时,由于土地资源是地方政府所掌握和管理的重要资源,各地方政府出台了大量涉及土地投资、土地开发、土地交易以及土地管理的地方性法规及规范性文件。土地领域律师在提供法律服务时,往往需要对业务所在地政府出台的涉及土地的法规及规范性文件进行深入细致的调研。这都对律师法律服务的专业度提出了更高的要求。

专业律师在土地领域中提供的法律服务内容涵盖了诸多环节,例如土地开发、旧城改造/棚户区改造、新城建设、土地出让、土地征收征用、闲置土地处理等。专业律师提供的法律服务内容也涉及多方面,例如就土地领域相关法律问题提供调研结论、咨询意见,就土地项目进行尽职调查;设计土地投资交易结构及投资方案;协助客户起草、修订、审核土地领域相关项目的合同文件、协议文件;参与各项涉及土地领域的会议讨论、谈判等。

(二) 律师事务所的专业化和团队化发展

在全球经济一体化的大背景下,会有越来越多的律师事务所以合并或联盟的方式,跻身大型国际性律师事务所的行列。规模化发展后的律师事务所往往要从多方面入手,如品牌建设、文化建设、市场营销、客户维护、人才的引进及培养等,但是专业化和团队化建设是规模发展后的律师事务所的首要任务。

1. 专业化发展

第一,设置专业化部门。律师事务所应以专业来划分部门,由专业经验丰富的律师作为一个部门的主管。该部门的人才培养和部门建设也有了明确的负责人,有利于部门的稳健和有序发展。而且,新加入律师事务所的律师直接接受了专业化的

培养,这对于律师事务所的专业化方向有很大的好处。

第二,进行专业化的业务分配机制。一方面,律师可以根据专业的划分直接找专业律师合作;另一方面,律师事务所也可以就这种类型的业务单独制定收入分配机制,通过律师事务所的联系安排,介绍专业部门的律师进行承接,保证业务的承接率,促进律师之间的合作与支持,促进事务所的业务发展。

第三,持续不断地专业化支持及人才培养机制。为了发展律师事务所的专业化程度,律师事务所应当投入适当的力量在专业培训上,不断加强律师的专业素质及基本功。如经济支持、定期培训以及专业人才引进及留用机制等。

2. 团队化发展

第一,团队化发展应注重专业分工,注重优势互补的合作精神。每个人要做最擅长并最喜欢做的工作,扬长避短。

第二,团队化发展应具备公平合理的薪酬制度:按劳分配,接案、取证、分析、办案、行政工作都体现其价值。

第三,团队化发展的模式。建立完善的组织构架,组建有组织、有分工、重协作、重专业的律师团队;建立统一的案件操作平台,接受委托后所有案件一律由主任或团队负责人进行初步审查分析,并根据案件的不同情况交由不同的律师团队进行处理;坚持有效的业务学习制度,在合作过程中,律师事务所应当选取经典的团队合作成功案例进行示范,在开展合作配合的活动中,有合作经验的律师可以总结相关经验,在团队学习中互相讨论、学习;推进项目研发专业化和良好的后续服务,把为客户提供高端法律服务作为贯彻始终的执业信念。

(三) 新契机下的法律服务创新与发展

目前,我国政府鼓励和大力推进PPP模式,并提出"一带一路"战略,这不仅为土地市场带来了良好的发展机遇,也为土地专业律师缔造了创新与发展法律服务的新契机。面对大量错综复杂的新兴业务,单靠以往的工作模式或经验无法收到良好的效果,这就要求律师必须抛开传统,用创新的思维方式,根据实际业务需求采用新的方案,重新研究和积累经验,才能适应并促进新兴业务的发展。PPP模式及"一带一路"战略大背景下产生的新型法律服务,要求从事该类业务的律师必须熟悉PPP模式的多种不同架构以及相关法律、法规、政策,研究关于投融资、政府采购、招投标及开发建设、运营等与项目全生命周期相关的前沿问题。

(四) 互联网思维和模式在律师业务中的应用

1. 可视化在律师从事土地诉讼业务时的运用

在诉讼案件中,传统的证据目录一般以文字形式呈现,不够直观和立体,而可视化的运用对证据目录及律师向法庭提交材料的体现形式将带来颠覆性的影响。尤其是涉及土地案件,如采用图表形式,可使己方观点清晰简洁地呈现,给裁判者留下更加深刻的印象。

2. 大数据为律师查询、整理资料提供便利

互联网思维对法律服务的渗透可能已经势不可挡,互联网"大数据"造就了庞大且零距离的业务平台,使得与土地相关的法律业务都能很畅通地交互运行。律师在办理业务过程中,利用大数据的检索功能,无论是查询法律规定、相关判例,还是企业信用记录等相关信息,都能相对快速全面地获取结果。

3. 互联网时代新兴科技在律师业务中的应用

互联网的更新之快,恰恰反映了互联网工具和软件的效率之高。律师业务是一种信息量巨大、操作过程繁琐的工作,其对办公自动化、业务流程化、管理智能化的需求更为迫切,而互联网的迅速发展可以让律师从中受益。如"思维导图"类软件为律师工作者在项目管理、流程梳理、分工协作上都带来了便利;网络存储类软件则有助于律师形成自己的知识储备库,让律师可以参考借鉴的资源更加丰富。

三、集体土地领域法律问题及建议

(一)集体建设用地使用权流转存在的问题及完善

1. 土地流转现状

在城市化的推动下,大批农民进城变身为农民工,导致农村大片土地撂荒,先前的家庭联产承包制,多是以家庭为单位小块经营,缺乏规模化、集约化经营,导致效率低下,农业产出低;城乡二元体制束缚了农村的发展,一边是城市化的一路高歌猛进,另一边却是农村经济发展的停滞不前,导致城乡差距越来越大。

基于此,以土地流转的形式作为农村改革的突破口,放宽农民对承包土地的转让权、出租权、入股权及抵押权,农民可以用土地向金融机构融资贷款,更可以把零散的土地合并,扩大经营规模,提升农业产出。这样农民即可在拥有土地使用权的基础上,享有土地增值的最大利益,从根本上提升农民的收入。

更深层次上讲,就是以土地的流转来加速农业的现代化,通过增加农民收入的途径来刺激内部需求,拉动8亿农民的消费力,形成一个持久稳定的内需市场。

2. 土地流转面临的问题主要表现在以下几个方面

(1)法律、法规不完善,土地流转行为不规范

土地法律、法规是个庞大而又复杂的体系,立法者对待与土地相关的政策又尤为谨慎,这就使得与土地有关的法律、法规的修改进程显得十分缓慢而又漫长,法律的滞后性问题也体现得更为突出,市场对集体土地的需求量持续增加,但法律、法规却还未开放集体土地市场,将集体土地使用权的流转限制在极其严格的范围之内。

另一方面,有些省、市虽然已经发布了有关集体土地流转的法律、法规,但由于一些法律、法规缺少实施细则,使得这些条文成为空话,在实践操作中难以实行,这就造成了法律、法规跟不上市场需求、实施细则又跟不上法律、法规的尴尬局面。

(2) 产权关系模糊

实践中,大部分集体建设用地使用权、宅基地使用权尚未完成登记发证,私下流转而不变更权属或根本没有权属证明的情况大量存在,使得集体土地市场显得尤为混乱,也给村民、村集体和投资者带来一定的风险。

(3) 政府监管力度不够

实践中大量存在的隐形流转与政府监管缺失有着密切的联系,有些地方政府常常对这种隐形的流转采取放任态度,很少会进行干预,容易引起诸多问题,造成土地市场的混乱。

(4) 地方政府积极性不够

一方面,原有的国有土地资源已经十分稀少,不能满足各个需求主体的要求,各方急需新鲜的土地流入市场;另一方面,现在集体建设用地价格普遍更为低廉,对各开发主体极具吸引力,这样必定会增加征地难度,使得国有建设用地市场受到打击,出现农民基层组织和政府出现矛盾、相互争夺的情况。因此,地方政府在推行建立统一建设用地市场过程中常常显得不够积极,给集体建设用地流转的发展带来了一些阻碍。

3. 土地流转涉及法律、法规及立法建议

目前,我国的法律、法规中,尚无专门针对集体土地流转的规范性法律文件。现行有关土地流转的立法主要有《农村土地承包法》《物权法》《农村土地承包经营权流转管理办法》《关于审理涉及农村土地承包纠纷案件适用法律问题的解释》。

以上关于集体土地流转的法律、法规并不完善,存在缺陷,主要表现为:土地所有权主体不明确;土地流转的范围受到限制;土地抵押、继承的流转方式受到限制;土地承包经营权流转的程序缺乏相应的法律规范。为此建议:

(1) 设立集体土地流转的专项法律、法规,明确集体土地流转的范围、条件,以及流转的方式和年限,并设立合理完善的价格形成机制。

(2) 在相关法律、法规中修改或增加条文明确界定土地所有权的主体,将所有权和使用权分解到具体组织,将抽象的"集体"具体化;保障农民在集体土地使用权流转中的权益,又不影响土地的规模化运营。

(3) 规范土地流转合同,制定类似广州市的《集体土地流转合同标准示范文本》,同时严格实行土地承包经营权流转登记备案制度,规范土地承包经营权证书的颁发和管理。

(4) 建立合理的土地流转收益分配机制。

4. 集体建设用地使用权流转的完善

(1) 拓宽集体建设用地使用权流转范围

集体建设用地使用权流转的范围过窄,条件过于苛刻是造成现阶段大量集体土地私下隐形流转的重要原因。为了避免造成土地市场的混乱,立法者应当尽快修改相关法律、法规,顺应市场,适当放宽集体建设用地使用权的流转范围,赋予更多的投资者合法的主体资格,这样才能减少隐形流转,规范集体土地建设用地市场。

(2) 明确流转的条件、程序、形式

只有先出台相应的法律、法规,明确流转的主体、条件、程序、形式,让农村集体和企业主有法可依,才能够严格执法,督促他们遵照相应的法律、法规来执行。

(3) 建立产权制度

规范集体建设用地市场,建立城乡统一建设用地市场,做好集体建设用地产权登记发证工作是重要基础。只有完善了集体土地的权属证书,明确了权利的归属,才能够保障村民、村委和各级基层政府的利益,改善农村集体建设用地市场的混乱局面。

(4) 加强政府监管

加强对集体建设用地市场的管控,扭转现在放任集体用地私下隐形流转的局面,增加事前审批程序和事后救济措施,联合各个部门,构建共同责任机制,加快推进建立统一建设用地市场的步伐。

(二) 集体土地上开发养老地产的法律问题

为了支持养老产业的发展,我国先后就养老地产提供了多项用地政策支持。

2013 年 9 月,国务院颁布《关于加快发展养老服务业的若干意见》,规定"民间资本举办的非营利性养老机构与政府举办的养老机构享有相同的土地使用政策,可以依法使用国有划拨土地或者农民集体所有的地"。

2014 年 4 月 17 日,国土资源部办公厅发布的《养老服务设施用地指导意见》第 9 条规定:"……农村集体经济组织可依法使用本集体所有土地,为本集体经济组织内部成员兴办非营利性养老服务设施。民间资本举办的非营利性养老机构与政府举办的养老机构可以依法使用农民集体所有的土地。"

目前,我国在集体土地上开发养老地产主要有开发企业与集体经济组织合作开发、开发企业自主开发以及集体经济组织自主开发三种模式,面临的主要法律风险和风险防控建议如下:

1. 政策风险

为防范政策变动等方面的风险,开发企业或者集体经济组织在开发建设养老地产前,应就当地有关集体建设用地流转和养老地产用地的政策进行调研,并按照当地政策获取开发用地和开发建设。

2. 程序风险

为防范因未经村民会议或者村民代表会议表决而导致程序瑕疵引起纠纷,集体经济组织应事先就在集体土地上进行养老地产开发建设事宜提请村民会议或者村民代表会议表决通过。

3. 用途限制

开发企业或者集体经济组织开发建设养老机构时,不应将养老机构设计为或者用做商品住宅等非养老服务用途的物业形态。

4. 经营模式

目前一般采用开发主体自持物业并以物业出租、发放会籍等方式对集体土地上开发的养老地产进行经营。对于发放会籍的经营方式,需提醒开发主体注意,实践中通过出售会籍让渡物业永久使用权的做法存在法律风险,以不超过20年为宜。

(三)集体土地承包经营权抵押担保问题

我国《物权法》将集体土地承包经营权的性质确定为用益物权,对其流转方式和具体权能作了严格限制,作为物权的"承包权",仍然不得抵押和担保。这种限制阻碍了土地承包经营权的自由流转和财产性权能的实现。

2014年,中共中央、国务院《关于全面深化农村改革加快推进农业现代化的若干意见》提出,在坚持和完善最严格的耕地保护制度前提下,赋予农民对承包地占有、使用、收益、流转及承包经营权抵押、担保权能,并且允许农民以农村土地承包经营权入股以发展农业产业化经营。"首次把"经营权"从"承包经营权"里单独分离出来,允许土地经营权抵押和担保。因此建议:

(1)修改《物权法》《农村土地承包法》,增加允许土地承包经营权抵押、担保的规定。例如,修改《物权法》第128条"有权将土地承包经营权采取转包、互换、转让等方式流转"为"有权将土地承包经营权采取转包、互换、转让等方式流转,可以把承包经营权进行抵押、担保"。

(2)取消《担保法》中限制集体土地承包经营权抵押的规定。例如,修改第34条和第37条,即村民依法享有集体所有的耕地、自留地、自留山等集体土地承包经营权,可以进行抵押、担保,但禁止改变原有土地的农业用途。

(3)完善其他配套立法,例如《不动产登记条例》等,明确规定贷款对象以及条件,以及确定农村集体土地承包经营权评估计算方式,以更好地支持集体土地的抵押权利行使。

(四)集体土地确权登记法律问题

农村集体土地确权的法律问题相当复杂,主要包含农村集体土地使用权和农村集体土地所有权两个层面的确权登记和发证问题,为了进一步落实和贯彻集体土地确权的相关事宜,国土资源部、财政部、农业部下发了《关于加快推进农村集体土地确权登记发证工作的通知》的法律文件。

1. 农村集体土地确权登记的重要意义和存在的问题

集体土地确权登记过程也是对集体土地进一步核实权属、面积和用途以及建立档案的过程,从而有助于更好地明确农村集体和土地间的权属关系,如此便能更好地激发农民保护土地的积极性和主动性。但是在集体土地确权登记过程中,也存在经费紧缺、认识上不到位和缺失以及实际操作中确权难度较大等诸多问题,这给农村集体土地所有权登记发证带来很大困难。

2. 集体土地确权登记法律问题探讨

(1) 明确农村集体土地确权登记的范围。按照相关法律、法规应明确集体土地确权登记的确切范围,包括集体土地的使用权和集体土地的所有权,集体土地使用权又应细分到农村集体建设用地使用权和农村宅基地使用权。而对于包括建设用地、农用地和未用地在内的集体土地的所有权应最大限度地覆盖到广大农村地区。

(2) 严格依照现有法律、法规开展农村集体土地确权登记发证的相关事宜。相关法律、法规包括《物权法》《土地管理法》《土地权属争议调查处理办法》《土地登记办法》《确定土地所有权和使用权的若干规定》等,在开展集体土地确权登记中应本着尊重历史、遵照法规、注重现实、有利于生产生活、促进社会和谐的原则来开展确权登记和发证工作。

(3) 加快农村地籍调查工作的步伐。在农村地籍调查工作中要严格依据《城镇地籍调查规程》《集体土地所有权调查技术规定》等相关的标准和依据,力图做到权属合法、界限清楚、面积精确。在充分掌握相关资料和已有调查结果的同时,以大比例的地籍调查为基础,查清每一宗土地的权属、界址和面积以及地类等,形成科学完善的地籍调查结果,从而为集体土地确权登记和发证打下良好的基础。

(4) 把集体土地所有权确认到相对应的农民集体。在确认农村集体土地所有权时应严格遵循村民自治和平等自愿的原则,将农村集体土地所有权确认到所有具有所有权的村民手中。

(5) 严格依法规范和确认宅基地使用权的主体。宅基地使用权应依法按照省人民政府所规定的标准来确认给农民集体成员。因地质灾害防治、新农村建设以及移民迁建等造成的非农民集体成员,应在符合当地规定和计划的前提下并经本农民集体多数成员同意及相关机构批准的情况下可确权登记并发证。

(6) 认真履行好集体建设用地确权登记和发证工作。非住宅建设的集体土地,例如村委会办公室、村卫生院、乡镇企业等公共设施用地,应当依法进行确权登记发证,将集体土地使用权依法确权到每个权利主体。

(7) 推进农村集体土地登记的信息化和土地登记资料的完善化管理。积极推进农村集体土地登记数据库和网络信息化建设,参照《城镇地籍数据库标准》的参数进一步完善地籍信息系统,稳步推进集体土地确权登记的动态化查询系统,从而进一步提升对土地的监管能力和服务水平。

在积极推进集体土地确权登记法律问题的相关工作时应注意以下两点:首先,应进一步扩大集体土地产权改革的力度,建立和土地登记相衔接的承包经营权、林权和草原确权登记制度,避免三者在土地确权时发生不必要的争议和冲突。其次,出台集体土地使用权流转的法律、法规,依法规范集体土地的使用和管理。

四、商业地产领域法律问题及建议

(一) 商业地产概念及商业地产法律服务业务的独特性

1. 商业地产的概念及与住宅地产之间的差异

商业地产主要是指用作商业用途的房地产产品,包括超市、购物中心、特色商业街区、商业广场、专业批发市场、酒店等用途的房地产。它是以持续经营为基础的,以实现物业租金的持续增长及物业增值为目标的商业形态、物业形态和长期投资性投资产品。商业地产区别于以居住功能为主的住宅房地产,其与商业行为息息相关,需要策划、招商、运营管理,同时承受着经营风险。商业地产能够带来的价值不仅仅源于房地产本身物业的增值,还包括商业流通经营的增值及商业运营和房地产开发的品牌增值。同时,商业地产与住宅地产最为主要的差别还在于投资回报的周期性,住宅产品可以在相对短期内实现资金的快速回笼,而商业地产则更多依赖于长期的租金回收。

商业地产的形式多种多样,通常有购物中心、零售百货业、批发零售市场、超市、商业街、主题商场、专业商场、连锁门店、连锁大卖场、零售品牌店、写字楼、酒店等,广义上,亦包括工业园区和依托旅游资源区别于传统住宅开发的融旅游、休闲、度假、居住为一体的旅游地产。其实,更多的地产形式,是融合了住宅地产、商业地产、工业地产、旅游地产等的复合地产。

2. 商业地产法律服务业务的独特性

在商业地产发展迅猛的时期,越来越多的律师在为该领域提供法律服务方面发挥了独特的作用。首先,除了资信调查、开发可行性研究、招标投标工作、征地拆迁等工作外,还从产业外延谋求扩展,拓展到与土地和工程相关的基础设施、矿产资源及能源产业的投资与并购,更进一步延伸到大型综合性文化旅游休闲产业。其次,在法律专业领域推进内部交叉和复合,在房地产、基础设施和资源能源等产业领域给客户提供关于商务咨询、税务规划、公司流程管理风险控制、直接投资、并购、融资乃至争议解决等全流程综合法律解决方案。

将来的商业地产行业的挑战和竞争会越来越激烈,客户的服务需求也日益宽泛深入,服务质量要求也更高,并且我国经济日益加速的国际化和服务需求的专业化对传统的商业地产和建筑工程业务更是一个挑战。从长远和宏观的角度看,地产律师更应在养老地产、工业物流地产、新城镇建设以及农业地产、地产资产证券化、我国企业的海外房地产开发与投资融资等诸多新兴领域倾力探索和发展。

(二) 商业地产领域法律问题及建议

1. 商业地产项目股权并购风险控制措施的完善

(1) 关于商业地产项目风险控制措施的完善

商业地产项目因土地性质、规划用途、使用年限的不同,所涉及法律风险也各有不同,归纳起来主要有:土地出让金是否足额支付,土地使用权权属是否清晰,是否存在待拆迁安置内容,项目用地是否存在被征收或征用情形,项目用地规划条件是否存在调整可能,政府审批的各类证照、文件是否真实合法有效,等等。

上述法律风险应主要从以下方面完善相应风险控制措施:

首先,参与尽职调查的律师事务所除了审查项目公司账面反映的土地出让金支付数额及票据,还应与项目所在地土地出让机构进行征询核实;对于已核发土地使用权证书的项目用地,除了查验权属证书真伪以及是否设定抵押外,还应对项目用地四址进行实地察看并与相邻方进行征询,如有必要还需对项目用地面积进行实测。

其次,就项目用地是否存在被征收或征用情形,以及项目用地规划条件有无调整等问题,不能只听取项目公司的介绍,也不能只查阅土地出让合同以及规划方案内容,还应全方位了解项目所在地政府的总体规划要求,以及项目用地出让合同是否存在补充条件等内容。

最后,对项目公司所提供需要政府审批的各类证照、文件、资料等,均应在查实验证真伪的前提下,对是否可以持续使用以及后期审批手续办理等进行充分了解。

(2) 关于项目公司自身风险控制措施的完善

来自项目公司自身的法律风险主要包括公司股东未足额缴纳出资或抽逃出资、股东出资形式及内容不合法、以非货币财产作为出资但未办理权属变更手续以及并购前期项目公司完成的股东变更登记不合法或变更有瑕疵等情形。

上述法律风险对于收购方的收购预期及后续经营将产生重大影响,甚至直接决定并购的成败,应主要从以下方面完善相应风险控制措施:

首先,参与尽职调查的律师事务所、会计师事务所应对项目公司设立初期的财务资料、账目明细等进行审核,以确定是否存在公司股东未足额缴纳出资或抽逃出资。一旦发现具有未足额缴纳出资或抽逃出资情形,应建议收购方要求项目公司股东于并购前按公司章程规定予以补足。

其次,参与尽职调查的律师事务所还应加强对项目公司股东出资形式及内容的合法性审查,不能仅仅停留在工商注册登记资料或股东出资证明文书所载明的内容,如发现项目公司股东出资不符合《公司法》或公司章程,则应建议收购方要求项目公司股东按有关法律、法规及公司章程的规定补足与完善,对于未办理权属变更手续的出资财产则应建议尽快依法办理权属变更登记手续。

最后,参与尽职调查的律师事务所还应特别关注并加强并购前期项目公司股东变更登记手续的合法性,以及是否存在变更登记瑕疵等内容审查。

(3) 关于项目公司对外负债风险控制措施的完善

由于项目公司对外负债的多少以及是否建立合理的处理机制,直接影响到并购项目的成败,应主要从以下方面完善相应的风险控制措施:

首先,参与尽职调查的律师事务所、会计师事务所除了要求项目公司对已经发生或潜在债务进行无保留的披露外,还应以项目公司提供的合同资料、财务报表等为线索,主动与项目公司进行合作的第三方进行必要的核实,以进一步确定真实的负债数额。

其次,对于已进入诉讼或执行程序的案件,不能仅停留在网上公示的案件信息内容,还应注意取得项目公司所在地人民法院、仲裁机构等有关部门的支持,多方面、多渠道收集与项目公司可能存在关联的诉讼与执行案件信息。

最后,参与尽职调查的律师事务所一定要高度警惕并防范项目公司于并购前有意加大的对外负债,特别是对外担保之债。这就要求尽职调查的范围要适当扩大至项目公司主要股东及其关联公司,将调查内容延伸至与项目公司主要股东及其关联公司存在主要业务往来的合作第三方,对项目公司是否为其设定担保进行核实,并且在并购合同中要尽量完善项目公司对外负债处理机制的相关内容,收购方付款进度应尽量与并购进程以及债务可能暴露的周期结合起来,并分批完成支付。

(4) 关于项目公司交接手续的风险控制措施的完善

实际交接手续过程中同样存在风险防范问题,稍不留神同样可能给收购方造成巨大损失,应主要从以下方面完善相应的风险控制措施:

首先,对项目公司或股东移交的印鉴、证照、资料除了双方签署交接清单外,还必须对印鉴、证照、资料的真实性进行查验,并及时办理相应变更登记或密码更换手续,同时应确保项目公司原股东不得进行任何保留。

其次,收购方人员进驻应当与并购合同的签订、履行同步进行。项目并购的最终目的是收购方需要完成对项目公司的实际控制,但近年来不少收购方,特别是具有资本运作性质的收购方(如信托、基金类公司),往往人员进驻及实际控制要滞后于并购合同其他内容的履行。但事实上,一旦后期并购合同产生纠纷将直接导致收购方进驻与实际控制的困难。

最后,作为收购方还必须高度关注项目公司原有人员安置可能带来的风险,既要确保并购进程的平稳有序,又要保证收购方意志的顺利执行,还要考虑到原有人员的切身利益以及与收购方派驻人员的和谐相处等方面。

2. 商业地产创新融资模式的风险及建议

现阶段的宏观调控环境下以及未来很长一段时间,房地产开发企业继续依靠银行贷款的融资模式已基本走不通,实践中,采取信托基金、私募股权融资、优先股股权融资等创新模式。这些融资模式的主要风险及防控措施建议如下:

(1)行业管理导致融资被阻断的风险

防范这类风险需要有未雨绸缪的前瞻意识,对政策要有预判能力,提前作出适当的安排,如提前设立通过收购合作银行的子公司等方式,避免政策监管风险。

(2)市场泡沫导致无法还款的风险

对商业地产来说,如果项目本身存在市场销售前景、内部法律纠纷、建设资金短缺等方面的问题,则融资安排无论怎么设计控制风险,项目本身的先天缺陷都是无法避免的。受托融资方在设计融资模式时,可以聘请有市场公信力的房产专业机构对项目进行可行性分析及评估,对项目的市场定位及前景有一个独立、真实的认识;深入调查了解开发商实力、财务及资信情况,选择与开发经验丰富、实力雄厚、资信状况良好的开发商进行合作;落实土地房产抵押、第三方保证、质押等担保措施;在项目运作过程中,加强资金监控,做到"封闭运行,专款专用"。通过一系列手段,可将项目风险控制在最小范围之内,最大限度地保证融资资金的安全,保护委托人和受益人的利益。

(3)跨境融资不当导致的法律风险

商业地产开发商可通过提前设立境外特殊目的公司的方法满足监管要求;如无法提前设立境外特殊目的公司,则需要借助融资受托方的资源,使用受托方现有境外公司作为融资主体,承担境外特殊目的公司的作用。

3. 商业地产租赁常见法律问题

(1)"售后包租"方式的风险

房地产开发企业和委托经营公司,应客观评估项目的租赁市场情况,确定租金回报,对市场风险进行综合判断。对于购房者或投资方,由于国家和地方这方面的立法还很不完善,对于售后包租事项,最好请有关房地产专业律师把关。

(2)住宅底商涉及的法律问题

租赁住宅底商,首先明确房屋产权证所规定的房屋用途,以及该区域经营规划,是否符合租赁用途;其次要处理好与相邻人(即住宅业主)的关系。

(3) 扣率租金的法律问题

如何确定租金是事关开发企业利润的重要事项,在实践中应采取灵活合理的方式,如果是商场统一收银方式,则不存在此问题;如果是由商户各自收银,采取"日报"和"月报"相结合、商户自报和开发企业定期抽查相结合的形式更为合理,并在合同中进行明确具体的约定。

(4) 租赁合同解除法律问题

首先,在满足合同解除的条件下,向商户邮寄解除租赁合同通知书,在解除合同通知书中写明商户自动腾退房屋的期限,如超过期限则开发企业将强行收回房屋。其次,如商户超过该期限仍未搬离,则开发企业应做好如下准备:第一,邀请公证人员至现场,对清理房屋的整个过程进行公证;第二,聘请律师进行见证,并对现场商户的遗留物品进行认真清点造册,全程录像,留作证据;第三,将商户的遗留物品妥善保管,并书面通知商户留存物品的地点和清单。

(5) 租金支付法律风险

对于规模不大的中小企业作为承租人时,可以要求法定代表人或股东提供履约担保,如果该租户有负责租金、物业费情况时,由承担连带责任的法定代表人或股东承担;同时在合同中约定,如果欠费租金或其他任何由租客支付的各类费用,出租人有权采取停水、停电等措施,维护自己的合法权利。

4. 商业地产项目并购中容易出现的法律风险

(1) 法律风险

首先,效力风险,主要会出现在:主体风险,即项目出让的主体是否对项目享有所有权以及享有所有权的范围;项目进展程度,项目并购是否具备法定的条件;项目性质的风险:实践中,有些项目本身含有政府安置性质的房屋,项目初期,政府为此支付款项或者在其他政策上给予了优惠,等等。所以,并购中应该重点考虑一些法律关系的处理,否则会给并购后的项目实施带来不必要的麻烦,甚至可能影响项目顺利实施。对于必须经过有权部门核准的项目,在并购中要进行形式完善,否则会影响并购的法律效力。

其次,债务风险,包括施工方的优先受偿权、或有债务、银行借款、民间借贷以及税收等。

(2) 有效防范手段

首先,担保手段的运用,即进行债权债务及担保的申报公告;要求保留担保金一定时间(一般为两年,因为一般债务及担保到期后超过两年,即丧失公力救济的权利);要求原股东(公司情形)进行担保;要求目标公司原高级管理人员或个人股东提供担保;要在谈判中判断目标公司及原股东的经营状况、资信情况、历史由来等方面的情况,也就是要做好对谈判相对方的背景调查。即便上述条件全部都实现,仍然不能完全排除或有债务及担保风险。同时,在谈判过程中,必须考虑理论上可以获得的赔偿与实际可能获得的赔偿及便利性的关系,做好合同执行环节的设计(如担保金的存放方式设计、具体目标公司交接行为等)。

其次,设计科学的付款方式。科学的付款方式、付款时间是有效解决项目并购中相关法律风险的手段,比如采用银行承兑的付款方式,就能够使并购方有充分的时间处理突发问题。

再次,采取较为策略的形式。如增资扩股、阶段性股权融资、商品房包销、承包经营等有些项目的并购,并没有想象中的顺利,不是遇到法律上的障碍,就是遇到劳动用工方面的问题,或者是遇到政府部门的干预。但是,当实现并购已经成为必然,作为专业的并购律师就应该考虑另辟蹊径,采取迂回战术,以期达到最终的目的。

最后,项目转让中的其他注意事项:第一,协调好与政府部门的关系。公司并购涉及诸多国家机关,必须将相关问题提前向相关机关确认,并得到肯定答复。如有疑问,提前解决,否则任何一个问题的突然出现,都可能导致收购的失败。内资收购主要涉及工商、税务等部门,外资收购比内资收购多了商务、外汇、海关、发改委等部门。第二,与注册会计师、咨询公司的密切配合。选择和人品好、专业知识扎实的注册会计师、工商顾问合作,将使收购工作进程大大提前。而长期的合作,会使双方配合默契,共同解决疑难问题。

五、2015 年国家颁布和施行的相关工作报告、法律文件及违法违规案件评析

(一) 2015 年相关工作报告、法律文件及国土资源部最新挂牌督办的案件

1. 颁布和施行的相关工作报告、法律文件(部分)

(1) 2015 年 8 月 27 日,国务院在第十二届全国人民代表大会常务委员会第十六次会议上作了《关于稳定和完善农村土地承包关系情况的报告》,该报告对推进农村土地承包经营权确权登记颁证工作,引导农村土地经营权有序流转,配合修订土地承包法律、法规有着积极意义。

(2) 2015 年 8 月 10 日,国务院发布《关于开展农村承包土地的经营权和农民住房财产权抵押贷款试点的指导意见》,提出了试点的五项主要内容:一是赋予"两权"抵押融资功能;二是推进农村金融产品和服务方式创新;三是建立抵押物处置机制;四是完善配套措施;五是加大扶持和协调配合力度。

(3) 2015 年 10 月 29 日,国土资源部下发《关于开展 2015 年度全国土地变更调查与遥感监测工作的通知》明确,2015 年度全国土地变更调查与遥感监测工作要完成四项主要任务:一是国家开展遥感监测;二是地方开展土地利用现状变更调查;三是逐级开展变更调查成果检查;四是各级开展数据更新入库和汇总统计分析。

(4) 2015年4月17日,国家土地督察公告2015年第1号公布《2014年国家土地督察工作情况》,以严守耕地红线、督导节约集约、维护群众权益、提高督察效能定位督导工作。

(5) 2015年3月19日,农业部办公厅下发《关于组织申报土地经营权入股发展农业产业化经营试点方案的通知》,通知对土地经营权入股发展农业产业化经营,对丰富完善土地承包经营权权能、深度融合农业产业链上各参与主体、优化组合各类生产要素具有重大意义。

(6) 2015年4月29日,农业部办公厅印发《农村土地承包经营权确权登记数据库建设技术指南(试行)》《农村土地承包经营权确权登记数据库成果汇交办法(试行)》。

(7) 2015年5月4日,农业部办公厅下发《关于协助提供稳定农村土地承包关系有关情况的函》。

(8) 2015年5月11日,国家土地督察公告2015年第2号公布《2014年土地督察约谈9个市的整改情况》。

(9) 2015年2月27日,农业部办公厅下发《关于印发〈农村土地承包经营权确权登记颁证成果检查验收办法(试行)〉的通知》。

2. 国土资源部最新挂牌督办的违法违规典型案件(部分)

(1) 河南省郑州市中牟县现代农业示范区13家企业违法占地案

2013年5月,河南省郑州市中牟县国家现代农业示范区13家入园企业未经用地批准,以设施农用地为名占用雁鸣湖镇集体土地1 518.61亩(耕地511.01亩)建设专家公寓、科研中心、学术交流中心、温泉酒店、餐饮住宿等,其中餐饮住宿已建成并营业,专家公寓、科研中心、学术交流中心等大部分工程主体或框架结构已建成。

(2) 安徽省滁州市琅琊台风景名胜区管委会违法用地案

安徽省滁州市琅琊台风景名胜区管委会违法征收滁州市南谯区腰铺镇梅铺村集体土地313.5亩,其中耕地259.25亩。2014年6月,琅琊台风景名胜区管委会开始进行场地平整;2015年3月,开工建设城市公园项目。截至2015年9月已建设管理用房4栋,建筑面积3 555平方米,剩余土地已进行场地平整。

(3) 贵州省遵义市红花岗区经济技术开发区违法用地案

2013年3月至2015年1月,贵州省遵义市红花岗区经济技术开发区未经用地批准,为红花岗区经济技术开发区湘江投资公司等4家单位建设厂区、道路提供土地405.55亩(耕地304.82亩),其中红花岗区经开区湘江投资公司厂区占地250.35亩(耕地186.14亩),项目主体工程已基本建成;遵义汉丰装饰材料有限责任公司厂区占地56.1亩(耕地43.3亩),项目已建成运营;遵义亿众纳米科技材料有限公司厂区占地28.73亩(耕地20.23亩),项目主体工程已基本建成;红花岗区工业经济局建道路占地 70.37 亩(耕地 55.15 亩),已建成通车。

(4) 甘肃省天水市秦州区政府违法批地案

2010 年 3 月至 6 月,甘肃省天水市秦州区政府违法批准天水中材水泥有限责任公司临时占用秦州区关子镇 283.6 亩(耕地 151.65 亩),作为该公司采矿区临时用地。2014 年 7 月,该公司在临时用地已到期的情况下,又新占用秦州区关子镇集体土地 201.5 亩。2015 年,审计部门发现该问题后,秦州区政府和有关部门不仅未对该公司继续占用临时用地和新占地行为作出处理,又继续违法批准该公司采矿区临时用地 424.6 亩。

(二) 处理违法违规用地问题的建议

截至 2015 年 11 月,各级国土资源主管部门共立案查处违法用地案件 3.99 万件,涉及土地面积 30.73 万亩。在突出热点问题的基础上提出以下四点建议:

一是要注重发挥土地资源管理整体功能,通过完善制度,改进管理,主动服务,有效保障经济发展新常态下的合理用地需求,减少程序性违法。

二是要转变执法方式,强化日常执法监管,对违法用地行为"发现在初始、解决在萌芽"。

三是进一步贯彻执行《国土资源行政处罚办法》《国土资源违法行为查处工作规程》,严格规范公正文明执法。

四是突出重点,重典问责。严肃查处以"土地流转"等名义违法占用农用地搞"非农化"和违反国家产业政策严重侵害群众利益等违法行为,对重大典型案件继续实行挂牌督办和公开通报。

(本章由中华全国律师协会建设工程与房地产专业委员会组织编写,执笔人:李晓斌、袁华之、林镕海、刘惠静、李超颖、卢蓉蓉、王权、杨鑫涛、董鑫园)

第五章　环境、资源与能源法律服务业务报告

目　录

第一节　环境、资源与能源法律服务业务 / 247
　　一、中国的环境、资源与能源法律服务回顾与展望 / 247
　　二、环境、资源与能源法律服务的发展与创新 / 249
　　　（一）国际贸易中关于绿色壁垒律师的环境法律服务 / 249
　　　（二）新能源开发利用过程中律师的法律服务 / 249
　　　（三）参与上市公司环境核查、企业 EHS 法律事务、参与环境管理体系认证（ISO14001）、
　　　　　绿色信贷、排污权交易、碳交易等 / 250
　　　（四）为新的产业例如绿色建筑的发展提供法律服务 / 251
　　　（五）促进环境行政执法，推动政府购买服务 / 251
　　　（六）PPP、BOT、BT、TOT、TBT 模式下的环境律师法律服务 / 252
　　　（七）在环保＋互联网背景下，律师大有可为 / 253
　　　（八）涉外环保领域也将是环境律师的一个业务增长点 / 253
　　三、环境、资源与能源领域热点法律问题研究及立法建议 / 253
　　　（一）合同能源管理的市场现状与规则创新 / 254
　　　（二）确立商业银行环境法律责任制度 / 259
　　　（三）关于在《证券法》中写入环境信息披露条款的建议 / 268
第二节　矿产资源法律服务业务 / 273
　　一、矿产资源法律服务状况回顾与展望 / 273
　　　（一）矿产资源法律服务状况回顾 / 273
　　　（二）矿产资源法律服务展望 / 275
　　二、矿产资源律师业务的发展与创新 / 276
　　　（一）何为发展和创新 / 276
　　　（二）当下面临的时代背景的变化 / 276
　　　（三）矿产资源律师业务的创新及发展路径 / 278
　　三、矿产资源领域热点法律问题研究及立法建议 / 279
　　　（一）矿产资源热点法律问题研究 / 279

（二）有关立法建议 / 285
四、矿产资源领域重大法律事件及已审结案件评析 / 289
　　（一）矿产资源领域重大法律事件分析 / 289
　　（二）最高人民法院已审结典型矿产资源案件评析 / 295

第一节　环境、资源与能源法律服务业务

一、中国的环境、资源与能源法律服务回顾与展望

目前，我国处于一个特殊的环境时刻，中国社会的发展正遭遇环境瓶颈。各类环境问题频发，严重威胁到公众健康、生命安全和社会稳定。十八大以来，中央对生态文明建设和环境保护提出了一系列新思想、新论断、新要求。对此，国家从立法和政策两个层面不断加强环境法制建设，如修订《中华人民共和国环境保护法》（以下简称《环境保护法》）、《中华人民共和国大气污染防治法》（以下简称《大气污染防治法》）、《中华人民共和国水污染防治法》（以下简称《水污染防治法》）、《中华人民共和国海洋环境保护法》（以下简称《海洋环境保护法》），制定《中华人民共和国土壤污染防治法》（以下简称《土壤污染防治法》），制定党政同责、终生追究、绿色GDP考核等政策。同时，环保部门向水、大气、土壤三大污染宣战。此外，环境司法也在走专门化道路。1988年，武汉市硚口区人民法院就有了设立环境法庭的设想，但因种种原因受挫。1996年，沈阳市中级人民法院成立环保法庭，作为设在沈阳市环保局的派出机构；在沈河区、东陵区、康平县人民法院也分别设立环境审判机构。2007—2008年贵阳市、无锡市和昆明市，2010年海南省全省，2011年重庆市，2012福建省等纷纷建立起环境审判机构。2013年以来，环境审判机构处于发展期，主要试点有江苏省、湖北省、贵州省。2014年6月，最高人民法院成立环境资源审判庭，指导各地法院加强环境资源审判机构建设。截至2015年9月，全国24个省、区、市人民法院设立环境资源审判庭，环境资源合议庭、巡回法庭共计456个，普遍采取"三审合一"的模式，专门审理环境相关刑事、民事和行政案件。贵州省、福建省、海南省、江苏省、河北省等9个高级人民法院建立了环境资源审判庭，福建省、贵州省、江苏省、海南省四省已建立三级环境资源审判组织体系，其他高级人民法院也都指定相关部门负责环境资源案件的审判。

环境类案件的数量也发生了质的变化。2014年以来，全国共办理环境刑事案件24 699件，审结23 120件；环境行政案件35 726件，审结28 986件；环境民商事案件139 816件，审结118 710件，其中环境污染损害赔偿案件4 192件；2014年以来，全

国各级法院已审结超过23万件环境资源类案件,占全部环境资源类案件立案数的87.8%;在环境公益诉讼领域,自2015年1月至11月,环境公益诉讼从无到有,有28起得到立案审理,一起调解(福建长汀案)、一起判决(福建南平案)。

从律师事务所涉环境、资源、能源类刑事、民事、行政、非诉、顾问、咨询六大类业务数量的增长情况来看,自2005年以来,刑事诉讼业务数量变化急剧,这主要与近几年的政治社会环境有关;民事和行政业务增速相对稳定,其中民事是中国大多数律师事务所的主要案源,但咨询和非诉业务增速较慢。

随着环境立法的不断完善,特别是新的《环境保护法》的颁布实施以及相关配套法规运行机制设立以来,环境行政执法逐步得到强化,环境公益诉讼迎来新的机遇与挑战,促进了环境保护工作的开展。设置专门的环境保护审判组织集中受理环境纠纷适应了社会发展的新趋势,满足了当前环境保护工作的新需要,维护了社会稳定。检察机关提起公益诉讼改革试点为环境司法工作注入了新的活力。中央提出"一带一路"战略规划,开辟了更加美好的前景,其必将引起新一轮的经济增长点和业务增长点。同时,为应对全球气候变化,实现中华民族永续发展,在这个经济转型的时刻,我国把生态文明建设纳入"五位一体"总体布局,并郑重承诺,到2020年,单位国内生产总值碳排放比2005年下降60%~65%左右,非化石能源占一次能源消费比重达20%左右,需要全社会共同努力。对于政府、企业和社会公众而言,在新《环境保护法》框架下,在经济新常态下,既要直面各种挑战和风险,也有着不可多得的历史机遇;对于环境律师,新《环境保护法》和经济新常态为其创造了前景广阔的法律服务市场。

此外,环境保护职业共同体的初步形成也将助推环境律师业务的发展。在当代中国,依法治国,建设生态文明,是中国社会和法律发展的必然,形成环境保护职业共同体正成为我国生态文明建设的内在要求。所谓环境保护职业共同体是指在环境保护领域以环保行政部门(包括政府)、司法机关(包括公、检、法、司)、环保NGO、环境公益律师、法学家、企业等为核心的职业人员或单位所组成的以环保为职业特点的特殊的社会群体。当前,政府面临着改革环境治理制度、提升环境治理能力的严峻挑战,环境律师具有熟悉现行法律规定的专业优势、相对客观处理法律事务的职业优势、立足经济社会生活的实践优势,可以为污染总量控制、饮水源保护、环境污染损害赔偿等法律、法规的制定建言献策。我国现有的民间环保组织,特别是草根环保组织,还处在初创阶段,大多没有正常的经费来源,缺乏专职的环境科学技术人员和环境法律专家,收集污染证据的能力和应用环境法律诉讼的能力都严重不足,只能在一些公益律师的帮助下提起公益诉讼,难以提起很多的环境公益诉讼。从这个角度讲,环境律师完全可以和环保NGO合作,在推动环境保护的同时共同开拓环境法律业务。从企业层面讲,需要环境律师的协助,将环境保护法律政策和减排目标内化为企业的绿色经营战略和日常经营管理行为,确保企业在守住生态红线的前提下追求预期经济效益,从而实现经济发展和环境保护的共赢。

二、环境、资源与能源法律服务的发展与创新

在环境新业务领域,环境律师在不断进行尝试。

(一)国际贸易中关于绿色壁垒律师的环境法律服务

绿色壁垒又称环境壁垒,在国际贸易中,某些进口国家以环境保护、维护生态平衡为由,运用严格的环境保护标准或措施,使得大量的外国产品难以进入本国市场,从而达到限制或禁止外国商品的进口,如欧盟的"绿箱"政策。进口国政府往往是通过颁布复杂多样的环保法律、法规、条例,建立严格的环保技术标准(如 PPMs 标准,即"生产过程和生产方法")和产品包装要求,设置繁琐的检验、认证审批程序,实行环境标志制度,以及征收环境进口税等方式对进口产品设置贸易障碍,最终达到限制进口、保护本国产业或产品的目的。通过鉴别"绿色壁垒"的正当与否,律师在为国际贸易中受到不公正绿色壁垒侵害的企业争取利益中发挥越来越多的作用。

(二)新能源开发利用过程中律师的法律服务

新能源又称非常规能源,是指传统能源之外的各种能源形式。指刚开始开发利用或者正在积极研究并有待推广的能源,如太阳能、地热能、风能、海洋能、生物质能和核聚变能等。

首先,在新能源项目开发全过程中,专业律师可提供的法律服务内容包括:为新能源项目规划选址、土地预审、环评、征地拆迁等前期工作提供法律支持;参与新能源领域具体项目方案设计、项目合同审查、新能源产业政策咨询;参与项目招标采购活动;工程勘察设计、施工、监理、物资采购、工程总承包、项目管理等合同文件的起草和审查;项目主要设备采购、工程总承包等重要合同的谈判;协助制定和完善工程管理制度及合同范本;参与合同履约过程管理,防控法律风险;提供工程法律培训,开展项目法律风险评估、建立法律风险防范体系等。

其次,合同能源管理。根据中美首脑达成的应对气候变化策略,中国碳排放将在 2030 年达到峰值。因此,合同能源管理(EMC)作为一种全新的节能新机制在我国有着广阔的市场。合同能源管理机制实质是一种以减少的能源费用来支付节能项目全部成本的节能投资方式。在整个合同能源管理中的法律服务有以下几点:为节能服务公司、用能企业等提供政策咨询,介绍国家及地方补贴政策;协助节能服务公司进行资格审批备案;接受节能服务公司委托,就用能企业生产经营状况、公司沿革、法律潜在风险等开展尽职调查,编制尽职调查报告;协助节能服务公司申报项目,起草政府要求的各类文件,监督规范项目各实施环节,协助项目通过政府验收;为节能服务公司或用能企业设计项目合作模式、项目融资方式等,起草修改各类项目合同文本;为节能服务公司或用能企业进行项目风险论证和项目实施风险防控;处理项目纠纷。

最后,根据国家能源战略与相关规划,可再生能源项目是国家产业政策扶持的对象。在示范项目申请和执行过程中,由于示范项目的申请获批受政策影响较大,需要法律服务机构提供合规审查服务,在EPC总承包模式或EMC模式下存在不同的法律风险点。因此除了常规的合同法律服务之外,律师需要从现有政策、项目本身条件及未来发展趋势出发提供以下法律服务:提供专业法律咨询意见,为企业在税款抵扣、合同拆分、节能量审定等方面提供实务操作建议;环境尽职调查及合规建议;清洁发展机制(CDM)项目法律服务;自愿减排量(VER)交易相关法律服务;排放权交易的架构设计、合同审查谈判以及相关法律咨询;合同能源管理(EMC)项目的交易框架设计、协议起草、审查和谈判。

(三)参与上市公司环境核查、企业EHS法律事务、参与环境管理体系认证(ISO14001)、绿色信贷、排污权交易、碳交易等

上市公司环境核查业务曾长期被商业公司所垄断。2014年10月23日,环境保护部发布了《关于改革调整上市环保核查工作制度的通知》(环发〔2014〕149号),从该文发布之日起,上市公司以及拟上市公司的环境表现如何评估就成了一个新的需要保荐机构、投资人、律师事务所、第三方评估机构等进行探讨和研究的问题。此举意味着上市公司环保核查制度废止后,环保核查工作交由市场自主进行,律师事务所作为专业法律服务机构完全可以在此有所作为。

EHS管理体系是环境管理体系(EMS)和职业健康安全管理体系(OHSMS)的整合。其具体事务包括环境(Environment)、健康(Health)、安全(Safety)的执行与监督,并遵守所有适用的国家和地方有关环境、健康和安全方面的法律、法规的要求。不难看出,法律始终是EHS管理体系的筋脉,因此作为环境律师当然是企业EHS管理的不二人选。同时,EHS管理体系中包含的环境管理体系认证(ISO14001)也是一项相对独立的业务,环境律师可以大有作为。

绿色信贷就是"green-creditpolicy",绿色信贷的本质在于正确处理金融业与可持续发展的关系。其主要表现形式为:为生态保护、生态建设和绿色产业融资,构建新的金融体系和完善金融工具。绿色信贷对于我国银行业是一个挑战。越是"两高"(高污染、高耗能)行业,如钢铁、水泥等,其贷款需求越大,未来若不加强其环境风险管理,一旦给予贷款的企业发生污染事件,不但影响银行的社会形象,也将损及其债权的收回。律师具有风险防控的专业优势,完全可以在银行业的环境法律风险防控上作出成绩。

排污权交易、碳交易具有类似的法律理念,其可以归入排放权交易范畴。排放权交易指对二氧化硫、化学需氧量等主要污染物和二氧化碳等温室气体的排放量所

进行的交易。是在一定范围内满足环境质量要求的条件下,授予排污单位以一定数量的合法污染物排放权,允许对排放权视同商品进行买卖,调剂余缺,实现污染物排放总量控制。在这一项新的业务中,环境律师在污染物审计、管理、交易以及市场法律构建等领域均可有所作为。

(四) 为新的产业例如绿色建筑的发展提供法律服务

《绿色建筑评价标准》中对绿色建筑的定义为:在建筑的全寿命期内,最大限度地节约资源(节能、节地、节水、节材)、保护环境和减少污染,为人们提供健康、适用和高效的使用空间,与自然和谐共生的建筑。目前,我国每年新建和在建的项目超过30亿平方米。

我国已经初步确立绿色建筑法规标准体系,包括《中华人民共和国节约能源法》《民用建筑节能条例》《公共机构节能条例》等。与此同时,绿色建筑标准体系的初步形成,建立了绿色建筑评价标识制度,这也正式启动了绿色建筑评价工作。

绿色建筑法律服务的核心内容是规范管理、防范风险和增加利润,此外还有环境调查、代办优惠、教育培训、业务咨询等。除了常规的建筑工程风险外,重点在建筑工程的立项、土地出让、设计方案审查、规划许可、施工许可、竣工验收等是否符合绿色标准方面为项目规划选址、土地预审、环评、征地拆迁等前期工作提供法律支持;参与具体项目方案设计、项目合同审查、产业政策咨询;参与项目招标采购活动;起草和审查工程勘察设计、施工、监理、物资采购、工程总承包、项目管理等合同文件;参与项目主要设备采购、工程总承包等重要合同的谈判;协助制定和完善工程管理制度及合同范本;参与合同履约过程管理,防控法律风险;提供工程法律培训,开展项目法律风险评估、建立法律风险防范体系;协助管控因建筑工程污染而产生的刑事法律风险等。

同时,以绿色建筑为支点为企业增加利润、防范风险、减少风险损失也是律师法律服务的一种方式。这里所说的增加利润是指单纯增加收益的行为,主要是指代办优惠,包括各种奖励、补贴等。

另外,协助相关部委继续完善相关的政策标准,完善绿色建筑地方标准体系,建立适合各地特点的标准,也是当下律师可以介入的一项重要工作。

(五) 促进环境行政执法,推动政府购买服务

介入环境纠纷调解,提升基层法律机构调解环境纠纷的能力,通过调解的手段处理污染后果不严重及易激化矛盾的环境纠纷,以正当司法程序解决环境污染问题。开发基层环境纠纷调解机制和相应的工具书;在基层司法所试点成立基层环境纠纷调解中心,建立巡回调解中心;提高基层环境纠纷调解中心调解环境纠纷个案的能力;建立调解后处理机制:调解结案的促进依法执行,调解不成或不执行的移送

起诉。与环保局、水产局等相关单位建立长效联系机制,举办环境行政执法人员法律培训,构建环境法律职业共同体工作网络,编制《促进环境行政执法手册》并发放;调研并撰写促进环境行政执法研究性报告并递交政府相关职能部门;对环境行政执法过程进行全程跟踪,促进依法行政。

(六)PPP、BOT、BT、TOT、TBT 模式下的环境律师法律服务

20世纪90年代后,一种崭新的融资模式 PPP 模式(Public – Private – Partnership,即"公共部门—私人企业—合作"的模式)在国内流行起来,在公共基础设施领域,尤其是在大型、一次性项目,如公路、铁路、地铁等的建设中扮演着重要角色。

PPP 是一种新型的项目融资模式。PPP 融资是以项目为主体的融资活动,是项目融资的一种实现形式,主要根据项目的预期收益、资产以及政府扶持力度而不是项目投资人或发起人的资信来安排融资。项目经营的直接收益和通过政府扶持所转化的效益是偿还贷款的资金来源,项目公司的资产和政府给予的有限承诺是贷款的安全保障。律师在此过程中以提高效率、降低风险为工作原则,可以提供以法律风险防控和项目融资为目的的法律服务活动。PPP 模式因为有公共部门的参与和一般的企业融资活动不同,环境法律法规在其中的重要性非常突出。

BOT(Bulid – Operate – Transfer)即建造—运营—移交方式,实质上是基础设施投资、建设和经营的一种方式,以政府和私人机构之间达成协议为前提,由政府向私人机构颁布特许,允许其在一定时期内筹集资金建设某一基础设施并管理和经营该设施及其相应的产品与服务。

BT(Build – Transfer)即建设—移交融资模式,是基础设施项目建设领域采用的一种投资建设模式,系指根据项目发起人通过与投资者签订合同,由投资者负责项目的融资、建设,并在规定时限内将竣工后的项目移交项目发起人,项目发起人根据事先签订的回购协议分期向投资者支付项目总投资及确定的回报。BT 投资是 BOT 的一种变换形式。

TOT(Transfer – Operate – Transfer)即转让—经营—转让模式,是一种通过出售现有资产以获得增量资金进行新建项目融资的一种新型融资方式,在这种模式下,首先私营企业用私人资本或资金购买某项资产的全部或部分产权或经营权,然后,购买者对项目进行开发和建设,在约定的时间内通过对项目经营收回全部投资并取得合理的回报,特许期结束后,将所得到的产权或经营权无偿移交给原所有人。

TBT(Transfer – Build – Transfer)就是将 TOT 与 BOT 融资方式组合起来、以 BOT 为主的一种融资模式。从上述定义对比可知,政府在上述模式中的作用是不可替代的。基于环境保护法的公法范畴,二者的结合是天生的,律师的作用不可或缺。

（七）在环保+互联网背景下，律师大有可为

"互联网+"的思路是指利用互联网平台，利用信息通信技术，能够把互联网和包括传统行业在内的各行各业相结合，能够在新的领域创造新的形态。环境领域是一个融合多种环境要素的领域，要全面整体呈现环境问题，尤其需要通过互联网实现环境要素互通共享，从而推动环境问题整体解决。新媒体已经成为环境保护的重要推动力量。新媒体时代的信息公开和公众参与，使广大网民的环保诉求日益高涨。公众正在利用互联网实现环保的公益性、公开化和市场化。新媒体可以在推进环境科学立法、民主执法、公正司法和促进守法等方面发挥重要作用。环保部门和机构应当借助新媒体，以喜闻乐见的形式，让公众知晓相关信息。在中国环境司法体系上，来自互联网的监督将会非常重要。从环保系统内部来说，环境数据应该被看做环保部门的一大抓手，新《环境保护法》第53条规定了公民、法人和其他组织依法享有获取环境信息、参与和监督环境保护的权利。对于律师来讲，在这样一个大的"环保+互联网"历史背景下，紧紧抓住大数据这一抓手，利用信息公开、互联网技术，一方面可以促进环境行政执法规范，另一方面可以推动公众参与合法合规开展。

（八）涉外环保领域也将是环境律师的一个业务增长点

涉外环保有两个概念，一个是传统涉外环保，另一个是"一带一路"大背景下的涉外环保。

传统涉外环保，律师可以在环境、资源、能源企业中如股东权利、知识产权、涉外经济、国际贸易等方面提供法律服务；也可以为一般的涉外企业（包括外国来华企业和中资企业对外投资）提供环境、资源、能源法律服务。

"一带一路"是指"丝绸之路经济带"和"21世纪海上丝绸之路"的简称，它将充分依靠中国与有关国家既有的双多边机制，借助既有的、行之有效的区域合作平台。在这个背景下，律师可以在"一带一路"企业环境法律风险防控上做足文章。知己知彼、百战不殆是首要因素，知己就是要深入研究"一带一路"沿线国家法律制度，环境因素。要清晰地认识法律风险的不确定性更多的可以转化成可预见性，可以更好地帮助企业防止法律风险的发生或者风险发生后将损失降到最小。

律师还应当主动研究规范"一带一路"建设的法律，包括全球性法律、区域性法律、双边法律以及相关国家的国内法律，这些法律中蕴藏着大量律师业务。比如，这些法律可能发生冲突，解决这些冲突，既应遵循强行法优先、利益平等原则，也需要律师根据实际情况适用合理规则予以解决。

三、环境、资源与能源领域热点法律问题研究及立法建议

环境律师业务的发展离不开相关法律、法规的完善和机制的创新，结合目前环

境律师业务开展情况,现就合同能源管理、商业银行环境法律责任以及上市公司信息披露等事项提出如下建议,以期为上述领域的环境律师业务开拓提供良好的基础。

(一)合同能源管理的市场现状与规则创新

结合目前合同能源管理现状,在实际运营过程中,由于节能项目自身、政策法律、市场现状、能耗难以认定等因素,许多节能服务商望而却步,现就合同能源管理模式存在的难题及创新分析如下。

1. 目前实施合同能源管理模式客观上的难题

(1)市场层面普遍存在三大难题

① 用能单位实施"合同能源管理"的积极性不高。理论上,节能服务公司帮助用能单位降低能源的使用量,减少了企业的开支,应当受到用能单位的青睐,但一些大中型用能企业积极性并不高。许多节能服务公司在向国有用能企业推广合同能源管理模式时都曾"碰过壁"。原因也很简单,目前个别国企和机关人员节能意识差,节能指标考核基本不落实,节能效益与决策层和员工没有直接利益关系。一些用能单位的管理人员甚至认为省下的节能费用对于企业来说根本就是"九牛一毛"。此外,目前整体社会经济大形势处于增速下滑状态,也在很大程度上阻碍了合同能源管理业务的发展。

② 市场上合同能源管理运行模式极其单一,缺乏创新。由于合同能源管理在我国发展时间相对较短,因此在合同能源管理模式选择上较为单一。目前绝大多数节能服务公司和客户之间使用的都是"BOT"模式:即由节能服务公司与用户公司签订能源管理合同,为用户提供节能诊断、项目融资、设备改造等服务,并以节能效益分享方式回收投资和获得合理利润,节能服务公司的节能设备在节能期限届满时归用户单位所有。然而,国外的市场却存在多元化的需求和供给,因为单一的运行模式难以适应不同领域、不同企业对于节能降耗的技术和资金等不同方面、不同层次的需求。

③ 扶持性政策实施困难,节能公司普遍规模不大。虽然国务院于2010年4月6日发布了《关于加快推行合同能源管理促进节能服务产业发展的意见》,从四个方面规定了对节能服务企业的扶持政策(将合同能源管理项目纳入中央预算内投资和中央节能减排专项资金支持范围,给予资金补助或奖励,实行税收优惠政策,完善会计处理制度,进一步改善金融服务等)。但到目前为止,很多地区对此未有具体实施细则,从而造成国家层面的政策在实际中无法实施。同时,由于我国开展"合同能源管理"模式还处于初级阶段,对采用"合同能源管理"机制运作的制度规范还不够健全,因而我国目前的节能服务公司普遍规模偏小,实力偏弱,不敢放手发展,根本不能满足真正大型节能项目的需求。

(2) 节能公司面临融资与纳税两大难题

① 节能公司严重缺乏融资能力。由于需要事先垫付所有投资资金,合同能源管理项目的实施必须以充足的资金为前提。因此,强有力的融资支持必将成为节能服务类企业发展壮大的生命线。但是,我国大多数节能服务公司尚处于发展初期,普遍存在注册资本小、财务制度不规范等问题,在银行贷款审核过程中信用评级很低,银行需要以提高担保要求等措施来弥补。众所周知,没有国家政策支持的合同能源管理工作如同一张空头支票。现实问题是,目前我国的节能公司中,中小企业所占的比例大,这类企业大多经济实力较弱,无力对成批同时进行的或企业整个系统的大型节能技改项目实施全过程的服务,而且以分享效益型方式回收资金,期限较长。商业银行从金融角度出发最关注的是商业贷款的安全性,没有银行会愿意贷款给只能拿未来收益作空头抵押的节能公司,因而导致大量优质的节能项目因资金不足而无法实施。

② 节能公司的税务政策没有稳定性。目前,我国现行税收法律体系对合同能源管理产业的税收规定很不明确,不同公司在不同地区交税会有不同方式,这也影响了节能产业的发展。虽然财政部、国家税务总局已经联合发布《关于促进节能服务产业发展增值税、营业税和企业所得税政策问题的通知》,明确了我国合同能源管理项目的具体税收优惠政策,但同时也强调节能服务公司实施合同能源管理项目的相关技术应符合《合同能源管理技术通则》规定的技术要求,并且要求节能服务公司与用能企业签订节能效益分享型合同,并要符合《合同法》和《合同能源管理技术通则》等规定,才能享有相关的营业税和增值税优惠。上海市、北京市等城市也制定了相关的财政补贴政策,如北京市出台了《北京市合同能源管理项目扶持办法(试行)》《北京市节能减排专项资金支持合同能源管理项目实施细则(试行)》《北京市能源合同管理项目节能量审核机构管理办法(试行)》等规范性文件,但是这些政策限制较多、要求严苛,并且目前仍在试行阶段,这种政策的不稳定性也影响了节能服务公司的市场预期。

(3) 实施合同能源管理模式面临三方面的法律难题

① 节能违约纠纷的实际解决出现了法律障碍。众所周知,违约金是指为了保证合同的履行,当事人双方事先在合同中约定当一方违约时,应向对方支付的金钱。合同能源管理契约作为风险投资,其涉及的违约情形往往事后难以计算损失额,因此事先约定违约金有重要作用。但目前《合同法》中关于违约金的规定还不足以保障合同能源管理契约交易的安全。我国《合同法》第114条第1款规定:"当事人可以约定一方违约时应当根据违约情况向对方支付一定数额的违约金,也可以约定因违约产生的损失赔偿额的计算方法。"同时我国《合同法》第114条第2款又规定:"约定的违约金低于造成的损失的,当事人可以请求人民法院或者仲裁机构予以增

加；约定的违约金过分高于造成的损失的，当事人可以请求人民法院或者仲裁机构予以适当减少。"更让人困惑的是最高人民法院《关于适用〈中华人民共和国合同法〉若干问题的解释（二）》第 28 条规定，当事人依照《合同法》第 114 条第 2 款的规定，请求人民法院增加违约金的，增加后的违约金数额以不超过实际损失额为限。第 29 条第 1 款规定："当事人主张约定的违约金过高请求予以适当减少的，人民法院应当以实际损失为基础，兼顾合同的履行情况、当事人的过错程度以及预期利益等综合因素，根据公平原则和诚实信用原则予以衡量，并作出裁决。"当事人约定的违约金超过造成损失的 30% 的，一般可以认定《合同法》第 114 条第 2 款规定的"过分高于造成的损失"。

暂且不讨论最高人民法院《关于适用〈中华人民共和国合同法〉若干问题的解释（二）》第 28 条与第 29 条的规定之间是否矛盾，也不讨论该解释对于保护其他合同的交易安全是否有利的问题，就合同能源管理契约而言，既然合同能源管理契约作为风险投资，其涉及的违约情形往往事后难以计算损失额，那么其依据第 28 条请求人民法院增加违约金数额至实际损失额必然难以实现。相反，依据第 29 条的规定，一旦违约情形事后难以计算损失额，那么当事人约定的违约金条款则没有了任何意义。由此，形成了一个悖论。

② 节能量的认定难题导致诉讼中的节能服务商极其弱势。节能量的最终认定是合同能源管理项目中的核心问题之一。由进行节能量测量和确认的第三方机构出具的结果认定对于节能服务公司能否获得约定的节能效益意义重大，第三方机构的专业性、独立性和公正性显得尤其重要。实践过程中，很多纠纷的诉讼解决根源都牵扯到节能量的认定。但是遗憾的是，我国目前对于节能量的检测没有权威的官方机构和监测制度。项目业主与节能商之间对节能量的认定经常会出现矛盾，主要原因就是某些单位的能量计量系统不齐全，造成节能量计量的量化程度不够。目前司法实践中第三方检测单位很少，要对所有项目进行测试根本就是不可能的。

③ 节能合同的履行出现了诚信风险。我国没有完善的企业信用评价体系以及企业的信用状况堪忧，由于合同能源管理项目大多采用节能效益分享型合同，节能服务公司按照合同投入巨资改造节能设施后，节能服务公司面临的最大信用风险就是用能单位能否如期分享节能效益和合理利润？为开拓市场，节能公司往往和客户先定口头协议，工程运行 1 年见效以后，双方再签订正式合同，这样就埋下了资金回收难的风险。有时能源合同管理项目实施期短则一年，长则三五年，期间面临用能企业生产状况存在不确定性的问题，节能服务公司如果遇到不诚信的客户，巨额投资很可能血本无归。更让人担心的是：在合同能源管理的实施过程中，一些用能单位因经营管理问题和不可抗力因素导致无力支付节能效益，甚至有的用能单位只希望节能服务公司为其提供能源管理服务，却不愿意同对方分享节能效益。还有，一

旦用能单位经营不善,盈利能力下降,若无其他更好的措施,势必会压缩生产规模,这样节能改造后的设备达不到预定负荷,能耗减少,预计的节能量和效益下降,节能的利润随之下降。节能服务是一个新兴行业,但由于市场秩序不规范,企业诚信度差,如果用能单位在项目运行见效之后毁约,或是提前终止合作,或是提出购买设备,极可能导致节能企业遭受巨大的经济损失甚至破产。

2. 合同能源管理的进一步发展离不开制度的创新

合同能源管理这一舶来品是一种市场化的、新型的节能项目投资机制,它构建了政府、项目业主、节能服务公司、金融机构、节能设备提供方等多方利益共赢的机制,具有很强的市场活力和发展空间。对政府而言,合同能源管理为缓解资源和环境的压力提供了一条快速推广的机制;对项目业主而言,合同能源管理机制使其可以使用未来的节能收益来进行设备升级,降低运行成本,提高能源利用效率;对节能服务公司来说,合同期内,节能服务公司可以持续分享到节能收益,该节能收益保证了节能服务公司收回前期投资,并取得收益;对银行来说,其可以通过对符合条件的项目提供融资服务,获得自身收益。但是要达到这一理想目标,对目前的行业制度进行创新已是迫在眉睫!建议目前合同能源管理市场运行可以在包括但不限于如下十个领域进行制度创新:

① 探索建立产业投资信息公开披露制度。

② 对节能服务商的审核和资金计划的下达安排专门行政部门受理和审批,并对节能服务商的生产经营状况、综合实力状况进行公示,接受社会的监督。

③ 对节能服务产业的投资款进行监督,实行专款专用。

④ 加大立法速度,就用能单位正在使用的、使用寿命又尚未被列入高能耗的设备,制定全部或者部分报废更新的法律依据。

⑤ 加大市场改革力度,在合同能源管理领域尝试"BOO"(建设—运行—拥有)及"BLT"(建设—租借—转让)等模式。

⑥ 目前很多地区的企业高管层对节能减排的重要性和紧迫性的认识还严重不够,政策层面应该建立政府具体的节能指标,法律、法规层面可建立企业向政府承诺节能减排的明确目标。

⑦ 市场上能够提供的国内外先进技术非常多,企业无法全面甄别技术的先进程度,技术层面上存在信息不对称,为此政府可以建设一个专业化的市场,优化环境。

⑧ 节能服务公司做大量的项目需要大量的投资和融资,节能项目不是优质资产,没有抵押物,不能很快变现或者拍卖,银行很多时候对项目的好坏、项目节能效益等无法作出准确的判断,担心贷款无法回收;政府应该鼓励银行等融资机构开展节能服务公司融资业务,以解决合同能源管理具体项目实施复杂、周期较长,且业务

拓展缺乏有效的可持续融资渠道支持的难题。

⑨由于节能项目能耗数据难以获得,专业的独立项目效果检测评审机构匮乏,节能项目技术改造方案和实施措施的认定困难,给市场化合同能源管理模式的设计施行带来阻碍。其中最突出的障碍是节能量的监测,市场急需完善的检测队伍和检测机构。因而要建立一支权威、健全的检测队伍加强对重点用能单位的监督执法。

⑩立法层面,合同能源管理契约的双方当事人约定的违约金数额上限可以达到合同的投资金额与合同预期利润额的总和。

3. 行政主管机关推荐的合同能源管理示范合同文本建议在如下领域进一步细化双方的权利义务

①合同能源管理契约的定义,即对合同能源管理契约予以法律解释。

②合同能源管理节能服务内容。合同能源管理节能服务内容和方式包括用能状况诊断、能源效率分析、能源效率审计、管理节能检测、项目方案设计、施工设计、原材料和设备采购、工程施工、改造、监理、设备安装调试、运行管理、设备保养和维护、人员培训、节能测量和验证等节能服务。

③节能效益分享方式。细化节能效益分享型合同、节能量保证型合同、能源费用托管型合同中三种节能效益分享模式的定义。

④用能单位的义务。增加提供技术资料、工作条件的义务;配合开展节能量测量和验证的义务;审核设计和施工方案的义务;验收项目的义务;对设备等进行操作、维护和保养的义务;设备等发生故障、损坏和丢失后的通知及配合维修和监管的义务。

⑤合同能源管理服务机构的义务。增加必要的设计、施工、培训等资料提交用能单位确认的义务;答复用人单位的设计、施工方案意见的义务;对用能单位指派的操作人员进行培训的义务;设备等的安装、调试的质量保证义务;配合开展节能量测量和验证的义务;项目移交前的风险承担义务;定期指派人员检查项目运行情况的义务。

⑥项目的验收。细化功能性完工的形式,功能性完工的验收标准以及功能性完工的验收方法。

⑦项目的所有权。明确用能单位在付清合同能源管理服务机构所有投资和收益前的项目的所有权归属;项目所有权移交时项目的技术资料的所有权归属;增加规定用能单位违约时,合同能源管理服务机构仍享有项目所有权的规定;增加用能单位不得以形成添附为由主张合同能源管理服务机构设备或设施的所有权的规定。

⑧明确的违约责任。用能单位违反义务,合同能源管理服务机构可以选择以下几项方式要求用能单位承担违约责任:支付违约金;延长风险节能效益的时间;增加合同能源管理服务机构的分享比例;解除合同;要求用能单位赔偿全部损失。合

同能源管理服务机构的节能服务达不到服务质量要求或者违反义务,用能单位选择以下几种方式要求合同能源管理服务机构承担违约责任:支付违约金;降低合同能源管理服务机构的分享比例;解除合同,恢复原状;赔偿用能单位损失。

⑨ 项目风险及责任划分,包括:项目的改进应符合的条件和责任划分,项目的改动符合的条件和责任划分;项目的拆除应符合的条件和责任划分;项目设备的损坏或者丢失的责任划分,项目设备的意外损坏责任划分;项目的大规模改造应符合的条件和责任划分,项目停止运行或者关闭应符合的条件和责任划分;用能单位与项目有关的自有设备、设施的使用和更改应符合的条件和责任划分;用能单位生产安全责任事故造成损失的责任划分。

⑩ 侵权和赔偿。因契约双方所聘人员的故意和过失而导致任何财产损害或人身损害的赔偿责任,以及受损害或者伤害的一方对损害或者伤害的发生也有过错时,各自应当承担的责任。

⑪ 第三方机构。节能服务公司与用能单位签订合同后,节能服务公司应全面履行合同义务。如果节能服务公司自身没有进行项目方案设计、建设的技术实力,就要与第三方签订相关合同,因而第三方的资质、信誉、业务能力有必要通过合同予以规范。

综上,节能减排是一项长期而艰巨的经济发展任务。当前,节能减排已经成为我国的重要目标,立法层面应尽快落实节约优先战略,全面实行资源利用总量控制、供需双向调节、差别化管理,大幅度提高能源资源利用效率,提升各类资源保障程度;抑制高耗能产业过快增长,突出抓好工业、建筑、交通、公共机构等领域节能,加强重点用能单位节能管理;强化节能目标责任考核,健全奖惩制度;完善节能法规和标准,制定完善并严格执行主要耗能产品能耗限额和产品能效标准,加强固定资产投资项目节能评估和审查;健全节能市场化机制,加快推行合同能源管理和电力需求侧管理,完善能效标识、节能产品认证和节能产品政府强制采购制度;积极推广先进节能技术和产品,加强节能能力建设,深入推进节能行业的制度创新工作。

(二) 确立商业银行环境法律责任制度

党的十八届四中全会提出,"要用严格的法律制度保护生态环境,加快建立有效约束开发行为和促进绿色发展、循环发展、低碳发展的生态文明法律制度,强化生产者环境保护的法律责任,大幅度提高违法成本"。2015年9月,中共中央、国务院印发了《生态文明体制改革总体方案》,该方案第45条要求建立绿色金融体系,其中"明确贷款人的尽职免责要求和环境保护法律责任"成为该项要求的重要内容。

商业银行的企业性质决定其具有追求利润、控制风险,把资源引向环境风险较少或可控、环境表现优秀的企业或者项目的能力。如果对商业银行进行规范,让其在金融决策中考虑到可能带来的环境影响,那么就有可能把金融资源导向那些与可持续发展原则相符的企业或项目。因此,商业银行是真正实现可持续发展的一个关键因素。然而,我国目前环境立法与金融立法中商业银行的环境法律责任缺失,一些商业银行为了追求回报或者迫于地方政府的压力,投资于重污染的钢铁、水泥、化工等行业,其对环境的恶化有着不可推卸的责任。在法律上明确规范商业银行对所投资项目环境影响应承担的法律责任,应该成为我国推动绿色金融的必然选择。以下将商业银行应承担的此种法律责任定义为商业银行环境法律责任。

1. 商业银行环境法律责任的定义

商业银行环境法律责任,是指商业银行在发放贷款过程中因其行为存在一定的过错而导致环境污染,依法应当承担的法律责任。主要包括两种情形:一是商业银行明知或者应知借款人在为实施污染环境的项目而向该借款人授信和提供贷款。二是商业银行参与投资项目的经营并对项目具有支配性的影响力。当然,商业银行的环保责任还有另一个层面的意思,指的是商业银行自身在运营过程中所应尽的环保责任,如使用环境友好型产品、推行电子化账单、进行垃圾分类管理等,但这一层意思不在我们所讨论的商业银行环境法律责任范畴内。

一般认为,商业银行环境法律责任制度产生于1980年美国制定的《综合环境应对、赔偿和责任法》(Comprehensive Environmental Response, Compensation, and Liability Act,以下简称CERCLA)。制定该法案的直接目的是为20世纪六七十年代石油、化工行业发展过程中遗留下的有害物质的清理问题提供有效的解决方案,既要保证有害物质得到彻底、及时、有效的清理,又做到由污染相关责任人而不是纳税人来承担巨额清理费用。为此,CERCLA确立了包括所有人以及经营管理者等潜在责任人承担全部成本的责任制度。商业银行一旦被认定为该等潜在责任人即可能承担支付清理费用的责任。

2. 确立商业银行环境法律责任的可行性分析

(1) 理论基础

社会各界呼吁要求商业银行对所投资项目环境影响承担法律责任的理论依据主要有两项:一是谁污染谁治理原则;二是环境公共信托理论。前者是指对环境造成污染的组织和个人,有责任对其污染源和被污染的环境进行治理。该原则从法学的角度讲,是要求行为人为自己的行为负责;从经济学角度言之,是通过对污染者增加收取治理环境的费用,将环境成本内化到产品价格中去,减少"公地悲剧"。谁污染谁治理原则自1972年经合组织首倡以后,已成为各国环境保护法制的基本原则。通常来说,污染者是指排放污染物的工业企业,而在CERCLA中,则是通过将"污染者"的外延拓展至贷款人、经营者、废弃物运输者、废弃物处理商来实现这一原则。

环境公共信托理论强调环境是全体人民的共享资源和公共财产,任何人不能任意对其占有、支配和损害。为了合理支配和保护这一"共有财产",共有人委托国家来管理。这一理论突破了传统法律理论尤其是财产法的框架,为国家出面采取积极措施保护环境提供了法理基础。在这一点上使国家干预社会和个人的界限得以清晰,有效地支撑了国家对土地所有人在不影响他人权益的情况下开展活动而污染自己所有的土地时主动干预的行为。在 CERCLA 框架下,突出的一点是明确规定了要指定"自然资源的公共信托人",即规定"总统或者各州的授权代表应当作为自然资源的公共信托人向污染者索要赔偿金"。也就是说,总统和各州行政长官作为环境的信托人享有索赔和要求恢复、清理环境的权利,这种权利超越于传统财产权之上,成为一种更高级别的权利。环境公共信托权和公共信托人的确立使美国的环境保护呈现出与世界上其他各国迥异的景象:EPA(美国环保署)作为专司环保的行政部门,在向包括所有者在内的潜在责任人索赔时,并不是通过行政行为展开的,而是通过向法院提起侵权诉讼来实现的。以此为基础,美国形成了较为全面的贷款人环境责任制度。这一责任的出发点是人类与环境以及代际关系的和谐,强调社会公益性,可以在损害危险发生时就及时采取措施防止环境污染进一步恶化(如启动诉讼程序)。在实践中,通常允许贷款人的环境责任机制和传统的民事责任机制同时运行。

由此可以认为,对商业银行环境法律责任的追究本质上是一种行政性的行为,但是和通常的行政执法行为并不相同。不同点在于司法手段在其中所起的支持作用,使得这一行政执法的形式最终以司法判决的形式呈现。这样的公私复合型做法可以大大提升公信力和公正性,便于及时处理、有效地防止监管俘获或者过度监管,并有利于达到威慑教育的目的。

(2) 法律支撑

第一,金融法的支撑。我国金融政策法规对环境问题并非毫无关注。1995 年,中国人民银行《关于贯彻信贷政策与加强环境保护工作有关问题的通知》中,要求各级金融部门在信贷中要把支持国家经济发展和环境资源保护、改善生态环境结合起来,把支持生态资源的保护和污染的防治作为商业银行贷款的考虑因素之一。1996 年《中国人民银行贷款通则》第 24 条第 2 款规定:"借款人有下列情形之一者,不得对其发放贷款……生产经营或投资项目未取得环境保护部门许可的。"1997 年中国农业银行与国家环保局联合下发了《关于加强乡镇企业污染防治和保证贷款安全的通知》。2007 年国家环境保护总局、中国人民银行、中国银行业监督管理委员会联合下发的《关于落实环保政策法规防范信贷风险的意见》(环发〔2007〕108 号)中规定,"对商业银行违规向环境违法项目贷款的行为,依法予以严肃查处,对造成严重损失的,追究相关机构和责任人责任"。这些规定大部分是一种宣言性质的政策,对商业银行放贷有指导意义,但毕竟没有相对应的具体罚则,规制力不强。然而这些金融政策法规也为进一步强化商业银行环境法律责任做了铺垫。

第二,公司法的支撑。商业银行承担环境法律责任的一个重要理论基础是公司社会责任理论。传统公司理论上,公司成立的目的只有一个,即追求股东利益的最大化。在公司产生早期,一条不变的法理是,公司的任何公益行为不得与公司"谋取最大利益"的目的相抵触,否则,即有违法之虞。在此唯一目的之下,公司不可能会兼顾环境保护责任。然而,随着社会的发展,公司目的趋向多元化,在盈利目的之外,也要承担一定的社会责任。这不但是法律的要求,也日益成为公司的自觉行为。现行《公司法》第5条第1款规定:"公司从事经营活动,必须遵守法律、行政法规,遵守社会公德、商业道德,诚实守信,接受政府和社会公众的监督,承担社会责任。"我国《公司法》修改的内容体现了强化社会责任的思想,这也要求作为公司法人的商业银行承担起更多的社会责任,包括环境责任。

第三,环境法的支撑。我国环境法体现的原则,也给商业银行承担环境法律责任提供了相关的理论支撑。首先,商业银行承担环境法律责任符合我国现行《环境保护法》损害担责的原则。这项原则强调人们在利用环境和资源时,如对环境、资源造成了污染或破坏,即应承担法律义务和责任。损害担责原则明确污染者应承担其造成的环境损失及污染防治费用,而不应转嫁给国家和社会。这说明污染者不仅要承担治理污染的责任,也要承担参与污染控制并偿付相应费用的责任。追究商业银行的环境污染责任,也是损害担责原则的要求。因为商业银行对造成污染的企业提供了贷款,某些程度上促成了企业造成环境污染的结果。其次,商业银行承担环境污染责任也符合环境法上的预防原则。预防原则主要说明环境政策与环境法不仅仅是对具体环境损害的被动反应,更要积极采取措施防止这种损害发生。追究商业银行的法律责任正是贯彻了环境法上的预防原则:商业银行因提供贷款或者参与借款人的经营活动,可能成为借款人环境污染的连带责任人,将这种风险加诸商业银行,可以促使商业银行将借款人的环境保护状况纳入贷款决策中,并在提供贷款后成为借款人环境义务遵循的积极监督者,在无形中成为政府环境监管的合作者,在从源头上预防污染产生方面发挥巨大作用。

(3) 现实效果

贷款人的环境责任制度的确立对美国和欧盟产生了重要影响。其中最为直接的一点是,美国政府在环境治理中的行动能力大大提高。在 CERCLA 制定之后的十余年里,EPA 清理了大量的有害废物,国民健康状况和环境水平因而得到较显著的改善。与此同时,影响更为深远的是,它促使环境因素成为影响银行等金融机构盈利能力的关键因子之一,环境管理成为金融机构业务活动中不可忽视的重要一环,金融机构的环保意识因而大大增强。进而,金融机构的审慎态度在很大程度上影响了公司的融资行为,在任何商业交易开始之前进行环境评估或环境审计成为必要。

就此而言,CERCLA 不仅有效改善了美国的生态环境水准,而且使国家环保战略通过信贷杠杆迅速、完整、有效地传递到相关行业和工业企业中去,深刻地改变了他们的思维方式和商业模式。尽管美国和欧盟在有关环境侵权的贷款人的环境责任制度上存在一些差异,但是二者都坚持一个基本精神,即在坚持由实际污染者承担责任的同时,以金融机构的投融资决策为传导机制,将环境成本转化为资金成本,影响生产者的经营活动。美国的贷款人环境责任制度对以英国为首的发达国家和地区的环保法律产生了直接的示范效应,使贷款者和经营者治理(而不仅仅是污染者治理)的理念得到广泛传播。

3. 我国商业银行环境法律责任的构建

(1) 确定民事责任为主,行政、刑事责任为辅的原则

有必要指出的是,由美国最先提出并在各发达国家先后适用的贷款人环境责任主要是一种民事上的侵权责任。为了实现商业银行环境法律责任的立体性和多维性,我们认为,我国商业银行承担的环境法律责任应当突破侵权责任的限制,引入行政责任和刑事责任,并形成以民事责任为主,刑事、行政责任为辅的格局。

我国目前实行的是一套较为严格的金融管制措施,在《中国人民银行法》中对于法律责任的规定主要体现为直接责任人负责以及人民银行的行政处罚、处分权限,强调的是银行首长负责制下的对于个人的追究制度,主要分为行政责任和刑事责任。另外两部规制商业银行的法律《商业银行法》和《中华人民共和国银行业监督管理法》(以下简称《银行业监督管理法》)对于法律责任的规定也基本上是行政责任和刑事责任。从以上分析,可以看出,我国的金融法律责任制度目前主要是以行政责任和刑事责任为主,民事责任为辅。我们认为,确立以民事责任为主,行政责任和刑事责任为辅的责任原则应该是构建我国商业银行环境法律责任制度的可行方式。我国的商业银行经过股份制改造后,已经转变为市场化的金融机构。而且很多民营银行和外资银行的兴起或进驻,更要求政府要改变旧的计划经济思维,适当放松对金融行业尤其是银行业的管制,应当将商业银行真正变成民事上的主体,而不是行政机构的附属物。商业银行终究是要回到市场的,而其民事主体的特性就决定了针对其的法律责任应当以民事责任为主、行政和刑事责任为辅。此处讨论的重点就在于商业银行的民事责任。

(2) 民事责任方面

商业银行在承担环境污染民事责任方面,主要是一种侵权责任。《侵权责任法》第八章对"环境污染责任"作了专章规定。但是该章只针对污染行为人,未将商业银行等污染相关人纳入其中。对于商业银行承担的环境法律责任可以从以下几个方面作构想:

首先,关于商业银行承担环境法律责任的情形。在认定责任主体之前,首先需要厘清商业银行与污染企业之间的法律关系。从性质上来分,可以将二者的法律关系分为股权关系和债权债务关系。在商业银行投资于污染企业,拥有污染企业股权的情况下,若污染企业因污染环境承担法律责任,根据股东的有限责任原则,作为股东的商业银行无须承担直接责任。可见,当商业银行与污染企业之间是以股权关系存在时,不适用商业银行环境法律责任。故此处主要探讨的是商业银行与污染企业在债权债务关系下的法律责任。我们认为,商业银行在以下两种情况下应当承担环境法律责任。

一是商业银行明知或者应知借款人是为实施污染环境的项目融资而向其贷款。"明知"是指有直接证据证明商业银行知道借款人正在或者将要实施污染环境的行为。"应知"是一种法律推定,是指按照一般人的普遍认知能力可以推断出商业银行应当知道企业污染环境的状态。在此,可将其归结为商业银行对所投资项目的审查义务。商业银行的审查义务贯穿于放贷的整个过程中,直至收回贷款。在整个过程中,商业银行一旦没有尽到审查义务或者没有采取相应的措施,贷款项目造成环境污染的,商业银行就应当承担环境法律责任。

1995年中国人民银行出台的《关于贯彻信贷政策与加强环境保护工作有关问题的通知》(银发〔1995〕24号)规定:"各级金融部门在对环境有影响的新建、扩建和改建项目发放固定资产贷款时,必须按照《中华人民共和国环境保护法》第四章第26条和国务院环境保护委员会颁布的《建设项目环境保护管理办法》的规定和要求,严格贷款的审批、发放和监督管理,将贷款项目是否落实防治污染及其他公害的设施与主体工程同时设计、同时施工、同时投产的要求,作为贷款的必要条件之一,从信贷投放和管理上配合环境保护部门严格把关。""各级金融部门在向企业提供流动资金贷款时,要认真按照国家环境保护法规和国家产业政策的要求,根据实际情况,实行区别对待的信贷政策。"2007年国家环境保护总局、中国人民银行、中国银行业监督管理委员会联合下发的《关于落实环保政策法规防范信贷风险的意见》(环发〔2007〕108号)规定,"对商业银行违规向环境违法项目贷款的行为,依法予以严肃查处,对造成严重损失的,追究相关机构和责任人责任"。这些规范性文件和部门规章明确了商业银行对所投资项目环境影响的法定审查义务。进一步讲,如商业银行"明知"借款人正在或者将要实施污染环境项目仍违规贷款,则应按照《侵权责任法》第9条"教唆、帮助他人实施侵权行为的,应当与行为人承担连带责任"的规定,追查商业银行实施的投资行为是否对借款人的污染环境行为起到了"资金支持"作用,是否构成共同侵权,如构成,则商业银行应就借款人的环境污染承担连带责任,在投资额度内应承担赔偿义务。

二是商业银行参与投资项目的经营并对项目具有支配性的影响。商业银行为了保证到期收回贷款,往往通过各种手段介入项目的经营活动中,从而对项目产生或大或小的影响。当商业银行具有的这种影响力大到足以支配项目,而项目恰恰又造成了环境污染时,商业银行对项目的污染情况具有相当的可责性,应当承担环境法律责任。

其次,在归责原则上适用过错推定原则。商业银行环境法律责任并非越严厉、越苛刻就越有利于环境保护。在责任的宽严之间找到一个平衡点,既能促使商业银行监控他们的利益相关者,又不至于过度打击商业银行的放贷、投资积极性,最终达到保护环境、维护社会公共利益和发展经济的目的。我国《侵权责任法》第65条规定:"因污染环境造成损害的,污染者应当承担侵权责任。"可见,环境污染责任作为一种特殊的侵权责任,立法者对其适用了最严格的无过错责任归责原则。依无过错责任原则,在受害人遭受损害、污染者的行为与损害后果之间有因果关系的情况下,不论污染者有无过错,都应对其污染造成的损害承担侵权责任。然而,商业银行毕竟不同于直接实施污染行为的污染者,对其适用无过错责任未免过于严苛,除有违公平原则之外,还可能加重商业银行的信贷负担,打击其放贷的积极性。因而,我们建议,对商业银行的环境法律责任可以适用过错推定原则。根据商业银行的过错程度,确定其承担责任的范围。适用上述原则可以敦促商业银行尽力履行审慎义务,既对商业银行施加了压力又不至于打击商业银行的放款积极性。

再次,关于商业银行承担环境法律责任的限度。在追究商业银行的环境法律责任时,商业银行应当在多大限度内承担法律责任也值得探讨。为此,我们提出四种方案:一是商业银行承担无限责任;二是商业银行以贷款本金的一定倍数为限承担责任;三是商业银行以贷款本金加上贷款所获得的收益为限承担责任;四是商业银行以通过发放贷款获得的收益为限承担责任。四种方案的严厉程度是递减的。事实上,商业银行的环境法律责任不是越重越好,也不是越轻越好。一方面,商业银行的责任过重,会打击商业银行的放贷积极性,导致过度惜贷的倾向。所以,第一种方案不可行。另一方面,如果商业银行只是以获得的利益为限承担责任的话,可能难以遏制商业银行的投机心理,使得商业银行在某些环境影响评价不太合规的项目上赌一把。因此,第四种方案也不可行。相比之下,以"贷款本金"为基础,根据商业银行的过错程度确定合理的倍数作为责任限度,既不会过度打击商业银行的放贷积极性,又能有效遏制其投机心理,不失为一种理想的方案。

最后,在责任承担方式上,采取商业银行以其承担责任的范围为限承担连带赔偿责任的方式。从责任承担方式来看,商业银行有两种责任承担方式:一是以其承担责任的范围为限承担连带赔偿责任的方式;二是以其承担责任的范围为限承担补充赔偿责任的方式。从防止环境污染的发生、恶化和对污染事故进行及时的赔偿、补救的角度出发,我们认为采取商业银行以其承担责任的范围为限承担连带赔偿责任的方式更为有效。同时,应当赋予商业银行在赔偿后向污染企业(借款人)追偿的权利。确立商业银行环境法律责任的目的是保护环境,而追究商业银行的法律责任只是手段,手段应当为目的服务。一方面,追究商业银行的连带责任,可以为更加快速、有效地清除环境污染提供资金;另一方面,赋予商业银行追偿权可以保障商业银行的放贷积极性,打击借款人的投机行为。

(3) 行政责任方面

环境保护行政主管部门是环境污染行为的主管机构,有权对违法企业进行罚款、关闭等处罚。但是,若由其对商业银行进行相应的监管,则会有一定的难度。因而,对于商业银行投资污染项目的行为,仍应当由银监会监管。具体的行政责任方面,对于商业银行依法授信贷款,危害公共利益,造成环境污染、资源破坏的,银监会有权责令商业银行停止部分业务,停止批准开办业务,限制分配红利和其他收入,限制资产转移,责令控股股东转让股权或限制有关股东的权利,责令调整董事、高级管理人员或者限制其权利,对负责环境和社会风险的有关人员给予罚款、停职、开除等行政处罚或强制措施。

(4) 刑事责任方面

在刑事责任方面,现行《刑法》第六章第六节规定了"破坏环境资源保护罪",单位和个人均可能构成该节规定的罪名。如果商业银行知道或者应当知道借款人利用款项对环境实施污染、破坏等犯罪行为,且有危害结果发生时,应当对商业银行处以罚金,对其直接责任人员依法追究相应的刑事责任。刑事责任的追究应遵循罪刑法定原则、无罪推定原则、罪责相适应原则、主客观相统一原则等。由检察机关举证证明环境污染、资源破坏的原因之一是商业银行存在过错。

4. 商业银行环境法律责任之法律条文设计

《商业银行法》是监管商业银行的基本法律,将商业银行的环境法律责任写入《商业银行法》有利于实现提高商业银行的环境保护意识,引导商业银行的投资行为,迫使商业银行在投融资决策中考虑环境影响的目的。

由于我国现行《商业银行法》既没有商业银行履行环境保护义务的规定,也缺乏相应的责任条款。因此,未来立法既要在《商业银行法》第四章"贷款和其他业务的基本规则中"增加商业银行应当履行环境保护义务的规定,又要将相应的法律责任写入《商业银行法》第八章"法律责任"中。具体法律条文设计如下:

(1) 在《商业银行法》中增加商业银行的环境法律责任

在第四章"贷款和其他业务的基本规则"第35条之后增加一条,作为第36条:

第三十六条 商业银行贷款,应当对贷款所投资项目的环境影响进行严格的贷款审查和贷后检查,发现贷款投资项目对环境已经或者可能造成不良影响的,应当拒绝向借款人发放贷款、要求借款人提前归还贷款或者停止支付借款人尚未使用的贷款,并及时向环境保护主管部门或者其他负有环境保护监督管理职责的部门报告。

(2) 在《商业银行法》中增加商业银行违反环境法律责任的责任条款

现行《商业银行法》第八章"法律责任"原有内容编为"第一节 一般规定",并增加一节,将商业银行环境法律责任编为"第二节 环境法律责任":

第六十九条 商业银行贷款,有下列情形之一,造成环境污染,且不能证明自己没有过错的,应当承担侵权责任:

(一) 明知或者应知借款人是为实施污染环境的项目融资而向其贷款;

(二) 参与贷款项目的经营并对项目具有支配性的影响力。

第七十条 商业银行有本法第六十九条规定的行为,应当与借款人承担连带责任。

商业银行赔偿后,有权向借款人追偿。

第七十一条 商业银行以其贷款本金的三倍为限承担责任。

商业银行的具体赔偿限额根据其过错责任大小确定。

第七十二条 两个以上商业银行共同向借款人贷款,根据各自的过错承担相应的责任。

第七十三条 因商业银行实施本法第六十九条规定的行为受到损害的人有权要求商业银行承担侵权责任。

商业银行有本法第六十九条规定的行为,环境保护主管部门或者其他负有环境保护监督管理职责的部门有权要求商业银行承担侵权责任,赔偿其因采取防止污染扩散、清理污染物、恢复生态环境等措施受到的经济损失。

符合法定条件的社会组织也可以向人民法院提起诉讼。

第七十四条 商业银行有本法第六十九条规定的行为,由国务院银行业监督管理机构责令改正,处贷款本金二倍以内的罚款;对直接负责的董事、高级管理人员和其他直接责任人员,应当给予纪律处分,并处罚款;构成犯罪的,依法追究刑事责任。

5. 结论性建议

综上所述,参考各国的立法和实践,我们得出以下几方面的启示:

首先,我国应在今后的立法计划和立法工作中,修改《商业银行法》,明确商业银行对所投资项目环境影响的法定审查、监督义务,从承担责任的情形、归责原则、责任方式、责任限度等方面构建商业银行的环境法律责任。即如果存在商业银行主观上明知或者应知借款人正在或者将要实施污染环境项目,客观上仍然违规向借款人提供贷款,而贷款项目直接造成了环境污染损害等情形,商业银行没有尽到法定审查、监督义务,贷款行为对环境污染起到了"资金帮助"作用或者贷款回收保全过程中引发了环境污染损害的,商业银行应承担环境法律责任。

其次,修改的《商业银行法》颁布后,银监会应当出台具体的操作规则,加强监管。修改《商业银行法》只能对商业银行环境法律责任作出原则性的规定,银监会应根据修改后的《商业银行法》出台相应的配套规则,制定具体的操作程序,指导和监督商业银行在贷款时履行环境影响审慎义务。

再次,商业银行环境法律责任制度的有效实施有赖于地方环保部门独立性的增强,因此建议赋予中央和各地的环保执法部门在发生环境污染或者形成环境损害及重大危险时,代表本辖区公众的环境权益向实际污染环境者和有过错的商业银行提出诉讼的权利。也可以考虑由环保执法部门在面临环境损害及重大危险时先行对环境加以治理和恢复,之后再向实际污染者及商业银行索赔以及追究其他责任。

最后,商业银行自身应该充分意识到履行环境影响审慎义务,增强环境责任意识,实现环境合规的必要性。这已经是欧美发达国家的商业银行对内对外经营活动的基本要求,这些国家的一些商业银行甚至超越环境合规,将环境因素提升到企业竞争战略的高度。如商业银行在向借款人提供资金时,应了解借款企业是否存在污染、存在污染的可能,以及借款企业采取的减少污染的措施。如果存在上述不利于环保的情况,商业银行可以拒绝贷款。掌握此种所谓的"绿色价值"观念,既能逐步改变竞争格局,提高我国商业银行在国内外银行业竞争中的核心竞争力,又能从源头上对环境污染行为和污染项目进行最有效的前端预防和控制。

(三)关于在《证券法》中写入环境信息披露条款的建议

信息披露作为《证券法》的重要制度之一,仍有进一步完善和创新的空间。近年来,环境问题已经超越经济范畴,成为事关人民健康和生命安全的重要议题,社会对环境信息的关注程度越来越高。上市公司是社会财富的直接创造者,同时也是环境污染的主要制造者,其对环境问题应当承担更重大的责任。因此,通过法律规定要求上市公司对企业环境信息进行披露,是一项深思熟虑、备极严肃、能够经受实践检验的制度构想。利用《证券法》修改的有利契机,建议在《中华人民共和国证券法(草案)》中相应增加关于上市公司环境信息披露的条款。

1. 环境信息披露现状

在环境信息披露方面,我国已形成了相当的规则体系,企业环境信息披露也已经起步。但是需要指出的是,我国的环境信息披露制度在法律规则层面和企业实践层面仍存在不足。

(1)法律规则层面

① 法律对上市公司环境信息披露的规定几乎缺位。《公司法》仅在该法第5条简单规定公司从事经营活动必须承担社会责任,该条规定笼统且缺乏可操作性。

《环境保护法》虽然规定了环境信息公开制度,但该环境信息公开仅对政府具有较强的强制力,对于一般的上市公司则缺乏必要的强制力。

② 环保部门对上市公司环境信息披露的监管缺乏有力依据。2010年,环境保护部曾就《上市公司环境信息披露指南(征求意见稿)》公开征求意见;该指南本来具备可操作性,但事隔5年该指南仍未正式出台,处境较为尴尬。而环境保护部于2012年颁发的《关于进一步优化调整上市公司环保核查制度的通知》以及更早的由原国家环境保护总局颁布的《环境信息公开办法(试行)》《关于加强上市公司环境保护监督管理工作的指导意见》三个文件也和《环境保护法》一样,主要在政府信息公开的角度上对"环境信息"这一对象进行调整,较少对"上市公司"进行规制。并且从要求企业进行公开的目的来看,上述规定主要是为了服务于政府对企业的监管。

2014年12月19日,环境保护部颁布了《企业事业单位环境信息公开办法》,其中强制要求重点排污单位公开部分环境信息,对于重点排污单位以外的企业则鼓励自愿公开,对上市公司环境信息披露也并未作强制性规定。

③ 证券监督管理部门规章针对性不强。尽管就信息披露问题证监会有《上市公司信息披露管理办法》的规范依据,但面对地位越来越鲜明、内容越来越专业的环境信息,该办法仍显得过于笼统而鞭长莫及。

④ 行业规定效力层级低、无法律强制力。目前上市公司环境信息披露规则体系的中坚力量是上海证券交易所制定的《上海证券交易所上市公司环境信息披露指引》以及深圳证券交易所制定的《上市公司社会责任指引》《上市公司规范运作指引》。但是,行业规定的效力层级较低、缺乏法律上的强制力;而且随着我国多层次资本市场的发展与完善,可以预见两个证券交易所的规制对象将出现盲区——"新三板"市场挂牌公司、债券发行公司是否也应披露本企业的环境信息,从落实环境保护国策、规范公司治理、维护投资者知情权种种逻辑上说,回答都应当为"是",而现有行业规定显然达不到这项要求。

综上,虽然我国初步形成上市公司环境信息披露规则体系,但这一体系还存在如上的适用主体、调整对象、调整手段、功能目标等方面的问题需要解决。

(2) 企业实践层面

① 披露企业少。如今沪深两市上市公司已有数千家,披露环境信息的公司数量也逐年上升,但总的来讲,披露环境信息的企业还是很少。根据《中国上市公司环境责任信息披露评价报告》(2013年)显示,沪深交易所的617家上市公司中,仅有18家发布了环境责任报告书。

② 披露质量差。不仅披露环境信息的企业数量少,环境信息披露的质量也存在问题。"定性描述多、定量分析少""正面信息多、负面信息少""传递信息不充分、

不细致"，种种问题都削弱了环境信息披露本应具有的重要性、可比性和真实性。

出现上述问题主要是由于环境信息披露制度强制性较低，企业有机会进行选择性披露，披露目的更多的是服务于国家统计需要，与公众关注上市公司环境信息意识和习惯仍未培养起来有关。但根本原因还是上市公司环境信息披露缺乏有力的法律依据。

2. 必要性分析

（1）正面角度

建立上市公司环境信息披露制度具有重大意义。

① 落实国家相关政策。可持续发展战略、环境保护国策交织在一起，构成当前推进企业环境信息披露制度化进程的动力。经济转型升级、生态保护、环境治理、绿色金融以及绿色证券也存在于上述宏大背景中。上市公司环境信息披露制度是落实这些国家政策的重要方式和成果。

② 保护投资者知情权。上市公司数量多、规模大，对经济生活更有举足轻重的影响。环境信息作为越来越重要、越来越能影响投资者决策的信息，是使投资者免受信息不对称难题局限、知情权得到最大限度保护的重要内容。强制上市公司披露环境信息，投资者就能无遗漏地获取其进行投资决策所需要的环境信息，正如其获取传统的、普遍的上市公司基本信息、财务信息。

上市公司环境信息披露也包括公司披露自身不符合环境保护要求的行为，投资者据此能够根据自己的判断预测企业风险，甚至根据自己对环境价值的追求对上市公司"用脚投票"，这与证券市场健康发展的目标是一致的。

③ 兼顾其他利益相关者和社会公众。银行、其他债权人、交易相对人虽然并非上市公司的直接投资者，但上市公司信息披露的范围越广，对这些利益相关者的决策和与上市公司的交易显然越有实质好处。另外，社会公众作为可能的上市公司的中小投资者，同时作为环境保护的参与者，也能从环境信息披露中获得益处。

④ 提升企业综合优势。已有若干研究证实，环境信息强制披露施加给上市公司的"公共压力"能够对其行为构成约束，促使上市公司提高内部治理水平，进而间接提高其盈利能力和在证券市场上的表现。此外，环境信息的披露能够引领企业逐步走上清洁生产之路，防止新的污染物再生。这是提升上市公司价值的重要手段，也是优化社会产业结构的重要举措。

（2）反面角度

① 我国已落后于世界其他先进国家和地区。境外上市公司环境信息披露制度发展较早，较成熟。当前北美两国、欧洲大陆、英国、日本等国家和地区都建立了比较完善的环境信息披露制度，甚至建立了环境会计制度。在我国越来越关心和重视环境问题的背景之下，借鉴国际经验、发挥制度优势、弥补环境信息披露制度的不

足,符合国际发展和改革的潮流。此外,国际社会中,联合国、国际会计师联合会等也早已就建立环境信息特别是环境会计信息的披露制度等议题进行了富有成效的探索。

② 易错失良好契机。前已述及目前《公司法》《环境保护法》对上市公司环境信息披露都无良方,环境保护部虽曾有过尝试但目前仍无进展,而把该问题仅交由证监会以统一的信息披露制度解决,仍不足以凸显环境信息本身的重要性且显得不切实际。在这种情况下,抓住《证券法》修订的历史契机,在相关章节中加入环境信息披露的内容具有重大的现实意义。对此,环境保护部、沪深两市的相关规定已经打下了一定基础,上市公司环境信息披露也在探索中积累了不少经验,理论界更是沉淀了许多好的研究成果。抓住历史机遇,有机整合现有条件,就能使上市公司环境信息披露制度在法律框架下与上市公司、监管者、投资者、其他参与者之间形成良性循环。

3. 立法原则

综合上述分析,对于企业环境信息披露制度提出立法建议,遵循了如下基本原则。

(1) 强制性

统筹考虑环境保护和企业信息披露两因素的重要性,结合现在我国上市公司环境信息披露的问题,我们认为环境信息披露必须具有法律强制性。

(2) 重大性

环境信息纷繁复杂,并不是所有的环境信息都需要披露。本立法建议遵循的一个原则是,只有那些对环境和投资者决策影响大的信息才需要披露。

(3) 法定性与灵活性并举

法定性与强制性相关,意在使上市公司环境信息披露的内容和形式遵循较为严格的法律标准。考虑到随着社会发展,环境信息的外延必将不断扩大,披露方式也将越来越细致、规范,授权证监会、环境保护部甚至财政部等部门制定细则,可以最大限度地保证该制度的活力与切实可操作性。

(4) 合理性

环境信息披露制度是且仅是《证券法》各项重要制度之一,因此对该制度的规定,应当避免过于庞大、尾大不掉的问题,以此维护《证券法》的集约和精密。另外,立法建议也充分听取和参考了环保部门乃至上市公司的意见,防止发生由于设置过高、过虚的环境信息披露标准导致该制度被束之高阁。

(5) 确保多目标协同发展

关于上市公司环境信息披露的立法建议,因其涉及证券交易、环境保护、国家政策三方面的发展,因此要注重经济效益、社会效益、环境效益的协调。

4. 立法建议

遵循立法的科学原则,保障法律规定的前后协调性,建议在《中华人民共和国证券法(草案)》中加入两条关于上市公司环境信息披露的原则性规定:一是要求上市公司等发布包含环境信息的定期报告或者单独发布环境报告,二是要求上市公司等在发生有重大环境影响的事项时发布临时报告。为了补充说明该两条建议,环资委的律师提出了以下配套细则建议:

(1) 公司在定期报告或者环境报告中应当披露的环境信息包括:

① 公司排放的主要污染物种类、数量、浓度和去向;

② 公司能源消耗总量和所消耗能源种类构成;

③ 公司环境保护方针、年度环境保护目标及成效;

④ 公司环保投资和环境技术开发情况;

⑤ 公司环保设施的建设和运行情况;

⑥ 公司在生产过程中产生的废物的处理、处置情况,废弃产品的回收、综合利用情况;

⑦ 公司建设项目环境影响评价文件及其批复和项目验收报告等环境监管文件以及根据环境法律、法规应当取得的环境许可证照;

⑧ 公司应对突发环境事件的预案;

⑨ 公司履行环境责任的情况;

⑩ 公司由于积极履行环境责任受到有关机关奖励的情况,以及公司运用清洁生产技术等享受的环境税收减免等优惠政策;

⑪ 国务院证券监督管理机构、国务院环境保护主管部门规定的其他环境信息。

(2) 公司(包括其他发行人)应当在临时报告中披露的有重大环境影响的事项包括:

① 公司或者公司的关联方发生突发环境事件或者根据现有情况判断,该等事件的发生已经难以避免;

② 公司决定新建、改建、扩建具有重大环境影响的建设项目以及决定实施具有重大环境影响的投资行为;

③ 公司新建、改建、扩建具有重大环境影响的建设项目,环境影响评价文件未通过有关机关的审批,或者项目竣工后未通过有关机关的环境保护验收;

④ 公司被列入重点污染企业名单或者重点监控企业名单;

⑤ 公司或者公司的控股股东、实际控制人、董事、监事、高级管理人员涉嫌环境违法行为被有关机关调查,受到刑事处罚或者行政处罚;

⑥ 公司发生与环境问题相关的较大民事诉讼案件、仲裁案件以及案件的处理结果;

⑦ 国务院证券监督管理机构、国务院环境保护主管部门规定的其他事项。

公司应当在定期报告或环境报告中汇总披露前述内容。前述事件在期末仍未终结的,公司应当在定期报告中补充披露,说明该事件的最新状态和可能产生的后果。

随着我国法制建设的完善和律师制度的发展,环境律师的生存和发展状况会越来越好;在新《环境保护法》框架下,环境律师的环境、资源和能源法业务也将焕发出时代的光彩。同时,环境专业律师也将为环境相关立法的实施发挥重要作用,为中国环境治理和改善作出贡献。

第二节 矿产资源法律服务业务

一、矿产资源法律服务状况回顾与展望

(一) 矿产资源法律服务状况回顾

矿产资源是人类社会赖以生存和可持续发展、促进市场经济完善和实现社会主义强国的重要物质基础,是极为重要的自然资源和宝贵财富。矿产资源在一次能源消费中占有主导地位,对国民经济和社会发展有特别重要的战略意义。

我国是世界上疆域辽阔、成矿地质条件优越、矿种齐全配套、资源总量丰富的国家,是具有自己资源特色的矿产资源大国。新中国成立以来,我国经济取得了巨大发展,矿业为国家建设起到了基础性的支撑作用。从1949年至2014年,我国煤炭消费量增长了90倍,石油消费量增长了2 600倍,天然气消费量增长近2万倍,粗钢消费量激增1 240倍,铜消费量增长近2 300倍,铝消费量增长6 000倍。毫无疑问,矿业为中国经济发展和人民生活水平的提高做出了巨大的贡献。矿业是一个拥有上百个产业链条、上百万个企业、上千万个员工、上万亿市场的大产业,涉及探矿、勘察、建设、开采、加工、贸易以及设备、检测等多个环节。

2015年,受到经济低迷、结构性调整和地缘政治格局变化等因素的影响,全球矿业在整体上表现欠佳,基本延续了过去三年的发展颓势。突出表现为矿业指数中高位底部调整、大多数矿产品价格持续下降、矿业融资困难等。展望2016年,随着全球经济复苏多层化、复杂化,矿业恐怕难出现好转趋势;在美元走强及新兴经济体增速下挫的重压之下,国际大宗矿产品价格难觅回升动力,全球矿业格局将继续深度调整。中国矿业联合会在《2015年前三季度矿产品供需形势分析综合报告》中指出,2015年第三季度全球矿业受全球宏观经济增长复苏疲软且不稳定的影响,全球矿业指数延续了2011年年中以来整体下行的态势,但下行速度明显趋缓,似乎已趋

近底部。新常态下我国矿业仍在艰难前行,主要表现在煤炭市场需求不足与产能过剩、进口总量依然较大的矛盾愈加突出,价格大幅下滑,行业经济效益持续下降,企业亏损面进一步扩大;有色金属矿产品产量出现下降,受全球矿产品供应充裕和价格回落的影响,企业经营困难;钨市场需求低迷,价格持续下跌,进出口钨品量下降,企业经济效益下滑、经营困难;国内80%的铁矿石企业已处于亏损状态,铁矿企业受到极大冲击,生存和发展面临严峻考验和挑战;黄金产量增长持续放缓,主要化工矿产供需失衡、库存增加;进口与去年相比基本持平,固定投资增长,企业经济效益下滑,主要化学矿开采企业亏损面加大;非金属矿产品和非金属矿制品业增加值呈现增速下降,部分传统产品价格下滑,企业税费较重,企业利润同比大幅下降。虽然目前我国经济处于下行期,但是矿业在国民经济发展中的中流砥柱作用永远不会改变。

作为服务于我国社会经济发展的律师行业,伴随中国经济的转型和发展,正呈现出日益专业化的态势。20世纪80年代以来,在华企业的法律服务需求量迅速增加,法律服务需求种类日益多样。近年来,中国法律服务市场在反垄断领域、私人财富管理领域、矿产能源领域和国际合作领域的新动向尤其值得关注。与法律服务需求的增长和客户的需求相应,我国法律服务类型日趋精细,要求律师的服务专业性更强。作为某一领域的专业律师,不仅需要熟练掌握相关法律知识,还应当了解相关行业的知识。目前我国律师业已经成长起来一批为专门、特定行业领域服务的律师,他们注重法律服务的专业性,具备除法律知识之外的其他专业知识,在我国律师专业化进程中发挥着不可估量的作用。

20世纪90年代伊始,随着矿产资源类企业(客户)的成长和发展,我国专门从事自然资源业务(以矿业为主)的律师事务所也在积极成长,传统律师已经从作为个体律师的通才转变为在律师事务所中与其他律师合作的从事矿业法律服务的专才。我国律师群体中产生了能够高效地满足专业商业客户需求的专业团队。但不可否认的是,由于矿产资源行业所涉及的单位较多,且类型不同,有矿业行政机关、矿产勘查单位(企业)、矿产开采企业、矿业投融资企业、矿业中介服务机构、矿业协会、矿业学会、矿业媒体以及其他相关矿业单位,这些矿业单位所侧重的业务也有所不同,涉及的法律服务体量往往较大,需要矿业律师具备全面的知识结构和熟练的法律实务技能,才能满足各类矿业单位的法律服务需求。

为了适应我国矿产资源法律服务市场的需求,中华全国律师协会以及部分矿产资源较多地区的地方律师协会根据需要设立了自然资源专业委员会或矿产资源专业委员会。这些专业委员会按照各律师协会章程和专业委员会的活动规则,积极组织开展相关的理论研究和业务交流活动,起草律师有关业务规范。如:

中华全国律师协会(环境、资源与能源法专业委员会)

北京市律师协会(环境与自然资源法律专业委员会)
上海市律师协会(能源资源与环境业务研究委员会)
深圳市律师协会(环境与资源法律专业委员会)
广东省律师协会(环保法律专业委员会)
江苏省律师协会(环境及资源业务委员会)
湖南省律师协会(环境与资源法律事务专业委员会)
湖北省律师协会(环境与资源法律专业委员会)
新疆维吾尔自治区律师协会(环境与矿产资源专业委员会)
……(以下各省不再一一列举)

(二) 矿产资源法律服务展望

就目前的现状而言,对于我国矿产资源律师行业的发展既是机遇,又是挑战。一方面为广大律师开辟了一个具有巨大发展潜力的业务领域,增加了律师学习和从业的机会,在一定范围和程度上增加了律师的业务收入;另一方面,由于矿产资源案件往往涉及许多学科领域的专门知识,对矿产资源律师的资源法学和其他专业性学科的要求更高。我国律师应当加强业务学习与研究,借鉴外国经验,积极争取得到矿产资源行政管理部门的支持,为矿产资源律师的成长与发展创造一个良好的外部氛围,我国律师队伍在矿产资源服务领域必将大有可为。

律师事务所的规模化发展,有助于将相同领域的律师召集在一起,进行明确的领域划分,并依托其专业优势取得发展。从长远看,专业化能使律师事务所取得长足的发展,但通过何种途径实现专业化,却仁者见仁、智者见智。首先律师事务所要制定符合自身特点的长远发展规划,此外,还需要加强自身的业务推广,规模化的大所更需要有专业的营销管理,让客户了解和认识到矿业律师服务的独到和优越之处,从而固化特有的、稳定的客户群体。从目前法律服务实践来看,专业化程度是律师事务所获得大客户的重要指标。一些大型集团公司除了有自己的法律顾问团队之外,还会对一些重大投资、并购项目专门外聘法律服务团队,虽然这些团队多半通过招投标方式选定,但对于服务质量上乘的专业律师团队更加青睐。还有一些集团公司在确定常年法律顾问时,也会通过招投标的形式确定几家律师事务所为其服务,除价格因素之外,专业服务质量是首选。对于一些不需要招投标的法律服务业务,客户会交给自己熟悉、专业服务质量优异的律师事务所承办。把专业信任度放在首位,既确保了法律服务项目完成的质量,也提高了律师事务所在专业领域的声望和竞争力。

矿产资源专业律师应当在掌握基本法学知识的同时,精通矿产资源领域的专业知识,熟悉相关的法律、法规和政策要义,掌握其精髓,并对矿产资源领域的专业知识有所了解掌握,以便更专业、更准确、更及时地提供有针对性的法律服务。矿产资源律师应当提供具有专业层次的法律服务,成为处理矿产资源领域法律问题的专家,不仅可以提供基础性的矿业法律顾问服务,普通矿业民事、经济诉讼与仲裁服务,行政和刑事诉讼服务,更能够适应我国"走出去"和"一带一路"的大政方略,提供跨国并购服务、国际投融资服务及矿业国际争端服务,形成一批涉外矿业法律服务专业律师队伍,为我国矿业企业走出去保驾护航。

二、矿产资源律师业务的发展与创新

我国律师制度的产生和发展是与我国的法治进程和民主法制建设发展密切相关的,同时也与我国的社会经济发展背景紧密相关,每一次的变革或改变,都会给律师业务带来新的发展机遇。十八届三中全会通过了《中共中央关于全面深化改革若干重大问题的决定》,十八届四中全会通过了《中共中央关于全面推进依法治国若干重大问题的决定》,中共中央总书记习近平2014年提出"新常态"的重大理论概念;还有李克强总理在政府工作报告中38次提到"创新"一词……这一切的政策和变化,都给律师和律师业务提供了一个新的、前所未有的时代背景。

(一)何为发展和创新

从哲学角度而言,创新是发展的内在要求,也是发展的动力。发展的本质是创新,创新的结果就是发展。为了发展,必须不断寻求创新。

创新思维,是指以新颖独创的方法解决问题的思维过程。通过创新思维能够突破常规思维的局限,以超常规甚至反常规的方法、视角去思考问题,提出与众不同的解决方案,从而产生新颖的、独到的、有社会意义的思维成果。

就律师业务而言,创新也是发展的基本路径之一。律师也需要不断创新,形成竞争优势,才能在发展和竞争中立于不败之地。具体而言,就是要打破已形成的传统思维,另辟蹊径,寻找新产品、新业务、新服务、新模式,就是要掌握服务的主动权、主导权,增强律师的服务价值。

(二)当下面临的时代背景的变化

1. 当下我们所处的政治与经济环境的变化

(1)政治经济改革步伐的加快

党中央在十八大提出,法治是治国理政的基本方式,要加快建设社会主义法治国家,全面推进依法治国;到2020年依法治国基本方略全面落实,法治政府基本建成,司法公信力不断提高。党的十八届三中全会时提出,建设法治中国,必须坚持依法治国、依法执政、依法行政共同推进,坚持法治国家、法治政府、法治社会一体建设。十八届四中全会发布了《中共中央关于全面推进依法治国若干重大问题的决定》,对贯彻落实依法治国战略作出部署和要求,并进行了全面深化改革的顶层设计。这些文件把法治、法律提到了前所未有的高度。律师作为法治过程中不可缺少的参与主体,也因此而衍生了更多的发展机遇和业务机会。如集体土地流转制度的推进,给从事土地专业领域的律师带来了新的业务增长点。

(2) 经济新常态给律师业务带来的变化

习近平总书记提出的发展新常态,说明我们的发展速度从高速转为中高速,经济结构需要不断优化升级,从要素驱动、投资驱动向创新驱动转变。这样的新常态有别于增长速度快、经济偏热、增长不具有可持续性的旧常态。

在中国的经济新常态之下,加之全球经济一体化越来越紧密,中国面临着社会各方面的转型,国家、企业、个人的变化,对律师执业环境和业务模式都带来了新的挑战。如面对环境污染加剧的问题,自2015年1月1日起实施的新《环境保护法》,给从事环境保护业务的律师提供了更多的机遇。

2. 创新时代背景之下的历史机遇

随着国务院《关于大力推进大众创业万众创新若干政策措施的意见》(国发〔2015〕32号)的公布,"大众创业、万众创新"引爆了民众的创新和创业热潮;用创新作为推动社会经济发展的动力,越来越被强调重视。伴随着创新和创业,为律师提供了更多服务需求和市场,也提出了特色化的服务内容。

(1) 互联网时代和互联网思维

尽管没有准确的概念去界定"互联网时代""互联网思维",但没有人对"我们处于互联网时代""互联网思维"的结论提出反对。

互联网时代的特征是:

① 人人互联,联结一切,每个人都是互联网的端口;
② 具有典型的自媒体特点,人人都是内容提供者,人人又都是传播者;
③ 效率极大地提高,传播可以是爆炸式的;
④ 大数据时代,海量数据,但同时信息过度,对信息的识别和筛选成为难题;
⑤ 随着时间、信息的碎片化,注意力难以集中;
⑥ 线上线下一体化,互相持续影响。

互联网思维的关键词是:分享,开放,无边界,互惠,互利,极致,快,注重用户体验。这些思维给法律行业带来的改变是:打破律师在同行中存在的交流壁垒,增强大家的开放合作意识,促进专业化的发展和服务链条形成。

(2) 法律服务竞争的市场化

法律服务作为一个相对传统、专业和小众化的市场,局限于法律业内的专业人士,此前基本没有受到完全市场化的冲击和影响。随着互联网技术的发展和"互联网+"概念的提出,市场化和互联网思潮也涌入传统的法律服务行业,出现了各种各样的法律电商、在线法律服务方式、标准化的法律服务产品、法务公司、从事法律业务的咨询公司,等等。这些参与服务主体的多样化,对服务需求、服务形式及盈利模式的创新,给法律服务的消费者带来了更多选择和更好的体验。

(3) 全球矿产资源经济形势的变化——从波峰到持续的低谷

除了前述各项背景之外,不得不提的是全球矿业资源的整体经济形势的下行,从矿业资源投资的高潮转为持续的低谷阶段。由此给律师业务带来的影响是,矿产资源领域相关投资、并购、合作等资本领域的法律服务机会减少和消失。取而代之的是债务违约、资金危机、生产成本压力等。这给主要从事非诉业务的律师带来了不利影响,但同时律师的诉讼业务则产生了增量。

(三) 矿产资源律师业务的创新及发展路径

受到前述种种大环境和背景的影响,律师在矿产资源领域的法律服务也在探索和创新中,有了不同的发展路径。

1. 服务思维的创新与发展

矿业法律服务意识需要不断强化和发展。主要体现在,矿业律师更关注了解客户的需求,关注客户的服务过程和体验,把服务过程标准化,事务性的工作交由辅助人员处理,律师的精力则更多投入到矿业专业性工作中,既减少成本又提高效率,客户体验更好,而且也使得矿业法律服务的社会化效果更好。

2. 服务形式的多样化

法律作为服务,除了传统的非诉与诉讼业务的划分以外,结合矿产资源开发流程更加细化、更加标准、可重复适用。比如,针对矿产勘查、矿产开采、矿业权转让和矿业投融资制定标准化的合同模版、标准化的服务流程、法律风险的事前评估、重大事件和政策的事先法律论证等,在服务标准化的同时,也以事后解决转变为事前预防和防范为主。服务形式多样化还表现在,除了口头、书面形式,还有线上网络的方式等。另一方面,律师除服务于个案和客户以外,在矿产资源法律或政策的制定或修改、参政议政的各个环节中的参与度也越来越高。

3. 服务效果的社会化

法律不仅是定纷止争的工具,更重要的是建立一种规则,使得大家能对每一项行为或事件形成预期。矿业律师服务的价值,一方面是针对具体的个案和客户本身,另一方面也是通过对个案的参与普及法律,以点带面,强化社会效果。这个目标在互联网和自媒体时代变得更加容易。一个案例或个案的遭遇,某个热点被关注,很快可能形成爆炸式的传播,对社会民众的普法有一定的积极意义。但与此同时,也要警惕不实信息的扩大传播带来的负面影响。所以作为矿业律师在从事业务时,更要严谨再严谨,客观如实地表明观点,既不能缩小更不能扩大。

4. 跨地域、跨机构、跨行业联盟的进一步发展

2007年9月,中国第一个跨国律师事务所联盟SGLA成立,由位于中国主要经济中心城市的中国律师事务所和霍金路伟律师事务所组成,目前已覆盖中国大部分主要区域。目前基于移动互联的普及和随着更多的业务交流和专业化分工,将可能出现更多的律师或律师事务所联盟,他们不受地域、执业机构和行业的限制,互相联合、联动为客户提供包括法律服务在内的各项服务,这将会是以后的发展趋势。作为矿业律师而言,构建全国甚至全球性的合作联盟,进行有效的业务协作和信息对接、共同联动已经迫在眉睫。

三、矿产资源领域热点法律问题研究及立法建议

(一) 矿产资源热点法律问题研究

1. 关于矿业权价款方面

(1) 矿业权价款的异化

实践中,各地已经将矿业权价款异化,主要表现在以下四个方面:

第一,模糊或无视矿业权价款的缴纳前提,主张凡是未经有偿化处置的,必须缴纳矿业权价款。

第二,对国家出资或者探明矿产地标准进行扩大化解释,认为在储量核实中增加了储量,核实报告利用了原国家出资勘查成果的,就应当缴纳。

第三,矿业权价款确定方法的异化,用询价代替评估或者用资源储量与价款缴纳标准的计算代替评估;用有关机构出具的价款计算说明代替有资质的矿业权评估机构的评估报告。

第四,缴纳探矿权价款后,探转采时仍被要求补缴采矿权价款。

(2) 欠缴矿业权价款的滞纳金比例过高

根据《矿产资源勘查区块登记管理办法》第31条和《矿产资源开采登记管理办法》第21条的规定,不按期缴纳矿业权价款的,从滞纳之日起每日加收千分之二的滞纳金。加收滞纳金的比例过高,已经成为矿业公司的沉重负担。

《中华人民共和国税收征收管理法》(以下简称《税收证收管理法》)第32条规定:"纳税人未按照规定期限缴纳税款的,扣缴义务人未按照规定期限解缴税款的,税务机关除责令限期缴纳外,从滞纳税款之日起,按日加收滞纳税款万分之五的滞纳金。"参照该条,纳税人欠缴税款的,按日加收滞纳金比例为税款的万分之五。作为税收基本法,该法是上位法,具有更高法律权威,而矿业公司欠缴矿业权价款的性质与纳税人欠缴税款的性质相似,按照公平正义原则,建议将千分之二的比例调整为万分之五。

2. 关于探矿权人优先权方面

根据《中华人民共和国矿产资源法实施细则》第16条第1款第(六)项的规定,探矿权人对于勘查作业区内矿产资源的采矿权享有优先权。但是,实践中,该规定对于探矿权人的合法权益保护力度不够,致使探矿权人面临如下风险:

(1) 探矿权人在承担勘查阶段高投入、高风险的地质风险之外,还要承担不确定取得采矿权的风险,进而使探矿权人的巨额投资长久沉淀,无法通过矿山开发方式回收,不利于矿业行业的可持续发展。

(2) 依据《矿产资源勘查区块登记管理办法》第21条中"保留探矿权的期限,最长不得超过2年,需要延长保留期的,可以申请延长2次,每次不得超过2年"的规定,探矿权人可以依法申请探矿权保留,但保留最长期限为6年,而6年之后,由于政策变化等原因,探矿权人如果仍然无法申请采矿权时,探矿权人的合法权益如何维护的问题,相关法律并没有涉及。

因此,在存在上述问题时,建立探矿权退出机制,对符合条件的探矿权人进行合理补偿具有重要意义。

3. 最低勘查投入与合同承诺投入的法律关系

《矿产资源勘查区块登记管理办法》第17条规定,探矿权人应履行最低勘查投入义务。第29条规定,未完成最低勘查投入的,由县级以上人民政府负责地质矿产管理工作的部门按照国务院地质矿产主管部门规定的权限,责令限期改正;逾期不改正的,处5万元以下的罚款;情节严重的,原发证机关可以吊销勘查许可证。

实践中,除了《矿产资源勘查区块登记管理办法》规定的法定最低勘查投入之外,矿产资源主管部门通过矿业权出让合同或者探矿权招标文件等途径,要求探矿权人制订勘查实施方案,并完成承诺的投入。后者称为探矿权人承诺投入。

实践中的问题是,按照法定最低勘查投入标准,探矿权人可能完成了义务,但是,按照探矿权人承诺勘查投入标准,却不一定完成,此时,探矿权人应承担何种法律责任?我国的相关立法如何规定更合理?

4. 关于矿业权转让形式

根据《探矿权采矿权转让管理办法》的规定,矿业权符合法定条件的,可以依法转让。但是,该行政法规并没有规定矿业权转让的具体形式有哪些。根据《矿业权出让转让管理暂行规定》(国土资发〔2000〕309号)第36条的规定,矿业权转让包括出售、作价出资、合作、重组改制。矿业权的出租、抵押,按照矿业权转让的条件和程序进行管理,由原发证机关审查批准。

实践中,出售、作价出资、租赁作为矿业权转让的具体形式已经被普遍认可。但是,矿业权抵押、矿业权合作、矿业公司股权转让等是否被认为矿业权转让尚有很大争议。

明确界定矿业权转让的形式具有如下意义:

① 有利于矿产资源主管部门正确适用《探矿权采矿权转让管理办法》第 14 条，规范矿产资源主管部门的自由裁量权。《探矿权采矿权转让管理办法》第 14 条规定："未经审批管理机关批准，擅自转让探矿权、采矿权的，由登记管理机关责令改正，没收违法所得，处 10 万元以下的罚款；情节严重的，由原发证机关吊销勘查许可证、采矿许可证。"

② 有利于矿产资源主管部门和司法审判部门正确适用《探矿权采矿权转让管理办法》第 10 条第 3 款的规定。《探矿权采矿权转让管理办法》第 10 条规定："申请转让探矿权、采矿权的，审批管理机关应当自收到转让申请之日起 40 日内，作出准予转让或者不准转让的决定，并通知转让人和受让人。准予转让的，转让人和受让人应当自收到批准转让通知之日起 60 日内，到原发证机关办理变更登记手续；受让人按照国家规定缴纳有关费用后，领取勘查许可证或者采矿许可证，成为探矿权人或者采矿权人。批准转让的，转让合同自批准之日起生效。不准转让的，审批管理机关应当说明理由。"

5. 关于矿业权抵押方面

(1) 矿业权抵押/备案的法律性质争议较大

2013 年 12 月，贵州省国土资源厅公布了新版《办事指南》，将探矿权抵押备案和采矿权抵押备案分别置于"地质勘查处"和"矿产开发管理处"的"行政服务"名目下。2014 年 12 月 4 日，辽宁省国土资源厅公布了《辽宁省国土资源厅目前保留的行政审批事项》，该厅认为采矿权抵押登记属于行政许可。

2014 年 2 月 14 日，《国土资源部行政审批事项公开目录》公布，探矿权抵押、采矿权抵押并不在该目录之中。可见，两者既不属于行政许可，又不属于非行政许可审批。

从上述材料可知，国土资源部和部分省厅等国土资源主管部门关于行政机关从事矿业权抵押登记/备案的权利性质有很大差异。

在法律、行政法规没有规定探矿权、采矿权抵押登记或备案的情况下，地方性法规或者省级政府规章规定探矿权抵押、采矿权抵押，并要求办理抵押登记或者备案手续的，应根据其是否授予登记管理机关对矿业权抵押进行审批的权力，进而确定该项登记是行政许可，还是行政服务。如果地方性法规或者省级政府规章没有要求办理登记或备案手续的，则按照"法无禁止即可为"和"法无授权不可为"的原则，探矿权人、采矿权人依法向国土资源主管部门申请抵押登记备案应属于告知性备案，地方国土资源主管部门对矿业权抵押登记或备案行使实质性审查的权力没有法律依据。

(2) 矿业权抵押权何时设立争议较大

矿业权抵押权是必须经发证机关登记备案才设立，还是自矿业权抵押合同生效时即设立。从实然角度看，在物权法、担保法、矿产资源法等法律行政法规对矿业权抵押没有明确规定的情况下,应澄清矿业权抵押的法律性质,并结合地方性法规的相关规定予以确定。

(3) 探矿权抵押难

探矿权是用益物权,是财产权,可评估,可转让,法律、行政法规没有禁止抵押,探矿权具备合法抵押物的条件,但是,实践中很多省级国土资源主管部门由于种种原因并不办理探矿权抵押登记备案手续。可喜的是,部分省区已经开始办理探矿权抵押登记,例如内蒙古自治区国土资源厅。

(4) 采矿权抵押登记政策不统一

实践中主要存在以下几方面的问题:

① 采矿权人可否为第三人设定抵押担保。

甘肃省、山东省不可以。《甘肃省国土资源厅矿业权抵押备案管理暂行办法》(甘国土资矿发〔2009〕221号) 第4条明确规定,采矿权人不得为第三人提供贷款抵押。《山东省国土资源厅关于转发〈国土资源部关于进一步完善采矿权登记管理有关问题的通知〉的通知》(鲁国土资字〔2011〕508号) 规定,申请抵押备案的,其采矿权必须归采矿权人所有。

山西省等省可以。2014年1月27日,山西省国土资源厅发布《山西国土资源厅关于进一步明确采矿权抵押备案有关事项的通知》(晋国土资函〔2014〕123号),据此,采矿权人可以为第三方的债务向债权人提供采矿权抵押担保。

② 抵押权人是否必须为银行。

甘肃省、山东省、内蒙古自治区要求必须为银行金融机构。山西省规定非银行金融机构(需提供非银行机构法人经营范围含贷款业务的法人营业执照及中华人民共和国金融许可证)和银行都可以。内蒙古自治区规定,采矿权抵押贷款应为经省级以上金融主管部门批准开展的各融资类金融产品。

没有法律、行政法规对抵押权人的主体资格进行限制,因此,作为债权人的个人、法人和其他组织均可以成为抵押权人。但是,实务中,抵押权人一般有两种,一种是银行等金融机构,另一种是一般债权人。如果采矿权抵押的抵押权人限定为银行,存在两方面的不公平。

第一,实务中,采矿权登记机关要求办理抵押登记必须提供贷款合同,这就变相、人为地将主合同限定为借贷法律关系,剥夺了非金融机构债权人经登记作为抵押权人的可能性,这种地方性政策属于对其他债权人实体利益的重大侵害。矿业权登记机关将抵押权人资格限定为金融机构,实践中也会伤及对矿业权人享有债权的国有企业的合法权益。

第二,采矿权人可能对银行、非银行金融机构、国有企业、民营企业,甚至是自然人负有债务。从公平角度看,不能进行所有制歧视、经营范围歧视,而应该真正发挥采矿权抵押制度的优势,允许合法债权债务关系的债权人都可以成为抵押权人,从而享有优先受偿权。当采矿权人的债权人为多人且性质不同时,其法律地位是平等的,当多个债权人签订《采矿权抵押合同》并申请采矿权抵押登记时,抵押登记机关仅将银行登记为抵押权人,而对其他债权人要求采矿权抵押的请求不予办理抵押登记,这种厚此薄彼的行为涉嫌违反《物权法》第3条第3款"国家实行社会主义市场经济,保障一切市场主体的平等法律地位和发展权利"的规定,同时,还涉嫌违反《中共中央关于全面推进依法治国若干重大问题的决定》中"健全以公平为核心原则的产权保护制度,加强对各种所有制经济组织和自然人财产权的保护,清理有违公平的法律法规条款"的规定。

基于"公有制经济财产权不可侵犯,非公有制经济财产权同样不可侵犯"的理念,《中共中央关于全面深化改革若干重大问题的决定》强调"坚持权利平等、机会平等、规则平等,废除对非公有制经济各种形式的不合理规定,消除各种隐性壁垒,制定非公有制企业进入特许经营领域具体办法",只有这样,才能"保证各种所有制经济依法平等使用生产要素、公开公平公正参与市场竞争、同等受到法律保护"。

③ 采矿权人可否为两个及以上债权人提供抵押担保。

甘肃省不可以。甘肃省规定,采矿权抵押期限必须在采矿许可证有效期内,抵押期原则不超过1年。在抵押期间,采矿权抵押人不得申请转让或重复抵押。

海南省和内蒙古自治区可以。《海南省矿产资源管理条例》(2012年修正)第60条第2款规定:"同一探矿权、采矿权依法向多个债权人抵押的,按照抵押登记申请先后顺序办理抵押登记。"内蒙古自治区通知强调,同一采矿权,正在生效的抵押备案不得超过3宗。

④ 办理抵押备案要求提供的材料大相径庭。

虽然国土资源部《关于进一步完善采矿权登记管理有关问题的通知》(国土资发〔2011〕14号)第28条第1款规定:"采矿权人申请抵押备案的,应向登记管理机关提交以下资料:1.抵押备案申请书;2.抵押合同;3.贷款合同;4.采矿权有偿取得(处置)凭证;5.采矿许可证(复印件)等相关要件。"但是,实践中,部分省厅要求提供矿业权评估报告等资料。例如甘肃省国土资源主管部门要求采矿权抵押人提供采矿权评估报告。内蒙古自治区国土资源主管部门要求提供贷款合同、抵押合同及公证书。

作为行政主管部门应时刻注意:在为行政相对人及社会公众提供服务方面,改革创新无止境;在市场监管、限制相对人权利、要求行政相对人必须提供无上位法依据的文件方面,更应首先想到自己制定的政策是否有上位法依据,政策实施后是否为行政相对人增加了额外费用,行政效率是否下降,对于市场监管是否为必须。

⑤ 其他方面。

除了上面所述之外,实践中,在抵押登记中是否记录抵押期限及抵押金额,矿业权抵押登记后,登记效力是否及于矿区范围内的其他设施等方面,各地规定也不一致。

6. 关于矿业公司股权转让与矿业权转让的关系

该问题涉及国土资源主管部门、工商主管部门、税务主管部门及司法审判部门在职责范围内的认识问题。

(1) 针对国土资源主管部门而言,如果将矿业公司的股权转让视同矿业权转让进行管理,则要求履行备案、审批手续,主要观点如下:

① 矿业权人的股东、股比发生变化即属于矿业权转让(绝对等同原则说)。2011年4月,山东省国土资源厅发布《关于转发〈国土资源部关于进一步完善采矿权登记管理有关问题的通知〉的通知》(鲁国土资字〔2011〕508号)规定:"采矿权人以出售、作价出资,引进他人资金、技术、管理等合作经营,企业重组改制等原因,只要采矿权人的股东、股比发生变化,均属采矿权转让行为,必须办理采矿权转让手续。采矿权价款分期处置的,转让方与受让方必须有承诺缴纳协议,并体现在转让合同中。"

② 矿业公司控股股东发生变化的,即属于矿业权转让(相对等同原则说)。《甘肃省矿产资源勘查开采审批管理办法实施细则》(甘国土资发〔2011〕44号)第15条规定:"探矿权、采矿权人因企业内部控股股东发生变化,变更法定代表人的,无论企业名称是否发生变化,均应办理矿业权转让审批登记手续。探矿权、采矿权人因企业内部股权未发生变化,仅企业名称或法定代表人发生变化的,应向登记机关办理变更手续。"

③ 控股股东未变化,股权结构变化的,报原发证机关备案(备案说)。《青海省人民政府办公厅关于印发青海省矿业权转让管理办法的通知》(青政办〔2007〕132号)第6条规定:"企业法人、法定代表人、原控股股东未发生变化,但股权结构发生变化的,矿业权人应持相应的合同向原发证机关备案,并应在30日内到原注册地工商管理部门办理股权变更登记。"

(2) 针对税务部门而言,如果将矿业公司股权转让视为矿业权转让,则需要缴纳营业税。例如,《鄂尔多斯市人民政府批转市地方税务局关于进一步加强煤炭企业股权或合伙份额等财产权转让及自然资源使用权转让税收管理的意见的通知》(鄂府发〔2012〕47号)。

(3) 针对审判部门而言,当一方主张股权转让合同有效,而另一方主张该股权转让合同未依据地方政府或主管部门的政策通过审批为由主张无效的,此时涉及人民法院如何确定股权转让合同的效力问题。

人民法院会严格区分股权转让合同与矿业权转让合同,同时,将依据法律和行政法规审查股权转让合同的效力问题。例如,最高人民法院(2012)民一终字第98号民事判决书表明,以转让公司及股权的方式实现企业资产转让的,不违反国家强制性规定。

因此,通过修改法律或进行立法解释,尽快明确矿业公司股权转让是否属于矿业权转让,具有重要意义。

(二)有关立法建议

1. 关于矿业权价款方面

(1)严格依照有关行政法规和规范性文件界定国家出资探明矿产地,依法收取矿业权价款。

(2)对国家出资探明矿产地依法进行清理、统计、认定、公告,认定结果依法公告,并依法赋予利害关系人对认定结果进行行政复议或行政诉讼的权利。

(3)设置全面、充分的保障矿业权价款征收的法律体系。

建议将《矿产资源勘查区块登记管理办法》第31条修改为:

第三十一条 违反本办法规定,不按期缴纳本办法规定应当缴纳的探矿权价款等费用的,由登记管理机关责令限期缴纳,并从滞纳之日起每日加收万分之五的滞纳金;逾期仍不缴纳的,登记管理机关有权采取以下措施:

(一)要求矿业权人提供经其认可的担保;

(二)向人民法院申请支付令或者申请强制执行;

(三)申请人民法院实现担保物权,欠缴矿业权价款的事实发生在矿业权人为其他债权人提供的矿业权抵押担保之前的,国家债权优先于其他抵押权人受偿;

(四)由原发证机关吊销勘查许可证。

发证机关作出吊销勘查许可证等行政处罚决定之前,应当告知探矿权人有要求举行听证的权利;当事人要求听证的,发证机关应当组织听证。

建议在《矿产资源勘查区块登记管理办法》中增加一条作为第32条:

第三十二条 欠缴探矿权价款、探矿权出让金等费用的探矿权人因息于行使到期债权,或者放弃到期债权,或者无偿转让财产,或者以明显不合理的低价转让财产而受让人知道该情形,对国家权益造成损害的,国土资源主管部门可以依照合同法第七十三条、第七十四条的规定行使代位权、撤销权。国土资源主管部门依照前款规定行使代位权、撤销权的,不免除欠缴费用的探矿权人应当承担的法律责任。

建议在《矿产资源勘查区块登记管理办法》中增加一条作为第33条:

第三十三条 探矿权人有合并、分立情形,并且欠缴探矿权价款、探矿权出让金等费用的,应当向国土资源主管部门报告,并依法缴清相关费用。探矿权人合并时未缴清相关费用的,应当由合并后的存续主体继续履行未履行的缴纳义务;探矿权人分立时未缴清相关费用的,分立后的存续主体对未履行的缴纳义务应当承担连带责任。

建议对《矿产资源开采登记管理办法》相应的条款进行修改或者增加。

2. 关于探矿权人优先权方面

① 建立负面清单制度,即在没有法定否定性情形的情况下,探矿权人申请探转采的,有权机关通过公示后应当予以批准。

② 在探矿权保留期间,由于国家政策变化等原因导致探矿权人仍然无法消除转采矿权的否定性条件的,探矿权申请人有权向主管部门申请将该矿产地作为国家储备矿产地予以收储,进而申请国家予以合理补偿。

3. 最低勘查投入与合同承诺投入的法律关系

① 建议在《矿产资源勘查区块登记管理办法》第17条增加一款作为第2款:探矿权登记管理机关可以与探矿权申请人或探矿权人签订合同,合同中对于勘查投入另有约定的,以其约定,但该约定不得违反本条第一款规定的金额。合同签订后,探矿权申请人或探矿权人应当全面、及时、充分履行合同约定义务,探矿权登记管理机关有权对合同履行情况进行考核。

② 建议将《矿产资源勘查区块登记管理办法》第29条第1款第(二)项"未完成最低勘查投入的"修改为"未完成最低勘查投入的或者合同约定投入的"。

4. 关于矿业权转让形式、矿业公司股权转让与矿业权转让的关系、矿业权抵押方面

(1) 严格依法行政,提请有关机关对探矿权采矿权转让进行立法解释

第一种途径,由国土资源部依法对《探矿权采矿权转让管理办法》规定的探矿权采矿权转让进行解释。

第二种途径,国土资源部政策法规司请求国务院法制机构对探矿权采矿权转让进行解释。

法律及政策依据:

国务院办公厅《关于行政法规解释权限和程序问题的通知》(国办发〔1999〕43号)规定:"凡属于行政工作中具体应用行政法规的问题,有关行政主管部门在职权范围内能够解释的,由其负责解释;有关行政主管部门解释有困难或者其他有关部门对其作出的解释有不同意见,要求国务院解释的,由国务院法制办公室承办,作出解释,其中涉及重大问题的,由国务院法制办公室提出意见,报国务院同意后作出解释,答复有关行政主管部门,同时抄送其他有关部门。"

《行政法规制定程序条例》第33条规定:"对属于行政工作中具体应用行政法规的问题,省、自治区、直辖市人民政府法制机构以及国务院有关部门法制机构请求国务院法制机构解释的,国务院法制机构可以研究答复;其中涉及重大问题的,由国务

院法制机构提出意见,报国务院同意后答复。"

为慎重起见,可以通过第二种程序对《探矿权采矿权转让管理办法》规定的探矿权采矿权转让进行解释。通过立法解释,统一社会各界的思想认识,统一法律适用。

(2) 严格区分股权与矿业权管理法律关系

判断矿业权是否转让的标准是矿业权主体是否发生变更,矿业权主体是否变更与矿业权人股权是否变更没有直接关系,矿业权与股权、矿业权转让与股权转让均不同。因此,在现行法律行政法规体系内,对于矿业权人股东的变更、股比的变化或者实际控制权的变更不能认为是矿业权转让,将矿业公司股权转让视为矿业权转让进而要求履行审批、备案,没有法律依据,具有变相设置行政审批的嫌疑。如果矿业权主管部门要对矿业公司的股东变更或者股权结构变动履行监管职责,应当依照法定程序对探矿权采矿权转让进行立法解释,或者依照法定程序对《矿产资源勘查区块登记管理办法》第 22 条和《矿产资源开采登记管理办法》第 15 条的规定进行修改。

加强对矿业权人的监管在现行法律框架下确实是必要的,并且完全可以通过加强监管向矿业权人的出资人、股东及实际控制人传递出相应的信息,引导矿业公司的股东及实际控制人合法投资、守法经营,而不必采用对矿业权人的股权转让协议进行审批或备案的措施。

(3) 建议国土资源部、国家工商总局、国家税务总局联合发布文件,各司其职,对股东发生变更的矿业权人依法进行日常监管

国土、税务主管部门密切配合,加强对矿业权人转让矿业权的纳税监管。根据《关于转让自然资源使用权营业税政策的通知》(财税〔2012〕6 号)的规定,矿业权人转让矿业权需要交纳营业税。通过建立信息共享机制,矿业权发证机关将有关矿业权变更信息发送省级税务局,勘查开采所在地税务局据此核定转让方应缴纳的有关营业税金额,对矿业权转让环节义务人应该缴纳的税款,依法严格监管。同时,国土资源部可根据《探矿权采矿权转让管理办法》第 5 条、第 6 条的规定,将转让方提交缴纳营业税凭证作为审批矿业权转让的文件之一;同时,根据第 10 条的规定,将缴纳营业税凭证作为申请矿业权变更登记的提供材料之一。

国土、工商主管部门密切配合,加强对股权变动矿业公司的日常监管。勘查开采所在地工商注册登记机关对矿业公司发生的股权变更、法定代表人变更情况,及时将相关信息发送颁发勘查许可证、采矿许可证的国土资源主管部门。发证机关收到矿业公司发生变更的相关信息后,向勘查开采所在地的国土资源主管部门发送监管函,请基层监管机关对股权变动的矿业公司履行矿业权人法定义务情况进行重点监管。

通过加强对股权变更后的矿业公司的重点监管完全可以实现并替代通过设置

股权转让的前置审批的管理目的,也符合国务院《关于严格控制新设行政许可的通知》(国发〔2013〕39号)和中共中央《关于全面深化改革若干重大问题的决定》的文件精神。

(4)在《中华人民共和国矿产资源法》(以下简称《矿产资源法》)《探矿权采矿权转让管理办法》修改中增加关于探矿权抵押、采矿权抵押的规定,清理并规范涉及矿业权抵押的规范性文件

首先,在《矿产资源法》第6条第1款增加一项"探矿权、采矿权设定抵押后,抵押权人依法实现担保物权的"作为第(三)项;在《矿产资源法》中增加"矿业权人的权利义务"一章作为第五章,在其中规定,探矿权人、采矿权人有权将依法取得的探矿权、采矿权设立抵押担保,具体建议如下:

① 探矿权人有权将依法取得的探矿权设立抵押担保。抵押备案登记机关为勘查许可证发证机关。

上述抵押备案登记由抵押权人自愿办理,办理抵押备案登记后,抵押权具有对抗第三人及比没有办理备案的抵押权人优先的效力。

勘查许可证发证机关应建立探矿权备案登记程序,并将探矿权抵押备案基本信息在发证机关网站公开,实现所有抵押备案信息在国土资源部网站公开查询。

② 采矿权人有权将依法取得的采矿权设立抵押担保。抵押备案登记机关为采矿许可证发证机关。

上述抵押备案登记由抵押权人自愿办理,办理抵押备案登记后,抵押权具有对抗第三人及比没有办理备案的抵押权人优先的效力。

采矿许可证发证机关应建立采矿权备案登记程序,并将采矿权抵押备案基本信息在发证机关网站公开,实现所有抵押备案信息在国土资源部网站公开查询。

抵押权人申请实现抵押权的,可以通过《民事诉讼法》依法进行。因抵押权实现导致探矿权、采矿权主体变更的,由新权利人依据人民法院的生效裁判文书到发证机关履行探矿权、采矿权变更登记程序。

其次,在《探矿权采矿权转让管理办法》中增加探矿权、采矿权抵押的规定。

修改《探矿权采矿权转让管理办法》(国务院令第242号)第3条,在第1款中增加一项"探矿权、采矿权设定抵押后,抵押权人依法实现担保物权的"作为第(三)项;同时,在《探矿权采矿权转让管理办法》第11条之后增加关于上述探矿权采矿权抵押的建议。

(5)建立矿业权抵押备案登记服务中心

为促进政府行政审批和公共服务职能的分开,在有条件的地区,经同级人民政府批准,在矿业权交易机构内部,依法设立矿业权抵押备案服务中心,负责对本级国土资源主管部门颁发的勘查许可证和采矿许可证的抵押备案服务;如果当地尚未建

立矿业权交易机构的,仍由矿业权发证机关负责办理抵押备案登记。主要职责如下:

① 形式审查职责,不对抵押备案当事人及其提供的资料进行实质审查。

② 该等抵押备案登记属于公共服务,而非行政许可或行政审批。在抵押权实现时,矿业权交易机构应抵押人、抵押权人或人民法院等单位的委托,可以依法将抵押的矿业权拍卖,并就矿业权交易进行签证、公示,为矿业权受让人依法办理矿业权变更登记出具相关文件。

(6) 建立矿业权抵押公开查询制度

抵押备案办理机关完成探矿权、采矿权抵押备案登记后,应在网站公开办理的基本信息,包括但不限于抵押权人名称、抵押期限、抵押人、抵押金额、勘查单位等。抵押备案登记完成之日起7日内上报并汇总至国土资源部,国土资源部在其网站专区公开。

公众只要输入勘查许可证号码、采矿许可证号码、抵押权人或抵押人名称均可查询抵押信息。需要查询、复印备案登记的书面信息的,可以向发证机关通过信息公开程序获得。

四、矿产资源领域重大法律事件及已审结案件评析

(一) 矿产资源领域重大法律事件分析

1. 中共中央、国务院印发《生态文明体制改革总体方案》

生态文明体制改革是全面深化改革的应有之意。2015年9月11日召开的中共中央政治局会议审议通过了《生态文明体制改革总体方案》。就《生态文明体制改革总体方案》而言,其不是一个文件,而是一组文件,即"1+6"。"1"是《生态文明体制改革总体方案》,"6"是包括《环境保护督察方案(试行)》《生态环境监测网络建设方案》《开展领导干部自然资源资产离任审计的试点方案》《党政领导干部生态环境损害责任追究办法(试行)》《编制自然资源资产负债表试点方案》《生态环境损害赔偿制度改革试点方案》六个方面的配套政策。

由该方案可见,生态文明体制改革确立的理念、遵循的原则,都需要具体的制度予以贯彻实施:建立归属清晰、权责明确、监管有效的自然资源资产产权制度;覆盖全面、科学规范、管理严格的资源总量管理和全面节约制度;反映市场供求和资源稀缺程度,体现自然价值和代际补偿的资源有偿使用和生态补偿制度;以改善环境质量为导向,监管统一、执法严明、多方参与的环境治理体系……一系列制度将为生态文明体制改革的顺利推进提供保障。

2. 国务院办公厅发布《编制自然资源资产负债表试点方案》

国务院办公厅于2015年11月8日发布了《关于印发〈编制自然资源资产负债

表试点方案〉的通知》(国办发〔2015〕82号),部署全面加强自然资源统计调查和监测基础工作,坚持边改革实践边总结经验,逐步建立健全自然资源资产负债表编制制度。

《编制自然资源资产负债表试点方案》(以下简称《试点方案》)提出,通过探索编制自然资源资产负债表,推动建立健全科学规范的自然资源统计调查制度,努力摸清自然资源资产的家底及其变动情况,为推进生态文明建设、有效保护和永续利用自然资源提供信息基础、监测预警和决策支持。《试点方案》要求,试点工作应遵循坚持整体设计、突出核算重点、注重质量指标、确保真实准确和借鉴国际经验的原则。试点的主要内容是,根据《试点方案》采集、审核相关基础数据,研究资料来源、核算方法和数据质量控制等关键性问题,探索编制高质量的自然资源资产负债表。按照优先核算具有重要生态功能的自然资源的考虑,试点地区主要是探索编制土地资源、林木资源、水资源实物量资产账户,有条件的试点地区还可以探索编制矿产资源实物量资产账户。在试点过程中及时总结评估试点效果和存在的问题,形成可复制、可推广的改革经验。根据试点经验,国家统计局将会同有关部门制定统一的自然资源资产负债表编制制度,并编制出全国自然资源资产负债表。

根据自然资源的代表性和有关工作基础,《试点方案》提出在内蒙古自治区呼伦贝尔市、浙江省湖州市、湖南省娄底市、贵州省赤水市、陕西省延安市开展编制自然资源资产负债表试点工作。目前,国家统计局正在会同国务院有关部门积极部署推动试点工作。

按照《试点方案》的要求,探索编制自然资源资产负债表,推动建立健全科学规范的自然资源统计调查制度,努力摸清自然资源资产的"家底"及其变动情况,为完善资源消耗、环境损害、生态效益的生态文明绩效评价考核和责任追究制度提供信息基础,可以为生态文明建设和绿色低碳发展提供信息支撑、监测预警和决策支持。

3. 最高人民检察院发布地勘单位和人员所涉有关犯罪的批复

最高人民检察院于2015年10月27日发布了《关于地质工程勘测院和其他履行勘测职责的单位及其工作人员能否成为刑法第二百二十九条规定的有关犯罪主体的批复》(以下简称《批复》),自2015年11月12日起施行。该《批复》指出:"地质工程勘测院和其他履行勘测职责的单位及其工作人员在履行勘察、勘查、测绘职责过程中,故意提供虚假工程地质勘察报告等证明文件,情节严重的,依照刑法第二百二十九条第一款和第二百三十一条的规定,以提供虚假证明文件罪追究刑事责任;地质工程勘测院和其他履行勘测职责的单位及其工作人员在履行勘察、勘查、测绘职责过程中,严重不负责任,出具的工程地质勘察报告等证明文件有重大失实,造成严重后果的,依照刑法第二百二十九条第三款和第二百三十一条的规定,以出具证明文件重大失实罪追究刑事责任。"

我国《刑法》第229条规定:"承担资产评估、验资、验证、会计、审计、法律服务等职责的中介组织的人员故意提供虚假证明文件,情节严重的,处五年以下有期徒刑或者拘役,并处罚金。前款规定的人员,索取他人财物或者非法收受他人财物,犯前款罪的,处五年以上十年以下有期徒刑,并处罚金。第一款规定的人员,严重不负责任,出具的证明文件有重大失实,造成严重后果的,处三年以下有期徒刑或者拘役,并处或者单处罚金。"即根据该条规定,地质工程勘测单位和个人并非本罪的主体,仅有评估机构、验资机构、会计、审计及法律服务机构可能构成本罪。但在2015年11月12日之后,根据上述最高人民检察院的批复,把地质工程勘测单位和个人已包括在内,扩大了本罪的主体。

该《批复》的实施将制止矿产资源勘查过程中地质工程勘测单位和工作人员为了满足委托人的需要或意愿,故意提供虚假的工程地质勘查报告,或者严重不负责任,出具的工程地质勘查报告等证明文件重大失实的行为,有效地遏制了地质勘查资料作假的问题,净化矿产资源勘查市场和减少相关纠纷的发生。

4. 国土资源部发布《中国矿产资源报告(2015)》

据《中国国土资源报》2015年10月26日报道,国土资源部发布的《中国矿产资源报告(2015)》显示,2014年中国进一步摸清家底、加强资源节约与综合利用、完善矿产资源管理政策、提高地质工作服务水平,实现多个"首次"、创造了多个"第一"。2014年,中国地质勘查投入1 145亿元,新发现大中型矿产地249处。油气勘查取得重大突破,页岩气首次探明地质储量1 068亿立方米,石油勘查新增探明地质储量10.6亿吨,天然气9 438亿立方米。25种重要矿产资源潜力评价表明,矿产资源平均查明率为30.3%,找矿潜力巨大。2 000米以浅,煤炭预测资源量3.88万亿吨,资源查明率为29.6%;铁矿预测资源量1 960亿吨,资源查明率为33.1%;铜矿预测资源量3.04亿吨,资源查明率为29.5%;铝土矿预测资源量179.7亿吨,资源查明率为20.3%。

资源节约与综合利用进一步加强。中国制定和发布了《矿产资源综合利用评价指标标准》,连续3年共发布20个矿种的开采回采率、选矿回收率、综合利用率指标要求,连续3年共优选出159项先进适用技术予以推广,分4批优选661家矿山企业作为国家级绿色矿山试点单位。

矿产资源管理政策进一步完善。中国对《矿产资源勘查区块登记管理办法》《矿产资源开采登记管理办法》和《探矿权采矿权转让管理办法》等行政法规进行了修改,发布了《地质环境监测管理办法》和《国土资源行政处罚办法》,取消了23项与矿产资源相关的行政及非行政审批事项。将煤炭、原油、天然气等矿产资源补偿费降为零费率,煤炭资源税实行从价定率计征。

地质工作服务水平进一步提高。截至2014年年底,1∶5万区域地质调查和

1∶25万区域地质修测面积分别占陆域国土面积的31.7%和61.7%,首次实现中国管辖海域1∶100万区域地质调查全覆盖。2014年,施工探采结合水文井170多眼,解决了30万名缺水群众饮水困难。全国地质资料共享服务平台全年访问量62万次,国家和省级地质资料机构提供资料服务13万份次。

5. 国土资源部取消探矿权采矿权协议出让申请审批

按照国务院《关于取消非行政许可审批事项的决定》(国发〔2015〕27号)关于取消"探矿权、采矿权协议出让申请审批"的相关要求,国土资源部于2015年8月24日印发了《关于严格控制和规范矿业权协议出让管理有关问题的通知》(以下简称《通知》),将严格管理和规范矿业权协议出让。《通知》规定:"勘查、开采项目出资人已经确定,并经矿业权登记管理机关集体会审,属于下列五种情形之一的,准许以协议方式出让探矿权、采矿权:1.国务院批准的重点矿产资源开发项目和为国务院批准的重点建设项目提供配套资源的矿产地;2.省级人民政府批准的储量规模为大中型的矿产资源开发项目;3.为列入国家专项的老矿山(危机矿山)寻找接替资源的找矿项目;4.已设采矿权需要整合或利用原有生产系统扩大勘查开采范围的毗邻区域;5.已设探矿权需要整合或因整体勘查扩大勘查范围涉及周边零星资源的。"

根据《通知》的规定,协议出让探矿权、采矿权,应当符合矿产资源规划及国家相关产业政策。符合协议出让条件的,按照探矿权、采矿权审批登记权限,由登记管理机关审批登记颁发勘查许可证、采矿许可证,不再单独进行协议出让申请审批。

《通知》规定,申请以协议方式出让探矿权,原则上应提交普查以上(含普查)矿产勘查程度的资源储量报告,并按相关规定处置价款。属于下列情形之一的,可先依法申请办理勘查许可证,达到普查以上(含普查)程度后再按规定进行价款处置:国家已出资勘查但未形成矿产地的区块,矿产勘查未达到普查以上(含普查)工作程度的;属低风险类矿种的探矿权人申请扩大勘查范围或者采矿权人申请在其深部、毗邻区域进行勘查,矿产勘查未达到普查以上(含普查)工作程度的。

《通知》还规定,国务院批准的重点矿产资源开发项目和为国务院批准的重点建设项目提供配套资源的矿产地,或者为列入国家专项的老矿山(危机矿山)寻找接替资源的找矿项目和异地实施危机矿山接替资源找矿项目,需由采矿权人向登记管理机关提供有关批准文件或项目计划通知;省级人民政府批准的储量规模为大中型的矿产资源开发项目,属国土资源部发证权限的,由申请人持省级人民政府向国土资源部提出协议出让申请的文件,向国土资源部提出申请;不属于国土资源部发证权限的,由申请人持省级人民政府同意协议出让的书面意见或相关批准文件,向登记管理机关提出申请。

对于已设采矿权需要整合或利用原有生产系统扩大勘查开采范围的毗邻区域,

属国土资源部发证权限的,由采矿权人持省级国土资源主管部门出具的书面意见,向国土资源部提出申请;不属于国土资源部发证权限的,由采矿权人按照审批权限向登记管理机关提出申请。对于已设探矿权需要整合或因整体勘查扩大勘查范围涉及周边零星资源的,若所扩范围超过现有勘查区块面积25%以上(含),需经省级国土资源主管部门组织专家论证不宜单独另设探矿权后,由探矿权人向登记管理机关提出扩大变更申请;所扩范围不足现有勘查区块面积25%的,由探矿权人直接向登记管理机关提出扩大变更申请。

此外,石油、天然气、煤成(层)气、页岩气和放射性矿产的探矿权、采矿权协议出让管理办法由国土资源部另行制定。据悉,此通知印发之日起原国土资源部《关于严格控制和规范矿业权协议出让管理有关问题的通知》(国土资发〔2012〕80号)同时废止。

6. 国家发展和改革委员会等部门发布《愿景与行动》("一带一路"战略)

2013年9月和10月,习近平总书记在出访中亚和东南亚国家期间,先后提出共建"丝绸之路经济带"和"21世纪海上丝绸之路"的重大倡议。"一带一路"贯穿欧亚大陆,东边连接亚太经济圈,西边进入欧洲经济圈。无论是发展经济、改善民生,还是应对危机、加快调整,许多沿线国家都同我国有着共同利益。

2015年3月28日,国家发展和改革委员会、外交部、商务部联合发布了《推动共建丝绸之路经济带和21世纪海上丝绸之路的愿景与行动》(以下简称《愿景与行动》)。《愿景与行动》提出,要拓展相互投资领域,加大煤炭、油气、金属矿产等传统能源资源勘探开发合作,积极推动水电、核电、风电、太阳能等清洁、可再生能源合作,推进能源资源就地就近加工转化合作,形成能源资源合作上下游一体化产业链。

在全球矿业持续低迷的大背景下,"一带一路"战略的实施将给矿业带来无限的发展机遇。"一带一路"规划背景在于世界经济复苏乏力,中国周边地区需要新的经济引擎来带动经济繁荣,世界能源新格局变化提供了能源合作的契机——亚洲新兴经济体崛起带动该区能源消费量增长,美国因能源独立降低对中东能源依赖令后者亟须寻求新买家,加上乌克兰危机把俄罗斯能源战略推向亚洲,世界能源市场重心逐渐东移,中国成为能源地缘政治的中心,能源企业更是合作的主力军。业内人士分析,"一带一路"在能源领域的互联互通主要体现在如下四个方面:"一带一路"能源合作基建先行;借低油价加强"一带一路"沿线油气投资与整合;建立"一带一路"能源金融体系;"一带一路"能源合作由双边走向多边,创造新秩序。

此外,钢铁业将借力摆脱阴霾。"一带一路"基础建设投资大,能源、高铁、核电等装备制造会带来大量钢铁需求;有色金属将添新动力,有色金属行业要借助"一带一路"战略加快"走出去",瞄准"低品位"矿山开发、扩大有色金属应用等技术需求攻关,打破资源环境约束瓶颈,同时,还要努力实现跨行业的融合,同产业资本与金融资本耦合,重塑产业价值链体系;黄金行业将获重大机遇,"一带一路"战略的实施,连接了国内和国外的黄金供需市场。

地质工作将大有可为。"一带一路"战略将是我国未来10年的重大政策红利,将给包括地质工作在内的诸多行业带来新的发展机会。"一带一路"沿线国家矿产资源极为丰富,是世界矿物原材料的主要供给基地,在全球经济和社会发展中占有举足轻重的位置。从国家的顶层设计来看,"一带一路"战略将以打造6条经济走廊和海上战略支点为核心,以通路、通航和通商为发力点,向纵深推进。中国地质调查局的"一带一路"计划也紧紧围绕新亚欧大陆桥经济走廊、中伊土经济走廊、中巴经济走廊、孟中印缅经济走廊、中新经济走廊、中蒙俄经济走廊6条经济走廊及海上战略支点布局。这一系列具有战略高度的地质工作的目标非常明确:建立完善全球地质矿产和投资条件数据库,为国家有关部门制定资源勘查和开发政策提供可靠的地质矿产基础资料数据,为国内地勘单位和矿业企业"走出去"开展境外矿产资源风险勘查提供战略靶区;同时,指导我国边境地区地质找矿和资源环境评价,提升地质矿产国际合作的层次和效果。

7. 中国最大铜企并购重组案例:浙江海亮股份收购河南金龙

据新华网河南频道2015年11月23日电,浙江海亮股份发布公告,拟以32.54亿元收购河南金龙精密铜管集团股份有限公司100%的股权。这起国内最大铜加工企业并购重组备受业界关注。作为全球最大的铜管加工企业,曾依靠技术创新和产品质量叱咤国内外市场的河南金龙,突然走上并购重组之路,令人深思。资料显示,截至2014年,金龙铜管的制冷用精密铜管销量高达45万吨,销售收入210亿元;海亮股份总资产82亿余元,营业收入为120.6亿元。

据测算,并购重组后海亮股份的铜管产能将达到77.6万吨,产能、销量均将成为全球第一,将成为全球最大的铜管供应商。金龙铜管董事长李长杰认为,双方在产品、技术以及资本运作等方面都拥有较强的互补性,重组将大大增强企业的国际抗风险能力,增强在铜加工领域的话语权。当前中国经济步入新常态,经济增速由高速向中高速转变,产业结构正经历着新一轮调整与优化升级,在此背景下正是矿业并购的极好良机。

8. 紫金矿业海外并购案:与艾芬豪和巴理克两大国际矿业巨头战略合作

2015年5月26日,紫金矿业发出公告,宣布与艾芬豪和巴理克两大国际矿业巨头"握手"结成战略合作关系,共同开发世界级超大铜矿和金矿,决定非公开发行A股。5月27日,已停牌一个多月的紫金矿业在香港和上海股市同时复牌。消息发布后,立即引起了国内外主流媒体的热议与好评,A股市场更是连续拉升3个涨停,突出体现了投资机构和广大股民对紫金矿业海外投资前景的信任与期待。《广州日报》分析认为,兼并重组是黄金采掘加工上市公司发展的必由之路,紫金矿业是其中的典型代表,其两项海外扩张项目成为10年来中国矿业企业"走出去"战略中排名前20位的标的。

2012年下半年起全球矿业发展进入"寒冬期",目前在全球经济复苏多层化、复杂化,美元走强及新兴经济体增速下挫的重压之下,全球需求将难改矿业颓势,大宗矿产品价格难觅回升动力,全球矿业格局将继续深度调整,中国矿企必须从高速增长回归到理性的中速甚至是低速增长。在此背景下,曾肩扛全球矿业刚性需求的中国经济转入"新常态",仍然是全球矿业具有支撑力的最大经济体,且资源刚性需求仍处在"快速增长期",对矿业公司提出了更高的要求,必须加快适应当前的全球矿业市场,不断革新。大变局蕴藏着大机遇,矿业企业要想适应新格局,就必须在不断提升自身实力的基础上,充分发挥独特优势,作出差异化选择,看谁经得起考验,调整得快、调整得好。而紫金矿业经过多年的跟踪和储备,成功收购巴理克和艾芬豪的大型金、铜矿山,将为培厚公司利润、推动企业后续发展发挥重要作用,为公司长期可持续发展奠定坚实的基础。

国家从国际战略的高度出发,鼓励企业走出去,在全球范围内实现资源的优化配置,缓解经济发展中资源瓶颈制约,实施境外资源开发成为必然选择,"一带一路"战略为"走出去"提供了机遇和政策扶持。当前,全球矿业面临新一轮洗牌,在这种变革过程中,全球矿业的互联互通、互学互帮,尤其与中国矿业的合作将更为密切,建立新的矿业秩序的时机已到来。

在国际矿业并购过程中,传统的中国式思维往往是并购成功的重大障碍。中国社会历来以权力为中心,许多企业的成功得益于权力的庇护;如果在走出国门的时候依然套用既有经验,难免会碰壁。由于法治的不完善和政策的不稳定,国内很多企业并不是一步步稳健地成长的,而是靠着特殊的机遇迅速壮大的;如果在走出国门的时候依然抱着毕其功于一役的心态,往往会碰得头破血流。经过多年海外并购的试水,目前,对于很多大型企业来讲,在海外的资本投入和经营管理已经不再算是挑战。只有以国际化的思维去审视矿业并购,进而用对方欢迎和接受的方式去进行交往、谈判以及并购后的整合,才能使企业的海外并购行动避免因思维的差异而铩羽而归。

(二)最高人民法院已审结典型矿产资源案件评析

结合2015年最高人民法院审理的涉及矿产资源类案件,经整理归纳总结后,发现2015年矿产资源案件主要表现为以下几个方面的典型类型。

1. 矿业权转让纠纷

甘肃万方黄金开采有限公司与成县亚兴矿冶有限公司探矿权转让合同纠纷案[最高人民法院(2014)民申字第2180号]

【基本案情】

2007年4月19日,国土资源部向甘肃万方黄金开采有限公司(以下简称万方公司)颁发证号0100007100080的探矿权证,将甘肃省成县铧厂沟2 857平方公里的金矿普查探矿权授予万方公司行使,有效期限为2007年4月19日至2010年4月19日。在之前的2006年9月17日,万方公司与甘肃省地质矿产勘查开发局第一地质矿产勘查院(以下简称甘肃勘查院)签订甘肃省成县铧厂沟金矿普查委托勘查合同书,合同约定万方公司将该铧厂沟金矿的普查工作委托甘肃勘查院具体实施,但该合同双方未实际履行。2008年7月2日,成县亚兴矿冶有限公司(以下简称亚兴公司)与万方公司签订《探矿权转让协议书》,协议约定:万方公司因资金短缺无法正常勘探和开发其所注册登记的铧厂沟金矿普查,自愿将该探矿权以800万元转让给亚兴公司,同时约定万方公司与甘肃勘查院签订的勘查委托协议继续有效,合同还约定了双方的其他权利义务。该合同签订后,亚兴公司向万方公司支付了800万元的探矿权转让款,但万方公司向矿产行政主管部门隐瞒了探矿权已转让的事实,双方也未向矿产行政主管部门申报批准该合同,而是设立了万方公司铧厂沟金矿的分公司,由亚兴公司法定代表人陈某担任该分公司的负责人,以分公司形式具体对铧厂沟金矿实施管理。2010年3月31日,万方公司与山东省物化探勘查院(以下简称山东勘查院)签订委托勘查合同,该合同约定,万方公司将该铧厂沟金矿的普查工作委托山东勘查院具体实施。同时万方公司向矿产行政部门申报铧厂沟金矿探矿权的延续手续。2011年10月29日,国土资源部向万方公司颁发探矿权证,将成县铧厂沟2 857平方公里的金矿普查探矿权继续授予万方公司行使。双方在合作过程中发生纠纷。

2011年7月23日,亚兴公司向法院提起诉讼,请求:

(1) 确认《探矿权转让协议书》无效;

(2) 判令万方公司返还800万元,并承担利息损失247.6万元;

(3) 判令万方公司赔偿自2013年3月2日起至800万元转让金给付完毕期间的利息损失;

(4) 万方公司承担全部诉讼费。万方公司向原审法院提起反诉,请求判决亚兴公司赔偿经济损失2 120万元,并承担鉴定费24万元及案件受理费。

【法院判决】

一审判决:

(1) 确认亚兴公司与万方公司之间签订的《探矿权转让协议书》无效;

(2) 限判决生效之日起30天内,由万方公司返还亚兴公司探矿权转让款800万元,亚兴公司不得继续占用证号为0100007100080的探矿权证范围内的矿山;

(3) 限判决生效之日起30天内,由亚兴公司赔偿万方公司损失1 060万元;

(4) 驳回亚兴公司的其他诉讼请求;

(5) 驳回万方公司的其他反诉请求。

亚兴公司不服原审法院上述民事判决,提起上诉。二审法院判决:

(1) 维持一审判决主文第一项、第二项、第四项;

(2) 撤销一审判决主文第三项、第五项;

(3) 驳回万方公司的反诉请求。

万方公司不服二审结果,申请再审。最高人民法院再审驳回万方公司的再审申请。

【案件评析】

根据《矿产资源法》的规定,矿业权转让合同自转让申请被矿业权审批管理机关批准之日起生效。《民法通则》第 58 条第 1 款第(六)项规定,以合法形式掩盖非法目的的民事行为无效。《合同法》第 52 条第(三)项规定,以合法形式掩盖非法目的的合同应确认无效。结合以合法形式掩盖非法目的的合同的特点,在实践中对此种合同的认定,主要有以下几个方面:① 这种行为就其外表看来是合法的。② 合同行为只是一种表象,其被掩盖的是一种非法的隐匿行为。③ 当事人主观上具有规避法律的故意,知道其所隐匿的行为与外表行为不一致,也就是说当事人所要达到的非法目的是故意的,而不是过失造成的非法结果。④ 结合《合同法》该条其他项下的规定。

本案中,关于万方公司与亚兴公司签订《探矿权转让协议书》效力认定问题。基于查明的事实,案涉《探矿权转让协议书》签订后,亚兴公司向万方公司支付了 800 万元的探矿权转让款,但万方公司向矿产行政主管部门隐瞒了探矿权已转让的事实,双方也未向矿产行政主管部门申报批准该协议,而是设立了万方公司铧厂沟金矿的分公司,由亚兴公司法定代表人陈某担任该公司的负责人,以分公司形式具体对铧厂沟金矿实施管理,双方规避行政监管的意图明显,案涉《探矿权转让协议书》无效并无不当。

2. 涉矿公司股权转让纠纷

西藏国能矿业发展有限公司与薛某懿、薛某蛟等股权转让纠纷案[最高人民法院(2014)民二终字第 205 号]

【基本案情】

2013 年 7 月 12 日,西藏国能矿业发展有限公司(以下简称国能公司)与薛某懿、薛某蛟签订《协议》约定:薛某懿、薛某蛟有意将持有龙辉公司的全部股权转让给国能公司,双方同意展开一系列合作。龙辉公司注册资本 5 020 万元,薛某懿出资 3 012 万元,持有龙辉公司 60% 的股权,以 2 749.8 万元转让价将其全部股份转让给国能公司;薛某蛟出资 2008 万元,持有龙辉公司 40% 的股权,以 1 833.2 万元转让价将其全部股份转让给国能公司,股权总转让价款为 4 583 万元。《协议》第 4 条"股权转让价款的支付"中约定:双方确认国能公司已向薛某懿、薛某蛟支付股权转让款

300万元,对剩余的股权转让价款采取分期付款方式支付,即协议签订后7日内支付1 200万元,国能公司有权委托一个或多个特定第三方支付该款项。其中,国能公司应向薛某懿支付720万元,应向薛某蛟支付480万元。完成股权转让工商变更登记之日起7个工作日内国能公司支付1 000万元,国能公司有权委托一个或多个特定第三方支付该款项。其中,国能公司应向薛某懿支付600万元,应向薛某蛟支付400万元。2013年12月31日国能公司应支付余款2 083万元。其中,国能公司应向薛某懿支付1 249.8万元,应向薛某蛟支付833.2万元。在第4.4款中还约定:国能公司应支付的股权转让价款2 083万元,2013年12月31日薛某懿、薛某蛟具有选择权,既可要求直接支付,也可以要求国能公司将其合法持有的龙辉公司25%的股权转让给薛某懿、薛某蛟。如果薛某懿、薛某蛟选择前者,国能公司仅需支付1 666万元即可;如果薛某懿、薛某蛟选择后者,国能公司仅需将龙辉公司20%的股权转让给薛某懿、薛某蛟。就合作协议的生效时间,《协议》第1条约定:"股权转让生效日,指经龙辉矿业向工商行政管理局办理完成股权转让变更登记之日。"第5.1款约定:"本协议项下之各方确认并同意,各方将根据《中华人民共和国公司法》等法律、行政法规、规范性文件的规定以及本协议的相关约定,在本协议生效之日起10日内修改龙辉矿业章程,并由龙辉矿业按照法定程序报送工商部门,申请股权转让之工商变更手续。"第14.1款约定:"本协议经各方签署后协议成立,并经各方有权机构批准后生效。"《协议》第6.6款约定:"薛某懿、薛某蛟保证共同配合完成国能公司收购龙辉公司全部股权的工商及其他相关变更登记备案手续";第7.2款约定:"西藏国能保证配合薛某懿、薛某蛟办理其龙辉矿业股权变更的工商及其他相关变更登记备案手续。"《协议》第13条约定了协议的解除条件,即一方或各方遭遇不可抗力事故,致使协议的履行成为不可能;一方严重违约;一方违反本协议的保证与承诺,致使协议目的无法实现;各方一致同意解除协议;等等。《协议》第15条约定了违约责任,即由于一方不履行本协议及附件规定的义务或严重违反本协议及附件规定,造成龙辉公司无法正常经营或各方无法达到本协议规定的经营目的,视为违约,违约方需赔偿守约方的全部损失。国能公司与薛某懿、薛某蛟签订合作协议后,国能公司与薛某懿、薛某蛟、龙辉公司还签订了《保密协议》,对各方设定了相应的保密义务。国能公司于2013年7月22日、23日分别向薛某懿、薛某蛟各支付了375万元,8月15日向薛某懿、薛某蛟共支付450万元,加之双方签订协议之前已付的300万元,国能公司已付股权转让款共计为1 500万元。对此双方均无异议。但在履行协议过程中,双方未按《协议》第5.1款、第6.6款、第7.2款之约定办理股权转让工商变更登记手续。8月29日,原、被告双方对龙辉公司的企业法人营业执照、公司公章、公司财务章、探矿证等18份公司资质及财务证照进行了交接。对此,双方亦无异议。

2013年10月24日,薛某懿向国能公司发出终止协议函,内容为:"……根据《协议》,贵公司已存在如下违约行为:1. 没有按照《协议》4.2.1条履行付款义务;2. 没有筹集资金对目标矿权实施地质勘查;3. 没有到矿产管理机关办理股权转让审批;4. 没有进行公司年度检查。由此确定,贵公司违背了合同约定,给我造成了重大损失,我无法再容忍贵公司在履行《协议》方面的不诚信行为。根据《协议》约定,特通知贵公司终止《协议》的履行。并在3日内退还与西藏龙辉矿业有限公司有关的材料、公章、营业执照等物品,迟延退还给西藏龙辉矿业有限公司造成损失由贵公司全部承担。终止《协议》之后的事宜,也请尽快约定时间协商处理。"当日,国能公司法定代表人曾某向薛某懿发出《关于薛某懿女士来函的回复》,内容为:"1. 按照协议第4.2.1项的约定,西藏国能已经委托第三方履行了支付义务。2. 西藏国能自从签订合作协议之后,为推进合作事宜做了大量工作。3. 西藏国能及关联企业自合作协议签署之后,已经投入资金用于履行协议所需之事项。4. 公司的年度检查工作已经开展,将按主管部门要求努力完成。因此,我认为不存在因国能公司及我的原因导致您提出终止合作协议……希望您履行合作协议的约定,配合我们完成工商注册变更工作。""……鉴于上述,我真诚的提出如下想法:1. 西藏国能以及我本人希望合作、希望将西藏龙辉矿业有限公司矿产资源整合好的态度没有变化,反而更加迫切地希望进一步推进相关工作,我们已经制订了切实可行的工作方案。2. 您一直同意为矿权评估提供地质资料,我希望您提供,以便于我们工作的开展,不要造成不好影响。3. 如果您本人对合作的工作有任何意见或者想法,我非常希望也愿意和您坐下来,本着合作共赢的精神,共同商量解决办法……"

11月28日,受薛某懿、薛某蛟委托,泰和泰(拉萨)律师事务所律师李明波、杨娟向国能公司发出(2013)泰拉律函字第25号《律师函》,内容为:"……薛某懿于2013年10月24日向你司发出了《关于终止西藏龙辉矿业有限公司股权及探矿权合作协议的函》(你公司工作人员孙某签收),要求终止该股权协议,并要求你司交回其交接的西藏龙辉矿业有限公司的营业执照等相关资料,但你公司并未同意……""……薛某懿、薛某蛟依照股权协议第13.2.2项、第13.2.4项的约定和《中华人民共和国合同法》第96条的规定解除股权协议,请你司在接到此律师函三个工作日内指派专人与薛某懿、薛某蛟或者与本律师(协)商解除合同事宜……"

2013年11月28日,薛某懿、薛某蛟以龙辉公司股东名义向西藏自治区工商行政管理局提出《申请》,内容为:"……由于我公司不慎,将营业执照正、副本(注册号:5400002001644)丢失,特向贵局申请补发营业执照正、副本。请于(予)批准为谢!"当日,以龙辉公司名义在《西藏商报》刊登三份《声明》,内容分别为:"西藏龙辉矿业有限公司不慎,将营业执照正、副本(注册号:5400002001644)、法定代表人证书及公司公章、财务专用章、薛某懿私章丢失,声明作废。""西藏龙辉矿业有限公司不慎,将税务登记证正、副本(藏国税字:540102741926054)丢失,声明作废。""西藏龙辉矿业有限公司不慎,将组织机构代码证正、副本(有效期:自2011年7月15日至2015年7月15日)丢失,现声明(组代管:540100-018052)作废。"次日,即10月29日,薛某懿、薛某蛟与王某生、薛某琦签订了转让合同,将已转让给国能公司的股权再次转让给王某生、薛某琦。双方在转让合同中约定:就转让的龙辉公司所属三个探矿权即"西藏阿里地区革吉县折坡铁矿普查""西藏日喀则昂仁县暗宗多金属矿普查""西藏阿里地区革吉县黄草东多金属矿普查"的股本结构为:薛某懿占60%,薛某蛟占40%。薛某懿自愿将其持有的60%龙辉公司所属上述三个探矿权之股权分别转让给王某生30%、薛某琦30%。薛某蛟自愿其将持有的40%龙辉公司所属上述三个探矿权之股权转让给王某生。转让后,龙辉公司所属上述三个探矿权的股本结构为:王某生占70%;薛某琦占30%。本次探矿权的转让金额为人民币500万元整,王某生、薛某琦按受让的探矿权股份比例分别出资。王某生、薛某琦承诺探矿权转让之日起3日内,一次性付给薛某懿、薛某蛟探矿权转让款人民币300万元整,余款在本合同所约定的探矿权转让全部完成之日付清。2013年10月30日,西藏自治区土地矿权交易和资源储量评审中心就薛某懿、薛某蛟与王某生、薛某琦转让合同所涉矿权,在西藏自治区国土资源厅官网政务公开界面发布了藏矿交字(2013)032号《西藏龙辉矿业有限公司探矿权转让公告》。10月31日,王某生通过中国工商银行西藏自治区分行分别向薛某懿和薛某蛟账户打入转让款200万元、300万元。王某生、薛某琦就所受让股权在办理工商变更登记手续时,国能公司于2013年11月20日向西藏自治区工商行政管理局提交了《情况说明》,内容为:"……请贵局出于保护我公司权益的考虑,停止办理龙辉公司的相关工商资料挂失及变更业务。"11月21日,西藏自治区国土资源厅以藏国土资复(2013)269号《西藏自治区国土资源厅关于西藏龙辉矿业有限公司变更股权及法定代表人的批复》,批准龙辉公司变更股权及法定代表人。12月5日,西藏自治区工商行政管理局向国能公司发出《告知书》,内容为:"……西藏龙辉矿业有限公司于12月5日向我局提交股东、法定代表人和管理人员变更的申请,我局已依法受理。鉴于你公司2013年7月12日与该公司股东薛某懿、薛某蛟签订了《关于西藏龙辉矿业有限公司股权及矿权之合作协议》,2013年11月20日又向我局提出了'停止办理龙辉公司的相关工商资料挂失及变更业务'的请求,是该项申请的利害关系人。根据《中华人民共和国行政许可法》第三十六条的规定和《西藏自治区工商行政管理局关于促进个体私营经济加快发展的若干意见》第51条'……变更及注销登记,自受理起3个工作日办结……'的规定,现将此情况告知你公司,请你公司于3个工作日内进行书面陈述和申辩。逾期不提交陈述和申辩,将视为放弃权利。我局将依法办理西藏龙辉矿业有限公司上述变更申请。"

12月9日,薛某懿、薛某蛟与王某生、薛某琦就所转让龙辉公司股权在西藏自治区工商行政管理局办理了股权变更登记手续,将龙辉公司的股东变更为王某生、薛某琦,将法定代表人变更为王某生。

国能公司认为:薛某懿单方终止与其签订的《关于西藏龙辉矿业有限公司股权及矿权之合作协议》(以下简称合作协议),且将已转让给国能公司的股权及探矿权再次转让给第三人。故诉请法院判令:

(1)确认国能公司与薛某懿、薛某蛟签订的合作协议合法有效;

(2)确认薛某懿于2013年10月24日向国能公司发出《关于终止西藏龙辉矿业有限公司股权及探矿权转让及合作协议的函》的行为无效;

(3)由被告履行《合作协议》(转让价款为:4 583万元,已支付1 500万元,按约定国能公司还应支付3 083万元),并为国能公司办理股权变更工商登记手续;

(4)确认被告与第三人王某生、薛某琦签订的《探矿权股权转让合同》(以下简称转让合同)无效;

(5)判决三被告承担本案诉讼费用。

【法院判决】

一审判决如下:

(1)原告(反诉被告)国能公司与被告(反诉原告)薛某懿、薛某蛟签订的合作协议合法有效;

(2)被告(反诉原告)薛某懿、薛某蛟与第三人王某生、薛某琦签订的转让合同无效;

(3)原告(反诉被告)国能公司于本判决生效之日起30日内分别向被告(反诉原告)薛某懿、薛某蛟支付剩余股权转让价款1 849.8万元人民币、1 233.2万元人民币,共计3 083万元人民币;

(4)被告(反诉原告)薛某懿、薛某蛟及龙辉公司于原告(反诉被告)国能公司支付完剩余股权转让价款3 083万元人民币之日起10日内,配合原告并为原告办理龙辉公司的股权、法定代表人变更工商登记手续;

(5)驳回原告(反诉被告)国能公司的其他诉讼请求;

(6)驳回被告(反诉原告)薛某懿、薛某蛟的反诉请求。

薛某懿、薛某蛟、王某生、薛某琦均不服一审判决,提起上诉。最高人民法院二审判决:驳回上诉,维持原判。

【案件评析】

本案主要涉及案涉合作协议及转让合同的性质和效力问题。案涉合作协议的性质应认定为探矿权转让还是股权转让,主要应取决于探矿权人更名与否的事实以及合作协议约定的内容是否涉及探矿权转让等因素。根据本案查明的事实,案涉探矿权系登记在一审被告龙辉公司名下，协议内容中，双方当事人仅约定由薛某懿、薛某蛟将其持有龙辉公司的股份转让给国能公司以及与该股权转让相关的事宜，并未涉及探矿权人更名的内容；再者，作为协议转让方的薛某懿、薛某蛟，该二人并非案涉探矿权持有人，其无权在协议中处置龙辉公司所持有的探矿权；而作为探矿权人龙辉公司，并非案涉合作协议的当事人，亦不可能在该协议中进行探矿权转让。协议中虽包括矿产合作的相关内容，但均属基于股权转让所产生的附随权利义务，探矿权人仍系龙辉公司，该协议的实质仍然属于股权转让。因此，本案国能公司与薛某懿、薛某蛟所签订的合作协议应认定为股权转让协议，而非探矿权转让协议。关于协议效力，《合同法》第44条规定："依法成立的合同，自成立时生效。法律、行政法规规定应当办理批准、登记等手续生效的，依照其规定。"由于本案合作协议属股权转让性质，并不属于法律、行政法规规定应当办理批准、登记等手续生效的情形，协议成立时即生效。协议中双方当事人在第14.1款约定："本协议经各方签署后协议成立，并经各方有权机构批准后生效。"由于协议各方当事人并不存在其他有权机构，当事人自身对协议成立均无异议，即视为批准。因此，根据上述法律规定及当事人约定，本案合作协议依法成立并生效。当事人虽在协议第1条"定义"部分载明："除本协议另有解释外，本协议中出现的下列术语含义如下：……股权转让生效日指经龙辉矿业向工商行政管理局办理完股权转让变更登记之日。"但该约定系当事人对协议术语"股权转让生效日"作相应的解释和备注，约定的内容仅针对协议中出现该术语的相应条款所特指的情形，而并非对合作协议生效条件的约定。一审判决将该约定内容认定为协议生效条件，并认为与当事人约定的其他协议生效条款相矛盾不当，但该认定不影响最终协议效力的认定结果。此外，"西藏政府矿产管理意见"不属法律法规范畴，不是认定合同效力的依据，案涉合作协议的效力认定不受其约束。

同理，转让合同的性质亦属股权转让合同而非探矿权转让合同。关于转让合同的效力，根据《关于适用〈中华人民共和国公司法〉若干问题的规定（三）》第27条第1款的规定，公司股权转让后未办理变更登记，出让人再次处分该股权，受让人请求认定处分行为无效的，人民法院可以参照《物权法》第106条关于无权处分及善意取得的规定处理。即除非二次受让人符合善意取得的条件，否则股权原受让人有权追回被处分的股权。本案中，国能公司根据合作协议取得龙辉公司股权后未办理工商变更登记，股权出让方薛某懿、薛某蛟在此情况下又与王某生、薛某琦签订了转让合同，将案涉股权再次转让给王、薛二人。按照上述法律及司法解释规定，薛某懿、薛某蛟将股权再次转让的行为属无权处分行为。由于王某生、薛某琦系在明知该股权已经转让给国能公司的情况下与薛某懿、薛某蛟完成的股权转让，且系采用欺骗手段获取龙辉公司相关登记资料后办理的股权变更登记，其行为明显不具有善意；此外,王某生、薛某琦受让该股权的价款仅为500万元,不足注册资本5 020万元的1/10,与国能公司转让价款4 583万元相比也相差巨大,该转让价款应属不合理对价。综合以上事实,王某生、薛某琦受让股权的行为不构成法律规定"善意取得"的条件,薛某懿、薛某蛟向其转让股权的行为属无权处分行为,基于该无权处分行为所签订的转让合同应为无效合同。

3. 涉矿企业整体转让纠纷

唐某海、李某与唐某全、倪某祥合同纠纷案[最高人民法院(2015)民申字第1282号]

【基本案情】

云南省华坪县河西沙包岩煤矿(以下简称沙包岩煤矿)是证照齐全、采区明确的合法煤矿,其拥有的C5300002008111112132号《采矿许可证》载明采矿权人为"沙包岩煤矿"。该矿2012年7月以前由唐某全等人合伙经营。2012年7月1日唐某全、倪某祥与唐某海、李某签订《华坪县河西沙包岩煤矿转让协议书》(以下简称《转让协议》)约定,唐某全、倪某祥将煤矿转让给唐某海、李某经营;井田范围以采矿证为界;转让总价为人民币6 850万元。该协议还对付款方式、煤矿移交、违约责任等进行了约定。2012年8月9日双方签订《补充协议》约定,自唐某海、李某接手之日起该矿所产生的任何费用包括变更所有证照等均由其自行承担,唐某全、倪某祥协助办理。

协议签订后,唐某海、李某于2012年8月9日向唐某全、倪某祥支付转让款3 100万元,于2012年11月10日支付1 900万元,唐某全、倪某祥也将煤矿及煤矿各种证照、印章、财产、文书、管理资料等全部移交给了唐某海、李某。唐某海、李某接手煤矿后,开始正常生产经营,并办理了煤矿2012年度工商年检,2013年3月14日换领了有效期为2013年3月14日至2014年3月14日的"采矿许可证"。2014年2月23日上报了作为整合主体的"沙包岩煤矿"《办理采矿权延续申请书》,并缴纳了采矿权价款300万元、滞纳金33.8763万元。经唐某海、李某申请,沙包岩煤矿于2013年1月24日将企业法人营执照的企业名称变更为"华坪县河西沙包岩矿业有限公司"。2013年4月3日唐某海、李某向华坪县国土资源局递交了《华坪县河西沙包岩矿业有限公司办理变更企业名称(成立公司)的申请》,申请将"沙包岩煤矿"变更为"华坪县河西沙包岩矿业有限公司",变更企业名称后,采矿权人由原来的"沙包岩煤矿"变更为"华坪县河西沙包岩矿业有限公司",矿山名称由原来的"沙包岩煤矿"变更为"华坪县河西沙包岩矿业有限公司河西煤矿"。根据中共华坪县委办公室、华坪县人民政府办公室2014年4月21日发布的《关于切实做好煤炭产业转型升级工作的通知》的规定,沙包岩煤矿纳入了"同一矿井改造升级"的范围。

唐某海、李某在生产经营过程中,于2012年8月15日向华坪县国土资源局递交了《沙包岩煤矿要求制止华坪县杨源煤焦有限公司磨刀湾煤矿和华坪县宏源煤焦有限公司河西煤矿越界开采违法行为的申请》。申请称,经调查核实,华坪县杨源煤焦有限公司磨刀湾煤矿和华坪县宏源煤焦有限公司河西煤矿存在越界开采,申请查明两矿越界开采具体情况,立即制止违法越界开采,并按每吨原煤250元赔付损失。2012年11月26日,唐某海、李某向云南省煤矿司法鉴定中心、华坪县国土资源局提出《关于对沙包岩煤矿被越界开采鉴定初稿的意见》。该意见提出,鉴定初稿只反映了T10这一点越界开采情况,要求采用更先进的技术进行勘测估算、认定。2013年5月3日,云南省煤矿司法鉴定中心作出了《司法鉴定意见书》内容为:"1. 华坪县宏源煤焦有限公司河西煤矿开采未见非法越界进入沙包岩煤矿矿界范围内。2. 华坪县杨源煤焦有限公司磨刀湾煤矿有部分巷道非法越界进入沙包岩煤矿矿界范围内。3. 华坪县杨源煤焦有限公司磨刀湾煤矿越界巷道采出量为406.87吨,其越界采出煤炭资源量销售收入(税前)为172 800.00元。"2013年10月11日,唐某海、李某向华坪县国土资源局提出《关于对沙包岩煤矿被越界开采第二次司法鉴定意见的质证报告》,要求继续对华坪县杨源煤焦有限公司磨刀湾煤矿越界开采区域内的九个测定点及可见采空区、可见淹积水区、可见垮塌区进行清理抽水并进行越界开采量的测算。2013年10月14日,唐某海、李某又向华坪县国土资源局提出《关于要求查看杨源公司磨刀湾煤矿是否越界开采的报告》。2013年10月29日,唐某海、李某称其煤矿于2013年10月28日晚已和磨刀湾煤矿越界开采区的区域贯通,磨刀湾煤矿已进入其采区500米远,已形成一定规模的采空区,请求国土资源局组织相关部门及人员到现场勘定。2013年12月18日,云南省煤矿司法鉴定中心作出《司法鉴定(补充意见)》,结论为华坪县杨源煤焦有限公司磨刀湾煤矿越界巷道采出量为1 029.1吨,其越界采出煤炭资源量销售收入(税前)为38.6万元。唐某海、李某对补充鉴定意见没有提出异议。

唐某海、李某诉至法院请求:

(1) 确认其与唐某全、倪某祥签订的《转让协议》无效;

(2) 判令唐某全、倪某祥连带返还唐某海、李某转让款5 000万元及该款自交付之日至款项还清之日止的同期银行贷款利息;

(3) 判令唐某全、倪某祥连带赔偿唐某海、李某井下、井上设备材料款、人工费及办理证照的费用投入损失1 100万元。

【法院判决】

一审判决:驳回唐某海、李某的诉讼请求。唐某海、李某不服,共同提起上诉,请求撤销原审判决,依法改判支持其原审全部诉讼请求。

二审判决:驳回上诉,维持原判。

唐某海、李某申请再审,最高人民法院再审裁判:驳回唐某海、李某的再审申请。

【案件评析】

本案主要涉及转让合同的性质问题。2012年7月1日,双方当事人签订转让合同明确约定,唐某全、倪某祥将沙包岩煤矿转让给唐某海、李某经营,转让的内容包括煤矿所有固定资产、设备和一切证照、公章,以及采矿许可手续。由于协议中没有关于办理采矿权转让手续的约定,采矿权仍然登记在沙包岩煤矿名下,这种企业资产整体转让,是沙包岩煤矿出资人的变动,不涉及采矿权人变更,因此,该转让合同系企业整体转让合同,并非唐某海、李某主张的采矿权转让合同。关于转让合同的效力,如前所述,本案转让合同涉及合伙企业资产整体转让,并非采矿权转让。案涉转让合同、补充协议系双方当事人的真实意思表示,不违反法律、行政法规的禁止性规定,亦不损害他人的合法权益,属有效合同。

4. 采矿权承包纠纷

武某明与王某东、王某宝采矿权纠纷案[最高人民法院(2015)民一终字第74号]

【基本案情】

2011年4月18日,石嘴山国马科技股份有限公司(以下简称国马公司)与王某宝签订《煤矿(采区)合作开采协议书》,约定对正义关露天煤矿五采区二队范围内的煤炭资源进行合作开采,开采期限为两年,自2011年4月1日起至2013年3月31日止。该协议还对合作开采方式、采区范围坐标、利润分配方式、销售管理方式、安全生产管理及权利和义务、违约责任等进行了约定。

2011年7月28日,王某宝(甲方)与王某东(乙方)签订《合作开采协议》,就正义关露天煤矿(五采二山西队开挖所剩范围,往北到界、南至九区、北至杨新明队、所有五采二所剩范围)合作开采经营权的转让达成协议:"一、乙方自行开采,自主经营,甲方不得干扰……四、转让价格为人民币壹仟万元……六、煤矿开采出的原煤(含场地原煤)全部归乙方所有;七、乙方经营后按规定缴纳经营期间所产生的一切税费;八、……甲乙双方进行矿山交接,交接后的生产与安全由乙方全权负责,出现任何生产经营、安全事故等问题均与甲方无关……

2011年9月25日,王某东(甲方)与武某明(乙方)签订《合作开采协议》,就正义关露天煤矿(五采二杨新明矿以后大约2万多平方米)经营权转让达成协议:"一、乙方自行开采自行经营,甲方不得干扰,乙方与甲方享有同等权利,遵守矿业集团合同规定的各项条款。(转让前债务除外)二、开采时间以王某宝与矿业集团所签订的合作开采协议所规定的时间期限为准……四、转让价款为人民币1 900万元整。五、付款方式:签订协议时乙方付定(金)100万元整,开工时再付400万元整,开工一个月后再付400万元整,到2011年12月15日付200万元整,明年(2012年)古历3月中付400万元整,剩余400万元等11号主层煤顶部见后一次性付清,若逾期付不清,甲方有权停止乙方一切生产销售活动并收回转让采权,由甲方自己经营,已付款项不予退回……九、转让后乙方自我管理,自负盈亏,确保安全,在开采经营所产生的一切债权债务均与甲方无关……

2012年5月23日,王某东(甲方)与武某明(乙方)再次签订《合作开采协议》,就正义关露天煤矿(九采二队)交换面积(长200米,宽80米)和五采二队开采面积(宽平均115米,长平均110米),总面积大约2.8万平方米的经营权转让达成协议。该协议约定转让价款为人民币3600万元整,协议其他条款的约定除转让范围、付款方式和期限不同外,与2011年9月25日的《合作开采协议》其他条款内容相同。该两份协议签订后,武某明对协议约定转让的煤炭采区实际进行了剥离开采。

2012年10月18日,王某东给武某明出具收条一张,载明:"今收到武某明交来2011年10月5日至2012年10月18号,共计交来付矿款壹仟叁佰伍拾万元正(1350万元整)。"

2013年4月28日,国马公司(甲方)与武某明等人(乙方)就武某明等人投资开采煤矿造成巨额亏损(武某明等人到国马公司、石嘴山市政府、自治区政府、北京上访,经石嘴山市信访督办局协调形成会议纪要),根据会议纪要内容就处理事项达成《关于正义关煤矿五采区二队采矿纠纷处理协议》。

武某明向法院提起诉讼称:武某明与王某东签署《合作开采协议》并支付了2740万元煤矿转让费后,投入巨资对案涉煤矿采区进行剥离开采,但因资源稀少造成3000万元损失。该采区属于国马公司,王某宝与国马公司合作开采后,在明知无权对外转让和发包合作开采权的情况下,将部分资源通过签署《合作开采协议》的方式转让给王某东开采,王某东又将部分资源转让给武某明开采。该行为应属违法转让,签署的协议为无效协议。请求:

(1) 王某东、王某宝共同返还武某明煤矿转让费2740万元;
(2) 王某东、王某宝共同赔偿武某明开采投入损失3000万元;
(3) 本案诉讼费由王某东、王某宝承担。

【法院判决】

一审法院判决如下:

(1) 王某东于判决生效后30日内,返还武某明煤矿转让费1350万元;
(2) 驳回武某明对王某东的其他诉讼请求;
(3) 驳回武某明对王某宝的诉讼请求。

武某明不服一审判决,提起上诉。最高人民法院二审判决:

(1) 撤销宁夏回族自治区高级人民法院(2013)宁民初字第20号民事判决;
(2) 驳回武某明的诉讼请求。

【案件评析】

本案主要涉及武某明与王某东签订的两份《合作开采协议》的性质及效力问题。关于武某明与王某东签订的两份《合作开采协议》的性质,应认定为采矿权承包合同,而非采矿权转让合同。理由如下:

(1) 正义关煤矿的采矿权人一直是国马公司,本案各方当事人均未试图改变采矿权的归属。武某明与王某东签订的《合作开采协议》明确,双方系就"经营权转让"达成的协议,协议中并无关于变更采矿权人的约定。

(2) 从开采期限上看,《合作开采协议》第 2 条约定,武某明的开采时间以王某宝与国马公司所签合作开采协议约定的时间期限为准,而非永久性转让开采的权利。

(3) 从开采范围上看,《合作开采协议》约定,武某明有权开采的仅为五采二区的部分区域,而非整个正义关煤矿。

(4) 从矿区管理上看,国马公司始终控制着正义关煤矿的开采及销售,武某明必须遵守国马公司的管理规范。《合作开采协议》约定,武某明应"遵守矿业集团合同规定的各项条款""必须遵循国家矿业集团及安全部门有关规范施工,规范生产、规范经营、确保安全。"在开采过程中,各方须将税费层层上缴国马公司并在国马公司处领取火工品。在销售过程中,各方须将采出的原煤在国马公司所设的磅秤上过磅以缴纳管理费。故此,从案涉两份《合作开采协议》的内容及履行情况看,并不符合采矿权转让合同的特征,王某东只收取固定数额的转让费用,武某明自行开采、自主经营、自负盈亏,应认定为采矿权承包合同。

关于案涉两份《合作开采协议》的效力。该两份协议系武某明与王某东的真实意思表示,不违反法律、行政法规的强制性规定,具有法律效力。理由如下:

(1)《矿产资源法》第 6 条以及国务院《探矿权采矿权转让管理办法》第 3 条是对探矿权、采矿权转让所作出的限制性规定,而案涉两份《合作开采协议》为采矿权承包合同,并非采矿权转让合同,故不适用这两条规定。根据《合同法》第 52 条以及最高人民法院《关于适用〈中华人民共和国合同法〉若干问题的解释(二)》第 14 条的规定,人民法院确认合同因"违反法律、行政法规的强制性规定"而无效的,只限于效力性强制性规定。而现行法律、行政法规中,并无禁止采矿权承包的效力性强制性规定。

(2) 国马公司与王某宝签订的《煤矿(采区)合作开采协议书》第 7 条第 1 款第 3 项约定,王某宝不得擅自转让或对外发包合作开采权,王某宝如果转让合作项目应提交书面申请并经国马公司会议研究同意,否则国马公司有权单方提前终止协议,所造成的一切经济损失及法律责任由王某宝负责。虽然王某宝、王某东未提交转包前经国马公司书面同意的证据,但国马公司在知悉王某宝、王某东擅自转包经营权的事实后,并未终止与王某宝的协议,而是直接与武某明等人签订了《关于正义关煤矿五采区二队采矿纠纷处理协议》,且实际支付了部分损失赔偿款,其行为应视为对转包效力的追认。

(3)武某明主张王某东、王某宝隐瞒案涉采区煤炭储量稀少的事实,诱导武某明签订案涉两份《合作开采协议》,构成欺诈,但未提交相应的证据予以证明,依法不能成立。

(本章由中华全国律师协会环境资源与能源法专业委员会组织编写,执笔人:陈臻、周塞军、王霁虹、周安杰、栾政明、申升、刘占国、于东昆、王振华、丁涛、钱学凯、赵兵、张彬、刘彦生、曹旭升、霍志剑)

第六章 公司法律服务业务报告

目 录

一、公司法业务回顾与展望 / 309
    （一）公司法业务回顾 / 310
    （二）公司法业务展望 / 311

二、律师公司业务的发展和创新 / 314
    （一）新三板律师业务的发展和创新 / 315
    （二）商事制度改革中律师公司业务的创新和发展 / 318
    （三）"一带一路"战略实施与律师业务的创新和发展 / 324
    （四）法律服务资本化探索 / 326

三、公司法热点问题研究及立法建议 / 329
    （一）类别股份制度的发展 / 329
    （二）特殊股权结构的制度化路径 / 331
    （三）公司决议瑕疵的类型及救济 / 333
    （四）公司法人人格否认规则的发展 / 335
    （五）休眠公司的解散与清算 / 337

四、公司法领域的重大法律事件、典型案例评析 / 339
    （一）公司资本非经法定程序不得随意变更——评卓桂生与纪定强等合同纠纷申请再审案最高人民法院(2015)民申字第811号合同纠纷申请再审民事裁定书 / 339
    （二）小股东解除大股东的股东资格——评宋余祥诉上海万禹国际贸易有限公司决议效力确认纠纷案 / 341
    （三）私募股权投资中股东承诺投资保底收益的效力——评浙江省宁波正业控股集团有限公司与上海嘉悦投资发展有限公司纠纷案 / 346
    （四）股东债权应否劣后受偿？——评中国首例"深石原则"案 / 350

一、公司法业务回顾与展望

新一届政府正锐意改革,这次改革与律师公司业务密切相关,广大律师以法律人的方式参与了这场盛宴,彰显了律师在经济体制改革与法治建设中的积极作用。

(一) 公司法业务回顾

从中央到地方正在推进的以简政放权、双创、经济转型为主线的改革,彰显了公司自治精神,极大地激发了市场活力和社会创造力,激发了社会对公司法律业务的需求,公司诉讼业务和公司非诉业务蓬勃发展。

1. 公司诉讼业务上升较快,与"互联网+"相关的新型公司诉讼开始出现

据不完全统计,与公司有关的 25 类纠纷中,股权转让纠纷案件最多,其后依次为股东资格确认纠纷、股东知情权纠纷、股东出资纠纷、公司解散纠纷、损害公司利益责任纠纷等,不同案由分布如下:最高人民法院公布的 2015 年 1 月 1 日至 2015 年 12 月 31 日期间已审结的与公司有关的纠纷案件为 7 552 件,其中股权转让纠纷为 3 404 件,股东资格确认纠纷为 975 件,股东知情权纠纷为 501 件,股东出资纠纷、股东决议纠纷、损害公司利益责任纠纷、公司解散纠纷案件为 300 件左右。值得注意的是,以上数据系法院已审结的案件数,并非受理案件数,受理与已审结之间存在时间差。

国务院出台"简政放权"、促进"双创"等一系列重大改革举措,在降低准入门槛、提高投资创业便利化程度等方面取得了明显进展,小微企业"铺天盖地"的格局逐步显现。在商事登记制度改革以市场主体自律取代验资、年检等制度的背景下,受社会诚信良莠不齐,误读改革政策产生误操作,以及整体宏观经济下滑及融资渠道缩减,中小企业生存环境较差等因素影响,导致公司股东在权益分享、责任分担等问题上产生多种矛盾和纠纷,使股权转让纠纷、股东资格确认纠纷、股东知情权纠纷、股东出资纠纷等股东纠纷增幅较大,上升 20% 左右。

法院受理的与公司有关的纠纷上升较快,意味着律师公司诉讼业务增幅较大。与普通债权债务纠纷相比,公司诉讼的专业化要求较高,公司诉讼基本上由律师代理。

互联时代,"互联网+"成了经济生活的"新常态"。带有"互联网+"烙印、与公司有关的新型纠纷正在涌现,如北京市海淀区人民法院于 2015 年 9 月 15 日公开宣判的北京飞度网络科技有限公司诉北京诺米多餐饮管理有限责任公司的国内"股权众筹第一案"。

2. 公司非诉业务如雨后春笋般蓬勃发展

随着商事登记制度改革、投融资体制改革的大力推进,社会对公司非诉业务的需求大幅增加,推动律师公司法业务领域日渐扩大,服务内容不断丰富。律师在公司设立、维持、变更以及公司解散、清算等方面的传统非诉讼业务有较大发展,与商事登记制度改革和投融资体制改革直接相关的公司非诉业务如雨后春笋般蓬勃发展。

《公司法》修改后我国商事登记制度发生重大变革,相应的,律师为公司设立提供法律服务的内容和方式也发生了重大变化,主要有以下几点:

第一,为股东在公司设立时认缴资本提供法律服务。注册资本实缴制改为认缴制后,除募集方式设立的股份公司以外,公司出资全部由发起人或股东自由认缴,而且除国务院规定的27种行业仍保留最低注册资本制度外,取消了最低注册资本的限制,在此情况下律师可以为股东以及公司在认缴注册资本时确立最优的合法合规方案。

第二,为出资形式的选择提供服务。货币出资比例已经被取消,货币和非货币均可以用来出资。股权出资、债权出资成为新的出资形式。

第三,为先照后证提供服务。公司申请登记的经营范围中属于法律、行政法规或者国务院规定在登记前须经批准的项目,应当在申请登记前报经有关部门批准,并向公司登记机关提交有关批准文件。现在行政审批逐步减少,先照后证正在全国各地试点,了解审批事项的范围也成为律师的服务内容之一。

第四,为选择设立公司的类型提供服务。《公司法》修订后,股份有限公司的注册资本限额门槛被取消了,是设立有限责任公司还是设立股份有限公司,需要律师根据股东多少、股东权利的差别以及决策程序的难易程度来帮助当事人作出合理的选择。

正在推进的商事改革,简政放权,催生了公司章程个性化设计、公司秘书服务、创新股权交易方案、公司简易注销等新型非诉公司业务。具体内容参见下文"律师公司业务的发展与创新"。

3. 新三板业务发展迅速

自2013年新三板正式挂牌以来,新三板发展迅速。2015年3月起新三板三板成指和三板做市两项指数正式发布,截至2015年12月8日,挂牌企业已达到4 546家。相应的,律师为新三板挂牌提供的尽职调查、出具法律意见书、挂牌后服务等服务获得长足发展。

4. 公司并购业务增长较快

2015年是中国及全球企业并购极为活跃的一年,中国企业并购交易总额创下历史新高。2015年,我国上市公司并购数量增长较快,1月到7月上市公司并购重组交易金额为12 685亿元,达到2014年的87.5%。律师在并购中主要作为并购交易其中一方的法律顾问参与到并购之中,提供尽职调查、设计并购方案、起草并购协议、出具法律意见书等专项法律服务。

(二) 公司法业务展望

从中央到地方,将进一步简政放权,促进"双创",调整产业结构,国企改革、农村产权制度改革、投融资制度改革,继续在改革措施的深化、细化、具体化上下工夫,进一步把改革红利转化为发展动力。这不仅会进一步激发社会对公司法律业务的需求,而且开启了律师公司业务创新发展的机会之门,律师公司业务领域将越来越宽,服务的内容和方式将更加丰富多样。随着新一轮改革红利的到来,以下律师公司业务将获得长足发展,广大律师要把握机会,借势开拓:

1. 多层次资本市场的发展与完善,律师为公司投融资项目提供服务的机会越来越多

我国资本市场从20世纪90年代发展至今,资本市场由场内市场和场外市场两部分构成。其中场内市场的主板(含中小板)、创业板(俗称二板)和场外市场的全国中小企业股份转让系统(俗称新三板)、区域性股权交易市场、证券公司主导的柜台市场共同组成了我国多层次资本市场体系。股权众筹、PPP、P2P模式的兴起为不同类型资本之间的融合提供了更多的可能,互联网金融这一概念的出现一方面为资本的流动性带来了前所未有的发展契机,另一方面也引起了各类监管目光的关注。作为专业的法律工作者,律师需要结合具体行业中的实践经验,对各种路径及架构面临的主要问题进行深入的梳理、剖析和总结。律师可以为公司进行投融资方案设计与实施,并预防法律风险,解决各种法律问题。投融资前,律师可以对投融资项目的法律和政策环境进行尽职调查,确保方案的合法有效和可操作性。在投融资中,可以参与谈判、起草、审核风险投资协议、信托协议等相关法律文件,对各种投融资方式中可能出现的股权变动,公司管理权共享,资本注入方式,境内外上市等诸多法律问题进行处理,确保企业操作合法有效,投融资顺利高效。具体内容参见下文"律师公司业务的发展与创新"。

2. 随着混合所有制改革的不断推进,律师参与该项改革并提供相应服务的机会日益增多,范围将会进一步扩大

混合所有制的改革过程离不开法律界和律师的介入。站在律师的角度,更应该关注的是如何顺应法律服务市场的变化,提升服务水平,为国有企业推进混合所有制改革提供助力。尤其是国有企业改制方案的设计、国有企业股份制改造中建立规范的公司治理结构、设计平衡股东利益的机制、对于员工持股的管理以及公司改制中出现的员工合法权益的保护等问题,需要律师提供更加精准和多样化的法律服务。律师在混合所有制改革浪潮下,将主要在以下几方面拓展和创新公司法业务:民营资本参与国有企业改制、改组;外资参与国有企业的改制、改组申请破产、申报债权、参加债权人会议、职工持股、经营者持股、职工安置等方面,就企业提出的特定问题、特定业务进行法律调查,提供法律咨询意见,就企业特定项目的设立、建设、经营提供全程法律咨询服务,就企业投资、公司设立、资产重组、股权转让、兼并与收购、合并与分立等项目提供法律咨询服务和项目代理服务。

3. 随着商事登记制度改革的不断推进,律师参与投资创新、管理创新并提供创

新服务内容与方式的机会日益增多、范围将日渐扩大

随着商事登记制度改革的不断推进,有关部门开始抛弃原来处处设"卡"的旧思维,有利于投资创新、管理创新和律师公司业务创新的新常态正在建立。

律师参与投资创新、管理创新并提供创新服务内容和方式的机会日益增多、范围将日渐扩大。比如公司章程个性化设计、公司秘书服务将更加流行。具体内容参见下文"律师公司业务的发展与创新"。

4. 当前经济形势下公司破产清算和解散清算业务将增加

市场经济条件下激烈的竞争往往导致部分公司、企业因经营管理不善、技术水平落后、人员素质低或资金运用不当而破产、倒闭。特别是近年来,受国内外各方面不利因素的影响,生产经营陷入困境的公司逐渐增多,各地法院受理的破产案件和强制清算案件也呈现逐年增多的趋势。从健全市场退出机制、完善市场经济制度角度来看,企业破产和清算案件逐渐增多是必然趋势。在公司、企业破产阶段,律师担任破产管理人,或者接受债权人、公司股东的委托提供法律服务,已经成为公司法领域一项重要工作内容。破产清算案件涉及面广,破产企业面临的法律问题繁多,涉及众多法律知识,因此律师应当提升自身素质,只有这样才能在案件办理过程中为公司、企业提供高效优质的法律服务。

5. 并购律师业务将进入持续繁荣期

一方面,随着调结构、去产能等措施的进一步深化,激发公司并购活力;另一方面,新三板挂牌企业数量激增,给我国的并购市场提供了数量巨大的标的物,从而促进并购市场的繁荣,律师为并购提供专项法律服务将获得更大发展。

律师在并购中除了提供法律服务之外,通常还可以提供寻找并购标的公司等增值服务——这是律师业务向资本市场极有价值的延伸,也是律师的富有成效的跨界业务开拓。在并购法律服务中,律师如果同时提供居间服务的,律师费自然也包括居间服务的费用。居间服务的费用,通常要超过单纯提供法律服务的费用。

6. 公司诉讼的类型和数量将不断增加,公司诉讼业务将持续上升

首先,公司诉讼的数量变化与区域经济发展存在一定程度的对应关系,同时受立法活动的直接影响。随着经济的发展和《公司法》的修订,《公司法》由修订前的以限制、管理、约束为主,逐步转向为保障股东、公司本身、债权人的利益服务,减少行政管理性规定及强制性规定,让公司在较宽松的环境下自由发展,同时为公司在自由发展过程中遇到的问题提供了必要的法律救济途径。因此大量新类型公司纠纷在此背景下出现,公司诉讼案件总体上将再次呈现上升态势。

其次,公司纠纷类型多样,利益关系多元。公司诉讼案件类型中包含了股东资格确认、股东出资、股东知情权、股权转让、公司盈余分配、股东会决议效力、公司合并、公司解散、公司清算等多种类型的纠纷,贯穿公司设立、公司经营、企业法人终止

的整个过程,涉及股东权益、公司利益、公司治理、公司债权人利益等多个方面。随着公司自治、股东自治理念的不断发展,将会有更多类型的诉讼出现。

7. "互联网+"对法律服务的内容与形式产生深远影响,公司非诉业务将大幅增加

"互联网+"的特点是跨界融合。法律行业作为古老的知识密集型行业,虽然受到互联网影响较其他行业缓慢,但也逐渐受到颠覆性冲击,同时也带来了前所未有的机遇。而律师是法律行业及法律服务市场最为重要和活跃的群体之一,"互联网+"对律师行业的启示相较于其他法律行业更为深远和广阔。比如,在初创企业及中小微企业发展初期,律师可以通过提供在线专业化、标准化、流程化服务,参与企业的外部和内部治理,规范公司治理,降低企业风险。真正具有专业精神并深受信任的公司律师,对企业业务了如指掌,永远是企业的宝贵资源。由于在线法律服务的便利以及客户和律师信息对称,客户不出门便可获得优质律师资源和高效的法律服务,公司非诉业务将大量增长。

从事公司法律服务的律师,需充分掌握"互联网+"时代的各种信息工具、智能化工具和互联网资源,积极面对互联网对律师业带来的冲击,并努力改变服务观念,创新服务模式,才能真正在激烈的法律服务市场中生存发展。

8. 随着"一带一路"战略的实施及亚投行正式成立,中国律师公司业务国际化将搭上发展快车

随着"一带一路"战略的实施及亚投行正式成立,给正在不断尝试走出去、国际化的中国律师业务发展和业务开拓带来新的机遇。具体内容参见下文"律师公司业务的发展与创新"。

此外,在农村集体产权制度改革的大背景下,律师在其中所发挥的作用也日渐凸显,一方面激发了社会对法律服务的需求,另一方面律师业务也得以扩展。熟悉公司业务的律师,在农村产权制度改革中,可以提供股份制改造(即农村股份合作制或者股份公司制改造)及相关治理专项法律服务,包括以清产核资、产权界定、章程制定、股东资格界定、资产量化、股权设置、股权管理为主要内容的与集体经济组织产权制度改革相关的专项法律服务。

二、律师公司业务的发展和创新

2013年修订的《公司法》尊重公司自治,淡化了以往《公司法》浓重的管制色彩,增加了许多任意性规范,大大拓宽了公司自治的空间。目前正在进行的商事登记制度改革、简政放权,实际上是对公司自治精神的回应。

随着简政放权、促进"双创"、调整产业结构、国企改革、农村产权制度改革、投融资制度改革等一系列改革举措的落实,束缚投资创新、管理创新和律师公司业

务创新的"玻璃天花板"已经被打破,有利于投资创新、管理创新和律师公司业务创新的新常态正在建立。这是一种历史机遇,更是一种责任,律师要勇于开拓进取。

在新常态下,广大律师积极探索公司法律产品的"微创新"。所谓微创新,顾名思义,就是微小的创新。乔布斯曾经说过一句著名的话:"微小的创新可以改变世界。"乔布斯不是一个发明家,他没有发明出个人电脑,没有发明出图像界面的操作系统,也没有发明手机,平板电脑也不是他的首创,他是一个微创新者。然而,全世界都公认乔布斯最具创新精神。律师公司业务微创新,适逢其时。

当然,业务创新与执业风险并存。律师在拓展创新业务的同时,要注意服务质量和风险控制。

(一)新三板律师业务的发展和创新

新三板是资本市场的新生细胞,迅速在整个社会引起了关注,并且确实关乎及影响了众多领域,如企业、企业家、创业者、中介机构、投资机构、个人投资者、监管机构以及各地方政府等。宏观上来讲,是中央政府对中小微企业的真正扶持政策;微观上来讲,给予每一位参与者良好的机会。新三板业务的"无门槛"进入,给予我们一次向非诉金融业务延伸的重要机会,如何使自己具备良好的业务水平并参与到这个业务市场中,不仅要成为一位资本市场的业务操作者,更要成为企业资本运作规划的战略家,对律师提出了较高的要求。

1. 新三板律师业务的发展与创新综述

(1) 新三板的历史、演变与发展

"新三板"是业界对"中关村科技园区非上市股份有限公司代办股份报价转让系统"的俗称。

2006年1月,根据国务院的决定,中关村科技园区非上市股份公司进入证券公司代办股份转让系统进行股份转让试点。

2012年7月,国务院同意扩大非上市股份公司股份转让试点,在中关村园区基础上,新增上海张江、武汉东湖、天津滨海高新区进入试点范围;同意设立全国中小企业股份转让系统,组建运营管理机构。

2012年9月20日,全国中小企业股份转让系统有限责任公司在国家工商总局完成登记注册。

2013年1月16日,举行全国中小企业股份转让系统揭牌仪式,即新三板交易所成立。

2013年12月14日,国务院正式发布《关于全国中小企业股份转让系统有关问题的决定》,标志着全国中小企业股份转让系统正式扩大至全国范围,不限地域、不限行业、200人以下股东不审批。这一历史性转折使新三板成为资本市场的一块沃土。

2014年1月24日,266家企业在中小企业股份转让系统集体挂牌公开转让,新三板上的挂牌公司一举达到600家。

2015年8月18日,新三板挂牌企业一举突破3 200家;2015年12月8日,挂牌企业已经达到4 546家。

(2) 新三板的挂牌条件

股份有限公司申请股票在全国股份转让系统挂牌,不受股东所有制性质的限制,不限于高新技术企业,应当符合下列条件:① 依法设立且存续满两年;② 业务明确,有持续经营能力;③ 公司治理机制健全,合法规范经营;④ 股权明晰,股票发行和转让行为合法合规;⑤ 主办券商推荐并持续督导;⑥ 全国股份转让系统公司要求的其他条件。

(3) 新三板的重要价值及意义

在新三板挂牌的企业,属于非上市公众公司,虽然与上市公司的市场地位、所受监管的严格程度等方面有着明显的差别,但是新三板市场对挂牌企业本身和所在地区的社会经济有着重要的意义。

企业在新三板挂牌能够:① 解决中小企业融资难问题;② 解决中小企业股权定价问题;③ 解决企业转板问题;④ 解决企业公司治理问题;⑤ 解决创业者回报及创投机构退出问题;⑥ 解决树立品牌、提高企业公众形象问题。

新三板的全国扩容,有力地促进了区域经济的内源式增长,政府鼓励更多符合条件的小微企业,通过在新三板挂牌,成为公众公司,借此吸引外部资金投入、优秀人才加盟、公司规范经营按章纳税,使当地经济在不依靠引入外来资金的情况下,实现财税增收、经济增长。新三板对区域经济发展有着现实的重要意义。

(4) 新三板律师业务的发展与创新

在新三板的整体发展中,无论企业挂牌、融资并购还是转板上市等各个环节,均必须依靠律师的专业工作,同时律师的参与也是法律规定提出的要求。

第一,新三板法律业务范畴。律师在新三板领域的工作内容主要有:尽职调查、出具法律意见书、挂牌后服务。

尽职调查:在任何一项关乎公司外部合作及发展的事项中,尽职调查是必不可少的工作内容。法律尽职调查是新三板工作必要的前置事务,目标公司是否符合新三板的基本要求、以何种方案挂牌甚至挂牌后的整体资本运作等,均需要以尽职调查的结果进行判断、分析及规划,所以,尽职调查是新三板工作启动的根本。这项重要的工作,对律师的业务素质有很高的要求,从尽职调查的内容设计、方法适用、资料分析、结论总结到方案建议,考验律师对综合法律体系的掌握以及运用的智慧。

出具法律意见书：这是一项法律要求的工作内容。法律意见书是股转公司依法律规定审核企业新三板挂牌的必须要求，属必备法律文件。法律意见书的结论不仅决定着某些重要事项对企业能否挂牌的影响，更重要的是决定企业挂牌后能否获得资本的青睐，合作伙伴对企业风险的法律评估系数等。法律意见书承载着如此重要的责任，同时也意味着律师对在法律意见书上的签名要承担法律责任，绝不是任意的草草签字。律师要意识到法律意见书对于企业以及自己的意义，要以慎重的态度对待法律意见书。

挂牌后服务：企业通过新三板挂牌，认识到公司除常规法律顾问之外，还需要专业的、懂得资本市场的律师对企业发展的必要作用，律师可以担任企业后续资本运作的专项法律顾问或者融资、并购、转板上市的专项事务律师。

第二，律师在新三板业务中的角色定位及优势。

首先，律师承担前置审查及整改的重任。新三板挂牌，券商为主导地位，但是项目是否符合标准，要先从法律及财务尽职调查结果来确定，并且企业的改制方案以及所有程序的合法合规性均要通过律师出具的法律意见书进行确认，否则会影响企业的挂牌结果，所以券商的工作很多要依赖于律师对企业的判断及整改措施的制定。在这种条件下，律师不应该仅成为新三板挂牌工作中的被动者，而是应该主动承担前置审查及整改工作，将合格的企业交予券商，律师应该成为整体挂牌工作的主导者，成为工作团队的整合者。

其次，律师掌握大量客户资源。律师的工作对象及客户中，有大量是企业，这些企业会成为新三板挂牌的客户资源及渠道，无论律师担任企业法律顾问或者帮助企业处理过专项事务，对企业的情况都会有一定程度的了解，这对于分析判断该企业能否符合新三板挂牌标准均有重要意义，既能避免企业盲目冲击新三板，同时也能避免工作团队选择挂牌目标的盲目性。

2. 新三板业务展望

新三板法律服务是一个新增的市场，保守预计三年内挂牌企业数量将超过1万家。据此推算，法律服务在此市场中将产生几部分收益：一是直接挂牌费用；二是企业综合治理费用；三是挂牌后专项法律事务费用。这部分收益为法律服务新增收入，总数大约概算以百亿级计算。

3. 政策建议

随着多层次资本市场的建立和发展，对企业的合规要求越来越高。从新三板挂牌的实践中，我们看到许多企业从未有过常年法律顾问甚至从未聘请过专业律师为企业的内部治理及外部合作提供服务，致使企业挂牌时发现存在许多历史性问题，解决起来非常棘手甚至无法解决。律师在企业发展过程中的角色定位应该是"设计师"，而非"消防员"，将可能的法律风险及障碍排除在前，防止发生问题，引起致命损失。

中央已经提出政府法律顾问制度,建议还应当建立指导性企业法律顾问制度,从企业的资本化方面要求一定的法律辅导期,形成企业法律顾问或者专项法律事务服务常态化,强化律师的保障作用而非救济工具。

(二) 商事制度改革中律师公司业务的创新和发展

1. 商事登记业务创新与发展综述

商事制度改革较好地体现了公司自治精神。在商事登记改革的冲击下和知名公司法专家的大力呼吁下,不少工商部门已经意识到应尊重公司自治,强制公司照搬照抄章程范本是错误的,并开始抛弃原来处处设卡的旧思维,愿意充当创新的守护者。

但是,各地仍然还有一些工商部门习惯于旧思维,对申请人提交的个性化的创新商业文件不予受理。这就需要各地律师协会与本地工商部门多沟通,进行专题研讨,帮助各地工商部门工作人员理解商事登记制度改革带来的理念革新,尊重公司自治,抛弃旧思维;同时了解工商部门对个性化商业文件的真实性、合法性审查时可能存在的疑虑,并提出化解的方法,比如由律师出具法律意见书或见证书等。各地在制定地方性商事改革规范性文件时,各地律师协会要积极参与,提出专业意见,让这些地方性商事法规尊重公司自治,明确登记机关对申请人提交的申请材料实行形式审查,以拓宽公司业务创新空间。比如,2015年12月3日通过的《广东省商事登记条例》有不少亮点,较好体现了公司自治精神。

与此同时,律师不仅要帮助工商部门抛弃原来处处设卡的旧思维,也要帮助投资创业者破除旧思维,从惯性束缚中解脱出来,充分发挥投资创新、管理创新和科技创新精神。

正在进行的商事制度改革将注册资本实缴制改为认缴制,取消了最低注册资本制,不再限制股东出资形式,取消了法定验资制度,将年检制改为年报制,简化了登记事项和登记文件,实行三证合一、先照后证,从而大大降低了创业门槛和创业成本,促进了大众创业、万众创新。据国家工商总局的统计,商事制度改革一年来,总体上取得了重大突破,全国新登记注册市场主体1 333.59万户,同比增长17.67%,给律师公司业务带来了更多的发展机会:

(1) 商事制度改革大大激发了社会对公司法律业务的需求

首先,商事制度改革大大降低了投资创业门槛,激发了社会创业热情,公司数量大增。这时,不仅律师的潜在客户大量增加,而且社会对律师公司非诉业务的需求也增加了。

其次,新的商事制度以市场主体自律取代验资、年检等制度,而社会诚信良莠不齐有待大力提高,这会导致公司纠纷成倍增加,如没有按约定期限与数额实缴出资而产生纠纷;发生股东诉讼、债权人诉讼;发生与公司发起人连带责任相关的诉讼等。此外,因误读改革政策也会产生误操作。

(2) 商事制度改革开启了律师公司业务创新发展的机会之门

我国原来的商事登记制度是管理性质的登记制度,是计划经济时代登记制度的延续,带有浓厚的行政管制色彩。在这种管制型的登记制下,工商部门及其工作人员还遗留有计划经济时代处处设"卡"的管理思维,比如强制企业照搬照抄工商部门制定的公司章程范本,几乎是一种常态。在这种旧常态下,律师根据公司实际情况创新设计的个性化公司章程,工商部门往往不接受,极大地压制了投资创新、管理创新和律师公司业务创新的空间。

正在进行的商事登记制度改革,向"审批依赖症"发起了强有力的冲击,正在去审批制、退浓重的行政管制色彩,工商部门开始抛弃原来处处设"卡"的旧思维。简而言之,旧常态已被打破,有利于投资创新、管理创新和律师公司业务创新的"新常态"正在建立,给公司法律产品创新发展带来了巨大机会。

第一,公司章程个性化设计。公司章程是很传统的法律产品。商事登记制度改革前的公司章程千人一面,毫无个性化可言,更无法实至名归地成为公司运营的"总章程"。但在商事登记制度改革后,公司章程需要根据公司形式和规模的不同,在股东的出资期限、出资形式、未按期出资时利润分配应如何调整,股东会议事规则、董事会议事规则、股权转让与退出应如何作出相应处理等方面,应有各种不同的设计。

因此,商事登记制度改革会对公司章程的制作提出更加个性化的要求,这主要反映在需事前明确诸如股东对出资应缴未缴的情形下如何调整股权、公司治理结构中如何设置和调整相应规则等情形,以便化解争议时有据可依。这些都在客观上催生了要求律师为企业量身定做更具操作性的个性化公司章程的业务需要。

第二,公司秘书服务。东莞市创新的集群注册登记模式以及上海浦东新区市场监管局出台新规允许上海自贸区内的律师事务所可将其办公场所作为企业住所进行登记。这样一来,律师事务所不仅可以为中小企业提供一般"公司秘书"服务,还可以提供注册地址、代理公司登记、代理记账和保税、创业指导、法律服务等内容广泛的一站式"公司秘书"服务,有利于企业专注生产研发和营销等擅长的业务。

第三,法律意见书及律师见证书的创新运用。进行商事登记制度改革的初衷是激发人们创业创新的巨大热情,催生发展新动力,促进社会经济发展。由于创业创新者日众,必然催生日益复杂多样的商业需求、商业模式、合作方式、交易安排等,这些必然要反映到公司章程、股权转让协议等商业文件中来,体现为商务条款的多样化、个性化。而工商登记机关工作人员大多对这些复杂多样个性化的条款存有疑义,对公司登记提交的材料的真实性和合法性审查存在把握不准的风险。律师将法律意见书或见证书创新运用到商事登记中,可以避免在登记中可能发生的真实性、合法性审查的法律风险,消除登记机关的疑虑,使企业能够顺利办理相应的商事登记。

第四,创新股权交易方案。认缴制下的股权,转让双方应当就尚未履行的实缴义务的继续履行等相关问题达成协议,而不是简单的股权交割。律师在股权转让方案的设计中将能发挥重要作用,从而增加律师业务。这就要求股权转让中要创设新的股权转让交易方案。

在创业创新大潮推动下,社会上出现了股权众筹、合投等股权融资新模式,这也要求律师创新股权交易方案。

第五,创新尽职调查的内容和方式。由于注册资本实缴制改为认缴制,实缴资本不进行登记,并且虚假出资、抽逃资金除罪化,使交易双方很难判断对方的资信情况,这在客观上催生了交易双方聘请律师进行尽职调查的需求。而律师对此尽职调查的内容和难度都会大大增加,这就要求律师创新尽职调查的内容和方式。

第六,为登记机关或公司提供商事登记专项法律服务。在商事登记制度改革中,律师可以为登记机关或公司提供商事登记专项法律服务。为登记机关提供专项法律服务,也可以看做是律师携手工商部门参与社会管理创新的一种尝试,能够发挥以下价值及成效:

首先,最大限度消除创业者对商事登记改革配套政策的误读并降低其法律风险。律师利用其专业特长,通过网站咨询、大堂宣传和法制讲座等多元化方式进行普法宣传,及时、充分地向创业者和投资者阐释相关公司法规,从而消除不必要的误解。

其次,确保工商部门依法行政,使其程序公开透明,彰显公平公正。律师利用其专业特长和作为独立第三方的优势,参与某些程序,可以确保工商部门依法行政,使其程序公开透明,避免出现工商部门既当裁判员又当运动员的尴尬局面。

最后,可以减轻工商部门的负担。律师利用其专业特长进行法律宣传,协助工商部门审查材料,代理工商部门参加行政复议及行政诉讼,受托开展企业信息公示抽查相关工作,可以大大减轻工商部门的负担。

第七,参与企业破产及注销简易程序。随着商事制度改革的深化,企业准入门槛降低,"出生证明"好开了,但由于企业注销事关企业、投资人以及相关权利人的权益保护,注销的"死亡证明"办起来依然繁琐。

《中共中央关于全面深化改革若干重大问题的决定》提出,要健全优胜劣汰市场化退出机制,完善企业破产制度。国务院发布《关于促进市场公平竞争维护市场正常秩序的若干意见》(国发〔2014〕20号),授权国家工商总局"简化和完善企业注销流程,试行对个体工商户、未开业企业以及无债权债务企业实行简易注销程序"。2015年上半年,国家工商总局选取上海市浦东新区、江苏省盐城市、浙江省宁波市、广东省深圳市开展未开业企业、无债权债务企业简易注销试点。9月,企业注销改革试点地区扩大到天津市、内蒙古自治区、浙江省等7个省、自治区、直辖区市。同时,国家工商总局印发《关于进一步推动企业简易注销改革试点有关工作的通知》,决定进一步扩大试点地区,积累改革经验,明确只要各地的试点方案符合国务院有关文件和工商总局关于开展企业简易注销改革试点工作的原则、范围,不必再经工商总局批准,直接开展企业简易注销试点工作,试点实施方案备案即可。

与此同时,最高人民法院发布《关于人民法院为企业兼并重组提供司法保障的指导意见》(法发〔2014〕7号),部署加强这方面的工作。深圳、北京、杭州、温州等地方法院探索对小额破产案件适用简易审理程序。

实行破产及注销登记简易程序,旨在构建便捷有序的市场退出机制,帮助创业者甩掉"退出难"的包袱。然而,企业破产及注销事关企业、投资人以及相关债权人的权益保护,律师参与企业破产及注销程序,有利于维护利益相关者的合法权益。

2. 业务展望

(1) 公司章程个性化与标准化

许多企业都非常重视产品和工艺流程的标准化,因为这是实现产品批量化、规模化生产的前提条件。只有产品规模化生产了,产品才能以较低的成本迅速占领市场。法律服务也是如此,法律服务标准化是法律服务进一步推广的前提和基础。法律服务标准化有助于开拓法律服务市场,提高工作效率和服务质量,确保所提供的法律服务不会出现大的方向性错误和疏漏。

法律服务的标准化,是律师或律师事务所对其精通擅长业务领域,某一类法律服务经验进行总结整理,剔出个性因素,归纳出共性并对共性因素进行规范,从而使该特定法律服务所要求的操作流程及法律文件标准化、范本化。法律产品的标准化包括服务流程、服务内容与质量、服务价格等服务要素标准化、范式化。

标准化是法律服务创新的基础,个性化是对标准化的深化。个性化能够满足不同客户的特殊性需求,有利于发挥资深律师专业经验丰富的优势,专注于从事疑难复杂、价值较高的高端法律服务,提高服务价值。

公司章程个性化设计,同样可以流程化、标准化、范本化。

(2) 公司秘书服务将逐渐流行

东莞市于2015年7月6日出台了《东莞市企业集群注册登记管理试行办法》,上海浦东新区于2015年8月13日出台了《浦东新区关于贯彻〈上海市企业住所登记管理办法〉的实施意见》《推进市场准入便利化的若干意见》,突破了制约一站式"公司秘书"服务的法律障碍,有利于促进包括律师法律服务在内的中介服务模式及内容的创新发展。公司秘书服务,是律师的一项新业务,如同按揭业务之于律师行业,开拓了律师公司业务的新领域,并且有利于促进大众创业、万众创新。

第一,有利于降低创业成本,推动自主创业。中小微型企业采用一站式"公司秘书"服务,既可以降低创业企业住所门槛,又可免除经营场所的租金、聘请秘书行政人员的工资和相应办公开支等固定开支,降低其经营成本。

第二,有利于提升中小企业管理水平。中小微企业采用一站式的包括住所托管、代理收递法律及商业文书、报税等专业服务在内的"公司秘书"服务,有利于企业专注生产、研发和营销等擅长的业务,提高企业管理水平,确保企业管理合规,促进中小微企业健康发展。

(3) 部分企业破产及注销程序简便化

企业破产简易审理及企业简易注销改革,将从制度设计上解决广大创业者"进门容易出门难"的问题,通过省去拟注销企业清算组备案、改变公告方式、缩短公告期、减少注销登记提交材料等方式,简化未开业企业、无债权债务企业注销登记手续,从而使企业注销简便化。

3. 政策建议

(1) 明确规定商事登记采用形式审查模式

形式审查主要是指商事登记机关对申请人所提交申请,仅从形式上审查是否符合法律规定的形式要件,不对其中记载事项的真实性、合法性进行核实,由申请人对申请事项的真实性和合法性负责。审查形式化是全球商事登记立法的主流趋势,是国际通行做法,有利于投资创新、管理创新和律师公司业务创新。

2005年和2013年年底修订的《公司法》尊重公司自治,淡化了以往《公司法》浓重的管制色彩,增加了许多任意性规范,大大拓宽了公司自治的空间。目前正在大力进行的商事登记制度改革,实际上就是对公司自治精神的回应。

目前,各地正在大力推行商事登记制度改革,有不少地区开始实行全程电子化工商登记,实际上已采用形式审查。如不采用形式审查,就难以实行全程电子化工商登记。2015年12月3日通过的《广东省商事登记条例》,有不少亮点,比如明确登记机关对申请人提交的申请材料实行形式审查,较好地体现了公司自治精神。

可见,在法律、法规中明确规定商事登记采用形式审查模式,不仅符合国际通行的做法,也符合商事登记制度改革的精神,是对实践经验的总结,有利于大众创业、万众创新。

为此,建议将《公司登记管理条例》第2条第2款修改为:"申请办理公司登记,申请人应当对申请文件、材料的真实性和合法性负责。"并在其后增加一款,作为第3款:"登记机关对申请人提交的申请文件、材料实行形式审查。登记机关在进行形式审查时,如发现申请文件、材料存在涂抹痕迹,申请事项与内部决议不相符,或者在审查时案外人对申请人的申请事项提出具体异议的,登记机关应当启动实质审查程序。"

(2)完善公司秘书制度

公司秘书(company secretary、the secretary)是源于英美法系的一种法律制度。英国《公司法》规定,每家公司必须有一名秘书,公司秘书由董事会任免。公司秘书是负责程序性事务的高级管理人员,其基本职责主要包括保管公司文件和印章以及向监管部门递送有关报告和文件。此外,公司章程和董事会决议还可授予公司秘书其他职权。

对照我国公司法关于董事会秘书的规定和域外公司法关于公司秘书的规定,我国董事会秘书制度系对公司秘书制度的移植,其法律地位和职责基本相同。不过,我国对公司秘书制度的移植存在诸多不完善之处,主要有:

首先,适用范围有限。英国《公司法》规定每家公司必须设立公司秘书,而我国董事会秘书仅适用于上市公司,对于有限责任公司和未上市的股份有限公司则未作规定。

其次,定位有偏差。公司秘书制度的精髓在于公司秘书负责公司程序性事务,类似于公司自身设立的"公证员",向董事会负责,维护公司运作中的程序正义。而我国董事会秘书主要局限于以信息披露为核心的证券事务,监管者意图使董事会秘书向公众和监管者负责,而不是向董事会负责。

再次,职责不匹配。有关监管部门出台的规范性文件所规定的董事会秘书职责不合理,不匹配。比如,有的规范性文件规定董事会秘书保证公司信息披露的及时、准确、合法、真实和完整;组织完成监管机构布置的任务;制定保密措施;在董事会决议违反法律法规、公司章程及本所有关规定时,把情况记录在会议纪要上,并将会议纪要立即提交上市公司全体董事和监事等。这些职责与其地位冲突,很难做到。

最后,任职资格过窄。域外公司法多规定自然人、法人和合伙商号均可作为公司秘书。而我国现行的关于董事会秘书的规定,一个显著的特点是董事会秘书必须是自然人,法人和合伙组织均不得担任董事会秘书。法人和合伙组织因而难以提供真正意义上的"公司秘书"服务。

为完善公司秘书制度,建议:

第一,将"董事会秘书"改为"公司秘书",并在《公司法》第二章第二节组织机构中增设条文,规定有限责任公司秘书制度,规定公司秘书的设置、职责、任免、登记等内容。

第二,将《公司法》第六章"公司董事、监事、高级管理人员的资格和义务"修改为"公司董事、监事、高级管理人员、公司秘书的资格和义务",并在第六章中对公司秘书的任职资格和义务作出规定,律师、注册会计师、公司秘书协会会员、律师事务所和会计师事务所均可担任公司秘书。

第三,在《公司登记管理条例》第12条增设一款,作为第2款:"对住所(经营场所)的条件,各省、自治区、直辖市人民政府根据法律法规的规定和本地区管理实际需要,按照既方便市场准入,又有效保障经济社会秩序的原则,可以自行或者授权下级人民政府作出具体规定。"

(3) 完善企业破产及注销简易程序

企业简易注销,主要通过省去拟注销企业清算组备案、改变公告方式、缩短公告期、减少注销登记提交材料等方式,简化未开业企业、无债权债务企业注销登记手续。为此,建议:

第一,在《公司法》第185条增设一款,作为第2款:"未开业企业、无债权债务企业清算组应当自成立之日起十日内通知债权人,并于十五日内在国家工商行政管理机关规定的网站上公告。债权人应当自接到通知书之日起十日内,未接到通知书的自公告之日起十五日内,向清算组申报其债权。"

第二,在《企业破产法》增设"简易程序"一章,规定破产简易程序的适用范围、独任审理、公告、破产财产分配、审理期限等事项。

第三,在《公司登记管理条例》第41条增加但书:"符合国家工商行政管理机关有关企业简易注销程序规定的,无需办理清算组或清算人备案。"

第四,在《公司登记管理条例》第43条增设一款,作为第4款:"国家工商行政管理机关有关企业简易注销程序另有规定的,按照该规定提交文件。"

第五,在《公司登记管理条例》增设一条,作为第84条:"国家工商行政管理机关可对未开业企业、无债权债务企业的注销制定简易注销程序。符合简易注销条件的企业可自行选择适用简易注销程序或普通注销程序。"

(4) 进一步简政放权

由于"先照后证"的商事登记改革,只是改革了"证""照"先后顺序,企业拿到"照"后还是会遇到种种阻碍,缺一个"证",企业运行不了。政府有关部门以"证"管、卡市场经济的观念依旧未变;简政放权,下放权力的含金量有待提高,而且只是将部分权力下放到地方,没有下放给市场主体。也就是说,束缚市场经济发展的条条框框还有不少,市场主体戴着镣铐跳舞,很不轻松,甚至举步维艰。为了持续促进大众创业、万众创新,呼吁政府要进一步推进简政放权。简政,不仅要放权给市场主体,更要取消不必要的审批权力。唯有如此,才能实现"小政府大社会"的改革目标。

(三) "一带一路"战略实施与律师业务的创新和发展

1. "一带一路"法律服务是中国律师需要思索和探索的新课题

"一带一路"沿线国家多数属于发展中国家,各国经济发展程度参差不齐,基础设施、民族及文化传承、交易惯例迥异。有的国家能源资源富集但开发力度不够,有的国家劳动力充裕但就业岗位不足,有的国家市场空间广阔但产业基础薄弱,有的国家基础设施建设需求旺盛但资金紧缺。为此,在我国与相关国家相互经济合作过程中,法律服务的需求也呈现出多元化态势。

"一带一路"法律服务无先例可循,无现成模式可供复制和借鉴,需要律师以创新型思维,掌握并运用相关国家法律、国际条约、国际惯例及多种事实型法律工具灵活加以处理和解决。中国律师需要思索和探索的新课题主要有:

(1) 很多"一带一路"国家属于发展中国家,政治环境不稳定,政策缺乏连续性,可能存在的风险包括政治风险、法律风险、管理风险、预算及定价风险、趋势研判风险、尽职调查风险、公共责任风险和自然灾害风险。其中,尤其需要注意防范政治风险和法律风险。这就要求律师在项目启动前要做好投资法律环境评估,为客户作出资金回笼或撤资预案。

(2) 除了中国政府主导的亚洲基础设施投资银行、丝路基金等"一带一路"项目专门融资通道,还可以对"一带一路"国家资本市场的信息互通、整合,通过 IPO、基金、债券发行等形式,引导资金注入"一带一路"国家,带动项目启动,实现投入、运营、回报系统化、一体化。

(3) 各国主要的、核心的法律类别、规范范围差异不大,但在监管及执行层面千差万别。例如,每个国家都有反托拉斯法,虽然内容大同小异,但在审查程序上差别很大。若这方面处理不当,就会导致谈判成本升高、交易时间拉长,最终可能导致并购谈判失败。

(4) 新的欧亚大陆桥建设以市场化为特征进行物流互通互联,突破了 20 世纪 50 年代传统计划经济格局中中国与若干中东欧国家达成的《国际铁路货物联运协定》范围,在新的跨国陆路物流规则出台之前急需律师的法律智慧弥补国际规范及惯例的漏洞和不足。

(5) 自贸区搭建的新的贸易规则,集群化落地、链条式发展的产业合作园区,都对提供相关法律服务的律师提出了如何整合平台及规则各异的资源、趋利避害、合理利用规则和优惠政策等诸多法律难题。"一带一路"国家政府对于行业、产业的监管往往较西方发达国家更严格、准入门槛更高,需要律师为中国投资企业换位思维、错位思维、重新设计交易架构或多重交易架构整合来达成商业目的。

(6) "一带一路"国家中有很多有独特的民族文化传承和宗教渊源,应重点关注宗教、民族、种族、劳工法中对于外来投资公司运营的影响及应对措施。例如,埃及《劳动法》对本国工人的雇佣比例以及工人岗位的终身制有极其严格的规定,相关影响对于投资权重的考量需要律师予以重点关注。

2. 与"一带一路"相关的律师业务内容及其展望

(1) 海外公司及跨境并购业务

无论是跨境投资、贸易、服务业,还是基础设施建设,都离不开以公司为载体进行商业运营。中国律师在"一带一路"沿线国家进行新设公司、并购法律服务工作中,对于东道国反垄断法、国家安全、外商准入限制及审批、公司法的特别规定应当进行深入研究。并且,对于东道国的政企关系、审批、监管、督促等执行环节可能出现的问题要做好充分的思想准备和法律对策准备。此外,还应为客户设计资本退出机制或通道,防范政治及经济危机风险。

(2) 融资及金融衍生品法律服务

有关政府信用背景的融资安排、区域资本市场、资产证券化、跨境并购贷款的法律服务将是"一带一路"法律服务中需要重点关注的课题。

(3) 铁路、公路、海路综合性物流法律解决方案

在海洋经济主导全球经济一体化的时代,鲜有律师对跨国铁路、公路运输的国际条约、国际惯例、法律法规、操作规程有系统性了解。然而"一带一路"战略为律师拓展国际物流业法律服务提出了新课题。

(4) 合理避税安排

"一带一路"国家中有若干税收洼地国家或地区、区域自贸协定、双边税收互惠协定、东道国出台的吸引外资税收优惠政策,律师可以在"一带一路"法律服务过程中充分挖掘和利用这些法律空间,为客户带来利益并彰显律师的增值服务。

(5) 法律环境尽职调查

中国律师应为客户遴选勤勉尽责的东道国律师,并与其密切配合开展法律尽职调查,尤其是对有关竞争法、劳工法、环保法、宗教种族习惯禁忌等特殊情形向客户进行重点提示并设计应对方案。

(6) 工程总承包等基础设施法律服务

许多"一带一路"国家对于外资进入本国参与基础设施建设与投资都有严格的限制条件及审批程序,要运营纯粹意义上的 EPC、BT、BOT 模式会面临土地权属、企业及技术人员资质、进出口政策等限制,这就需要律师通过合法途径化解法律、政策及审批障碍,为客户提出切合实际的解决方案。

(四) 法律服务资本化探索

1. 综述

法律服务在社会发展进步进程中的重要作用已经越来越被彰显,宏观上看,依法治国的国策即是明确的体现,微观上来说,人民大众日常生活、事业经营的方方面面,无处不在昭示着民法、刑法、行政法等一系列法律发挥着不可或缺的重要作用。

从历史的发展来看,任何一个时代的国家治理均无法离开法治,离开法律服务。

律师在其中应该充当设计师,而非消防员的角色,应当形成"兵马未动、法律先行"的整体社会意识。

在当前"大众创业、万众创新"的时代,全民创业成为一股社会潮流。但是我们知道,很多创业之殇在于从基因上缺乏法律筹划:股权架构筹划、知识产权保护、内部员工管理、外部合作风控以及金融模式设计等,许多企业在发展的途中夭折。国家花费很大力气出台政策、投放资金扶持大众创业,而如何能够提高创业成功率,律师在其中的作用占有重要一席。对于创业扶持,许多孵化器与律师提供服务的关系仅限于低价采购与志愿服务两种,势必造成律师服务的热情度不持续、服务品质不稳定;另一方面,由于创业者没有向律师支付等值的报酬,势必造成对律师服务价值的不重视,甚至对律师意见不重视。这几方面原因会造成法律服务对创业企业起不到真正的保障作用。但是作为创业公司,面临的最现实、最紧迫的问题往往是资金、技术和市场等,而法律保障成为不出问题可视而不见的元素。如何解决这一必要与非必要的矛盾呢?最佳方法即是,让法律服务与企业兴衰融为一体。

跨界,是当今企业生存发展的重要内涵,律师的跨界也存在必然,然而,律师跨界非指专业跨界,而是律师应该整合周边所触及的社会资源,将财务、技术、市场、资金等社会资源有效融合形成"泛法律服务",为创业企业提供多维度的资源配置,并且以适当的架构设计导入企业,实现"法律服务"的延伸,使法律服务真正成为资源配置的设计师、整合者、主导方。

当"泛法律服务"成为企业生存发展的重要生产资料时,创业者应向有能力提供该类服务的律师或律师组合体支付相当的对价。笔者建议创业者可以股权支付形式使之成为企业的股东,一方面减轻创业企业的资金压力,另一方面锁定服务价值,与企业发展同在。如果"泛法律服务"在企业设立之初即存在,我们可将其定义为"智慧性天使投资"。

同样以智慧服务作为生产力,创造价值的设计类公司,甚至提供税务服务的公司,都已有了一些上市公司,并且被列为现代服务业享受政策扶持。律师的服务从本质上讲是一种智力成果,可视为软性的知识类产品,其权利及作用类同于知识产权。律师事务所作为经营性的服务机构,其商业属性类似公司企业。由于机构形态的特质,律师事务所本身失去了进入资本市场、以资本模式增速发展的机会,但律师提供的法律服务(尤其是公司法律服务)能否如知识产权一样作价入股,分享资本市场可能的股权增值的福利,是值得法律界研究探讨的重要话题。

目前券商以向新三板企业提供挂牌服务应收的服务费用折股转化为挂牌公司的股权,这种模式已经被事实证明为可行之法,那么,同样作为中介服务机构的律师提供的法律服务转化为股权是否也有理由成为可行之举呢?创造律师服务资本化的模式,对于减轻企业资金压力及体现法律服务价值具有重要的社会意义及经济意义。

现在已经进入一个全面创新的时代,我们来探讨一种律师收费制度的创新——律师为客户提供的任何法律服务,在与客户协商一致的前提下可以转化为任何一种合法权利或利益的置换,包括置换为公司股权,以主人的角色为企业的长期、稳定、高效发展全程护航,同时降低不必要的社会经济组织间的纠纷,避免出现无知性的触法行为,整体提高社会运行效益。

2. 展望

"大众创业"浪潮正在席卷神州大地。国务院决定设立"国家新兴产业创业投资引导基金",助力创业创新及产业升级。会议决定,将中央财政战略性新兴产业发展专项基金、中央基建投资资金等合并使用,盘活存量,发挥政府资金杠杆作用,吸引有实力的企业、大型金融机构等社会、民间资本参与,形成总规模400亿元的新兴产业创投引导基金,进而带动5倍以上的社会资金,形成2 000亿元基础的创投基金规模,用于孵化、扶持企业创业及产业升级。

在创业企业的发展过程中,通过法律服务的资本化形成的企业股权,不仅可以使企业与法律服务商之间的命运休戚相关,更重要的是法律服务的助力能够大大降低企业经营风险、减少社会矛盾,充分提高企业成活率,使大众创业的顶层设计达到初衷的目的;而法律服务本身的价值,是获得天使投资的收益。

从资本市场来看,尤其新三板市场的全面扩容及地位的进一步提升,吸引了万亿元资金的迅速入场,目前3万亿元资金也已集结完毕,待顺利入市。截至2015年11月30日,新三板挂牌企业数量已达4 400家,市场总值过万亿元,平均每家企业市值超过2亿元。在这一过程中,律师提供法律服务所创造的价值至少占20%以上,而律师事务所收取的法律服务费用却未超过百亿元,勉强占1%。

如果将律师1%的收费模式转化为资本模式,即转化为股权,以新三板平均市盈率40倍计算,法律服务的价值通过资本溢价,则体现出巨大价值。

3. 政策建议

从政策上明确允许律师服务收费模式多元化,鼓励和引导法律服务资本化:

(1) 改革律师事务所管理制度,允许设立公司制律师事务所

首先,法治先进国家允许大型律师事务所股票上市。对于形成一定规模的大型律师事务所,应当借鉴国外经验,允许其上市融资,为增强律师事务所竞争力和拓展业务获得更多资源支持。

其次,律师事务所的竞争对手早已公司化、集团化。如国内会计师事务所、国际四大会计师事务所、咨询和管理公司、商标和专利代理机构、投行都开始提供专业法律服务,律师在不少专业领域面对的竞争更为激烈。

最后,互联网时代,各种公司化的法律电商、新型法律服务平台如雨后春笋。如

全球最大的两家法律出版商汤森路透(Thomson Reuters)和里德·爱思唯尔(Reed Elsevier)雇佣了大量法律人和软件工程师。这两大巨头已从提供传统纸质出版物进化到提供大型法律数据库,并积极进军法律技术、法律知识工程、在线法律服务等领域。这些公司化的法律电商凭借雄厚资本力量,正在对律师传统服务领域攻城略地。

因此,允许设立公司制律师事务所,打破出资人资格限制,形成人合与资合的融合机制,使律师事务所具备专业化及市场化的双重基因,为增强律师事务所竞争力和拓展业务获得更多资源支持,以适应互联网时代、资本时代的竞争需求。

(2) 允许律师服务接受股权支付

对于没有能力支付法律服务费的个人或企业,允许律师接受其以股权方式进行支付,使律师或律师事务所成为公司股东。既可以帮助资金困乏的企业能够有机会获得法律体系的服务与保障,又能够公平地实现律师的服务价值,达到双赢。

三、公司法热点问题研究及立法建议

公司法热点问题往往是当前改革和实践中的热点法律问题。与商事登记制度改革、新三板、企业简易注销、投融资制度改革、一带一路、法律服务资本化等有关的热点法律问题及立法建议,参见"律师公司业务的发展与创新"部分,此处不再赘述。

"公司法领域的重大法律事件、典型案件评析"部分,已对司法实践中的部分公司法热点问题进行了评析并提出相应立法建议,本部分不再赘述。

阿里巴巴采用合伙人制在美国成功上市及万宝之争引起社会广泛关注,使"合伙人制""双重股权结构""表决"等词汇成了企业界和法律界的热词。商事登记制度改革以市场主体自律取代验资、年检等制度,社会上对此存在部分误读,而社会诚信良莠不齐有待大力提高,在此背景下,法人人格否认、僵尸公司、休眠公司的解散和破产已成为公司法的热点问题。以下将简评这些法律问题,以期引起有关部门和法律同仁的重视。

(一) 类别股份制度的发展

类别股份制度的主要内容包括类别股份的设置、类别股东大会及表决制度和其他配套制度。类别股则是公司根据自身发展需要和股东的偏好设置的包含不同权利义务和利益分配效果的股份。

1. 类别股份制度的作用

类别股份制度对我国当前的公司法律制度具有以下几方面的作用:

(1) 可以充分发挥股东的自治

公司法也是调整平等主体之间的法律关系,比如股东之间的法律关系,公司与股东之间的利益平衡等。因此,公司法还是应该赋予公司和股东更多的自治权。设

置类别股能够更好地满足股东多样化需求,而且可以充分实现股东自治。

(2) 将类别股制度作为防御敌意收购的工具

公司可以使用可回购股和股权转换股这两种类别股来防御敌意收购,以稀释公司的股权,增加收购难度或者减少公司收购价值,从而使收购方放弃收购。

(3) 优化股权结构

目前我国股权结构不太合理,我国划分流通股与非流通股的标准是按照投资股东的不同,有悖于股东平等原则。而类别股是按照股权来进行划分的,容易满足市场需求,符合股东平等原则,因此类别股的设置可以使我国股权结构更加合理。而且类别股的设置还可以使我国目前股权结构多样化。

(4) 有利于公司筹集资金

采用发行类别股的方式进行融资,设置不同权利的类别股,可以降低投资风险,吸引投资者进行投资。如新浪在上市前,曾发行可转换优先股进行融资,获得发展所需资金,渡过难关之后,再让类别股东将优先股转换为普通股从而得到更高的投资回报。现阶段,类别股制度的优越性逐渐凸显,公司完全可以通过发行类别股来进行融资,如优先股,既可以获取发展急需的资金,又不用担心控制权被损害。

2. 我国类别股份制度的历史沿革

1992 年 5 月 15 日,国家经济体制改革委员会会同有关部门制定了《股份有限公司规范意见》,该意见第 23 条规定"公司设置普通股,并可设置优先股"。此后《上海市股份有限公司暂行规定》及《深圳经济特区股份有限公司条例》作出了更详细的规定。

1993 年 12 月 29 日,《公司法》颁布,但未保留《股份有限公司规范意见》第 23 条规定。

1994 年 8 月 27 日,国务院证券委员会、国家经济体制改革委员会发布《到境外上市公司章程必备条款》,其中第 11 条规定"公司在任何时候均设置普通股;公司根据需要,经国务院授权的公司审批部门批准,可以设置其他种类的股份"。

2002 年 7 月 24 日,证监会发布《关于上市公司增发新股有关条件的通知》,该通知第 5 条规定"增发新股的股份数量超过公司股份总数 20% 的,其增发提案还须获得出席股东大会的流通股(社会公众股)股东所持表决权的半数以上通过。股份总数以董事会增发提案的决议公告日的股份总数为计算依据"。

2004 年 12 月 7 日,证监会发布《关于加强社会公众股股东权益保护的若干规定》,该规定第 1 条规定了"公司重大事项社会公众股股东表决制度"。

2005 年 10 月 27 日修订的《公司法》第 127 条规定同股同权,第 132 条规定"国务院可以对公司发行本法规定以外的其他种类的股份,另行作出规定"。

2005年11月15日,国家发改委等十部委联合发布《创业投资企业管理暂行办法》,该办法第15条规定"经与被投资企业签订投资协议,创业投资企业可以以股权和优先股、可转换优先股等准股权方式对未上市企业进行投资"。

2013年11月30日,国务院颁布《关于开展优先股试点的指导意见》。

2014年3月21日,证监会发布《优先股试点管理办法》。随后,上交所、深交所及中国证券登记结算有限责任公司发布相应实施细则。

3. 类别股份是法定还是约定

由于对现行《公司法》第131条"国务院可以对公司发行本法规定以外的其他种类的股份,另行作出规定"之规定的理解存在争议,对于类别股份是法定还是约定存在争议。也就是说,在国务院没有颁布相应规范的情况下,公司能否发行类别股份?公司法理论界和实务界尚未取得共识。

4. 政策建议

为顺应投融资制度改革,解决实践中的争议,使类别股份制度有法可依,建议国务院在总结试点经验和借鉴国外有益经验的基础上,尽快制定"类别股份办法"。该办法应对以下几方面作出明确规定:

(1) 确定类别股份的区别标准

对此应贯彻公司自治精神,只要不违反《公司法》或其他法律的强制性规定,公司可依照其《公司章程》自行创设类别股份。

(2) 明确类别股份适用于所有股份公司

如果将类别股份的适用范围限定于上市公司和非上市公众公司,不少初创期的非公众股份公司就会因无法采取类别股份融资形式而影响其获得PE、VC的投资,从而不利于"大众创业、万众创新"。

(3) 变更类别股东权利必须征得类别股东的同意

未经类别股东的同意而擅自变更类别股东权,有违股东平等原则和公平正义。

(二) 特殊股权结构的制度化路径

合伙人制、双重股权结构是公司法的专业词汇,因阿里巴巴和万科的巨大影响,企业家也耳熟能详。阿里巴巴2014年赴美上市创下美国证券史上最大规模IPO纪录,引发投资者对A股市场流失优质上市资源的议论。

2015年12月23日举行的国务院常务会议,决定推动特殊股权结构类创业企业在境内上市,是优质企业直接融资的又一个利好。这将是对现有上市规则的重大突破。资本市场降低门槛,给予企业上市融资更加灵活的安排,有助于支持大众创业、万众创新,以及推进经济转型升级。

1. 股权结构

任何事物都必须以一定的结构而存在,结构是事物的存在形式。权利也必须以一定的结构而存在,结构是权利存在的形式。

所谓股权结构,是指公司股权的性质构成及其关系。石墨与金刚石的元素虽然相同,但由于两者的结构不同,导致两者的硬度和物理性质大不相同。一个公司的股权结构设计不同,其法人治理结构也不同,股东对公司的控制可能完全不同。

2. 双层股权结构

双层股权结构是指将具有不同股票权能的股权进行分层设置的公司股权结构。即按照附着的表决权大小,股权被划分为A、B股两类。A类股的表决权遵循"一股一票"的原则,B类股则附着数倍于A类股的表决权,差距甚至可达到150倍之巨。

双层控股结构起源于1898年International Silver公司发行900万股优先股和1 100万股无投票权的普通股。1902年,该公司将无投票权的普通股也赋予了投票权,但每两股只有一个投票权。目前最常见的投票结构设置为10∶1的投票权比例。比如,于2004年上市的谷歌就采用了10∶1投票比例的双层股权结构。这种设计使创始人谢尔盖·布林、拉里·佩奇等3人对公司的控制权超过50%。此外,Facebook、百度、京东、股神巴菲特的伯克希尔·哈撒韦公司等也采用典型的双层股权结构。阿里巴巴的"合伙人制"是双层股权结构的升级版。

显然,采用双层股权结构的上市公司创始人获得了不对称控制权,堪称"四两拨千斤"的典范。

3. 特殊股权结构的制度化路径

根据《公司法》第131条的规定,国务院可以规定其他种类股。一直以来,我国都是实行严格的一股一权原则,其他种类股在我国并未出现。直到2013年国务院发布了《关于开展优先股试点的指导意见》,其出台为其他种类股的发行打开了一扇门,也是资本市场发展的一个趋势,即有利于丰富证券品种,为投资者提供多元化的投资渠道,提高直接融资比重。因此,随着金融市场改革步伐的加快,股权结构作为一种可供选择的资本模式,在立法上是可能有发展的空间和余地的。

对于有限公司,根据我国《公司法》第34条"股东按照实缴的出资比例分取红利;公司新增资本时,股东有权优先按照实缴的出资比例认缴出资。但是,全体股东约定不按照出资比例分取红利或者不按照出资比例优先认缴出资的除外"之规定以及第43条第1款"股东会的议事方式和表决程序,除本法有规定的外,由公司章程规定"之规定已经允许有限责任公司章程约定不同的分红权、表决权,甚至对分红权和表决权进行分拆设计,而分层股权结构则是股权分红权能和表决权能分拆设计的一种类型。因此,有限责任公司采用双层股权结构不存在法律障碍。

从以上的分析来看,双重股权在中国的发展存在可能性,但是仍然有很多配套制度需要及时跟进。双重股权结构的运用并非完全不受控制，应对创始人及其团队的控制权加以限制，以保护非控制人股东的利益。

为了尊重和保护中小股东的选择权，多倍表决权股的发行应该限定在首次公开募股，这样投资者能够根据承担风险的能力及投资需求选择是否投资。此外，对于企业的发展来说，创始人及其团队一般在公司的成长期需要大量资金，才会稀释所持股份但又要求有集中的控制权。但这种情形并非常态，在公司发展步入成熟期后，这种控制权的弊端会日益显现。因此在发行时就要约定多倍表决权股的时效，一般以约定不超过10年为宜。对于表决事项，如涉及关联交易，除了关联股东无表决权外，其他多数表决权股东的投票权要回到一股一权，对于公司减少注册资本、合并、分立、解散等重要事项也要按照一股一权来表决。

由于双重股权涉及部分股东投票权的不公平配比，因此，首先需要在招股说明书及公告中予以说明。此外，公司章程中也要明确不同表决权股的类型以及权力配比说明。如《美国示范公司法》中就规定了"公司可以发行不同表决权的股票，但是必须在公司的章程中，写明发行股票的各种类型，以及标明不同股票的权力分配上有何不同"。这是最基本的信息披露。

如上所述，事后救济的方法，在我国，目前有股东代表诉讼，该种诉讼应赋予股东请求多倍表决权股恢复一股一权并赔偿对公司造成的损害。对于多数非控制人股东自己遭受的损害，可借鉴集团诉讼来完善我国的代表人诉讼，拓宽代表人诉讼适用的范围。此外，有学者指出，"尝试在双重股权结构股东和普通股东之间建立起一种类似违约金制度"，以民事协议的方式来提供救济途径，在目前情况下更为直接、有效。

（三）公司决议瑕疵的类型及救济

1. 公司决议瑕疵之救济

股东（大）会和董事会是公司意思的决定机关，股东（大）会决议和董事会决议是公司意思的表现形式。只有决议程序和内容均合法、符合章程的约定，才能发生与其意思表示相一致的法律效力。如果决议程序或内容上有瑕疵，就不能认为是正当的团体意思，应对其效力作否定性评价。赋予股东对公司决议瑕疵的诉权，一方面是确保公司意志合法性的要求，另一方面也是中小股东保护其利益的重要手段。多数国家的公司法均确立了瑕疵股东（大）会决议和董事会决议的效力确认和撤销制度。

2. 决议类型的"三分法"和"两分法"

大陆法系国家在决议类型方面有"三分法"和"两分法"之别，前者指决议瑕疵的种类分为决议不成立（不存在）、决议无效和决议可撤销三种，后者仅包括"决议无效"和"决议可撤销"两种类型。

我国《公司法》第22条规定了公司决议无效确认之诉和公司决议撤销之诉两种公司决议纠纷类型。根据《公司法》第22条的规定,公司决议违反法律、行政法规的无效;公司决议的召集程序、表决方式违反法律、行政法规或公司章程,或决议内容违反公司章程的,为可撤销的公司决议。

尽管《公司法》已有明确规定,但已经不能满足实践的需要,关于我国应采取何种公司决议瑕疵类型,理论上多有争议。从实务上看,由于我国目前不存在"决议不存在"之诉,导致实践中当事人不得不以决议无效或可撤销来主张,但是决议的可撤销和决议无效的分类又有其各自的标准,这就使得一些决议无论是以决议的撤销还是决议无效为由进行诉讼都不符合救济标准。如参与公司决议的部分股东不具备决议资格的情况下,其决议内容未违反法律、行政法规或章程,而召集程序也合法,此类决议既不能撤销(因决议实际上不成立),也不能以违反法律、行政法规为由宣布其无效。实践中,类似的情况给当事人如何选择纠纷类型带来了困扰,虽然有部分法院以决议无效来解决决议不成立(不存在)的案例,但对大部分法院而言,缺乏法律的直接规定带来的是适用法律和公正判决的难题。

因此,笔者认为,未来我国应采纳"三分法",对公司决议的类型进一步细化。公司决议不成立(不存在)的情形是相对独立的,包含那些具备通过决议的外观,但决议实际上不存在(未召开会议、未通知大部分股东、参与决议的人员无资格等)的情形。实际上,公司决议不成立和公司决议的可撤销都可归为决议程序上的瑕疵,但公司决议不成立的瑕疵十分严重,以至于可以达到视为决议不存在的程度,即在事实上就否认其存在,进而不需再对其进行法律价值判断。公司决议不成立之诉又可细分为公司决议不成立之诉和董事会决议不成立之诉。一般而言,只要利害关系人对公司决议不成立具有利益关系,任何时候都可针对股东会、董事会提起决议不成立之诉。

3. 起诉期间的确定标准

在公司决议瑕疵纠纷中,还存在一些实务中适用的问题。比如,决议撤销之诉系形成之诉,为避免法律关系长期处于不确定状态,各国公司法规定了撤销之诉的起诉期间,该期间一般都较短,我国《公司法》规定为60日。实践中,较多当事人在知道公司决议瑕疵时已经超过60日,丧失了起诉权。因此,起诉期间是否应采用主观和客观标准认定,有待论证。

4. 裁量驳回制度

在决议撤销之诉中,撤销权也有可能被滥用,如部分股东因公司决议在程序上的微小瑕疵提起撤销之诉,不仅有害于公司,也有害于其他股东。在此情况下,法院应借鉴国外关于公司决议瑕疵治愈的机制,即当撤销之诉的起诉人向法院请求撤销决议时,法院要权衡决议瑕疵的程度与决议所生利益之利弊,认为违反法定程序的事实不严重且不影响决议时,可以对撤销请求予以驳回,该制度也被称为"裁量驳回制度"。

此外,异议股东的回购请求权如何在公司决议瑕疵的情形下适用、表决权穿越造成的公司决议瑕疵如何规范、在公司决议瑕疵诉讼中决议瑕疵类型的转化等问题也是理论和实务中的热点问题。

5. 公司决议有效确认之诉

上述纠纷主要是针对公司决议瑕疵时的救济,实践中还存在一类公司决议有效确认诉讼的需求,即请求确认公司决议有效之诉。关于当事人是否享有确认公司决议有效的诉权在理论上已经得到相当程度的探讨,但理论界多持否定态度,而实务中确有一些股东之间不和的公司需要对公司决议进行确认,此类诉讼目前在法院难以得到支持,或是不予受理,或是受理后裁定驳回起诉,但上海法院在个案中确认股东会决议有效的案例获得了实务界的普遍欢迎。笔者认为,个别情况下应允许公司决议有效之诉,至于如何设置标准则有待探讨,未来此类纠纷的实务需求和理论冲突仍将持续。

(四) 公司法人人格否认规则的发展

1. 法人人格否认虽然是法人人格制度的例外,但适用案例将开始增加

公司具有独立法人人格和股东承担有限责任是公司的基本法律特征和现代公司制度的基石,而公司法人人格否认仅仅是一种例外,只有对公司人格被滥用而损害到债权人和社会公共利益时,法院或仲裁机构才可以在个案中对公司人格予以否认,直接追究股东责任。在适用人格否认的情形下,该公司的人格其实已被破坏,早已丧失了其应有的独立性,否定其人格不过是对客观事实的揭示和认定。因此,公司法人人格否认不是对公司人格独立制度和股东有限责任原则的否定,而是对公司法人人格制度的维护和完善,是对公司当事人之间利益失衡的一种事后救济。

废除最低注册资本制、取消法定验资和年检后,社会上存在"不花钱开公司"等误读,盲目投资设立与自身经济实力不相符的公司,误以为"股东在公司成立后可以无所顾忌地虚假出资与抽逃出资",甚至认为投资可以零首付零责任。诸如此类的误读误操作,将导致法人人格否认的适用案例增加,以矫正不诚信行为。

2. 人格否认的新形式——逆向否认与横向否认

根据我国现行《公司法》第 20 条的规定,承担法人人格否认法律后果的为该法人的股东。而实践中,公司的股东、关联公司为了逃避其债务,也可能将其财产转移给公司或关联公司,这就给债权人主张权利带来了理论和实践上的困难——传统的法人人格否认制度只规定了公司股东对公司债务承担连带责任,但并未规定公司对股东、关联公司的债务承担连带责任,这无疑是一个法律漏洞,也是立法无法预见到

所有可能情况(即滞后性)的表现。

实践中出现的许多类似案例,如债务人为逃避债务,将优质资产通过关联交易转移给子公司,造成债权人追索时没有资产偿还,由于在立法上无法找到直接的依据,债权人难以获得法院支持。实质上,股东、集团公司、关联公司之间如果是为了逃避债务,滥用法人独立人格和财产,均违反了等价有偿、平等互利、公平公正和诚实信用原则,给债权人造成了损失,符合法人人格否认制度的设置目的。由于实践中出现了大量的鲜活案例,有学者提出,法人人格否认应包括三种类型:

(1)顺向否认

由股东对公司之债负连带责任,也即传统的法人人格否认的模式。从否认的方向来看,是由公司债务而起顺向否认公司人格,称为"顺向否认"。

(2)逆向否认

公司对股东的债权负连带责任,如一人公司的股东债权人可申请该公司对其股东的债务承担连带责任。这种否认的方向与前述相反,称为"逆向否认"。

(3)横向否认

指一个公司的债权人诉请该公司的关联公司对该公司的债务承担连带责任的情形。司法实践中,常表现为"几块牌子,一套人马"的多个公司之间,由于彼此人格和财产混同,实际上是为了逃避债务,因此也符合法人人格否认的条件,这种否认是横向的,因此称为"横向否认"。

从立法的角度来看,目前的相关法律规定仅规定了顺向否认的适用条件,对逆向否认和横向否认均未涉及,虽然实务中已经出现了横向否认的案例,但该理论的前瞻性仍然导致司法适用无法及时跟进。在现有法律框架下,逆向否认和横向否认可以基于公平原则、诚实信用原则,运用相关主体人格混同、互为代理的法理,审慎认定与债务人存在人格混同的关联公司的法人人格,要求相关人格混同者对债权人承担连带责任。从长远来看,公司法人人格否认的类型化发展应当逐渐在司法解释甚至立法时得到更为完善的设计,最大限度地保护债权人的合法权益。

3. 股东表决权穿越与法人人格否认

表决权穿越是由法人人格否认的法理中衍生出来的一种制度,是指在子公司发生合并、分立、重大资产出售等基础性变更情况下,由母公司股东取代母公司直接行使表决权的制度。该项制度有两个适用条件:一是子公司的资产构成母公司的重大资产;二是子公司发生基础性变更。表决权穿越最早是在美国法院的判例中发展起来的一种规则,是为了应对股东权缩减、经营权扩张而创设的制度。

在现代社会,企业集团因其所具有的优化资源配置、创造规模效应、降低交易成本等优势而备受投资者的青睐,企业集团中母公司对其成员所具有的股权控制以及统一管理是公司集团发挥其优势的必要条件,但同时也易导致滥用此种控制和支配,从而形成集团公司与成员人格混同的现象。因此,考虑企业集团在经营中存在的特殊性,避免滥用法人人格否认制度损害企业集团的合法权益,是表决权穿越理论产生的客观基础。与法人人格否认相反,表决权穿越设置的目的不是为了否认子公司的法人人格,而是为了确认母公司股东对于关键资产或变更的权利,是对法人人格否认制度的修正。

实务中,由于集团公司相较于子公司一般具有更好的偿债能力,因此债权人一旦发现集团公司股东存在越过子公司股东直接决策的情形,就申请法院要求适用法人人格否认判决集团公司承担连带责任,这种做法无疑是对法人人格否认制度的机械理解。大多数学者认为,适用法人人格否认应当具备主观要件和行为要件,才能产生股东与公司对债务承担连带责任的后果,与我国现行《公司法》第20条第3款规定的精神是一致的。从主观上看,股东在滥用公司人格时应当存在主观过错,即存在逃避债务的主观意图,不能将基于集团整体经营的需要作出对子公司的不利决策均认为属于滥用公司人格。从客观上来看,股东对公司的支配行为已经构成了人格混同——即机构混同、意志混同和财产混同。唯有符合上述要求的行为,通过具体事实确认成员公司的人格已经混同于集团公司的人格时,方可使用法人人格否认制度,由集团公司对成员公司的债务承担连带责任。

我国现行《公司法》第20条规定了法人人格否认制度的内容,但并未对表决权穿越作出例外规定,也尚未有司法解释或地方司法文件对该问题进行规范,实务中对此类案件缺乏统一的裁判标准。因此,笔者建议,可以在收集个案经验的基础上,逐步通过司法解释的方式明确表决权穿越适用的条件、范围以及认定事实的具体规则,在此基础上待条件成熟后再通过法律修改的方式体现在相关公司法律当中。

(五)休眠公司的解散与清算

1.休眠公司"休掉"债权人的债权

改革开放以来,我国公司的设立门槛越来越低,但公司的退出机制存在严重问题。实践中存在大量长时间没有实际经营的公司,既未向登记机关报送年度报告(以前为年检),也未办理清算和注销手续,或是人去楼空,或是已被吊销营业执照、责令关闭,学界称之为"休眠公司"。从法律意义的角度而言,不论其营业状况系盈利还是亏损,这类公司在未解散、未注销登记前仍系具有独立法人资格的公司。在公司和其他股东均无法找到的情况下,《公司法》将公司僵局解散公司之诉的请求权人仅赋予股东,其他利害关系人包括债权人在内,均不能申请法院对该公司进行强制清算(未符合解散条件的情况),此时,债权人的权益保护将面临困境。

2. 商事登记改革前,债权人面对休眠公司还有救济途径

如债务人系一人公司或实际上属于夫妻开办的公司,债权人可通过法人人格否认制度,直接向法院提起诉讼,要求股东和公司承担连带责任。在这种情形下,法院应予受理,并要求开办人就其公司人格、财产的独立性举证证明,否则应承担不利后果。

如休眠的债务人系由多人开办,在商事登记改革前,债权人可根据《公司登记管理条例》第68条规定的公司"开业后自行停业连续6个月以上的,可以由公司登记机关吊销营业执照"之规定,通过向工商登记管理机关举报的方式,争取由工商登记机关吊销其营业执照。债务人被吊销营业执照、被责令关闭或被撤销后,债权人可根据现行《公司法》第180条的规定,申请人民法院指定有关人员组成清算组进行强制清算。如果法院组织清算并且能够正常清算的,当然由公司以剩余财产清偿债务,当发现公司资不抵债时则进入破产清算环节。但事实上,很多休眠公司实际上无法清算,由于公司已经下落不明,公司的财务账册更是无从查找,最高人民法院《关于适用〈中华人民共和国公司法〉若干问题的规定(二)》第18条第2款规定:"有限责任公司的股东、股份有限公司的董事和控股股东因怠于履行义务,导致公司主要财产、账册、重要文件等灭失,无法进行清算,债权人主张其对公司债务承担连带清偿责任的,人民法院应依法予以支持。"根据上述规定,如果公司无法清算,债权人可以向股东提起诉讼,要求股东对公司债务承担连带责任。

3. 商事登记改革后,债权人陷入救济困境

在商事登记改革后,工商部门往往以《企业信息公示暂行条例》为挡箭牌,认为将未按时提交年报的休眠公司移入《经营异常名录》即可,不予吊销营业执照,以避免因吊销营业执照被提起行政诉讼。债权人的权利救济就只有通过法人人格否认实现,而在债务人下落不明的情况下,债权人甚至无法收集有意义的证据让法院支持其主张。这就导致债权人面对休眠公司,陷入救济困境。

4. 政策建议

债权人面对休眠公司陷入救济困境,体现了债权人缺席公司解散程序的弊端。为此,建议:

(1) 修改《公司法》,在公司解散程序中预留债权人的权利主张渠道,不能将债权人的利益交由行政管理机关来决定。

(2) 将《公司登记管理条例》第68条修改为:"公司成立后无正当理由超过六个月未开业的,或者开业后自行停业连续六个月以上的,经公司债权人或利害关系人举报,公司登记机关应召开听证会,经查属实的,公司登记机关应当吊销该公司营业执照。"

四、公司法领域的重大法律事件、典型案例评析

政府大力推进的商事登记制度改革、投融资制度改革(包括对上市公司并购重组的行政审批松绑、新三板做市等)等系列改革,无疑构成公司法领域的重大法律事件,有关评析参见前文。

公司法领域的重大、典型案件,包括非诉案件和诉讼案件。重大、典型的非诉案件如2015年度末上演的"万宝之争",往往对公司法基本制度、公司治理的建设与完善产生深远影响。由于"万宝之争"尚未尘埃落定,本报告不作评析。重大、典型的诉讼案件对解决法律规定不明或法律适用有争议之公司法热点问题具有参考价值。当然,某些重大、典型的诉讼案件如2014年度的真功夫案件,也会对公司法基本制度、公司治理的建设与完善产生深远影响,由于真功夫案件是2014年度案件,本报告不作评析。

限于篇幅,本报告选了四个典型诉讼案件进行评析。遴选典型案件时,主要考虑了如下因素:

第一,涉及公司法热点,受到社会普遍关注。注册资本登记制度改革后,各界比较关注社会上出现的公司注册资本随意认缴、随意变更、出资不到位、抽逃出资及资本信用等热点问题,四个案件都与此有关。

第二,涉及经济热点,如进行得如火如荼的"双创"。创投对于推动创新创业功莫大焉,如浙江省宁波正业控股集团有限公司与上海嘉悦投资发展有限公司纠纷案,确定了私募股权投资中股东承诺投资保底收益条款的效力。

第三,填补立法空白,开创了某类案件解决先例或确立了某项原则,如沙港公司诉开天公司执行分配方案异议案,确立了深石原则。

(一)公司资本非经法定程序不得随意变更——评卓桂生与纪定强等合同纠纷申请再审案最高人民法院(2015)民申字第811号合同纠纷申请再审民事裁定书

【裁判要旨】

公司资本一经增加,非经法定程序不得随意变更,一方股东不得以其他股东违约为由要求公司返还增资款。但其他股东对出资者的承诺可以认定为有效。

【基本案情】

纪先生与卓先生签订了一份《投资合作协议》,其中,第1条列明双方8项合作项目内容,第2条列明,以上8项合作项目合同签订前,所需支出费用人民币2 250万元投资款由纪先生支付给卓先生,合同签订后按约定股份比例共同投资。纪先生、卓先生、兴旺公司签订的《投资合作协议》"鉴于"第1项,纪先生有意通过本协议成为丙方股东,并与乙方建立长期紧密的合作关系。第4项列明各方合作宗旨与

目的。《投资合作协议》第3条"后续合作"中亦多次出现兴旺公司,且后续合作设立多家公司的目的除拓展采矿权外,也包含兴旺公司所采石材的后续加工与销售等。

《投资合作协议》成立以后,纪先生履行了投资义务,于《投资合作协议》约定的2012年12月31日前完成了支付人民币2 250万元的义务。而兴旺公司、卓先生未能按照协议约定,按期完成设立万业基公司、金品公司、加工公司和销售公司,显然已构成违约。然而,经合法工商变更登记程序,纪先生已成为持有兴旺公司25%股权的股东,并积极参与了对兴旺公司的经营管理。

【本案的争议焦点】

(1) 本案案由应属于增资扩股纠纷,还是合同纠纷?

(2) 判决卓先生承担返还责任适用法律是否正确?

(3) 本案是否遗漏必须参加诉讼的当事人阮某和邢某?

【裁判结果】

(1) 各方合作(含股权投资)争议属于合同纠纷;

(2) 股东出资不得随意抽回;

(3) 卓先生在合同第10.4条中返还投资款的承诺有效;

(4) 承担返还责任后的当事人可以主张实际出资人的权益。卓先生向纪先生承担违约责任后,因纪先生在兴旺公司的股权失去了对价,卓先生可以实际出资人的身份对其权益归属另行主张。

【案例评析】

投融资实务中,投资人一般分为两种,一种是战略投资人,另一种是财务投资人。战略投资人不仅仅向目标公司投入资金,同时投入各种资源,就人力和物力进行技术资源整合、优势互补合作开发项目,他们与目标公司的合作往往带有一系列的后续合作项目安排。本案中纪先生与卓先生及兴旺公司签订的三方投资合作协议,即属于此类商事行为。

(1) 各方合作(含股权投资)争议属于合同纠纷。协议名称以及协议的主要内容均反映案涉各方关系为合作关系,纪先生在兴旺公司的增资仅是各方合作关系的组成部分。故本案虽有增资扩股的内容,但系三方合作合同关系,案由定为合同纠纷能够涵盖上述两方面内容,并无不当。

(2) 股东出资不得随意抽回。公司资本一经增加,非经法定程序不可随意变更,但其他股东对出资者的承诺可以认定为有效。从查明的事实看,《投资合作协议》成立以后,纪先生已于《投资合作协议》约定的2012年12月31日前完成了支付2 250万元的义务,并不存在违约情形。而兴旺公司、卓先生未能按照《投资合作协议》第3条的约定按期成立万业基公司、金品公司、加工公司和销售公司,显然已构成违约。经合法工商变更登记程序,纪先生成为持有兴旺公司25%股权的股东,同时,纪先生积极参与了对兴旺公司的经营管理。

虽然卓先生与兴旺公司的行为违反了《投资合作协议》的约定,根据合同第10.4条的规定,纪先生有权要求返还款项,但合同中的自由约定应以不违反法律强制性规定为前提。

纪先生要求兴旺公司返还与增资额等额款项的诉请涉及公司资本制度,公司资本制度多为强行性规范。《投资合作协议》约定纪先生以2 250万元的对价获得兴旺公司25%的股份,其中360万元注入注册资本,1 890万元注入资本公积,但无论是注册资本还是资本公积,均是公司资本,公司以资本为信用,公司资本的确定、维持和不变,是保护公司经营发展能力,保护债权人利益以及交易安全的重要手段。纪先生对兴旺公司具有相应股权,只能依法行使股东权利,不得抽回出资。

(3) 卓先生在合同第10.4条中返还投资款的承诺有效。卓先生在合同第10.4条中承诺若其违约,将返还纪先生于本次增资款等额款项的约定,并不损害公司及公司债权人的利益,不违反法律、行政法规的禁止性规定,是当事人的真实意思表示,应当认定为有效。

最高人民法院对本案裁判思路与其审理的"对赌协议无效第一案"的裁判思路一致,详见最高人民法院(2012)民提字第11号民事判决书。从这两个案件的裁判可以看出最高人民法院裁判类似案件的思路:投资者入股后,投资者与被投资企业之间关于返还投资款的约定原则上无效,与被投资企业原有股东之间关于返还投资款的约定合法有效。理由同上。

(二) 小股东解除大股东的股东资格——评宋余祥诉上海万禹国际贸易有限公司决议效力确认纠纷案

【裁判要旨】

有限责任公司股东未按章程约定履行出资义务或抽逃全部出资,经催告后在合理期限内仍未缴纳或返还出资的,公司可以通过股东会决议解除该股东的股东资格。对于该股东除名决议,未出资的股东不具有表决权,即便该股东系控股股东。

【基本案情】

被告上海万禹国际贸易有限公司(以下简称万禹公司)设立于2009年3月11日,设立时注册资本人民币100万元,股东为原告宋余祥、高标,分别持股60%和40%。根据章程规定,宋余祥担任执行董事,高标担任监事。

2012年8月28日,万禹公司召开股东会会议,作出决议:① 公司注册资本由100万元增至1亿元;② 吸收新股东杭州豪旭贸易有限公司(以下简称豪旭公司);

③ 增资后的股东出资情况、股权比例为，宋余祥60万元（0.6%）、高标40万元（0.4%）、豪旭公司9 900万元（99%）。

2012年9月14日，两家案外公司汇入豪旭公司银行账户共计9 900万元。同日，豪旭公司将该9 900万元汇入万禹公司的银行账户内。同日，上海大诚会计师事务所出具验资报告，载明："经审验，截至2012年9月14日止，万禹公司已收到豪旭公司缴纳的新增注册资本（实收资本）9 900万元，出资方式为货币出资。"验资报告出具后，万禹公司依法进行相关的工商登记变更手续。然而仅仅在验资报告出具3日后，豪旭公司即将增资验资款9 900万元从万禹公司账户中转出，通过一系列账户流转，还给了两家案外公司。

2013年12月27日，万禹公司向豪旭公司邮寄"催告返还抽逃出资函"，称豪旭公司已抽逃其全部出资9 900万元，望其尽快返还全部抽逃出资，否则，万禹公司将依法召开股东会会议解除豪旭公司股东资格。但豪旭公司终未返还抽逃的出资。

2014年3月6日，万禹公司向豪旭公司邮寄《临时股东会会议通知》，通知其于同年3月25日召开股东会，审议关于解除豪旭公司股东资格的事项。2014年3月25日，万禹公司召开2014年度临时股东会，全体股东均出席股东会。股东会会议记录载明："……5. 到会股东就解除豪旭公司作为万禹公司股东资格事项进行表决。6. 表决情况：同意2票，占总股数1%，占出席会议有效表决权100%；反对1票，占总股数99%，占出席会议有效表决权的0%。表决结果：提案通过。"各股东在会议记录尾部签字，但豪旭公司代理人在签字时注明不认可上述表决结果。同日，万禹公司出具股东会决议，载明："因股东豪旭公司抽逃全部出资，且经催告后仍未及时归还，故经其他所有股东协商一致，决议解除其作为万禹公司股东的资格。万禹公司于本决议作出后30日内向公司登记机关申请办理股东变更登记及减资手续。"宋余祥、高标在该股东会决议上签字，豪旭公司代理人拒绝签字。

由于豪旭公司对上述股东会决议不认可，宋余祥作为万禹公司股东，诉至法院，请求确认万禹公司2014年3月25日股东会的决议有效。

被告万禹公司同意原告宋余祥的诉请。

第三人豪旭公司述称，豪旭公司未抽逃出资，即使有抽逃出资行为，其仍具有股东资格和股东权利，对股东会会议拥有99%的表决权。其已表决否决了2014年3月25日的股东会决议，该股东会决议无效。

【本案主要争议焦点】

(1) 豪旭公司是否存在抽逃出资行为？

(2) 公司股东会能否对抽逃出资股东予以除名？

(3) 被除名股东有无表决权？

【裁判结果】

针对上述案情,一审法院认为,根据《公司法》第42条的规定,股东会会议由股东按照出资比例行使表决权,在无公司章程特别约定的情况下,该"出资比例"应为认缴的出资比例。本案即使豪旭公司存在抽逃出资行为,亦不影响其根据认缴出资比例对股东会议行使表决权。故对于万禹公司于2014年3月25日作出的股东会决议,拥有99%股权的豪旭公司对其中解除豪旭公司股东资格的事项已予以否决,该审议事项应属未被通过。据此,一审判决驳回宋余祥的诉讼请求。

一审判决出具后,宋余祥和万禹公司不服,提起上诉,认为豪旭公司抽逃出资属实,对于豪旭公司抽逃出资而应被解除股东资格的股东会决议,豪旭公司应当回避,不具有表决权。故2014年3月25日作出的股东会决议应属有效。上诉请求改判支持原告的原审诉请。

二审法院经审理后认为,本案现有证据足以证明豪旭公司抽逃了其认缴的9 900万元的全部出资款,且经万禹公司催告后在合理期限内仍不返还。根据最高人民法院《关于适用〈中华人民共和国公司法〉若干问题的规定(三)》第18条有关股东除名的规定,股东会对拒不出资股东予以除名的,该股东对该表决事项不具有表决权。本案对于豪旭公司抽逃全部出资的行为,万禹公司已给予了合理期限的催告,并在召开股东会时通知豪旭公司的代表参加给予其申辩的权利。最后表决时豪旭公司对其是否被解除股东资格不具有表决权。万禹公司另两名股东以100%表决权同意并通过了解除豪旭公司股东资格的决议,该决议有效。豪旭公司股东资格被解除后,万禹公司应当及时办理法定减资程序或者由其他股东或第三人缴纳相应的出资。据此,二审判决撤销原判;确认万禹公司于2014年3月25日作出的股东会决议有效。

【案例评析】

本案涉及垫资行为的法律定性、股东抽逃出资后,其他股东有何救济权利,以及股东资格排除程序、公司股东会决议效力等一系列重大问题,在公司治理实务中具有如下几点示范效应。

(1) 垫资入股行为应构成抽逃出资

实践中,无论是公司设立之初,还是公司在经营过程中增资扩股、吸纳新股东,由第三方中介机构提供一笔短期资金给公司股东,再由该股东将有关出资支付至公司验资账户,验资机构根据有关银行询证反馈信息,出具有关出资已经缴纳到位的验资报告,有关公司及股东再凭借此验资报告向工商登记机关办理股东、章程变更登记,上述所有手续齐备后,再由目标公司账户将有关垫资款归还至有关股东,甚至直接归还至垫资机构。

这种公司注册资金流入、流出模式,广为盛行,甚至部分地方政府、经济开发区、高科技园区等管理部门,为了招商引资之需,公然许诺可为投资商提供免费、高效的垫资服务。针对实践中的种种乱象,司法部门理应严格按照《公司法》及有关司法解释的规定,准确判定该垫资行为是否构成抽逃出资,并继而追究有关抽逃出资股东的法律责任。

在当前法律规定整体淡化注册资本金的大背景下,该问题更加值得关注。现行注册资本金制度虽更改为认缴制,并取消了出资下限(特殊行业、门类之公司除外),但认缴并不等同于认而不缴,更不是可以随意抬高认缴金额,无限延长认缴期限,罔顾其他股东和公司债权人的合法利益。

因此,本案中,这种通过垫资机构,左手出资、右手抽逃的做法,理应根据《关于适用〈中华人民共和国公司法〉若干问题的规定(三)》第12条第1款的规定,认定为该股东构成抽逃出资。

(2)抽逃出资股东之股东资格的否认

《关于适用〈中华人民共和国公司法〉若干问题的规定(三)》第18条对未出资或抽逃全部出资的股东确立了有限公司可以通过股东会给予除名的制度,根据该条规定:"有限责任公司的股东未履行出资义务或者抽逃全部出资,经公司催告缴纳或者返还,其在合理期间内仍未缴纳或者返还出资,公司以股东会决议解除该股东的股东资格,该股东请求确认该解除行为无效的,人民法院不予支持。在前款规定的情形下,人民法院在判决时应当释明,公司应当及时办理法定减资程序或者由其他股东或者第三人缴纳相应的出资。在办理法定减资程序或者其他股东或者第三人缴纳相应的出资之前,公司债权人依照本规定第十三条或者第十四条请求相关当事人承担相应责任的,人民法院应予支持。"

我国目前通过司法解释确立的股东除名规则,仅适用于股东完全未履行出资义务或抽逃全部出资的情形。对于其他情形,例如股东有严重损害公司利益的行为、公司章程约定解除股东资格的情形等,是否可以通过公司章程及股东会决议的形式对股东予以除名?对此我国法律或司法解释未作规定,但司法实践中已有案例认为基于公司自治原则,对于章程或股东之间事先约定的股东除名情形,只要该约定内容不违反法律、不损害公共利益或他人利益,对股东会基于该约定情形作出的股东除名决定亦予以认可。因此有观点认为,对于非属于《关于适用〈中华人民共和国公司法〉若干问题的规定(三)》第18条所规定的股东除名情形,必须有事先的章程或全体股东的约定,否则司法对除名决议不予认可;即使司法认可基于事先章程约定情形的股东除名决议,也应就被除名股东所持股份予以合理的作价补偿。

法律之所以对虚假出资、抽逃出资明确规定了股东资格否认的有关规定,是因为股东出资是公司设立、经营最原始的经济基础,《公司法》有关股东有限责任制度,已经最大限度地限定了股东仅仅以其出资为限,对公司债务承担责任,而如果股东连最基本的出资义务都无法尽到,无论是对于其他守约股东,还是对于公司债权人,都是一种极为不负责任的表现,理应被认定为法律中之根本违约。而根据《合同法》等相关法律规定,合同当事人中一方构成根本违约的,另一方当事人享有合同解除权,并进而追究违约方的责任。公司股东之间,尤其是有限责任公司之股东,具有高度的人身信赖关系,亦即通常所谓之"人合性",当作为共同出资人的一方,虚假出资或抽逃出资的,法律或司法解释赋予其他善良出资人、股东以除名权,实属正当、合理。

(3) 除名表决权之行使规则——被除名者无表决权

根据有关公司法理论,公司法中的表决权排除,又称表决权回避,是指当某一股东与股东(大)会讨论的决议事项有特别的利害关系时,该股东不得就其持有的股份行使表决权的制度。国际上很多国家均规定了此制度,例如《德国商法典》第252条规定:"当股东大会决定是否免除股东的责任或者债务,是否批准某股东与公司间缔结的法律行为,是否对某股东提起或终止诉讼时,该股东不得为自己或第三人行使表决权。"《意大利民法典》第2373条规定,禁止股东在利益冲突的场合行使表决权。《韩国商法》第368条规定,"关于股东大会的决议,有特殊利害关系者不得行使表决权。"

设立表决权排除规则的意义,主要在于防止控股股东滥用资本多数决规则,损害公司利益和少数股东利益。例如控股股东利用资本多数决规则,通过股东会决定公司与控股股东或其控制的其他公司进行不平等的关联交易,从而向控股股东或其关联公司进行利益输送,使公司利益和少数股东利益受损。有学者总结,股东表决权排除规则"是对控制股东忠实义务的具体化","是预防资本多数决原则滥用的有效对策","对于保护少数股东权益具有重要作用"。

我国《公司法》对表决权例外的规定比较少见,主要规定在第16条、第90条等条文中,虽然我国《公司法》对股东表决权排除只作了有限的规定,但并不表明法律、法规未规定的情形就不能适用股东表决权排除。如果出现大股东滥用资本多数决规则通过或阻止通过与其有利害关系的股东会决议,侵害公司或小股东的利益,司法实践可以适用表决权排除规则。本案即是一起典型的小股东(占股比例1%)将绝对控股股东(占股99%)通过表决权排除规则成功予以除名的案例,本案两原告在案件审理过程中,通过翔实的证据,证明了大股东抽逃出资的事实,并遵照公司法司法解释的规定,行使了催告权,亦给予抽逃出资一方合理的返还期限,并赋予被除名股东参会权,正是因为本案整个除名程序合法、正当,有理有据,最终得到二审法院的认可。

(4) 降低投资门槛,并不代表减轻股东未依约履行出资义务的责任我国《公司法》于2013年12月修正，降低了设立有限公司的投资门槛，例如取消了法定最低注册资本制度，取消了股东货币出资最低限额的要求，设立公司时的出资额无须经过法定验资程序，凡此种种，均是法律出于鼓励投资兴业，增强经济活力的考虑。但同时，我们应当注意法律是保护多元利益主体能够合理运营的有效交易秩序，过分降低股东出资门槛，势必会削弱公司的偿债能力，当全社会都形成一种公司无门槛、资本无下限的共识时，亦可能是公司债权人最为缺乏保障之时，而当所有的商事主体在商事活动中均处于一种高度不安状态时，对整个经济运营秩序将是一个巨大的负面打击。

因此，降低投资门槛不代表减轻股东不履行出资义务的责任，只是股东的出资义务更多地源于股东之间的意定，而非法定。对于各方股东认缴出资总额、出资形式、实缴出资期限等，股东之间可以通过章程或约定自行安排，但如果股东不履行彼此约定的出资义务，且这种不履行出资义务达到严重损害公司和其他股东利益的根本违约程度，其他股东仍然可以追究该未出资股东比较严苛的法律责任，对于这种责任，有约定的从约定，没有约定的可以根据公司法、合同法的相关规定和原理予以追究。对于持续未履行出资义务的股东，公司可以解除其股东资格并对其适用表决权排除规则。这也有助于最终维护公司正常运转和保护公司债权人利益、维系安全的市场交易环境。

（三）私募股权投资中股东承诺投资保底收益的效力——评浙江省宁波正业控股集团有限公司与上海嘉悦投资发展有限公司纠纷案

【裁判要旨】

上市公司的股东及其实际控制人在认购人与公司签订《非公开发行股票认购协议》后，与认购人签订的承诺保底收益的《协议书》，体现了各方当事人的真实意思表示，不会损害到发行公司利益或发行公司债权人利益，亦不违反法律、行政法规中效力性的强制性规定，属有效协议，对各方当事人具有合同约束力。发行人的股东及其实际控制人对其自身作出的承诺而引发的赔偿责任应当独立承担相应的民事责任。

【基本案情】

原告：浙江省宁波正业控股集团有限公司（以下简称"宁波正业"）

第一被告：上海嘉悦投资发展有限公司（原名深圳市和瑞源投资发展有限公司，以下简称"嘉悦公司"），系案外人

第二被告：陈五奎，新能源公司的股东及实际控制人

深圳市拓日新能源科技股份有限公司（以下简称"新能源公司"）的股东新能源公司系一家于深圳证券交易所上市的中国股份有限公司，第一被告、第二被告系新能源公司的第二和第三大股东，第二被告并担任新能源公司的法定代表人。2011年

2月,原告宁波正业与新能源公司签订《非公开发行股票认购协议》,约定原告以每股21元的价格认购新能源公司非公开发行的395万股股票,共计8 295万元,并确认本次认购股票的上市锁定期为12个月。同日,原告与两被告签订《协议书》一份,就原告认购新能源公司395万股事宜作出约定:若原告的净收益(计算方式为:原告于出售期内在二级市场出售全部认购股份的收入扣除认购成本之后的收益)低于保底收益(认购成本×8%)的,则由第一被告嘉悦公司补足原告宁波正业净收益和保底收益的差价。且第一被告须在原告出售全部认购股份后的3个工作日内以现金方式支付该差价,逾期支付的,按应汇金额的万分之五/天支付违约金。第二被告对此补足事宜承担连带责任。《协议书》同时约定原告应事先告知第一被告在出售期内关于出售认购股份的交易安排。又,新能源公司于2011年4月的股东大会通过了2010年度利润分配及资本公积金转增股本方案,向全体股东进行利润分配:每10股转增5股送现金0.5元(含税)。原告宁波正业转增后持股592.5万股,并在扣除税费之后实收现金15.8万元。

锁定期解除后,原告于2012年4月按约定向第一被告深圳地址寄发函件,告知如无延长锁定期的补充协议,将出售其执有的股票。第一被告未予回复。其后,原告将上述全部股票通过大宗交易的方式在二级市场出售,成交价为9.10元/股,扣除交易佣金、印花税等之外,原告净收入为53 825 840.25元。按照《协议书》的约定,原告此次的净收益为 –28 966 159.75元,保底收益应为6 636 000元(82 950 000元×8%),因此原告认为,第一被告须向原告支付净收益与保底收益之间的差价35 602 159.75元,第二被告对此承担连带清偿责任。

第一、第二被告认为,《协议书》中有关保底收益的约定,违反了公司法、证券法的强制性规定,当属无效。两被告认为系争协议书并非独立存在的协议,是认购协议的补充,原、被告有关保底收益的约定,令原告进行股权投资成为一个不承担任何风险的投资,这与投资与风险并重这一市场经济原则相悖,故为无效约定。同时第一被告指出,2012年2月公司注册地址已由深圳迁至上海,未收到原告有关出售股票的函件。此外两被告认为原告售出股票当日开盘价为9.57元,最高成交价为9.59元,最低成交价为9.29元,收盘价为9.31元,均高于原告当天大宗交易的9.10元。

一审法院经审理后确认原告宁波正业与新能源公司签订《非公开发行股票认购协议》,与两被告签订《协议书》的事实。确认2012年4月原告向第一被告深圳办公地址发出《交易安排告知书》后,将其认购的股票通过大宗交易的方式,以9.10元的成交价格在二级市场出售并获得净收益53 825 840.25元的事实。确认原告经新能源公司利润分配后获得股利现金15.8万元,最终原告的实际净收益为53 983 840.25元的事实。此外一审法院查明,第一被告的注册所在地虽经深圳迁至上海,但实际经营地址仍位于深圳,且法院寄送诉讼材料并经签收的地址亦为深圳办公地。查明新能源公司股票自 2012 年 4 月 19 日原告售出后股价持续走低,2013 年 2 月 4 日收盘价为 6.05 元。

【本案主要争议焦点】

私募股权投资中股东承诺投资保底收益的约定是否有效?

【裁判结果】

一审法院认为本案的争议焦点是原告与两被告签订的《协议书》中涉及补偿承诺的效力问题。认为本案的具体投资方式为私募股权投资,协议书中涉及条款的效力实为投资净收益与保底收益之间差价补偿条款的效力。最终法院认定原告在出售股票这一过程中并不存在违反认购协议的行为,原告出售股票是作为私募股权投资者正常的市场行为。原告依据证监会的相关规定采用大宗交易的方式,将股价略低于当日市场价予以出售符合相关规定。结合新能源公司股价走势及当时股票市场价,原告出售股票时已将其投资的损失做到了尽可能地减损。虽然认购协议中对于原告股权投资产生的损失未作约定,但结合该种股权投资的特征来看,理应由相应的责任主体对原告的股权投资损失予以一定的补偿。同时一审法院认为,原、被告所签订的《协议书》并非认购人与发行人之间所签订的协议,虽然该份协议书与认购协议存在极大的关联,而从协议的内容来看,该份《协议书》的主要内容是对于原告私募股权投资可能产生的损失进行补偿,承担赔偿责任的主体是发行人新能源公司的股东及实际控制人,而并非发行人本身。股东对其自身作出承诺而引发的赔偿责任应当独立承担相应的民事责任。现第一、第二被告未能按照协议书的约定履行补偿投资损失的合同义务显然构成违约,因此判决第一被告嘉悦公司、第二被告陈五奎于判决生效之日起 10 日内支付原告宁波正业补偿款 35 602 159.75 元,按每日万分之五的标准支付原告自 2012 年 4 月 22 日起至判决生效之日止的逾期付款违约金,并由两被告承担案件的受理费用。

一审判决后,两被告不服,上诉至上海市第一中级人民法院。

二审法院经审理,认为一审法院查明认定的事实无误,本案的争议焦点为系争协议书中有关嘉悦公司、陈五奎对宁波正业所作之补偿损失承诺是否有效。二审法院认为,《协议书》中不仅对嘉悦公司和陈五奎的补偿义务作出了原则性规定,对具体的补偿方式、时间、违约金的承担也进行了约定。由此可见,协议书的立约三方对于涉案股票的认购若产生损失时该如何进行补偿的意思表示是明确的。法院有理由相信,出于自身利益考虑促成上市公司新能源公司完成本次增发事项,嘉悦公司与陈五奎具有向宁波正业承诺补偿的真实意思表示,有关补偿条款具有一定的合理性。同时二审法院认为,该《协议书》作为一份合同是独立存在的,并不依附于"宁波正业"与新能源公司签订的认购协议,且未发现该协议书相关条款存在无效的情形。据此,二审法院驳回上诉,维持原判。

【案例评析】

(1) 本案涉及的私募股权投资的方式

广义的私募股权投资涵盖了企业首次公开发行前各阶段的权益投资,也涵盖对企业上市后的各阶段的各种私募权益投资。涉及本案的私募股权投资的方式为"上市后私募投资",即私人股权投资已上市公司股份,明确为私人投资或共同基金以低于当时市场价值的价格买入一家公司的普通股。

相对于上市公司发行新股等传统的融资手段,上市后私募投资的融资成本和融资效率相对要高一些,在上市后私募投资发行中监管机构的审查更少一些,而且也不需要昂贵的促成股票成功发行的推介活动,这使得获得资本的成本和时间都大大降低,这种投资比较适合一些快速成长为中型企业的上市公司,且这种投资方式使得投资者能够以一个相对于公开市场价格的折扣价格购买股票,同时也为投资者提供了一个以一个固定价格而不是通过公开市场的更高价格获得一个相对大的股东地位的机会。但是该类投资主要在上市后进行投资,是否投资主要看公司的现金流和经营团队稳定等情况,收益不可能很高,但安全性高,尤其是在市场不好的情况下,经过股市调整,入股价格更有吸引力。该类投资市盈率一般与二级市场差别不大,而一些机构进行该类投资的目的,并不是单纯地寻求财务投资机会,还包括对战略投资者的定向增发。

本案中涉及的上市公司新能源公司通过向中国证监会提出非公开发行股票的申请,在申请获批后,新能源公司依据该批复在履行相应的上市公司议事规则之后发出认购邀请书,宁波正业也正是基于认购邀请书的要求发出申购申请函、报价单及股份锁定承诺书,最终由宁波正业与新能源公司签订非公开发行股票认购协议,而该份认股协议充分体现了宁波正业与新能源公司的真实意思表示,该份协议并未违反法律、行政法规中的效力性的强制性规范。

协议签订后宁波正业依约支付了相应的认股款,并且在锁定期内未将认购的股票予以出售。在协议约定的锁定期届满且未达成延期协议之后,宁波正业将所认购股份予以出售。在股份出售之前"宁波正业"亦将股票即将出售的事实通知了嘉悦公司,故宁波正业在出售股票过程中并不存在违反认购协议的行为。宁波正业出售股票是作为私募股权投资者正常的市场行为。

(2) 由私募股权投资方式引申出的投资损失的补偿问题

首先,从系争协议书的签订主体来看。宁波正业系新能源公司非公开发行股票的认购者,而嘉悦公司、陈五奎系新能源公司的股东及实际控制人,但应区分该份协议书并非认购人宁波正业与发行人新能源公司所签订,而是认购人与发行人的股东及实际控制人所签订。

其次，从协议书的内容来看，该份协议书的主要内容对宁波正业私募股权投资可能产生的损失进行了事先约定，承担赔偿责任的主体是发行公司的股东及实际控制人，而非发行公司本身，这点需要着重明确。既然赔偿主体是发行公司的股东及实际控制人，股东及实际控制人作为独立的公司法人及自然人对其自身所作出的承诺而引发的赔偿责任当然应当承担相应的民事责任。上述民事主体即使承担相应的民事责任也并不会损害到发行公司利益或发行公司债权人的利益，并不违反法律、行政法规中的效力性强制性规定，系签订各方的真实意思表示，当属有效，对本案各方当事人均有合同约束力。

本案中嘉悦公司、陈五奎承诺若宁波正业净收益低于保底收益，则由嘉悦公司承担补足责任，并由陈五奎承担连带责任。即嘉悦公司系主债务人，且主债务人并没有脱离债的关系。陈五奎加入宁波正业与嘉悦公司的债权债务关系中，属于债务加入。对于嘉悦公司与陈五奎共同向宁波正业承担差价部分的赔偿责任，陈五奎与嘉悦公司为连带债务人。现宁波正业的净收益确实低于协议书约定的保底收益，而嘉悦公司、陈五奎对宁波正业请求的补偿金额及计算方法并未提出异议，故协议书的效力应予以确认。此外需要指出的是，综合系争协议的约定，除宁波正业自身原因外，无论协议书是否有效，嘉悦公司与陈五奎均应补足宁波正业净收益和保底收益之间的差价。

综上，法院对本案涉及纠纷的定性及处理是正确的。

投资方为维护自身利益，往往在投资协议中额外安排一系列的保护条款。本案中，系争的补偿承诺实质上就是一种保护投资方的条款。而判断该种保护条款是否有效的标准，除了有无违反我国法律中效力性强制性规定外，另一个必须予以考量的因素，就是是否损害被投资公司及其利益相关方的利益。

（四）股东债权应否劣后受偿？——评中国首例"深石原则"案

【裁判要旨】

最高人民法院接受了美国判例法中的"深石原则"，首次确认出资不实的股东对公司的债权劣后于公司外部债权人的受偿顺位，也就是说，公司资产应首先用于清偿非股东债权，剩余部分才能用于清偿股东借款。

【基本案情】

2010年6月11日，松江法院作出(2010)松民二(商)初字第275号民事判决，茸城公司应当向沙港公司支付货款以及相应利息损失。第275号判决生效后进入执行程序，因未查实茸城公司可供执行的财产线索，终结执行。茸城公司被注销后，沙港公司申请恢复执行，松江区人民法院裁定恢复执行，并追加茸城公司股东开天公司及7名自然人股东为被执行人，并在各自出资不实范围内向沙港公司承担责任，扣划到开天公司和4个自然人股东款项共计696 505.68元（包括开天公司出资不足的45万元)。2012年7月18日,该院分别立案受理由开天公司提起的两个诉讼：(2012)松民二(商)初字第1436号案和(2012)松民三(民)初字第2084号案,开天公司要求茸城公司8个股东在各自出资不实范围内对茸城公司欠付开天公司借款以及相应利息、房屋租金以及相应逾期付款违约金承担连带清偿责任。该两案判决生效后均进入执行程序。

2013年2月27日,沙港公司收到松江区人民法院执行局送达的《被执行人茸城公司追加股东执行款分配方案表》。分配方案表将上述三案合并,确定执行款696505.68元在先行发还三案诉讼费用后,余款再按31.825%同比例分配,今后继续执行到款项再行分配处理。沙港公司后向松江区人民法院提交《执行分配方案异议书》,认为开天公司不能就其因出资不到位而被扣划的款项参与分配,且对分配方案未将逾期付款双倍利息纳入执行标的不予认可开天公司对沙港公司上述执行分配方案异议提出反对意见,要求按原定方案分配。松江区人民法院将此函告沙港公司,2013年4月27日,松江区人民法院依法受理原告沙港公司提起的本案诉讼。

另查明,上述三案裁判文书认定了茸城公司股东各自应缴注册资本金数额和实缴数额的情况。

【本案争议焦点】

一是针对开天公司出资不实而被法院扣划的45万元,开天公司能否以对公司也享有债权为由与沙港公司共同分配该部分执行款;二是执行标的是否应包括加倍支付迟延履行期间的债务利息。关于第一个争议焦点,公司法律明确规定有限责任公司的股东以其认缴的出资额为限对公司承担责任。

【裁判结果】

法院一审认为,本案是一起执行分配方案异议之诉。关于第一个争议焦点,公司法律明确规定有限责任公司的股东以其认缴的出资额为限对公司承担责任。开天公司因出资不实而被扣划的45万元应首先补足茸城公司责任资产向作为公司外部的债权人原告沙港公司进行清偿。开天公司以其对茸城公司也享有债权要求参与其自身被扣划款项的分配,对公司外部债权人是不公平的,也与公司股东以其出资对公司承担责任的法律原则相悖。对696505.68元执行款中的45万元应先由原告受偿,余款再按比例进行分配的意见予以采纳。关于第二个争议焦点,相关第275号案、第1436号案、第2084号案民事判决书均判令如债务人未按指定期间履行金钱债务的,须加倍支付迟延履行期间的债务利息。故对原告沙港公司关于执行标的应包括加倍支付迟延履行债务期间的利息的主张,予以采纳。原被告双方均对各自主张的迟延履行期间双倍利息明确了计算方式,原告沙港公司对系争执行分配方案所提主张基本成立,法院依法予以调整。一审判决后,当事人均未提出上诉,一审判决生效。

【案例评析】

本案是最高人民法院在2015年3月31日召开的新闻通气会上公布的典型案例。最高人民法院对本案的典型意义作出了如下评价:"本案当事人对执行分配方案的主要争议在于,出资不实股东因向公司外部债权人承担出资不实的股东责任并被扣划款项后,能否以其对于公司的债权与外部债权人就上述款项进行分配。对此,我国法律尚未明确规定,而美国历史上深石案所确立的衡平居次原则对本案的处理具有一定的借鉴意义。在该类案件的审判实践中,若允许出资不实的问题股东就其对公司的债权与外部债权人处于同等受偿顺位,既会导致对公司外部债权人不公平的结果,也与公司法对于出资不实股东科以的法律责任相悖。故本案最终否定了出资不实股东进行同等顺位受偿的主张,社会效果较好,对同类案件的处理也有较好的借鉴意义。"

"衡平居次原则"最早源于1939年美国联邦最高法院审理的泰勒诉标准电气石油公司一案,该案又被称为"深石案",衡平居次原则也被称作"深石原则"。该案中深石公司处于破产重整阶段,联邦最高法院经审理认为,深石公司在成立之初即资本不足,且经营完全受其母公司标准电气石油公司控制,于是判决母公司对深石公司的债权劣后于深石公司的优先股股东。1977年第五巡回上诉法院在移动钢铁公司一案中第一次明确了衡平居次原则的三个具体适用条件:① 债权人必须已经从事了一种不公平的行为;② 该不公平的行为已经给破产人造成损害或者为自己带来不公平的好处;③ 对其债权的衡平居次不得违反《破产法》条文的规定。1978年美国制定新的《破产法》时将衡平居次原则纳入成文法,根据美国现行《破产法》第510条C(1)款的规定,法院可以根据衡平居次理论,将参与分配的一项被认可的债权(或利益)的全部或者部分从属到另一项被认可的债权(或利益)的全部或部分之后。

衡平居次原则是美国公司法律制度下债权人利益保护制度之一,其与揭开公司面纱制度等其他制度共同构建了较为完善的公司债权人保护制度。在我国,最高人民法院曾在2003年11月4日发布过《关于审理公司纠纷案件若干问题的规定(一)(征求意见稿)》,其中第52条规定:"控制公司滥用从属公司人格的,控制公司对从属公司的债权不享有抵销权;从属公司破产清算时,控制公司不享有别除权或者优先权,其债权分配顺序次于从属公司的其他债权人。"但该征求意见稿最后并未正式实施。2005年修订的《公司法》引入了揭开公司面纱制度,体现在《公司法》第20条和第63条,规定了股东滥用公司人格损害公司债权人利益或者一人公司股东的个人财产与公司财产混同的,股东应当对公司债务承担连带责任。但揭开公司面纱制度不同于衡平居次原则,前者的适用结果是公司法人人格独立性及股东责任有限性被否定,并由股东直接向公司债权人履行债务;而后者仅是将股东债权衡平劣后受偿,没有否定公司的独立法人人格,也没有否定股东对公司债权的效力。所以,如最高人民法院所称,对于衡平居次原则,"我国法律尚未明确规定"。

在我国法律无明文规定的情况下,本案审理法院适当借鉴域外司法理论,力求寻找公司有限责任与公司债权人保护的平衡点。这种在司法审判实践中立足于公平原则作出的创新努力,值得肯定和借鉴。由于尚未看到该案的裁判文书,无法获悉法院认定的全部案件事实,笔者仅从最高人民法院公示的案情信息中归纳出本案以下案情要点:① 公司无可供执行的财产;② 股东存在出资不实的情形;③ 在公司不能清偿对外部债权人所负债务的情况下,出资不实股东向公司补足了出资45万元;④ 出资不实股东对公司享有债权且该债权经法院生效判决确认;⑤ 因出资不实而被划扣补足的45万元由外部债权人优先受偿,公司剩余财产由包括该出资不实股东在内的各债权人按比例分配。根据这些要点,笔者将本案审判思路归纳为:在公司债务不能足额清偿时,除出资不实的股东根据《公司法》及相关司法解释[主要指《关于适用〈中华人民共和国公司法〉若干问题的规定(二)》第22条和《关于适用〈中华人民共和国公司法〉若干问题的规定(三)》第13、14条]承担责任外,该股东对公司享有的债权在其出资不实金额范围内的部分应劣后于公司其他债权人的债权受偿。

通过本案审判思路的归纳可以看出,本案最大的创新亮点是,在出资不实股东根据我国现行民商事法律应承担的责任外(主要包括向公司补足出资的责任和对外部债权人的连带清偿/补充赔偿责任),增加了将出资不实股东对公司的债权的受偿顺位劣后的责任,把股东有限责任与公司债权人利益之间的平衡点在一定程度上向后者倾斜,对我国现有的揭开公司面纱制度有良好的补充和过渡效果。但笔者认为,本案的审判思路仍存在需斟酌之处,且不能覆盖类似案件的全部因素,其对类似案件的参照适用效应存在一定局限性,还有待法学理论和司法实践结合我国立法和司法现状进一步探讨和实践。

(1)以出资不实作为适用股东债权劣后规则判断标准的充分性

本案将股东债权做劣后处理的事实依据是股东"出资不实"。出于讨论的目的,笔者将出资不实解读为股东没有按照法律或公司章程履行出资义务的行为,包括欠付出资、虚假出资、瑕疵出资和抽逃出资。然而,仅以出资不实作为判断股东不公平行为不足以解决新《公司法》认缴资本制下有关资本充足性产生的新问题。随着2013年《公司法》的修订,公司注册资本实缴登记制改为认缴登记制,除了从事特定行业的公司外,公司资本法定最低限额、首次缴纳比例、缴纳期限等均完全取消,由股东在章程中自由约定。实践中已出现"一元公司""零首付""百年出资期限"的公司。公司债务无法清偿,但章程约定的出资期限未到期,股东是否构成不公平行为？股东以少量资本成立公司再通过大量股东贷款方式为公司提供经营资金,股东是否构成不公平行为？严格来说,这些行为不构成出资不实,但如果这些行为中股东存在主观恶意且实质侵犯了公司债权人的利益,其本质及后果与出资不实无异。对于此类案件,本案审判思路似乎没有适用的空间,那么是否有再次借鉴衡平居次原则的空间？相较而言,衡平居次原则对不公平行为的一项重要判断标准是"资本不足"(inadequate capitalization),指股东对公司投入的资本与公司所从事的经营规模、经营风险的比例显著失衡。配以该标准的衡平居次原则是美国授权资本制的重要配套制度之一,较为有效地弥补了授权资本制可能引发的利用低资本侵害债权人利益的弊端。笔者认为,我国认缴资本制在较大程度上已接近授权资本制,非常有必要在司法审判实践或立法中引入资本不足的概念。诚然,在出资已实缴到位的情况下,股东却利用认缴资本制侵害债权人利益,其主观恶意很具隐蔽性,导致法院认定难度大,而且判断资本不足不仅是法律判断,更大程度上属于经济学上的判断,加之我国目前的诚信制度、信息披露制度、法院法官的能力和素质、当事人的法治观念等均不完善或不成熟,引入资本不足判断标准进而适用衡平居次原则之路漫漫。

(2) 以出资不实金额作为劣后债权范围的合理性

按照衡平居次原则的逻辑,若存在资本不足的情形,且资本不足损害了外部债权人的利益或给股东带来了不公平的好处,则由于资本不足而产生的股东对公司享有的债权应劣后于其他债权人的债权。一般认为衡平居次原则是起到补偿性质的作用,而不具有惩罚性。回到本案,一方面,如果本案采用的是出资不实而非资本不足标准来判断衡平居次原则的适用问题,或者说法院的逻辑是只要注册资本实缴到位就不构成资本不足,那么在股东已将出资不实的部分补足(法院已将这部分资金划扣)的情况下,资本不足的情形已经得以弥补,为何还要将股东债权劣后？另一方面,即使采用美国法下资本不足的标准,那么做劣后处理的债权数额应该是除注册资本外仍被认定为资本不足的部分,因为股东通过这部分获得了不公平的好处即股东债权(而出资不实的部分则属于股东应当向公司或债权人履行的负债,由股东根据现行出资不实的相关法律规定责任承担),但本案法院直接将相当于出资不实金额的股东债权劣后于其他债权人,并未阐述确定该劣后债权范围的理由,较难让人信服。这会不会造成以新的不公平取代原有之不公平,值得商榷。

(3) 如果被劣后的股东债权是担保债权呢？

从最高人民法院公示的案件信息看,公司可能并未以其财产就股东债权向股东提供担保,因此本案不涉及担保问题的困扰。但是,如果出资不实股东就其债权对公司财产享有担保权,根据《担保法》及《中华人民共和国企业破产法》的规定,该股东对设置担保的特定财产享有优先受偿的权利。这种情况下,直接适用本案的审判思路会与我国现行法律的明文规定相冲突,而且也没有类似于《合同法》第286条建设工程价款优先受偿权的司法解释空间。关于被劣后债权的担保问题,美国现行《破产法》第510条C(2)款规定"将要居次债权的担保物转移到破产财团中"。可见,若要将本案审判思路进一步推广,有待配套立法的跟进。

（本章由中华全国律师协会公司法专业委员会组织编写,执笔人：计静怡、曹友志、张嘉良、张智远、苏祖耀、章朝晖、李占英、王立明、唐有良、吕俊山、郭春宏、朱涤非、孙蓉、曹志龙、吴正林、郭春宏）

第七章 劳动法律服务业务报告

目 录

一、我国劳动关系现状及劳动法业务领域法律服务状况回顾与展望 / 357
  (一) 我国劳动关系基本状况 / 357
  (二) 劳动争议发生及处理状况 / 360
  (三) 劳动关系的主要特点 / 369
二、律师劳动法业务的发展与创新 / 371
  (一) 全国律师参与劳动争议处理的基本情况 / 371
  (二) 律师劳动法新业务的开拓情况 / 373
  (三) 地方律师协会劳动法专业委员会的建设和发展情况 / 376
三、热点法律问题研究与立法建议 / 377
  (一) 实践中存在较大争议的疑难问题以及分歧意见和倾向性意见 / 377
  (二) 对于完善劳动立法的建议 / 381
四、重大法律事件及典型案例评析 / 391
  (一) 有重大社会影响的劳动争议案件 / 391
  (二) 劳动争议案件评析 / 395

  2015年党中央、国务院非常重视劳动关系和谐稳定的架构建设,发布了一系列重要的文件,对我国劳动关系的稳定发展和律师参与稳定社会、化解纠纷都提出了十分重要的指导意见。中共中央《关于构建和谐劳动关系的意见》[中发(2015)10号]和中央政法委《关于建立律师参与化解和代理涉法涉诉信访案件制度的意见(试行)》是其中两份最重要的文件。全国律师紧紧围绕党和政府的中心工作,不断提高业务技能、拓展法律服务范围,增强劳动法律服务水平,为化解劳资矛盾、促进公平正义、维护社会稳定、构建和谐社会作出了积极贡献。

  2015年11月9日中央政法委发布了《关于建立律师参与化解和代理涉法涉诉信访案件制度的意见(试行)》(以下简称《意见》),为律师参与化解和代理涉法涉诉信访案件指明了具体的实施原则、模式、方法、管理、保障等相关制度,也为劳动争议群访群诉案件的处理提供了重要的指导。

一、我国劳动关系现状及劳动法业务领域法律服务状况回顾与展望

(一) 我国劳动关系基本状况

劳动关系是劳动法调整的基本对象,劳动就业、社会保障、工资水平、农民工等是劳动法律师关注的话题,以下是相关基本信息。

1. 劳动就业

近年来,全国每年就业人员的在职就业人数基本维持在 7.7 亿人左右,但随着乡村城市化改造,越来越多的农民离开土地进城务工,形成了浩浩荡荡的农民工大军,从 2010 年起几乎每年以 500 万人到 1 000 万人的增长速度在增长(见图 7-1)。

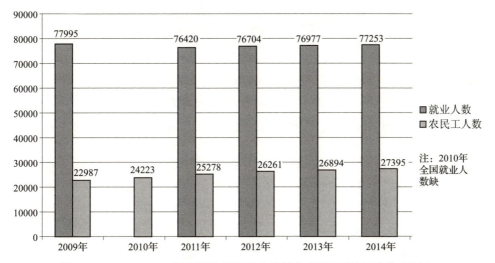

图 7-1 2009—2014 年年底全国就业人员数和农民工总量(单位:万人)
(数据来源:人力资源和社会保障部发布的《人力资源与社会保障事业发展报告》。
注:2015 年统计数据截至第三季度,因为不满一年,将不在列表中进行
列明和比较,一般情况下在主文中阐述。)

从全国人口就业的产业分类上看,三大产业的分布发生了重大的变化,尤其是第一产业和第三产业换位,一方面体现了国家产业结构调整、深化经济改革带来的成效,另一方面对就业也有一定的影响(见图 7-2)。

产业结构的变化,特别是新科技、新能源等新型产业的发展,不仅对就业人员的知识结构有了新的要求,而且对就业人员的就业观念和执业选择也有了重大影响。以前往往认为农民工就业主要积聚在劳动密集型或体力型的制造、建筑、生活、家政服务等领域,但互联网的创新发展改变了传统的就业体系,城市就业人口的就业压力也会越来越大。对于劳动法律师而言,建立劳动关系签订劳动合同是当前劳动法

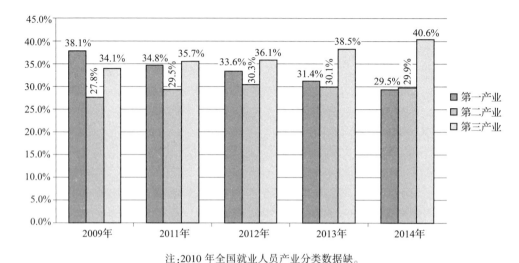

注：2010年全国就业人员产业分类数据缺。
图7-2 2009—2014年全国就业人员产业分类(单位：百分比)

律关系恒定的主题，就现状而言，用工签订劳动合同实现法律保障仍是劳动法领域重中之重的工作。

另外，近年来产业结构的调整也带来传统就业结构的巨大变化。低能高耗、技术落后、破坏环境、产品陈旧等传统的企业、行业纷纷破产、倒闭、关停并转，老企业、老行业的就业人员下岗、待业、失业人员增加；传统行业就业人员知识陈旧、体能下降、接受新事物能力过低，使他们丧失了就业竞争的优势；教育结构的改革和调整，也出现了部分专业毕业生积压、就业困难的现象；再有多年来计划生育政策的推广，人口结构上的弊端越来越显现，人口老化红利不再、社会保障压力剧增等诸多因素，推动全国上下在关注和重视就业和人口问题。国家一直在通过各种渠道大力增加就业、再就业和就业困难人员的安置。除每年解决超过1 000万名下岗就业人员外，失业再就业人员的安置数量也基本维持在550万人左右，另外还要再安置170万名就业困难人员。同时，相关部门也在加强社会保障法律、法规的修订工作，以加大社会保障的力度。2015年人社部组织完成《失业保险条例》和《养老保险条例》修改补充工作。

有关城镇新增就业和再就业人员人数的统计(见图7-3)，显示出逐年增长的情形，2015年前三季度城镇新增就业人数达到1 066万人，失业再就业人数435万人，就业困难再就业人数129万人。国家"十三五"规划首年(2016年)发展目标是城镇新增就业1 000万人以上，城镇登记失业率4.5%以内，规划期5年内实现城镇新增就业5 000万人以上(参见2016年李克强总理《政府工作报告》)。

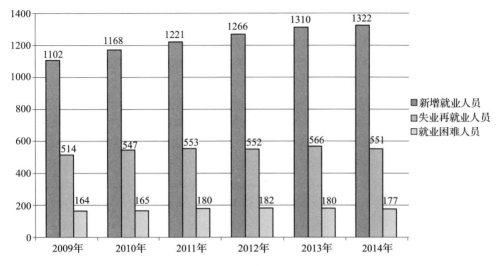

图7-3 2009—2010年全国城镇就业和再就业人员人数(单位:万人)

近年来失业登记人数稳中有涨,但失业率基本维持在4%强,稳中有降。全国失业率从2009年的4.3%逐年下降,2014年为4.09%,2015年前三季度为4.05%。具体情况如下(见图7-4)。

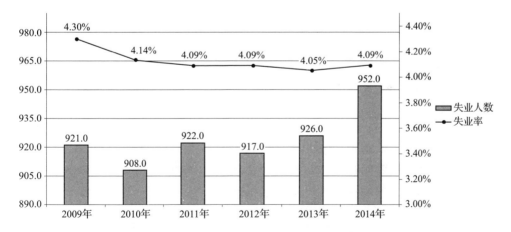

图7-4 2009—2014年全国城镇登记失业人数和登记失业率(单位:万人,百分比)

2. 工资水平

无论是非私营单位就业人员还是私营单位就业人员,工资水平都在逐年提高,而且涨幅平均基本都在10%以上,私营单位工资涨幅最高,连续两年达到17%至

18%。工资增长的幅度实现了政府工资倍增计划的安排。在劳动法律关系中,工资基数是非常重要的法律数据,直接影响到当事人责任承担的水平。

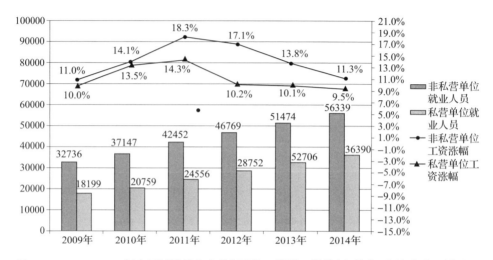

图7-5 2009—2014年全国城镇就业人员年平均工资及工资涨幅(单位:人民币元,百分比)

3. 社会保险

自《中华人民共和国社会保险法》(以下简称《社会保险法》)2011年实施以来,我国的社会保险事业得到了突飞猛进的发展,到2014年,五项社会保险的期末参保人数都有大幅度提高,相比《社会保险法》实施前的2010年,失业保险和工伤保险参保人数分别增长了27.4%和27.7%,基本医疗保险和生育保险参保人数增长的幅度更高,均达到了38.1%,而养老保险增长的幅度高达134.08%(见图7-6)。

2015年第三季度社会保险期末参保人数的情况是:基本养老保险城镇职工34 905万人、城乡居民50 266万人,医疗保险65 764万人,失业保险17,128万人,工伤保险21 067万人,生育保险17 781万人。20世纪90年代,我国社会保障体系建设的方针是"广覆盖、低水平、多层次",进入21世纪改为"广覆盖、保基本、多层次、可持续"。2012年年底党的十八大报告中则进一步改为"全覆盖、保基本、多层次、可持续",这是社会保障理念的重大转变,是对国民社会保障权益的进一步确认。

(二)劳动争议发生及处理状况

关于我国劳动关系的状态和劳动争议处理相关的统计数据来源目前有两个渠道:人力资源和社会保障部(以下简称"人社部")发布的《2015年人力资源和社会保障事业发展统计公报》(以下简称"人社事业发展统计公报")公布的数据和国家统计局"国家数据网"发布《国家统计年鉴》的数据(以下简称"国家数据")。

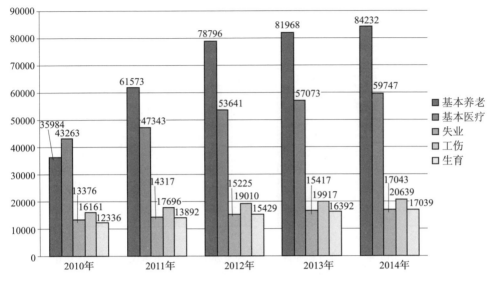

图 7-6　2010—2014 年全国社会保险参保人数(单位:万人)

1. 全国劳动争议案件数量的增长变化及发展趋势

据《2015 年人力资源和社会保障事业发展统计公报》公布的数据统计,2014 年全国各地劳动人事争议调解和仲裁机构处理劳动争议案件 155.9 万件,与上年度同比上升 4.1%,已办结案件 136.2 万件,仲裁结案率为 59.2%,与上年度同比下降 0.4%。(见图 7-7)

国家数据 2015 年发布的 2014 年劳动争议案件受理数量为 715 163 件(见图 7-8),另外根据国家数据统计,劳动争议仲裁机构当年在案外调解处理劳动争议案件 227 447 件,将两者相加,国家数据统计 2014 年共处理劳动争议案件 942 610 件。

从人社事业发展统计公报和国家数据的信息看,图 7-7 和图 7-8 所涉及的两组案件数据统计有 60 多万件的差额。经向有关部门和专家了解,这是由于统计渠道的不同所造成的。前者的 155.9 万件的统计口径不仅包括仲裁和诉讼阶段受理的劳动争议,也包括企业劳动争议调解委员会、基层人民调解组织、具有调解职能的其他社会组织所受理并调处的劳动争议案件,可见有超过当年总量 40%逾 60 多万件的劳动争议案件通过社会力量在未进入正式处理程序时已经被化解。全国有数千名律师参与到这些基层调解工作中,是此环节化解社会矛盾的生力军。

综合人社事业发展统计公报和国家数据的统计情况,我们对 2006 年以来的劳动争议案件受理和增长情况进行了对比分析。虽人社部和国家统计局的统计数字从 2006 年起因统计口径有所变化,但将劳动争议社会化解渠道处理的数字另行统

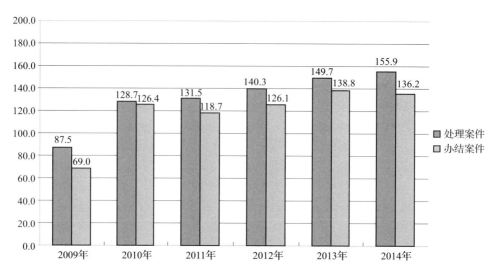

图7-7 2006—2014年全国调解和仲裁机构处理及办结劳动人事争议案件件数(单位:万件)

数据来源:人社部人社事业发展报告

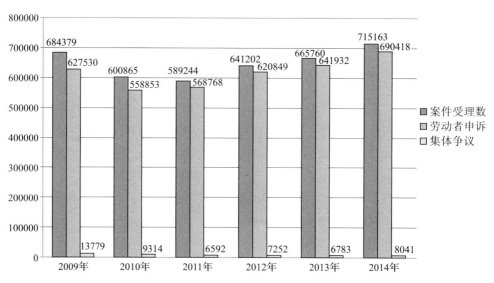

图7-8 2009—2014年劳动争议案件受理数和劳动者申诉案件数(单位:件)

数据来源:国家数据网

计,是从2009年开始的。汇同两组数据进行分析,即可发现我国劳动争议数量自2007年起呈明显的上升趋势,2010年以阶梯形式爆发,形成了劳动争议数量逐年上升的新常态。

图7-9对近年来劳动争议数量增长的趋势作了对比,短短7年间全国劳动争议案件数量增长了3倍,业内将该种现象称为"劳动争议井喷式增长"。综合当前经济形势和特定的社会环境,预计未来几年内这种争议高发的态势将会继续维持,同时不排除个别阶段的跳跃式增长。例如,2016年压缩劳务派遣用工,将使企业用工向非劳动合同、非劳务派遣的方向突出,企业用工形式更加多样化,增加了劳动争议爆发的风险。

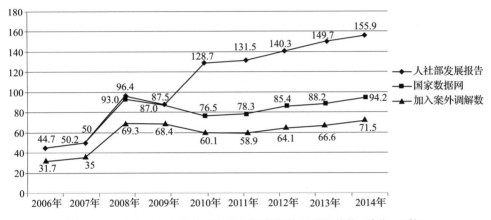

图7-9 2006—2014年全国劳动争议案件数量增长趋势(单位:万件)

根据劳动争议案件提起解决程序的当事人不同以及争议内容的差异,也可以观察到相对集中的权利诉求者和争议案件种类的划分(见图7-8),从由劳动者提起申诉的案件比例看,个体申诉案件一直维持在90%以上的高点,最高已经接近97%,这说明劳动者主张权益或要求排除违法妨害,是劳动争议及争议处理形式的主因。相对来说,形成集体劳动争议的案件仅仅在2%以下,这也说明我国劳动争议发生和处理的形式仍以个体劳动争议处理为核心。当然还有另外一种现象是律师在执业中常见的,即案件受理机关将群体性案件分别受理、合并审理,虽然从立案程序和裁判结果上看,均为独立的个案,但事实上都是具有相同诉求的集体劳动争议。

2. 劳动争议案件受理情况分析

长期以来,在劳动争议事项上劳动报酬争议案件数量一直遥遥领先,这种情况至今仍处于持续维持状态。2014年全国劳动争议仲裁机构受理的劳动争议案件分类中,劳动报酬争议案件仍占36.2%,社会保险争议案件和解除终止劳动合同争议案件分别占22.5%和21.8,上述三类劳动争议案件的受理数之和超过了80%,仍是劳动争议类型中的主打种类。这种现象从图7-10的统计看一直持续存在,至少从2011年起没有多大变化。

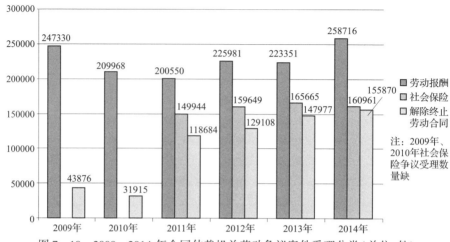

图 7-10 2009—2014 年全国仲裁机关劳动争议案件受理分类(单位:件)

3. 劳动争议案件处理情况分析

全国的劳动争议仲裁机构一直保持着较高的结案率,在人社事业发展统计公报的统计中,2014 年受理的 155.9 万件案件结案数量为 136.2 万件,结案率高达 95.2%,2015 年前三季度案件受理数为 60.7 万件,结案数为 56.8 万件,结案率保持在 94% 左右(见图 7-11)。

从统计看,仲裁外调解结案数计入结案数,案外调解对高结案率作出了贡献。在仲裁阶段案件处理结案方式上,案内调解和裁决的数字基本持平,2011 年后调解数量略有增长,2014 年调解和裁决的比例大致是 1∶1.03(见图 7-12)。

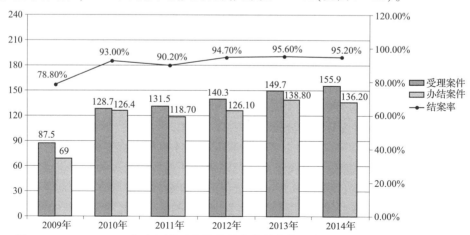

图 7-11 2009—2014 年全国劳动争议仲裁案件结案数和结案率(单位:万件,百分比)

数据来源:人社部人社事业发展报告

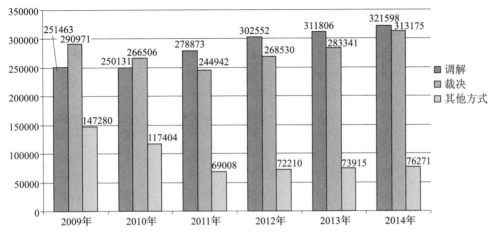

图 7-12 2009—2014 年全国仲裁机关受理劳动争议案件处理结案方式(单位:件)

这也说明劳动争议仲裁机构处理劳动争议纠纷时重视调解工作,在大量的劳动争议仲裁案件代理工作中,律师参与了仲裁阶段的调解,对化解劳动纠纷发挥了作用。

劳动争议调解是劳动争议处理过程中的一大特色,以下是在各阶段对劳动争议进行调解的数据统计和比较(见图 7-13)。

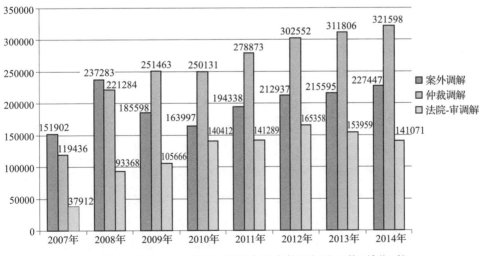

图 7-13 2007—2014 年全国劳动争议案件调解处理数(单位:件)

随着近年来劳动争议案件数量高发,争议的复杂程度也在攀升。案件处理机关受编制等因素的限制,仲裁和审判专业人员难以应对陡增的案件,某些地区案件积压严重,超期裁审的情况时有发生。在有效化解纠纷、减少积案方面各地都采取了积极的应对措施,无论是提高办案能力和办案效率,还是多渠道介入、调动社会力量平争息讼,在注重劳动争议调解方面都取得了巨大的成绩。

鉴于劳动争议处理采取仲裁前置程序,案件如果在仲裁阶段中或以前调解化解,将大大减轻司法程序中的讼累。从图7-7统计的数字可以看出,劳动争议仲裁中或仲裁前调解的案件数量达到近55万件,这意味着已经形成争议的劳动纠纷,到仲裁阶段时已经通过调解方式解决了接近60%。

全国司法机关受理劳动争议案件的数量,国家数据仅仅给出了人民法院一审案件受理和处理的数字。2014年全国法院系统受理一审劳动争议案件数量为386 576件,当年一审结案数量为374 299件,结案率达到96.8%。从图7-14中可以看出,2007年到2008年之间法院受理的劳动争议案件数量也有阶梯式增长的过程,这与全国劳动争议案件当时的状况相符。《中华人民共和国劳动合同法》(以下简称《劳动合同法》)的实施是引发用人单位和劳动者之间以法律思维关注劳动关系的动因,依法维权成为自《劳动合同法》实施之后,劳动关系当事人之间最突出特征。

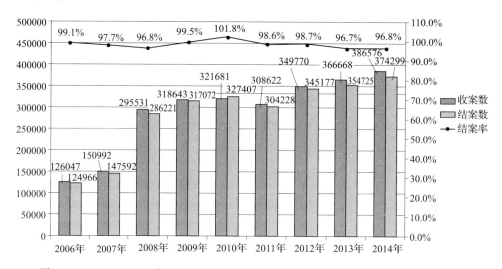

图7-14 2006—2014年人民法院审理劳动争议案件一审收案和结案数(单位:件)

劳动争议案件的突发增长,给劳动法律师业务带来了新的业务机会,从这个时间起几乎在全国范围内,从事劳动法业务的律师和律师团队从人数到质量上都有极大提高。许多律师事务所建立了专门从事劳动法律服务的紧密型团队,原有的极少数从事劳动法业务的专业律师事务所得到了充实发展,更多的专业律师事务所应运而生,如深圳的劳维律师事务所、上海的蓝白律师事务所、北京的东合律师事务所等。《劳动合同法》的颁行给劳动法律师带来了业务发展的契机,中华全国律师协会劳动和社会保障法专业委员会自 2008 年以后也有了很大发展,委员人数从早期的三四十人,迅速增至近百人。

劳动争议案件的陡增给法院系统审理劳动争议案件带来极大压力,在劳动争议密集区域,部分基层法院的法官年审理案件数量超过 400 件。尽管如此,从图 7 - 14 中我们也看到一审法院审理劳动争议案件的结案率始终保持着完胜状态,2008 年以后几乎是全受理、全结案,结案率保持在 97% 至 98% 左右。当然这与该时期内人民法院管理模式上追求高结案率也不无关系。

人民法院审理劳动争议案件的结案方式主要有调解、判决、驳回、撤诉和其他五种方式,具体数据统计见图 7 - 15。

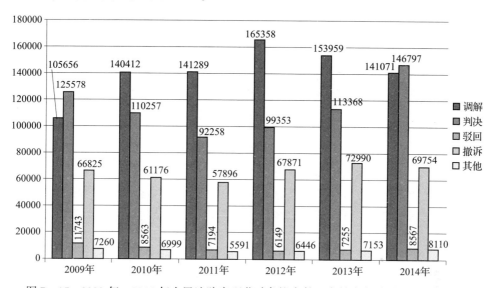

图 7 - 15　2009 年—2014 年人民法院审理劳动争议案件一审结案方式分类(单位:件)

显而易见,调解和判决仍是劳动争议案件结案的主要方式,但值得关注的是,近年来人民法院在一审审理环节也加大了调解的力度,从 2010 年起调解结案数量均高于判决结案数量,2014 年相差也就仅仅两个百分点。而一审审结的案件中还有较高比例的撤诉率,这种情形下多数案件是通过案内或案外调解使当事人达成谅解,办理了息讼的撤诉手续。上述数据显示,能够提起上诉的案件大概在 40% 左右(还包括接受一审判决不再上诉的当事人)。所以,从数据统计情况看,劳动争议的处理解决总的趋势是追求和谐、谅解,这与党和国家构建和谐劳动关系的大思路是相吻合的。

4. 劳动争议当事人情况和胜诉比例分析

本组数据中首先关注的焦点是集体劳动争议的构成,根据国家数据统计 2009

年至2014年全国仲裁机构受理的劳动争议案件中,集体劳动争议案件分别为13 779件(2009年)、9 314件(2010年)、6 592件(2011年)、7 252件(2012年)、6 783件(2013年)、80 941件(2014年)。从前述分析看出(见图7-16),集体劳动争议案件在全国劳动争议案件数量中所占比例甚小,近几年基本维持在1%左右。

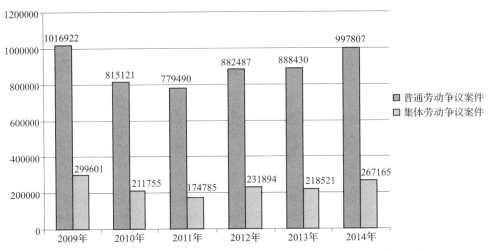

图7-16 2009—2014年全国受理劳动争议案件当事人中劳动者人数(单位:人)

根据图7-16的数据,我们可以进一步分析我国集体劳动争议的集体特征。我国劳动争议以个体争议为主,集体争议案件仅占案件数的1%多一点,争议涉及劳动者人数的20%左右(2013年为19.7%、2014年为21.1%),2012年至2013年单个集体劳动争议案件的平均劳动者人数为32人,所以在我国超过千人的集体劳动争议案件相对较少,而且集中发生于沿海地区劳动密集型的制造加工企业。如2015年发生的富士康公司、裕元鞋业、本田汽车等集体劳动纠纷,基本上发生在南部沿海城市。这也是我国劳动争议劳方的诉求往往以个体独立诉求为核心,比较难形成统一的集体诉求。这与我国传统观念的人文背景,以及工会组织在集体争议中作用发挥不充分有一定的关系。

从案件处理胜诉方的分布看,社会上存在的某种认为劳动争议处理会偏袒某方一边倒的认识依据并不很充分,见图7-17。

从案件处理结果全胜或全败的比例看,劳动者胜诉案件的数量绝对高于用人单位胜诉的数量,大概在3∶1左右,但是双方互有胜负的案件高达50%~55%。综合来看,劳动争议中劳动者诉求得到支持的比例与用人单位得到支持的比例差距并不太大。分析原因,以下因素值得思考:第一,劳动者的诉求范围越来越广,有一些诉求无法在劳动争议处理程序中得到支持(如部分劳动者主张的精神赔偿等);第二,

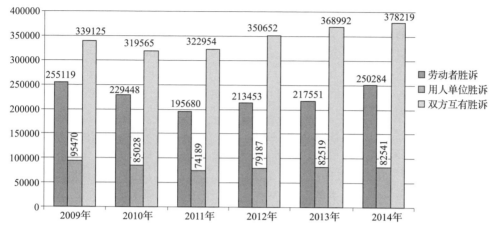

图 7-17 2009—2014 年仲裁劳动争议案件胜诉方分布(单位:件)

相对于用人单位一方,劳动者得到的专业法律服务支持少于用人单位,很多用人单位都聘请了法律顾问为企业提供日常的人力资源管理法律服务(从事公司顾问法律服务的律师普遍反应,企业日常法律服务需求中劳动关系的服务所占比重非常大),而劳动者提出的申诉请求有时与法律的吻合度低,缺少有效的法律规定支持;第三,劳动者按仲裁或诉讼中受身份所限,取证和举证工作无法做得很充分,使诉求缺少法律支撑。这都说明劳动法律师为广大劳动者提供专业法律服务仍然任重道远。

(三) 劳动关系的主要特点

依据 2015 年度劳动争议的情况,反映出当前劳动关系的特点如下:

1. 劳动关系进入新一轮的不稳定期

继 2008 年至 2012 年全国劳动争议案件数量大幅上升之后,2013 年至 2014 年度的劳动争议案件数量基本保持稳定,处于高位运行状态。但是,由于经济下行、劳务派遣用工方式调整以及区域经济一体化的推进等因素的影响,2015 年度的劳动争议案件数量增长明显,虽然尚不足以达到 2008 年至 2009 年井喷式增长的程度,但可以预见,未来几年间劳动争议仍将处于在一定幅度增长条件下的高位运行状态。

2. 直接的经济利益之争是引发劳动关系矛盾的重要原因之一

2015 年度,全国各级法院受理的新收的一审及二审劳动争议案件中,劳动报酬纠纷、劳动合同订立及解除纠纷、社会保险待遇纠纷居前三位,合计约占 80%。其中,劳动报酬纠纷约占 40%。由此可见,劳动者对自己在劳动报酬、劳动合同订立及解除、社会保险待遇等方面享有的权益最为关注,用人单位与劳动者在上述直接经济利益上的冲突是影响劳动关系和谐稳定的重要因素。

3. 员工集体维权意识增强,群体性劳动争议明显增加

2014年度,全国劳动争议仲裁机构受理的涉及10人以上的群体性劳动争议案件为8 041件、涉及劳动者267 165人,同比分别增长18.5%和22.3%。劳动者的诉求集中体现为对经济补偿金、赔偿金、加班费的追索,分别占全部群体争议的36%、19%、11%,合计占66%。在群体性劳资纠纷案件中,用人单位和员工的全胜比例各占了42%和40%,双方力量的博弈势均力敌。群体争议案件一般案情较为复杂,劳资双方矛盾激烈,调解难度大。

另外,在此类争议中,体现了以"80后""90后"为代表的新一代劳动者对于劳动强度、社会保障、工资待遇、人文关怀等有着更高要求的心理,与企业以控制人工成本、追逐利润为首要目标的经营理念的明显对立与冲突。由于我国目前的劳动法律法规只保护劳动者最基本的权益,对于上述超出法律底线的法外诉求,劳动者无法通过司法途径获得支持。这也是导致劳动者采取法外诉求(群体上访、停工等)作为解决争议途径的主要原因。

4. 非公内资企业的劳资矛盾较为突出

一方面,非公内资企业依法用工、依法管理的水平亟待提高;另一方面,非公内资企业的经营和发展与其劳动用工上的合规管理之间存在明显矛盾,以致相当一部分非公内资企业为追求生存和发展而甘愿以身试法,甚至放弃履行支付劳动报酬、缴纳社会保险、订立书面劳动合同等基本的劳动法义务。

5. 劳动关系和谐程度呈现出地域和行业特点

从案件发生的地域上看,依据全国各级劳动争议仲裁机构受理的劳动争议案件情况,劳动争议案件数量最多的为上海市、广东省、江苏省、浙江省等省市;劳动争议案件最少的为西藏自治区、青海省、江西省。从全国范围内看,由于经济发展较快,流动人口较多,出口加工型和劳动密集型企业较为集中的南部及东部沿海地区的劳动关系矛盾最为突出;经济发展较慢、流动人口少、中小企业少的西部地区,劳动争议案件数量就较少,劳动关系较为稳定。

另外,从劳动争议案件涉及的行业看,劳动争议案件最多的为制造业、加工业、建筑与工程、金融与保险等行业,分别占20.33%、6.96%、5.57%,传统的生产密集型行业的劳动关系仍然处于矛盾易发状态,而新型的技术密集型行业,虽然劳动关系矛盾并不突出,但呈现出争议案件数量不断增长的态势,且涉及的劳动争议类型主要是竞业限制、培训费返还、股票期权等,案件标的额较大。

6.《劳动合同法》的修订对劳动关系的影响有限

随着修订后的《劳动合同法》于2013年7月1日实施,劳务派遣员工维权意识明显提高,涉及劳务派遣的劳动争议在一定程度上有所增长。此类案件中,用工单位及劳务派遣单位胜诉的概率明显高于败诉的概率,全胜和部分胜诉的比例分别占

到43%和34%,全败的比例只有23%。由此可见,由于尚处在两年过渡期中,用工单位及劳务派遣单位尚未受到修改后的《劳动合同法》的明显冲击。此外,劳务派遣员工的诉求主要集中在经济补偿、加班费、赔偿金的支付上。涉及经济补偿金的案件占总数的36%,居全部此类劳动争议案件的首位。

7. 劳动关系双方的守法意识均有待提高

在用人单位及劳动者各有胜负的案件中,双方均有不同程度的违法。在劳动合同的订立及履行过程中,用人单位和劳动者各自违法的现象较为普遍,双方的法律意识有待进一步提高。

二、律师劳动法业务的发展与创新

(一) 全国律师参与劳动争议处理的基本情况

2015年,全国律师积极为用人单位及劳动者提供劳动法律服务,参与争议处理,有效化解矛盾,成为构建和谐社会、维护社会稳定的一支重要力量。

1. 代理劳动争议仲裁和代理劳动争议诉讼

近年来律师劳动争议代理业务增长迅速,2015年绝大多数劳动争议案件均有律师代理,这已经成为劳动争议处理的一大趋势。溯其原因,一是劳动争议案件的复杂程度增加,涉及的法律、政策专业性问题多。企业人力资源管理人员对法律政策了解的程度不够,遇到复杂的理解判断、统计计算问题,需要专业人员的帮助;劳动者囿于对法律知识和政策尺度的把握能力有限,面对强势的劳动用人单位,需要更多的法律援助,特别是遇到工伤、养老、医疗等技术性特强的专业性问题,劳动者几乎无力自行完成,需要法律专业人员的支持。二是劳动争议案件争议标的额逐年增加,不乏超过百万甚至千万的诉讼请求,单个劳动争议案件诉求额度的增长幅度也大大提高,目前已经少见百元、千元诉求的劳动争议案件,一般案件争议额也能达到过万元、数万元或数十万元。当事人舍得花钱打官司,仲裁诉讼代理费的提高也激励了律师代理劳动争议案件的积极性。三是公益性法律援助活动的开展,更多的律师作为志愿者参与到社会矛盾化解专业队伍的行列中来,主动代理当事人协调处理劳动争议。

2. 为企业提供劳动法律咨询服务

2015年,全国律师为大量企业提供了劳动法日常咨询服务,为企业劳动用工的合规管理、依法保护劳动者的合法权益提供了保证。劳动争议的咨询目前成为律师常年法律顾问服务中的常态服务项目,企业日常法律服务需求的内容中,涉及劳动关系法律问题的事务越来越多,占服务内容的较大比重。同时,律师积极为企业潜在争议的处理提供法律服务,代理企业处理潜在争议。这些争议最终以当事人友好协商而得以解决,未进入司法程序。

此外,律师代表企业并协助地方政府、工会处理员工罢工、群体上访事件,及时化解矛盾,有效防止了事态的进一步蔓延与恶化,不仅维护了员工的合法权益,也为企业避免了经济损失。

3. 参与社会组织调解

2015年,律师积极参与社会组织的调解,以社会调解员的身份或多方联动的方式,参与劳动争议及潜在争议的调解,大量的劳动争议通过律师参与的调解工作得到了化解。

以北京市为例。北京市的"六方联动"机制是由市司法局、人力资源和社会保障局、市总工会、市高级人民法院、市信访办、市企业联合会共同参与的劳动争议调解机制,由律师担任劳动争议调解员,对劳动争议进行裁前、诉前调解,化解社会矛盾。律师改变原来公益、无偿的简单服务方式,而由政府出资购买律师服务,这是推动律师业务发展途径的新尝试。截至2015年11月,北京市及各区县和经济技术开发区全部成立了劳动争议调解中心,共有21家律师事务所的400余名律师作为专门调解员从事调解工作。这项工作不仅为案源不足的律师开拓了广阔的市场,解决部分案源不足律师的后顾之忧,也给首都律师拓展业务创新了一种新的模式,开辟了新的领域。从2009年至2014年12月,全市律师共成功调解劳动争议8万余件,政府共计支付律师费4 000余万元。2015年1月至11月期间,律师共调解劳动争议7 500余件,涉案金额约1亿元人民币。

劳动争议案件高发的2012年的数据非常具有代表性,联动机制各级调解组织共调解劳动争议10 698件,调解成功9 220件,调解成功率为84.6%,涉及金额8 204.23万元;受理集体争议397起,涉及劳动者6 783人,成功调解集体争议343起,涉及劳动者6 215人,共支付律师费697万元。这种调解机制已经成为北京市劳动争议处理的一种常态方式。

北京律师不仅参与调解工作,其后的案卷归档审查工作也是由律师完成的。2014年1月至2015年11月,先后4次组织律师40人次参与全部调解案件的归卷工作,克服案件数量多带来的巨大工作量,通过紧张的工作,及时保障了调解工作的顺利完成。本项工作极大地促进了社会稳定,收到了良好的社会效果,受到北京市政府的高度评价。在北京市政府对参与劳动争议调解优秀人员的表彰中,先后有35名律师荣获"优秀劳动争议调解员""优秀律师志愿者"的荣誉称号。他们的辛勤付出为首都律师赢得了荣誉。

4. 参加劳动争议案件的仲裁

全国各地很多劳动法律师以各种形式作为仲裁员或调解员,参与劳动争议案件仲裁工作,他们经过考核、审查,被聘为当地劳动争议仲裁机构的兼职仲裁员,直接参与劳动争议案件的裁处,成为专业劳动争议处理队伍中的生力军。

以北京市为例,曾经在北京市劳动争议仲裁委员会设立了以律师仲裁员为合议庭成员的"特别仲裁庭",仲裁委将律师仲裁员名册向当事人公示,尝试可由当事人自行选择首席仲裁员组庭,裁处他们的劳动争议案件。劳动法律师的专业水平和认真的工作态度受到了各方面的好评。在劳动争议案件不断增加,裁处工作下放至各区县的情况下,目前北京市劳动人事争议仲裁委员会登记在册的律师兼职仲裁员仍有 21 名,主要负责劳动争议案件的调解工作。2015 年经过律师调处的案件有 87 起,成功调解的有 67 起,调解成功率为 77%。

5. 提供劳动法律服务援助

2015 年,各地律师接受政府、工会等的法律援助机构以及高校的法律援助机构的指派,办理了大量劳动法律援助案件,其中北京市、深圳市、合肥市、西安市、青岛市等地的律师工作出色。

北京市从 2012 年开始,劳动法律师就通过北京市劳动和社会保障法学会及其劳动法分会积极参与政府购买社会组织服务的工作。从 2012 年的"法律服务进社区""法律服务进企业"项目到 2013 年的"劳动维权专家志愿团"项目,再到 2014 年的"专家问诊中小企业劳动关系"项目、2015 年的"专家说法——中小微企业劳动纠纷防控"项目,四年中的各项目实施成果显著,被评为北京市法学会优秀项目。2014 年的"专家问诊中小企业劳动关系"在 2015 年 12 月又被北京市社会工作建设办公室评为市级优秀项目。

6. 律师加入各类专业学术团体,参与学术研究活动

各地劳动法律师通过加入专业学术团体,加强理论研究,拓展业务交流范围和渠道,不断提高理论与实践的专业水平。

北京市劳动和社会保障法学会 462 名会员中有律师会员 241 名。其中,名誉会长、副会长、监事由律师担任,有 6 名律师担任常务理事,15 名律师担任理事。该学会劳动法分会有律师会员 35 名,其中副会长 1 名、副秘书长 1 名、常务理事 5 名、理事 14 人;该学会社会保障法分会有律师会员 15 名,其中副会长 1 名、理事 14 人。另外,在北京企业法治与发展研究会,有律师副秘书长 1 名、常务理事 4 名、理事 30 名。

许多有较高理论水平和操作技能的律师或律师事务所及其他法律服务机构开设了劳动法专业网站或微信公众号,如劳动法库、劳动法在线、劳动法苑、劳动法读库、北京劳动法律人、胜伦劳动法视角、义联劳动法援助与研究中心、正赫劳动法律观察、东合劳动法在线、劳动法那些事儿等,在社会上引起关注,为广大民众提供了劳动法律咨询、普及、宣传服务。

(二)律师劳动法新业务的开拓情况

2015 年,全国律师结合劳动法领域的立法更新以及国有企业混合所有制改革、

"大众创业、万众创新"等新常态、新形势,积极进展,大胆创新,不断开拓劳动法新业务以满足社会需求。

1. 为企业规范劳务派遣用工方式提供服务

修订后的《劳动合同法》对企业劳务派遣用工规定了严格的限制,也为律师带来了规范企业用工方式这一新的业务。但是,由于立法的滞后性,尤其是对"假外包、真派遣""同工同酬"等实质性条款规定不明的情况,加之,相关工作涉及劳动法、公司法、合同法、证券法、税法等多个部门法的综合运用,极大地增加了律师开展此项业务的难度。律师积极思考、刻苦钻研,攻克了一个又一个技术难题,为企业制定了切实可行的用工方式调整方案,不仅满足了企业的需求,保证了企业用工方式调整依法、平稳地进行,而且为相关立法的完善提供了第一手资料。

2. 为企业提供裁员服务

2015年,在国内经济下行、部分外资撤离中国、115家世界500强企业在华投资的企业计划裁员情况下,律师为企业提供了裁员服务。服务内容主要包括:协助企业制订合法的裁员方案、确定不低于法定标准的经济补偿标准、履行法定的裁员程序、起草裁员报告以及其他相关文件、拟定员工离职流程,督促企业依法裁员,并保证了被裁减员工的合法权益。

企业因经营战略调整、技术革新、优化资源整合需削减开支,需裁撤相关部门与人员,通常都会聘请律师作为专项法律顾问。北京市律师在处理相关业务时注意到,应首先使用人单位知晓法律的底线,依据法律规定给予被裁员工经济补偿,控制用工风险,同时也要帮助企业解决经济困难、降低用人成本,在合法、合规、合理的范围内,使损失降低到最低程度,以保障企业的生产经营能力和市场竞争力。北京市律师的经验是,企业裁员不宜简单草率,导致劳资关系短时间内发生激烈对抗,企业虽然要裁掉富余人员,但保持在职人员的稳定和劳资关系之间的信任度才是关键。裁员本身是为了使企业轻装上阵,扭转经营困难的局面,但是不当裁员不仅达不到目的还会让企业更快地崩溃,形成"企业不裁员会死,裁员死的会更快"的悲惨局面。所以依法裁员、依法补偿、合理安抚、稳定队伍是劳动法律师处理相关业务在简单法理之外需要掌握的操作技巧。承接相关业务的律师应先了解企业现状,了解裁撤部门和人员的具体情况及对企业的影响,听取企业和员工的诉求,再将被裁减人员分类,制订合理的裁员方案与僵局处理预案,探讨补偿方案及方案实施流程并制作相关文件,再公布裁员方案,同时配合有关部门进行心理疏导,预防群体性事件的发生,这才符合中央构建和谐劳动关系的要求。

3. 协助企业和员工进行离职谈判

针对劳动合同期满所面临的劳动合同终止、因员工过失导致的劳动合同解除事宜,律师受企业或员工的委托,协助委托人分析法律风险,权衡利弊,并与对方进行协商和谈判。通过摆事实、讲道理、明法律,帮助双方认清各自享有的权利范围,在此基础上,选择双方接受的处理方式。由于律师提前介入双方的协商,既能够帮助企业避免了因违法解除或终止劳动合同所面临的一系列法律风险,也帮助员工避免了因过度维权所导致的成本损失。

4. 为处理特殊情形下的劳动关系提供服务

随着国家产业政策的调整、区域经济一体化的推进,部分企业面临着整体搬迁、提前解散、分立合并或资产重组。律师为企业在上述特殊情形下的劳动关系处理提供服务。主要服务内容包括:协助企业制订员工安置与补偿方案、制定经济补偿标准、宣传相关政策、解答员工咨询、代表企业或工会进行沟通、制定工作流程、起草相关法律文件(如解除劳动合同协议、解除劳动合同通知、离职证明等),确保了企业的各项改革措施的落实,实现员工的平衡转移与安置。

5. 协助企业解决社会保险审计问题

2015年,全国养老保险"亏空"将超过3 000亿元。为填补养老金缺口、缓解财政补贴压力,保障社会保障基金、社保审计采取了较以往更加严格的标准、处罚力度明显加大。在这一形势下,劳动法专业律师关于社保审计的专项法律服务产品应势而生。在社保审计这一专项法律服务中,基本工作思路为重新设计企业的工资结构及重新设计"异地缴纳"的参保方式。在法律、法规的框架内,合理减少社保部门的处罚数额。

6. 为企业提供员工激励服务

随着大量创业型企业的涌现,为创始员工持股提供的专项法律服务被大多数企业所需求。此外,随着2014年6月20日证监会发布的《关于上市公司实施员工持股计划试点的指导意见》(以下简称《指导意见》)的实施,上市公司纷纷推出员工持股计划,并为越来越多的国企改革所借鉴,成为助推国企混合所有制改革的有效手段。此项业务不仅涉及劳动法的内容,还涉及公司法、证券法、合同法、税法等其他相关法律、法规,具体包括安居计划、福利补贴方案、员工晋升方案、股权激励方案的制订。基本操作步骤主要包括了解企业需求、明确激励目标及方式、尽职调查、资本及税务筹划、制订方案、宣读答疑、拟定文件、辅导实施方案等。

7. 参加集体协商

随着各地集体合同制度的推行,集体协商作为一种高效处理劳资矛盾的方式越来越被劳资双方所重视。由于集体协商的内容主要涉及法律问题,因此,律师作为熟悉相关法律知识的专业人才,对于协助工会和企业进行集体协商具有独特的优势。2015年,律师作为劳动者(工会)或企业的代表积极参与集体协商,为企业工会或企业提供法律知识支撑。此项服务的主要内容为:为委托人提供集体协商法律咨询、方案设计、法律培训、谈判代理、程序监控、协议起草。

8. 为工会提供法律服务

随着劳动者维权意识的加强,各级地方工会的作用日益凸显。同时,本着依法维护劳动者权益的原则,工会对劳动法律服务的需求日益提高。此外,工会的法律援助工作也需要更多的律师参与,代理劳动者进行劳动仲裁、诉讼。2015年,律师为工会提供的法律服务主要包括:信访服务外包,重大疑难复杂案件专家论证法律服务;重大群体纠纷现场调处法律服务;欠薪、社保、群体事件、劳资纠纷调解员等专项法律培训服务等。

9. 竞业限制和商业秘密保护法律服务

科研类、技术类企业有防止竞业竞争和保护商业秘密的需求,如何构建和完善反不正当竞争和保护商业秘密的体系,是劳动法律服务的一个新业务领域。律师需结合竞业限制和商业秘密保护等相关法律法规、规定,设计企业的法律保护体系。《劳动合同法》规定了对竞业限制和侵犯商业秘密,企业有权要求违约员工支付违约金,劳动立法中极少赋予企业单方要求员工支付违约金的权利,最高人民法院相关解释后来对《劳动合同法》该条规定作了比较大篇幅的扩充性解释,这是律师从事该领域业务必须了解和掌握的。另外,与竞业限制和商业秘密保护相关的法律法规,已经延伸到竞争法、侵权法等领域,对律师的专业能力提出了更高的要求。

(三)地方律师协会劳动法专业委员会的建设和发展情况

1. 加强对劳动法律服务业务的规范与指导

2015年,各地律师协会的劳动和社会保障法专业委员会(以下简称"劳专委")着力提高本地律师的劳动法律服务整体水平,加强了劳动法律服务的规范与指导。主要有:

(1)北京市律师协会劳专委完成北京市《律师办理劳动人事法律业务操作指引》,在北京市律师协会统一安排下,已于2015年4月由法律出版社出版发行。2016年1月26日《劳动关系蓝皮书》由北京市律师协会劳专委向社会发布。

(2)黑龙江省律师协会劳专委完成了《人力资源管理法律实务操作指引》《工伤常见法律问题360》《劳动争议律师实务问答》等三部工具书的编写工作,内容涵盖企业人力资源管理、劳动争议处理、工伤处理中常见问题的法律规定以及实务中所需的文书范本。

(3)云南省律师协会劳专委编写了《劳动法律法规政策汇编》,作为指导全省律师办理劳动争议案件的工具用书。

2. 加大对青年律师的培养

2011—2015年度,黑龙江省律师协会劳专委累计完成四期针对青年实习律师的劳动专业的律师实务培训,培养学员150余人。每次培训均有十余位精通劳动法律专业业务的律师参与授课。此外,该委组织青年律师针对时下矛盾较为突出的劳动法律争议问题,进行普及《劳动法》的微视频的编辑、撰稿、拍摄工作。通过轻松、幽默的短剧,对法律问题进行解答及分析,强化了青年律师学习效果。2007—2015年度,福建省律师协会累计完成十余期针对实习律师的劳动专业的律师实务培训和针对青年律师的劳动法律业务技能继续教育培训,累计培训学员近万人次。

3. 组织专项调研活动

2015年,黑龙江省律师协会劳专委组织律师搜集养老保险制度相关的法律法规、实地调查、劳专委内部讨论、向劳动行政主管部门负责人进行政策咨询等多种方法,全方位地对黑龙江省目前养老保险制度的推行与实施情况进行摸底,完成了《养老保险专项调查报告》,为地方相关立法提供了第一手资料。

三、热点法律问题研究与立法建议

(一) 实践中存在较大争议的疑难问题以及分歧意见和倾向性意见

1. 达到退休年龄再就业的用工关系确认

达到法定退休年龄但未享受基本养老保险待遇的人员再就业,其与用人单位的用工关系性质如何认定,出现工伤如何处理?

(1) 不同观点

观点一:对达到法定退休年龄的人员在用人单位继续工作的情形,享受基本养老保险待遇的,按劳务关系处理;未享受基本养老保险待遇的,按劳动关系处理。其理由为:双方建立的用工关系符合劳动关系构成要件;劳动者达到法定退休年龄但无法享受基本养老保险待遇,更多是社会或者用人单位的原因造成的,将此类人员排除于劳动法保护之外有违公平合理原则。

观点二:按照《劳动合同法实施条例》的规定,达到法定退休年龄的,劳动合同终止。用人单位使用达到法定退休年龄人员,不管是否已经享受养老保险,只要超龄,都是劳务关系。二者主张双方之间存在雇佣关系而非劳动关系,主要理由是劳动者达到退休年龄而不具有劳动者的主体资格,且此种现象不利于就业政策等。

(2) 地方倾向性意见

上海市、广东省倾向于上述观点二。

对于在工作过程中受伤的,广东省倾向于按雇主责任处理,但劳动行政部门对此认定工伤者除外。该类人员申请工伤的,劳动行政部门多以双方不属于劳动关系而不予受理,但近年来在广州、江门、惠州等出现少量生效行政诉讼二审判决,当地中级人民法院开始撤销劳动行政部门的前述行政决定。

2. 高管人员未签劳动合同的两倍工资

关于人力资源总监、人事经理、总经理等特殊人群劳动合同没有签订的两倍工资差额处理问题：

（1）不同观点

观点一：应当支付两倍工资差额。主要理由为，《劳动合同法》对不同职务、岗位员工并无差别性规定，且特殊人员也是劳动者。

观点二：不应支付两倍工资差额。主要理由为，劳动合同管理属此类特殊人群的工作职责，不能让用人单位为其失职来埋单。

（2）地方倾向性意见

广东省倾向于观点一，但在实务中仍有不支付两倍工资差额的案件出现。

北京市倾向于观点二，北京市高级人民法院、北京市劳动争议仲裁委员会《关于劳动争议案件法律适用问题研讨会会议纪要（二）》第31条规定："用人单位法定代表人、高管人员、人事管理部门负责人或主管人员未与用人单位订立书面劳动合同并依据《劳动合同法》第八十二条规定向用人单位主张二倍工资的，应否支持？用人单位法定代表人依据《劳动合同法》第八十二条规定向用人单位主张二倍工资的，一般不予支持。"

3. 劳务派遣协议中"约定退回"条款的法律效力

（1）不同观点

观点一：约定有效。主要理由为，劳务派遣协议属于民事协议，法无明文禁止即可行。

观点二：约定无效。主要理由为，"约定退回"涉及劳动者的切身利益，在已有"法定退回"明确规定情形下应当禁止"约定退回"。

（2）地方倾向性意见

广东省内广州市仲裁机构认为约定退回无效，而广东省其他地区未见类似的规定。

4. 被派遣劳动者与派遣单位劳动合同的无固定期限问题

劳务派遣劳动者有无要求与派遣单位签订无固定期限劳动合同的权利，也有不同观点。

（1）不同观点

观点一：劳动者无权利要求。主要理由为，劳务派遣用工形式适用于临时性、辅助性、替代性岗位，属于特殊用工制度，是为灵活用工而设置。

观点二：劳动者有权要求。主要理由为，《劳动合同法》中关于无固定期限劳动合同签订的规定适用于所有劳动者，劳务派遣劳动者也包含在内。

（2）倾向性意见

广东省内广州市仲裁机构的内部会议纪要认同观点二，而广东省或其他地区未见类似的规定。

北京市对此尚无统一裁审标准,但有支持劳动者要求签订无固定期限劳动合同请求的判例。

5. 企业未缴纳工伤保险社保基金的先行支付

在企业未依法为劳动者缴纳工伤保险费时,社会保险基金在满足什么条件下才能先行支付。

(1) 不同观点

观点一:社会保险基金的先行支付不仅需要企业不支付工伤待遇,还要满足依法经仲裁、诉讼后职工仍不能获得工伤保险待遇,法院出具中止或终结执行文书等条件。

观点二:只要职工认为企业不支付工伤保险待遇并提出了申请,无论是否经过仲裁、诉讼、执行,社会保险基金都应当先行支付。

(2) 倾向性意见

广东省目前尚无社保先行支付的细化规定,广东省人社部门倾向于认为社保的先行支付要以依法经仲裁、诉讼后职工仍不能获得工伤保险待遇,法院出具中止执行文书为条件。

6. 用人单位补缴社会保险是否受"两年"限制

关于要求劳动保障部门责令用人单位补缴社会保险是否受"两年"限制的问题有不同观点:

(1) 不同观点

观点一:受"两年"限制。根据《劳动保障监察条例》的规定,违反劳动保障法律、法规或者规章的行为在两年内未被劳动保障行政部门发现,也未被举报、投诉的,劳动保障行政部门不再查处。未依法缴纳社会保险属于违反劳动保障法律的行为,所以超过两年的,劳动保障行政部门不再查处。

观点二:不受"两年"限制。用人单位依法足额为劳动者缴纳社会保险是其法定义务,劳动保障部门责令用人单位补缴社保并非对用人单位的处罚,而是督促用人单位依法履行其法定义务,所以并不属于《劳动保障监察条例》所述的查处,不受两年的限制。

(2) 倾向性意见

广东省内各地的社保行政部门的意见不一,广州市社保行政部门倾向于不受两年的限制,但深圳市社保行政部门倾向于认为以两年为限。福建省厦门市也倾向于不受一年或者两年的时效限制。

7. 停工、停产工资支付范围

原劳动部《工资支付暂行规定》及各地方工资支付条例中规定的"停工、停产"

是否仅限于用人单位整体停工、停产,还是包括用人单位个别部门(车间、分厂),甚至个别劳动者进行停工、停产。

(1)不同观点

观点一:停工、停产仅限于单位停工、停产,也仅限于单位因为客观原因而导致的停工、停产,类似单位因经营战略调整、转型升级将社保转移至其他关联单位而导致的停工、停产等情况不属于停工、停产。

观点二:用人单位个别部门甚至个别劳动者的停工、停产也算做停工、停产。

(2)倾向性意见

广东省的倾向性意见为,个别劳动者的停工、停产一般不算做法定的停工、停产;但是单位个别部门的停工、停产,或者企业因主观原因的停工、停产是否算做法定的停工、停产则存在争议。广州市的指导意见认为单位个别部门(车间、分厂)的停工、停产属于法定的停工、停产。

8. 外国人在华就业是否适用中国的相关法律法规

外国人就业是否完全适用《劳动合同法》,还是优先适用《外国人在中国就业管理规定》。

(1)不同观点

观点一:外国人在中国就业,办理了《外国人就业证》的,应当完全适用《劳动合同法》,在劳动合同的解除与终止上,都只能是法定的,而不能通过约定的处理。外国人与中国籍劳动者具有完全相同的权利义务。

观点二:持有《外国人就业证》的外国人与用人单位建立劳动关系的,应当优先适用《外国人在中国就业管理规定》,除了在最低工资标准、工作时间、休息休假、劳动安全卫生以及社会保险规定,强制性地适用中国劳动法的法律规定外,其他劳动合同内容遵循有约定从约定的原则。如有关解除与终止劳动合同、法律责任等均可以约定。

(2)倾向性意见

上海市倾向于观点二。根据上海市高级人民法院形成的《上海高院民一庭调研与参考》[(2014)15号],就法院对用人单位违约解除劳动关系,外国劳动者要求恢复劳动关系和赔偿损失的两种情形,给予进一步明确,大致归纳如下:① 外国人与用人单位在劳动合同中需明确约定用人单位可根据《劳动合同法》规定的解除条件解除劳动合同或约定违约解除承担法律责任。② 审理中应审查双方劳动关系是否有恢复的可能性。如用人单位不同意恢复的,在向外国劳动者释明后,可判决不予支持。③ 赔偿损失未约定具体赔偿方法,参照《合同法》一方严重违约导致解除合同,应当赔偿另一方因此造成的实际损失的相关规定。

北京市倾向于观点一。

9. 劳务派遣人员与用工单位建立劳动关系,原工作年限、医疗期的计算

劳务派遣人员和用工单位直接建立劳动关系后,此前的工作年限,是否包含医疗期的计算,有不同观点:

(1) 不同观点

观点一:劳务派遣单位与用工单位之间是两个独立的法人,根据相关法律法规的规定,在计算医疗期时应按照劳动者在同一用人单位的工龄来计算,也就是应从劳动者与用工单位直接建立劳动关系之日起开始计算工龄,进而计算该劳动者所应享有的医疗期,而不应将该劳动者在劳务派遣公司的工龄计算在用工单位的医疗期中。只是在计算经济补偿金的时候,合并计算在内。

观点二:劳务派遣人员非因本人原因从劳务派遣用工转化为直接用工,应视为同一用人单位,在计算经济补偿金和医疗期的过程中都应把工作年限合并计算进去。

(2) 倾向性意见

上海市司法实践倾向观点一,认为最高人民法院《关于审理劳动争议案件适用法律若干问题的解释(四)》第5条关于连续工龄计算的规定仅适用于计算经济补偿金,并不应任意扩大适用于计算医疗期。因此,计算医疗期时,仍需以在本用人单位的工作年限来确定具体的医疗期,不应将此前在劳务派遣公司的工作年限纳入在内。

(二) 对于完善劳动立法的建议

1. 完善劳动仲裁的监督机制

(1) 现行劳动仲裁监督机制存在的问题

《中华人民共和国仲裁法》(以下简称《仲裁法》)已在立法上初步确立了对民商事仲裁机构的监督体系:内部监督、行业监督、司法监督。而在劳动仲裁中仍然缺乏严格意义上的监督机制,缺乏强有效的监管,主要表现为:

第一,法定监督机构的缺失。我国现行法律仅规定了劳动争议仲裁委员会对仲裁员的监督和对错案的自我监督,但缺失对劳动争议仲裁委员会自身的监督。由于劳动争议仲裁委员会之间无隶属的上下级关系,即使裁决错误也只能由原仲裁机构重新提起仲裁,这实际上属于毫无约束的自我监督。

第二,监督程序的缺失。我国法律仅是笼统地规定了监督和要承担的法律责任,并未明确规定如何进行监督。比如监督是个案监督还是常态化监督、是依据申请或投诉被动进行监督还是主动进行监督、监督人员的组成和回避,等等。

第三,法律责任的缺失。虽然《劳动争议调解仲裁法》第34条规定了仲裁员的法律责任,仅为"将其解聘"和"依法承担法律责任",法律责任太轻且不具有操作性。而《劳动人事争议仲裁组织规则》中"仲裁监督"一章,仅规定了仲裁员行为的法律责任,未规定仲裁员聘任不当的责任、仲裁申请应予受理而不予受理的责任和仲裁错案的责任等。而且,经过仲裁的劳动争议案件进入诉讼程序后,法院仅对案件本身进行重新审理,并不对仲裁机构的仲裁行为和仲裁结果进行审查,更加放任了不承担相应法律责任的违法仲裁行为。

(2) 加强和健全劳动仲裁监督机制的建议

我国劳动争议仲裁监督基本属于一种自我监督,缺乏法定监督机构、监督程序和法律责任的规定,且劳动争议仲裁缺乏商事仲裁拥有的对裁决公正性和权威性的足够技术保障。因此,应加强和完善劳动仲裁的监督机制。具体方式如下:

第一,行业监督。劳动仲裁委员会应加入中国仲裁协会,遵守协会统一的宗旨、章程和行为规范,接受仲裁协会常态化、制度化的监管。同时,还应赋予仲裁协会对劳动仲裁委员会法定制裁权,可以对违规、违法的劳动仲裁委员会行使制裁,对劳动仲裁委员会的仲裁活动、仲裁员的选派和资金使用情况等进行全面而有力的监管。此外,中国仲裁协会还可以对劳动仲裁委员会进行业务指导和人员培训,提高劳动仲裁人员的业务水平,从而提高劳动仲裁的公正性和公信力。

第二,执行监督。参照商事仲裁制度,当一方拒不履行具有可强制执行内容的裁决时,劳动仲裁的当事人或利害关系人可以根据《民事诉讼法》的规定向有管辖权的法院申请强制执行。法院仅对劳动仲裁裁决进行合法性审查,包括程序是否合法和实体是否合法,不再对劳动仲裁的事实进行审查。

第三,社会监督。积极鼓励网民参与仲裁旁听、公开审理等活动,积极倡导新闻媒体对劳动仲裁案件的报道和监督;劳动仲裁机构应当主动、诚恳地接受社会监督,可以建立新闻发言制度,及时对社会热点案件或事件释明,与媒体形成良好的互动。

2. 梳理及限制、取消相互冲突的立法、执法办法

(1) 存在问题的表现

在劳动立法和执法、法律法规理解适用、统一法律标准等方面,目前都有一定的问题,归纳如下:

首先,立法和执法混乱,地方自行出台的部分解释和规定已经影响了法律的统一性。部分省市竞相出台适用于本地区的各类解释,虽然对梳理本地劳动人事争议的处理标准、实际解决现存争议起到了一定的规范作用,但过于分散,随意性、即时性较强,有一定的负面影响。各级法院和仲裁机构以及行政机关自行出台自己的规定、办法、会议纪要,甚至基层司法审判机关或行政机关也搞内部规定和控制口径等,替代法律、法规、规章作为审理案件的依据;乃至同一城市不同区的法院审理同类劳动争议标准都不一样,不同地区的审理机关违背现行法律规定的初衷,根据自己本地的情况或特殊需求,加大了国家法律适用的随意性和不确定性。

其次,曲解法律为我所用,对法律限制随意突破。部分地区在执行法律、法规或

制定劳动政策过程中,为了适应地方经济需求,随意变通法律的执行,甚至颠覆法律的基本要求,主观造法、人为修法。例如,社会保险在一些地方欠缴、不缴的情况严重,有的地方社保缴费的比例比较低,虽然各地都在采取补救措施,但处理以后各地行政机关或征缴部门掌握的标准差距相当大,有从劳动关系建立起补交的、有从《社会保险法》实施之日补交的,有部分补交的、有不能补交的,极大地影响了劳动者的利益,标准的随意性对企业影响也很大。历史欠账有企业的原因,也有地方管理部门的原因,还有的是个别地方政府为了招商引资,甚至擅自把社保缴费义务的免除也作为优惠条件。

(2) 问题产生的原因分析

首先,在经济形势不好、经济下滑或出现金融危机的时候,劳动争议有上升的趋势,因劳动关系问题引发的群体性争议给社会安定带来了重大的影响,也形成了很多不良的隐患。但如果不分析问题形成发展的过程,系统综合地治理,只看到不稳定因素,只解决燃眉之急,事实上很多问题是治标不治本。

其次,先前的不守法损害了职工的利益,之后的处理又把法律抛到一边(甚至完全背离法律),结果是新账旧账都结不了,反而使法律丧失了权威性和严肃性,畸轻畸重、过度保护、过度不保护,为因社会不公引发新的矛盾埋下了隐患。

再次,企业用工存在的问题也比较多,目前比较集中的是劳务派遣和劳务外包的问题。根据人社部《劳务派遣暂行规定》的要求,2016年2月底是压缩限制劳务派遣用工的大限。所有企业使用劳务派遣的方式用工,不得超过应当订立劳动合同的员工总数的10%,很多企业在用假外包的方式试图规避法律,企业对法律规定理解不深、不透,潜在的风险非常大。但是,随着法律限制期限来临,很多企业历史遗留积压的问题一时无法及时解决,所以部分地区采取忽略法律规定,寻求变通方式以缓解当前矛盾。

最后,劳动争议处理中出现了企业和员工都不讲诚信的现象。在争议处理过程中,说假话、出假证、隐瞒销毁证据的现象一定程度地存在,为了让己方的利益最大化,恶意(仲裁)诉讼、虚假(仲裁)诉讼的现象屡见不鲜。某些员工利用企业管理不规范的因素,寻求更大的利益,不惜设置圈套,制造争议;某些企业为使自己的利益最大化或转嫁经营亏损,任意损害职工利益,拖欠工资和加班费,不缴或欠缴社会保险,违法解除劳动合同,严重损害了职工的合法权益。由于劳动争议处理的实体法和程序法存在一定的滞后或缺陷,仲裁或审判过程中裁判人员为寻求法律依据甚至简单搬用民事法律规则或行政法律规则,致使出现裁判结果的偏差。

(3) 处理方法

完善和补充修改现行的法律法规,制定和补充修订适合于当前劳动争议处理的法律、法规。上级立法机关应当有效行使立法监督权,对于下级机构违法制定的法律规则或地方政府和有关部门制定的政策应当予以制止、废止或取缔。对于司法机关的司法解释权应当加以严格限制,除最高人民法院依法制定的司法解释以外,地方法院和基层法院不得随意制定司法解释,对于以会议文件、会议纪要等方式制定的规则,不能作为裁判的直接依据。

3. 加快工资立法

(1) 现行工资立法存在的主要问题

第一,对工资定义过于抽象原则,导致实践中可操作性不强。我国大多学者将工资界定为:用工单位根据国家相关政策,并根据劳动者提供劳动成果的多少,对劳动者履行给付义务,给付劳动者的相应报酬。但这仅仅概括出了工资的内涵,缺乏对工资外延的描述,导致在实践中可操作性不强。例如《劳动合同法》第63条规定:被派遣劳动者享有与用工单位的劳动者同工同酬的权利。用工单位无同类岗位劳动者的,参照用工单位所在地相同或者相近岗位劳动者的劳动报酬确定。但实践中,被派遣劳动者同工同酬的主张很难得到法院的支持。原因是,由于法律并没有明确界定工资的具体范围,而不同企业、行业、地区之间,同职务、同岗位、同工种而不同工资的现象广泛存在。这就使得法院在适用"同工同酬"原则时无法确定被派遣劳动者应当享有的工资范围,在一定程度上增加了司法的任意性,不利于司法公正和保护劳动者和用人单位的权利。

第二,最低工资的有关法律规范位阶比较低。现阶段规范我国工资发放等行为的法律是劳动和社会保障部在2004年3月1日实施的《最低工资规定》,但是该规定是由国务院各部委等行政部门制定的部门规章,并不是由我国立法机关颁布的法律,所以该规定的法律位阶比较低,缺乏普遍约束力。此外,《最低工资规定》中的相关规定也非常笼统,规定内容非常有限,在实践中操作性不强,不能够起到约束工资管理行为的作用。

第三,缺乏对违反最低工资制度行为的刑事处罚条款。由于我国法律缺乏对违反最低工资制度行为的刑事处罚条款,即使用工单位不遵守最低工资制度,也不用承担任何刑事责任,国家机关也不会主动追究,那么违反《最低工资规定》的救济也还是靠劳动者自己来解决。大部分劳动者都是弱势群体,对违反《最低工资规定》缺乏监督,违法行为得不到惩治,势必侵害劳动者的权益。

(2) 加快工资立法的建议

首先,明确工资定义的外延。建议应当确定工资总额由两部分组成,即基本工资和附加工资,基本工资即劳动者所得工资额的基本组成部分,由用人单位按照规定的工资标准支付,较之工资额的其他组成部分具有相对稳定性。附加工资是对特定工作所要特别付出的一种补偿。它强调只能是对从事特殊工作的额外付出所做的一种补偿,以使这些需要额外付出的工作能够为人们所接受。通常包括生活补贴、工作补贴、保健补贴、地区津贴等。另外除货币形式表现的工资外,还有一些福利性收入,如养老保险、医疗保险、公积金等。而对于经常性收入和非经常性收入,由于非经常性收入不具有稳定性,职工获得这一收入也是出于偶然,或者是职工对用工单位作出了特定贡献后才可以获得,将其纳入工资范畴而要求职工缴纳个人所得税显然是有失公平的,所以非经常性收入不应属于工资范畴,这在实践中也很容易被职工和用人单位接受。至于经常性收入,由于其具有稳定性,其性质与基本工资类似,将其纳入工资范畴也是合理的。此外,配合相关法律的实施,建议明确下列情形下的工资范围:一是加班工资基数;二是解除或终止劳动合同的经济补偿金计算基数;三是未休年假的劳动报酬的计算基数;四是未订立书面劳动合同或无固定期限劳动合同的两倍工资的基数。

其次,由立法机关制定最低工资法律。为了维护法律的权威性,由立法机关制定正式法律。使该法律发挥应有的作用,起到减少收入差距、调节收入的功用。至于立法形式,可以由国家立法机关即全国人大单项立法,提升其法律权威,在全社会范围内形成很强的约束力,形成法律的权威。

最后,加大对用工单位规避最低工资制度的处罚力度。为了真正维护劳动者权益,必须在最低工资立法中规定违反最低工资制度的刑事处罚条款,使劳动者真正有法可依,权益能通过法律得到保障,在用工单位出现不自觉遵守最低工资制度行为时,由国家主动追究用工单位相关负责人的刑事责任,从而对用工单位形成威慑。

4. 确立劳动合同中止制度

"合同中止"的概念源自民法,在《合同法》中对合同中止情形有明确规定,但《劳动合同法》在立法过程中却没有引进"劳动合同中止"的理念,对于"劳动合同中止"问题在法律层面上并无明确统一的规定。劳动法兼顾公法与私法的属性,劳动合同又具有很强的人身属性,在"劳动合同中止"无明确法律规定的情况下,给实践中相关问题的处理带来了很多问题。

(1) 主要问题和表现

第一种情况:劳动关系存续,但权利义务停止行使和履行期间,能否直接引用合同中止概念对双方劳动合同履行状态进行界定。

第二种情况:劳动关系存续,但权利义务停止行使和履行期间,劳动者的社保关系和公积金关系如何处理。

第三种情况:劳动关系存续,但权利义务停止行使和履行期间,是否存在合理期限问题,超过合理期限是否可以单方解除劳动合同。

第四种情况:劳动关系存续,但权利义务停止行使和履行期间,是否连续计算工作年限,如涉及离职,离职前12个月平均工资如何计算。

第五种情况:劳动关系存续,但权利义务停止行使和履行期间结束,劳动者要求继续履行劳动合同,继续履行标准如何界定。

(2) 修改建议

劳动法的调整范围不仅包括劳动关系本身,还包括其附属的社会关系。劳动合同中止制度的确立不仅可以解决劳动法上的问题,同时还可以解决相关的一系列其他附属法律关系问题。因此应当确立劳动合同中止制度,对劳动合同中止制度的建立建议如下:① 确定劳动合同中止的情形及适用范围;② 对劳动合同中止的合理期限予以规定;③ 对劳动合同中止过程中的工资发放、社保及公积金关系处理问题作出明确规定;④ 对劳动合同中止期间的工龄计算、特殊情况下的经济补偿金计算标准等相关问题作出明确规定;⑤ 对劳动合同中止期限届满后的劳动合同继续履行、劳动合同变更、劳动合同解除等一系列问题作出相应规定。

5. 招录劳动者如提供特殊待遇应当允许协商设定服务期和违约金

由于《劳动合同法》规定仅在违反服务期约定和违反竞业限制约定的情况下允许用人单位与劳动者约定违约金,因此大部分观点认为,用人单位只能在这两种情况下与劳动者约定违约金,而其他情况下的违约金约定则是无效的。

实践中,用人单位为了招揽人才,在招录过程中会与劳动者协商,在向劳动者提供一定特殊待遇的情况下,要求劳动者为用人单位服务一定年限。此情况下的特殊待遇与《劳动合同法》第22条规定的服务期适用条件存在一定差异,因为这种特殊待遇并不一定是专项培训费用或专业技术培训。因此,在劳动者享受了特殊待遇并违约的情况下,即便用人单位与劳动者约定了服务期和违约金,但基于前述对服务期及违约金的适用观点,用人单位要求劳动者承担违约金的请求最终也难以获得法律上的支持。

在此问题上应当赋予劳动者和用人单位更多的意思自治空间,如在招录时提供了特殊待遇,允许双方基于此作出服务期和违约金的约定,任何一方如有违反,守约方可基于双方协议内容要求对方承担违约责任。

6. 出台或修改关于仲裁时效的规定

依据《劳动争议调解仲裁法》第27条的规定,劳动争议申请仲裁的时效期间为1年,起算点为"当事人知道或者应当知道其权利被侵害之日";中断事由为"当事人一方向对方当事人主张权利,或者向有关部门请求权利救济,或者对方当事人同意履行义务";中止事由为"不可抗力或者有其他正当理由"。劳动报酬适用特别规定:起算点为"劳动关系终止或解除之日",也可视为"劳动关系存续期间"仲裁时效中止。实践中,上述时效规定存在的主要问题如下:

(1) 关于劳动争议仲裁时效的性质

关于劳动争议仲裁时效是申请仲裁的期限、诉讼时效还是消灭时效,现行立法规定不明。原劳动和社会保障部在《〈中华人民共和国劳动争议调解仲裁法〉宣传提纲》(2008年2月13日)中表述,"超过申请时效期间,劳动争议仲裁机构将不受理仲裁申请"。人力资源和社会保障部制定的《劳动人事争议仲裁办案规则》(2009年1月1日)将"在申请仲裁的法定时效期间内"规定为仲裁受理条件。可见,劳动行政部门认为,劳动争议的仲裁时效是"申请仲裁的期限",而且仲裁委员会应主动查明是否超过时效。最高人民法院《关于审理劳动争议案件适用法律若干问题的解释》(2001年4月16日)规定,劳动争议仲裁委员会以仲裁申请超过期限为由不予受理的,法院应当受理,但对确已超过仲裁申请期限的,驳回诉讼请求。这意味着劳动争议的诉讼时效期间即仲裁时效期间;但超过民事诉讼时效为对方当事人的抗辩权,而劳动争议超过仲裁时效是法院应主动查明并适用的。综上可见,在现行立法下,劳动争议的仲裁时效更接近"消灭时效",即超过时效,当事人的胜诉权及诉权均消灭。

为了与诉讼相衔接且更好地保护劳动者的利益,建议将劳动争议仲裁时效设计为"诉讼时效",即超过仲裁时效,仲裁委员会仍应受理,且仲裁委员会和法院均不应对时效问题进行释明、审查及适用。

另外,关于劳动争议仲裁时效的起算点。1994年的《劳动法》规定为"劳动争议发生之日",原劳动部《关于贯彻执行〈中华人民共和国劳动法〉若干问题的意见》(1995年8月4日)将"争议发生之日"解释为"知道或应当知道其权利被侵害之日",曾遭诟病。《劳动争议调解仲裁法》采"知道或应当知道其权利被侵害之日"为起算点,与民事诉讼保持一致;同时将"发生争议"规定为中断事由:当事人一方向对方当事人主张权利,或者向有关部门请求权利救济,或者对方当事人同意履行义务,与民事诉讼的"一方提出要求或同意履行义务"基本一致,也与最高人民法院《关于审理劳动争议案件适用法律若干问题的解释(二)》(2006年10月1日)规定的"拒付工资之日""主张权利之日""解除或终止之日"或"承诺之日"基本衔接。《劳动争议调解仲裁法》相对延长了劳动报酬的仲裁时效,劳动关系存续期间的"拒付之日"或"主张之日"不再构成时效起算点。但仍存在如下问题:第一,劳动报酬是否包括社会保险费等福利待遇、未休法定带薪年休假的工资以及未签订书面劳动合同或应签订未签订无固定期限劳动合同的两倍工资差额;第二,对"拖欠劳动报酬"以外的持续性违法或侵权行为(如未订立书面劳动合同或无固定期限劳动合同)产生的劳动债权,未予以特殊保护。

(2) 关于社会保险费的仲裁时效

最高人民法院《关于审理劳动争议案件适用法律若干问题的解释(一)》和《关于审理劳动争议案件适用法律若干问题的解释(三)》规定法院受理追索社会保险待遇损失(养老金、医疗费、工伤保险待遇等)及社会保险费的争议,但对社会保险费的仲裁时效或保护期间未有规定。

笔者认为,社会保险费中用人单位承担的部分,涉及国家利益或公共利益,类似于税收,不应受时效限制;个人承担部分,从劳动报酬中扣缴,存入个人账户,应属劳动报酬,时效建议适用特别规定,但救济手段(如补缴或赔偿损失)需与当地社会保险行政机关协调、配合。

(3) 关于未休法定带薪年休假的仲裁时效

未休法定带薪年休假工资相当于加班工资,应属劳动报酬,时效建议适用特别规定。但与加班工资或工资一样,未休法定带薪年休假及未付工资存在举证责任或保护期间的问题。《工资支付暂行规定》要求用人单位保存工资资料至少两年,《劳动合同法》规定解除或终止的劳动合同文本至少保存两年,司法实践以此为参考,一般认为用人单位对其"掌握管理的证据"负有举证责任的期限为两年。建议立法明确未休法定带薪年休假工资的工资属性、特别时效及用人单位的举证责任期限。

(4) 关于两倍工资差额的时效起算点

从目前的司法实践看,主流观点认为,两倍工资差额属"惩罚性赔偿",不是劳动的对价,不属劳动报酬。关于两倍工资差额的仲裁时效起算点,存在时效"逐月起算、按月完成"以及"期末起算、按年完成"两种观点。例如,未签订书面劳动合同的情形,时效从用工满1个月的次日还是满1年的次日起算,用工第二个月的两倍工资差额在用工满13个月时还是满两年时完成。目前后者占主流。结合地方司法实践,建议立法将两倍工资差额的仲裁时效起算点统一为"持续性违法或侵权行为结束之时",包括"补订劳动合同"和"视为已订立劳动合同"之时。

7. 简化职业病的鉴定程序

目前,关于职业病鉴定的规定主要是《职业病防治法》和《职业病诊断与鉴定管理办法》。根据以上规定,劳动者如果申请职业病鉴定,必须向指定的职业病诊断机构提出申请,且需要提交如下材料:

(1) 劳动者职业史和职业病危害接触史(包括在岗时间、工种、岗位、接触的职业病危害因素名称等);

(2) 劳动者职业健康检查结果;

(3) 工作场所职业病危害因素检测结果;

(4) 职业性放射性疾病诊断还需要个人剂量监测档案等资料;

(5) 与诊断有关的其他资料。

这些材料大部分由用人单位掌握,虽然《职业病诊断与鉴定管理办法》明确规定,用人单位应当在接到职业病鉴定机构发出通知后的10日内如实提供所掌握的职业病诊断资料,但在实践中用人单位为了减轻自己的责任,往往不会提供真实的材料,这就导致劳动者在职业病鉴定过程中面临困境,劳动者的权利很难得到保障。

对此,关于职业病的鉴定程序应当简化,设置更为合理的鉴定程序,保障劳动者权利。

8. 统一仲裁时效的规定

根据《劳动争议调解仲裁法》的规定,劳动争议申请仲裁的时效期间为1年。仲裁时效期间从当事人知道或者应当知道其权利被侵害之日起计算。此外,专门规定了劳动关系存续期间因拖欠劳动报酬发生争议的,劳动者申请仲裁不受前述仲裁时效期间的限制;但是,劳动关系终止的,应当自劳动关系终止之日起1年内提出。

根据已有规定,除了拖欠工资的仲裁时效从劳动关系终止之日起1年内提出外,其余劳动争议的仲裁时效应当从知道或者应当知道权利被侵害之日起计算。其立法本意是劳动者如果在劳动关系存续期间因用人单位拖欠工资而提出劳动仲裁,可能导致劳动者的劳动权利受到损害,因此针对拖欠工资的仲裁时效作了专门的规定。但是,实践中劳动者权利会受到损害的远远不止拖欠工资,比如"未签订书面劳动合同的二倍工资""用人单位单方面调整劳动合同""用人单位不予缴纳社会保险"等侵害劳动者权利的现象。劳动者在侵害自己权利的情况发生后,往往由于对可能失去工作机会的顾忌,不敢提出劳动仲裁,在与用人单位终止劳动关系后,劳动者再提出劳动仲裁申请时,大多会因为其请求超过了仲裁时效,而无法主张其权利。

对此,关于劳动争议申请仲裁的时效应当统一规定为劳动者与用人单位终止劳动关系之日起1年,这样更有利于保护劳动者的权利。

9. 住房公积金应当列为人民法院的受案范围

根据《住房公积金管理条例》的规定,单位应当按时、足额缴存住房公积金,不得逾期缴存或者少缴。单位不办理住房公积金缴存登记或者不为本单位职工办理住房公积金账户设立手续的,由住房公积金管理中心责令限期办理;逾期不办理的,处1万元以上5万元以下的罚款。

住房公积金属于劳动者应当享有的强制性福利,但是在司法实践中,大多法院和劳动仲裁机构均不作为受案范围,这对于保护劳动者权利非常不利。因此,应当将住房公积金纳入人民法院和劳动仲裁机构的受案范围。

10. 明确未依法为劳动者缴纳社会保险费的情形

《劳动合同法》第38条规定了劳动者可以解除劳动合同的情形,其第3款的规定为"未依法为劳动者缴纳社会保险",此款规定应当进一步明确,应当包括如下情形:① 用人单位未为劳动者缴纳社会保险费;② 用人单位未按劳动者的实际工资缴纳社会保险费;③ 用人单位未按劳动者的实际工龄参加社会保险。

此外,一般法院对于社会保险的诉求不予受理,认为社会保险属于行政部门的职责,不应由人民法院管辖,这样不利于保护劳动者的权利。首先应当明确社会保险属于人民法院的受案范围,此外,"未依法为劳动者缴纳社会保险"的情形应当在立法中予以明确。

11. 工伤认定不应作为工伤保险待遇纠纷的受案前置程序

申请工伤认定需要用人单位的配合,实践中,不规范用工的用人单位在发生工伤事故后往往不配合劳动者申请工伤认定,因为一旦将劳动者遭受的事故伤害认定为工伤后,未参加工伤保险的情况下,将由用人单位承担所有的工伤保险待遇。在这样的情况下,劳动者无法直接通过仲裁和诉讼的途径要求用人单位承担工伤保险待遇。

工伤认定不应当作为人民法院和劳动仲裁机构受案的前置程序,立法应当赋予劳动仲裁机构和人民法院在确定用人单位和劳动者存在事实劳动关系后直接认定工伤的权利,进而确定伤残等级和赔偿数额,这样有利于简化程序,也更有利于保护劳动者的权利。

12. 超过退休年龄的劳动争议应当受理

《劳动合同法》第44条规定,劳动者开始依法享受基本养老保险待遇的劳动合同终止。《劳动合同法实施条例》第21条规定,劳动者达到法定退休年龄的,劳动合同终止。同时,《社会保险法》规定,参加基本养老保险的个人,达到法定退休年龄时累计缴费不足15年的,可以缴费至满15年,按月领取基本养老金。也就是说,劳动者达到法定退休年龄并不必然导致劳动合同终止,开始依法享受基本养老保险待遇才是导致劳动合同终止的情形之一。

大多数人民法院和劳动仲裁机构对于超龄劳动者提出的劳动争议诉求不予受理,认为其达到了法定退休年龄,但是目前国家没有明确的法律规定退休的具体年龄。所以,应当修改《劳动合同法实施条例》,应当将劳动者达到法定退休年龄修改为劳动者开始依法享受养老保险待遇。

实践中有大量劳动者长期连续工作,甚至达到了退休年龄,但是用人单位未为其参加社会保险,导致劳动者无法享受基本养老保险待遇。法律应当明确规定,由于用人单位未依法为劳动者参加社会保险,劳动者达到法定退休年龄时无法正常享受养老待遇的,人民法院和劳动仲裁机构可以直接判决或裁定由用人单位为劳动者补缴社会保险,或者由用人单位一次性支付养老金。

13. 明确工程违法转包分包中用工关系的确定方法

建筑领域存在的违法转包、层层分包的乱象,使得农民工的劳动关系认定与处理困难重重。劳动部门倾向于认定农民工与施工企业之间存在劳动关系,人民法院起初也持这种观点。但是,近几年来,人民法院的判决越来越倾向于认定农民工与施工企业之间不存在劳动关系,而是与包工头之间存在雇佣关系。

考虑到建筑行业农民工流动性的特点,该领域社会保险的缴交具有特殊性,即并非如常规劳动关系一样以本人工资为缴费基数按照人数分别缴交五险,而是按工程项目工程总造价的1.5‰缴纳工伤保险费,由工程施工总承包企业在工程项目开工前一次性向地税机关缴交即可。一般情况下,施工企业在建工程施工项目参加工伤保险,应当按规定向地税机关申报职工花名册以及在建工程项目的施工期限。用人单位应当及时报送增减职工花名册。对新录用的职工,用人单位应当在其上岗前将职工花名册以书面申报形式报送地税机关备案。因此,笔者认为,对于在报备的职工花名册范围之内的农民工,不论是否由包工头招聘,均应视为施工企业对此是知情并予以认可的,故应当直接认定施工企业与农民工之间形成了劳动关系。这种情况下,农民工受伤之后通过工伤保险可以得到迅速、有效的社会保障,现实生活中因此产生的纠纷也较少见。

但是,并非包工头招聘的所有农民工均在报备的职工花名册范围之内,实践中产生纠纷的多数也是这种情况下用工关系主体的争议。对于未在报备的职工花名册范围之内的农民工,应当实行包工头非法用工关系下的施工企业连带责任。

四、重大法律事件及典型案例评析

(一) 有重大社会影响的劳动争议案件

1. 裕元鞋厂群体性罢工事件

(1) 事件的基本情况

东莞裕元鞋厂隶属于台湾地区宝成集团,位于东莞市高埗镇,是耐克(Nike)、阿迪达斯(Adidas)、锐步(Reebok)等世界名牌运动鞋的最大生产基地。自1988年起于东莞市高埗镇投资设厂,目前已形成多个厂区,约有员工45 000人。裕元在中山、珠海、黄江等地也有多家工厂。据财务报表,裕元工业在2013年的营业额为75.82亿美元,净利润为4.29亿美元。

因为企业未依法缴纳社会保险等原因,引发了劳资双方的矛盾,导致在2014年4月5日,通过微信、QQ组织起来的几千名工人到高埗镇清水公园举行抗议,引发了长达21天的罢工。最终,东莞社保行政部门责令用人单位及员工依法补缴社保。

(2) 事件的原因分析

首先,用人单位未依法缴纳社保。用人单位之所以未依法缴纳上述费用,与政府的放任密切相关。因为工人流动性比较大,本身参加社保意识并不强,当地政府考虑到地区竞争,若当地社保政策完善,提高了企业成本,会使企业流向社保政策不完善的临近地区,因此对企业的低社保政策采取默认态度。当前情形,工伤赔偿问题极易引发冲突,而养老、医疗并不那么急需,因此政府部门只强制企业缴纳工伤险,对其他险种未强制缴纳。

其次,工人长期处于低工资、恶劣劳动环境、低劣饮食、高度紧张的流水化劳动中。劳资矛盾本来就十分严重,社保、住房公积金成为"压垮骆驼的最后一根稻草。"

（3）事件的影响

裕元事件催发了社保政策的重大变革：一是社保补缴政策发生改变；二是社保稽查力度加强。根据我国现行劳动法律法规的规定，单纯的因社保未依法补缴而未实际发生损失的以及未依法缴纳公积金等并未列入劳动争议处理范围，故劳动者通过仲裁和诉讼并不能达到补缴的目的。裕元事件发生前，员工有此类诉求的，法院判决均是认为不属于劳动争议处理范围，由行政主管机关处理，但基本上社保部门和公积金管理部门未处理。但裕元事件发生后，员工要求补缴社保和公积金的诉求得到了相应的处理，社会保险部门和公积金管理部门监察力度加大，在员工有投诉的情况下，社会保险部门和公积金管理部门不但核查投诉者本人的缴纳情况，同时会对整个企业的社会保险和公积金缴纳情况予以调查，如确实存在未依法缴纳的情形，社保部门和公积金管理部门会责令企业补缴，当然，员工也需承担自己应缴纳的部分。

2. 广州大学城环卫工群体停工事件

（1）事件的基本情况

2014年8月下旬，广州大学城约200名环卫工人集体停工进行维权。事件的起因是大学城片区负责环卫保洁工作的物管公司变更，令合同即将到期的环卫工们去向成谜。在大学城环卫工人停工后，政府、工会多次收到环卫工人的来电、来信和来访，要求妥善处理劳动关系接续、工资、社保和经济补偿等事宜。

（2）双方争议焦点

一是经济赔偿金。工人认为与广电公司合同期届满，公司需支付经济补偿金。很多工人有着长达9年的工龄，此次双方争论的最大焦点即"公司是否该支付工人经济补偿金"。广电公司希望与这批环卫工续约，并已给工人发了续签通知书，承诺在劳动合同变更期满之后按照"三不变"（劳动关系、劳动性质、工资待遇）原则安排员工在合同所填地点附近上班，并提出会给予工人一定的交通补贴与住宿补贴，倘若工人单方面拒绝签订，是自动放弃合同，公司不必进行经济补偿。

二是加班工资。环卫工称2012年5月到2013年4月期间，他们每月4天休息日都加班，却无相应加班工资。

三是补发未达标准部分的工资。环卫工人称，根据广州市政府文件，每人薪资水平应达3 800元/月，而自己每月只拿了3 000元左右的工资。广电公司认为，按照广州市人民政府办公厅《关于规范广州市环卫行业用工的意见》（2012年）的规定，环卫工每人用工成本为3 826.46元/月，包括用工成本、社保、医保、住房公积金、其他津贴等，再加上纳税，收到3 000元左右是正常的。

四是工人质疑所签空白《劳动合同变更协议书》的有效性。

（3）事件的影响

这次罢工得到学生以及部分维权人士的支持,持续30多天后,环卫工与新物管公司签署协议,每人按工龄每年领取3 000元"安置费",与新物管建立劳动关系复工。但罢工期间对大学城环境卫生及学生生活造成严重影响。

3. 广州西铁城突然解散事件

(1) 事件的基本情况

2015年2月5日下午,日本西铁城精密(广州)有限公司突然宣布公司提前解散,终止劳动合同,工人们被要求当天下班前拿走所有私人物品。对于突如其来的劳动合同终止,工人们不知所措。部分工人跑去问公司的工会主席,得到的答复却是"什么都不知道"。此举引发了逾千名工人的集体抗议。

(2) 双方争议焦点

企业解散是否需提前通知劳动者?据报道,广州市人社部门和部分律师认为,从法律上来说,西铁城方面没错。但从情理上,企业解散过程中应尊重劳动者的情感。但广东省总工会却持不同的态度,广东省总工会官方微博2月10日晚发布消息:"企业提前解散,要听取劳方意见。"微博称,针对西铁城精密(广州)有限公司"突袭式解散"一事,省总工会相关负责人表示,依照国家法律规定,企业研究经营管理和发展的重大问题,应当提前如实告知职工,充分听取工会和职工意见,依法制定补偿方案。因此类问题引发劳资纠纷,工会将为职工提供免费法律服务。

(3) 事件的处理

工人与企业展开集体谈判,最终公司愿按N+2的方式支付经济补偿。此事件也引发了广州市内各界关于劳动者权益保障的大讨论,政府部门纷纷表示今后若遇到类似情况,将加强沟通联动:一是让企业和工人之间加强沟通联动;二是政府的各部门之间加强沟通联动;三是政府和企业间要沟通联动,不能再出现这样的事情。

4. 王某起诉上海家化劳动合同纠纷案

(1) 事件的基本情况

1991年7月王某首次入职上海家化联合股份有限公司(以下简称"上海家化"),2004年1月1日从美国回国后再次与上海家化建立劳动关系,2012年12月18日被聘任为总经理。双方自2014年1月1日起订立无固定期限劳动合同,约定:王某担任总经理,月固定工资51 900元;如有严重违规造成公司重大损害,公司可以随时解除劳动合同。2014年3月王某工资调整为54 495元,公司支付至2014年5月31日。

2013年11月因公司违反相关规定被证券管理部门作出责令改正的决定,2014年5月12日公司召开董事会,认定王某对被查出事项有责任,向其送达了《员工违纪处理通知书》,决定辞退王某,要求其2014年5月14日17时前完成离职流转手续。王某不服提起仲裁要求：① 与上海家化从2014年5月14日起恢复劳动关系；② 支付王某2014年5月14日至6月24日的工资72 660元。

（2）双方争议焦点

第一，总经理等高级管理人员与所服务公司间发生争议是否适用劳动法律法规？公司董事会依据公司法及公司章程可对高级管理人员行使解聘权的规定与公司依照劳动法行使解雇权需受法定条件限制的规定是否存在冲突？

第二，上海家化联合股份有限公司对王某作出解除劳动合同决定的理由是否成立？

第三，王某与上海家化联合股份有限公司是否存在恢复劳动关系的基础？

第四，如需支付工资则王某主张的2014年6月1日至2014年6月24日期间工资应按何标准确定？

（3）事件的处理

仲裁委裁决支持王某恢复劳动关系的请求；公司支付王某2014年6月1日至6月24日工资42 355.17元。公司不服起诉至法院，要求判令公司无须恢复劳动关系，无须支付工资。一审判决公司与王某恢复劳动关系，按原工资标准向王某支付工资42 355.17元；二审判决维持一审法院第一项判决，撤销第二项判决，改判公司按企业平均工资标准向王某支付工资10 520.77元。

5. 清镇东方实业有限公司群体性劳动争议诉讼案件

张某菊等13名劳动者诉用人单位清镇东方实业有限公司（以下简称"东方公司"）劳动争议案件。当事人张某菊、龙某英、芦某英、王某琴、刘某、安某萍、李某德、刘某、袁某河、彭某学、李某书、丁某生、丁某芬13人分别于2000年1月至2007年10月期间先后进入东方公司工作。东方公司前身为贵州省清镇市东方建材有限公司，经多次被收购和多次更名为现名，因经营困境于2014年4月全面停产。当月下旬，这些职工向清镇市劳动争议仲裁委员会提起仲裁，要求确认与东方公司存在事实劳动关系，并请求判令东方公司支付未签订合同双倍工资、加班工资、补足最低工资差额、支付经济补偿、补缴社保费等不尽相同的诉请。诉请总金额达到105.72万元。该委审理后裁决确认芦某英、王某琴、刘某、安某萍、李某德、刘某、袁某河、彭某学、李某书、丁某生10人与东方公司存在事实劳动关系，并驳回他们的其他仲裁请求。对张某菊、龙某英、丁某芬3人以已超过法定退休年龄，不属于劳动争议仲裁受理范围为由作出不予受理申请通知书。后张某菊等13人提起诉讼，请求判令与东方公司存在事实劳动关系，并提出各自前述不尽相同的请求。贵州省清镇市人民法院于2014年10月作出一审判决，判决张某菊等13人与东方公司存在事实劳动关系，并判令东方公司支付最低工资差额、经济补偿金、未签订合同双倍工资等部分诉请。判决支持的诉讼金额合计为13.2万元。东方公司不服提起上诉，二审法院贵阳市中级人民法院判决驳回上诉、维持原判。至此,张某菊等13人与东方公司之间的13个劳动争议案件经劳动争议仲裁、一审、二审审结,并由二审法院贵阳市中级人民法院作出生效判决。该案是近两年贵阳市法院审理的涉及人数较多、影响较大的集体劳动争议诉讼案件。

6. 江某英等与科维彤创公司罢工事件引发的劳动争议

江某英等四十几位工人均为科维彤创员工,早则1988年,迟则2012年进入科维彤创工作,既有管理人员,也有一线操作员工,为科维彤创工作多年。2013年5月,科维彤创计划将公司从厦门岛内湖里区搬迁到岛外同安区,就公司搬迁所涉及员工利益的相关事项,公司员工与科维彤创一直进行协商,直至2014年2月13日都还在协商中,但是2014年2月14日科维彤创已经紧闭道闸,并且考勤打卡机也不见了,员工们已经无法进厂。为此,包括43位申请人在内的员工共计100余人向劳动监察、信访局和总工会等部门反映申诉,但科维彤创依然拒绝让员工们入厂,此状态一直持续到2014年2月28日。2014年2月28日下午4时许,科维彤创贴出一张公告,向员工发出最后通知,要求员工恢复正常上班。江某英等43位申请人在科维彤创公告的第二个工作日即2014年3月3日就按时上班。但科维彤创却在2014年3月4日向江某英等43位申请人发出劳动合同关系于2014年2月28日解除的通知,工资也仅支付至2月12日,双方因此产生纠纷。

(二) 劳动争议案件评析

1. "两不找"情况下劳动合同解除纠纷案

(1) 案情简介

1997年,张某与某集团公司签订10年期劳动合同,并被聘任至集团下属A公司担任经理职务。2002年12月,张某在A公司聘任期满,集团拟将张某安排至B公司工作,但由于集团属于大型国企,在张某从A公司离开前需进行离任审计。离任审计期间,张某一方面陆续配合A公司办理工作交接,一方面等待离任审计结果。由于集团在离任审计过程中发现张某可能存在一些经济问题,并且负责离任审计的相关领导出现数次职位变动,导致张某的离任审计一拖再拖。自2003年1月开始,集团停止向张某支付工资,也未再安排张某的工作,导致张某未再提供劳动,但集团仍继续为张某购买社保至2008年4月30日。

(2) 申诉请求

2008年8月,张某以集团公司拖欠工资、停缴社保为由提起劳动仲裁,要求解除劳动合同,并要求集团公司补缴社保、支付经济补偿金以及被拖欠的工资。

(3) 处理结果

本案经仲裁、一审、二审。一审法院认为,由于某集团公司为张某购买社保至2008年4月,因此双方之间的劳动关系应自2008年4月解除。张某2008年8月提起劳动仲裁,已经超过《劳动法》规定的60天的仲裁时效,因此再次驳回了张某的全部诉讼请求,二审维持原判。

张某不服提起再审,被裁定驳回再审申请,后又向检察院申诉,检察院经研究向法院提起抗诉。检察院认为,已经建立的合法有效的劳动关系不会自动解除或终止,某集团公司从未明确表示解除或终止劳动关系,劳动关系一直到2008年8月张某提起劳动仲裁之日才正式解除,因此原审判决认定事实错误,适用法律错误。

检察院抗诉后,发回二审法院重审。二审法院认为,某集团公司自2003年1月开始停止向张某支付工资,张某也未再提供劳动,因此双方之间的劳动关系自2003年1月已经解除。虽然此后某集团公司依然为张某缴纳社保至2008年4月,但仅凭缴纳社保不能认定劳动关系,因此再次维持原审判决。

(4)案件评析

本案的争议焦点在于,合法有效的劳动关系是否会因"单位不发工资、员工不来上班"而自动解除或终止。

根据劳动法的基本法理,对于合法有效的劳动关系而言,"劳动关系不存在"的原因仅有两种情形:即解除或终止劳动关系,而且解除和终止劳动关系均系法定。本案中,不存在解除和终止劳动合同的法定情形,因此,在2008年8月之前,张某与某集团公司之间并没有解除或终止劳动合同。

2. 社保补缴追溯时效行政纠纷案

(1)案情简介

2006年,高某入职广州某公司,2006年至2009年公司未依法为高某缴纳社会保险,2014年,高某向当地人社行政部门投诉,要求公司补缴2006年至2009年的社会保险。人社部门以投诉期限超过两年为由不予受理并向高某出具《劳动保障监察投诉案件不予受理决定书》。高某不服,依法申请行政复议和行政诉讼。

(2)申诉请求

撤销《劳动保障监察投诉案件不予受理决定书》。

(3)处理结果

复议机关认为,根据《劳动保障监察条例》第20条规定,违反劳动保障法律、法规或者规章的行为在两年内未被劳动保障行政部门发现,也未被举报、投诉的,劳动保障行政部门不再查处。本案中高某的投诉已经超过上述规定的两年期限,人社部门不予受理并无不当,因此维持《劳动保障监察投诉案件不予受理决定书》。

高某不服诉至法院,一审法院的理由和结论与行政复议一致。高某不服上诉至中级人民法院,中级人民法院认为,根据《社会保险法》第63条第1款的规定:"用人单位未按时足额缴纳社会保险费的,由社会保险费征收机构责令其限期缴纳或者补足。"因此,用人单位应当按时足额缴纳社保费,未依法缴纳的,社保经办机构责令缴纳或补足并无期限限制。而本案高某请求人社部门责令单位依法补缴社保,并非请求人社部门对单位作出行政处罚,不受投诉期限两年的限制,因此判决人社部门败诉。

(4) 案件评析

对于未缴纳社会保险的时效,业界观点不一,而广东省内各地的社保行政部门的意见亦不统一,甚至在广州市,2015年前后法院系统的裁判标准也不统一。目前,广州市社保行政部门以及法院倾向于不受两年的限制,但深圳市社保行政部门以及法院倾向于认为以两年为限。

3. 高管人员诉用人单位违法解除劳动合同纠纷案

(1) 案情简介

1991年7月王某入职上海家化联合股份有限公司(以下简称"上海家化")担任市场部品牌经理,1997年至2004年辞职赴美求学,回国后再次与上海家化建立劳动关系,2012被聘任为总经理。双方自2014年1月1日起订立无固定期限劳动合同,约定:王某担任总经理,月固定工资51 900元;如有严重违纪造成公司重大损害,公司可以随时解除劳动合同。2014年3月王某工资调整为54 495元,工资支付至2014年5月31日。

2013年11月因公司违反相关规定被证券管理部门作出责令改正的决定,会计师事务所出具的《内部控制审计报告》,认为公司财务报告内部控制存在关联交易管理中缺少主动识别、获取及确认关联方信息的机制等三项重大缺陷。2014年5月12日公司召开董事会,认定王某作为总经理,未对关联交易等相关事实进行及时调查汇报、未采取补救措施,偏袒相关责任人,阻止调查,对被查出事项有责任,并且参与私分小金库,明显存在违纪行为,会议审议并通过关于解除王某总经理职务及提请股东大会解除王某董事职务的议案。次日,向王某送达了《员工违纪处理通知书》,决定辞退王某,要求其2014年5月14日17时前完成离职流转手续。王某对通知书的内容及处理结果均不认可,于2014年6月4日向上海市虹口区劳动人事争议仲裁委员会申请仲裁。

(2) 申诉请求

请求上海家化公司从2014年5月14日起恢复劳动关系;请求上海家化公司支付2014年5月14日至6月24日期间的工资72 660元。

(3) 处理结果

仲裁裁决支持王某恢复劳动关系的请求;公司支付王某2014年6月1日至6月24日工资42 355.17元。公司不服起诉至法院,要求判令公司无须恢复劳动关系,无须支付工资。

一审法院认为,上海家化公司对于《内部控制审计报告》中指出的关联交易管理中的重大缺陷,无证据证明是因王某个人严重失职、严重违纪所造成的,将出具否定意见的《内部控制审计报告》的责任完全归咎于王某一人失职,不尽合理。《行政处罚事先告知书》并非已经生效的行政处罚决定,无法成为王某存在违纪行为的证据。依据现有证据无法认定王某任总经理期间存在严重违纪行为,故上海家化公司与王某解除劳动关系缺乏事实依据。另外,上海家化公司如果认为王某不适合担任总经理职务,可以依法调整王某的工作岗位,王某也表示愿意从事其他任何工作岗位,双方劳动合同并无不能履行的客观情形,因此判决恢复劳动关系。上海家化公司对支付王某2014年6月1日至6月24日工资金额为42 355.17元并无异议,法院予以支持。

上海家化不服一审判决上诉至上海市第二中级人民法院。二审法院认为,上海家化董事会作出聘任王某为总经理以及之后撤销其总经理职务的决议是对其岗位作出的变更,并不必然导致劳动关系的解除,上海家化公司关于董事会撤销王某总经理职务的决议即可与其解除劳动合同的主张依据不足。用人单位作出解除劳动合同决定的,应对违纪事实、适用法律及处理程序合法承担举证责任。王某作为公司高管对其在职期间公司发生的信息披露违法行为存在不可推卸的责任,应当按照《公司法》的规定承担相应责任。但王某不是最主要的责任人,未达到足以解除劳动合同的程度,以王某严重失职、严重违反规章制度为由解除劳动合同缺乏依据。根据《劳动合同法》的规定是否恢复劳动关系首先需考虑当事人意愿,对于当事人要求恢复履行劳动合同的,除非无继续履行的可能性,用人单位应当继续履行。是否存在无法继续履行的情形,应结合实际情况综合判断。现不存在劳动合同无法继续履行的情况。2014年度上海家化的职工月平均工资为13 460.40元,按此标准确定王某仲裁、诉讼期间的工资更符合公平合理原则。综上,二审法院判决维持一审法院关于上海家化公司与王某恢复劳动关系的判决。撤销一审法院关于上海家化公司以42 355.17元的标准支付王某2014年6月1日至6月24日期间工资的判决,改判上海家化公司支付王某2014年6月1日至6月24日期间工资10 520.77元。

(4)案件评析

在若干个"2015年十大劳动争议案件"的版本中,此案均榜上有名。焦点是本案引起了社会对于《劳动合同法》适用中遇到两难处境如何处理的反思。

一是,高管是否是劳动者的两难。法律并没有将高管排除出劳动者的范畴,反而在竞业限制相关规定中,明确将高管作为劳动者纳入劳动合同法的调整范围。但高管又与普通劳动者不同,他们支配和控制着公司的各项重大事务和主要资源,对普通劳动者进行管理,在举证能力和对公司的影响上,是普通劳动者无法企及的。在司法实践中已经有法院对高级管理人科以更加严格的举证要求。今后,我们是否需要对劳动者进行分级,针对高管和普通劳动者分别进行规定,可能在今后一段时期是将持续讨论的一个问题。

二是,职务的免除是否等同于解除劳动关系的两难。主流观点认为高管职务的免除受公司法调整,适用无过错原则。但解除劳动关系受劳动法调整,因此免除职务不等同于解除劳动关系。少数观点认为高管职务与劳动关系同时产生,很多时候与公司建立劳动关系的目的就是担任管理职务,因此丧失高管职务,就失去了履行劳动合同的基础。目前司法实践中还是倾向于主流观点。

三是,继续履行劳动合同的两难。《劳动合同法》缺乏对"劳动合同已经不能继续履行"构成要件或情形的规定。在司法实践中赋予了法官极大的自由裁量权,各地的裁判标准相差极大,导致了严重的"同案不同判"情形。由于劳动关系表现出一定的人身依附性,劳动关系中的双方均是特定化的主体,一旦用人单位不履行判决,法院不能提供另一个单位代替履行,也不能强制用人单位给劳动者安排工作岗位。即使用人单位同意继续履行劳动合同,但"同意"到"实际履行"往往对劳资双方都是一个艰难的过程,所面临的情况非常复杂,若劳动者不配合履行,用人单位同样难以执行判决。本案中上海家化公司最终安排王某每周提交不少于 2 万字关于中国文化研究的进展报告,薪酬为每月 6 000 元。而王某并不接受这个岗位,意味着矛盾并未解决,诉讼可能仍将继续。

四是,劳动法与公司法等法律适用的两难。我们注意到越来越多关于高管的劳动争议案件已经不单纯是劳动争议案件,案件会涉及《公司法》《证券法》等其他部门法。本案虽没有直接涉及,但因在庭审中也提及若股票不能解锁会导致王某高达几百万元的损失。而现实中,很多用人单位将股权与高管的工作时间、在职期间、离职、竞业限制等进行绑定,在处理劳动争议时牵一发而动全身,如何正确选择适用法律,对双方权利义务作出准确认定提出了新的挑战,是今后值得我们关注的领域。

五是,选择违法解除劳动合同赔偿金和劳动争议诉讼期间工资的两难。《劳动合同法》关于违法解除劳动合同赔偿金的计算标准"平等"但不"公平"。由于"双封顶"对于高薪的劳动者计算赔偿金的基数低于其劳动合同履行期间的工资,因此对于高管和工作年限较短的劳动者往往会选择恢复劳动合同,以争取诉讼期间的工资,在得到继续履行劳动合同判决并得到工资损失赔偿后选择辞职。如此其得到的金额远高于违法解除劳动合同赔偿金数额。导致此类劳动争议案件反复诉讼,久拖不决。另外,诉讼期间的工资标准如何认定,《劳动合同法》没有规定。司法实践中各地的标准也不相同,王某案中劳动仲裁部门和一审法院均是按照王某原工资标准判决的,而二审法院是按照上海家化公司职工平均工资判决的,标准均没有明确的法律依据,其他地方还有按照最低工资或基本生活费判决的,严重损害了司法的权威性。

王某与上海家化公司的劳动争议,不是媒体宣传的肥皂剧,而是反映出劳动领域相关法律规定的不完善和对劳资双方权利义务规定的粗疏。我们需要借此个案,推动劳动合同法理论的研究,对法律规定进行调整,以适应新常态下劳动关系调整的需要。

4. 企业行使自主管理权调整职工待遇引发的劳动争议纠纷案

(1) 案情简介

戴某原系天津某集团公司职工,1981年入职,1995年11月30日与该厂签订无固定期限劳动合同,实际工作岗位为其子公司会计。由于子公司在2003年已经停产停业,2013年严重亏损。集团公司决定撤销子公司的会计岗位,相关工作并入集团公司财务部。戴某的工作岗位因此被撤销。2013年6月,集团公司按照其《关于企业内部职工待业的制度规定》,将戴某确定为企业内部待业人员。该规定明确"进入待业期1—6个月的职工,享受天津市最低工资标准80%的待遇,另支付生活补贴300.00元"。据此,集团公司自2013年7月起将戴某的工资调整为每月1 500元,实际发放数额为:2013年7月1 993元、8月1 500元、9月1 500元、10月1 600元、11月1 600元。此前戴某每月工资为2 500元至2 600元。

(2) 申诉请求

戴某向天津市某区劳动人事争议仲裁委员会申请仲裁,请求补发2013年7月至11月工资差额8 000元。劳动人事争议仲裁委员会审理后,裁决某集团公司一次性支付其2013年7月至11月工资差额3 832元。裁决后,某集团公司不服,诉至法院,请求判令不向戴某支付2013年7月至11月的工资差额3 832元。

(3) 裁判结果

法院认为用人单位根据经营状况撤销工作岗位,属行使行政管理权范畴。但用人单位应按照《关于企业内部职工待业的制度规定》向劳动者支付最低工资标准80%的生活费及生活补贴。本案中,原告依照法定程序制定规章制度,且保障了被告的基本生活,其裁撤岗位并未超过企业正常的行政管理权限。据此,法院支持了公司的诉讼请求,无须支付戴某待岗期间的工资差额。

(4) 案件评析

用人单位根据经营状况撤销工作岗位属于其行使行政管理权范畴。用人单位由于生产经营状况发生严重困难,对组织机构进行调整,通过制定相关内部规章制度,并履行了民主和公示程序,且不违反法律、法规的强制性规定,均为有效。劳动者工作岗位被撤销后处于待岗状态,其未提供正常劳动,在用人单位已向其支付生活费的前提下,劳动者要求按在岗工资标准补足工资差额没有事实和法律依据。

5. 劳动关系因员工被借调到下属公司而解除引发的劳动纠纷案

(1) 案情简介

2006年9月,某公司在没有明确告知员工卢某的情况下,将其借调至其下属公司处工作,工作地点、工作岗位、工作条件、福利待遇等没有发生任何改变。同时仍然一直与其签订劳动合同,缴纳社会保险和公积金,并支付工资。

(2)申诉请求

2012年9月,卢某基于公司将其安排至下属公司处工作的事实,认为其与公司的劳动关系于2006年9月已经解除,同时与下属公司形成事实劳动关系。双方因此产生争议,卢某向法院提起诉讼,主张未签订书面劳动合同的双倍工资以及未签订无固定期限的双倍工资,并要求被告与之签订书面无固定期限劳动合同等多项权利。

(3)裁审结果

2012年8月,天津市某区人民法院受理此案。2012年11月,法院开庭审理此案,最终认定卢某关于其与下属公司存在劳动关系的主张没有法律依据。判决驳回其诉讼请求。卢某不服,提起上诉,天津市某中级人民法院判决驳回上诉,维持原判。

(4)案件评析

对于如何判断劳动关系的主体,本案具有一定的典型意义。司法实践中,一般遵循三个标准:一是以劳动合同签订主体作为衡量标准;二是以向劳动者发放工资、缴纳社会保险主体作为衡量标准;三是以劳动者用工发生的具体背景作为衡量标准。本案中,某公司一直与员工签订劳动合同,也一直支付员工工资,并缴纳社会保险和公积金,其与员工的劳动关系并没有解除。员工之所以在下属公司工作,也只是基于借调,并未与其建立劳动关系。同时,员工工作地点、工作岗位、工作条件、福利待遇等也未因借调而发生任何改变。据此,可以确认某公司与员工之间的劳动关系一直存续。因此,员工的请求没有任何事实依据。

6. 航空公司与飞行员劳动争议纠纷案

(1)案情简介

2009年2月12日,某航空公司与飞行员丁某签订《劳动合同书》,约定合同期限为15年(2009年2月12日至2024年2月12日),岗位为飞行员。丁某在职期间(含转岗),由航空公司出资培训,培训完成后,丁某在航空公司工作服务年限自动延长3年;丁某在服务期内提出解除本合同的,需向航空公司赔偿如下费用:改装费、重获执照费、晋升技术等级费用及其他费用(含安家费、离职补偿、入职补贴等各项工资外费用)。合同签订后,丁某开始到航空公司工作。航空公司多次为丁某等人提供初始改装训练、升级训练及复训、应急生存训练等培训,并支付相应的培训费用,历经3年多,丁某于2012年从副驾驶升任机长。2013年6月23日,丁某向航空公司邮寄《辞职信》,提出辞职。后丁某在航空公司工作至2013年7月24日。

(2)申诉请求

2014年7月9日,航空公司向贵阳市某区劳动人事争议仲裁委员会申请仲裁,请求裁决丁某赔偿航空公司违约金、培训费用及造成的经济损失合计630万元。

(3) 裁审结果

仲裁委员会经审查后,裁决丁某赔偿航空公司1 318 333元,驳回航空公司其他请求。航空公司和丁某均不服该裁决,遂向法院提起诉讼,一审法院判决丁某赔偿航空公司1 822 136.99元。航空公司和丁某仍不服,向中级人民法院提出上诉。二审法院判决驳回上诉,维持原判。

(4) 案件评析

首先,关于损失赔偿的主张。丁某按照《劳动合同法》提前30天书面通知用人单位航空公司解除劳动合同后是否需要支付赔偿金;航空公司要求丁某支付违约金和赔偿损失是否具有合同依据和法律依据?航空公司主张丁某需要支付赔偿金,该诉请具有合同依据和法律依据。航空公司的理由为丁某违反劳动合同的期限约定,违约提前解除劳动合同应当承担违约责任和赔偿责任;而且,我国劳动法律、法规亦明确规定了劳动者违反劳动合同约定,未与用人单位协商一致单方解除劳动合同的,应当承担赔偿责任[如劳动部发布的《关于违反〈劳动法〉有关劳动合同规定的赔偿办法》(劳部发〔1995〕223号)第4条等],因此,航空公司要求丁某赔偿培训费等损失是有法律依据和合同依据的。法院判决支付航空公司的损失赔偿要求是正确的。

其次,如何确定赔偿损失数额。由于双方签订的劳动合同仅约定了赔偿的项目和范围,并未明确约定损失赔偿数额,而且航空公司未能充分举证证明为培训丁某支付的所有培训费用。但丁某在生产旺季辞职也必然给航空公司造成巨额损失,包括公司支付的培训费、将丁某从普通飞行员培养成为机长所投入的大量财力、物力和人力,以及因丁某辞职为解决其缺岗、招人顶岗所产生的巨额费用等。就飞行员辞职的损失赔偿,法律对此没有明文规定,主要是根据双方的合同约定。在约定不明时,对于航空公司索赔最大的难题在于举证不能或举证不充分。对此,涉及飞行员与航空公司之间的辞职赔偿案件,劳动争议仲裁机构和法院通常参照民航人发(2005)104号及109号文件确定的处理原则进行裁判。这样的裁判结果相对于航空公司来说是不利的,并不能弥补航空公司因此产生的损失。而对于飞行员来说,看似赔偿数额高,但实际上无须其支付,该赔偿金通常转嫁给下家航空公司承担,只是减少了飞行员从下家获得的跳槽收益。

7. 股东委托他人代管公司形成的劳动争议纠纷案

(1) 案情简介

2011年10月,潘某向原注册资本为50万元的某农业种植有限公司注资1 500万元,该公司名称变更了新的公司名称(以下简称"新公司")。其中,潘某、陈某、赵某分别以96.77%、1.94%、1.29%的出资比例成为该公司股东,潘某任执行董事和法定代表人。经股东协议由股东分别聘请人员对公司进行管理,管理人员的工资由股东自行支付。陈某和赵某共同聘请潘某参与公司的管理,潘某与谢某系亲戚,双方口头约定由谢某管理公司。2011年10月谢某到新公司工作,负责公司的全面管理工作。谢某与公司未签订合同,不参加公司的考勤记录,公司也没有为其缴纳各项社会保险。2011年12月19日至2012年10月23日潘某个人每月从江苏无锡转账6 000元到谢某个人银行账户上。

(2) 申诉请求

2012年12月,谢某与潘某发生纠纷,并向劳动仲裁委员会申请仲裁,要求支付未签订书面劳动合同双倍工资及经济补偿金、工资(含加班工资)等款项。

(3) 裁审结果

经审理,仲裁委员会裁决由新公司向谢某支付未签订书面劳动合同11个月双倍工资66 000元;一个半月经济补偿金9 000元;补发2012年10月、11月工资12 000元,合计87 000元;驳回谢某诉求的法定节假日和双休日加班费的请求。谢某不服,于2013年4月1日起诉至法院,一审法院认定原告谢某与新公司之间不存在劳动关系,判决驳回原告谢某的诉讼请求。一审宣判后,谢某不服上诉至二审法院,二审院作出判决,认为原审法院认定事实清楚、程序合法、适用法律正确,故判决驳回上诉,维持原判。谢某不服,向省高级人民法院申请再审,省高级人民法院于2014年9月12日裁定提审该案,并于2014年12月29日判决维持原二审法院作出的判决。

(4) 案件评析

本案是一起劳动关系与委托代理关系区别的典型案例。本案经过劳动仲裁、一审、二审、再审等四个程序,从2012年12月至2014年9月历时21个月,最终由省高级人民法院再审判决画上句号。而本案原告谢某在新公司的身份究竟是公司职工和高管人员,还是股东代表,原告与该公司之间是否存在劳动关系,谁才是原告谢某的用工方成为本案的焦点。从再审法院作出的判决内容看,认定原告为股东潘某的委托代理人,接受股东的委托代表股东管理新公司,潘某才是原告的雇主(即用工方),进而认定原告与新公司之间不存劳动关系,是基于以下三个事实:一是原告谢某与股东潘某达成了由谢某为潘某提供代潘某管理新公司的劳动服务、潘某支付相应劳动报酬的约定,双方之间形成有偿劳务关系。二是从工资支付情况看,2011年12月19日至2012年10月23日,潘某个人每月从江苏无锡转账6 000元到谢某个人账户上,共计转账11次,转账金额为66 000元,而在此期间,新公司从未向谢某支付过工资,即谢某的工资由潘某个人支付,而不是由公司财务支付,这一事实与新公司各股东关于由股东分别聘请人员对公司进行管理,管理人员的工资由股东自行支付的约定相吻合,因此谢某是潘某自己雇佣到公司为其工作的人员,不是公司的员工和高管人员。三是谢某在公司工作是代表股东潘某的个人利益,对潘某个人负责。新公司没有给谢某记录考勤,也没有为其缴纳社会保险。该判决围绕工资支付、劳动管理、社保缴纳等基本要素和特征来确定劳动关系存在与否,是符合案件的客观事实的。

8. 用人单位与法定代表人之间的劳动争议纠纷案

(1) 案情简介

李某于2011年4月到某矿业有限责任公司(以下简称"矿业公司")工作。2012年5月,矿业公司调整李某的工作岗位,要求李某6月份到新岗位工作,工资为3 700元。矿业公司于2011年7月6日、2011年7月25日通知:李某作为公司代表人,任矿山矿长,全面负责矿山管理工作,特别是负责矿山技术工作并代表公司巡视、监督施工单位的安全工作。2011年4月至7月,李某月工资为5 528元、2011年8月至2012年2月李某月工资为7 655元,2011年4月至2012年2月,李某已按月领取了工资。矿业公司提交的2012年2月至8月考勤表没有李某的考勤记录,其提交的2012年8月20日至2012年10月19日的签到表也没有李某的签到记录。

(2) 申诉请求

李某与矿业公司发生劳动争议,李某于2012年9月13日向劳动争议仲裁委员会申请仲裁,请求裁决:① 矿业公司支付李某未签订劳动合同的两倍工资84 205元;② 矿业公司支付拖欠李某的工资53 585元;③ 矿业公司支付李某经济补偿金114 825元;④ 矿业公司为李某补缴2011年4月至2012年9月的社会保险。仲裁委员会没有支持李某的请求。

(3) 审判结果

李某不服仲裁委员会作出的裁决诉至法院,一审法院判决矿业公司一次性支付李某工资22 965元、经济补偿金11 482.50元,共计34 447.50元,驳回李某的其他诉讼请求。李某不服,向中级人民法院提起上诉,请求撤销原判,支持其诉讼请求。中级人民法院判决,维持一审法院作出的民事判决第二项,即:驳回李某的其余诉讼请求;矿业公司支付李某未签订书面劳动合同的两倍工资10 230元;拖欠李某的工资26 096元、经济补偿金11 482.50元,共计47 810.50元。李某不服,向省高级人民法院申请再审。省高级人民法院于2013年9月24日作出民事裁定,裁定驳回李某的再审申请。李某仍不服,向检察机关申诉。省人民检察院于2014年11月3日作出民事(行政)抗诉书,以中级人民法院的民事判决具有适用法律错误的情形为由,对本案提出抗诉。省高级人民法院作出民事裁定提审本案,判决维持中级人民法院作出的民事判决第一项,即:驳回李某的其余诉讼请求。变更中级人民法院判决第二项为:矿业公司于本判决生效之日起10日内支付李某未签订书面劳动合同的两倍工资77 824元;拖欠李某的工资20 513.60元、经济补偿金11 482.50元,以上共计 109 820.10 元。一审减半收取的案件受理费 5 元,二审案件受理费 10 元,共计 15 元,均由矿业公司负担。

(4) 案件评析

本案是一起涉及劳动关系争议、社保争议及未签订劳动合同的双倍工资赔偿的劳动争议典型案例,经历了劳动仲裁、一审、二审、再审,最终由省高级人民法院作出再审判决的复杂案例。本案各诉讼阶段都判定原告李某是被告矿业公司的劳动者,与该公司存在事实劳动关系。再审阶段的主要焦点是:① 李某对未签订劳动合同是否有过错;② 李某 11 个月的双倍工资应以什么标准计算。

对于李某对未签订劳动合同是否有过错。一审、二审法院都认定李某对未签订书面劳动合同负有一定的责任,双方均有过失。而再审法院省高级人民法院则认定李某是矿长,属于企业的高级管理人员,但其并非公司的股东,其与用人单位之间是劳动关系,李某属于劳动者,并根据《劳动合同法》第 82 条第 1 款的规定,认定签订劳动合同的义务在用人单位,对于是因劳动者的原因没有签订劳动合同的,应当由用人单位承担举证责任,被告矿业公司并未提供其要求李某签订合同的证据,故因没有证据证明李某对未签订劳动合同有过错,矿业公司应当向李某支付因未签订劳动合同的 11 个月的双倍工资。实际上认定用人单位对没有签订劳动合同主张免责负有举证责任。

李某 11 个月的双倍工资应以什么标准计算,是按最低工资计算还是按实际工资计算。一审、二审法院均以李某对未签订劳动合同有一定的过错,酌定按 2012 年当地的最低工资标准计算矿业公司支付李某的双倍工资。但再审判决则认定二审判决按照当地最低工资标准计算李某 11 个月的双倍工资,适用法律错误,并予以纠正,并将《劳动合同法》第 82 条第 1 款规定的"应当向劳动者每月支付双倍的工资"解释为劳动者每月领取的实际工资的双倍。这实际上是涉及对法律条文的解释。这一案例也成为省法院系统审理涉及未签订劳动合同双倍工资支付争议如何裁判的指导性判例。

9. 公司并购中发生的劳动争议纠纷案

(1) 案情简介

某药业集团是省重点制药企业,也是中国医药行业知名企业,1994 年至 2004 年公司除了几位股东及高管外没有为大部分员工缴纳社保。2005 年,公司为 70% 的员工缴纳了五险;自 2008 年起为全体员工缴纳五险,但缴纳的基数为公司按职级设定的固定基数而非按国家规定的员工前一年的平均工资。2010 年至 2014 年,公司为全体员工缴纳五险,2011 年至 2013 年逐步开始缴纳住房公积金,但缴纳的基数仍为以前的固定基数的计算方法。在 2014 年药业集团被德国一家公司整体收购过程中,由于职工社会保险历史欠账问题,出现较为严重的劳资矛盾。

(2) 申诉请求

2014年,在德国公司并购药业集团过程中,因未能足额缴纳其员工的社会保险及公积金引发劳资纠纷后,劳动者向药业集团提出为员工补缴未缴的养老保险、医疗保险费,补偿申请人少缴的养老保险费、医疗保险费,补偿申请人未缴和少缴的住房公积金的请求。

(3) 处理结果

药业集团根据相关法律、法规及政策补偿了劳动者少缴的基本养老保险、医疗保险;补偿了劳动者少缴和未缴的住房公积金。

(4) 案件评析

本案给企业的启发之一,建议企业针对劳动关系所涉问题处理考虑设立专项资金,以便对并购活动过程中出现的法律风险予以解决。在进行企业并购活动中,一般均会涉及劳动关系的处理,就同一法律问题而言,劳动法和普通商法的视角、出发点具有很大区别,劳动法关注的对象不是资产、厂房、设备等,而是有人身依附关系的自然人。由于处于不同位置的当事方,在交易中存在着不同的利益关系,因此,员工对于公司经营本身会产生的反响可大可小。这种反响可能是一种情绪,也可能是很严重的群体性事件,药业集团案实属典型。因此,为了企业的有效运营和良好发展,避免企业在并购过程中因历史遗留问题而带来的风险,建议企业针对劳动关系可能引发的纠纷设立专项资金,以便及时、有效解决问题,解除风险。

在解决员工与企业间权利义务关系过程中,尊重职工,充分听取工会意见。在调处案件过程中,为缓解员工与企业之间的误解,确保公司生产经营正常开展和社会和谐稳定,通过工会充分听取广大职工意见,做好与职工的沟通、解释和劝导工作,确保不因职工表达诉求无门而引发群体性事件是非常必要的。因此,在处理因劳动关系引发的纠纷时,企业应发挥工会的作用,积极与工会沟通,争取通过工会的纽带作用得到员工的理解与支持,和当地相关社保部门沟通,相互协商解决问题的方案,以求作出既有利于企业发展,又能保障劳动者权利,且不影响投资者利益的符合法律、法规相关规定的处理方法。

10. 劳动者诉用人单位事实劳动关系争议纠纷案

(1) 案情简介

2011年4月12日,丁某到某混凝土有限责任公司(以下简称"混凝土公司")从事驾驶混凝土泵车司机工作,丁某与混凝土公司双方没有签订书面劳动合同。公司向丁某支付工资情况是:2014年4月12日前年薪为60 000元,2014年4月12日后年薪80 000元。截至2014年8月1日,混凝土公司欠丁某工资14 383元。

(2) 申诉请求

丁某认为自己与混凝土公司存在事实上的劳动关系,而且劳动关系正在存续期间。遂向当地劳动人事争议仲裁委员会申请仲裁,请求:① 混凝土公司给付未签订书面劳务合同双倍工资 55 000 元;② 未签订无固定期限劳动合同的双倍工资 114 385 元;③ 支付经济赔偿金 37 919 元;④ 支付欠付工资报酬 14 383 元,全部请求共计 251 678 元。仲裁委员会作出裁决:混凝土公司支付丁某工资 14 383 元。

丁某不服仲裁结果,诉至法院,要求混凝土公司给付各项劳动报酬和补偿共计 251 687 元,其中未签订书面劳动合同双倍工资 199 385 元、经济补偿金 37 919 元、欠付工资 14 383 元。如混凝土公司认为双方未解除劳动关系不向丁某支付经济补偿金,则丁某要求混凝土公司与其补订无固定期限书面劳动合同,并给付确认劳动关系仍存续之后的工资报酬。

(3) 审理结果

法院经审理认为,丁某在混凝土公司从事驾驶混凝土泵车司机工作,双方虽未签订书面劳动合同,但已形成劳动关系。判决混凝土公司于判决生效后 3 日内给付拖欠丁某工资款 14 383 元;驳回丁某的其他诉讼请求,案件受理费 10 元,减半收取 5 元,由混凝土公司负担。

(4) 案件分析

丁某在混凝土公司从事驾驶混凝土泵车司机工作,双方虽未签订书面劳动合同,但已形成劳动关系。关于丁某主张混凝土公司给付其 11 个月双倍工资的问题,由于自 2012 年 4 月 11 日起丁某到混凝土公司工作,双方未签订劳动合同,根据《劳动争议仲裁调解法》第 27 条的规定,申请仲裁的时效期间为 1 年,即丁某应在 2013 年 4 月 12 日前请求支付未签订劳动合同双倍工资,而丁某申请仲裁时间为 2014 年 10 月 17 日,已超过仲裁时效,因此法院未支持丁某要求混凝土公司给付未签订书面劳动合同双倍工资的诉讼请求并无不当。丁某主张混凝土公司支付其双倍工资至实际签订合同时止,没有法律依据。关于补签无固定期限书面劳动合同问题,根据最高人民法院《关于审理劳动争议案件适用法律若干问题的解释》第 6 条的规定,"人民法院受理劳动争议案件后,当事人增加诉讼请求的,如该诉讼请求与讼争的劳动争议具有不可分性,应当合并审理;如属独立的劳动争议,应当告知当事人向劳动争议仲裁委员会申请仲裁",丁某要求补签无固定期限劳动合同问题属于独立的劳动争议,故法院对该项诉讼请求不予审理亦无不当。

(本章由中华全国律师协会劳动与社会保障法专业委员会组织编写,执笔人:王建平、姜俊禄、张照东、肖胜方、苏文蔚、刘正赫、段海燕)

第八章　企业破产法律服务业务报告

目　录

一、企业破产业务领域法律服务状况回顾与展望 / 408
　　（一）企业破产业务领域法律服务状况回顾 / 408
　　（二）企业破产业务领域法律服务状况展望 / 418
二、破产业务的发展和创新 / 420
　　（一）破产制度是"大众创业、万众创新"的制度保障 / 420
　　（二）从传统的事后介入向有前瞻性的事前介入转变 / 421
　　（三）健全跨境破产制度,拓展与国外破产专业机构和业务团队的合作 / 423
　　（四）完善破产管理人制度,改善管理人执业环境 / 425
三、企业破产业务领域热点法律问题研究及立法建议 / 429
　　（一）破产实体法的热点法律问题研究及立法建议 / 429
　　（二）破产程序中的仲裁问题及立法建议 / 436
　　（三）房地产企业破产的热点法律问题研究及立法建议 / 437
四、企业破产业务领域重大法律事件的评析与启示 / 439
　　（一）31家证券公司通过破产程序退出市场,《存款保险条例》出台,中国金融机构破产体系破土动工 / 440
　　（二）首家上市央企退市,通过重整程序实现重生,为"僵尸企业"清理工作作出有益探索 / 442
　　（三）中国破产裁判首次在美国得到承认,在美资产纳入中国破产程序 / 444
　　（四）浙江温州试点简易程序审理小微企业破产案,为小微企业破产问题提供制度优惠 / 446
　　（五）中国发生首起债券违约事件,通过市场化的重整制度予以化解 / 447
五、结语 / 450

一、企业破产业务领域法律服务状况回顾与展望[①]

（一）企业破产业务领域法律服务状况回顾
1. 现代企业破产法律制度构建的历史回顾

---

① 该部分执笔人:中华全国律师协会破产与重组专业委员会委员陈明夏先生。

我国现代企业破产领域法律服务的发端,在政治上和经济上以改革开放国策的施行和计划经济体制的突破为宏观背景,在法律上和制度上则以 1980 年《律师暂行条例》和 1986 年《中华人民共和国企业破产法(试行)》[以下简称《企业破产法(试行)》]的颁布为基础。

在 1986 年《企业破产法(试行)》颁布之前,在从计划经济体制向商品经济体制初步转型的过程中,已经出现了企业资不抵债、无法持续经营的现象,破产制度开始引起相关人士的关注。1984 年 5 月,部分人大代表向第六届全国人大提交了关于制定《企业破产法(试行)》的提案,同年年底,沈阳、武汉等地也开始了企业破产试点工作。这期间,突出的标志性事件是:1985 年 2 月 9 日,我国第一个地方性破产规章《沈阳市城市集体所有制工业企业破产处理的试行规定》实施,1986 年 8 月 3 日,沈阳防爆器械厂破产关闭。1986 年 12 月 2 日,全国人大审议通过了《企业破产法(试行)》,专业的全国性破产制度方得建立。

《企业破产法(试行)》有着非常鲜明的时代特征和局限性,只适用于全民所有制企业,主要被作为化解国企亏损问题、解决国企"关停并转"途径的手段之一。该法在施行一段时间后,1991 年 4 月 9 日颁布并实施的《民事诉讼法》第十九章又规定了企业法人破产还债程序,将破产制度进一步推及非全民所有制法人型企业。此后,最高人民法院于 1991 年 11 月 7 日下发《关于贯彻执行〈中华人民共和国企业破产法(试行)〉若干问题的意见》,于 1992 年 7 月 13 日下发《关于适用〈中华人民共和国民事诉讼法〉若干问题的意见》,于 1997 年 3 月 6 日下发《人民法院审理企业破产案件应当注意的几个问题的通知》,于 2002 年 9 月下发《关于审理企业破产案件若干问题的规定》,对当时以国有法人制企业破产为主的破产法律制度多次进行补充和调整。与此同时,有关国有企业政策性破产试点、外商投资企业清算的行政性规定也先后出台。1993 年年底颁布的《公司法》也专章规定了有关公司破产清算的内容。

在 1986 年《企业破产法(试行)》试行约 20 年后,国企改革已经进入新阶段,国企政策性破产工作进入尾声,非公经济在国民经济中的比重已经明显上升并占据重要位置。在此背景下,基于破产法制度建设和审判实践已有相应经验积累的基础,全国人大常委会于 2006 年审议通过了《企业破产法》,自 2007 年 6 月 1 日起实施。此后,自 2007 年至 2015 年,最高人民法院先后发布了《关于审理企业破产案件指定管理人的规定》《关于审理企业破产案件确定管理人报酬的规定》《关于适用〈中华人民共和国企业破产法〉若干问题的规定(一)》[以下简称《破产法司法解释(一)》]、《关于适用〈中华人民共和国企业破产法〉若干问题的规定(二)》[以下简称《破产法司法解释(二)》]等一系列司法解释,以及《关于债权人对人员下落不明或者财产状况不清的债务人申请破产清算案件如何处理的批复》《关于税务机关就破产企业欠缴税款产生的滞纳金提起的债权确认之诉应否受理问题的批复》《关于审理上市公司破产重整案件工作座谈会纪要》、最高人民法院《关于个人独资企业清算是否可以参照适用企业破产法规定的破产清算程序的批复》等文件,逐步形成了我国现行破产法律制度的基本框架和体系。

2. 破产法律服务发展的历史回顾

(1) 历年破产案件数据的概要分析

据权威数据(如图8-1所示),1989—2001年,全国法院破产案件的结案数量一度飞速增长,在2001年达到峰值逾9 110件。破产法审判实践中重要的司法解释之一,即2002年9月颁布的《关于审理企业破产案件若干问题的规定》,自2002年开始到2006年,结案数量却逐年下降。2007年《企业破产法》实施并成为我国破产法历史上的一个里程碑,但并未对法院破产案件结案数量产生直接重大影响,2007—2014年,除了个别年份,全国法院破产案件结案数量仍保持总体持续下降态势,其中

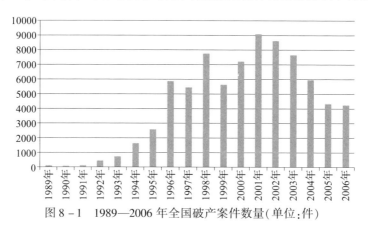

图8-1 1989—2006年全国破产案件数量(单位:件)

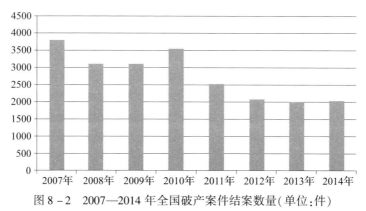

图8-2 2007—2014年全国破产案件结案数量(单位:件)

2013年只有1 998件。① 据最高人民法院的统计数据,2003—2014年间,全国法院审结各类破产案件共44 540件。

据统计,全国法院审理的破产案件中,宣告破产率也呈逐年下降趋势。2003—2012年审结的破产案件中,被法院宣告破产的平均比例为32.55%。②

对1989—2014年共26年间法院审结破产案件数量变化的总体分析显示,破产案件数量与相关破产法规的出台和完善并没有表现出直接正相关的联系,《企业破产法》等若干重大破产法规的颁布,对自2001年后破产案件审结数量持续下降没有起到明显的扭转作用。究其原因,主要包括:

一方面,作为对企业破产的外部影响因素,经济社会环境变化对企业运营生存的影响显然更为直接和明显,1997年起亚洲金融危机引发的国内企业破产潮在2001年达到高峰,随后国内经济成功应对挑战,"中国制造"所代表的中国企业群体走出困境并逐渐达到辉煌,破产案件数量并未继续走高应属合理,及至2007—2008年全球金融危机爆发,中国企业面临原材料成本上升、汇率损失、市场需求萎缩、产能过剩等困境,升级转型中破产情形增加,且国企政策性破产导致2008—2010年间企业破产案件数量有所回升,其后市场复苏,破产案件数量继续下降;而破产法制度作为主要在企业陷入困境之后发挥法律调整和规制功能的机制,其对企业破产案件的影响更主要体现在对企业破产事件过程的规范,引发或推导更多的破产案件并非是破产法制度的首要机理和目的。

另一方面,尽管有上述宏观背景因素,但与历年来工商行政管理部门吊销、注销的企业数量相比,法院受理的破产案件数量还是与市场上困境企业的实际情况有很大差异;就破产法律制度本身而言,确实也存在较多需要完善的问题,这些问题可能阻碍了大量依法应当进入破产程序的困境企业顺利进入司法程序。这些问题包括:破产法规范的大量不明确规定导致的争议,很多地方法院对破产案件的受理实际采取消极保守原则,在观念、制度、体制、编制等方面存在不利于破产案件审判的各种因素,法院被动承担过于沉重的社会维稳责任,社会各类配套制度(如公司法中董事、监事、高级管理人员的相应责任规定,公安、工商、税务、海关、商委、证券监管、银行监管等部门的履职行为)与破产制度存在大量无法衔接协同甚至冲突的情况,社会上缺乏对破产文化的理解和宽容,企业主顾虑破产责任与影响,管理人执业水准参差不齐不能胜任管理人职责等。

在全国法院破产案件审结数量总体下降的格局下,以浙江省、江苏省、深圳市等地方法院为代表的沿海发达地区地方法院,由于在制度、程序、审判队伍及管理人队

---

① 全国法院1989—2014年审结破产案件的数据,来自最高人民法院历年的工作报告或年度报告。
② 参见马剑:《破产案件审理工作的现状及建议》,载《法制日报》2014年4月2日。

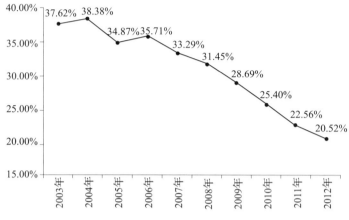

图8-3 2002—2012年全国破产案件宣告破产率数据

伍建设、与政府协同等方面大胆实践,在破产案件受理及审结数量上均居全国前列,也出现了较多成功审结的破产案件典型案例。以浙江省为例,省高级人民法院自2010年起先后出台了《关于规范企业破产案件受理相关问题的通知》《关于印发〈关于企业破产案件简易审若干问题的纪要〉的通知》《关于服务金融改革大局依法妥善审理民间借贷纠纷案件的若干意见》《关于印发〈关于在审理企业破产案件中处理涉集资类犯罪刑民交叉若干问题的讨论纪要〉的通知》等系列文件,在破产案件审判实践中进行了诸多很有意义的探索。浙江省杭州、金华、绍兴等各级法院审理的浙江海纳重整案、金信信托重整案、纵横集团重整案等均成为重整典型案例。江苏省常熟、南京、无锡各级法院先后成功审结的中国金属即科弘系企业重整案、长航油运重整案、无锡尚德重整案均是债权金额巨大、债权人众多、法律关系复杂的重整案,涉及境内或境外上市公司及多家关联公司,重整成功在境内外均产生较好影响。深圳市中级人民法院在破产审判机构设置、队伍配备、审判规程等方面也有很多成功实践经验,在上市公司破产清算及重整案件上亦有多项示范性案例,如深金田A3B3重整案、深中侨重整案、水指公司重整案等。

(2) 破产法律服务历史状况

在1986年《企业破产法(试行)》实施期间,囿于当时破产法制度主要适用于行政主导下的国有企业破产,非国有企业破产立法尚未形成成熟体系,破产法律服务市场并不活跃;在可提供的法律服务内容方面,企业破产程序主要由法院主导,政府也有较多的行政介入,清算组更多的是扮演执行机构的角色,律师主要通过参加清算组或者担任清算组顾问或者政府顾问的方式为破产企业服务,也有部分律师作为代理债权人而参与到破产法律服务中来。总体而言,律师在破产案件中的服务范围较为狭窄,只能发挥传统民商事诉讼代理人的作用,甚至由于法院及政府在破产案件中的强力主导,律师在破产案件中的作用较在普通民商事案件中的作用更为有限。即使是在全国法院审结破产案件的高峰时期2001年左右,破产法律服务也未呈现出繁荣景象。

自《企业破产法》于2007年实施后,由于新的破产立法理念的推出、法院审判方式的转变、政府职能的重新定位、管理人制度的设立及引入重整程序等破产制度的其他系列重大变革,为作为专业执业机构的律师团队能够在破产案件中扮演重要角色提供了全新的执业舞台。2007年以后,全国各地法院先后建立了企业破产案件管理人名册,数百家律师事务所及部分律师与其他中介机构一起被列入管理人名册。无论是担任企业破产案件管理人还是代理债权人参与债务人破产程序,律师在破产案件中成为理论上相对独立而主导的角色,其意义已超越传统诉讼代理甚至通常非诉讼业务中法律服务所能对客户或社会产生的影响。以破产业务为主要专业化法律服务内容的专业破产法律师开始出现,且日趋活跃。尽管自2007年以后全国法院审结破产案件的数量总体呈下降态势,以破产案件为主要业务基础的破产法律服务并未衰落,相反,以浙江省、江苏省、深圳市、北京市、上海市等地破产专业律师为代表的专业破产法律师经过近十年的坚持探索,破产法律服务业务平稳上扬。

另一方面,2007年《企业破产法》实施以来,破产案件类型不断丰富变化,从国有企业到民营企业、从非上市公司到上市公司、从境内破产到跨境破产、从单体企业破产到集团破产或关联企业破产、从破产清算到破产重整、从传统制造业企业到互联网金融企业、从单纯债权债务纠纷处理到解决刑民交叉问题,等等,破产案件的多样化刺激了专业化破产法律服务的发展,破产案件实务的历练也锻炼培养出了一批专业能力出色的破产法律服务专家型律师。在前文提及的代表性破产案件如浙江海纳、金信信托、纵横集团、中国金属、长航油运、无锡尚德等案例中,均有破产专业律师团队的出色参与和重要贡献。

(3) 2014—2015年破产法律服务市场概况

2014年、2015年是破产法律服务市场迅速发展的两年。

针对《企业破产法》在实施中出现的诸多问题,2014年,上海市人大代表在全国第十二届人大二次会议上提出了关于完善重整制度的议案,部分上海市人大代表在上海市人大2014年第十四届第二次会议上提出了关于在自贸区构建企业市场化退出机制的议案。2015年,部分全国人大代表在全国第十二届人大三次会议上再次提出修改《企业破产法》的议案。

多个省市加强了破产案件审判工作。2014年,全国法院审结破产案件2 059件;2015年5—10月,全国法院受理破产案件736件,平均每月100余件。广东省、浙江省、江苏省、上海市等经济发达地区的破产案件数量排名靠前。2014年至2015

年,较有影响的破产案例包括无锡尚德重整案、上海超日重整案、大连 STX 重整案、南京长航油运重整案等,另外,尖山光电重整案成功取得美国法院对海宁市人民法院破产裁定的承认,成为国内首例获得美国法院承认的中国法院破产裁定。2015 年年初,深圳市中级人民法院先后出台了《破产案件立案规程》《破产案件审理规程》《强制清算案件审理规程》等破产审判指导性规定。

部分省市也加强了破产法律服务管理工作。2014 年 8 月,上海市高级人民法院出台下一步将在破产审判方面着力推进的九项工作重点,重点解决破产案件受理问题;12 月,上海市增加了第二批破产案件管理人名册,并继浙江省之后,推行管理人分级管理制度,标志着上海的破产法实务将进入一个全新的时期。部分其他省市也开始着手推行管理人扩容及分级管理制度。2014 年 11 月,全国首家破产管理人自治组织——广州市破产管理人协会正式挂牌,该协会由列入广州市中级人民法院管理人名册的 15 家机构和 9 个个人管理人自愿组成的非营利性、公益性社会组织;同时,通过管理人向协会捐助为主要资金来源的广州"破产清算公益基金"也同步启动。2015 年年初,深圳市中级人民法院出台了《破产案件管理人工作规范》《破产案件管理人援助资金管理和使用办法》,并设立了管理人援助资金;深圳市律师协会制定了由《律师担任破产清算案件管理人业务指导标准》等五个标准组成的《律师从事破产及清算业务指导标准》。

各地继续推进破产法学研究。2015 年,山东省法学会企业破产与重组研究会、上海市法学会破产法研究会先后成立,该两个破产法研究会与北京市破产法学会是迄今为止全国成立的三个省地级企业破产清算与重整的专门性研究组织。2015 年 3 月,上海交通大学凯原法学院召开第四届"企业破产法论坛";4 月,以研讨"新常态下的企业重组与破产保护"为主题的"第一届山东破产法论坛"在济南召开;8 月,中华全国律师协会破产与重组专业委员会 2015 年年会暨破产重组实务研讨会在广西南宁召开;9 月,"东亚破产法论坛"在韩国首尔召开;10 月,"国际破产法协会"在上海市和北京市分别召开中国年会;北京市破产法学会在 2014 年、2015 年则就重整、房地产、税务等破产法系列专题召开了多次专题研讨会。许多专业破产法律师积极深入地参与了上述破产法学研究活动。

3. 破产业务法律服务面临的困境与挑战

目前破产业务法律服务面临的困境与挑战,在破产法实务业内经过反复研讨后实际已逐渐达成共识,当务之急是如何确定务实策略的应对之策并落到实处、尽快化解这些困境与挑战。

(1)"无案可破"

当前破产业务法律服务面临的主要问题之一是"无案可破",如前文所述,全国法院破产案件审结数量逐年下滑,新案受理动力不足,相应的,破产业务法律服务不仅长期与整体经济形势缺乏相关性,也完全没有分享到破产立法体系日益完善带来的红利。大量准备投身破产专业法律服务的律师不得不将大部分时间和精力投入理论研究和破产关联业务(如不良资产处置等)甚至其他业务中,破产业务法律服务市场面临萎缩的风险。

(2) 社会公众的认知偏见

改革开放以来,虽然破产法律制度和法律服务的出现已近30年,但从整体上看,从政府官员到企业家及社会公众等对破产制度的功能仍认识不足,没有认识到健全的企业退出机制对市场经济的重要作用,也没有认识到破产法律服务的重要意义。时至今日,社会公众对于破产法的认知仍然比较片面,只知"破产清算"而不知"破产重整与和解";破产是一个公众非常"忌讳"的提法,似乎只是意味着"死亡"而不是"重生"。此外,在破产法实施过程中采取的公权力深度介入的做法,也对企业破产法律服务产生了消极影响,部分人民法院对当事人特别是债权人提出的破产申请采取消极态度,而对得不到政府明确表态同意或支持的破产申请案件,往往不愿受理,即便受理,管理人提出的一些合理化建议,也往往不能够得到法官的明确回应和支持。

(3) 制度冲突与司法懈怠

① 执行程序对于破产程序的"消解"与"替代"。很早就有学者指出:我国的司法执行程序在一定程度上一直承担着破产清算之功能。由于执行程序门槛低、效率相对较高,法院主动承担了大量制度运行成本,吸引了大部分当事人通过执行程序解决债务纠纷。① 在司法实践中,就"执行不能"转入破产程序,即使在法院内部以及不同法院之间也往往不能达成一致。对于债权人而言,在债务人财产数量有限、不足以清偿全部债务的情况下,主动选择破产程序意味着降低自己的受偿份额,因此,债权人及其律师都会偏向于选择执行程序而非破产程序。为此,2015年2月4日起施行的最高人民法院《关于适用〈中华人民共和国民事诉讼法〉的解释》第513条确定了执行法院在申请执行人之一或者被执行人同意时将案件转为破产程序的权利,但该条能否打破"执行不能"无法转破产的障碍尚须拭目以待。

另外,执行中的参与分配制度也会对破产法的实施产生不利影响。参与分配体现的是强制执行中的多数债权平等原则而不是个别债权优先原则,而破产是在特定情况下对全体债权人公平、有序分配的集体清偿程序。在目前的司法实践中,参与分配被滥用的现象较为普遍。在债务人财产不足以清偿全部债务时,债权人的自利本能会促使其寻求通过强制执行获得个别的足额清偿。如果没有参与分配制度,由

---

① 参见唐应茂:《为什么执行程序处理破产问题?》,载《北京大学学报(哲学社会科学版)》2008年第11期。

于优先的强制执行只能实现对少数个别债权人的清偿,这就迫使其他债权人不得不尽快申请启动破产程序,以维护自己的清偿权益。而在参与分配的介入下,凡是能够主张执行的债权人都力图通过参与分配得到比破产程序更多的清偿,而通常不会去申请破产,甚至会以各种手段极力阻止破产程序的启动,这就使本应最积极申请破产的一些债权人反而变成受理破产案件的最大阻力。

② 无法及时解除保全措施对破产程序的妨碍。《企业破产法》第19条规定,人民法院受理破产申请后,有关债务人财产的保全措施应当解除。所谓保全措施,既包括民事诉讼保全措施,也包括在行政处罚程序中的保全措施,如海关、工商管理部门等采取的财产扣押、查封等措施,还应包括刑事诉讼中公安部门、司法部门采取的相关措施。《破产法司法解释(二)》第7条规定:"对债务人财产已采取保全措施的相关单位,在知悉人民法院已裁定受理有关债务人的破产申请后,应当依照企业破产法第十九条的规定及时解除对债务人财产的保全措施。"但实践中存在其他相关单位即使在接到破产案件受理法院发来的通知亦不解除相关保全措施的情形,这个问题虽然在立法规范上完全不应该成为问题,但在实务上却成为一直不能解决的常见问题。律师对于解决这个问题也难以提供直接的实质性服务及解决方案,更要依赖上级法院及地方政府与相关部门的协调。

③ 受理难与法官的畏难顾虑。尽管《破产法司法解释(一)》规定了破产原因的认定标准,对债权人、债务人提出破产申请时的举证义务也予以明确,并对人民法院如何区分不同情形裁定是否受理作出了规定。但实践中仍然普遍存在破产申请受理难的情况,常见的做法包括收到破产申请后既不及时作出受理裁定亦不作出不予受理的裁定,或者不断要求补充材料,或者要求提供额外资料。2015年4月15日,最高人民法院印发了《关于人民法院推行立案登记制改革的意见》,并于同年5月1日起施行。立案登记制的推行原则上应有利于破产案件的申请与受理,但在实践中,其优势还没有发挥出来,有些法院对于破产案件实行立案登记制也有一些不同的意见。此外,绝大多数法院缺乏专门从事破产案件审理的法官队伍,法院内部现有制度存在不合理的设置,如无差别的审限制度、结案要求、考评制度等,客观上妨碍了法官受理破产案件的积极性。

(4) 法律服务水平参差不齐

企业破产法律服务对于中介机构服务专业化的要求极高,除了对基本法律技能的要求和法律程序的把握外,还应有一定的财务和管理知识和能力,尤其是在律师担任破产管理人或清算组成员时,对其综合能力的要求更高。现行的管理人选拔制度虽然已经体现了司法机关对于管理人素质要求的考虑,扩大管理人队伍、对管理人进行分级管理的改革既体现了企业破产法律服务的"门槛",又体现了一定的市场公平性。但总体而言,现行的破产案件管理人选任程序仍未能充分体现市场化竞争,不能最大可能地将真正具有管理人能力的律师事务所等中介机构选拔出来。另一方面,破产案件受理难导致破产案件相对较少,一些管理人业务水平不精,常常不能很好地配合法院的正常工作。特别是在破产重整案件中,律师事务所大多数都缺乏从事重整管理的经验,难以应对资产、股权、债务重组等复杂的商业运作与财务管理事务,很多本应由管理人进行协调、处理的事务,最后不得不由法院、政府甚至债务人自己去解决。

(5) 管理人报酬的不确定性

管理人报酬机制的不完善也使管理人实际上缺乏足够的内在的激励去从事相关业务,相应的人才也难以留住。当前,管理人的报酬以单个破产案件财产价值按比例提取。《企业破产法》第43条规定,破产费用和共益债务由债务人财产随时清偿。债务人财产不足以清偿破产费用的,管理人应当提请人民法院终结破产程序。现实中这样的规定存在两方面的问题亟待解决:一方面,当担保物完全覆盖破产财产时,扣除担保物价值后的财产所剩无几,管理人的报酬甚至都没有计费基数,导致管理人履职积极性受挫。另一方面,针对债务人财产确实不足以清偿破产费用的案件,由于管理人无法通过处分破产财产获取报酬,亦无其他第三方能够支付该笔报酬,管理人可能也会面临沉重的工作成本问题。如果律师仅仅从事企业破产法律服务特别是管理人服务,其收益远远不能满足在市场中生存的需要,就可能出现部分破产律师抱怨的"企业还未破产我已经破产"的情形。近年来,虽然部分地方法院或清算人协会通过设立管理人报酬基金等社会化方式,千方百计地补偿管理人的业务成本,但从实践中看,这种方式所提供的补助通常是杯水车薪,很难对管理人费用起到实质性的解决作用。

(6) 缺乏有效衔接的配套制度

我国现有涉及企业的立法通常适用于正常经营状态下企业的行为规范,而对于破产状态下的制度衔接缺乏设计,导致《企业破产法》的实际操作存在障碍。相应的配套制度障碍包括:缺乏企业重整税务配套制度,重整税务成本过重影响重整顺利进行甚至导致失败;缺乏商委、工商的相应配套规定,重整或破产清算中相关重整或解散批准、注销登记手续难以操作;上市公司重整与破产清算案件中,最高人民法院与证监会之间虽然有会议纪要等非常规的协商性文件,但缺乏对更多操作性问题的清晰配套指引;等等。

(7) 跨境破产制度亟待建立

目前《企业破产法》仅在第5条对跨境破产有原则性的规定,对有关跨境破产案件的管辖、外国破产法的域内效力、境外法院破产裁定在境内的承认和执行的具体操作、司法协助、跨境关联企业破产等均无明确规定,而法律服务实践中涉及机构、资产、业务等跨境的机构破产的情形屡屡涉及,相关制度亟须完善。

(二) 企业破产业务领域法律服务状况展望

中共中央十八届三中全会在《关于全面深化改革若干重大问题的决定》中明确指出,我国当下进行的全面深化改革中应当"健全优胜劣汰市场化退出机制,完善企业破产制度"。

2014年3月12日,国务院颁布了《关于进一步优化企业兼并重组市场环境的意见》。

2014年6月9日,最高人民法院下发了《关于人民法院为企业兼并重组提供司法保障的指导意见》,要求:"完善市场退出机制、促进企业资源的优化整合","依法审理企业清算、破产案件,畅通企业退出渠道"。"要充分发挥企业清算程序和破产程序在淘汰落后企业或产能方面的法律功能","有效发挥破产重整程序的特殊功能,促进企业资源的流转利用","遵循企业清算破产案件审判规律,完善审判工作机制","认真总结破产案件审判经验,逐步完善企业破产配套制度"。

2015年4月、9月,国家工商行政管理总局先后颁布《关于开展企业简易注销改革试点的通知》《关于同意上海市等部分地方企业简易注销改革试点方案的批复》《关于进一步推动企业简易注销改革试点有关工作的通知》,决定在上海市浦东新区等部分区域开展未开业企业、无债权债务企业简易注销试点。

2015年5月1日起,国务院《存款保险条例》正式实施。存款保险实行限额偿付,最高偿付限额为人民币50万元,这意味着金融机构也将在市场竞争中优胜劣汰,经营不善者有可能进入破产程序。

2015年11月,国务院发布的《关于改革和完善国有资产管理体制的若干意见》提出,要"清理退出一批、重组整合一批、创新发展一批国有企业",建立健全优胜劣汰市场化退出机制,加快淘汰落后产能和化解过剩产能,激发企业活力、创新力和内生动力。李克强总理在2015年11月的国务院常务会议和12月的当前经济运行中存在的问题专家座谈会上两次强调:我国工业正处在转型升级关键时期,要加快落后产能淘汰和"僵尸企业"退出,促进企业效益和资源配置效率回升,加大支持国企解决历史包袱。2015年12月14日召开的中央政治局会议强调:2016年经济社会发展要抓住关键点、打好歼灭战;要深入实施创新驱动战略,推进大众创业、万众创新,增强发展动力和活力;要积极稳妥推进企业优胜劣汰,通过兼并重组、破产清算,实现市场出清;要帮助企业降低成本,包括降低制度性交易成本、企业税费负担、社会保险费、财务成本、电力价格、物流成本等,打出一套"组合拳"。

企业破产制度是国民经济市场化运营与自我调节系统的重要一环。作为现代企业退出方式之一,破产制度担负着化解债权债务,兼顾商业规则与效率,优化产业结构,调整市场资源配置,推动产业革新与经济发展的重要使命。目前,一方面,随着我国经济正逐步进入"新常态",经过过去数十年的超常规高速增长,经济增长方式和经济结构正在面临深刻转型,市场竞争日益加剧,将有部分不适应市场环境或属于过剩产能的企业通过破产、重组等途径退出市场;另一方面,在政府鼓励"大众创业、万众创新"的社会氛围中,将会有大量的小微企业出现,其中部分企业也可能缺乏竞争力而面临困境。因此,企业破产法律服务将呈现与时俱进的时代特征。

1. 更完善的企业破产法立法体系

在2014年和2015年举行的十二届全国人大二次、三次会议期间,均有多位人大代表提出修改《企业破产法》的议案。这些代表认为,《企业破产法》的一些规定过于原则,对破产案件审理过程中破产事务管理部门、破产企业不良贷款记录消除、破产企业税费减免核销、无产可破案件管理人报酬支付等问题缺少规定,重整制度有待完善,工商、税务等配套制度应紧密衔接。另据媒体报道:"全国人大财经委员会认为,为更好发挥企业破产制度在改善企业风险预警、重整重组企业经营、合理调整债务关系、加速有效资产重新配置等方面的作用,进一步修改完善企业破产法是必要的。"[1]酝酿已久的最高人民法院《关于适用〈中华人民共和国企业破产法〉若干问题的规定(三)》(草案)也已基本成熟,债权人甚至债务人推荐破产管理人等制度创新有可能最终可行。我们有充分的理由相信,在《企业破产法》约9年的实施过程中,各级法院的破产审判经验和专业机构的法律服务经验已有丰富积累,实务创新已有阶段性成果,专家学者们对国际上破产法学的研究和学习也已具有相当深度,在此基础上,《企业破产法》的修订时机已较为成熟,新的修订将使得我国破产法律制度更加完善、先进、务实、可行,从事破产法律服务的专业律师亦将可以扫除在以往实务中面临的操作疑虑和困惑,争取更好的破产法专业服务质量和效果。

2. 更积极开明的破产案件受理制度

当前,法院在审查破产重整案件申请时,以债务人具有"挽救价值希望"作为受理的标准,把重整的"可能性"变成了"可行性",要求在提交重整申请时,要向法院提交重整预案、找到重组方、出具债权人和股东的意见。上述要求虽有利于重整的推进,但客观上加重了破产执业律师的负担,也把很多破产重整申请拒之门外;虽然提高了重整案件的成功率,但也使得以拯救具有再生希望的企业为目的的重整立法不能充分发挥作用。相比之下,美国的重整案件成功率也不过20%,但重整程序却得到了充分的运用。要充分发挥破产重整制度的作用,积极稳妥推进企业优胜劣汰,通过兼并重组、破产清算,实现市场出清,就应当以一种更加积极开明的态度受理破产案件,而不应无形中提高受理案件的标准。

---

[1] 《代表建议修改企业破产法 有关部门:正在研究》,载http://npc.people.com.cn/n/2015/1203/c14576-27884480.html,最后访问日期:2015年11月30日。

在2015年8月中华全国律师协会召开的"2015年破产重组实务研讨会"上,最高人民法院民二庭的法官表示,针对破产案件逐年下降的情况,最高人民法院先后采取了以下举措:一是通过出台《破产法司法解释(一)》降低破产立案的门槛;二是在全国范围内确定了21个破产审判试点法院,目的是带动当地的破产审判,促进破产法官的专业化;三是推动了执行程序转破产程序的进行,促使债权人积极主动启动破产程序;四是建立跨行政区域法院的集中管辖制度,管辖的结果和专业审判庭的建立工作及法院的激励是紧密衔接的。

2014年6月9日最高人民法院下发的《关于人民法院为企业兼并重组提供司法保障的指导意见》规定:"有条件的人民法院可以成立企业清算破产案件审判庭或者合议庭,专门审理兼并重组中的企业清算破产案件。要高度重视企业清算破产案件法官的培养和使用,结合实际努力探索科学合理的企业清算破产案件绩效考评机制,充分调动审判人员依法审理企业清算破产案件的积极性。"结合法院系统司法改革措施的推进,制度优化后的各级法院及法官在破产案件受理及审理上可能更具有积极性,破产案件受理难的老大难问题可望有重要改观,相应的,破产法律服务市场亦可能令破产专业律师更为乐观。

3. 更积极的配套政策协同机制

破产法虽然能为困境企业退出市场或是重获新生提供一个法治化、市场化的途径,但是企业破产有可能引发的社会问题却不是单纯通过司法渠道能够解决的,必须得到政府相关部门的配合,才能保证企业破产对于社会稳定和职工社会保障的冲击降到最小。

配套政策的协同主要包括税务、工商、海关等主管机构的职能协同。现有税制下,重整所得除非满足特殊性税务处理的严格要求,否则须缴纳所得税,这成为一些重整案件重整成功的重大障碍。因此,应当构建重整企业重组的特别税制,允许重整中债务豁免所得免税;重整企业重组所涉增值税、土地增值税、契税、营业税政策汇总统一给予必要扶持。工商方面,应当将简易注销程序试点由目前的未开业企业、无债权债务企业适用至破产清算关闭企业。海关、商委、证监会等机构职能方面,也应作出明确协同制度安排。相应配套政策的协同效应如能真正实现,则破产法律服务将从方案筹划到实施都会有更大空间。

二、破产业务的发展和创新[①]

(一)破产制度是"大众创业、万众创新"的制度保障

1. "大众创业、万众创新"需要宽容失败的制度保障

---

① 该部分执笔人:中华全国律师协会破产与重组专业委员会委员张海征、尹秀超先生。

"十三五"规划建议提出创新、协调、绿色、开放、共享五大发展理念,创新位列首位。建议指出,创新是引领发展的第一动力。实施创新驱动战略,对于加快培育经济新的发展动能,改造提升传统比较优势,增强持续增长动力,意义重大。

推进大众创业、万众创新,是发展的动力之源,也是富民之道、公平之计、强国之策,对于推动经济结构调整、打造发展新引擎、增强发展新动力、走创新驱动发展道路具有重要意义,是稳增长、扩就业、激发亿万群众智慧和创造力,促进社会纵向流动、公平正义的重大举措。要实现"大众创业、万众创新"的作用,就要有健康的市场环境和完善的制度保障。其中,破产法律制度正是不容小觑的一部分。创业创新需要"敢为人先、追求创新、百折不挠"的创业精神,就要不畏惧风险,走前人没有走过的道路,意味着更多的暴露在风险当中。而创业创新的主体,很大一部分是中小微企业,这些企业具有活力却缺乏经验,具有开拓进取的精神却缺乏抵御风险的铠甲。在创业潮中,有部分企业经历失败,被市场淘汰是十分常见的现象,如果没有充分认识到这一点并做好应对措施,必然成为"双创"理念推行前路中的一个隐患。破产法律制度所包含的"宽容失败"的理念和拯救困境企业的宗旨,就是铲除创业创新后顾之忧的利器。

2. 应充分利用破产法律制度为"双创"企业保驾护航

政府部门和企业如果还不能充分认识到我国企业破产法律制度的作用,不知道如何利用破产制度保护企业、拯救企业,势必导致在创业潮中遭遇淘汰的企业难以被市场消化吸收。至今仍有部分政府部门和企业的思维停留在破产即死亡的印象当中,仍保持旧有的惯性思维,以为申请破产就是申请破产清算,殊不知破产法律制度是由破产清算、破产重整和破产和解三个部分组成的。许多债务人发生财务危机时,更习惯于使用企业内部的债务重组方式,而未充分理解法庭内破产重整制度的优势,从而不愿运用破产重整制度挽救濒危企业并使其持续经营。债权人宁可通过诉讼和申请执行,哪怕通过排队等待法院执行,也不愿申请破产,导致很多危困企业的厂房、土地、设备、商标和营销网络等因没有清算、重整而长期闲置浪费;其主导思想是先到先得,不愿意通过破产程序耗时耗力,与其他债权人一起分配破产企业财产。尤其在某个债权人花费较高信息获取成本启动破产程序后,客观上还存在其他债权人"搭便车"的情形,故债权人不愿启动破产程序,而更倾向于通过个案诉讼的方式寻求债权的受偿。要改变企业落后的思想观念、政府旧有的惯性思维和金融机构传统的债权处置模式,积极运用破产法律制度保护困境企业的价值和利益。

(二) 从传统的事后介入向有前瞻性的事前介入转变

1. 预重整制度的价值

破产管理人如果能够在适当的时机及时介入出现财务危机的企业,提供法律咨询、设计重组预案并积极与债权人沟通,将会增加重整成功的可能性。此外,预重整可以有效避免程序拖延造成的时间成本,也可以最大限度地减小因提起破产程序对债务人的业务产生的负面影响,如客户丢失、雇员离开、供应商拒绝合作等。预重整制度作为介于重整程序和庭外重组之间的企业解困模式,于 20 世纪 80 年代中期在美国创设,Crystal 石油公司即通过预重整走出财务困境。① 数据显示,普通重整案件平均耗时 450 天,而预重整基本上不超过 200 天,节省的时间成本占公司破产前总资产价值的 3.93%。② 在英国,预重整(Pre-packaged Administration)被认可和接受的时间较晚,通过判例予以确认③,每年一半左右的重整案件都是通过预重整完成的。英国于 1990 年成立了一个破产管理人的非官方机构 R3(Association of Business Recovery Professionals),囊括了 90% 具有破产职业资格的从业人员信息,为陷入财务困境的企业和个人能够与破产重组专业人士有效沟通搭建了平台。债务人在提交破产重整申请之前,可聘请破产执业者为其设计资产和债务重组预案,并充分听取主要债权人的意见,在达成一致后形成预重整资产处置预案(Pre-pack Deal)。正式进入重整程序后,该破产执业者被正式任命为破产管理人负责执行预重整预案,在不召开债权人会议的情况下,破产管理人有权根据预重整预案将债务人资产处置完毕。

2. 预重整制度在我国可能遇到的问题

(1) 预重整期间发生个别清偿等行为该如何应对

预重整期间,由于继续营业的需要,难免会发生个别清偿的现象,甚至还会出现债权人要求提前清偿或者追加物保等问题,如果这些负面因素得不到控制,就可能引发预重整制度被滥用甚至被恶意利用的风险,由此引发对预重整制度的质疑。对于这一问题,可能需要预重整制度创设时,引进预重整程序启动,相当于行政清理、强制清算启动的功效,使得破产法上的撤销权不会因预重整期间的经过而失效。

(2) 预重整如何保障信息披露问题

预重整要起到有助于继续营业问题的功效,就需要把预重整的信息暂时不要对外公布,从而避免发生营业难以维持的局面。但是这样的秘密操作,又可能引发参与方案协商的债权人知情权受限的问题,使得相关债权人无法对预重整期间形成的重整方案甚至重整计划草案形成理性判断。对此问题,可能需要借鉴日本破产法上

---

① 参见王佐发:《预重整制度的法律经济分析》,载《政法论坛》2009 年第 2 期,第 100 页。

② Brian L. Betker, "The Administrative Costs of Debt Restructurings: Some Recent Evidence" (Winter 1997) 26, *Financial Management* 56.

③ *DKLL Solicitors v Revenue and Customs Commissioners* [2007] BCC 908.

的预重整机制,即将预重整的方案沟通局限于金融机构债权人或者大额债权人,同时辅以债权人有权委托外部第三方独立审计的权利,并对进入重整程序后如发现之前披露虚假情况允许之前同意的债权人反悔等配套机制,从而既可以保障决策债权人的知情权,又有助于预重整企业营业的维持。预重整期间可以适度保密,由此为保障其他债权人的知情权,在重整程序启动后,宜另行召开债权人会议讨论表决重整计划草案,而不是法院对预重整期间讨论通过的重整计划草案直接启动审核机制,并作出批准与否的裁决。

3. 立法建议

创设预重整机制,以利于提升企业重整成功率,同时注意避免出现因预重整制度的创设而提升破产案件的受理门槛;预重整程序启动后,在就破产撤销权除斥期间进行评价时,参照《破产法司法解释(二)》的规定,赋予不影响撤销权除斥期间维持的特殊机制;预重整的信息披露对象可以局限于债务人的金融机构债权人或者主要债权人,预重整期间讨论通过的重整计划草案仍应取得重整程序启动后债权人会议的审核批准。

(三) 健全跨境破产制度,拓展与国外破产专业机构和业务团队的合作

自中国政府在2001年确定"走出去"战略以来,一大批中国企业开始了海外投资进程,涉及的领域除了矿产等资源领域,也逐渐扩展至建筑、房地产、交通运输、旅游、保险等行业。根据商务部、国家统计局、国家外汇管理局联合发布的《2014年度中国对外直接投资统计公报》,2014年,中国对外直接投资创下1 231.2亿美元的历史最高值,对外直接投资存量8 826.4亿美元,在全球分国家地区的对外直接投资存量排名中位居第8,对外直接投资企业近3万家,分布在全球186个国家(地区)。加上中国企业在国(境)外利润再投资和通过第三地的投资,实际对外投资规模在1 400亿美元左右,超出中国利用外资约200亿美元。至此,中国成为资本净输出国。

在中国企业纷纷走出去的同时,跨境破产问题亦随之产生。该问题根源于主权或治权的冲突、公共政策的冲突所导致的破产管辖权的冲突,主要是不同国家或法域基于维护自身主权或治权的独立性并且缺乏司法协作所造成的,跨境破产管辖权的冲突、跨境破产判决和裁定的承认与执行等问题则是其具体表现形式。

实践中,中国跨境破产问题亦已出现,其中既包括境外法院请求承认其破产效力的案例,也包括请求境外法院承认的案例,但能够获得承认的少之又少。其中,我国香港特别行政区高等法院对广东国际信托投资公司破产程序的承认,被认为是第一例境外法院承认内地破产程序的案例,佛山市中级人民法院则于2001年承认了一个意大利法院的破产裁判。其原因,一方面,在于中国尚未参加或签署任何有关跨境破产问题的多边或双边条约;另一方面,虽然《企业破产法》第5条提供了

一个制度框架和原则,但此种以互惠性为前提的单边性立法,注定其在实践适用中困难重重。

1997 年,联合国国际贸易法委员会(UNCITRAL,以下简称贸易法委员会)第 30 届会议通过《跨境破产示范法》,对承认外国破产案件的效力、破产管辖的合作与协调等问题作出了相应规定,对于加强各国法院之间的合作、促进跨境破产案件的公正有效处理、充分保护债务人财产、最大限度挽救财务困难企业具有重大作用。[①] 目前,世界各国破产法总的趋势是走向融合统一。[②] 越来越多的国家开始接受《跨境破产示范法》中的国际合作理念,并在本国的破产法制定与修改中以其为示范。截至 2010 年,美国、英国(北爱尔兰除外)、日本、韩国和澳大利亚等国已在其国内破产法涉外部分采用了示范法的立法模式。《美国破产法典》第十五章附则和其他破产案件(Ancillary and Other Cross-Border Cases)采纳贸易法委员会示范法;据此,该章的法律适用解释需与其他已采纳该法为国内法的国家给出的解释一致。[③] 英国 2006 年生效的《跨国破产条例》(Cross-Border Insolvency Regulation 2006)也是在广泛征求破产执业人员意见基础上对示范法的移植。

除上述立法层面对跨境破产业务进行调整规制之外,越来越多的国际破产管理人通过达成跨境破产协议寻求利益最大化。跨境破产协议(Cross-Border Insolvency Agreement),亦称"议定书"(Protocol)、"破产管理合同"(Insolvency Administration Contract)或"合作与妥协协议"(Cooperation and Compromise Agreement)。自美国麦克斯威尔案开始,跨境破产协议已被成功运用于平行的重整或清算程序中,以协调主要程序与非主要程序、协调不同国家针对同一债务人的辅助程序。根据联合国贸易法委员会对近几十年来跨境破产案件中的跨境破产协议的梳理,破产管理人往往是订立跨境破产协议的当事人——因为保护并实现破产财产价值最大化是破产管理人的法定权限,订立此类跨境破产协议是其履职的表现之一;法院之间直接订立跨国界协议的情形极少,其一般是通过建议或鼓励当事人通过达成一项跨国界协议,并动用法院的裁量权或法定权限对这一协议进行控制。[④]

---

① UNCITRAL Model Law on Cross-Border Insolvency with Guide to Enactment and Interpretation, p. 3, Art. 1, retrieved from < http://www.uncitral.org/pdf/english/texts/insolven/1997-Model-Law-Insol-2013-Guide-Enactment-e.pdf > (10 November 2015 last visited).

② 参见李曙光、贺丹:《破产法立法若干重大问题的国际比较》,载《政法论坛》2004 年第 4 期,第 71 页。

③ Administrative Office of the United States Courts, *Bankruptcy BASICS*, p. 57, retrieved from < http://www.uscourts.gov/services-forms/bankruptcy/bankruptcy-basics > (10 November 2015 last visited).

④ 参见解正山:《跨国破产立法及适用研究——美国及欧洲的视角》,法律出版社 2011 年版,第 184 页。

我国《企业破产法》引入了跨境破产制度,但是条文本身不具有可操作性,为了维护我国的跨国企业在遭遇困境时的最大利益,修改完善跨境破产制度势在必行。对此,我们可以从两条路径出发:一是参照示范法建立专门的跨境破产合作制度;二是出台相关司法解释,结合我国的国情,建立有中国特色的跨境破产配套制度。跨境破产制度的修改应注意以下几个问题:一是对我国跨境破产承认制度申请的主体以及受理申请的法院需要作出进一步的明确规定。如可以规定向我国法院申请承认的主体为该外国法院或该法院指定或委托的外国代表,受理申请的法院可以规定为债务人财产所在地的中级人民法院,或专门的中级人民法院如北京市或上海市等经济发达地区的中级人民法院。二是对审查条件需要作出进一步的明确规定。除了已经规定的国际条约、互惠及公共政策及债权人的合法权益之外,还需要就管辖权、判决和裁定的终局性和公正性等作出具体规定。三是对外国代表申请承认应提交的材料作出进一步的明确规定。如提交破产程序依法启动的证明、破产程序的类型、对我国法院具有管辖权的初步证明、申请承认的外国代表的法律权限证明及由中国的适格中介机构出具不违反我国法律的基本原则、公共政策的法律意见书,等等。四是对多个外国破产判决和裁定同时向我国法院的承认申请需要作出进一步的明确规定。五是对法院的审查方式作出明确规定。如可以规定法院对外国代表的承认申请主要限于形式审查,审查期限为两个月等。六是对承认后的协助问题作出进一步的明确规定。如可以由我国法院在承认外国破产判决和裁定后,基于适格利害关系人的申请启动一个破产程序,并指定中国境内具有管理人资格的个人或中介机构担任本破产程序的管理人,管理债务人在当地的财产,配合国外破产管理人和法院分配破产财产,清偿债权人的债权。原则上不允许跨境破产承认的溯及力,对由此导致的债务人恶意减少财产的行为,管理人可以行使撤销权等保护债权人的利益。对两国破产程序的合作、信息沟通等作出明确的操作性规定等。七是对法律适用问题作出进一步的明确规定。如我国法院在承认外国法院的破产判决和裁定并启动在我国的破产程序后,适用何国的法律应作出明确规定。在我国启动的非主要破产程序应适用我国法律,但要适度兼顾外国破产程序的效力以及对外国债权人的利益保护,不能使本国债权人获得不公平的超额清偿利益。

(四) 完善破产管理人制度,改善管理人执业环境

1. 发挥律师行业在破产清算与重组领域的主导地位

在破产重组业务领域,律师事务所与会计师事务所、破产清算事务所存在竞争。会计师事务所和破产清算事务所在审计和资产清理方面有很强的专业优势,但是破产案件特别是重整案件的办理还需要处理合同纠纷、抵押担保和融资等方面的专业技能和设计重整方案的创造性思维以及与政府、银行、税务机关和其他债权人的沟通协调能力,这些都是破产执业律师的专长。在美国,破产清算与重整业务由律师

事务所主导,而在英国却由会计师事务所主导。在我国,虽然目前律师行业在破产重组领域占据一定的主导地位,但是也面临着大型会计师事务所、国内外著名投行和知名财务顾问公司的冲击。律师知识结构和专业服务的特点决定律师需要与其他中介机构进行必要的合作。为了能够进一步巩固和加强律师行业在破产重组业务领域的主导地位,必须做到两个注重,即注重规范提升破产重组律师的服务能力,注重改善破产重组律师的服务环境。具体讲就是要通过修订律师从事破产重组业务操作指引和加强专业交流与培训等系列活动,切实规范破产重组律师的专业服务,全面提升破产重组律师的专业水平和相关实务能力;通过与法院系统、相关政府部门、金融机构及大型企业集团等积极开展专业交流与研讨,让其能够深入理解和尊重破产重组律师创造性的专业劳动。①

2. 调整破产管理人的指定方式

根据最高人民法院《关于审理企业破产案件指定管理人的规定》的规定,管理人的指定有随机、竞争、接受推荐三种方式。随机产生是一般破产案件指定管理人的主要方式。竞争方式适用于"商业银行、证券公司、保险公司等金融机构或者在全国范围有重大影响、法律关系复杂、债务人财产分散的企业破产案件"。接受推荐适用于"经过行政清理、清算的商业银行、证券公司、保险公司等金融机构的破产案件"。作为实践中确定管理人的主要方式,随机指定方式虽然有形式上的公平性,但入选的管理人未必能够胜任或适于担任相应企业破产案件的管理人。并且这种指定方式,难以筛选出真正高素质的优秀破产律师团队,也难以激发破产律师向更加专业的方向发展。

我国法院在指定破产管理人时往往回避由债务人推荐的中介机构,原因在于固有观念认为债务人与为其提供咨询服务的律师事务所或会计师事务所存在利益关系,担心其成为管理人会为了债务人的利益而损害债权人的合法权益。这种担忧虽符合情理,但忽视了三个问题:首先,债务人在有资不抵债或不能清偿到期债务之虞会咨询律师事务所或会计师事务所,寻求度过财务危机的咨询意见或资产和债务的重组方案。该中介机构已对债务人的资产负债、财产状况、经营管理有了全面的认识。一旦进入破产清算或重整程序后被法院指定为管理人,将会比其他中介机构更快速高效地开展工作,减少时间成本。其次,作为管理人的中介机构在破产程序中应忠实勤勉地履职,因故意或过失给债务人或债权人造成损失的应承担损害赔偿责任,不因管理人是由债务人、债权人或通过其他方式选定而有不同。再次,法院一味地排斥债务人推荐的中介机构作管理人客观上会造成有管理人资格的中介机构不

---

① 参见尹正友:《推进律师参与破产重组业务创新拓展工程》,载《中国律师》2013年第6期,第17页。

愿意为陷入财务危机的企业提供咨询,因为一旦进入破产程序,自身将失去担任破产管理人的机会,丧失承办破产案件的大单。这种做法违背了破产法的本意,也不符合市场发展的客观需要。对是否存在利害关系要从身份关系、业务关系、经济关系三个方面进行界定,判断标准为是否可能存在影响管理人公正、忠实履行职责的情形,而不能简单地认定中介机构为债务人进行重整提供过预先服务就与债务人存在"利害关系"。①

应当基于破产业务法律服务市场的竞争属性,把破产管理人人选的决定权还给债权人,通过竞争机制和推荐制度,由债权人会议表决产生。这本身符合管理人对债权人会议负责的逻辑,也充分体现了债权人自治的原则,亦可降低法院对破产案件的参与程度,减轻法官工作压力的同时也可避免裁判权的过度干预。同时,作为债权人选择管理人制度的补充,对于债务人自行申请重整、和解或破产清算的,也应允许债务人向法院推荐符合法律要求的社会中介机构或个人担任管理人。

3. 管理人报酬保障措施

在管理人报酬的保障方面,在债务人"无产可破"时可以考虑采取多种方式解决管理人报酬与破产费用的支付问题。在英国,破产执业者分属于各个以赢利为目的的私人事务所,对于无钱可赚的案件是不会承接的,因此要有另外一个机构处理此类案件——破产署(The Insolvency Service)。破产署有多名官方破产接管人(Official Receiver),他们的法律地位是公务员而不是私人执业者,对于债务人无产可破的案件,通常由官方破产接管人担任清算人。② 而对于一般破产案件,法院在收到破产清算申请后也会指定一名官方破产接管人临时接管债务人,收集和保护债务人的财产,以及调查债务人破产的真实原因。这里仍然涉及一个问题就是对于无钱可赚的破产案件虽然由官方破产接管人处理,但仍需一定资金来维持破产署的支出。对此,英国政府设立了一个基金,资金来源由四部分组成:① 从破产人的不动产中收取一定比例的费用;② 政府拨款;③ 对被取消资格的董事的罚款;④ 基金投资所得的收益。如政府财政拨款补贴;用法院收取的破产案件受理费补贴;由各方利害关系人垫款,包括国家作为利害关系人时的垫款,以及管理人较高报酬的部分提取;建立企业注册登记保证金制度,以保证金设立基金补贴管理人费用。在我国,虽然全国范围内没有建立统一的制度,但是很多地方已经开始了积极有益的探索。如深圳

---

① 参见王欣新:《破产管理人指定中"与本案有利害关系"的认定》,载《人民法院报》2014年4月9日,第7版。

② Insolvency Act 1986, s 136; Vanessa Finch, Corporate Insolvency Law: Perspectives and Principles (Cambridge University Press, Cambridge, 2009), p.182.

市中级人民法院出台了《破产案件管理人援助资金管理和使用办法》,由财政拨款和提取的管理人报酬组成的专项资金,用于补贴管理人办理债务人无财产可支付破产费用且无利害关系人垫付费用的案件所必需的破产费用。管理人援助资金的管理和使用遵循公开透明、专款专用、严格监管的原则,设立专门账户进行管理,严格执行国家有关财务制度,依法接受财政部门监督和审计机关审计。每件破产案件的援助标准由本院根据案件具体情况和管理人履行职责的情况确定,每件破产案件援助额度一般不超过10万元。

4. 改善管理人执业环境

(1) 当前管理人在执业过程中遇到的困难和挑战

在完善相关立法的同时,还应降低破产管理人的执业风险,完善执业环境。我国破产管理人在执业期间可能遇到种种不合理的障碍和负担。比如,处理职工债权时通常要考虑职工安置问题,需要不断和地方政府沟通,而不能仅仅从破产企业账面上进行简单处理。再如,管理人个别重要权限在立法中存在盲区,阻碍了管理人充分行使职权。例如在陕西省,破产清算程序中涉及债务人资产的评估、拍卖等事项均由法院决定而非由管理人主导,导致承接该项业务的中介机构只向法院而不是向管理人负责,实践中造成了资产处置问题的混乱。有的法院在摇号选任管理人的过程中要求被摇中的中介机构向法院缴纳一定数额的保证金,以担保在办案过程中不给债务人和债权人的利益造成损失,不缴纳保证金的后果是不能承揽该破产业务——这种做法于法无据。

根据最高人民法院2013年出台的《破产法司法解释(二)》第9条的规定,管理人因过错未依法行使撤销权导致债务人财产不当减损,债权人提起诉讼主张管理人对其损失承担相应赔偿责任的,人民法院应予支持。该条对破产执业律师和团队提出了更为严苛的要求,管理人未依据《企业破产法》撤销债务人无偿转让、非正常交易或偏袒性清偿债务等行为的,债权人可以依据《合同法》的规定提起撤销权诉讼,并可以申请法院更换管理人。同时,对管理人因过错未依法行使撤销权导致债务人财产不当减损,债权人有权提起诉讼主张管理人对其损失承担相应的赔偿责任。

"互联网+"时代,新事物的出现为破产执业律师注入了新的发展理念,也为律师承办破产案件提出了新的挑战。温州市中级人民法院2015年11月5日出台了《关于通过网络司法拍卖平台处置企业破产财产的会议纪要》,明确了法院与破产管理人应各自履行的职责,以及债权人会议的职权。法院受托提供网络司法拍卖平台和技术服务;管理人代表破产企业履行委托人的职责,并根据处置结果承担相应的责任。管理人应在破产财产处置方案中对标的物是否适合通过网络司法拍卖平台进行处置作出判断,并对债权人会议和担保债权人作出释明,引导债权人会议和担保债权人优先选择通过网络司法拍卖平台处置破产财产。利用互联网技术实行网络司法拍卖可以在公开透明的环境下促进标的物拍卖值最大化,实现拍卖"零佣金",但也对管理人的工作提出了挑战。管理人借助网络司法拍卖平台对破产财产进行处置,将大大提高破产财产处置效率,但也要对拍卖结果承担相应责任。

(2)改善管理人执业环境,健全管理人行业管理

成立全国性的破产管理人行业协会,着力强化和规范破产管理人的行业管理,健全完善统一的业务操作指引和职业纪律规范,建立政府、法院、破产企业和破产管理人之间的信息交流平台,促进行业健康快速发展。设计和运营破产管理人行业协会网站,及时准确发布有关破产清算和重整领域的信息和数据,向社会积极传播破产法的功能,为濒临财务危机的企业与中介机构的及时沟通构筑桥梁,为潜在战略投资者提供参与破产重整的相关资讯。

三、企业破产业务领域热点法律问题研究及立法建议①

(一)破产实体法的热点法律问题研究及立法建议

1. 破产企业的若干问题

(1)实质合并破产问题

近些年的关联企业破产案件中,已经出现大量借鉴美国破产法上关联企业实质合并破产规则的案例。对此,各地的实践积累了一定的经验,最高人民法院也对此问题展开了研究,相应的司法解释也已几易其稿,但至今尚未正式形成。实务运用以及学界讨论中,对如下几个问题出现了较大争论:

① 是否有必要引进关联企业实质合并破产规则。虽然实务中已经出现大量关联企业采用合并破产规则予以处理的案例,在提高破产推进效率的同时也得到了大多数债权人的认可,但是在学界特别是公司法学界,对该规则的引进产生了极大的顾虑,认为打破了公司法三大基石原则中的公司法人人格独立原则,将动摇投资者创办公司的信心。然而从破产实务处理角度而言,这一规则的引进并不是简单为了提高效率,更大程度上还是体现了公平。由于关联企业之间互相输送利益、转移资产等现象层出不穷,公司财产混同难以区分或者区分成本过高,如果不实施关联企业合并破产,将给众多外部债权人的利益带来极大损害。

② 关联企业实质合并破产规则应采用怎样的标准。目前最高人民法院的征求意见稿,将适用关联企业实质合并破产的条件局限于"法人人格高度混同,损害外部债权人利益",而未采取联合国贸易法委员会《破产法立法指南》区别两种类型(即"不当利益移转或侵害难以矫正型"和"财产高度混同难以区分型")的评价标准。

---

① 该部分执笔人:中华全国律师协会破产与重组专业委员会委员任一民先生。

从实务运用来看,仅仅采用最高人民法院征求意见稿的评价标准是有商榷余地的。譬如,对于财产高度混同难以区分类型,最高人民法院也许是出于对商事交易主体制度冲击过大的考虑,但是实务中确实存在同一集团或者同一实际控制人控制的公司,将其下属公司内部视做同一主体看待,关联往来频繁,内部财产难以区分清楚;但对于外部债权人而言,该实际控制人并不一定有侵害债权人利益的主观恶意。对于这种客观存在的状态,如果不采取合并破产的应对措施,将严重影响破产案件处理的效率。"迟到的正义非正义",就此而言,对于这些类型的关联企业适用合并破产的处置方式也更符合公平正义的立法本意。

③ 关联企业实质合并破产是否可以适用于三大程序。最高人民法院的征求意见稿将合并破产规定仅仅适用于清算程序,而未言及是否可以适用于重整程序与和解程序。对此问题,其一,鉴于合并破产规则得以适用的基本条件是关联企业同一实体化的特征,为何只能适用于清算程序而不得适用于重整程序。其二,清算程序启动后,如果实施了合并破产,那么按现行《企业破产法》的规定,应允许清算程序向重整、和解程序转换。换言之,实务中,可以轻而易举地突破此限制。其三,通过破产重整与和解程序,实现债权人利益相对更大化,应该是破产法所鼓励和允许的,也是外部债权人所希望的,因此,应将合并破产机制统一适用于三大程序中。

立法(释法)建议①:在破产程序中引进美国破产法上的关联企业实质合并破产规则;实质合并破产规则适用的条件宜借鉴《破产法立法指南》的意见,区分为两种类型;实质合并破产规则应可适用于破产重整、破产和解以及破产清算程序。

(2) 破产语境中的公司治理问题

破产语境中的公司治理,涉及的热点问题较多,从实务角度而言,以下两个问题尤为突出:

① 危机期的公司治理问题。当公司陷入债务危机或者说财务困境,公司治理结构特别是高级管理人员的信义义务应该如何评价?在此期间,公司高级管理人员应该本着股东利益最大化原则继续从事高风险业务,还是本着债权人利益最大化原则,以破产保护为出发点形成相关商业判断。特别是对高级管理人员是否科以及时启动破产保护程序的职责,是实务中讨论的热点。总体而言,如果高级管理人员能够本着公司利益乃至外部债权人利益最大化的原则行事,尽快启动破产保护程序,在很大程度上更有利于企业危机的化解和外部债权人损失的降低。同时这也可能是化解众多"僵尸企业"退出市场的良药。

② 重整程序中的公司治理问题。对此,我们首先面临的是在重整程序中,营业

---

① 由于立法的修改需要一个过程,相对而言,出台司法解释相对更为便捷些,因此在此所提建议希望能够在司法解释中就相关问题予以明确,也可称之为"释法"。

事务究竟是选择管理人管理还是债务人自行管理的问题。从现实状况来看,管理人主要以中介机构组成,即使外部聘请一些专业管理人员,客观上也很难在较短的时间内熟悉企业运营并管理好企业,所以实务运行中更为合理的模式应该是债务人自行管理。其次,债务人自行管理时,管理人如何行使监管职责,这也是实务中的难点之一。如何在短时间内形成较好的监管机制,理顺管理人和债务人经营层的关系,对于后续重整能否顺利完成至关重要。其中,尤为突出的矛盾是债权人对于债务人经营管理层的不信任,或者说当部分债权人要求介入公司运营管理,应如何应对为妥。虽然破产重整程序是为了债权人利益最大化考虑的,但是在重整期间,由部分债权人取代股东会甚至董事会行使相关权利,特别是商业判断上的权利,是很难做好的事情。因此,更为妥当的处理方式应该是管理人全面监管下的债务人经营团队自行负责营业事务。

立法(释法)建议:在破产重整程序中,借鉴美国破产法的 DIP 模式,设立以债务人自主经营为原则,第三方替代经营或管理人负责经营为例外的继续营业规则;营业事务的具体判断,应尊重经营团队的意见,隔离外部债权人的干预,管理人的监管宜适度适时。

(3)"僵尸企业"清理问题

2015 年 12 月 9 日,国务院总理李克强主持召开国务院常务会议,会议确定,对不符合国家能耗、环保、质量、安全等标准和长期亏损的产能过剩行业企业实行关停并转或剥离重组,对持续亏损 3 年以上且不符合结构调整方向的企业采取资产重组、产权转让、关闭破产等方式予以"出清",清理处置"僵尸企业",到 2017 年年底实现经营性亏损企业亏损额显著下降。2015 年 12 月 14 日召开的中共中央政治局会议还提出,要积极稳妥推进企业优胜劣汰,通过兼并重组、破产清算,实现市场出清。经济进入新常态,我国制造业面临严重的产能过剩的困扰。在化解过剩产能上政府已采取一系列措施,但还须继续发力,很多"僵尸企业"仍然存在。"十三五"规划步入开局之年,化解过剩产能必须取得实质性进展,为结构调整和新产业培育创造空间。

所谓"僵尸企业",该名词最早出现于 20 世纪 90 年代初的日本,指那些无法继续正常经营、应该破产却又靠借债或政府资助而没有破产的企业。顾名思义,"僵尸企业"因丧失发展活力需要长期依赖"吸血"而存在。在中国各地,有大量公司本应破产却没有破产,最主要的原因在于当地政府不希望看到"僵尸企业"破产,因为一旦破产,可能引发一系列社会问题,失业率、税收等问题尤为凸显。当一些大企业遭遇困境时,债权人和公司都指望政府带头以行政方法加以解决。但是政府主导的救助计划可能会导致"滥用资源"。关于处置"僵尸企业",国资委有关领导表示,将坚持分类处置、因企施策,坚持市场化改革方向,坚持企业为工作主体,拟采取深化改革、减员增效、清产核资、债务重组、产权转让、关闭破产等多种措施加快处置"僵尸企业",推动兼并重组一批、强化管理一批、淘汰落后一批。

因此,无论是否国有企业,通过市场化、法治化的道路实现清理"僵尸企业",盘活产业生命力,才是应有之义。对于国有企业,应由国资委带头行动,而对于非国有企业,该由哪些部门牵头行动,是目前应该探讨的问题。值得一提的是,要想通过市场化、法治化的路径清理"僵尸企业",不妨借助破产管理机构,代表政府协调、协助处理破产事务,对破产从业人员实施必要的监管和支持,来完成这项使命。

立法(释法)建议:在立法上可以考虑调整特定类型债权的顺位机制,促成国有或者带有行政机构性质类型的债权人通过申请破产推动"僵尸企业"依法退出市场;在释法上可以考虑债务人董事、高级管理人员及其实际控制人负有及时启动破产保护程序的信义义务,如果不尽职尽责,将被追究民事赔偿责任,如此将有助于推动债务人主动申请破产。

2. 破产财产和负债的热点问题

(1) 破产撤销权问题

破产撤销权是破产法上特有的机制,目的在于保全破产财产,使得一些非正常流失或者受限的资产能够被追回或者释放。实务中破产撤销的热点问题主要集中在以下三方面:

① 未到期债权的清偿。破产受理日前12个月内,如果出现未到期债权提前清偿,依据《企业破产法》的规定,管理人应依法予以撤销。对此未到期债权,实务中的争议主要体现在如果债权人和债务人间约定了加速到期条款,那么应该如何评价该加速到期条款的效力?对此问题,众说纷纭。目前形成的倾向性意见是,如果加速到期条款在债权债务发生时即作出约定,原则上应承认其效力,如果加速到期条款是在后续补充形成的合意,那么应适度限制其效力,特别是在破产临界期内补充达成的加速到期条款,不应给予事先约定的同等待遇,而是由此发生的清偿仍应视为未到期债权清偿。

② 到期债权的清偿。对于破产受理日前6个月内发生的债权清偿行为,实务中的热点问题集中在以下三点:第一,到期债务清偿的例外规则应如何创设。由于现行《企业破产法》对到期债务的偏颇清偿采取的是客观评价,而不考查主观行为人的状态,如此简单划断的标准有助于实务判断,但也必然带来很多不尽合理之处,对此是否有必要引进美国破产法上的安全港机制,引发热议。第二,银行对债务人在银行开立账户内资金予以扣划是否可以撤销。通常情况下银行均以行使抵销权来进行抗辩,对此,是否应当考虑现行资金管控机制对于债务人自行收取现金的限制,债务人收取其交易客户的资金,从合法合规角度来说,都是通过其在银行开立的账户收取,该等资金收取行为是否也构成存款关系的建立,值得讨论。第三,管理人对于

偏颇清偿中的抵销行为是否受3个月除斥期间的限制。现行《破产法司法解释（二）》明文规定了对于临界期内的抵销行为管理人应在3个月内行使撤销权，由此引发如果管理人因客观原因接管迟延，或者发现迟延，是否就不得行使撤销权的争议，从而进一步引发对于该规则设置合理性的争议。

③ 未来更优清偿。破产受理前12个月内，如果对破产债权追加设置了担保物权，由此使得该债权人相比较其他同类型债权人获得更优的待遇，使其在未来债权清偿中可以获得更优清偿。这一偏颇行为，实务中的争议主要体现在：首先，登记对抗制的担保物权，在破产临界期内后续补办登记手续，是否构成追加物保。该问题的实质争议在于约定即生效但登记始可以对抗第三人，其中第三人的范围是否包括破产程序中的普通债权人，如果可以对抗，那么事后补办登记，就可能纳入破产撤销权规制范畴。其次，原合同未到期，通过借新还旧加设担保物权类的债或保证担保的债务是否属于破产撤销规制的既存债务的范围。最后，未同步设定的担保物权，是否允许给予一段合理间隔期给予办理担保物权的登记手续。

立法（释法）建议：对于偏颇行为，我们在采取客观规制标准的同时也辅以一定的例外制度，以更好地满足实践需要，减少一些不合理性；对于偏颇行为的评价，宜作类型化研究和检视，使得实务操作更便于执行；对于撤销权的行使期间，宜采取统一标准，不宜针对某一行为给予特别规制，以减少实务中评价标准的不统一而引发的混乱。

（2）破产债权的顺序竞合问题

破产程序中的各方债权人地位是最不平等的，最明显的特征就是债权优劣性质的不一引发的地位急剧不平等。虽然同类型债权人地位平等，但是不同性质债权人的区别对待是特别明显的。实务中热点问题简要陈述如下：

① 共益债权与意定担保物权竞合问题。实务中的共益债权，最为常见的在于重整期间的新融资，只有新融资的注入才有助于营业资产价值的维持，才有助于重整目标的实现。据此，实务中特别需要在重整期间引进新融资，但是按现行《企业破产法》所能给以的待遇就是共益债权的地位。而按现行法律规定，共益债权是以设定了担保物权以外的资产提供担保的，由此一来，通常的理解就是将共益债权劣后于担保物权。该种界定自有其法理上的合理性，但实务中也还是不能一概而论，最为明显的就是新价值贡献部分，该新价值的产生，应该可以优先用于保障共益债权人，即新融资人。但是现行《破产法司法解释（二）》有扩张解释共益债权人的趋势，由此使得新增融资的竞争主体不断增加，引发了新增融资难度的增加。对此问题，不得不重新予以检讨，或者说宜进一步细化划分。譬如对于担保标的物进行维护保养甚至重大修缮所支出的费用，自应优位于担保物权人。

② 税收债权与意定担保物权竞合问题。该问题主要体现在两个层面：其一，为

两部法律之间的竞合,即《税收征收管理法》与《企业破产法》的竞合。《税收征收管理法》规定,如果税收债权成立在先,担保物权设定在后,那么税收债权优先于担保物权获得清偿,但是《企业破产法》则承认了担保物权的别除权地位,使得税收债权无法获得更优位于担保物权的清偿地位。其二,体现为税收债权征收机构与意定担保物权人间的竞争。对于持有型税收,最为典型的就是土地使用税,税收机构主张优位于担保物权人;对于流转型税收,往往都存在最后结算问题,由此使得税收机构拥有优先于担保物权人收取税款的权力。

立法(释法)建议:对于共益债权,不宜扩张其适用范围,同时也应赋予其在特定情形下优位于意定担保物权的待遇,特别是当共益债权被用于维护担保物使用或者运营价值时,更应作如是优待。对于税收债权,不宜与民争利,而应恪守一定的界限,尽量给予困境企业一些独特的税收优惠,或者说不宜赋予优先债权的地位,通过一定的豁免来回报企业和众多外部债权人(纳税人)。

3. 破产企业股东权益问题

(1) 股东权利限制问题

股东权利劣后于债权人的利益,当属公司法上的常识,但是目前国内实践却似乎忘却了这一原则,更大程度上表现出来的是债权人权利可以削减,股东权益特别是上市公司小股东的权益却要给以更为周全的保护。上市公司小股东权益的保护自有其特殊性,但是这一特殊时期的特殊机制却开始转而影响非上市公司股东权利限制的判断问题。由此引发股东权益是否受限以及如何受限都成为破产法实务中的热点问题。

① 绝对优先原则是否应予以恪守。当普通债权人不能得到足额清偿时,债务人股东的权益是否仍可保留而不归零? 实务中,将此问题简化为资不抵债情形下,股东权益是否应该归零。这一简化描述,将争议转到了"资不抵债"的评判标准是什么,应以哪一时点作为资不抵债的评价标准,是破产受理时,还是重整计划表决通过时。一种观点认为,如果股东为重整后的公司创造了新价值,基于新价值贡献,自然可以维持其股东地位或者继续持有股权;另一种观点主张,投资者往往以股权收购的方式入主债务人企业,并据此判断原股东持有的股权是有价值的,并基于该价值的存在,进而认为保护其股东权益,可以间接保护该股权的查封权利人和质押权利人的权益,并以此主张不应将资不抵债公司的股东权益归零处置。其实该问题还是应回归到股东权益究竟是与债权人同等排序还是应劣后于债权人,如果劣后于债权人,当债权人不能获得足额清偿时,意味着股东无剩余财产可供分配,不应该再享有股东权益,至于其通过后续的工作为重整后的公司创造新价值,那是在另外一个层面给予奖励或者给付报酬的问题;当这一问题理清后,那么股权上查封权利人和质押权人的权益维护问题也就好解决了。由于股权价值归零,就意味着股权质押权人

对于该股权不存在可以优先受偿的利益,而查封债权人也同样如此,那么依附于股权上的权利人保障问题在实体上也就得到了解决,而无须再去讨论如何在程序上保证该类型债权人的权益,使得破产程序推进效率不受不合理的阻碍和延缓。

② 控制股东的债权是否劣后对待问题。美国破产法和德国破产法上均设有衡平居次规则,其主要的适用对象为债务人的控股股东,或者说对债务人拥有一定控制权并对公司实施了不当控制的股东。这一规则是否应当作为破产程序中管理人或者法官必须遵循的规则,学界和实务界尚未达成共识,仍处在倡导呼吁阶段。但从维护债权人的公平受偿原则来看,确实有必要引进该项制度。特别是针对国内实践中普遍存在的公司破产原因无法精细化分析,以及债务人企业财务制度混乱,财务账册不完整等现象。破产程序中完全查明对债务人享有一定控制权的股东是否实施了侵害公司利益的行为,是否存在重大利益输送现象,在现阶段是很困难的,为了实现矫正正义,抵销债权人因为不公平的行为而遭受损害,在当下的实务运作中引进该项规则具有独特的意义和价值。至于该规则是仿照美国破产法作为一种任意性规则还是作为一种强制性规则,均可进一步讨论。

(2) 股东权益保护问题

破产程序通常被认为是保护债权人权利的法律,但是破产企业的股东身份来源不一,对于企业失败是否负有责任也难以简单给出肯定或否定的结论意见。因此,对于破产企业的股东,还是要注重保护其合法权益。实务中的热点主要体现在:

① 对控制股东与非控制股东予以区别对待。债务人之所以陷入财务困境,原因多重,其中控制股东往往负有不可推卸的责任,因此在破产实务中,对于控股股东的权利作出限制几无争议。但是对于未参与公司实际经营决策的非控制股东,特别是一些财务投资者,如果不加区分地科以较为严格的义务或责任,从长远来看,会与鼓励创业、鼓励投资的目标相背离,也与权责一致的基本原理相冲突。在破产程序中,如何区别对待控制股东的义务与非控制股东的义务,比较突出地体现在非控制股东是否在破产程序中丧失了相关实体权利,或者即使拥有实体权利也要受限。譬如,如果债务人经营失败的原因在于控制股东利用其控制公司的机会实施了损害公司利益和股东利益的行为,股东可否向公司主张侵权责任赔偿,以体现对非控制股东的救济;非控制股东向公司提供的融资可否不受衡平居次规则的影响,而是作为例外情形享有与其他债权人同等待遇等。

② 鼓励股东对其投资企业实施自救行为。股东对于困境企业实施各种救助,在一定程度上属于最具有现实可操作性的救济方法,如救济得当,就可能避免债务人破产,降低各方债权人损失。现行《企业破产法》对此未预留制度空间,或者说制度供给存在严重不足。而从实务运作中来看,由于绝大多数非上市公司重整最终实

施的是引进战略投资者或者财务投资者和债转股方案,意味着原有股东的出局。这一模式不见得就是最有利于债权人利益最大化,实务中这一模式大行其道,多种因素交织,难以简单作出好或者不好的评价。对此,为鼓励债务人股东在公司出现财务困境时积极自救,至少有三个方面需要考虑:其一,危机期间以及破产程序推进期间提供的融资不应适用衡平居次规则,而应允许给予一定程度的优待,这样才有利于激励股东救助公司;其二,启动破产程序后,除了赋予股东申请清算转重整的权利外,也应赋予股东一定的优先救助公司的机会;其三,公司重整计划中,允许对重整后新公司作出新价值贡献的股东相应的股权激励,并且这一股权激励因其非来源于原有股权,而是债权人会议或者新投资者授予的奖励或报酬,应与股东之前所持有的股权相区分,即原股权质押权人不得对新授予的股权行使优先受偿权。

立法(释法)建议:破产企业的股东权益保护应恪守绝对优先原则,不宜基于维稳等方面考虑而突破绝对优先原则;债务人股东对于债务人企业所提供的融资,宜引进衡平居次规则进行评价,对于控制股东所持有的债权原则上宜作为劣后债权对待;在具体评价股东权利或限制股东权利时,应作区别对待,区别的基础不在于股权比例的多少而在于是否对债务人享有实际控制权;《企业破产法》的立法目的不在于破产而在于避免破产,对有利于避免破产的相关拯救方应予以善待,即使是股东,甚至是对企业濒临破产负有责任的控制股东。

(二)破产程序中的仲裁问题及立法建议

1. 国内仲裁问题

现行《企业破产法》在确定集中管辖制度时,没有把仲裁纳入集中管辖范围,体现了对当事人意思自治的尊重。实务中执行起来难免发生争议,甚至对破产程序的推进也产生了一些问题。

(1) 仲裁协议的达成

进入破产程序前达成的仲裁协议,如果破产债务人的相对方选择仲裁解决,则破产程序只能尊重其意愿。但是进入破产程序之后,是否允许达成仲裁协议,法律并未明确,如果是管理人主动达成仲裁协议,似乎不可取,但也不宜作过多限制。特别是在重整程序中,债务人自主经营的状态下,债务人与其交易相对方达成仲裁协议,也是符合法律规定的。其次,如果这是交易相对方的交易条件之一,那么从促成交易的角度来看,也应允许。但是对于和重整计划有关的协议,如果投资者要求在收购协议中约定仲裁条款,是否可行,则有待讨论。

(2) 仲裁裁决的执行

依据现行《关于适用〈中华人民共和国仲裁法〉若干问题的解释》第29条的规定,仲裁裁决的执行由被执行人住所地或者被执行的财产所在地的中级人民法院管辖,如果该中级人民法院不是破产案件受理法院,就面临如何处理的问题,如果破产债务人是被执行人,是否可以基于破产程序集中清偿制度而要求申请执行人向其申报债权,并且仲裁裁决似乎也不宜作为作出给付的裁决,而是应当按确认之诉作出裁决为宜。对于破产债务人为申请执行人的,是否可以适用破产法的集中管辖制度,也是有待明确的问题。

2. 涉外仲裁问题

相比较国内仲裁,涉外仲裁的问题更加复杂,最为明显的就是涉外仲裁的法律适用问题和承认、执行问题。简要说明如下:

(1)涉外仲裁是否受中国破产法的约束

涉外仲裁中,如果仲裁协议约定争议解决适用的是外国法而不是中国法,而中国与该国又未缔结相关互相承认对方法律的条约或协定,那么该涉外仲裁的裁决结果可能会完全无视中国破产程序启动的事实,由此形成的裁决结果,应如何应对?

(2)涉外仲裁裁决的承认与执行

依据《纽约公约》和我国《民事诉讼法》的相关规定,境外仲裁机构所作仲裁裁决需要向我国境内被执行人住所地或其财产所在地的中级人民法院申请,那么当债务人进入破产程序后,如果破产受理法院不是前述法院,是否也应该如此适用?即使如此适用,也只能解决承认或者不承认仲裁裁决的问题,如果境外仲裁违反我国《企业破产法》的规定,我们是否应该不予承认;如果不予承认,是否代表着债权的不存在,是否在破产财产分配时无须预留份额,还是必须要预留份额;在启动破产程序后,境外债权人是否也应按我国破产法的规定申报债权,如果逾期申报,是否也应承担破产法所规定的相关不利后果?如果经审查,可以承认其效力,那么该裁决的执行又归谁,是否仍应归属到破产法院,或者接受中国破产法的拘束向管理人申报债权?

立法(释法)建议:对于国内仲裁与《企业破产法》规定不一的情形,通过立法或者释法予以明确,同时应限制某些与重整程序紧密相关的约定限制适用仲裁(以与重整计划的形成和执行相关的争议最为明显);对于涉外仲裁的相关问题,则有待进一步整理后明晰规则,以利于后续执行操作。

(三)房地产企业破产的热点法律问题研究及立法建议

1. 房地产公司倒闭的困局是否适合以破产保护机制化解

房地产公司陷入财务困境的原因多重,虽然可以进一步分析,但对解决房地产倒闭而引发的相关问题来说,并无太大意义。房地产公司倒闭往往存在社会矛盾齐聚、利益冲突激烈等现象,如不能妥善化解,将引发严重的社会问题。房地产公司倒闭面临的问题通常有以下方面:

(1)各方权利竞争问题错综复杂

现行房地产开发商基本上都是采取商品房预售的方式,以快速回笼资金,但是一旦出现现金流断裂的风险,那么问题就更加复杂。购房消费者期望房地产公司正常交房,但是房屋却没有建设完成;施工单位期望如约收到工程款,但是却面临烂尾楼贬值和同购房消费者、土地抵押权人竞争的风险;配套设备、设施供应商为开发商量身定做的设备、设施,即使保留了所有权,也难以保证后续款项的回收;发放了按揭贷款的金融机构,虽然有抵押权预告登记和开发商的过渡性保证担保,但是房屋都无法建成,所谓的抵押权也就几无取得的可能;提供了高利资金的民间债权人,虽然通过以房抵债或者以买卖合同担保等方式设定了相关保障措施,但却无法确保这样的交易结构能否得到法律的承认,而一旦房源全部被锁定,那么债务人还有何资产可以保障工程的续建完成?

(2) 引进战略投资者困难

首先面临的是房地产公司还有无剩余财产可供战略投资者收购,如果购房消费者要求优先交房,办理了预告登记的各类债权人要求继续交房,那还有何资产可以提供给战略投资者运营获利? 其次面临的是公司各类或有负债风险大量积聚,难以查明也难以锁定,除了对外担保等风险无法核查完整外,即使是已知的对各方债权人所应承担的违约责任也难以锁定其最终规模;再者面临的是工程续建方案是否可行,土地是否存在因闲置而被收回等风险;最后还要面临房地产总体处于下行周期的市场风险等问题,以及由此引发的房屋续建完成后难以及时销售等问题。这些问题,特别是其中的法律问题,由于涉及众多利害关系人,已经不是普通的商业谈判所能解决的。这些问题,如果没有风险查明和锁定机制,没有集体谈判机制,几乎不可能得到化解。而这些机制,从现行法律框架下来看,只有破产保护才有制度供给,才有可能帮助解决这些错综复杂的问题。

2. 房地产公司破产中的若干热点问题

房地产公司破产中的热点问题很多,其中至关重要的问题主要体现在两方面:

(1) 购房消费者的识别和权利边界

关于消费者身份识别问题,首先涉及法律适用问题,是否应适用最高人民法院在2015年5月5日实施的《关于人民法院办理执行异议和复议若干问题的规定》第29条关于购房消费者的规定。其次是适用该规定可能引发的争议,关键在于刚需性购房的争议,何谓在购房所在地没有其他可用于居住的房屋,该地域范围如何界定;其中没有房屋的标准是以登记为准还是以客观真实为准,如果标准从严,极可能影响破产效率。

关于消费者保护标准,也涉及两个方面的问题:第一,合同继续履行以及相应后果的问题。在破产程序中是否应限制管理人破产解除权的行使,如果继续履行,不如期交房所引发的违约金、赔偿金应停止计算,否则有过度保护嫌疑,并可能引发无法引进投资者的风险。第二,合同解除的后果问题。消费者主动解除合同,其要求返还购房款和赔偿损失的债权是普通债权、共益债务还是优先债权的问题,以及如果给予一定的优先保护,保护范围应当如何界定的问题,是否以在建房屋的整体变现价值为限等问题。

(2) 期房买卖预告登记的问题

预告登记制度是在物权法中引进的,从其渊源看,是借鉴《德国民法典》的规定,而德国民法所保护的预告登记的标的物是现房,我国引进却主要用于期房,如此一来,德国法上关于预告登记的相关效力,特别是破产保护效力,能否在期房买卖的情形下得到适用,或者能否在一定程度上得到适用,就成为争议的焦点。

立法(释法)建议:基于生存权保障的购房消费者权益保护,应立足于消费者选择交房即继续履行合同时,才给予优位保护;当其选择解除合同时,则不应再给予优位待遇,解除合同后退返购房款应作为普通债权认定;办理了预告登记的期房交易合同可限制管理人的破产解除权行使,但合同继续履行时预告登记权利人应负担在先设定的抵押债权和工程款优先受偿债权。

四、企业破产业务领域重大法律事件的评析与启示

某一领域的重大法律事件,总是因其能够引发参与者和旁观者的思考、改变并进而影响群体的价值取向、行为模式以至某一范围内的经济结构和社会格局而值得被历史所记录。在企业破产业务领域,就近两年而言,中央政策层面上,相关重大事件如中共中央十八届三中全会从战略高度提出完善企业破产制度,国务院专项清理"僵尸企业",等等,此类重大事件指明了中国破产制度和破产实践的发展方向。立法层面上,国务院出台《存款保险条例》,最高人民法院陆续发布破产法相关司法解释,以化解破产受理难等实务问题;在最高人民法院部署下,地方法院纷纷在受理、审理破产案件、指定管理人等诸多方面开展有益探索,如温州法院试点简易程序审理小微企业破产案,深圳法院探索执行转破产、管理人分级管理,浙江省高级人民法院推行竞争方式产生管理人的731规则等,破产法律体系呈现出成熟化的成长模式。司法实践中,破产制度则积极回应了国内外经济环境对法律之需求,造船领域STX(大连)造船、庄吉船业,光伏两巨头无锡尚德、江西赛维,能源与钢铁行业山西联盛、海鑫钢铁,上市公司*ST超日、*ST新都等,均尝试通过破产重整制度摆脱困境实现重生,此类重大事件,既是制度作用于实践之典范,亦能在一定程度上反馈并促进制度之完善。

由于篇幅所限,笔者对近两年来破产业务领域所发生的具有典型意义的部分重大法律事件予以记录评析,这些事件不仅与破产制度和破产实践的完善与发展直接相关,而且在诸如证券市场改革、国企改革等国家战略规划中充分体现了破产制度的功能与效用,在引导社会正确认识和合理适用破产制度解决经济和社会问题方面

具有积极的示范意义和启示作用。

(一) 31家证券公司通过破产程序退出市场,《存款保险条例》出台,中国金融机构破产体系破土动工

1. 证券公司系列破产案背景情况

21世纪初期,我国证券公司违规经营情况趋于严重,挪用客户保证金和国债、违规委托理财等现象频发,随着"德隆系"等危机爆发,我国证券公司迎来了第一次行业性的危机。在此情况下,国务院于2004年1月发布《关于推进资本市场改革开放和稳定发展的若干意见》,对我国资本市场的改革与发展作出了全局性部署。根据中央部署,中国证监会于2004年8月开始采取措施对证券公司实施综合治理。2005年7月,国务院办公厅转发证监会《证券公司综合治理工作方案》,明确成立证券公司综合治理专题工作小组,由证监会、人民银行牵头,公安部、财政部、银监会、最高人民法院、国务院法制办参加。至此,证券公司综合治理工作全面铺开。

对高风险证券公司实施行政处置是证券公司综合治理工作的重要内容,具体措施包括停业整顿、托管、接管、行政重组。若经过上述措施仍无法达到正常经营条件,则应撤销该证券公司,若存在其他严重情形的,也可直接予以撤销,并成立行政清理组对该证券公司进行行政清理。据时任证监会主席尚福林介绍,证券公司综合治理期间,证监会共处置了31家高风险证券公司。

行政清理组的职责不包括资产处置及债务清偿等事项,因此,经过行政清理阶段后转入破产程序,通过破产程序清查、追收、处置资产、清偿债务,并最终注销该证券公司,便成为必然之选择。根据统计,自大鹏证券首先进入破产程序始,到华夏证券最后实施破产止,我国共计31家证券公司通过破产程序退出了市场。自2011年大鹏证券破产案终结以来,本轮证券公司破产案已陆续终结,笔者承办的闽发证券、汉唐证券破产案亦分别于2012年、2014年年底裁定终结,在中国破产史上具有浓重色彩的证券公司系列破产案已接近尾声。

2. 行政清理与破产清算相衔接是本轮证券公司系列破产案的典型特征

先行政清理后破产清算的程序,系中央统一部署下的证券公司综合治理工作的自然结果,另外也有配套设施不完善、司法系统难以单独应对等原因。事实上,只有在行政清理阶段完成了包括一定事项在内的工作后,才予受理证券公司破产申请。行政清理与破产清算相衔接,是本轮证券公司系列破产案的典型特征,具有时代的合理性。行政清理阶段的工作主要包括如下事项:

(1) 账户的清理与甄别

账户清理工作是证券公司行政清理过程中最复杂也最具特色的工作。账户清理是客户证券交易结算资金专项审计和第三方存管、资产控制和清收的基础性工

作,在破产程序中,对个别遗留账户的审查与甄别,也有赖于行政清理阶段的账户清理结果。据证监会介绍,行政清理期间,31家高风险证券公司共清理账户1 153万个。

(2)证券投资者保护基金介入暨客户交易结算资金缺口的弥补和个人债权的收购

被处置的高风险证券公司,普遍存在挪用客户交易结算资金的情况。对于该问题,国家层面先期并无相应的制度设计和对策,为保护广大经纪类客户的合法权益,中央出台相关意见规定客户交易结算资金缺口由国家出资弥补。同时,对于因委托理财等原因形成的个人债权,中央亦明确了相应的收购规则和制度安排。2005年8月,中国证券投资者保护基金有限责任公司(以下简称"保护基金公司")成立后,上述工作由保护基金公司作为实施主体。从某种程度上而言,证券公司风险的爆发倒逼并加快了我国证券投资者补偿机制的建立。

(3)处置证券类资产

证券类资产是指证券公司为维持客户证券经纪业务正常进行所必需的实物资产,具体包括证券营业部(服务部)、经纪业务部、信息技术部门、清算中心、机房、运营维护部门以及其他相关部门的实物资产及必需的交易席位等。不过,证券类资产转让时一般采取邀标的方式,转让的范围也不包括经营许可、客户资源等无形资产,转让的程序和范围在实务中存有一定争议,未来尚具有完善的空间。

3.《存款保险条例》颁布实施,中国金融机构破产体系破土动工

在完善的市场经济下,金融机构破产是应有之意。虽然我国在证券公司系列破产案中积累了丰富的经验,且《企业破产法》亦授权国务院制定金融机构破产实施办法,但在《企业破产法》实施后的相当长时间内,我国的金融机构破产体系未见踪迹,其中一个重要原因,即在于存款保险制度等配套设施尚未建立。因此,2015年颁布并实施的《存款保险条例》,标志着中国金融机构破产体系终于破土动工。根据《存款保险条例》的规定,中国建立存款保险基金管理机构,由商业银行等银行业金融机构向其缴纳保费,形成存款保险基金。在出现投保机构破产等情形时,使用存款保险基金偿付存款人的被保险存款,存款保险基金管理机构则在偿付金额范围内取得该存款人对投保机构相同清偿顺序的债权。存款保险制度与证券公司行政清理阶段的证券投资者保护基金制度具有异曲同工之处,只是后者的资金来源于央行的再贷款,与之相比,存款保险基金的来源更为广泛,其运行更为市场化。

当然,一部《存款保险条例》虽然表明了顶层设计的破土动工,但尚不足以应对金融机构破产实践之需求。未来无论是先制度后实践,抑或先实践后制度,在证券公司破产案中所积累的经验,诸如行政清理与破产清算的衔接、正常客户的安置及

其权益的保护、保护基金的受偿等,均可以提供有益的借鉴。此外,基于各种原因,高风险证券公司无实施重整的案例,重整的挽救功能未能在证券公司处置过程中得以体现。对于金融机构而言,其金融牌照、客户资源等无形资产通常只能在重整程序中得到保留,未来金融机构陷入困境的,亦可以考虑适用重整制度对其进行挽救,而非一概通过破产清算程序退出市场。

(二)首家上市央企退市,通过重整程序实现重生,为"僵尸企业"清理工作作出有益探索

1. 长航油运重整案基本情况

中国长江航运集团南京油运股份有限公司(以下简称"长航油运"),原名南京水运实业股份有限公司,系经国家体改委批准,由南京油运作为主发起人、以募集方式于1993年9月18日设立的股份有限公司。长航油运目前是国务院国资委直属管理的中国外运长航集团有限公司(以下简称"中外运长航集团")旗下专业从事油轮运输业务的控股子公司。

1997年6月12日,经中国证监会批准,长航油运在上交所挂牌交易,股票简称"长航油运",股票代码为600087,经营范围包括全球航线的原油、成品油以及化工品、液化气、沥青等特种运输业务。截至2014年7月18日,长航油运的总股本为339 418.92万股,全部为无限售条件股份,股东总数为12.13万户。

在全球航运市场运力供需矛盾突出的大背景下,受到油运市场竞争日趋白热化、市场运价持续在低位徘徊、公司财务费用较高等因素的影响,长航油运自2010年起开始连续三年亏损,生产经营陷入困境。其股票于2013年5月14日被上交所暂停上市,并于2014年6月5日被终止上市,成为央企退市第一股。2014年8月6日,长航油运股票在全国中小企业股份转让系统正式挂牌。

2014年7月10日,债权人向南京市中级人民法院(以下简称"南京中院")申请对长航油运实施破产重整。2014年7月18日,南京中院裁定受理该重整申请,并同时指定中介机构担任长航油运管理人。

2. 通过重整程序清理并清偿债务,化解公司债务危机

重整程序中,经审计评估,在剔除融资租赁船舶后,长航油运的资产评估总值为60.76亿元,其中设定了担保的财产的评估值为45.12亿元。共有95家债权人向管理人申报债权,经南京中院裁定确认的债权总额为100.34亿元,其中:有财产担保债权为66.39亿元、普通债权为33.95亿元。此外,经管理人初步审查确认,但尚未最终由南京中院裁定确认的债权总额为15.17亿元,均为普通债权。

管理人制订的重整计划草案,于2014年11月20日获得长航油运债权人会议和出资人组会议高票通过。11月28日,南京中院裁定批准该重整计划草案。依据《企业破产法》的规定,表决通过的《重整计划》对长航油运出资人权益调整方案、债权

的分类及调整方案、债权受偿方案、偿债资金及股票的来源以及经营方案均作了规定和安排,同时明确了重整计划的执行期限及执行完毕的标准和重整计划执行的监督。关于债权的清偿,按有财产担保和无财产担保的普通债权分别处理。其中,有财产担保债权按100%比例清偿,无财产担保的普通债权50万元以下的按100%比例清偿,50万元以上部分则按清算状态下测算的12.46%比例,由长航油运以现金方式分期清偿,扣除以现金清偿部分的债权之后,剩余普通债权以长航油运资本公积转增的股票和股东让渡的股票抵偿。

法院裁定批准重整计划后,此案进入紧张的重整方案报批和执行阶段。参与留债的金融机构在牵头行组织下,组成留债银团,报经总行批准后,签署了留债银团协议;在南京中院的主持下,管理人和企业完成了亏损资产的处置、现金偿付、股权让渡和划转等工作。截至2014年12月31日,各金融机构债权人完成了留债或置换发放了新贷款,仅历时33天,长航油运债务重整方案全面执行完毕。

3. 长航油运通过重整达到多重积极目标并最终实现重生

长航油运破产重整,系中国境内首例退市央企通过重整实现重生的案件。

作为化解企业债务、经营、管理等各方面困境的一揽子解决方案,重整程序能够有效调动尽可能多的资源。该案中,在江苏省政府金融办、南京市政府的协调下,在南京中院、广大出资人尤其是中外运长航集团以及众多债权人的支持下,圆满实现了如下目标:

① 实现债权人利益的全额保护。直接以现金偿还负债44.9亿元,通过重组银团贷款协议或双边债务重组协议分期偿还29.6亿元,通过以股抵债偿还62.4亿元,债权清偿率达到100%。

② 企业经营能力得到恢复。通过剥离亏损资产、消减债务负担、优化运力结构,长航油运长期亏损局面得以扭转,金融不良债权得到化解,案涉115.46亿余元金融债权全额解决,均未转为不良贷款。

③ 维稳压力得以释放。长航油运涉及3 000多名职工,12万余户股东,重整受理前,信访压力已然积聚,重整程序终结使得重大的涉稳隐患得以消除。

④ 市场化机制得以健全。长航油运的破产重整,为国有大型企业危机处理积累了宝贵经验,也为推动资本市场的健康发展以及改善地方金融生态环境提供了有益示范。因此,长航油运成功重整有着极大的示范效应,为我国解决类似案件提供了成功案例。

2015年年初,在完成重整工作后,长航油运正式推进并实施了经营管理体制和机制改革。2015年长航油运一季度的财务报告显示,公司通过优化经营策略、提升管船能力和严控船舶运营成本等,不断提升经济运行质量,4年来首度扭亏为盈,实现营业收入11.37亿元,净利润1.21亿元。公司近期目标就是要实现连续盈利,让企业重新上市。目前,长航油运已在集团航运事业部的统筹安排下启动编制了"十三五"规划,在确保实现较好经营业绩的同时着眼长远,通过采取一系列措施,推进企业回归健康盈利可持续发展轨道,成为一个质地优良、有竞争力的上市公司。

4. 长航油运重整案为"僵尸企业"清理工作做出有益探索

2015年11月,李克强总理在国务院常务会议中指出,推进以市场为导向的资源配置,加快"僵尸企业"重组。当前,"供给侧结构性改革"已成为中国经济转型新趋势,"僵尸企业"的清理工作是其重要组成内容。所谓"僵尸企业",根据工信部之界定,是指已停产、半停产、连年亏损、资不抵债,主要靠政府补贴和银行续贷维持经营的企业。"僵尸企业"清理工作总的思路是:按照企业主体、政府推动、市场引导、依法处置的原则,更加注重运用市场机制、经济手段、法治办法,通过兼并重组、债务重组乃至破产清算,积极稳妥推动"僵尸企业"退出。具体思路则是,兼并重组一批,强化管理一批,淘汰落后一批,技术改造提升一批。

破产重整是以市场化、法治化为导向的对困境企业进行全方位改造的程序,其内涵和功能极其丰富。在重整中,既可以引入新的重组方,对企业兼并重组,也可以处置相关不良资产,淘汰落后产能;重整完成后的企业轻装上阵,则为后续强化管理和技术改造创造了良好条件。对于"僵尸企业"而言,重整并非唯一的清理措施,但是对于符合条件的企业实施重整,却是实现经济和社会效益最大化的最有效的措施之一。正是基于此,最高人民法院院长周强在第十二届全国人大第四次会议上所作的最高人民法院工作报告中,强调"依法审理企业破产重整案件,建立全国企业破产重整案件信息网,稳妥处置僵尸企业,推动用法治手段化解产能过剩"。

长航油运重整案虽始于2014年,但就目前之标准来看,长航油运亦属于连续亏损、资不抵债的"僵尸企业"。通过重整程序,长航油运淘汰了部分落后产能,强化了技术改造力度,完善了经营管理体制,目前其已恢复了持续经营和盈利能力。重整在"僵尸企业"清理工作中的巨大优势和功效,已在长航油运重整案中得到了显著体现,其为后续"僵尸企业"尤其是国有"僵尸企业"的清理工作做出了积极和有益的探索。

(三)中国破产裁判首次在美国得到承认,在美资产纳入中国破产程序

1. "尖山光电"重整案中,中国破产裁判在美国获得境外破产效力

2013年12月,浙江省海宁市人民法院(以下简称"海宁法院")依法裁定受理债权人对浙江尖山光电股份有限公司(以下简称"尖山光电")的重整申请,指定尖山光电清算组担任管理人,并依法确定了管理人职责。

2014年6月30日,海宁法院出具《决定书》,表示注意到债务人"在美国拥有大

量破产财产",依据管理人申请,对管理人职责范围补充决定如下:"管理人有权依据美利坚合众国法典第 11 篇第 15 章之规定,向美国司法机构寻求相关司法救济,并有权采取其认为合适的步骤履行其职务"。从而明确授权管理人作为债务人的代表,寻求美国破产救济。

2014 年 7 月 11 日,管理人任命了一位"指定受权人"(Authorized Designee),授权其"签署并向美国相关法院递交所有申请书、宣告书及其他任何动议……代表债务人聘请律师事务所作为债务人之代理律师……并有权采取一切破产管理人或其指定受权人认为与启动该等法律程序相关的必要、合理行动,以管理、追回一切属于债务人之资产、权益和债权"。

2014 年 7 月 16 日,该指定受权人聘请的美国律师,向位于美国新泽西州的美国联邦破产法院提交了《承认外国主要程序和提供救济和帮助》的申请动议书。该动议对申请符合美国破产法对域外破产程序的承认条件进行了全面的阐述:该中国破产案构成美国破产法定义的"外国主要程序";来自中国的"指定受权人"是符合美国破产法定义的"外国代表";且本案具备来自中国法院的民事裁定书、决定书等全套证明文件。

美国联邦破产法院新泽西州地区首席法官格洛丽亚·伯恩斯(Gloria M. Burns)举行多次听证,最终于 2014 年 8 月 12 日签署命令,批准了此项申请,确认中国破产程序符合美国法定义下的"外国主要程序"的各项条件,并命令立即提供相应的美国司法救济,包括禁止推进针对债务人及其在美财产的判决或执行,禁止从事任何占有、控制、转移、处分或设限于债务人在美财产的行为等。

2. 尖山光电案的启示意义

本案能够获得成功,在于中国法院及管理人充分运用了美国破产法上对外国破产程序的承认规则。

美国 2005 年在《联邦破产法典》中增设第 15 章,较全面地移植了《联合国跨境破产示范法》对于外国破产程序进行承认的原则和规则。若美国法院认为外国代表的申请符合该原则和规则,就应当按照《联邦破产法典》的强制性规定,作出一项承认的命令,允许境外破产程序对债务人的在美资产发生相应的破产效力。此举将使得债务人在美国的财产能够通过一定的程序移交给债务人的破产管理人进行管理和分配。尖山光电重整案中,中国的法院、管理人及其代表正是按照上述规定使中国的破产程序获得了美国的承认。

本案作为美国承认中国破产程序的首例案件,对于其他中国破产企业寻求将在美资产纳入中国破产程序具有积极的示范作用和意义,同时也为中国法院未来依照互惠原则承认美国破产程序在中国的效力提供了可能。

(四) 浙江温州试点简易程序审理小微企业破产案,为小微企业破产问题提供制度优惠

2013年中共中央《关于全面深化改革若干重大问题的决定》提出,要健全优胜劣汰市场退出机制,完善企业破产制度。其中,一个重要方面就是要建立健全市场化、简易化、法治化的企业破产制度,更好地适应和满足高速增长的中小微企业破产的需要,促进混合制经济发展,推动经济转型升级。

温州作为中国的民营企业之乡,民营企业数量众多,但与此同时多为中小微型企业,市场规模小,抗风险能力差。从2011年起温州地区一些企业因资金链断裂而面临破产,对整体金融环境造成区域性影响。2012年3月28日,国务院批准实施《浙江省温州市金融综合改革试验区总体方案》。温州法院利用温州金融改革"先行先试"的独特优势,开始探索简化破产案件审理程序。

实践中,之所以要简化破产审理程序,其原因在于:第一,由于许多破产案件审理久拖不决,导致资产贬值严重,破产成本增加。第二,简化破产审理程序后,可以有条件清理大量符合破产受理条件的"僵尸企业",减少因其存在而带来的信用陷阱等问题,对社会信用体系的建立具有重要意义。第三,针对一些企业规模小、财产较少、债权人不多、案件审理难度较低的破产案件,实行简化审,短时间内审结案件,有助于司法资源的优化配置。第四,简化破产审理程序,引导当事人启动破产程序解决债务问题,对于化解目前法院案多人少的矛盾和执行难问题具有现实的积极意义。第五,简化破产审理程序,也是进一步完善现行破产法律体系的需要。现行破产法下的破产程序为普通程序,程序要求严格,面对小额破产案件,从经济学角度分析,较长的结案时间必然增加债权人的支出。因此,简化破产审理程序,很好地应对了债权人数少、案情相对简单的小型企业破产案件,有利于弥补我国现行《企业破产法》程序设计上之不足。

2013年4月16日温州市中级人民法院发布了《破产简化审纪要》,对适用简化程序的案件范围、审判组织、具体规则等作了规定。其中,简化程序中的规则,包括缩短审理期限规则、简化审理方式规则、破产财产变价、分配简化规则、企业破产申请预登记规则、破产程序中的税收特殊规则等。在纪要指引下,温州法院对符合条件的破产案件进行程序简化,加快简单破产案件审理进度。例如:温州瓯海区人民法院在39天内审结了温州雅尔达鞋业有限公司破产清算案件;温州鹿城区人民法院在8个月内办结的25件破产案件中有23件适用简化程序审理,适用率达92%,平均每宗破产案件的审结天数为65天;温州龙湾区人民法院在审理温州合丰纸业有限公司破产清算案中,对于易损易耗等不宜保管或保管费用高的破产财产采取简化程序变价,即经债权人会议同意并认可处置底价,可不经评估及拍卖程序,由管理人直接通过简便竞买方式快速出售破产财产,等等。

温州法院在实行简化审理过程中,总结出"快、简、活、责、费"五字要诀的经验。所谓"快",是指最大限度缩短破产案件的审理期限,一般为裁定受理后6个月内审结;所谓"简",是指最大限度简化相关审理方式,主要为送达和公告事项的简化;所谓"活",是指灵活规定破产案件的管理人指定机制,包括可按名册指定个人担任管理人;所谓"责",是指实现破产程序与个人责任的有效对接;所谓"费",是指对破产案件法院受理费和管理人报酬作出专门规定。温州法院创新破产审判机制破解企业破产难的经验,先后被浙江省高级人民法院和最高人民法院以工作简报形式推广,同时也为全国法院处理小微企业破产案件提供了有益借鉴。

2015年12月14日召开的中共中央政治局会议称:企业是国民经济的"细胞"。会议强调,要帮助企业降低成本,包括降低制度性交易成本、企业税费负担、社会保险费、财务成本、电力价格、物流成本等,打出一套"组合拳"。温州法院试点简易程序审理小微企业破产案件,恰恰是降低制度性交易成本的一个典型代表,值得从制度上进行借鉴和推广。现行的《企业破产法》亟须修订,消除破产案件办理周期过长的制度障碍。具体来说,建立健全简易程序有两种路径:一是参照国外立法例在《企业破产法》中增设简易程序;二是将和解程序修改成适用于小微企业的简易程序,完善我国中小微企业破产制度和市场化退出机制。

(五)中国发生首起债券违约事件,通过市场化的重整制度予以化解

1. 刚性兑付是我国债券市场的隐性规则

近些年来,我国债券市场发展迅速,发行主体不断增多,发行规模不断扩大,债券种类不断丰富,在推动和促进金融和证券市场发展、提高社会直接融资能力、降低融资成本、服务实体经济等方面发挥了不可磨灭的贡献。目前,我国债券市场的发行主体和种类主要包括:中央财政发行的国债、省级政府发行的地方债、地方政府融资平台发行的债券(如城投债等)、政策性和商业性金融机构发行的债券、企业或公司发行的债券及中短期融资票据等。根据中央国债登记结算有限责任公司的统计,2014年全市场债券发行量共计118 749.8亿元,发行只数为6 773只。根据央行公布的《2015年金融市场运行情况》显示,2015年债券市场全年发行各类债券规模高攀至22.3万亿元。债券市场已经成为国民经济发展中的重要倚靠力量。

虽然我国债券市场高速且大规模发展,但刚性兑付始终是其隐性规则。所谓刚性兑付,是指在合同期限内,无论所发行债券产品的基础性项目是否成功,发行人都必须支付投资者的本息。我国的法律、法规及相关政策均未要求债券产品必须刚性兑付,刚性兑付是在我国债券市场发展过程中各参与主体共同培养起来的不成文的普遍性认识及行为准则。在债券发生信用危机时,或由地方政府、或由发行人母公司、或由承销商等予以兜底。

就我国的债券市场发展历程来看,所发生的数起债券信用危机事件,均在地

方政府的支持或协调下安然度过。如2011年滇公路之债券,由云南省政府增资垫款解决;山东海龙之债券,由潍坊市国资委担保,承销银行提供兑付资金;2012年江西赛维之债券,由新余市政府将其资金缺口纳入年度财政预算。在"11超日债"之前,我国债券市场未发生过实质性违约事件。与此形成对比的是,根据标普统计,在2007年至2011年间,美国发生400起违约事件,日本发生了8起违约事件。因此,"11超日债"的违约作为我国第一起债券违约事件,对我国债券市场的影响不容小觑,其最终的解决措施和方案也对完善我国债券市场具有重要启示意义。

2. "11超日债"成为我国首只违约债券,通过重整程序实现全额兑付

上海超日太阳能科技股份有限公司(以下简称"上海超日")是光伏行业中的一家高科技民营企业,2010年11月登陆中小板。2012年3月7日,上海超日在公开市场发行债券,简称"11超日债",发行规模为10亿元,期限为5年。因自2011年以来,整个光伏行业产能过剩,企业盈利能力大幅下降,导致上海超日资产质量下滑、负债大幅增加。

上海超日陷入困境后,先后采取多种措施开展自救,避免债券违约。据公开报道,根据2014年2月24日确定的第一套方案,由上海超日通过转让项目的方式获取付息资金,但在实施过程中发现该项目转让存在法律障碍。3月2日,各方推出了第二套方案,由上海市奉贤区政府代为偿付债息9 000万余元,重组方则豁免掉奉贤区政府3亿多元的债务,同时承诺重组完成后再返还给奉贤区政府7 000万元。3月4日上午,奉贤区政府否决了该方案。3月5日为债券利息打款日,上海超日已无回旋空间,遂于3月4日晚发布公告,宣布"11超日债"违约,成为中国债市第一起违约案例。

因连续3年亏损,上海超日股票自2014年5月28日起暂停上市,"11超日债"于2014年5月30日起终止上市。为避免股票退市从而造成各方损失进一步扩大,上海超日启动了重整程序,2014年6月26日,法院裁定受理对上海超日的重整申请。

根据上海超日的重整计划草案,"11超日债"作为有财产担保债权对于上海超日提供的担保物评估价值3 064.82万元优先受偿,每张"11超日债"债权金额本息合计约111.64元,可优先受偿约3.06元,剩余约108.58元作为普通债权受偿。普通债权的受偿方案为:每家债权人20万元以下部分(含20万元)的债权全额受偿;超过20万元的部分按照20%的比例受偿。

另外,重整计划草案还涉及出资人权益调整、后续经营方案等事项。在重整程序中,以上海超日资本公积中的股本溢价部分转增股本,共计转增168 000万股,全体出资人无偿让渡该转增的股份,并由投资人有条件受让,其受让的现金对价为

14.6亿元。关于其经营方案,主要是通过剥离不良资产、引入新投资者并导入先进材料和技术等措施,以恢复上海超日持续经营和盈利能力。

上海超日重整案设有财产担保债权组、职工债权组、税款债权组、普通债权组及出资人组对重整计划草案及其中的出资人权益调整方案进行表决。经表决,各表决组均通过了重整计划草案。

在重整计划项下,"11超日债"之债权人将遭受损失。根据各方协商结果,中国长城资产管理公司、上海久阳投资管理中心(有限合伙)(以下简称"上海久阳")向管理人出具《保函》,由该两家单位在合计8.8亿元额度范围内为"11超日债"提供连带责任保证。经此安排,"11超日债"本息将全额受偿。另根据重整计划,上海超日的投资人系由9家单位组成,上海久阳系成员单位之一。

2014年12月17日,上海超日发布了"11超日债"兑付公告,其兑付方案为:每手"11超日债"面值1000元派发本息合计1 116.40元。随后,上海超日执行了该兑付方案,"11超日债"最终实现了本息全额兑付。

3. "11超日债"违约事件及通过重整解决危机的方案之评析

就"11超日债"而言,其成为中国债市第一例违约债券,可能的直接原因在于其流动性枯竭、地方政府未在危急关头援手相助。但其本质原因在于其发行人上海超日资产负债状况严重恶化,已从根本上丧失了还本付息的能力。根据重整计划,上海超日的全部资产评估值仅约4.8亿元,但其负债却接近60亿元,若不一体性解决上海超日的高负债问题,通过重整制度依法削减债务,单纯"11超日债"问题的解决,不足以化解上海超日所面临的困境。因此,"11超日债"的危机,只是上海超日深层次危机的一个表征。而重整作为包括资产、债务、股权重组在内的困境企业一揽子解决方案,能够从根本上解决上海超日的危机。

在"11超日债"危机过程中,重整的另一个重要作用在于,它展示了市场化、法制化的方案在解决债券信用危机过程中的力量。重整作为司法程序,它提供了一个出资人、债权人以及不同的出资人、不同的债权人等各参与方利益相互博弈的平台,该平台以法制化为原则,以市场化为导向,行政力量一般不参与其中或仅起协调作用。上海超日重整案中,"11超日债"的问题正是遵循了上述规范得到了解决。当然,在该案中,"11超日债"的债券持有人,得到了比其他同类型债权人更为优惠的待遇,通过重整计划之外的弥补机制,实现了债权本息的全额偿付。非常有理由相信,该弥补方案虽然形式上独立于重整计划,但应该通过某种安排得到了重整计划的反向弥补。不过,作为上市公司重整案,其应当披露的信息都依法进行了披露,参与各方在掌握了相关信息后进行博弈,行使表决权,其本身是公正的。该案中各表决组均通过了重整计划,说明各参与方整体上是认可此种安排和结果的。

我国债券市场刚性兑付的隐性规则长期受到诟病,相关的观点认为,只有打破刚性兑付现象,实现去行政化,债券市场的信用评级、产品定价等机制才能显现其意义,债券市场才能长期向好。"11超日债"虽为首只违约的债券,但就其结果而言,刚性兑付的潜规则并未打破。其实,刚性兑付仅为表面现象,其背后隐现的是通过行政力量和行政资源为市场中的个案买单的非市场化的运作模式。因此,问题的关键尚不在于刚性兑付本身,而在于发生债券信用危机后,如何通过市场化和法制化的手段予以应对。而重整制度,则为此提供了一个极为有效的方案。

"11超日债"的违约开启了中国债市违约的序幕,此后,"12湘鄂债""11天威MTN2""12中富01""12二重集MTN1""10中钢债""10英利MTN1""15山水SCP001"相继出现实质性违约,以致2014年被称为中国债市违约元年。目前,上述债券所涉发行人中,中国第二重型机械集团公司、保定天威集团有限公司均已尝试通过重整摆脱困境,"11超日债"化解措施的示范效应、重整制度对中国债券市场的积极意义开始显现。

五、结语

破产法律制度从无到有,从局部到整体,从粗糙到成熟,不是能够一蹴而就的,势必经历一个漫长的过程。破产法律服务的发展虽然历经坎坷,长路漫漫,破产律师的努力却从未停止,因为我们深刻地理解破产法律制度对于企业、对于市场、对于我国的经济发展和转型的意义和价值。完善破产法律制度、充分发挥制度优势、提高破产法律服务的质量和数量,不仅需要破产律师的不懈努力,也需要社会各界的支持和配合,才能让破产制度更好地服务于大众。

(本章由中华全国律师协会破产与重组专业委员会组织编写,执笔人:尹正友、陈明夏、张海征、尹秀超、任一民、许胜锋、严洪祥、关宪法)

第九章 税务法律服务业务报告

目 录

一、税务法律服务状况回顾与展望 / 451
　　（一）税务法律服务发展状况回顾 / 451
　　（二）税务法律服务的未来走向 / 456
二、税务法律服务的发展和创新 / 458
　　（一）税务法律服务延伸至企业决策 / 458
　　（二）更加注重与其他业务领域律师的合作 / 458
　　（三）税务法律服务从诉讼向非诉延伸 / 459
　　（四）税务律师与注册税务师、会计师的合作更为广泛 / 459
三、税务法律服务领域重大法律事件、热点法律问题研究及立法建议 / 460
　　（一）税务争议解决业务领域 / 460
　　（二）税务筹划业务领域 / 464
　　（三）税务风险管理业务领域 / 470
　　（四）国际税法服务业务领域 / 472
　　（五）税务法律服务领域相关立法建议 / 475
四、税收法律业务领域已审结典型案件评析 / 483
　　（一）善意取得虚开的增值税专用发票企业所得税税前列支案 / 483
　　（二）税收滞纳金能否超过税款金额案 / 486
　　（三）转让"代持股"逃避缴纳税款案 / 488
　　（四）纳税人税务行政复议救济权保护案 / 491

一、税务法律服务状况回顾与展望

（一）税务法律服务发展状况回顾

1. 税务法律服务的发展现状

党的十八届三中全会报告强调，要进一步深化财税体制改革，落实税收法定原则，中国税务律师已经迎来了前所未有的发展机遇。当前，我国税务法律服务的发展状况如下：

(1) 税法专业委员会快速发展

目前,包括北京、上海、广州、深圳在内的全国十多个省、省会城市或副省级城市的律师协会成立了税法专业委员会或税法研究会,对推动税务律师行业的发展起到了巨大的推动作用,税务律师数量也很快提升。在非诉业务与传统业务的结合业务上,积极参与的青年律师越来越多。北京和上海等地还出现了多家专业从事税法业务的律师事务所。从长远角度看,专业化将是律师业发展的必然趋势。法律业务门类越来越多,分工也越来越细,传统的"全科医生"型的综合性律师已经变得不太可能,新兴的"专科大夫"型专业性律师发展愈加迅速。

(2) 税务法律服务市场需求量大

当前经济环境下,企业的生产经营、组织架构、跨境交易和投融资等安排日趋复杂、专业,创新业务模式、交易结构不断增多,经济行为的国际化以及交易方式的网络化,无论对企业还是税务机关的税法适用均带来了巨大挑战。

与发达国家相比,我国税收法律、法规不健全、税收立法层级较低,上位法简单、包容性小,在税收征管中大量部门规章、内部规范性文件在实际发挥作用,由此带来税务机关执法的自由裁量权过大,容易引发行政执法风险。此外,受国家长期实行计划经济体制和经营者税法意识淡薄、各项税费负担较重和税务机关监管能力有限等诸多因素的影响,一些违背税法原理、侵害纳税人合法权益的案件时有发生,因此,税务法律服务具有较大的市场需求。

(3) 纳税人防范风险的意识不断提升

税务法律服务的主体是税务律师,税务律师在办案过程中,协助纳税人综合考虑每一笔交易的经济实质和税法适用标准,向纳税人指明纳税义务和涉税风险,在降低纳税人涉税风险及税务成本、维护纳税人合法权益的同时提高了纳税人防范风险的意识。

(4) 税务法律服务的提供者有效推动了我国税收法治化的进程

税务律师在税收征管过程中与税务机关积极沟通、协调,帮助税务机关明确商业行为中的经济实质并剖析税收协定、法律、行政法规、规范性文件等各项规定及其内部层级关系。此外,税务律师为国家法律、法规的制定、税收规范性文件的出台提供合理建议,就税收法规不明确的地方向有权机关发出呼吁,请求有权机关对类似问题作出明确的解释或说明答复,推进了我国税收法治化的进程。

2. 税务法律服务的内容

(1) 税务争议解决服务

当前,受全球和中国经济形势的影响,以及政府日益扩大的公共财政支出压力,税务机关不断加大税务稽查和反避税调查的力度。同时,随着税收法律制度的不断完善和纳税人权利意识的不断提升,可以预见,未来将有越来越多的税务争议案件出现。新的税收法律和征管环境,要求纳税人改变以往处理税务争议的方式,通过寻求外部税务专业人士的支持,尽可能在法律和制度的框架内解决税务争议。事前沟通、过程中的风险控制与规划应是税务律师开展税务服务的主要手段,但是税务争议解决与风险化解也是税务律师服务的重要内容。

在税务行政处罚方面,税务律师可着重在听证环节发挥作用。听证,是指税务机关在对当事人的某些违法行为作出处罚决定之前,按照一定形式听取调查人员和当事人意见的程序。税务律师可在合法、合理两个方面协助纳税人进行充分的陈述和申辩,以维护纳税人的正当、合法权益。

在税务行政复议方面,纳税人可以对税务机关作出的具体行政行为提出行政复议申请。税务律师熟悉政策和程序,可为纳税人提供包括调解在内的解决方案,以维护纳税人的正当权益。

在税务行政诉讼方面,根据《税收征收管理法》第88条的规定,对于因征税问题引起的争议,税务行政复议是税务行政诉讼的必经前置程序,未经复议不能向法院起诉,经复议仍不服的,才能起诉;对于因处罚、保全措施及强制执行引起的争议,当事人可以选择适用复议或诉讼程序,如选择复议程序,对复议决定仍不服的,可以向法院起诉。是否符合诉讼的条件和是否选择诉讼,税务律师可为纳税人作出专业分析并提出合理的解决方案,一旦纳税人选择诉讼,需要税务律师通过专业技能和诉讼技巧,最大限度地维护纳税人的合法权益。

(2) 税务筹划服务

税务筹划,是指在纳税行为发生之前,在不违反法律、法规(税法及其他相关法律、法规)的前提下,通过对纳税主体(法人或自然人)的经营活动或投资行为等涉税事项作出事先安排,以达到节税或者递延纳税目标的一系列谋划活动。在业务开展前期即由税务律师介入做好合法合理的税务筹划,可更好地掌握企业经营发展态势,取得良好的经济效果。如果等到问题出现再采取措施,会造成被动局面,特别是有时时机已过,无法补正,强行改变有时会适得其反,面临偷漏税处理、处罚的风险。

随着全球经济一体化进程的加剧以及中国税制改革的进一步推进,企业在忙于应对激烈的市场竞争的同时,也面临着日趋复杂的税制带来的税务风险。税务问题在企业风险管理和成本优化决策中占有越来越重要的地位,贯穿于企业投资、融资、生产经营、利润分配、重组以及清算的全过程。专业化的税务律师通过运用所掌握的各项税收法规、会计和财务知识的优势,全面参与企业运营决策,可在企业开源节流、增进效益方面发挥重大作用。特别是在并购重组、IPO进程、资产清算等重大事项的安排上,更需要税务律师的参与规划、政策把关或法律见证。

在税法改革的时代背景下,税收日益成为决定经济形势的重要因素。税制更加健全、操作性与专业性更强,对税法因素进行规划管理,可以有效争取税收利益,规避税收风险。同时,征税的基础是企业的经济行为,而企业的经济行为需要靠合同等民事法律去安排,无论是并购重组、清算,还是其他重大事项,都离不开公司法、合同法和其他一些工商管理的规定。税务方案的实现必须借助其他交易合同、投资架构去完成。因此,兼具法律、财务与会计知识的税务律师在企业经营中的筹划将更为重要。

(3) 税法顾问服务

税务律师的经常性工作是接受企业和个人的委托担任税务顾问,提供例如税务及法律咨询、整体纳税筹划或安排、对重要税务法律文件的审核等服务,帮助企业规避涉税风险、提高经济效益、从而合理节税。

第一,预防法律风险。就企业而言,在经济活动中面临双重风险:一是商业风险,或称为投资风险、交易风险、政策风险,这类风险不易控;二是企业法律风险,这类风险可以控制或防范,有学者称为"底线风险",即企业经营过程中不能触及的"红线",否则企业经营就会前功尽弃。为规避此类风险的法律服务主要有:法律风险分析、法律风险评估、法律风险防范、法律风险治理。税务顾问服务的核心理念是实现涉税零风险。

第二,专项税法顾问服务。在营业税、企业所得税、印花税以及增值税领域提供法律意见,为企业设立、重组、并购等事项提供税务法律顾问服务。税务顾问可具体细分为常年税务顾问和专项税务顾问。专项税务顾问是针对单一具体事项所作的专项税务分析及调整方案设计与论证,该单一事项一般包括企业重组、内外资并购、转让定价、股权转让、企业改制、境外上市等。此类传统业务中,客户一般需要同时聘请法律和财务两个专业机构进行工作。聘请两个机构共同工作,通常可能存在沟通协调障碍和聘用成本偏高等问题,然而税务律师得益于法律和财税方面的专业性和敏感性,由其提供此类服务能有效克服上述问题,并满足客户在涉税零风险及优化投资成本等方面的需求。

(4) 特别纳税调整法律服务

2008年1月1日起生效的《中华人民共和国企业所得税法》(以下简称《企业所得税法》)的亮点之一,是第一次在税收法律层面规定了"特别纳税调整"制度,对关联交易的税务处理原则以及反避税措施作出了原则性规定。表明了国家加强关联企业转让定价管理和反避税管理的决心。而近年来的征管实践也表明,国家在不断加大对企业转让定价审计的力度,转让定价调整的税额逐年上升。对关联交易频繁、交易金额巨大的企业,尤其是对国家每年公布的属于转让定价审核重点的企业来说,加强关联交易的事前管理、在税务机关对企业进行转让定价审计时,积极寻求外部专业人员的支持尤为重要。税务律师在此过程中的作用在于:

企业转让定价政策风险评估。对企业现行的关联交易管理政策、关联方之间的利润转移情况、关联方之间的税负结构等可能引起税务机关认为企业存在避税嫌疑的事项进行专业调查和风险评估,提示企业税务机关可能关注的重点所在,并建议可能的解决方案,降低企业成为转让定价调查对象的风险。

转让定价政策管理。与事后的转让定价抗辩相比,事先积极有效地进行转让定价管理更能有效降低企业被税务机关进行转让定价审计的风险。因此,企业应制定适合本企业和行业特定的转让定价政策,并对企业日常的关联交易按照"合理商业目的"与"独立交易"原则的要求,制定合理的符合独立交易原则的定价制度和管理制度。

转让定价同期资料准备。《特别纳税调整实施办法(试行)》规定,符合条件的企业必须在关联交易发生年度的次年5月31日之前准备完毕该年度转让定价同期资料。

转让定价调查应对与抗辩。税务机关对企业进行转让定价审计时,作为被调查对象的企业,往往由于缺乏相关的专业知识和处理该问题的经验,不能对税务机关的调查作出合理的解释和有效的回应,甚至会使得企业在调查中陷入更大的被动。税务律师具有协助客户应对转让定价调查的丰富经验,可以协助企业制定有效应对策略、对相关质疑进行合理化解释。

预约定价谈签。预约定价作为纳税人与税务机关事先就其与关联方之间的关联交易定价及相应的税收问题达成的协议,对于避免纳税人关联交易未来被转让定价审计的风险,增加经营的确定性具有重要意义。但预约定价谈签的过程不但复杂而且耗时,只有在专业人士的协助下才可能完成。

(5) 国际税法服务

中国经济地位在全球一体化过程中不断提升,中国正在着力推动"一带一路"发展战略以及"走出去"战略,中国企业和投资者的涉外投资、交易等经济事项不断增多,中国企业和投资者越来越需要关于国际税法的服务。同时,越来越多的境外企业和投资者也需要中国的税务律师提供综合性、涉外性、本土化的税法服务。

税务尽职调查。在中国企业和投资者进行涉外投资或与外国企业进行经贸往来时,税务律师在防范涉外税法风险方面发挥着积极作用,通过对被投资所在地税法制度、被投资企业、经贸往来企业的税法调查,有效地评估和识别可能存在的税法风险并提出相应的解决方案规避风险。与此同时,境外投资者在向境内进行投资之初也需要中国的税务律师排查涉税风险,并获取中国税务律师提出的风险防范建议。

涉外税务筹划。税务律师除对涉外税法风险进行排查和防范之外,还可以为企业提供税务架构搭建、税收优惠申请、交易模式建构等税务筹划建议,让涉外投资和交易能够有效地适用税收协定优惠待遇,避免重复的税收负担。尤其是在跨境并购重组领域,税务律师可以重塑交易架构,为企业取得递延纳税的良好结果。

涉外税务争议解决。当前,随着国内涉外经济事项的增多,税务机关与境外的纳税人之间容易引发涉税争议。税务律师可以为境外纳税人提供涉税争议代理服务,通过复议、诉讼以及申请启动相互协商程序等法律途径有效维护境外纳税人的合法权益,确保国内公平、公正的税收环境。

(二) 税务法律服务的未来走向

1. 税务法律服务的发展机遇

(1) 当前税务律师规模有限,专业的税务律师人才稀缺

仅 2015 年一年,我国税收收入已达 11.060 4 万亿元,涉税法律服务市场巨大。但是另一方面,注册会计师、税务师受各种制约难以提供全面的税法服务,税务律师的规模又远未达到与业务量相匹配的程度。在供需严重不平衡的情况下,经过一定专业沉淀后的税务律师在法律服务市场上仍然属于稀缺人才。

税务律师作为律师队伍的重要一支,至今没有达到与市场需求相匹配的的规模。究其原因主要是:① 税务律师需要同时具备法律、财务会计和税务知识,对人才素质要求较高;② 我国税收法律体系复杂程度较高,各地在政策执行时口径不一,因此税务律师需要具备较为丰富的经验积累才能胜任工作;③ 以往税收执法行政性色彩浓厚,纳税人地位得不到提高,权利保护意识不强。

(2) 我国税收法制改革步伐加快,亟须精通税法的税务律师辅助

在经历了 1953 年、1963 年、1973 年、1983 年、1994 年和 2003 年的几次重大税制改革以后,我国的税收制度正日趋完善。尤其是近年来,在社会各界的广泛关注下,我国的税法改革步伐明显加快。尤其是十八大深化财税体制改革以来,税收征管愈加严格。2013 年 8 月 1 日"营改增"开始在全国试点,2015 年进入全面扩围阶段,个税改革、房产税改革、遗产税出台正在酝酿等都显示出我国的税法改革正在大跨步地进行。然而税法改革如何进行?纳税人如何适应新的税法制度,并寻求对自身最为有利的方案?这些问题的解决都离不开具备深厚专业知识及丰富实践经验的税务律师。可以说,我国税法改革的大背景为税务律师提供了广阔的作为空间。

(3) 我国税收立法、执法、司法水平不断提高,税务法律服务市场愈加广阔

长期以来,我国税收立法层级低、法规之间存在冲突和漏洞、各地税收政策执行口径不一、税收司法行政化趋势明显等问题严重制约着我国税务律师业务的开展。近年来,随着我国税收法治建设工作的逐步推进,我国税收立法、执法、司法水平不断提高。税收征管工作越来越严格地依法进行,律师在涉税事项上的作用更加凸显。未来,税务律师工作的开展也越来越有法可依,税务律师服务市场也将越来越广阔。

（4）企业国际化经营趋势明显，深谙国际税收法律的税务律师紧缺

当今社会，国际经济贸易合作日益频繁，国际社会已经成为一个统一的市场。2013年8月，我国政府正式签署了《多边税收征管互助公约》。截至2015年8月底，我国已对外正式签署100个避免双重征税协定，其中97个协定已生效，和香港、澳门特别行政区签署了税收安排，与台湾地区签署了税收协议。尽管我们在国际税收方面已经取得了一些成就，但企业在"走出去"战略中仍然面临诸如对各国税收政策掌握不足、重复征税和税收优惠政策不能完全享受、境外维权困难等问题。"一带一路"战略实施后，企业国际化经营范围更广。与此同时，熟悉国际税法的律师却凤毛麟角，这无疑将成为未来税务律师发展的机会。

2. 税务法律服务的未来走向

（1）税务法律服务越来越受到企业的重视

近年来，越来越多的企业开始认识到税务筹划的重要性并接受税务筹划。追求股东价值最大化是现代企业管理的经营目标之一。企业在不违反法律、法规的前提条件下，通过对纳税主体的经营活动、筹资活动、投资活动的涉税事项作出事先安排，从而降低企业的税收负担，实现企业利润最大化。但同时也应该充分认识税务筹划的风险性，企业如果无视这些风险的存在进行盲目的税务筹划，其结果不但不能为企业带来经济利益，还可能使企业遭受更大的危害与损失。随着市场竞争的日益激烈，企业必然会更多的考虑企业成本，那么合理的节税自然受到企业的重视。

（2）税务法律业务数量和服务机构增多

在新型税收管理理论下，税收法律关系是基于公共服务所产生的债权债务关系，纳税人和税务机关之间具有平等性。在当代的税收征管关系中，越来越重视纳税人权利的保护，希望通过鼓励纳税人的自我遵从意识达到税收征管的有效平衡，即"和谐征税"。因此，能动地赋予中介机构辅助纳税人提高税法意识和执行能力的功能，就能够促进纳税人与税务征管机关通过互动发现切合实际的商业和经营现状，征收最符合法律法规规定的税款，从而实现经济发展和税收征管之间的协调发展。此外，利用中介服务也有利于减少权力寻租概率，减缓管理压力，转移税收管理风险。中介服务在行政监管和市场两方面的需求，来源于一个重要的认识，即在现有的税收理论下，作为公共服务对价的国家税收，考虑到其性质的转变以及相配套的严格监管程序，包括市场法治的影响，会使绝大多数纳税人实际上有避税的需要但没有逃税的冲动。只有基于这一假设，中介机构才能在纳税人和监管机关中发挥其专业优势。而这一认识也决定了，税务机关不再将中介机构和纳税人视为被监管的对象，而是通过相互间的协作，降低信息不对称的影响而提高监管效率。因此，随着税收法治化进程的推进以及国家政策的导向，税务法律服务机构会日益

增多。

(3) 税务法律服务专业化分工更为精细

税务律师是指依法取得律师执业证书,接受委托或者指定,为当事人提供专业财税法律服务的执业人员。税务律师首先应该是律师,税务律师行业是就律师专业领域所作的细分。税务律师在发达国家已经发展成熟且数量庞大,而在我国依然属于较为新兴的专业方向,税务律师要求从业人员具有财务、税务及法律知识储备,而且必须经过较长时间的实践方可获得客户的认可,可以预见,未来的税务律师团队必然更为专业化。

(4) 专业化税务法律服务人员与市场需求更加匹配

查尔斯·罗索蒂在工作笔记中写道:无论接受多少培训,也没有人能够掌握所有问题的答案,但是每个员工都可能有自己掌握得非常熟练的、擅长回答的问题。如果一个员工接受的培训是关于退休账户的,而他每天回答的问题都是这个领域的,那么随着时间的推移,对于这个棘手的专题,他就会变得特别精通。培训、时间、反馈,以及工作优异成绩带来的那份自豪感就会持续地提高工作质量。这番话实际上反映了税务服务专业化的问题。未来的纳税服务将更加突出专业化趋势并与市场需求相匹配。

二、税务法律服务的发展和创新

(一) 税务法律服务延伸至企业决策

税务律师须谙熟商业模式及商业实质。真正的税务筹划的关键是协助决策者进行不同商业模式的选择,也只有立足于此的税务筹划才不太可能被税务机关以"经济实质大于法律形式"的原则进行纳税调整的,并且也是税务部门所倡导的(因为发挥了税收引导和宏观调控的作用)。因此,税务律师提供税务筹划等涉税法律服务前,需要深入了解不同商业模式所产生的不同的税负成本与法律后果。在获悉决策者商业目的的前提下,税务律师需要准确地把握不同的商业模式及商业实质,在此基础上才有可能提供涉税法律服务,否则将有可能南辕北辙。因此,优质的税务法律服务必然是延伸至企业日常经营决策的。

(二) 更加注重与其他业务领域律师的合作

从其他法律领域与税法领域的关系来看,我们可以很容易获悉:税法就像一条看不见的绳索,将其他各个法律领域串联在一起。因此,任何一个其他法律领域都与税法有或多或少的联系,区别仅在于产生联系的密切程度。比如,在商事经济(如并购、投融资、购销等)法律业务领域中,税法业务处于突出与核心的位置;而在比如劳动法中,只有在涉及工资支付、经济补偿金等方面才需要考虑纳税的问题;在婚姻家庭继承法中,大多只有在涉及财产分割时才涉及税收问题。

基于税法业务与其他法律领域这种辩证的关系,税务律师与其他法律领域的专业律师的关系也是辩证的。在商事经济领域,税务律师处于中心位置,因为在对不同的商业模式进行选择时,税务律师能够从法律、税务等多方面为决策者提供有效的决策信息。律师是为决策者出谋划策的"军师"或"参谋"。因此,能为决策者提供的服务越是接近于"一站式"的,对决策者作出有效决策的帮助性就越大。比如,决策者在判断是否进行某个商业业务时,首先考虑的是这种商业模式能否给他带来经济效益,通俗点讲就是能不能让其赚钱;其次,考虑到能获利以后,还要考虑开展这项业务的成本有多大,而对处于世界第二大税负的中国企业而言,税收成本是他们成本核算的重要方面;再次,判断国家对开展这项业务有没有禁止或限制性规定,是否会有法律风险;最后,如果前面三个问题都得出明确肯定的答案,则决策者会考虑如何具体落实,即寻求操作流程的帮助。从决策者以上的决策思路可知:既懂法律又精通税收法规政策、纳税实务的律师比其他一般律师更具备接近于提供"一站式"商业解决方案的要求。因此,从商事经济领域来看,税务问题在决策中所占权重越大,则税法律师越受青睐。在很多领域,税务律师与其他一般律师的关系为主辅关系,税务律师要比其他律师起的作用大得多。而其他非商事经济领域,税务律师与其他律师的关系可能是反过来的,税务律师是配合其他专业领域律师提供涉税增值服务的。

(三)税务法律服务从诉讼向非讼延伸

在发达国家,税务律师作为法律服务行业的一项专业化分支,在诉讼和非诉领域都扮演着十分活跃的角色,为企业提供税法咨询、税务筹划、税务诉讼代理服务等。在我国,税务法律服务是中国律师业中一个较新的领域和业务类型,长期发展缓慢,以往的税务服务也多集中在诉讼领域。近年来,随着全球化和市场经济的深入发展,跨境交易的增多,税收法治的推进,纳税人税务合规、维权意识的提高,市场对于税务法律服务的需求将不断加大。尤其是随着资本市场的日趋活跃,企业经营管理、资本运作、兼并重组等方面的税务问题越来越凸显并受到重视,税务法律服务从诉讼向非诉延伸,从争议解决到税务筹划,税务律师的业务领域不断拓宽。

(四)税务律师与注册税务师、会计师的合作更为广泛

由于我国税务律师行业起步较晚,其他税务中介服务机构在税务市场上已经比较活跃。除税务律师以外,我国的税务中介服务人员还包括税务师、会计师、评估师、财务咨询师等。税务律师与其他税务中介机构的根本不同在于税务律师的法律性特点。税收法定原则是公认的税法基本原则之一。法律属性是税法的根本属性,会计、经济属性只是其技术特征。其他税务中介机构服务人员大多没有经过专业的法学教育,法律功底薄弱,税务律师在解决税法问题时具有先天的优势。但是受中

国传统实践的影响,会计师往往充当了"会计师+税务师"的综合角色,因此,当企业遇到税务问题时,首先想到的不是咨询税务师或者律师,而是会向会计师寻求帮助。也正因为如此,我国早些年乃至现阶段,税务筹划都是由会计师来做的。但是,会计师,即使是税务会计,都很难为决策者提供专业的税务决策信息,会计师无法替代税务律师,大部分的涉税专业服务只能让位于税务律师或者其他能够提供涉税服务的人员。

同样囿于对法律知识掌握及商业模式理解的局限性,税务师在进行日常税务咨询、纳税申报、纳税辅导、涉税鉴证外的非日常性税务规划方面,比如企业重组、非货币型资产交换、融资租赁、企业合并与分立等领域往往捉襟见肘。因此,这些年来,税务师事务所并没有获得长足的发展。

综合考虑税务律师、注册会计师及税务师的特性,我们可以明确:在日常税务咨询、纳税申报、纳税辅导、涉税鉴证等经常性业务领域,税务师比税务律师做得更专业,作用也更大;而在非日常性的业务领域,税务律师却比税务师更胜一筹。因此,税务律师与税务师两者的关系是合作大于竞争,合作共赢将是两者未来生存与发展的方向。

三、税务法律服务领域重大法律事件、热点法律问题研究及立法建议

(一) 税务争议解决业务领域

1.《立法法》落实税收法定原则

2015年3月,第十二届全国人民代表大会第三次会议通过了《关于修改〈中华人民共和国立法法〉的决定》。修改后的《立法法》第8条规定:"下列事项只能制定法律:(一) 国家主权的事项;(二) 各级人民代表大会、人民政府、人民法院和人民检察院的产生、组织和职权;(三) 民族区域自治制度、特别行政区制度、基层群众自治制度;(四) 犯罪和刑罚;(五) 对公民政治权利的剥夺、限制人身自由的强制措施和处罚;(六) 税种的设立、税率的确定和税收征收管理等税收基本制度;(七) 对非国有财产的征收、征用;(八) 民事基本制度;(九) 基本经济制度以及财政、海关、金融和外贸的基本制度;(十) 诉讼和仲裁制度;(十一) 必须由全国人民代表大会及其常务委员会制定法律的其他事项。"

《立法法》第8条第(六)项明确确立了税收法定原则,这在税法理论界、税法实务界以及全面推进依法治税的伟大进程中都是一件大事。在当前中共中央、国务院全面推进依法治国、依法治税的背景下,税务律师维护税法权威、促进税法正确适用、提供专业税法服务的功能和作用正在逐渐凸显和发挥,并迅速得到法律服务市场的认可。税收法定原则的确立,必将引领我国税收立法进一步向前迈进,加快促进各税种法律化的进程,将会为税务律师开展各类税法服务业务尤其是税务争议纠

纷解决业务提供更多的机遇和空间。

2.《税收征收管理法》即将完成修订

《税收征收管理法》是我国税法体系中规范税收征纳关系的一部基本法,在一定程度上起着税收征管领域"基础性法律"的作用。但是,伴随着经济社会发展和改革开放的深入,税收征管的内外部环境皆发生了巨大的变化,现行《税收征收管理法》虽有2001年的修订,但问题显著,矛盾突出,无论是在立法理念还是在具体制度层面已经与当前的法治理念和价值追求相去甚远,尤其是对纳税人合法权益的保护方面缺失严重,已经到了非修不可的地步。

2008年,《税收征收管理法》的修订列入第十一届全国人大常委会立法规划后,国家税务总局负责该法的修订启动工作,并于2013年5月将送审稿报送国务院。由于该版本送审稿起草于党的十八届三中全会之前,所以十八届三中全会决定中许多新的国家治理观念并未能在其中得到充分体现。为了适应十八届三中全会提出的"深化税收制度改革"的要求,2014年1月国家税务总局将《关于报送税收征管法补充修订内容的函》(税总函〔2014〕50号)报送国务院法制办,建议在送审稿的基础上增加相关内容的修订。2015年1月,国务院向社会公开《中华人民共和国税收征收管理法修订草案(征求意见稿)》[以下简称《税收征收管理法修订草案(征求意见稿)》],广泛征集民众和专家学者的修改意见。预计《税收征收管理法》的修订工作将会在2016年完成。①

在《税收征收管理法修订草案(征求意见稿)》中,纳税人诸多权益得到有效落实,对税务机关的税收执法行为要求更为严格和规范,这使得税务律师在税法专业领域给予纳税人更多的专业支持提供了空间和可能,尤其是将会促进税务争议解决业务的发展,主要表现在以下两个方面:

(1)废止"先缴税后复议"制度,扫清纳税人维权的最大障碍

《税收征收管理法修订草案(征求意见稿)》第126条规定:"纳税人、扣缴义务人、纳税担保人同税务机关在纳税上和直接涉及税款的行政处罚上发生争议时,可以依法申请行政复议;对行政复议决定不服的,应当先依照复议机关的纳税决定缴纳、解缴税款或者提供相应的担保,然后可以依法向人民法院起诉。"本条规定废止

---

① 2015年4月24日,全国人大常委会发布的《关于修改〈中华人民共和国港口法〉第七部法律的决定》(主席令第23号)第2条对《税收征收管理法》作出修改:"将第三十三条修改为:'纳税人依照法律、行政法规的规定办理减税、免税。地方各级人民政府、各级人民政府主管部门、单位和个人违反法律、行政法规规定,擅自作出的减、免税决定无效,税务机关不得执行,并向上级税务机关报告。'"该规定仅对《税收征收管理法》的第33条作出了修订,与国家税务总局公布的《中华人民共和国税收征收管理法修订草案(征求意见稿)》相去甚远,并没有取得明显的修法成果。《税收征收管理法》的修订工作应将继续进行。

了"先缴税后复议",建立起"复议—缴税—诉讼"的救济模式,大大降低了纳税人提请行政复议的门槛,扫清了纳税人维护自身合法权益的最大障碍。这意味着,随着当前纳税人维权意识的增强,税务律师在支持纳税人维权、通过行政复议程序解决征纳双方争议纠纷方面将会发挥巨大作用,税务争议解决业务将会有巨大的发展潜力。

(2)罚款倍数降低,税务机关自由裁量权面临合理性挑战

根据《税收征收管理法修订草案(征求意见稿)》第97条的规定,税务机关认定纳税人具有逃避缴纳税款行为的,有权对纳税人处以不缴或少缴税款的50%以上3倍以下的罚款。《税收征收管理法修订草案(征求意见稿)》将罚款倍数为5倍的上限降低到3倍,对税务机关实施罚款行为的自由裁量权具有很大的限制作用,但却使税务机关未来在税务行政处罚的执法过程中面临罚款倍数的合理性挑战,表现在以下两个方面:

首先,由于现行《税收征收管理法》及《税收征收管理法修订草案(征求意见稿)》仍没有明确罚款的裁量标准,国家税务总局也没有出台相关文件加以明确,税务机关对纳税人逃税这一违法行为实施税务行政罚款的,其自由裁量的行为仍然处于缺乏法律、法规依据的状态。

其次,我国一些省份和地级市的税务机关制定并公布了各自辖区范围内税务机关实施税务行政处罚的裁量基准,如大连市、江苏省、河南省、山东省等。这些地方规范性文件设定行政罚款的裁量标准存在差异,各地税务机关执行的结果极有可能导致不同地区之间不公平的后果。由于地方规范性文件是基于罚款上限为5倍的税法规定制定的,体现的是税务机关长期履行税务行政执法职责的经验积累。一旦罚款上限降低至3倍,税务机关过去累积的执法经验将被淘汰,如何执行新税法以及如何重新规范自由裁量权是税务机关未来需要克服的一大难题,可以说税务机关未来税务行政罚款的自由裁量面临着合理性的挑战。

总之,税务行政处罚争议案件将会随着纳税人对税务机关自由裁量权合理性的诉求而逐渐增多,更重要的是,后文将会提到,《行政诉讼法》经修改后,人民法院有权对被诉具体行政行为的合法性和合理性一并审查,税务律师不仅可以服务纳税人诉诸税务行政复议救济程序,而且可以服务纳税人诉诸行政诉讼程序,税务争议法律服务业务的发展空间和机遇在极大程度上增加。

3. 新《行政诉讼法》出台

2014年11月1日,第十二届全国人民代表大会常务委员会第十一次会议通过了《关于修改〈中华人民共和国行政诉讼法〉的决定》,对《中华人民共和国行政诉讼法》(以下简称《行政诉讼法》)作出了较大程度的修订。修订后的《行政诉讼法》于2015年5月1日起施行,在诉讼程序制度上有诸多创新,为纳税人诉诸税务行政诉

讼的维权程序创造了便利条件,扫清了一些长久以来困扰纳税人的制度障碍,主要表现在以下四个方面:

(1) 强化复议机关的被告责任,弥补"先复议后起诉"的不足

根据《税务行政复议规则》第33条的规定,纳税人与税务机关发生纳税争议的,应当先向行政复议机关申请行政复议,对行政复议决定不服的,可以向人民法院提起行政诉讼。这是我国实施的典型的"先复议后起诉"的承接模式。然而,在诸多纳税争议复议案件中,复议机关往往是上一级的税务机关,并非像法院一样具有相对独立的地位。同时,根据原《行政诉讼法》的规定,复议机关作出维持原具体行政行为的复议决定的,行政相对人不能起诉复议机关的维持决定,仍然需以作出具体行政行为的行政机关作为被告进行起诉,这就大大弱化了复议机关充分发挥合法性和合理性审查功能的主动性和积极性,使得复议案件往往以复议机关作出维持决定收案,而复议机关本身并无任何法律风险,不仅起不到应有的法律监督效果,反而给纳税人维权造成沉重的经济负担和时间成本。这是纳税争议"先复议后起诉"的复议前置制度的最大不足之处。

修订后的《行政诉讼法》第26条第2款规定:"经复议的案件,复议机关决定维持原行政行为的,作出原行政行为的行政机关和复议机关是共同被告。"本款规定极大程度上强化了复议机关的被告责任,针对某一税务行政行为作出维持决定的复议机关将与作出该行政行为的税务机关作为共同被告,对该行政行为的合法性共同承担举证责任。这种制度设计将倒逼复议机关不得不审慎地对被复议税务行政行为的合法性和合理性依法作出准确的认定,尽管并没有取消"先复议后起诉",但是会在很大程度上增加纳税人对复议程序的期待和信心,同时给税务律师为纳税人提供税务行政复议代理服务业务带来了发展机遇和空间。

(2) 起诉时限延长一倍,避免超期无法起诉的"遗憾"

根据原《行政诉讼法》的规定,纳税人对税务机关作出的税务行政处罚决定、强制执行措施、税收保全措施等具体行政行为不服的,应当在知道该具体行政行为之日起3个月内提出起诉请求。修订后的《行政诉讼法》第46条第1款规定:"公民、法人或者其他组织直接向人民法院提起诉讼的,应当自知道或者应当知道作出行政行为之日起六个月内提出。"本条规定将起诉时限从3个月延长到6个月,给予纳税人衡量是否将自身案件诉诸诉讼程序充分的准备时间。同时,由于一些纳税人对法律规定的起诉时限不了解,加上一些其他的内外原因,纳税人很容易错过原《行政诉讼法》规定的3个月的起诉时限,从而丧失司法救济的机会。

修订后的《行政诉讼法》延长起诉时限,能够在很大程度上避免纳税人因种种原因超期而导致无法诉诸诉讼程序进行维权的遗憾。这也使得税务律师承接纳税人的税务行政诉讼案件有了更充裕的准备时间,在一定程度上起到了缓解税务律师工

作密度大的作用,为税务律师承接更多的税务行政诉讼案件提供了时间上的便利。同时,起诉时限的延长将会使得更多的纳税争议案件进入税务行政诉讼程序,也为税务律师从事纳税争议代理业务创造了条件。

(3) 增加合理性审查,救济程序更为全面

在以往的司法救济体制中,复议机关对具体行政行为的合法性和合理性进行审查,法院仅针对具体行政行为的合法性进行司法审查。由于复议程序的各种先天不足,往往难以纠正一些合法但不合理的行政行为。因此,针对合法但不合理的税务行政行为,纳税人很难寻求更多合法有效的途径加以救济。

修订后的《行政诉讼法》第70条规定,"行政行为有下列情形之一的,人民法院判决撤销或者部分撤销,并可以判决被告重新作出行政行为:……(六) 明显不当的。"本条规定相较原《行政诉讼法》,扩大了"撤销"判决的适用范围,将税务机关行使自由裁量权的合理性问题纳入了法院的司法审查范围。这意味着,纳税人遭受尽管合法但明显不合理的税务行政处罚或者其他税务行政行为的,不仅可以诉诸复议程序寻求救济,而且可以诉诸更为中性和独立的诉讼程序寻求救济,极大程度上拓宽了纳税人维护自身合法权益的方式和途径。

(4) 确立调解结案方式,消除纳税人"对抗"税务机关的顾虑

在许多税务争议案件中,纳税人往往囿于不敢对抗税务机关、维持与税务机关的良好关系等顾虑而放弃采取行政诉讼的方式维护自身的合法权益。修订后的《行政诉讼法》增加了对行政诉讼案件调解结案的法定方式,在很大程度上能够起到缓和纳税人与税务机关之间对抗关系的作用。

根据修订后的《行政诉讼法》第60条的规定,"行政赔偿、补偿以及行政机关行使法律、法规规定的自由裁量权的案件可以调解"。同时,修订后的《行政诉讼法》对调解应当适用的原则、调解的效力、调解的救济程序等均作出了明确规定。调解制度的建立为税务律师在税务争议解决中发挥更大的作用创造了条件,税务律师可以为纳税人主导行政诉讼的调解程序,为纳税人争取更具实效的权益。

(二) 税务筹划业务领域

1. 企业并购重组税收政策陆续出台

为了鼓励企业通过重组方式实现继续经营和健康发展,2009年4月,财政部、国家税务总局发布了《关于企业重组业务企业所得税处理若干问题的通知》(财税〔2009〕59号),明确了"企业重组"的概念,同时划分了企业重组的六种主要类型,对符合条件的企业重组的所得税处理给予了递延纳税的特殊待遇。2010年7月,国家税务总局发布了《企业重组业务企业所得税管理办法》(国家税务总局公告2010年第4号),为企业享受特殊待遇提供了程序方面的指引。2011年2月,国家税务总局发布了《关于纳税人资产重组有关增值税问题的公告》(国税函〔2011〕13号)规定:

"纳税人在资产重组过程中,通过合并、分立、出售、置换等方式,将全部或者部分实物资产以及与其相关联的债权、负债和劳动力一并转让给其他单位和个人,不属于增值税的征税范围,其中涉及的货物转让,不征收增值税。"2011年9月,国家税务总局发布了《关于纳税人资产重组有关营业税问题的公告》(国税函〔2011〕51号)规定,自2011年10月1日起,"纳税人在资产重组过程中,通过合并、分立、出售、置换等方式,将全部或者部分实物资产以及与其相关联的债权、债务和劳动力一并转让给其他单位和个人的行为,不属于营业税征收范围,其中涉及的不动产、土地使用权转让,不征收营业税"。2012年2月,财政部、国家税务总局联合发布了《关于企业事业单位改制重组契税政策的通知》(财税〔2012〕4号)规定,自2012年1月1日至2014年12月31日止,公司在股权(股份)转让中,单位、个人承受公司股权(股份),公司土地、房屋权属不发生转移,不征收契税。我国企业并购重组税收立法体系不断丰富。

随着企业兼并重组步伐不断加快,为解决其中审批多、融资难、负担重、服务体系不健全、体制机制不完善、跨地区跨所有制兼并重组困难等问题,2014年3月,国务院下发了《关于进一步优化企业兼并重组市场环境的意见》(国发〔2014〕14号),强调进一步优化市场环境,鼓励支持企业兼并重组。之后,财政部、国家税务总局联合发布了《关于促进企业重组有关企业所得税处理问题的通知》(财税〔2014〕109号)和《关于非货币性资产投资企业所得税政策问题的通知》(财税〔2014〕116号),将适用特殊性税务处理的资产(股权)收购中被收购资产(股权)的比例由不低于75%调整为不低于50%,降幅高达1/3,这一比例在国际上处于中等偏下水平,大大扩展了适用特殊性税务处理的企业重组范围。同时,新政策明确了股权或资产划转特殊性税务处理政策,以及非货币性资产投资递延纳税政策。这将大大降低集团企业内部交易的税收成本,促进企业的资源整合和业务重组。2015年5月,国家税务总局又发布了《关于资产(股权)划转企业所得税征管问题的公告》(国家税务总局公告2015年第40号),明确了资产(股权)划转适用特殊性税务处理的四种情形,将资产(股权)划转"免税"政策的适用扩大到所有性质的企业。2015年6月,国家税务总局发布《关于企业重组业务企业所得税征收管理若干问题的公告》(国家税务总局公告2015年第48号),在具体规范重组业务企业所得税管理的同时,将企业重组适用特殊性税务处理的条件进一步放宽。

企业并购重组领域税务立法和税务执法的逐步规范,对于我国企业的并购重组将起到重大推动作用,对于企业合理、合法节税,搭建税务架构以及进入资本市场也具有重要意义。

2. 税收优惠政策的清理与完善

税收优惠是政府根据一定时期政治、经济和社会发展的总目标,对某些特定的课税对象、纳税人或地区给予的税收鼓励和照顾措施,是政府调控经济的重要手段。多年来,基于平衡地区间经济发展的考虑,国家赋予地方尤其是中西部地区较大幅度的税收优惠力度,以满足经济欠发达地区招商引资的需要。地方政府也积极利用法律赋予的权力空间出台了门类繁多的税收优惠政策,招商引资,增加地方财政收入,拉动地方经济发展。十八届三中全会发布《中共中央关于全面深化改革若干重大问题的决定》提出要完善税收体制,建立现代财政制度,发挥中央和地方的积极性。由此,地方税收体系的构建被提上日程。这其中不得不面对的是地方政府出台的一系列税收优惠政策的存留问题。

为了落实党的十八届三中全会的相关决定,2014年9月26日,国务院印发《关于深化预算管理制度改革的决定》(国发〔2014〕45号),强调"全面规范税收优惠政策。除专门的税收法律、法规和国务院规定外,各部门起草其他法律、法规、发展规划和区域政策都不得突破国家统一财税制度、规定税收优惠政策。未经国务院批准,各地区、各部门不能对企业规定财政优惠政策。各地区、各部门要对已经出台的税收优惠政策进行规范,违反法律法规和国务院规定的一律停止执行;没有法律法规障碍且具有推广价值的,尽快在全国范围内实施;有明确时限的到期停止执行,未明确时限的应设定优惠政策实施时限。建立税收优惠政策备案审查、定期评估和退出机制,加强考核问责,严惩各类违法违规行为"。2014年12月9日,国务院发布《关于清理规范税收等优惠政策的通知》(国发〔2014〕62号),进一步明确税收等优惠政策的清理范围,根据这两份最新的国务院文件,此番清理规范的税收等优惠政策主要集中在以下三类:

(1) 与国家财税制度相矛盾的政府规章

根据国发〔2014〕45号文和国发〔2014〕62号文的规定,对政府部门出台的与我国财税制度相冲突的规章是首先需要清理的,违反国家法律、法规的优惠政策一律停止执行,并需发布文件予以废止。原因在于此类优惠政策的设定违反上位法的规定。因法律位阶的冲突,自然无效。

(2) 未经国务院批准,地方给予企业的财政优惠政策

地方政府出于招商引资的需要,承诺给予企业一定的财政返还政策,待企业落户之后,再以文件违法为由撤销,在给企业造成负担的同时,也影响到政府的公信力。因此,此类文件是清理的重点。

(3) 超出税收优惠政策实施时限的财政政策

国家在授权地方立法之时,对部分授权是规定了时限的,但地方政府在利用国家授权之时,会出现延期的问题。对于延期实施的税收优惠政策,在未经国家立法机关再次授权之前,是一种越权行为,地方政府的越权行为是一种对权力的滥用。

根据国发〔2014〕62号文,清理税收等优惠政策有利于维护公平的市场竞争环境,促进形成全国统一的市场体系,发挥市场在资源配置中的决定性作用;有利于落实国家宏观经济政策,打破地方保护和行业垄断,推动经济转型升级;有利于严肃财经纪律,预防和惩治腐败,维护正常的收入分配秩序;有利于深化财税体制改革,推进依法行政,科学理财,建立全面规范、公开透明的预算制度。对于建设统一的市场经济体系具有重要意义。然而,2015年5月10日,国务院发布《关于税收等优惠政策相关事项的通知》(国发〔2015〕25号),表示对"各地与企业已签订合同中的优惠政策,继续有效;对已兑现的部分,不溯及既往;"并明确,《国务院关于清理规范税收等优惠政策的通知》(国发〔2014〕62号)规定的专项清理工作,"待今后另行部署后再进行"。国发〔2015〕25号文的内容不仅搁置了国发〔2014〕62号文的主要政策内容,还暂停了对地方税收优惠政策的清理工作。究其原因主要源于国发〔2014〕62号文在实际执行中"一刀切",出现了"矫枉过正"的问题,各地招商引资受阻,许多项目陷于停滞的困境。国发〔2014〕62号文试图通过一次专项清理达到"四个有利于"的长远目标,是不现实的,同时与目前经济发展(尤其是促进中西部经济发展)产生了矛盾。

赋予地方尤其是西部地区税收优惠政策,是我国经济发展的现实决定的。从古至今,我国东部经济发展水平一直领先于中西部,这是未来相当长时间内我国经济发展的一个基本事实。从经济学的基本原理和各国实践来看,发展经济需要市场的配置机制,同时也需要在"市场失灵"的领域,有政府的作为和政策引导。西部地区自然环境恶劣,交通不便,投资成本大,完全靠市场无法吸引投资者和资金的流入。事实上包括美国在内的高度发达的市场经济国家,也会结合各地实际情况,通过放权等方式给予地方一定的税收特殊待遇,以吸引投资,发展经济。因此,为了建设"全国统一的市场体系",而否定政府促进中西部地区经济发展的作用,不符合事实。税收除了财政功能外,也是国家进行宏观调控的重要手段之一。

从长远来看,对于我国要建设成统一的市场经济体系,清理规范税收等优惠政策确有国发〔2014〕62号文所提及的四个"有利于"的重大意义。然而,完成这一长期目标需要有长期计划,需要分步骤不断推进。如果寄希望于通过一次清理行动,甚至仅仅希望通过国发〔2014〕62号文实现这一目标,既不现实,也不理性。我国改革开放以来经济发展采取的是渐进式的改革路线,通过一个个小的进步和改进,逐渐实现今天的成就。当然,目前我国也需要进行顶层设计,以解决深层问题,但是落实顶层设计,也需要"从长计议"。

十八大以来,中央高度重视税收法治建设,提出要"落实税收法定"原则,推进依法治税。《税收征收管理法》第3条规定:"税收的开征、停征以及减税、免税、退税、补税,依照法律的规定执行;法律授权国务院规定的,依照国务院制定的行政法规的规定执行。任何机关、单位和个人不得违反法律、行政法规的规定,擅自作出税收开征、停征以及减税、免税、退税、补税和其他同税收法律、行政法规相抵触的决定。"与此同时,2015年3月15日审议通过的《立法法》第8条规定,"税种的设立、税率的确定和税收征收管理等税收基本制度"只能制定法律。未来税收等优惠政策的出台、实施以及清理,也应按照相关法律、法规的要求进行,对于不合法的税收优惠政策,应严格进行清理,这也是全面推进依法治国的应有之义。

3. 区域税收竞争力差异明显,税收筹划仍有空间

一般而言,区域税收竞争是指各地区通过竞相降低有效税率或实施有关税收优惠等途径,以吸引其他地区财源流入本地区的政府自利行为,由此该地区在吸引投资方面形成的比较优势,是区域税收竞争力。区域税收竞争的产生是由于区域间存在实际税负的差异。税收优惠政策、税收返还与财政奖励、税收政策执行口径是导致我国区域间产生税负差异的主要原因,同时也是对税收竞争力进行分析评价的主要指标。

区域性税收等优惠政策的酝酿与出台通常是国家某项发展战略的配套措施,一般而言,除了税收政策外,还包括项目准入、信贷、土地、人才引进等配套政策,但是,税收绝对是国家引导资金流向的一把"利器"。改革开放以来,我国实行了非均衡的区域经济发展战略,提出"三步走"战略,并适时推出了各种国家发展战略与规划,如国家级经济新区、经济特区、国家综合配套改革试验区、综合改革创新区、经济技术开发区、国家高新区、边境经济合作区等。2015年以来,国家陆续提出"一带一路"等新的国家发展战略,每一项国家发展战略和规划通常会有配套的税收等优惠政策,从而推动我国经济实现了30余年的高速增长,创造了世界经济发展史上的奇迹。

2008年新《企业所得税法》实施后,我国税率设置基本实现了统一。然而,由于我国经济发展的不平衡性,为了配合国家宏观发展战略和产业发展规划,已出台实施的区域税收优惠政策约50项,几乎囊括了全国所有省(区、市)。就西部地区而言,根据《关于深入实施西部大开发战略有关税收政策问题的通知》(财税〔2011〕58号),在新一轮西部大开发优惠政策中,对西部地区属于国家鼓励类产业的企业,继续减按15%税率征收企业所得税,对其他符合条件的企业继续提供税收优惠,保持了良好的政策环境,保持了西部地区承接省外和国外产业转移的吸引力。根据《中华人民共和国民族区域自治法》的规定,民族自治地方在财政、税收方面享有更大的权限。从区域上来看,5个自治区均属于国家西部大开发的范畴,因此均可以享受国家出台的西部大开发税收政策。与此同时,为了实施国家宏观发展战略及促进自治区经济社会的全面发展,国家及自治区层面专门针对自治区出台了一些税收优惠政策。

近年来,国家正逐渐淡化区域性的税收优惠,尤其在东部地区,基本不再出台统一的区域性税收优惠政策,而在逐步强化行业性的税收优惠,例如针对高科技企业、文化创意产业、现代服务业等出台的行业性税收优惠。现实中,区域性税收优惠与行业性税收优惠通常是相互交织在一起的,不存在单纯的区域性税收优惠,其通常是与产业相对应的。目前,由于区域经济发展的不平衡,东部区域性的税收优惠针对的产业越来越少,主要集中在高科技、文化、现代服务业等几个方向,而西部地区,由于经济发展相对滞后,区域性的税收优惠面向的产业也较为广泛,给企业提供了更多的空间。

我国现行的分税制体制下,地方对其分享的税金有一定的支配权,加之,国家转移支付制度的存在,地方政府在招商引资过程中,通过财政资金返还或奖励的方式,以吸引投资者。与中央、省级政府间规范的分税制不同,我国各省对省以下财政体制拥有一定的自主权,即自主决定省内各级政府收入分配方法采用分税还是总额分成、市县财政收入留成和上解比例以及省内各级政府支出责任的划分等。分税制与总额分成、增量分成体制是我国省以下政府主要的财政体制形式。大部分省份采用的是分税模式,分税税种的选择比较多样,有增值税、营业税、企业所得税、个人所得税等,还有的是资源税、房产税、契税等。其中,江苏、浙江、福建是我国仅有的三个采取增量或总额分成的省份。

影响税收返还和财政奖励还有一个重要的因素,即国家对地方转移支付制度的存在。国家转移支付是指一国政府为了实现各地公共服务水平的均等化而实行的一种财政资金转移或财政平衡制度。作为现代财政制度的重要内容,我国于1994年分税制改革后逐步建立了财政转移支付制度。目前,中央对地方转移支付的形式分为一般性转移支付、专项转移支付、税收返还。其中专项转移支付有特定的使用限制。根据官方发布的信息,2015年中央对地方转移支付预算数为55 918亿元,包括一般性转移支付29 230.36亿元、专项转移支付21 534.34亿元、税收返还5 153.29亿元。

除了税收优惠政策及财政返还外,为了发展地区经济,各地在投资领域倾向于放宽税收政策执行口径。造成我国各地税收法律、法规、制度执行口径有差异的原因主要在于:第一,国家层面税收立法不完善。第二,税收执法机关及工作人员对税法的理解存在差异。第三,地方政府基于财政税收利益的考虑。第四,地方政府基于招商引资的考虑。第五,税务机关工作人员对执法风险的规避。

上述原因造成国内区域、行业实际税负的差异,对投资者而言,尤其对于资本运作的平台公司而言,恰当利用不同区域税负差异进行税务筹划,可以实现有效降低税负的目的。随着国家各项税收制度的完善和反避税的开展,利用境内不同区域的实际税负差异进行税务筹划越来越需要更加规范的操作和风险控制能力。否则,不但不能降低税负,还有可能违反国家相关法律、法规,甚至触犯刑事责任。

(三) 税务风险管理业务领域

1. 我国反避税税制完善凸显税务风险管理业务的价值

我国的反避税管理工作始于20世纪80年代末,与改革开放相一致,反避税实践也首先从深圳特区开始试点,并以跨国公司关联交易转移定价的纳税调整为重点。结合十多年来的反避税实践探索,在转让定价税制基础上,权衡我国避税实际状况与实际征管能力,《企业所得税法》及其实施条例通过优化税制,移植国外反避税制度,构建起了特别纳税调整规范。2009年《特别纳税调整实施办法(试行)》(国税发〔2009〕2号)正式颁布,标志着我国税收立法主导型的反避税法律体系初步建立。2014年12月,《一般反避税管理办法(试行)》颁布,并于2015年2月1日起施行。至此,我国企业所得税的反避税税制体系比较完善地建立起来。2015年9月,国家税务总局公开向社会征求《特别纳税调整实施办法(征求意见稿)》的修改意见,我国的反避税税制正在逐步走向全面和完善。未来企业具有各种类型的税务筹划方案节约企业所得税税负的,将会面临严峻的反避税调查与纳税调整,需要税务律师提供防范和规避税法风险的支持和帮助,有效地管理和控制这一领域的税法风险。近年来,我国反避税制度的发展和完善为税务律师提供税务风险管理服务提供了巨大的发展空间,主要表现在以下三个方面:

(1)《一般反避税管理办法(试行)》正式施行

2014年12月,国家税务总局颁布了《一般反避税管理办法(试行)》(国家税务总局令第32号),于2015年2月1日起施行,为税务机关调查和调整企业的一般反避税安排提供了明确的规范依据。《一般反避税管理办法(试行)》从避税主体、避税目的、避税行为和避税后果四个方面规定了应当受到纳税调整的避税的构成要素,并且对避税行为认定的范围作出了一些限制。同时,《一般反避税管理办法(试行)》规定了税务机关实施纳税调整的三类基本方法。在调查和调整程序方面,《一般反避税管理办法(试行)》规定参照适用《特别纳税调整实施办法(试行)》关于调查和调整的程序性规定。《一般反避税管理办法(试行)》出台后,企业应当尽可能地将涉及跨境交易、跨境资金安排等商业行为委托税务律师进行税务风险的识别和评估,尤其是在交易定性、公司形式的运用、避税港、离岸信托避税等商业安排领域,税务律师可以对企业的跨境商业行为提出充实经济实质、避免被认定为避税行为的咨询意见,为企业提供反避税风险管理服务。

(2)《特别纳税调整实施办法(试行)》修订在即

2015年9月,国家税务总局公开向社会各界征求《特别纳税调整实施办法(征求意见稿)》的修改意见,预计最新的《特别纳税调整实施办法》将在2016年正式出台。《特别纳税调整实施办法(试行)》及其即将完成修订的规定给税务律师拓展税务风险管理业务乃至税务争议解决业务均提供了更多的机会和空间。

税务律师可以为一些外商投资企业、中外合资经营企业提供转让定价法律服务,对企业的关联交易定价进行尽职调查,为企业出具年度的关联交易同期资料报告,协助企业履行涉税资料信息的提交义务。

税务律师可以为企业、高净值个人提供转让定价、资本弱化、受控外国企业等反避税风险的识别和评估工作,论证交易安排是否符合独立交易原则,相关交易是否具有经济实质,重塑交易的合理商业目的,论证交易主体的风险、功能、资产是否与收入、成本相一致等。

税务律师可以为企业提供特别纳税调整争议解决服务,协助企业应对税务机关的特别纳税调整调查程序,准备向税务机关提交的资料。

(3) 非居民企业间接转让中国应税财产的风险陡增

2015年2月,国家税务总局发布《关于非居民企业间接转让财产企业所得税若干问题的公告》(国家税务总局公告2015年第7号),进一步丰富和完善了国家税务总局《关于加强非居民企业股权转让所得企业所得税管理的通知》(国税函〔2009〕698号),对非居民企业间接转让中国应税财产的避税行为施以高强度的征管制度,使得非居民企业的境外交易存在不容小觑的税法风险。

国家税务总局公告2015年第7号明确规定了何为间接转让中国应税财产,并明确规定转让方的企业所得税纳税义务。在规定如何认定间接转让中国应税财产的避税行为中,明确提出了八项考察因素,并且规定了一些交易情形将被直接认定为避税行为,同时明确了交易双方以及交易筹划方的报告义务。税务律师可以为涉及此类交易的企业进行税法风险的识别和评估,提出税法上的合规建议,引导企业正确评估交易的各项成本因素,确保企业能够最终实现高效的商业目的。

2. "营改增"税制改革快速推进,税务律师大有可为

从2012年1月上海启动交通运输业和部分现代服务业营业税改征增值税试点算起,"营改增"的改革实践已经持续了近4年的时间。目前,除金融业、房地产业和部分生活服务业外,"营改增"的适用范围已经在全国扩大至陆路运输服务、水路运输服务、航空运输服务、管道运输服务、邮政普遍服务、邮政特殊服务、其他邮政服务、研发和技术服务、信息技术服务、文化创意服务、物流辅助服务、有形动产租赁服务、鉴证咨询服务、广播影视服务。预计2016年将会完成对金融业、房地产和部分生活服务业的"营改增"改革。在我国"营改增"改革过程中,企业需要面临诸多的风险应对、税务合规及税务筹划工作,税务律师应当抓住改革机遇,以"营改增"为契机将律师的税法服务业务从税务争议解决向风险管理和税务筹划等前端延伸。

(1) 增值税税负管理与税务筹划

在"营改增"试点过程中,一些如服务类行业的企业增值税税负出现了不减反增现象。这种现象的产生,一方面是由于我国"营改增"尚在进程之中,一些行业和地区仍然没有完成"营改增",但更重要的原因仍在于企业无法充分取得合法、有效的进项税额,或是中间投入比率偏低、固定资产更新周期较长等。因此,基于目前已经完成"营改增"改革的诸多行业经验,税务律师可以为目前尚未完成改革的金融业、生活类服务业、房地产业等企业提供增值税税负管理与税务筹划等专项税法服务。

以建筑业为例,对建筑行业的企业来说,"营改增"后将会面临诸多行业特有的问题,从而导致"营改增"后税负大幅上升,如甲供材不得进项抵扣、人工劳务成本不得进项抵扣、存量资产的进项已无法抵扣、发生的征地拆迁补偿费用无法抵扣、零星材料因无法取得合规发票而不得抵扣,等等。税务律师在为建筑类企业提供"营改增"服务时,应当主要关注合同谈判、合作商资格的选择、筹划房地产项目的发票流和服务流等,从而在源头上降低建筑企业的增值税税负。与建筑类企业相同,房地产开发企业也将会面临一些"营改增"带来的难以解决的难题。税务律师在为房地产开发企业提供"营改增"服务时,应当重点关注成本与发票的审核、"营改增"过渡时期的原材料最优存量、完善与供应商之间合同的签订等。

(2) 发票等税务风险监控与管理

企业在使用增值税专用发票过程中,往往隐含着巨大的税法风险。目前涉税犯罪和涉及发票的犯罪主要与增值税有关。由于增值税在抵扣方面有一定的要求,为了逃税和漏税,一些人会借此机会在发票上面弄虚作假,采取虚开增值税发票的办法进行违法犯罪活动。虚开增值税专用发票也就是指为自己、他人虚开增值税发票以获得自己的既得利益。"营改增"后,由于企业可利用增值税发票来进行抵扣,这样就可以缴纳很少税款,以达到逃税和漏税的目的。"营改增"后随之而来的代开发票等现象也越来越严重,有的人利用发票套利,已经严重触犯了法律,有的在钻法律的空子。因此,在"营改增"后及时防范税务风险,采取切实可行的控制措施是非常必要的。

税务律师可以为企业提供发票风险监控与管理方面的咨询服务,协助企业做好增值税进项发票的审核和交易主体的尽职调查工作,确保企业取得的每一笔增值税进项发票均是真实的、与交易状况相对应的,避免企业存在抵扣虚假进项税额或不实进项税额的情况。

(四) 国际税法服务业务领域

1. 国际性、区域性税收优惠合作不断加深

(1) "一带一路"战略为"走出去"的中国企业提供税法服务的机遇

"一带一路"是丝绸之路经济带和 21 世纪海上丝绸之路的简称,是习近平主席于 2013 年 9 月和 10 月出访中亚和东南亚国家期间,分别提出的共建"新丝绸之路经济带"和"21 世纪海上丝绸之路"的战略构想。在"一带一路"战略的响应下,中国与中亚和东南亚各国正在努力制定和推动一系列的优惠发展战略和政策,积极推进投资贸易便利化,推进区域通关一体化改革。2015 年 6 月,亚洲基础设施投资银行的成立,更为全球资本向"一带一路"区域输送提供了渠道。越来越多的中国企业响应"一带一路"战略号召,积极实施"走出去"战略,加强与"一带一路"地区各个国家的贸易、投资等商业合作,为税务律师提供区域性税法服务提供了机遇。

税务律师为企业提供"一带一路"税法服务,核心内容主要包括三个方面:其一,为"走出去"企业提供投资国的税收法律咨询服务,分析其投资项目或经营业务的税收待遇及潜在风险,实施海外并购的尽职调查,仔细梳理目标公司的历史遗留问题尤其是税务问题,如是否存在控股架构不合理导致的税负偏高问题,或税收优惠存疑、无法提供税务机关出具的有效证明文件,等等。其二,为"走出去"企业提供在投资国的涉税服务,帮助企业准确履行纳税义务,当企业面临重复课税或不公平待遇时,代表企业与投资国税务主管部门沟通,提请双边磋商,为"走出去"企业的合法权益保驾护航。其三,从合同谈判阶段进行风险管理与利益维护,在合同签订谈判过程中,要注意纳税义务和征税方式,设计和调整合同中相应的条款,预先管理项目的税务风险。

(2) 两岸税收协议的签订增加为台商提供税法服务的空间

2015 年 8 月 24 日,海峡两岸关系协会与财团法人海峡交流基金会在福建省福州市举行第十一次领导人会谈,并于 25 日正式签署了《海峡两岸避免双重课税及加强税务合作协议》。该项协议的签署弥补了大陆与台湾地区税收协同机制的漏洞,必将为促进两岸的经贸往来、妥善解决涉税争议发挥极大作用。目前,两岸正在加紧推进税收协议在各自司法辖区的生效工作,预计将会在 2016 年年底陆续正式施行。

两岸税收协议内容具体全面,核心目的在于避免两岸双重征税,为两岸经贸往来创造良好的税收征管环境。两岸税收协议在适用主体、税种、征税权的划分、税率设置、消除双重征税方法以及争议解决程序等方面均作出了明确的规定。税务律师可以为在大陆投资的台商或者在台湾地区投资的大陆企业提供税法服务,协助企业申请税收协定优惠待遇,搭建两岸投资的股权结构、提供节约税负成本的税收筹划等服务。同时,两岸税收协议在强化两岸反避税管理合作方面颇有建树,为两岸税务机关对跨境避税安排的调查和纳税调整提供了税制依据,税务律师可以为两岸的投资企业提供反避税的税法风险管理服务,为企业解决两岸税收争议。

2. 国际性税收征管合作持续推进

(1) FATCA 的签订为离岸财产的税务风险管理拉响警报

2010 年 3 月,美国以打击海外避税为由通过了《海外账户税收遵从法案》(The Foreign Account Tax Compliance Act,FATCA),要求外国金融机构必须向美国国内收入局(IRS)登记,按照美国规定的识别程序识别美国人或由美国人控制的外国机构账户,并将账户拥有者的情况以及账户利息、股息、资产收益等期末余额向 IRS 申报。对被判定为不合规的外国金融机构,将对其来源于美国的收入征收 30% 的惩罚性预提税。2014 年 6 月,中国政府与美国政府就实施 FATCA 达成初步协议,中国正式成为美国财政部网站公布的"作为存在有效政府间协定的法域对待"的法域清单中的一员。据透露,在初步协议中,中美政府约定,将对等实施 FATCA,即美国金融机构有义务向中国政府提供中国公民或中国企业的海外账户信息,中国金融机构有义务向美国政府提供对等信息。

预计中美政府正式签署 FATCA 尚有时日,但这一法案的实施,将会对海外账户、海外财产及其税收义务产生巨大的影响和震动。税务律师可以在充分研究 FATCA 的基础上,为中国企业、中国的高净值人士,尤其是具有美国国籍或者具有美国银行账户、海外财产等人士提供税法风险防范和规避以及履行税收合规义务的咨询,做到未雨绸缪,更进一步为海外资金、海外财产的商业运作和安排作出有效应对税收筹划。

(2) BEPS 合作推进冲击跨境避税安排

BEPS(Base Erosion and Profit Shifting)税基侵蚀与利润转移行动计划是由 20 国集团(G20)领导人背书并委托经济合作与发展组织(OECD)推动的一项一揽子税收改革项目,旨在通过协调各国税制,修订税收协定和转让定价国际规则,提高税收透明度和确定性,以应对跨国企业税基侵蚀和利润转移给各国政府财政收入和国际税收公平秩序带来的挑战。自 2013 年 9 月启动该项目以来,国家税务总局成立了 BEPS 工作小组并整合相关力量,深入研究各领域规则的制定及其对我国的影响,跟进 OECD 推动的项目进度安排,参与了 6 个工作组第一阶段召开的所有会议,并对各议题及时表明了中国政府的立场。

2015 年 10 月 10 日,国家税务总局发布了 OECD/G20 税基侵蚀与利润转移 (BEPS)项目 2015 年最终报告。报告显示,BEPS 15 项行动计划均已取得了阶段性的成果,在转让定价、防止协定滥用、弥合国内法漏洞、应对数字经济挑战等一系列基本税收规则和管理制度方面达成了重要共识。同时,我国政府还积极吸取 BEPS 行动计划的成功经验,相继出台《一般反避税管理办法(试行)》《国家税务总局关于非居民企业间接转让财产企业所得税若干问题的公告》等 4 件强化反避税管理的规章和规范性文件,在与智利新签署的税收协定中加入了反协定滥用条款,并正在全面修订《特别纳税调整实施办法(试行)》,反避税工作进入一个空前高压的阶段。

前已述及,高压式地反避税管理工作形势给企业带来了前所未有的税法风险,税务律师应当抓住时代机遇,为企业提供税法风险管理服务,妥善解决企业的历史遗留问题,并为企业有效的商业安排提供合规的税收筹划,在极大程度上安全地降低企业的税负成本。

(五)税务法律服务领域相关立法建议

1.《税收征收管理法》立法建议

近年来,中国的税收实体法律法规已经历多次改革和修订,然而,《税收征收管理法》并未能跟上这些实体法的改革步伐以及不断变化的经济形势。2013年6月7日,国务院法制办公布了《税收征收管理法修订草案(征求意见稿)》,征求社会各界意见。但是,此轮征求意见之后并未正式颁布新法。2015年1月5日,国务院法制办再次启动了关于修订《税收征收管理法》的第二轮征求意见,将税务总局、财政部起草的《税收征收管理法修订草案(征求意见稿)》及其说明全文公布。这次公布的《税收征收管理法修订草案(征求意见稿)》在诸多税法问题的规定上都较现行《税收征收管理法》有极大进步。在此基础上,我们仍有几点立法建议:

(1)取消纳税前置制度

纳税前置制度,要求纳税人在对税务机关征税行为行使法律救济权利之前,要先行缴清税款及滞纳金或者提供相应的担保。法律之所以如此强硬地要求,当事人只有在缴纳税款及滞纳金或提供担保后才能申请复议,主要是考虑到税款应该及时安全入库。

但纳税前置制度限制了当事人的救济权,一直为理论界所诟病。纳税前置制度让一些显失公平或者明显误决的案例投诉无门,不利于政府自我纠错机制和复议制度的完善与发挥。税务机关要求纳税人缴纳税款金额超出纳税人的承受范围时,纳税人就无法启动法律救济程序,会导致税务机关要求纳税人缴纳税款金额越大,纳税人越不易获得救济的悖论。

① 纳税人行使法律救济权利不影响税款及时入库。根据《中华人民共和国行政复议法》(以下简称《行政复议法》)第21条的规定,原则上行政复议期间具体行政行为不停止执行。《税务行政复议规则》第51条规定:"行政复议期间具体行政行为不停止执行;但是有下列情形之一的,可以停止执行:(一)被申请人认为需要停止执行的。(二)行政复议机关认为需要停止执行的。(三)申请人申请停止执行,行政复议机关认为其要求合理,决定停止执行的。(四)法律规定停止执行的。"

《行政诉讼法》第56条规定,诉讼期间,原则上也不停止具体行政行为的执行。

根据上述规定,复议或诉讼期间,原则上作为被申请人的税务机关作出的具体税务行政行为不停止执行。因此,税务机关作出的要求纳税人补缴税款及加收滞纳金的税务处理决定,在复议或诉讼期间,税务机关仍有权要求税款及时入库,税务机关完全可以进行强制执行。因此,在现行法律规定下,保证税款及时入库不足以成为限制纳税人法律救济权利的理由。

②《税收征收管理法修订草案(征求意见稿)》取消了"先缴税款后复议制度"。《税收征收管理法修订草案(征求意见稿)》第126条规定:"纳税人、扣缴义务人、纳税担保人同税务机关在纳税上和直接涉及税款的行政处罚上发生争议时,可以依法申请行政复议;对行政复议决定不服的,应当先依照复议机关的纳税决定缴纳、解缴税款或者提供相应的担保,然后可以依法向人民法院起诉。"

可见,《税收征收管理法修订草案(征求意见稿)》取消了现行《税收征收管理法》"先缴税款后复议"的模式,有利于形成科学有效的利益协调、诉求表达和矛盾调处机制。该规定有利于充分发挥行政复议的主渠道作用,使争议最大限度地通过税务机关内部的救济程序解决。在我国不断加强落实税收法定原则的背景下,取消"先缴税后复议"制度,从制度上对纳税人的合法权益予以保障,改善了征纳双方地位严重不对等的现状。

但本次《税收征收管理法修订草案(征求意见稿)》仅将"先缴税款后复议"制度改为"先缴税款后诉讼"制度,相对于现行制度有所进步,但并未完全摒弃纳税前置制度,仍存有修订空间。

(2)为税收保全措施设置更为严格的启动条件

①《税收征收管理法修订草案(征求意见稿)》中"有根据认为"的表述比较模糊,建议修改为"有证据证明",以突出证据的重要性和税收保全措施的审慎性

《税收征收管理法修订草案(征求意见稿)》第62条"有根据认为"的表述过于宽泛和笼统,究竟何为"有根据认为"缺乏客观的判断标准,在实践中也非常容易导致纳税人和税务机关之间产生争议。因而我们建议将"有根据认为"修改为"有证据证明",有效地约束税务机关的自由裁量权,即税务机关作出的任何对纳税人不利的判断均必须依据充分的证据,这对防止税务机关滥用税收保全措施,保护纳税人权利具有重要意义。

②《税收征收管理法修订草案(征求意见稿)》中"有不履行纳税义务可能"的表述过于宽泛,容易造成法律规定的滥用,建议修改为"有逃避纳税义务行为",以增强法律适用的统一性,维护纳税人的合法权益。

根据《税收征收管理法修订草案(征求意见稿)》规定,纳税人只要有不履行纳税义务的可能,税务机关就有权责令纳税人限期缴纳税款。究竟何种情况构成纳税人不履行纳税义务可能,《税收征收管理法修订草案(征求意见稿)》并没有明确的规定,由于缺乏明确的判断依据,税务机关完全可以根据自身的理解判断纳税人是否存在不履行纳税义务的可能。这一方面将导致法律的不确定性和法律适用的不统一性,即同一行为有的税务机关认为纳税人存在不履行纳税义务的可能,而有的

税务机关则认为纳税人不存在不履行纳税义务的可能。另一方面也容易造成税务机关滥用税收保全措施,即对于纳税人的任何行为税务机关均可以认定其存在不履行纳税义务的可能,只是可能的程度不同而已。因而税务机关完全可以借助此条规定,随意地将纳税人履行纳税义务的时间提前,而这对纳税人日常经营而言,无疑是重大的灾难,纳税人究竟何时应当履行纳税义务将完全取决于税务机关的主观意志,这无疑将极大地损害法律的可预期性和安定性。

2. 信托税收立法建议

我国现行税制是建立在"一物一权"的法理基础上的,但信托的灵魂是"一物二权",两者之间的冲突造成当前信托税制的缺失,信托业所得税制的建设滞后于信托业务的发展。当前我国信托税处于理论上可能重复征税,但实践中却纳税不足的尴尬境地。根据一般经济活动税制,信托在信托设立环节和信托终止环节,就信托财产的所有权转移会重复向委托人和受托人征收流转税和所得税;在信托存续环节和信托终止环节,就信托收益会重复向受托人和受益人征收所得税。但在实践中,由于信托登记制度的缺失、资金信托计划比重较高、大量个人投资者取得收益时由于税源难以控制等因素,许多个人投资者实际并未缴纳税款。根据部分地区税务机关开展的专题调研,现行信托所得税政策不够完善,征管比较薄弱,存在投资者未确认信托收益所得、将信托收益作为免税所得申报、信托项目取得投资收益和转让信托资产纳税义务不明确、信托项目收益独立核算但各信托当事方都不确认所得、税务机关缺少受益人和被投资人关键信息等问题。在信托业快速发展的情况下,纳税人和税务机关都存在一定的税收风险。

为了促进我国信托业的发展,对依据《中华人民共和国信托法》设立的信托业务所涉及的信托所得课税问题提出如下意见和建议。

(1) 信托设立环节

在信托设立环节,涉及信托财产的转移,即信托财产从委托人手中转移到受托人手中。

对于自益信托而言,受益人就是委托人本身。委托人根据信托协议的规定,将各种形式的信托财产转移到受托人名下,根据信托导管理论,信托财产实质上没有发生受益权的转移。因此,建议在自益信托设立环节,信托财产的转移,委托人不确认信托资产的转让所得,受托人也不确认信托所得。也就是说,在自益信托设立的初始阶段,信托财产的转移,委托人、受托人均无须确认所得税纳税义务。

对于他益信托而言,受益人是委托人之外的第三人。在信托设立时,信托财产从委托人名下转移到受托人之手,如果信托协议约定信托财产本金部分属于受益人享有,则意味着信托财产本金部分的受益权转移到受益人名下;如果信托协议约定信托财产本金部分属于委托人享有,信托财产本金投资运营所产生的收益属于受益人享有的,则意味着信托财产的转移,受益人仍是委托人。虽然在已建立信托所得税制的国家或地区,无不将信托设立环节信托财产的转移纳入所得税法的调整范围,以防止纳税人利用设立他益信托转移和分散所得,规避所得税纳税义务。但因我国目前尚未开征遗产与赠与税,委托人通过设立他益信托避税的动机不甚明显。为促进信托业务的进一步发展,建议对他益信托设立环节,信托财产的转移,委托人、受托人、受益人均不发生所得税纳税义务。委托人是企业所得税纳税人的,也不得在税前扣除信托财产的计税基础。受益人是委托人之外的第三人的,在信托设立环节,暂不对受益人征收信托财产转移收益所得税。

(2) 信托存续环节

信托设立后,受托人按照信托协议的约定,以自己的名义对信托财产进行一定的投资运营,在此期间,信托收益由此产生。按照信托收益处理方式的不同,可以区分为既得信托收益、累积信托收益和保留信托收益。既得信托收益,是指依据信托协议的规定或受托人自由裁量权的行使,于信托收益发生年度已确定具体受益人的信托收益,包括应分配和已分配给受益人的信托收益。累积信托收益,是指依据信托协议的规定,于信托收益发生年度不予分配,而是由受托人累积于信托财产,待以后年度再进行分配的信托收益。保留信托收益,是指委托人设立他益信托时,因保留了对信托财产及其收益的控制权而留存于受托人的信托收益。根据信托收益处理方式的不同,可分别设计一定的所得税课税规则。

① 信托收益所得税纳税主体和扣缴规定

根据信托收益实质课税原则,按照"谁受益、谁纳税"的基本思路,在信托导管理论框架下,对既得信托收益由实际取得信托收益的受益人纳税。受益人是自然人的,由受益人缴纳个人所得税;受益人是法人的,由受益人按照企业所得税法有关规定缴纳企业所得税。为了源泉扣缴个人所得税,对受益人是自然人的情况下,受益人应缴纳的个人所得税由受托人承担个人所得税扣缴义务。

对累积信托收益和保留信托收益,由于信托收益留存于信托实体,暂由受托人拥有和控制,为保持信托收益所得税负的公平性,也为了便于税收征管,可遵循信托实体理论思路,同时出于反避税的考虑,对留存于信托实体的累积信托收益和保留信托收益由受托人单独就留存于信托实体的信托收益缴纳企业所得税。

② 信托收益所得税计税依据的确定

信托收益是何种性质的所得,关系到所得税计税依据的确定问题。根据《中华人民共和国信托法》的规定,信托是指委托人基于对受托人的信任,将其财产权委托给受托人,由受托人按委托人的意愿以自己的名义,为受益人的利益或者特定目的,进行管理或处分的行为。信托本质上是一种特定的理财制度。虽然受托人可能将信托财产用于对外股权投资、债权投资或其他形式的投资,也可能用于对外出租等其他资本运营方式,但受益人所取得的信托收益本质上是一种资产运营收益。信托财产运营后所取得的收益在扣除应付给受托人相应的管理费后,余额部分属于信托收益。从信托财产的管理要求来看,受托人要将信托财产单独核算,信托财产一般不得与受托人自身财产进行交易。信托财产的运营所产生的一般是消极的经营所得。从信托导管理论来看,受托人运营信托财产所取得的收入属性,要穿透到受益人。即受益人所取得的信托收益的属性要与受托人信托财产运营所取得的收入性质一致。但如此处理,征管成本较高,不便于征管和受托人会计核算。根据我国《企业会计准则》的规定,受托人要按照信托项目根据权责发生制原则核算当期经营成果,这为信托收益所得税计税依据的计算提供了很好的会计核算基础。因此,建议参照我国目前合伙企业生产经营所得计算方法,将信托财产运营所取得的各项收入扣除相关费用(包括税金及附加、受托人应收取的管理费等)后的余额,作为信托收益,也就是信托所得税的计税依据。

③ 信托收益所得税纳税义务发生时间的确定

为简化信托收益的计算,便于信托收益所得税征管,建议对于既得信托收益所得,按照每个纳税年度实际分配和应分配给受益人的信托收益,于每个纳税年度终了后5个月内,由受益人计算缴纳所得税;对于累积信托收益和保留信托收益,按照信托项目当年实现的信托收益扣除既得信托收益后的余额,由受托人在每个纳税年度终了后5个月内,按照25%的税率计算缴纳企业所得税。

但为了鼓励证券投资基金等特殊信托项目的发展,可以考虑对企业年金等社会保险性质的信托实现的信托收益,在受益人实际取得信托收益时计算缴纳所得税。

④ 信托收益所得税避免重复课税的考量

避免信托收益重复征收所得税,是信托所得税制设计中应考虑的重要内容。要避免信托收益所得税重复征收,需要解决累积信托收益和保留信托收益就信托实体征收企业所得税后的受益人重复纳税问题。建议作如下制度安排:信托收益由受托人缴纳企业所得税后,实际分配给自然人受益人的部分,可将其还原成税前所得,比照个人"利息、股息、红利"所得项目计算应纳个人所得税,然后再扣除在受托人层面就信托收益缴纳的企业所得税个人应分摊的部分,差额部分作为自然人受益人个人所得税应补(退)税款。信托收益由受托人缴纳企业所得税后,实际分配给法人受益人的,可作为符合条件的免税收入处理,不再征收企业所得税。

(3) 信托终止环节

信托协议终止后,涉及信托财产的再次转移,相应的信托财产将全部从受托人名下转移至受益人名下。对于信托协议存续期间,信托财产运营所产生的信托收益,在每个纳税年度终了时分别对实际收益人或受托人征收了相应的所得税,为了避免重复征收所得税,对于信托终止阶段信托收益的处置,可以按照本节"信托收益所得税避免重复课税的考量"有关税制设计处理。对于信托设立环节信托财产本金的转移,所得税制安排需要区别处理:

属于自益信托的,信托财产本金重新转移回委托人时,委托人不涉及所得税征收问题。

属于他益信托的,信托财产本金部分转移至受益人名下时,按以下规则纳税。具体见下表。

委托人	受益人	委托人所得税处理	受益人所得税处理
法人	法人	视同财产转让和捐赠两项经济业务	视同取得捐赠收入
法人	自然人	视同财产转让和捐赠两项经济业务	视同"其他收入"项目
自然人	自然人	视同财产转让,如果受益人是委托人的直系亲属或与其存在赡养或抚养关系的其他亲属时,不视同财产转让	在遗产税与赠与税尚未开征的情况下,暂不征收所得税
自然人	法人	视同财产转让	视同取得捐赠收入

需要说明的是,上述有关他益信托所得课税制度的安排,是建立在受益人无须支付任何对价就可以根据信托协议的约定取得信托利益的前提下构建的。如果受益人需要支付对价后才能取得信托利益,则他益信托所得税制需要作些调整。

3. 规范自由裁量权立法建议

税务行政裁量权是现代行政权的重要组成部分,也是现代税收管理的必然要求。它的存在既是社会关系的复杂性所决定的,又是税收法律规范的局限性所决定的;既是提高行政效率的需要,也是实现个案公平的需要。对税务行政裁量权的立法规范,是一个庞大而且复杂的系统工程,从权力运行的事前、事中、事后全过程加以控制。

(1) 科学构建税务行政裁量权规范机制

① 实行源头控制,完善税务行政裁量权的立法规制

制定税收基本法,确立税法的基本精神和原则,明确税法的基本价值和追求,在

税务行政裁量权行使过程中,充分发挥法律原则、立法目的及立法精神对税务执法人员的规范、引导和指引作用,确保税务行政裁量权的正确行使。提高税收法律、法规的立法技术和水平,提高税收法律、法规的确定性、合理性和可操作性,避免授予税务机关不必要的自由裁量权,尽量压缩税务行政裁量空间。加强和完善对税收法律、法规的法律解释、实施细则及配套规定,探索建立税收执法案例指导制度,为税务行政裁量权的行使提供具体明确、切实可行的法律、制度规定及专业指导,确保裁量权的行使基于正当动机和适当考虑,力求内部执法标准的相对稳定和连续性。

② 突出过程控制,完善税务行政裁量权的行为规制

建立税务行政裁量权适用规则,探索建立适度可控的税务行政裁量基准制度。完善税务行政裁量程序,对税务机关的行政裁量进行程序控制。建立完善信息公开制度、告知并说明理由制度、回避制度、听取意见和听证制度、时效制度、职能分离制度、集体研究制度、重大税务事项合议制度等各项程序规则,并认真贯彻落实,以实现程序正义。加强执法队伍建设,提高执法人员的素质。通过开展教育培训、资格考试、案例指导、实战演练等多种方式切实提高税务执法人员的职业道德、专业能力、综合素质和执法水平。建立和完善相关制度,强化税务机关内部的监督制约。一是完善行政监察制度,二是加强行政层级监督制度。

③ 强化结果控制,完善税务行政裁量权的司法规制

加强制度制衡,鼓励行政相对人通过行政复议、行政诉讼依法维权,实现权利制约权力,同时畅通行政复议、行政诉讼渠道,实现权力制约权力。建立健全司法审查机制,有效发挥司法机关对税务行政行为的监督作用:一是扩大司法审查范围,将税务机关行使税务行政裁量权的合法性、合理性全面纳入司法审查;二是提高税收司法审查人员的专业能力,完善审查标准和审查程序。

(2) 进一步完善税务行政处罚裁量权适用规则

制定裁量权适用规则又是裁量权内部规制的重要方面。适用规则是在归纳、总结和提炼以往执法经验的基础上,以解释法律规范中的不确定法律概念、列举考量因素以及分档、细化量罚幅度等为主要内容的一套裁量权行使规则。税务行政处罚裁量权是税务机关日常征管中使用最为频繁、纳税人最为关注且反应最为强烈的一类税务行政裁量权。近年来,各地税务机关以规范税务行政处罚裁量权为突破口,稳步推进税务行政裁量权规范工作,取得了明显的成效,但工作开展中也暴露出适用规则标准不统一、程序不规范等问题,有必要及时总结工作经验,完善规则设计。基于对各地税务行政处罚裁量权规范工作经验的调查和分析,在制定全国统一的税务行政处罚裁量权适用规则时需要重点解决以下问题:

① 明确税务行政处罚裁量权的定义

税务行政处罚裁量权的定义,应当是《中华人民共和国行政处罚法》《税收征收

管理法》《中华人民共和国税收征收管理法实施细则》(以下简称《税收征收管理法实施细则》)等相关法律、法规赋予税务机关在税收管理中,依据立法目的和公平合理的原则,综合考虑税收违法行为的性质、情节和社会危害程度等因素,对税务行政相对人的税收违法行为是否给予行政处罚、给予何种行政处罚和何种幅度行政处罚进行裁量的权限。

② 明确税务行政处罚裁量权的行使原则

国家税务总局《关于规范税务行政裁量权工作的指导意见》中提出规范税务行政裁量权的五项基本要求,包括合法裁量、合理裁量、公正裁量、程序正当、公开透明,概括得已经非常全面、非常到位,是行使所有税务行政裁量权都应遵守的基本要求,税务行政处罚裁量权也不例外。因此,建议在制定税务行政处罚裁量权适用规则时,应在遵循五项基本要求的基础上,引入以下具体原则。

建议引入公平公正原则,即对违法事实、性质、情节、危害后果等因素基本相同或相近的违法税务行政相对人实施行政处罚时,适用的法律依据、处罚种类及处罚幅度应当基本一致。税务行政处罚要做到同等情况同等对待,防止和避免不同情况相同对待,或者相同情况不同对待等随意处罚的现象。

建议引入过罚相当原则,即在实施税务行政处罚时,必须以事实为依据,以法律为准绳,根据违法行为的事实、性质、情节以及对社会危害程度等,在法定的处罚种类和幅度范围内,作出适当的税务行政处罚。

建议引入教育与处罚相结合原则,即在行使税务行政处罚裁量权时,既要制裁违法行为,又要教育当事人自觉遵守法律、维护法律尊严。对情节轻微的违法行为以教育为主、处罚为辅,所采取的措施和手段应当是必要的、适当的。

建议引入程序正当原则,即在行使税务行政处罚裁量权时,必须遵循法定的程序,充分听取当事人的意见,依法保障当事人的知情权、参与权和救济权。除涉及国家秘密和依法受到保护的商业秘密、个人隐私外,应当依法公开处罚依据、执法过程、处理结果等。

建议引入综合裁量原则,即在行使税务行政处罚裁量权时,应当综合分析违法行为的主体、客体、主观、客观及社会危害后果等因素,对违法行为处罚与否以及处罚的种类和幅度进行判断,作出相应的处理决定,不能片面考虑某一情节对当事人实施税务行政处罚裁量权。

③ 明确行使税务行政处罚裁量权应考虑的主要因素

建议在税务行政处罚裁量权适用规则中明确行使税务行政处罚裁量权,要以事实为依据,综合考虑税务行政相对人是否有主观故意及主观恶性的大小,涉案金额、发票份数、违法所得的多少,违法行为持续时间的长短,违法行为涉及的区域范围的大小以及是否多次违法、手段是否恶劣、危害后果及社会影响程度等。

④ 明确不予处罚、从轻(或减轻)从重处罚的情形和幅度

建议将下列情形作为对税务行政相对人应当不予处罚的情形:一是主动中止违法行为,没有造成危害后果;二是违法行为轻微并及时纠正,没有造成危害后果;三是违法行为在 5 年内未被发现;四是实施违法行为时不满 14 周岁;五是精神病人在不能辨认或者不能控制自己行为时实施违法行为;六是其他依法不予处罚的情形。

建议将下列情形作为对税务行政相对人应当从轻或减轻处罚的情形:一是主动中止违法行为,危害后果轻微;二是主动消除或者减轻违法行为,危害后果轻微;三是主动报告并如实陈述违法行为;四是受他人胁迫实施违法行为;五是配合税务机关查处违法行为有立功表现;六是实施违法行为时已满 14 周岁未满 18 周岁;七是涉案金额、发票份数或者违法所得较少;八是其他应当依法从轻或者减轻处罚的情形。

建议将下列情形作为对税务行政相对人应当从重处罚的情形:一是违法行为情节恶劣,造成严重后果或不良社会影响的;二是 5 年内多次实施税收违法行为的;三是伪造、变造、隐匿或销毁税收违法证据的;四是在共同实施税收违法行为中起主要作用的;五是对举报人、证人打击报复的;六是拒不接受检查,阻碍税务机关依法查处违法行为的;七是经税务机关责令限期改正,无正当理由逾期仍未改正的;八是其他依法应当从重行政处罚的。

建议明确不予处罚、从轻(或减轻)从重处罚的幅度。除法律、法规和规章另有规定外,建议罚款数额按照以下规则确定:一是对法定罚款幅度规定有最高限和最低限的,减轻处罚应在最低限以下处罚,从轻处罚应当在从最低限到最高限这一幅度当中选择较低的 30% 部分处罚,从重处罚应当在从最低限到最高限这一幅度当中选择较高的 30% 部分处罚;二是法定罚款幅度只规定最高限未规定最低限的,减轻处罚应在法定罚款幅度的 10% 以下处罚,从轻处罚应当在法定罚款幅度的 10% 到 30% 之间处罚,从重处罚应当在法定罚款幅度的 70% 以上处罚。

四、税收法律业务领域已审结典型案件评析

(一) 善意取得虚开的增值税专用发票企业所得税税前列支案

1. 案情简介

金湖盛锦铜业有限公司(以下简称"金湖公司")从凌源万运金属有限公司(以下简称"凌源公司")购买废铜。2011 年 9 月至 11 月,取得凌源公司开具的 27 份增值税专用发票,2011 年向国税机关认证通过,并申报抵扣税款 3 095 936.62 元。所购废铜已在 2011 年全部进入生产成本,2011 年结转主营业务成本 17 880 058.83 元,2012 年结转主营业务成本 331 332.95 元。

2013 年 10 月 14 日,辽宁省凌源市国家税务局稽查局确认凌源公司 27 份增值税专用发票为虚开。2014 年 1 月 22 日,淮安市国家税务局稽查局作出《税务处理决定

书》(淮安国税稽处〔2014〕9号),认为金湖公司为善意取得虚开的增值税专用发票,取得的虚开增值税专用发票不得作为合法有效的抵扣凭证抵扣其进项税额,也不得在企业所得税前列支。作出处理决定如下:金湖公司应补缴增值税 3 095 936.62元;金湖公司应补缴 2011 年企业所得税 3 312 940.63 元,补缴 2012 年企业所得税145 813.43 元。

金湖公司不服上述税务处理决定,向淮安市国家税务局提起行政复议。2014年5月9日,淮安市国家税务局作出《税务行政复议决定书》(税复决字〔2014〕第1号),维持了淮安市国家税务局稽查局作出的《税务处理决定书》。

金湖公司不服淮安市国家税务局作出的行政复议决定,于2014年5月24日向淮安市清浦区人民法院提起诉讼,请求依法撤销淮安市国家税务局稽查局作出《税务处理决定书》。一审法院经审理认为,淮安市国家税务局稽查局要求金湖公司补缴企业所得税认定事实不清,判决撤销淮安市国家税务局稽查局作出的《税务处理决定书》中要求金湖公司补缴企业所得税的处理决定。

淮安市国家税务局稽查局不服一审判决,向淮安市中级人民法院提起上诉。二审法院认为,原审判决认定事实清楚,适用法律正确,程序合法。判决驳回上诉,维持原判。

2. 案件评析

本案争议的焦点在于,善意取得虚开的增值税专用发票可否在企业所得税前扣除。

(1) 企业善意取得虚开的增值税专用发票,成本能否在企业所得税税前扣除应依据《企业所得税法》及其实施条例的相关规定

对于纳税人善意取得虚开的增值税专用发票,根据上述分析,原则上不得抵扣进项税额,但成本能否在企业所得税前列支并没有明确规定。在税务机关执法过程中,各地的规定也各有不同,如江苏省国家税务局《关于纳税人善意取得虚开的增值税专用发票有关问题的批复》中指出,对于纳税人善意取得增值税专用发票所支付的货款可否在企业所得税税前扣除问题。《国家税务总局关于印发〈企业所得税税前扣除办法〉的通知》(国税发〔2000〕84号)第3条规定:"'纳税人申报的扣除要真实、合法',而虚开的增值税专用发票不符合上述要求。因此,在计算应纳税所得额时,其购进货物所支付的货款不得税前扣除。"而浙江省地方税务局《关于企业所得税若干政策问题的通知》(浙地税二〔2001〕3号)第6条规定,"按照国家税务总局国税发〔2000〕187号文件规定,企业在生产经营过程中,善意取得虚开的增值税专用发票,其购入商品实际支付的不含税价款,在结转成本时,准予税前扣除"。

由于目前税法关于这个问题没有明确规定,因此判断能否在企业所得税前列支

应依据上位法的规定。根据《企业所得税法》第8条和《中华人民共和国企业所得税法实施条例》第27条的规定,企业实际发生的与取得收入有关的、合理的支出,包括成本、费用、税金、损失和其他支出,准予在计算应纳税所得额时扣除。有关的支出,是指与取得收入直接相关的支出。合理的支出,是指符合生产经营活动常规,应当计入当期损益或者有关资产成本的必要和正常的支出。可知,实际发生的成本,与取得收入有关的、合理的,可以在税前扣除。

本案中,税务机关在认定金湖公司取得虚开的增值税专用发票,成本能否在企业所得税前扣除时,未对该部分成本是否与取得收入有关、合理作出认定,属于认定事实不清。

(2) 应允许金湖公司在企业所得税前扣除该部分成本

本案中,金湖公司未取得合法有效的发票,尽管国家税务总局《关于印发〈进一步加强税收征管若干具体措施〉的通知》(国税发〔2009〕114号)规定,未按规定取得合法有效凭据不得在税前扣除,但并未否定对真实发生的成本费用在税前扣除。首先,企业所得税税前扣除不仅仅依据发票,交易合同、资金来往凭证等资料只要足以证明相关成本费用真实发生就可以在企业所得税前扣除。其次,由于不得税前扣除可能给纳税人造成损失,从保护纳税人权益的角度出发,对"合法有效凭据"不得作出扩大解释。实践中,也存在各种不需要取得发票也允许税前扣除的成本费用,例如员工工资薪金、银行借款利息支出等,只需要提供相关的内部制度规定和借款协议等证明,就能够进行税前扣除。国家税务总局《关于企业所得税若干问题的公告》(国家税务总局公告2011年第34号)第6条规定:"企业当年度实际发生的相关成本、费用,由于各种原因未能及时取得该成本、费用的有效凭证,企业在预缴季度所得税时,可暂按账面发生金额进行核算;但在汇算清缴时,应补充提供该成本、费用的有效凭证。"也从侧面佐证了上述观点。

本案中,金湖公司购买废铜的成本是实际发生的,并且与取得收入有关、合理的,可以在企业所得税前扣除。

国家税务总局对于企业善意取得虚开的增值税专用发票,增值税能否抵扣进项税额已于国家税务总局《关于纳税人善意取得虚开的增值税专用发票处理问题的通知》(国税发〔2000〕187号)中予以明确。但能否在企业所得税税前列支成本一直没有明确规定,由此导致各地在税收征管实践中各有各的做法,该案从某种程度上对善意取得虚开的增值税专用发票企业所得税如何处理予以明确。

本案中法院判决明确,纳税人善意取得虚开的增值税专用发票能否在企业所得税税前扣除,税务机关应依据《企业所得税法》及其实施条例等规定,判定该笔成本是否是实际发生并且与其取得收入有关的、合理的成本。如果是实际发生并且与取得收入有关合理的成本,税务机关应允许纳税人在税前扣除。

(二) 税收滞纳金能否超过税款金额案

1. 案情简介

2000年3月6日,河南省安阳市的任某购买了位于河南省安阳市的安居房一套(以下简称"标的房产"),并且于当日交付了房款,房产开发公司为任某开具了购房发票。2014年10月21日,标的房产被当地主管机关审批为经济适用房后,为了办理房屋产权证件,任某申请补缴购买标的房产的契税。2014年10月28日,任某共向安阳市地税局契税分局补缴契税2 667.32元,同时缴纳契税滞纳金7 276.32元。其中,滞纳金计算的期限为2000年4月5日至2011年12月31日。

任某补缴完契税及滞纳金后,认为其滞纳金应适用《中华人民共和国行政强制法》(以下简称《行政强制法》)的规定,不得超过其应补缴税款的数额。因此任某就安阳市地税局契税分局征收滞纳金不服向安阳市人民政府提起行政复议。2015年1月14日安阳市人民政府作出复议维持的决定。任某不服复议决定将安阳市地税局契税分局诉至安阳市安阳县人民法院。2015年4月21日,安阳县人民法院作出一审判决,认定安阳市地税局契税分局加收契税滞纳金符合《税收征收管理法实施细则》以及《中华人民共和国契税暂行条例》的具体规定,判决驳回任某的诉讼请求。

2. 案件评析

本案的争议焦点为税收滞纳金的计算是否符合税法及相关法律规定;是否适用《行政强制法》;税收滞纳金能否超过欠缴税款的数额。

(1) 税法关于税收滞纳金的相关规定

《中华人民共和国契税暂行条例》第8条规定:"契税的纳税义务发生时间,为纳税人签订土地、房屋权属转移合同的当天,或者纳税人取得其他具有土地、房屋权属转移合同性质凭证的当天。"第9条规定:"纳税人应当自纳税义务发生之日起10日内,向土地、房屋所在地的契税征收机关办理纳税申报,并在契税征收机关核定的期限内缴纳税款。"

《税收征收管理法》第32条规定:"纳税人未按照规定期限缴纳税款的,扣缴义务人未按照规定期限解缴税款的,税务机关除责令限期缴纳外,从滞纳税款之日起,按日加收滞纳税款万分之五的滞纳金。"《税收征收管理法实施细则》第75条规定:"税收征管法第三十二条规定的加收滞纳金的起止时间,为法律、行政法规规定或者税务机关依照法律、行政法规的规定确定的税款缴纳期限届满次日起至纳税人、扣缴义务人实际缴纳或者解缴税款之日止。"

《税收征收管理法实施细则》明确规定,滞纳金的计算期起于税款缴纳期限届满次日,止于纳税人、扣缴义务人实际缴纳或者解缴税款之日。本案中,2000年3月6日,任某的契税纳税义务发生,次日起10日内为申报期限。根据河南省当时的规定,契税的缴纳期限为自申报期限届满之日起20日。因此任某契税缴纳期限届满之日为自2000年3月6日起30日的2000年4月4日。而任某于2014年10月28日补缴契税。因此按照税法的相关规定,任某欠缴税款滞纳金的计算期应始于2000年4月5日,止于2014年10月28日。

(2)《行政强制法》关于滞纳金的相关规定

《行政强制法》第45条规定:"行政机关依法作出金钱给付义务的行政决定,当事人逾期不履行的,行政机关可以依法加处罚款或者滞纳金。加处罚款或者滞纳金的标准应当告知当事人。加处罚款或者滞纳金的数额不得超出金钱给付义务的数额。"

本条规定共有两款,其中第1款规定了滞纳金的产生条件,即必有行政机关向行政相对人作出金钱给付义务的行政行为以及必有行政相对人逾期不给付。其中的第2款便是滞纳金"封顶"条款,即行政相对人应当承担的滞纳金数额不得超过其金钱给付行政义务的数额。

上述规定中的滞纳金属于行政强制执行的一种,意在对行政相对人科以滞纳金来敦促行政相对人履行其应当履行的行政金钱给付义务。同时,《中华人民共和国行政强制法》对滞纳金的程序性规定较为完善,包括逾期催告程序、计算方法、决定形式、送达程序、中止、终结以及"封顶"条款。这些程序设置大多为了限制行政机关公权力侵害行政相对人私权利,充分地保护了行政相对人的知情权以及程序性权益。

(3)本案税收滞纳金应如何适用相关税法与《行政强制法》

对于滞纳金的规定,相关税法与《行政强制法》的规定存在冲突。本案中,对任某的滞纳金应如何计算?上述税法中的税收滞纳金是否属于《行政强制法》中规定的滞纳金,税收滞纳金是属于税收孳息意义上的"税收利息"还是强制执行"滞纳金",目前税法理论界仍无定论。

本案中,税务机关适用并且法院判决支持任某契税的滞纳金计算止于2011年12月31日,而不是任某实际缴纳税款之日2014年10月28日。由于任某的契税滞纳金算至2011年12月31日为7 276.32元,已经超过了2 667.32元的契税本数。根据《中华人民共和国行政强制法》第45条第2款"加处罚款或者滞纳金的数额不得超出金钱给付义务的数额"的规定,由于《行政强制法》施行于2012年1月1日,因此2012年之后,就对任某的契税滞纳金终止计算。

在此基础上,欠税期跨越2012年1月1日的,其滞纳金的计算可以遵循以下方法:

(1)欠税行为在2012年之前发生的,滞纳金从欠税之日起算,自2011年12月31日止滞纳金已经超过欠税本数的,欠税行为持续至2012年以后的期间不再计算滞纳金,滞纳金的计算期间始于欠税之日,止于 2011 年 12 月 31 日。

(2) 欠税行为在 2012 年之前发生的,滞纳金从欠税之日起算,自 2011 年 12 月 31 日止滞纳金尚未超过欠税本数的,欠税行为持续至 2012 年以后的,滞纳金继续计算。当纳税人实际缴纳之日,滞纳金仍然尚未超过本数的,滞纳金的计算期间始于欠税之日,止于实际缴税之日;当纳税人实际缴纳日之前,滞纳金达到欠税本数的,滞纳金即为欠税本数。

根据国家税务总局最新公布的《税收征收管理法修订草案(征求意见稿)》,已经把税收滞纳金拆分为税收利息与滞纳金。无疑,这一修订模式能够最好地解决税收滞纳金与行政强制法中的滞纳金的规定的衔接问题。当然,在《税收征收管理法》修订之前,如何衔接目前的《税收征收管理法》与《行政强制法》中的滞纳金规定仍然是一个无法回避的问题。本案中,人民法院与税务机关均认可了税收滞纳金可以适用"封顶"的条款。结合法不溯及既往原则,有条件地适用"封顶"条款适当限制滞纳金的数额更符合维护纳税人合法权益的原则,同时也会在一定程度上缓解纳税人与税务机关之间的争议和纠纷。

(三) 转让"代持股"逃避缴纳税款案

1. 案情简介

陈某某于 2004 年在鄂托克前旗工商局注册成立了鄂托克前旗正泰商贸有限责任公司(以下简称"正泰公司")。因注册该公司需要两名以上股东,故陈某某让陈某挂名担任公司股东,其中陈某某持有公司 90.91% 的股份,陈某持有公司 9.09% 的股份。但公司实际由陈某某出资并管理,陈某未出资、未参与经营管理也未从该公司获取任何利益。

陈某某于 2007 年 12 月 14 日将正泰公司 100% 股权转让给新矿内蒙古能源有限责任公司,共取得股权转让对价 7 200 万元。

鄂托克前旗地方税务局在对正泰公司税务检查时,发现陈某某在取得股权转让对价之后,一直未进行纳税申报。鄂托克前旗地方税务局于 2013 年 10 月 14 日向陈某某、陈某分别下达了《限期缴纳税款通知书》(鄂前地税限通字〔2013〕002 号)和《限期缴纳税款通知书》(鄂前地税限通字〔2013〕003 号)。陈某某就该股权转让事项应缴纳税额及滞纳金共计 6 778 247.60 元(其中包含个人所得税 6 545 520 元、印花税 32 727.60 元、滞纳金 20 万元);陈某就该股权转让事项应缴税额共计 657 752.40 元(其中包含个人所得税 654 480 元、印花税 3 272.40 元),陈某某及陈某应缴税额及滞纳金共计 7 436 000 元。陈某某在收到限期缴纳税款通知书后,分别于 2013 年 9 月 12 日、11 月 5 日向鄂托克前旗地税局缴纳 50 万元、30 万元的税款,剩余 6 636 000 元未按期缴纳。

鄂托克前旗公安局于 2013 年 11 月 15 日对本案立案侦查。2014 年 1 月 17 日陈某某向鄂托克前旗地税局缴纳剩余款项 6 636 000 元。2014 年 1 月 23 日,陈某某到鄂托克前旗公安局投案自首。

内蒙古自治区鄂托克前旗人民法院经审理认为,被告人陈某某采用欺骗、隐瞒手段,不申报纳税,逃避缴纳税款数额巨大并且占应纳税额30%以上,其行为已构成逃避缴纳税款罪。被告人有自首情节,依法减轻处罚;被告人已全部缴纳税款及滞纳金,可以从轻处罚,判决被告人陈某某犯逃税罪,判处有期徒刑两年零 6 个月,缓刑 3 年,并处罚金 5 万元。

2. 案件评析

(1) 现行税法对转让代持股纳税义务无统一规定

代持股是指公司实际股东或者出资人由于某种原因以其他人或者组织的名义作为股东办理公司注册及工商登记。最高人民法院《关于适用〈中华人民共和国公司法〉若干问题的规定(三)》的相关规定,在法律上认可了代持股这一经济现象,对代持股法律关系予以法律保护,并从公司法和物权法层面对代持股行为带来的主要法律问题明确处理意见。

税法上对代持股情形下的纳税义务并未作出统一规定,仅在国家税务总局《关于企业转让上市公司限售股有关所得税问题的公告》(国家税务总局公告2011 第 39 号)中规定企业转让代个人持有的限售股征税问题,明确因股权分置改革造成原由个人出资而由企业代持有的限售股,企业在转让代持的限售股时,由名义股东代持企业计算缴纳企业所得税。税法作出前述规定由名义股东承担纳税义务,是为了方便税收征管,提高执法效率。但是对于什么情况属于因股权分置改革造成的代持股并没有明确规定,以及对其他情况的代持股转让征税是否按前述规定处理,实际执法中存在争议。

本案中,工商登记中显示陈某某持有公司90.91%的股份,陈某持有公司9.09%的股份,该登记具有公信力,税务机关依据工商登记的股东持股信息向陈某某、陈某分别下达《限期缴纳税款通知书》,要求其履行纳税义务。

(2) 实际股东陈某某构成逃避缴纳税款罪

《刑法》第 201 条规定:"纳税人采取欺骗、隐瞒手段进行虚假纳税申报或者不申报,逃避缴纳税款数额较大占应纳税额百分之十以上的,处三年以下有期徒刑,或者拘役,并处罚金;数额巨大并且占应纳税额百分之三十以上的,处三年以上七年以下有期徒刑,并处罚金。扣缴义务人采取前款所列手段,不缴或者少缴已扣、已收税款,数额较大的,依照前款的规定处罚。对多次实施前两款行为,未经处理的,按照累计数额计算。有第一款行为,经税务机关依法下达追缴通知后,补缴应纳税款、缴纳滞纳金,已受行政处罚的,不予追究刑事责任。"

根据上述规定,逃避缴纳税款罪的犯罪构成为:① 犯罪主体要件,本罪的犯罪主体包括纳税人和扣缴义务人。既可以是自然人,也可以是单位。②犯罪主观方面,本罪的主观要件是具有逃避缴纳税款故意。③犯罪客体要件,逃税罪的客体是指逃税行为侵犯了我国的税收征收管理秩序。④犯罪客观方面,本罪的客观方面表现为纳税人采取欺骗、隐瞒手段,进行虚假纳税申报或者不申报,逃避缴纳税款数额较大且占应纳税额10%以上;扣缴义务人采取欺骗、隐瞒手段不缴或者少缴已扣、已收税款,数额较大的行为。

最高人民法院《关于审理偷税抗税刑事案件具体应用法律若干问题的解释》(法释〔2002〕33号)对逃避缴纳税款的具体情形作出如下规定:"纳税人实施下列行为之一,不缴或者少缴应纳税款,偷税数额占应纳税额的百分之十以上且偷税数额在一万元以上的,依照刑法第二百零一条第一款的规定定罪处罚:(一)伪造、变造、隐匿、擅自销毁账簿、记账凭证;(二)在账簿上多列支出或者不列、少列收入;(三)经税务机关通知申报而拒不申报纳税;(四)进行虚假纳税申报;(五)缴纳税款后,以假报出口或者其他欺骗手段,骗取所缴纳的税款。具有下列情形之一的,应当认定为刑法第二百零一条第一款规定的'经税务机关通知申报':(一)纳税人、扣缴义务人已经依法办理税务登记或者扣缴税款登记的;(二)依法不需要办理税务登记的纳税人,经税务机关依法书面通知其申报的;(三)尚未依法办理税务登记、扣缴税款登记的纳税人、扣缴义务人,经税务机关依法书面通知其申报的。"

本案中,转让方陈某某为个人,为依法不需要办理税务登记的纳税人,经税务机关依法书面通知其申报的即构成"经税务机关通知申报而拒不申报纳税"中的"经税务机关通知申报"。陈某某在经税务机关依法下发《限期缴纳税款通知书》书面通知其申报后仍拒不申报部分税额,逃避缴纳税款数额巨大并且占应纳税额30%以上,主观上具有逃避缴纳税款的故意,危害了我国税收征收管理秩序。陈某某符合逃避缴纳税款罪的犯罪构成要件。

(3)名义股东陈某不构成逃避缴纳税款罪

根据上述有关逃避缴纳税款罪的规定,本案中,陈某虽然是正泰公司的名义股东,转让代持股时,税务机关可依据工商登记显示的股东信息向陈某追缴欠缴税款。虽其未按照法律规定缴纳转让代持股个人所得税,但陈某是为陈某某代持股权,陈某实质上并不是纳税义务人,陈某主观上不具有逃避缴纳税款的故意,因此陈某不具备构成逃避缴纳税款罪的主观要件,不构成逃避缴纳税款罪。

在代持股情形下,名义股东和实际股东的涉税刑事责任应如何认定?本案中,法院对转让代持股情形下,逃避缴纳税款的刑事责任予以明确,对代持股东未追究刑事责任,是在尊重事实和依法裁判的基础上进行的,具有一定的积极意义。

(四) 纳税人税务行政复议救济权保护案

1. 案情简介

【税案一】

2013年7月15日,邢台市地方税务局稽查局对河北圣源祥保险代理有限公司邢台分公司(以下简称"圣源祥邢台分公司")作出邢地税稽处(2013)56号税务处理决定书,要求圣源祥邢台分公司补缴相关税款,并按规定加收滞纳金。

圣源祥邢台分公司不服该处理决定,向邢台市地方税务局提起行政复议。邢台市地方税务局认为圣源祥邢台分公司未按照税务机关的税务处理决定书缴纳税款及滞纳金,也未提供相应的担保,根据法律相关规定,对圣源祥保险公司提出的行政复议申请作出不予受理复议决定书。

圣源祥邢台分公司不服,向河北省邢台市桥西区人民法院提起行政诉讼,请求依法撤销邢台市地方税务局作出的不予受理复议决定书,并责令对其复议申请立案受理。法院经审理后,作出判决驳回圣源祥邢台分公司的诉讼请求。

【税案二】

驻马店市地方税务局稽查局对河南省金尚房地产开发有限公司(以下简称"金尚公司")2004年1月1日至2013年12月31日履行纳税义务及代扣代缴义务情况进行了检查,认为金尚公司应补缴税款,于2014年7月16日作出税务处理决定书,要求其补缴税款,并加收滞纳金。

金尚公司于2014年7月18日收到该税务处理决定书后,积极筹措资金,缴纳了税务处理决定书中的税款及滞纳金。其后,于2014年9月11日向驻马店市地方税务局提起行政复议,而驻马店市地方税务局以金尚公司逾期缴纳税款和滞纳金为由不予受理复议申请。

金尚公司不服,向河南省驻马店市城区人民法院提起行政诉讼,请求判决撤销该不予受理行政复议决定书。法院经审理后,判决撤销驻马店市地方税务局作出的不予受理行政复议决定书。

2. 案件评析

(1) 税案一中,按照现行法律规定,复议机关可作出不予受理决定

《税务行政复议规则》第33条规定了纳税人对税务机关征税行为不服的法律救济制度、复议前置制度及纳税前置制度。具体规定为,纳税人对税务机关征税行为不服的,应当先向行政复议机关申请行政复议;对行政复议决定不服的,可以向人民法院提起行政诉讼。申请人按照前款规定申请行政复议的,必须依照税务机关根据法律、法规确定的税额、期限,先行缴纳或者解缴税款和滞纳金,或者提供相应的担保,才可以在缴清税款和滞纳金以后或者所提供的担保得到作出具体行政行为的税务机关确认之日起60日内提出行政复议申请。《税务行政复议规则》第44条规定,

符合前述第33条和第34条的规定,是复议机关受理的条件之一。

除了《税务行政复议规则》上述规定,《税收征收管理法》第88条第1款也作出了规定:"纳税人、扣缴义务人、纳税担保人同税务机关在纳税上发生争议时,必须先依照税务机关的纳税决定缴纳或者解缴税款及滞纳金或者提供相应的担保,然后可以依法申请行政复议,对行政复议决定不服的,可以依法向人民法院起诉。"

根据以上现行法律规定,纳税人在对税务机关的征税行为不服时,提起法律救济需先提起行政复议,此后对行政复议决定不服的,才可提起行政诉讼。并且纳税人需要先行缴纳税款和滞纳金或者提供担保后,才能提起行政复议,否则复议机关将依据《税务行政复议规则》第44条的规定不予受理。

税案一中,圣源祥邢台分公司提起行政复议前未缴纳税款和滞纳金或者提供纳税担保,不满足《税务行政复议规则》第44条的规定,邢台市地方税务局可按照上述规定,作出不予受理行政复议决定。

(2) 税案二中,法院本着法律救济原则保护纳税人的法律救济权,不失为一种进步

税案二中,金尚公司因财务困难,分期缴纳了税务处理决定书中的税款及滞纳金,但未在税务处理决定书中规定的期限内缴清税款及滞纳金。金尚公司缴清税款及滞纳金后,在法定期限内向复议机关提起了行政复议。

首先,根据《行政复议法》的规定,公民、法人或者其他组织认为具体行政行为侵犯其合法权益的,可以自知道该具体行政行为之日起60日内提出行政复议申请,但是法律规定的申请期限超过60日的除外。法院根据上述规定,认定金尚公司申请行政复议并未逾期。

其次,从《税收征收管理法》第88条第1款规定的立法本意出发,并不能得出纳税人在超出纳税处理决定规定的期限缴纳税款后,不享有复议申请权的结论。

再次,《税务行政复议规则》第33条及第44条的规定,是行政复议中针对行政相对人权利限制的特殊规定。但驻马店市地方税务局稽查局在作出税务处理决定书时,未在其中告知纳税人如不依照税务机关的纳税决定期限解缴税款即丧失复议权的后果,应有的权利义务和责任没有完全告知纳税人,不符合法律救济的原则,因此复议机关适用该规定裁决不予受理的理由不能成立。

最后,纳税人在收到税务行政处理决定书后,积极筹措税款,体现了对国家利益的尊重,尽了纳税人应尽的义务,权利义务具有对等性,国家也应当尊重和保障纳税人的相应权利,仅仅因为未完全在规定期限内缴清税款,就剥夺复议诉讼纳税救济权,不符合法理。

法院最终判决支持金尚公司的诉讼请求,撤销了复议机关不予受理的复议决定。这一判决在依法治税的背景下,是对纳税人合法权益的保护,是一大进步。

虽然纳税前置制度对纳税人救济权的限制一直为理论界所诟病，但在我国现有法律框架下，在纳税人不缴纳或逾期缴纳税款、滞纳金及罚款是否影响其救济权利的问题仍然引发了诸多争论。人民法院的判决依照《税收征收管理法》《行政复议法》及《税务行政复议规则》等法律法规，并本着尊重和保护纳税人救济权的角度出发作出上述两个判决，可以被以后的税务行政执法和司法实践所借鉴。

（本章由中华全国律师协会财税法专业委员会组织编写，执笔人：刘天永、袁森庚、邹自钦、赵琳、王强）